当代中国学者代表作文库

THE REPRESENTATIVE WORKS OF THE CONTEMPORARY CHINESE SCHOLARS

过常宝 著

原史文化及文献研究（修订本）

A STUDY ON THE CULTURE AND TEXTS OF PRIMITIVE HISTORIANS (REVISED EDITION)

中国社会科学出版社

图书在版编目（CIP）数据

原史文化及文献研究／过常宝著 . —修订本 . —北京：中国社会科学出版社，2016.4

（当代中国学者代表作文库）

ISBN 978-7-5161-8389-2

Ⅰ. ①原… Ⅱ. ①过… Ⅲ. ①官制—研究—中国—古代②中国—古代史—史籍—研究 Ⅳ. ①D691.42②K204

中国版本图书馆 CIP 数据核字（2016）第 134453 号

出 版 人	赵剑英
责任编辑	史慕鸿
责任校对	韩海超
责任印制	戴　宽

出　　版	中国社会科学出版社
社　　址	北京鼓楼西大街甲 158 号
邮　　编	100720
网　　址	http://www.csspw.cn
发 行 部	010-84083685
门 市 部	010-84029450
经　　销	新华书店及其他书店
印刷装订	三河市君旺印务有限公司
版　　次	2016 年 4 月第 1 版
印　　次	2016 年 4 月第 1 次印刷
开　　本	710×1000　1/16
印　　张	30.25
插　　页	2
字　　数	483 千字
定　　价	109.00 元

凡购买中国社会科学出版社图书，如有质量问题请与本社营销中心联系调换

电话：010-84083683

版权所有　侵权必究

《当代中国学者代表作文库》
编委会

主　任：李　扬
副主任：孟昭宇　赵剑英
委　员：（按笔画排序）

　　　　　丁伟志　　于　沛　　王　浩　　冯天瑜
　　　　　刘跃进　　汝　信　　李　林　　李　扬
　　　　　李景源　　张卓元　　张海鹏　　杨　义
　　　　　陈　来　　陈众议　　陈先达　　陈祖武
　　　　　孟昭宇　　卓新平　　周　泓　　赵剑英
　　　　　郝时远　　袁行霈　　黄　平

总策划：赵剑英

《当代中国学者代表作文库》
出版说明

中华人民共和国的成立开启了当代中国历史发展的新进程。伴随社会主义革命、建设和发展的历史，特别是改革开放以来中国特色社会主义道路的探索、开辟和中国特色社会主义理论体系的形成，全球化的深入发展以及中西文化的碰撞交汇，中国的哲学社会科学研究事业得到了显著的发展，涌现了一大批优秀的人文哲学社会科学学者及著作。这些著作体现了时代特色、民族特色和实践特色的统一，在其相应学科中具有开创性、奠基性和代表性。正是这些具有中国特色、中国气派、中国风格的作品，铸就了当代中国哲学社会科学发展的辉煌成就，形成了中国哲学社会科学理论和方法的创新体系。

作为中国社会科学院直属的专门致力于推出哲学社会科学学术成果的学术出版社，我社30多年来，一直秉持传播学术经典的出版理念，把追求高质量、高品位的哲学社会科学学术著作作为自己的主要出版任务。为展示当代中国哲学社会科学研究的巨大成就，积极推动中国哲学社会科学优秀人才和优秀成果走向世界，提高中华文化的软实力，扩大中国哲学社会科学的国际话语权，增强在全球化、信息化背景下中国和平崛起所必需的文化自觉和文化自信，我社决定编辑出版《当代中国学者代表作文库》。

《当代中国学者代表作文库》收录新中国建立以来我国哲学社会科学各学科的优秀代表作，即在当代中国哲学社会科学学科体系中具有开创性、奠基性和代表性意义的著作。入选这一文库的著作应当是当代中国哲学社会科学的精品和珍品。因此，这一文库也应当代表当代中国哲学社会科学的最高学术水平。

编辑出版《当代中国学者代表作文库》是一项具有重大战略意义的国家学术文化工程，对构建中国特色社会主义核心价值观，推动中国当代学术的创新发展，加强中外学术文化交流，让世界从更深层次了解中国文化，扩大中国文化的国际影响力，必将产生十分重要和深远的影响。我们愿与学者一道，合心戮力，共襄这一学术盛举。

中国社会科学出版社
2010 年 8 月

目　　录

绪言 …………………………………………………………………（1）

第一章　史职及其文献的产生 ……………………………………（8）
　　一　"绝地天通"与史职的产生 …………………………………（8）
　　二　商史的地位与职责 …………………………………………（16）
　　三　卜辞和"商书" ………………………………………………（21）
　　四　铸鼎象物和图画文献 ………………………………………（32）

第二章　周公革命与礼乐教化 ……………………………………（42）
　　一　史职在西周的发展 …………………………………………（42）
　　二　周公摄政与政教分离 ………………………………………（58）
　　三　歌谣文献及其应用 …………………………………………（70）

第三章　"春秋笔法"中的话语权力 ………………………………（88）
　　一　春秋史官文化的转型 ………………………………………（88）
　　二　"春秋笔法"及其叙事策略 …………………………………（99）
　　三　《老子》和史官的箴诫传统 ………………………………（116）

第四章　《左传》研究 ……………………………………………（129）
　　一　史官"传闻"制度与《左传》 ………………………………（129）
　　二　《左传》的叙事逻辑 ………………………………………（139）
　　三　《左传》梦验载录的文化意蕴 ……………………………（151）

四　《左传》虚饰中的理性意识 …………………………… （165）

第五章　君子文化和原史传统 ………………………………… （180）
　　一　巫史知识的社会化 …………………………………… （181）
　　二　"君子"与立言传统 …………………………………… （199）
　　三　"诸子"与史官渊源 …………………………………… （225）
　　四　《论语》及其他诸子文献 ……………………………… （243）

第六章　《战国策》研究 ………………………………………… （255）
　　一　史职的衰落与师道的兴起 …………………………… （255）
　　二　《战国策》的文体特征 ………………………………… （262）
　　三　《战国策》的叙事特征 ………………………………… （272）

第七章　《春秋》与汉代文化 …………………………………… （292）
　　一　儒家与原史文化的复兴 ……………………………… （293）
　　二　原史经典的政治化途径 ……………………………… （305）
　　三　《春秋》与大一统政治形态 …………………………… （321）

第八章　《史记》与原史传统的终结 …………………………… （348）
　　一　司马迁的史职观念 …………………………………… （349）
　　二　司马迁的个性精神 …………………………………… （365）
　　三　司马迁的文化复仇 …………………………………… （378）
　　四　《史记》的体例和书法 ………………………………… （404）
　　五　《史记》的悲剧精神 …………………………………… （428）

结束语：原史精神和道统观念 ………………………………… （443）
主要参考书目 …………………………………………………… （463）
后记 ……………………………………………………………… （475）

绪　　言

　　本书所谓"原史",与历史学界通常的用法不同①,指的是司马迁(包括司马迁)以前的历代史官。他们之所以明显区别于后世史官,不仅仅表现在时代先后上,还表现为身份特征、文献方式和文化功能等方面的差异。中国古代史官起源很早,我们可以从甲骨卜辞中追寻到史官产生的最初的印记。上古巫史不分,史官实际上是巫师中从事载录和文献保存的人员,因此,史官具有宗教背景,并随着文献的累积,渐渐由天命神意的见证者、阐释者,而拥有了意识形态话语权力,并且得到社会的认可。他们虽然在王朝居官,但多为兄终弟及,父子相传,依道而行,不唯君王马首是瞻。也就是说,史官的职业行为和文化精神都依赖一个遥远的巫史传统,而相对独立于治统之外。这一现象在战国以后虽然渐趋衰落,但却一直艰难地持续到司马迁时代。东汉时期,非史官世家出身的班固被汉明帝任命为史官,遂使这一传统宣告终止。

　　从文献上来说,史官制作的甲骨卜辞、钟鼎铭文等,其目的在于神圣见证,虽有史料价值,而非史著。自《尚书》以后,古人所谓"六经皆史",也只有在皆出于史官之手这一点上才能说得实在。而这些文献也非真正的现代意义上的史著。如史学家所说:"春秋以前(甚至是战国以前)……虽然已经有了史官,但是当时的史官是为上层及祭祀占卜服务,其性质仍不同于后世的史职。'史'的概念还在萌芽的阶段,真正为记录

---

①　史学界所谓"原史"指的是一个较早的历史时期:"既包含有一些距文明时代可能较为久远但却为周围进步族群或民族文献记载所涉猎的后进民族的史前历史,同时也包括一些缺乏直接文字资料而又临近文明时代、传统上多归于'传说时代'的民族历史。"(钱耀鹏:《中国原史时代论纲》,《文博》2002年第2期)

历史的历史记录还没出现，这些都与西方对原史时代的定义相符。"① 其实，从《左传》、《国语》、《战国策》一直到《史记》，它们与"六经"一脉相承，也都不能算是"真正为记录历史的历史记录"。这又与班固为汉王朝立史的自觉意识大有不同。《尚书》、《春秋》、《左传》、《战国策》、《史记》等上古史传作品，在文体方面各有自己的特征，这些特征都有着自己的文化逻辑，只有将这些史传作品与其所赖以产生的文化背景结合起来考察，才能揭示这些文体的特征和功能。

原史文化是中国传统文化的重要组成部分，而原史文献则构成了中国传统文化的核心经典，对后世思想观念、话语模式、文本形态都有着深远的影响。本书以原史文化的发展轨迹为线索，着重探讨史官体制、职业精神与文献形态、叙述方式之间的关系，探讨史官话语权力在文献中的表现方式，以及原史精神与道统之间的文化渊源。尤其希望能在以下几个方面求得一些实质性进展：（1）理清这一时期巫史文化的发展脉络，描述巫史文化形态，尤其是史职从巫史文化中脱离的经过，以及史官的职业理想和社会活动，并以此确认史官的文化品质和载录姿态；（2）分析上古史传作品的文体特征和它的发展过程，及其叙事方法的依据和文化功能，总结出史传作品在当时的传承、接受情况，揭示史传文体与史官职能之间的关系；（3）对《春秋》、《左传》、《战国策》、《史记》等主要史传作品的形式作出有效的分析，努力揭示出不同叙述方式和各阶段史官话语权力的对应关系，希望有助于确认这些史传作品在中国文化和文章史上的地位；（4）在文化转型过程中，原史秉承天命、裁决天下的载道意识，是如何发展变化并最终影响了传统士大夫的道统观念的。

本书的基本脉络如下：

原始文化以巫术宗教为主，"绝地天通"的故事标志着巫觋从全民皆巫的混沌状态中独立出来，作为一个特权阶层，开启了巫政统治。为了维持这一阶层的地位，祭祀仪式更为繁杂，祭祀行为的延续性、系统性受到重视，于是文献载录和传承成为必要。从甲骨卜辞可以看出，殷商和西周时期的史官同时兼有巫职，所执掌的文献除了有名姓之后、昭穆之世、礼

---

① 吴晓筠：《中国的"原史时代"》，《华夏考古》2005年第1期。

绪　言

节之宜外，还负责占卜祭祀过程的载录和保存，也拥有祷祝及昭示天命的权力。因此，史官在社会生活中有着极为重要的影响。甲骨卜辞等文献的出现，一方面它是天人交往的见证方式，另一方面也是宗教仪式规范化、巫职专业化的结果。文献是有着历史存在感的神圣象征物，它在仪式之外，为巫政合法性和行为提供又一重重要的依据。随着文献的不断累积，史家在宗教和世俗社会中的地位越来越重要，以致国家的"大小官名及职事之名，多由史出"[①]。殷商史官文献包括文字文献和图画文献。前者包括甲骨卜辞和一些宗教场合中的记言，后者主要是刻绘在铜鼎等器物上的各种物怪图像。它们都是对天命、神异现象的指示或见证，虽然还只是一些片段、孤立的载录，但已经形成一定的叙述程式。

周代史官及其职事基本上承自商代。周公摄政和制礼作乐，是一次将巫职和行政事务分开的尝试。七年后，周公归政成王，意味着这一尝试的失败。但这一尝试有着很重要的文化意义：它使得巫史的职能偏向于宗教和精神生活，并通过训、诰等形式规范、影响着世俗生活。可以说，周公的政教分离实践，是中国道统观念的源头和依据。周代史职的文献功能进一步加强，举凡仪式活动中的文字行为都由史职承担。史官所记录的诰、誓、命、诫等，为《尚书》的编纂奠定了基础。此外，出于占卜和制礼作乐的需要，巫史开始了采集、编纂、传诵诗歌等活动，从而又使得这些韵文成为重要的巫史文献。自西周开始的谣占、易占，到春秋时期的"赋诗言志"，显示了韵文文献的神秘功能。

春秋以降，史家在继续着自己的宗教工作之外，更进一步介入社会政治生活，在政治、军事、外交等领域，起着训诫、指导、辅助的作用。史官的载录行为中，也有了世俗社会的地位。春秋时期存在着两类载录制度："告命"和"传闻"。前者指各诸侯史官独立记事，并来拥有周人宗庙的鲁国"告庙"，这是一种宗教行为，鲁国史官据此载录而形成的文献就是"典册"。"传闻"是鲁国史官对某事（通常是"告命"之事）的私下交流，是一种社会性行为，据此载录而形成的文献就是"简牍"。前者是《春秋》的原始形态，后者则是《左传》等书的原始形态。"典册"

---

① 王国维：《观堂集林》卷六《释史》，北京：中华书局1959年影印本，第272页。

文献遵循着自甲骨卜辞以来的宗教载录传统，以一种谨严的方式记事，所关心的是事实本身是否合礼，遵从宗教禁忌思维，所以它不关心事实的过程，也不进行价值评判。但春秋史官们并不甘心如此，他们在遵循传统记事规则的条件下，通过有选择的呈告方式，昭示种种有意义的事件，并在此基础上借助年节时序、常事不书、隐讳等细微的变动，暗示着自己的褒贬态度，意在捍卫行将崩毁的礼乐制度，同时也构建了史官自己的话语权力。这就形成了"春秋书法"。《春秋》的基本叙事姿态是"呈现"，其叙事原则则是"记异"和"异记"，它们依赖宗教背景发挥作用。《左传》等"简牍"文献是史官追求对现实的阐释权力和裁判权力的体现。在社会理性迅速发展的春秋时代，宗教性载录的意义逐渐晦暗不明，一些有着改革意识和时代精神的史官，开始着意于道德理性。这表现在载录职事上，就是通过"传闻"的形式，关注事实发展的原因和结果，发表自己的评判，直接干预社会政治。这就形成了在史官内部私下传授的"简牍"文献。《左传》的叙事形态已由事实"呈现"转而为对事实过程的"再现"。史官认为，任何重大后果都有其可供追溯的细微原因，同样，任何细微的行为（通常是与礼仪有关）也必将导致重大的后果。因此，《左传》叙事的最突出特征就是关注因果关系，并在因果叙事中确立一种道德意志。同时，"简牍"叙事并没有放弃宗教思维，《左传》中有大量的灾异事件、神秘事件的载录，史官认为占卜、祭祀、梦验、礼仪等情节可以揭示人物或国家的命运。这一点反映了史官的宗教背景。此外，原史文化还赋予史官箴诫的权利，表现在文献上就是一些格言形式的"语"类文献，如《逸周书》中的《周祝》，以及春秋末期出现的《老子》等。总之，春秋时期的史传文献表现出较为复杂的思想倾向。一方面，为了强调自己文化创造的合法性和神圣性，它们依恋甚至神化自己的传统，张大天命意识；另一方面，为了建设新的社会理性，他们又不得不淡化甚至反对天命意识，强调伦理、民本等理想精神。后一思想的发展，必然会动摇史传载录的神圣地位，预示着史家的宗教文化功能由盛转衰。从《春秋》到《左传》、《国语》，既显示了史官文体的发展，又显示了史官文体的分工协作。

春秋晚期到战国时期，社会文化剧烈变革，传统上以礼崩乐坏来概括

绪　言

此时的状况。此时，人们的宗教意识越来越淡薄，礼仪规范不再具有约束力，以礼仪为职的巫史人员自然也就为诸侯卿大夫们所冷落，有相当一部分史官们不得不从史职中脱离出来，转为普通官员或无职的士。而成为士的这部分史官，只能以文献授业谋生，促进了私学和学术的发展，为士文化的发展奠定了基础。实际上，在史官文化和士文化之间，还存在着一个君子文化。君子文化形成于春秋时期，它的主体是贵族大夫。这一文化人群并不依靠政治身份划分。他们是这样一些人：理解并坚持礼仪精神，同时也能引领社会理性的发展，他们通过"观"、"问"等方式掌握了原史文献或礼仪知识，并能够立言于世。立言的形式规范是对原史文献或史事的征引。君子文化中所包含的精神义理，受到当时史官的揄扬，并被载录下来。到了春秋晚期，以孔子为代表的士人，继承了原史文化和君子文化，将原史文献当作自己的话语资源，进一步发扬亦已形成的理性观念。孔子对原史文化的传播和阐发有着巨大的贡献，他将作为原史职业性修养的"六艺"发展为社会伦理规范和人格精神境界，他通过编纂《春秋》而展示了以道义裁决天下的精神，他以师道传统代替了原史的职业传统，使得原史文化精神在脱离了宗教背景和职业背景后，不至于遽然中断。孔子作为一代文化的开创者，有着自觉的使命感和传教意识，而这一点也得到后学的认同。《论语》一书是孔子弟子仿照原史"语"类文献体例编纂而成的，在体例上表现为指示性特征。孟子根据礼仪文教的贡献而将文王、周公和孔子编入一个统系之中，称"五百年必有王者兴"，从而为道统说奠定了基础。

战国史职衰微，但前代史官文献有很大一部分是在此期辑纂成册的。值得注意的是《战国策》一书。此书是刘向据战国到西汉前期的多种文献编辑而成，其中既有史书，也有子书类资料杂编，还有用于揣摩练习的"脚本"。《战国策》虽然在形式上承继了前代记言体史书，但已是纯粹的记事作品。它着眼于现实和未来的谋划，关注事实的结果，表现出浓厚的功利主义倾向。就叙事而言，《战国策》既非《春秋》式的"呈现"，也非《左传》式的"再现"，而是表现虚拟性的"表现"。它以预设情境、夸张和对比、营造心理优势等方法，获取听者的认同。因此，《战国策》叙事不作用于听者的信仰和理性，而作用于听者的情绪和美感，其文学意义更明显。在策士游说和诸子著作中，寓言被广泛地运用。策士寓言多为经验性故事，它提供一个亲切的姿态，提供一个值得借鉴并且包含着行动方案的实例，因而能得到听者的认同。寓言在叙事上表现为情境的营造、戏剧性以及片面绝对性等修辞性特征。战国士人取征于寓言，也就回避了信仰和真理，显示了对世俗社会的日常经验的关注。

秦朝一统天下取决于军事力量的强大，也可以说是功利主义的胜利。原史文化也就随着秦始皇的焚书坑儒而走进低谷。从汉初一直到汉武帝时期，儒家士人通过积极而艰难的努力，终于使得朝廷重新关注礼仪和文献，原史文化也就在儒家的政治理念中重新被激活。至迟在汉武帝时，朝廷又重新设置了史官。汉代经学是一场原史文献经典化、政治化的运动。公羊学家将《春秋》看作构建大一统意识形态最重要的出发点和理论根据。在"微言大义"的理论原则下，董仲舒从天人关系理论到现实按狱断案，在各个层面上对《春秋》的意义作了最大限度的阐释，在实践中再现，甚至夸大了原史的政治文化功能。但是，春秋公羊学作为一种政治哲学，它在巫史传统和帝王集权之间首鼠两端，虽然强调原史经典的话语权威，但却将史官所拥有的宗教神权让渡给皇帝，严格限制了史家或儒家的对灾异等神秘现象的解释权力，因而也就剥夺了史官来自天命的话语权力。原史传统由此而全面衰落。

司马迁撰写《史记》，是原史传统的回光返照。司马迁自父亲那里接受了史职，同时也接受了公羊家对孔子撰史精神的阐发，期望能再现孔子的"素王"大业。但"文史星历"文化权威的失落，司马迁自身的悲惨遭遇，显示了原史文化和大一统政治之间冲突之激烈，展示了在现实与司马迁的理想之间有一道不可跨越的鸿沟。在无比的悲愤之中，司马迁凭借着神圣的职业传统，超越了帝王的权威，把撰史的意愿转变为一场轰轰烈烈的文化复仇行动。《史记》在最大范围内展开了对当时的意识形态和政治系统的批判，这是对原史传统和自身品质的双重捍卫。而如此冒犯皇家威严的《史记》能在汉武帝时期顺利撰成，则是皇权对这一悠久的原史传统的最后的妥协。司马迁对现实理性的失望，导致了他对个体命运的关注，这使得《史记》散发出浓烈的悲剧气氛，也使得《史记》的文学性大大增强。《史记》五体结文的形式，既是对前代史官文献的继承，又有着自己独到的创造。五体的形式反映了天人合一的观念，但却是以人为中心，重在叙述个体的成长和命运。这是史著转变为传记的关键性因素。此外，"太史公曰"和"互见法"，也是《史记》最为突出的叙述特征。前者承自"君子曰"而来，反映了司马迁对史官文化权威的依恋，来自原始传统的观念，有时会和自己的个性精神相互抵牾，留下不少矛盾的表述。后者来自传统史官的"隐讳"笔法，反映了司马迁在将史著由记事转而为述人过程中的限制和突破，也是司马迁"好奇"的撰述观的体现。在《史记》撰写过程中，司马迁所提出的"发愤著述"观点具有特别重要的意义。它认为，著文批判的权利，不仅来自宗教和天命，也同样可以来自撰写者的个体意志，这就为后世文人继承和发扬原史的批判精神提供了理论依据。

　　《史记》以后，中国史官文化经历了一个裂变的过程，《汉书》是这一裂变的标志。班固出自史官传统之外，是皇帝的命官，所修史书只能表现朝廷的思想意识。自此，中国史著撰述就完全附属于以帝王治权为中心的政治理性，成了当世统治集团自我证明或资政的材料，早期史录所具有的文化创造或文化批判精神基本丧失。但中国原史的使命意识、创造精神、人生关怀等，通过"道统"和"发愤著述"这两个媒介，仍然在历史上发挥着积极的作用。后世一些杰出的文人，如扬雄、韩愈、朱熹、康有为等，皆以道统继承者自居，或以超然无畏的姿态批判朝政，或以极大的热情投身于理论建设，成为中国文化史上的精神巨人。而中国古人对撰史的热情和对史传作品的敬重，以及文人所经常采用的以史讽今的政治批评方式也是中国原史精神的延续。

第 一 章

史职及其文献的产生

　　历史既是现实得以存在的依据，也在很大程度上影响了人类未来的发展方向。中国人很早就已经形成了十分清晰的历史意识。商朝时，巫祭行为的专业化，巫祭知识的繁杂化，使得巫史成为一个有着高度同一性而分工明确的职业联盟。史职的产生，是巫祭文化自身发展的必然结果，它维护并进一步巩固了这个职业传统，使得职事行为更加专业化，也保证了天人关系得到更加清晰的呈现。史的最基本职责是对宗教行为进行载录和相关文献保存。我们现在所知的最早文献包括文字、图画、符号、口传等多种形态，它们的主要功能是见证天命鬼神的意志，延续祭祀占卜的职业技术等，因此，巫史文献有神圣性。在载录和保存过程中，史职逐渐获得了对天命的解释权，并最终成为天命的代言人，成为意识形态权威，并作为专业人员指导着社会组织和管理。

一　"绝地天通"与史职的产生

1

　　早期文化形态混沌淳朴，随着社会文化的发展，必然会经历一个分化的过程。《庄子·天下》云：

　　　　天下大乱，贤圣不明，道德不一，天下多得一察焉以自好。譬如耳目鼻口，皆有所明，不能相通。犹百家众技也，皆有所长，时有所

第一章 史职及其文献的产生

用。虽然，不该不遍，一曲之士也。判天地之美，析万物之理，察古今之全，寡能备于天地之美，称神明之容。是故内圣外王之道，闇而不明，郁而不发，天下之人各为其所欲焉以自为方。悲夫，百家往而不反，必不合矣！后世之学者，不幸不见天地之纯，古人之大体，道术将为天下裂。

《庄子》谓古人所直观体验的浑然一体的"道"，在后代被各执一端的"百家众技"所分解，每一学派自陷于狭小的范围之中，所以只能得道之一隅，离古之"道"相去越来越远。所谓"纯"、"大体"者，皆指远古文化混沌一体的性质，而后世分门别类之学就是从这混沌一体中分化而出。史学自然也不能例外。要追寻史学的最初形态，就只能返回到远古的混沌一体的文化之中去。

青铜器是中国早期文明的主要表征物。青铜器在上古时期主要是用作祭器、礼器，"在巫教环境之内，中国古代青铜器是获取和维持政治权力的主要工具"①。从龙山文化出土了大量青铜器、陶器、玉器，它们在形式上都有个共同的特点，那就是外形精美、不耐实用、制作费时，而且为少数人所占有②。这些都说明青铜器大多数是用于祭祀，并且存在一个宗教特权阶层。这一阶层的专业核心就是巫觋集团。从现有文献中，我们知道商朝文化中最核心的观念是人和神的关系。《礼记·表记》所谓"殷人尊神，率民以事神，先鬼而后礼"，说的就是人神关系在商代绝对优先于人际关系，人神关系构成了商代社会的基本秩序，而巫在这之间起着决定性的作用。甲骨卜辞中巫字形作十，李孝定以其得之于"巫者所用道具之形"③；张光直以为即木匠画方圆的矩，并引《周髀算经》"方属地、圆属天、天圆地方。……是故知地者智、知天者圣。智出于句、句出于矩"，以说明"矩便是掌握天地的象征工具。矩可以用来画方，也可以用

---

① 张光直：《从商周青铜器谈文明与国家的起源》，收入《中国青铜时代》，北京：生活·读书·新知三联书店1999年版，第480页。
② 参见高炜《龙山时代的礼制》，收入《庆祝苏秉琦考古55年论文集》，北京：文物出版社1989年版。
③ 李孝定：《甲骨文字集释》，台北："中研院"历史语言研究所，1970年，第1598页。

来画圆，用这工具的人，便是知天知地的人。巫便是知天知地又是能通天通地的专家，所以用矩的专家正是巫师"①。所谓"知天知地"和"通天通地"是巫职最根本的性质，其地位、社会作用，皆由此而来。

巫在商代社会有着绝对重要的意义，各阶层的巫觋人员是当时社会最主要的组织力量。巫觋是殷商时期的政治领袖。陈梦家说："由巫而史，而为王者的行政官吏；王者自己虽为政治领袖，同时仍为群巫之长。"②率商灭夏的商王汤为了求雨，曾"斋戒剪发断爪，以己为牲，祷于桑林之社"（《太平御览》卷八十三引《帝王世纪》）。古代求雨最急之时，要焚巫，这一习俗到春秋时代还保留着③，可见商汤拥有大巫的身份。又据《尚书·盘庚》载，盘庚迁殷，要靠卜稽所获得的"天命"来使人信服。卜辞中也常见"王占曰"这样的记载，可见商王常主持占卜仪式。王既如此，官吏也不例外。李玄伯说："巫在古时是极有威权的人物，他是神与人的中间。在官吏就是教士的时候，他的地位不见得比邦君低。所以商的宰相'卿士'就是巫咸巫贤。"④据《山海经·大荒西经》记载，与巫咸、巫彭平列的共有十巫，组成一个"巫咸国"。商人还有所谓"东巫、北巫、四巫、九巫"等传说⑤。这些传说反映了殷商社会巫觋异常活跃的情景。可以说，殷商社会形态就是围绕着巫觋及其交通人神而构建的。

《国语·楚语下》中观射父有一段关于早期巫的文化作用的阐述：

> 古者民神不杂。民之精爽不携贰者，而又能齐肃衷正，其智能上下比义，其圣能光远宣朗，其明能光照之，其聪能听彻之，如是则明神降之，在男曰觋，在女曰巫。是使制神之处位次主，而为之牲器时服，而后使先圣之后之有光烈，而能知山川之号、高祖之主、宗庙之事、昭穆之世、齐敬之勤、礼节之宜、威仪之则、容貌之崇、忠信之

---

① 张光直：《商代的巫与巫术》，《中国青铜时代》，第255—256页。
② 陈梦家：《商代的神话与巫术》，《燕京学报》第20期，1936年。
③ 《左传·僖公二十一年》载："夏，大旱，公欲焚巫、尪。臧文仲曰：'非旱备也。修城郭、贬食、省用、务穑、劝分，此其务也。巫、尪何为？天欲杀之，则如勿生；若能为旱，焚之滋甚。'公从之。"可见当时仍有焚巫求雨的习俗。
④ 李玄伯：《中国古代社会新研》，上海：上海文艺出版社1988年影印本，第63页。
⑤ 陈梦家：《商代的神话与巫术》，《燕京学报》第20期，1936年。

第一章　史职及其文献的产生

> 质、禋洁之服，而敬恭明神者，以为之祝。使名姓之后，能知四时之生、牺牲之物、玉帛之类、采服之仪、彝器之量、次主之度、屏摄之位、坛场之所、上下之神、氏姓之出，而心率旧典者为之宗。于是乎有天地神民类物之官，是谓五官，各司其序，不相乱也。民是以能有忠信，神是以能有明德，民神异业，敬而不渎，故神降之嘉生，民以物享，祸灾不至，求用不匮。

这一段话出自春秋时期，其中必然包含了春秋时期的现实和观念，透过这些，我们可以从这段话中看出，古代的巫觋们在内在精神和学识方面，都有超出常人的要求。他们是当时社会的精英，具有相当的人格魅力，甚至具备了神的某些品质，唯其如此才能得到神的信任，得到人的信任。他们以祭祀和仪式来组织、规范社会活动，使人间社会有序，而这个秩序的核心就是人神和谐的原则，也就是祭祀精神：使人民能够有忠信，有某种精神依赖和信仰；使灾祸不生，日用得到满足。巫觋所掌握的有关祭祀仪式的种种知识，就是全社会知识的核心，其他的一切都可以由此推理出来，比如政治秩序、职官的设置等等，都可以通过巫觋的"上下比义"而获得。民间社会的实用知识自然也不会例外。不仅如此，神灵还保证了这些知识的天然合理性和有效性，可见，巫觋文化是信仰和技术的结合。正是这一文化形态，开启了中国文明的大幕。

2

是什么保证了这一宗教集团特殊的社会地位呢？特殊的器物和技术，可以保证少数人在祭祀方面拥有特权，但随着经济和手工业的发展，特殊器物会不再特殊，祭祀占卜技术会变得简单而普及，这就导致巫觋集团社会地位的合法性受到挑战，其社会权力就很难得到认同。观射父接着说：

> 及少暤之衰也，九黎乱德，民神杂糅，不可方物。夫人作享，家为巫史，无有要质。民匮于祀，而不知其福。烝享无度，民神同位。民渎齐盟，无有严威。神狎民则，不蠲其为。嘉生不降，无物以享。

祸灾荐臻，莫尽其气。颛顼受之，乃命南正重司天以属神，命火正黎司地以属民，使复旧常，无相侵渎，是谓绝地天通。

"绝地天通"的传说实际上描述了巫职的独立过程。杨向奎说："颛顼时代，重、黎'绝地天通'，是为巫的开始。"① 但所谓"巫的开始"并不确切，从上下文来看，这其实是巫的再次兴起，是其职业化、专业化的过程。巫的职业化、专业化过程，与史官的产生有着重要的关系。司马迁《太史公自序》自溯家族渊源，亦云"昔在颛顼，命南正重以司天，北正黎以司地"，其中所隐含的意思亦是以"绝地天通"为史家的起源。今人李零也认为"绝地天通"是讲"职官的起源，特别是史官的起源"，所讨论的是"史官文化能不能由民间巫术取代的问题"②。所谓少皞、颛顼云云，是一种神话性的表述，在年代上不可当真，从历史发展的逻辑来说，有"家为巫史"之可能。"家为巫史"必须是技术简单，操作简易，才可以做到。它说明文明初期，虽然存在着一个巫觋集团，但这一集团是不稳定的。由于巫觋集团体现了人类社会的基本价值和行为规范，所以，它的不稳定，对于世俗权威和世俗秩序的形成极为不利。"绝地天通"的结果，是使巫觋成为一个突出的职业人群，获得更加稳定的社会地位，从而也使得天人关系更为明确、稳固。巫觋要作为一个职业阶层独立出来，最有效的方法就是通过提高专业化程度来垄断话语权力。而专业化往往是通过两个途径实现的：繁杂的知识和神圣的传统。这些，尤其是后者，在很大程度上促成了史职的产生。

从理论上说，"民神杂糅"的时代也应该早于"民神不杂"的时代，不过中国境内民族复杂，文化发展不均衡，也不能完全以时间顺序来考虑。比较"民神杂糅"时代和"民神不杂"时代的巫史，我们可以看出，前者所做的不过是"烝享无度"的祭祀，技术含量较低；而后者的职能就很不一般了，主要表现在两个方面：一是对"先圣之后"、"名姓之后"等世系、族谱类的掌握；二是仪式变得更加精致、繁杂，一般百姓没有能力掌握、记诵那些复杂的程序。对世系、族谱的掌握，就是对人类族群自

---

① 杨向奎：《宗周社会与礼乐文明》（修订本），北京：人民出版社1997年版，第351页。
② 李零：《中国方术考》，北京：人民中国出版社1993年版，第12页。

第一章 史职及其文献的产生

身传统的感知和认同，是一种历史感，它能赋予现实一种天然合理性；此外，谱系和仪式的繁复，使得知识必须以"旧典"的形式传承，这使得知识本身有可能从礼仪活动中独立出来，超越礼仪活动本身，成为一个社会群体存在的依据。

一个成熟的专业，一种门类文化，它的背后必然有一个独特的传统。青铜、玉制祭器在以后的很长一段时间内，仍然被看作是重器，人们相信它们对祭祀和社会特权有重要的意义，但此时它们的意义已渐渐转而依赖于它的历史性了。比如春秋时楚王觊觎周之九鼎，并不是楚不能制作它，而是不能获得那份历史性。而巫觋主要以更为繁杂的祭祀知识和操作技术，来垄断阐释、规导人类社会生活的权力。而更为复杂的仪式，往往得益于时间因素才能成立。比如商代十分复杂的周祭制度，就是用五种祀典对商王的祖先进行周而复始的祭祀，这其中包含着多种时间因素的排列组合，诸如卜日、祭日、先王先妣的日干名等，现代学者至今仍然不能完全明白其中的奥秘。显然，特别的时间意识，一方面使得祭祀仪式变得非常繁杂，另一方面又使得人们更明确地以时间来组织、记忆本民族、家族的过去。商王死前虽自有名，但在他们死后，人们却以甲、乙等日干名来记忆他们及其配偶。这些日干名和祭祀仪式有特殊的关系。侯外庐因此由"殷代世系称号"而断言"时间观念的发现，是人类最初的意识生产"[①]，是颇有道理的。准确地说，殷代世系称号，不是纯粹的物理时间概念，而是延续和秩序的一种标志，它是殷商历史意识的一种体现形式。这些世系称号及其所关联的特定的祭祀仪式，包含了许多非一般百姓能够掌握的专门知识，而历史因素在这其中起着重要的作用。传统和历史意识，启发了这一社会阶层的文献意识。

3

文字符号的出现是史职形成的一个重要的契机和前提，也是巫觋职业化的一个重要标志。《淮南子·本经训》云"昔者，苍颉作书而天雨粟，鬼夜哭"，可见文字出现的意义是非凡的，它意味着"绝地天通"的成

[①] 侯外庐等：《中国思想通史》第一卷，北京：人民出版社1957年版，第61页。

立，意味着人神秩序得到了重新调整。

　　传说中，苍颉与史职有关。今《世本》（辑本）说："苍颉作书，史皇作图。"《绎史》卷五"史皇生而能书"条下注引《春秋元命苞》说："仓帝史皇氏名颉。"由此可以看出，苍颉和史皇之间有着交互而不可分的关系。史皇当然是史，可见文字图符与史职的出现是直接相关的。许慎《说文解字》释"史"曰："史，记事者也，从又持中。中，正也。"后人对史家记事之说，殆无可疑，唯对其释"中"为"正"有疑问，认为中正乃"无形之物德，非可手持"①，故往往另有申说。江永说："凡官府簿书谓之中，故诸官言'治中'、'受中'。《小司寇》'断庶民狱讼之中'，皆谓簿书，犹今之案卷也。此'中'字之本义。故掌文书者谓之史，其字从又从中。又者，右手，以手持簿书也。"（《周礼疑义举要·秋官》）王国维赞同阮元以"中"为"射礼所用以实筭者"的说法，但他认为："筭与简策本是一物，又皆为史所执，则盛筭之中，盖亦用以盛简。简之多者，自当编之为篇，若数十简左右者，盛于其中，其用较便……然则史字从又持中，义为持书之人。"② 关于史所持为书册这一观点为后世大多数学者所认同③。由上可以推定史家的原始职务即与文字载录有关。鲁迅《且介亭杂文·门外文谈》论史的来源说：

　　　　原始社会里，大约先前只有巫，待到渐次进化，事情繁复了，有些事情，如祭祀，狩猎，战争……之类，渐有记住的必要，巫就只好

---

① 王国维：《观堂集林》卷六《释史》，第263页。
② 同上书，第266—267页。
③ 关于史所持之物还有多种说法，但影响不大。如唐兰认为史所持之"中"，"本旂旗之类也……中以四斿为最夙，故其字亦以ㄓ为最古。凡垂直之线，中间恒加一点，双钩写之，因为ㄓ形，而ㄓ形盛行，由省变，遂为中形矣……余谓中者最初为氏族社会中之徽帜……盖古者有大事，聚众于旷地，先建中焉，群众望见中而趋附，群众来自四方，则建中之地为中央矣。"（《殷虚文字记》，北京：中华书局1981年版，第52—54页）依此，史家之原始职掌与部落"大事"召集人的角色有关，此召集人在原始时代当为大巫。所掌大旗，或为氏族之象征，或为巫事之象征，故可视为某种"无形之物德"。因此，许慎释"中"为"正"的说法亦是有道理的。此外，徐宗元《甲骨文字杂考·释史》认为"史字所从之中，疑为史官记事之版"（《福建师范学院学报》1956年第1期），劳榦《史字的结构及史官的原始职务》认为"史字是从右持钻，钻是象钻龟而卜之事"（《大陆杂志》1957年第3期），等等。

第一章　史职及其文献的产生

在他那本职的"降神"之外，一面也想法子来记事，这就是"史"的开头。①

不过，从巫中产生史，更重要的原因是"绝地天通"而导致的巫觋职业化。从现有的文献可以看出，史与甲骨龟卜的关系最为紧密，其在宗教行为中所起的作用大致在于记录。使用龟甲或兽骨进行占卜的方式很早就有，但在甲骨上刻字记录则始于晚商时期。商代正式的龟卜活动中，包括不少的职事，如钻凿、命龟、占龟、书契等。其中书契的人，就是史官了，他们也是巫觋集团的成员。他们有时在甲骨上留下名字，所以又被陈梦家称为"签署者"②，胡厚宣则断言"此史官签名，多于记事文字之末，知此官者，乃记事之史"③。综合二人的观点，史官的职责包括记录占卜过程和保存卜辞文献。史官在初期和命龟的贞人在职责上似乎有明确的分工，饶宗颐说："当日锲刻者乃别由史官任之，与贞卜者异其职掌。"④ 不过，倘将锲刻史官等同于纯粹的锲刻之匠人，则又不然。因为史亦有参与贞卜、"命龟"等仪式而拥有贞人身份的，所以陈梦家说"'签署者'多为卜人"⑤。甲骨卜辞中，有贞人以史为名，如"㣲丑卜史贞王食燕之日夷吉"（《殷虚书契前编》6.43.6），其中"史"即贞人之名⑥，则此人身兼史和贞二职。可见，史官也是巫觋集团的成员，古人常以"史巫"并称，如《周易·巽卦》九二爻辞说"用史巫纷若"。不管如何，在甲骨卜辞中，我们能看到一些锲刻和保存者的名字，他们就是最早的史官。

史职初期的任务在于见证占卜过程，也就是对占卜过程和结果进行记录和文献保存，其地位不如主持占卜的贞人等。随着历史和文献的累积，史官必然会越来越深入宗教活动的核心，甚至起着领袖的作用。据王宇信统计，"第一期武丁时期签名史官较多，达二十三名。第三期只一名

---

① 鲁迅：《鲁迅全集》第六卷，北京：人民文学出版社1981年版，第86页。
② 陈梦家：《殷虚卜辞综述》，北京：中华书局1988年版，第181页。
③ 胡厚宣：《卜辞记事文字史官签名例》，《国立中央研究院历史语言研究所集刊》第12本，1947年，第317页。
④ 饶宗颐：《殷代贞卜人物通考》下册，香港：香港大学出版社1959年版，第1188页。
⑤ 陈梦家：《殷虚卜辞综述》，第181页。
⑥ 徐中舒主编：《甲骨文字典》，成都：四川辞书出版社1989年版，第317页。

'狄'者。其他各期即第二期祖庚、祖甲，第四期武乙、文丁及第五期帝乙、帝辛时期，都没有史官签名之事"①。也就是说，早期史官似乎还很显眼，但随后这一职事就不那么突出了。这并不意味着史官突然消失了，只能解释为占卜行为中纯粹的史职逐渐淡薄，史官应该糅合到贞卜活动之中了。卜辞有"贞其彡大史于西于下乙匄"（《合集》1672）、"翌日乙大史祖丁有去自雨启"（《屯南》2838）等记载，这里的"史"都可训为"事"，而"事"在当时应指祭祀。以"史"借代为"事"，可见"史"已可表征祭祀了。一则卜辞云："乙丑卜，出，贞大史弋酌，先酌，其有报于丁卅牛，七月。"（《合集》23064）说的就是大史主持祭祀的事。有学者据此认为"大史可能以主持某些祭祀为其主要职责"②。可见，史官本人在宗教活动中的地位也越来越高，文化意义也越来越显著。

神灵赋予人类以秩序，并通过巫术祭祀的形式体现出来。而传统的观念化和祭祀活动的历史化，为巫觋的专业化准备了条件。史官成立最初的意义，就是依据自然形成的历史合理性，以及把握历史的技术，以保证巫觋的职业化。随着时代的延续，历史的厚度不断地增加，这种职业所承担的继承、阐释等文化功能就会越来越明显。

二 商史的地位与职责

1

史职是不断发展着的。商代的史职，见于甲骨文的有"大史"（《合集》32968）、"小史"（《合集》32835）、"我史"（《合集》3481），还有"三史"（《合集》822正）。帝乙时期的甲骨卜辞出现了"大史寮"（《合集》36423）的记载，显然，史官在商朝已经形成了一个职事系列。

甲骨文中的"史"字还可以解释为"使"，如"妇好史人于眉"（《续》4.29.1）等。"使"乃是指令、授权他人行动的意思，与人的社会行为有关。派遣使者而用"史"字，必然是由于此类职事多由史官承担。

---

① 王宇信：《甲骨学通论》（增订本），北京：中国社会科学出版社1993年版，第143页。
② 晁福林：《夏商西周的社会变迁》，北京：北京师范大学出版社1996年版，第332页。

第一章　史职及其文献的产生

甲骨文卜辞中有四方之史，说明使者也已经职业化，成为史官之一部分：

……卜亘贞……东使来。(《合集》5635 甲)

贞，我西使亡囚。(《合集》5636)

贞，勿立使于南。(《合集》5512)

贞，在北史亡其获羌。(《合集》914 正)

由此可以推测，商王、中央政权和诸方国的联系，主要是靠史来进行的。使者为什么由"史"来充当呢？因为史既是神灵在人间的代理人，又是最为重要的专业人员，所以无论是道义上还是技术上，都成为最合适的使者人选。

"史"在甲骨文里还用如"事"，主要是指祭祀活动。彼时的祭祀有多种专名，而用"史"来代替那些专名时，这里面必然包含着这样的意识：由于史职在祭祀中的核心地位，故"史"可用来泛指那些盛大的祭祀活动。由"史"假借而为"使"和"事"，说明了史官的社会职能已经扩展到社会事务的重要方面。从上引"在北史亡其获羌"中，我们甚至可以看到，史正率领王国军队从事征伐任务。

"史"之外，"尹"也是一种史职，并自成一职官系列。甲骨卜辞中可以看到"三尹"(《合集》32895)、"甲尹"(《英藏》2283)、"多尹"(《合集》19838) 等，此外还有"族尹"(《屯南》1233)、"令尹"(《合集》9472 正)、"小尹"(《屯南》601) 等。王国维说："尹字从又持丨，象笔形……持中为史，持笔为尹。"并引孙诒让《周官正义》和《吴尊盖》、《虎敦》、《牧敦》等多种古器铭文来说明："作册、尹氏皆《周礼》内史之职，而尹氏为其长，其职在书王命与制禄、命官，与大师同秉国政……然则尹氏之号，本于内史，《书》之庶尹、百尹，盖推内史之名以名之，与卿事、御事之推史之名以名之者同。"① 从这些材料来看，"尹"和"史"的职权有很多交叉重叠之处，但总的说来，"尹"职要高于"史"，并可能是"史"的管理者。比如伊尹，《尚书·君奭》说"在昔

---

① 王国维：《观堂集林》卷六《释史》，第 272—274 页。

成汤既受命时,则有若伊尹,格于皇天",可见伊尹是专为商汤沟通天人关系的,居巫史之要职。

《尚书·顾命》曰"多尹御事",又甲骨卜辞有"王曰:余其曰多尹其□二侯上丝暨㕣侯其㧥……周"(《合集》23560),这两则材料可以表明尹职的高层可以传令诸侯,地位仅在商王之下。实际上,伊尹曾任商汤之相。《竹书纪年·商》云"仲壬即位居亳,其卿士伊尹",伊尹又被称为卿士,可见史、尹、卿士,职责是相关的。"尹"能说明史官在商朝崇高的地位。

《尚书·多士》云:"惟殷先人,有册有典。"也就是说,除了甲骨卜辞外,商代还有典册的存在,因此也就有典册之官,即作册。郭沫若说:"'叀册用'与'叀祝用'为对贞,祝与册之别,盖祝以辞告,册以策告也。《书·洛诰》'作册逸祝册',乃兼用二者。旧解失之。"① 郭沫若认为作册是一种祭祀职务,作册以书面形式进行祝告。之所以要以书面形式,有两种可能:一是祭祀要以王的名义进行。而由他人代祝时,书面形式较庄重并且可信,由此也就出现了祝册一职。商时作册般甗铭文曰:"王宜人方,无敄(侮),咸。王商(赏)乍册般贝,用乍父己尊。来册。"② 刘桓说:"此器可能作于帝乙时。铭文述说铸器原由,乃因殷王俎祭人方的首领无敄,祭罢赏赐作册般贝,般才作器纪念其父父己的。这说明殷王祭祀人方无敄时作册般在场,作册是祭祀的参加者。"③ 显然,仅仅是在场还难以解释殷王的赏赐,作册在这次祭祀中实际是执册而代王祝告。二是需要在神灵的面前将王命昭告天下,因此,作册有形成公文并起到见证的意义。甲骨卜辞中有作册参与商王行赏的记载:"王其宁小臣告,叀作册商(赏)余令,王弗每。"(《前编》4.27.3)又《周礼·春官·内史》云:"凡命诸侯及孤卿大夫,则策命之。"则作册又参与策命仪式,所以王国维说作册的职责"在书王命与制禄、命官",今亦有学者认为册类似于现代意义上的档案④,都不为无见。比起史来,作册与王政的关系

---

① 郭沫若:《殷契粹编》,北京:科学出版社1965年版,第343—344页。
② 马承源:《商周青铜器铭文选》(三),北京:文物出版社1988年版,第6页。
③ 刘桓:《殷代史官及其相关问题》,《殷都学刊》1993年第3期。
④ 李零:《出土发现与古书年代的再认识》,《九州学刊》第3卷第1期,1988年。

第一章　史职及其文献的产生

显然要更为密切。作册既载录了王与神的交往，还记录王的赐命，并世代保存，作为某次赐命的合法性的证明。作册者因侍王左右，有时要代替王赐命，当是要职，非一般史官所能做到。所以，作册总是和尹相联系的，而早期金文中有"作册尹"的记录，如《师晨鼎》"王呼作册尹册令师晨"① 等。

2

在商朝，史官算是最为专业的一个阶层，从这个阶层中诞生了传统意义上的社会组织和管理人才。王国维对此有着极为精辟的见解：

> 史为掌书之官，自古为要职，殷商以前，其官之尊卑虽不可知，然大小官名及职事之名，多由史出，则史之位尊地要可知矣……古之官名多由史出。殷周间王室执政之官，经传作"卿士"；而毛公鼎、小子师敦、番生敦作"卿事"；殷虚卜辞作"卿史"，是卿士本名史也。又天子、诸侯之执政通称"御事"，而殷虚卜辞则称御史，是御事亦名史也。又古之六卿，《书·甘誓》谓之"六事"。司徒、司马、司空，《诗·小雅》谓之"三事"，又谓之"三有事"，《春秋左氏传》谓之"三吏"，此皆大官之称事，若吏即称史者也……史之本义，为持书之人，引申而为大官及庶官之称，又引申而为职事之称。其后三者各需专字，于是史、吏、事三字于小篆中截然有别，持书者谓之史，治人者谓之吏，职事谓之事。此盖出于秦汉之际，而《诗》《书》之文尚不甚区别，由上文所征引者知之矣。②

可以推测，史官凭着保管文献的便利，慢慢拥有了对历史的解释权，这些解释来自天命神示，也来自传统，有着天然的威严和合法性。史官因此慢慢成了神灵和传统的代言人，并逐渐获得了解释、管理社会事务的权力。由此，人们又另造出"吏"、"事"等字。史和吏的分开，意味着官僚体系的独立；史和事的分开，意味着社会事务渐已离开祭祀等宗教活动。这

---

① 马承源：《商周青铜器铭文选》（三），第203页。
② 王国维：《观堂集林》卷六《释史》，第269—270页。

些都是文明发展的必然结果。王国维认为这一分野是在秦汉之际,可能为时过迟,但在商代和西周初期史、吏、事三者肯定还是很难区分的。也就是说,在商和周初时期,管理国家和社会事务的权利和职事都是统一于史身上的。

史官在国家政权中拥有特殊地位,是由于他们是宗教人员中的精英,他们以典册等具体而可见的形式垄断了天命的传统,成为"有道者",不但为王的统治提供依据,也因此而累积了治理国家、管理民众的经验。所以,巫史的典册在商周之时实在是非常重要的。《吕氏春秋·先识览》云:

> 凡国之亡也,有道者必先去,古今一也。地从于城,城从于民,民从于贤。故贤主得贤者而民得,民得而城得,城得而地得。夫地得岂必足行其地、人说其民哉?得其要而已矣。夏太史令终古出其图法,执而泣之。夏桀迷惑,暴乱愈甚,太史令终古乃出奔如商。汤喜而告诸侯曰:"夏王无道,暴虐百姓,穷其父兄,耻其功臣,轻其贤良,弃义听谗,众庶咸怨,守法之臣,自归于商。"殷内史向挚见纣之愈乱迷惑也,于是载其图法,出亡之周。武王大说,以告诸侯曰:"商王大乱,沉于酒德,辟远箕子,爱近姑与息。妲己为政,赏罚无方,不用法式,杀三不辜,民大不服。守法之臣,出奔周国。"晋太史屠黍见晋之乱也,见晋公之骄而无德义也,以其图法归周。周威公见而问焉,曰:"天下之国孰先亡?"对曰:"晋先亡。"……居三年,晋果亡……故有道者之言也,不可不重也。

太史和他的图法所在,往往意味着国家的兴亡。这也就说明,史官之所在也是天道之所在,所以,晋国的太史能为周威王预言晋、中山以及威王本人的灭亡。王国朝代是可以更替的,而巫史由于秉有天命,所以不会随旧朝的灭亡而灭亡。

上引文中所提到的箕子,史书上说他是殷末的贤人,但据周原的一片甲骨文记载:"唯衣鸡子来降,其执暨厥史。在姊尔卜曰南宫鸰其乍。"

(《周原》H31：2）学者释"衣"为"殷"，"鸡子"为"箕子"①。"降"字在春秋以前，专用为神性的来临，所以，箕子必然是商代的大巫，方可受到周人如此的推崇，得此"降"字。《尚书·洪范》又载，周武王在克殷的两年后，曾拜访过箕子，并得到箕子在各方面的教导，其中包括"稽疑"和"庶徵"，也就是巫史预言等行为。周朝一统天下，成王所分封周公的，除了"土田陪敦"外，还有商所遗留的"祝、宗、卜、史，备物、典册，官司、彝器"（《左传·定公四年》）。由上可以看出，朝代可以灭亡，但巫史和典册，因其代表了天道，是超越朝代的，所以，商巫在商亡后，仍可被周人所用。

三 卜辞和"商书"

1

由人神之粗分，进而在世俗人群中区分出一个统治阶层，这个阶层除了自然形成的族长、酋长外，主要就是服务于神灵的社会精英了。精英的标准是《国语·楚语下》所说的"精爽不携贰"，"齐肃衷正"，"智能上下比义"，"圣能光远宣朗"，"明能光照之"，"聪能听彻之"，但精英文化的依据却离不开来自传统的合理性，以及天人沟通的技术，而这些都可垄断到文献中，通过文献进行有效保留和内部传播，比如甲骨文、各种史籍等等。文献的形成是文化史上一个里程碑。

《尚书·多士》称："惟殷先人，有册有典。""有册有典"是商人的文化标志，这是非常有意义的：神的启示不光是先民们行为的动机和准则，而且也是一种存在的见证，一种留传后世的精神财富，应该得到妥善的保留。商代的文献不只是甲骨文，竹简、陶器、青铜等，都是商人刻锲文字符号的载体，但竹简和陶器不存，青铜器上的符号文字数量极少，因此，我们可将甲骨卜辞看作殷商最有代表性的文献。甲骨卜辞的制作和保存是极为严肃的工作。据现代学者的研究，在甲骨上锲刻，需要用笔、

---

① 陈全方：《陕西岐山凤雏村西周甲骨文概论》，《四川大学学报丛刊》第 10 辑，1982 年。

刀,还要涂抹朱或墨①,程序繁杂。甲骨在刻锲以后,还要精心保管,成为王家文献。陈梦家有一段话,说明了商人对这些甲骨文献的重视:

> 殷人的典册应该是书于竹木上的,今已无存。但是卜用甲骨上的刻辞,固然是王室的文书记录,就是卜辞也应属于王室的文书记录,是殷代的王家档案。我们说卜辞是档案,其理由如下:(1)殷代的社会,王与巫史既操政治的大权,又兼为占卜的主持者,所以这些卜辞也可以视作政事的决定记录;(2)卜辞集中的出土于殷都安阳,而卜辞中所记占卜地往往有在殷都以外的,可见这些在外地占卜了的甲骨仍旧归档于殷都;(3)殷都的甲骨有很多是储积或累积于一处,可能是当时储档之所;(4)非卜辞的卜事刻辞,除了记述甲骨的来历、整治以外,还有经管的卜官的名字,可见当时有人经管这些档案。②

商人保留甲骨和铭刻卜辞的目的,前人认为是为了日后考校启示是否灵验,以此来决定占人的成绩③。这大概不是甲骨收藏的最初目的。首先,甲骨卜辞中多有王卜的记录,考校王卜的效验是没有意义的。其次,从《尚书·金縢》中也能看到,所收藏的卜辞是不能随便检阅的。周公因为武王久病,祝之于天,愿以身代,并有龟卜,"乃纳册于金縢之匮中",直到武王死后,"周公居东二年",才由周成王非常慎重地开启获阅。由此可见,卜祭是不可能按时考校的。甲骨占卜是建立在信仰基础之上的,占卜行为也只是一种传递神示的过程,考校行为不仅会动摇对占卜的信念,而且也不符合占卜的思维模式。卜辞中虽有获验的记录,却没有不验的记录,所以后来所补上的获验之辞,不过是为了加强龟卜活动的神圣性。因此,考校说必是出自信仰衰落后,官僚系统发达之时。收藏甲骨卜

---

① 详见赵铨等《甲骨文字契刻初探》,《考古》1982年第1期。
② 陈梦家:《殷虚卜辞综述》,第46页。
③ 如《周礼·春官·占人》说:"凡卜筮既事,则系币以比其命,岁终,则计其占之中否。"明代王应电说:"史以币书其命龟之事与占人断决之词,系之于龟。比之者,占人非一,各存其说也,岁终则计其占之中否。屡中者,进其秩。不中者,退其人。"(《周礼传》卷三下,见《景印文渊阁四库全书》第96册,台北:台湾商务印书馆1986年影印本,第162页)

第一章　史职及其文献的产生

辞应该出自这两个方面的理由：一是甲骨卜辞本身的神圣性，二是占卜行为本身的神圣性。《礼记·曲礼上》云："祭服敝则焚之，龟策敝则埋之。"郑玄注云："此皆不欲人亵之也。"可见，甲骨卜辞本身具有神圣意味，轻易触碰会招致灾祸，商人非常珍惜卜用甲骨。1949 年前安阳小屯村北朱姓地出土的一些甲骨卜辞，就是帝乙在远征人方时所用，后又千里迢迢运回京都。商人相信，在这些累累的甲骨中，有商人的天命在，所以是神圣的。而史官保留甲骨卜辞，也正是因为肩负着这一重神圣性，并由此神圣性而获得一种不可移易的历史感。

再次，我们相信史官对这些历史文献有一定的阐释权力，而且由历史阐释而进入现实阐释，从而获得一种世俗的话语权力。《周礼·春官·占人》说：

> 凡卜筮，君占体，大夫占色，史占墨，卜人占坼。

所谓"体"、"色"、"墨"、"坼"，大概都是通过某种途径，达成对神示的理解。后人认为所谓"体"即甲骨之上所现的五行之象①；而"色"则是某种"兆气"，郑玄认为即《洪范》所谓"雨、济、圛、蟊、克"②。关于"体"和"色"的说法总有点玄，而且五行、五色没有甲骨文材料可以证明，所以不可当真。相比较之下，"墨"和"坼"作为可见的形态，要切实一些。《说文解字》云："坼，裂也。"也就是甲骨在凿、烤之后迸现的裂纹。占卜者应是凭此来推断吉凶，或是宣言神示。那么，"墨"呢？有两种主要的说法：一种认为是裂纹之较显著或直立者，即兆干，而裂纹之细微、横逸者称为"坼"；另一种认为占卜者在凿烤甲骨之前，以墨画出希望显示的吉象，符合者称为"墨"，则"墨"为吉象，而"坼"就是不吉之象。对"墨"和"坼"的解释虽然较实在一些，但也

---

① 《周礼·春官·占人》"君占体"下贾公彦疏云："云'体，兆象也'者，谓金木水火土五种之兆……其兆直上向背者为木兆，直下向足者为水兆，邪向背者为火兆，邪向下者为金兆，横者为土兆，是兆象也。"

② 孙诒让《周礼正义》（北京：中华书局 1987 年版，第 1926—1927 页）有详细解释，可参看。

不能完全令人满意。从现在所能见到的实物来看，唯有武丁时期的甲骨才有墨迹。而这些墨迹既包括书写的卜辞，也包括在刻锲符号和裂纹上的涂墨。这些显然都不可能是先画上的，只能在占卜之后才能涂写。在刻辞和裂纹上涂墨的用意，乃在于更好地保留文献。因为如果保存不当会导致甲骨裂开，所以涂墨以示原迹。那么，《周礼·春官》的意思不过是说，卜人对当时所显示的兆象负责，而史则对由墨所显示迹象负责。王昭禹云："龟卜之事，龟坼而后墨见，墨见而后色著，色著而后体备。卜人先占坼，史占墨次之，大夫占色又次之，众占备而后君占体，以断吉凶焉。《玉藻》：'卜人定龟，史定墨，君定体'，先后之序也。此经言君占体而后及于色、墨、坼，尊卑之序也。"① 所说大体不错。

所谓"占"，《说文解字》解释为"视兆问也"，即是对兆象进行解释。这一权力在初期应该完全属于视坼的占卜者。假如"占墨"和"占坼"同时起作用的话，则必有个先后或者主次之分，完全没有分工将会导致混乱。若据上引之《玉藻》"卜人定龟，史定墨，君定体"，最简易的解释是卜人对龟进行实际操作，或作简单的辨别，而史予以阐释并作载录，国君则据势判断。这似乎又太强调了史官的功能，这种情况当发生于商代后期或周代。不管如何，史官在卜祭中的地位是越来越重要，并将最终主导解释天命神示的话语权力。

2

甲骨卜辞作为最初的史官文献，它在表达形式上有着自己的特点。这些特点是由其问卜的功能决定的，同时又表现了明晰的历史意识。

日本学者贝塚茂树列举了几条属于殷王武丁统治期的甲骨卜辞，以说明它们的表达形式：

> 贞王于八月入于商。(《合集》7780)

> 辛卯卜，殻贞来乙巳王勿入。(《合集》7787)

---

① （清）张廷玉等《钦定周官义疏》卷二十四引，见《景印文渊阁四库全书》第 98 册，第 650—651 页。

第一章　史职及其文献的产生

  乙巳卜，争贞：尞于河，五牛？沈十牛？十月。（《合集》14553）

在以上三条卜辞中，第一条只写了命辞，第二条"附刻上了占卜的日时和与此有关卜人的名字的记事的文字"，而最末一条，"在卜辞的前边既写上了卜日、卜人名，而且末尾又写上了月份，两者相结合详记了占卜的日时"。贝塚茂树又列举了殷代末期帝乙、帝辛时的两条卜辞：

  癸卯王卜，贞酒翌日，自上甲至多毓衣，亡徣自卼。在九月，佳王五祀。（《合集》37844）

  癸巳卜，贞王旬亡卼。在二月，在齐𬀩，佳王来征人方。（《合集》36493）

第一条除了记述了卜人、干支日外，"还在末尾记有月份及王即位的年数"；第二条多了"占卜的场所"，以及"殷王在征伐东夷的途中发生的事"。贝塚茂树就此总结"殷代的卜辞及铜器铭文记事的共同特点"云："在记述所发生事件时，先举发生事件的日的干支，然后再记事件，但根据不同情况，有的在末尾将包含日的月与祀（殷代用祀代年）以及和发生事件有关系的国家大事的祭祀和军事的记述被加进去的。"[①]

  除了命辞的内容之外，甲骨卜辞的记事部分主要包括贞卜者、贞问日月和简单的相关事实三方面的因素。在这三种因素中，最重要的是占卜的时间。而时间要素中，又以干支日最为重要。干支在商文化中的作用非常特殊。除了传说中的祖先外，殷代历王绝大多数是以十干为名的[②]。《史记·殷本纪》司马贞《索隐》："皇甫谧云：'微字上甲，其母以甲日生故也。'商家生子，以日为名，盖自微始。"也就是说，殷人以生日为名。

---

 ①　[日]贝塚茂树：《古代历史记述形式的变化》，《松辽学刊》（社会科学版）1985年第2期。
 ②　见王国维《观堂集林》卷九《殷卜辞中所见先公先王续考》所附《殷世数异同表》，第447—450页。

但近代以来，学者一般都认为十干记名又与祭祀顺序或方法有关，如王国维认为："疑商人以日为名号，乃成汤以后之事。其先世诸公生卒之日，至汤有天下后定祀典名号时，已不可知，乃即用十日之次序以追名之。"①贝塚茂树认为："殷人在祭祀人祖时，即根据其人祖生日的十干相应地决定牺牲的毛色等。"② 不管如何，十干命名的出现，意味着商代的先王祀典越来越复杂，而十干则可以将这些复杂的祀典条理化、知识化，形成有效的组织和记忆。因此，以干支为中心的时间意识，在殷代史官的记事中就有了特殊的意义。如贝塚茂树所说："殷代的史官……是根据龟卜、骨卜对人事、自然界将要发生的事件的征兆向神寻问的巫师兼卜官，他们将问神的占卜言辞刻写在占卜用的龟甲、兽骨上。此种刻写不是将人世发生的事由人来写，而是将人们问神的言词即贞问当作中心内容，同时将进行占卜的日时和贞卜的巫师名一起刻写上留存后世的。因而它不是俗界的记录，而是神人之间的神圣的记录。"③ 但是，就在这一神圣形式中，人们的历史意识渐渐地明晰起来，尤其是月和年等时间要素加入之后，甲骨卜辞中的时间词所体现出来的时序意识就更加突出了。时序意识不属于事件本身，而与表述、记忆、理解等职业行为有着很密切的关系。当然，在时间之外，事件和人物的叙事也很重要。尤其是后期甲骨卜辞中出现的与占问事项相关的历史事件，也能说明史官的历史意识。但时间意识，仍然是历史文献一种最重要的形式特征。

一般认为甲骨卜辞，主要有叙辞、命辞、占辞和验辞四部分组成。叙辞是指卜辞前面关于卜日和贞人名字的记载；命辞是对占卜事项的记录，通常以"贞"字领起，所以又称为贞辞；占辞是对占卜结果的记录，通常是对事件的吉凶判断和前景的预测；验辞是后人补刻的与占卜有关的事实。如下例所示：

丙午卜，㱿（以上为叙辞），贞呼师往见右师（以上为命辞）。王占曰：惟老惟人途。遘若……卜惟其旬（以上为占辞）。二旬有八

---

① 王国维：《观堂集林》卷九《殷卜辞中所见先公先王续考》，第440页。
② ［日］贝塚茂树：《古代历史记述形式的变化》，《松辽学刊》（社会科学版）1985年第2期。
③ 同上。

第一章 史职及其文献的产生

日兌壬……师夕死黾（以上为验辞）。（《合集》17055 正反）

这则卜辞是想知道商王命师"往视右师"是否可行，而神示显示了"师"在经历了平安旅途后会有凶险，结果"师"在二十八天后死亡。宋镇豪说："如此叙辞、命辞、占辞、验辞四者包括序数等都具备的完整卜辞型式，其实并不太多，多数卜辞只记有其中几项。"① 那么，四项具备只是一种典型形态。这一形态构成了一个理想的神圣叙事模式：人因某事祈求神灵指示吉凶，神指示吉凶。叙事立足于占卜本身，而"师往视右师"这一事件本身并不是叙事的对象，叙辞中的时间、人物，也只与占卜事件有关，而与"师往视右师"无关。验辞部分也只是对占卜的佐证和补充，因此表现为一种冷静的姿态。而在整个叙事中，没有来自人间的理由，也没有来自现实的解释，其冷静中透露出深沉的神秘。因此，这一叙事是属于宗教的，甚至在问卜中也不陈述自己的情感愿望等，在文辞上呈现一种唯命是从的姿态。这当然可以解释为是叙事艺术尚未得到发展的结果，但它更反映了宗教思维特征：神灵无条件地决定一切。人的意志和愿望，以及一切人间的理由，都不重要。人间的事虽由自己来作为，但事情的结果却由神来安排。如前文所举之一条卜辞：

王其宁小臣告，叀作册商（赏）余令，王弗每。（《前编》4.27.3）

卜辞是说王打算命作册奖赏小臣告，因此贞问王会不会后悔。王是否后悔涉及奖赏的正当性。而在我们理解中，正当性主要与小臣本身的行为有关。但这则卜辞并没有向神陈述小臣的功劳，而是直接问王是否会后悔，可见在商人的意识中，人事的理由与天命没有直接的关系，天命无条件地主宰一切，不能以任何的人间理由来推断、安排人间的命运，因此，人只能永远保持一种戒惧的姿态。在这种精神背景下所产生的叙事，只能是一种片段呈现形态的，是一种纯粹的见证性载录。

---

① 宋镇豪：《夏商社会生活史》（下），北京：中国社会科学出版社 2005 年版，第 914 页。

卜辞之外，商代甲骨中还有一些记事性文字。如：

  壬午，王田于麦麓，获商戠兕，王赐宰丰寝小矺贶觥，在五月，隹王六祀肜日。(《佚存》518)

是说于帝乙的第六年进行肜祭的壬午日，商王在麦麓捕获一头兕，并赏给宰丰一觥醴酒。此外，《合集》36481 所录一块牛胛骨上的一段刻辞，记载了帝乙时征伐危方俘获伯长及财物而向先王献祭的事。胡厚宣推测全文约长一百五十至二百字左右①。这些刻辞叙事清晰，首尾完整，与卜辞有着明显的区别。它们大多出现在帝乙时期，已是商代末期，它们显示了商代史官叙事水平的发展，也显示了史官除关注占卜之外，也开始载录社会事务，有了一定的述史意识。

  甲骨卜辞的表述形式，在很大程度上影响了后世史官的载录方式。如《春秋》记事，亦是在年、月、干支日等时间提示下，载录简单事实。相对而言，《春秋》似乎更看重"王年"，与甲骨卜辞看重干支日有所不同，这与《春秋》以记史实为主有关。更为重要的是，《春秋》记事也是以一种压抑的姿态呈现事实片段，没有原因、发展和结果，也没有史官的评论，这同样显示了史官的宗教姿态，与卜辞载录方式一脉相承。此外，在甲骨刻辞中，还有一些"干支表"、"祀谱"、"家谱刻辞"等，宋镇豪将其归为"表谱刻辞"一类②，这些都应该是史官内部参考备览的职业文献，也可能是史官相互传授职业知识和技能之所用。这些文献，是后世史官表谱类著述的源头。由上可见，甲骨卜辞在多方面为传统史官文献在文体形态上奠定了基础。

3

  除甲骨文外，与商代史录有关的文献还有"书"。"书"在西周时代就流传于世，但灭于秦火。据《史记·儒林列传》载："秦时焚书，伏生壁藏之。其后兵大起，流亡，汉定，伏生求其书，亡数十篇，独得二十九

---

① 胡厚宣：《中国奴隶社会的人殉和人祭》(下篇)，《文物》1974 年第 8 期。
② 宋镇豪：《夏商社会生活史》(下)，第 929—930 页。

第一章 史职及其文献的产生

篇,即以教于齐鲁之间。"由于这二十九篇由伏生以当时通行的隶书写定(其中《泰誓》一篇是从民间求得而补入的),故称为今文《尚书》。此后,又有孔子宅壁中四十五篇《尚书》面世,是以古文字写成的,被称为古文《尚书》。西晋时今文《尚书》失传,东晋之后古文《尚书》亦被伪古文《尚书》代替。伪古文《尚书》中包含有二十八篇今文《尚书》,真伪参半,并流传至今①。从文献学上说,除《泰誓》三篇外,今传《尚书》中同于伏生所传篇名的都是真的,可作研究的资料。但从史学上来说,今文《尚书》二十八篇也不完全是真的。其中"虞夏书"被公认为是后世儒者所伪造。"商书"诸篇,王国维认为《盘庚》、《高宗肜日》、《西伯戡黎》和《微子》是"当时所作"②,而郭沫若认为《高宗肜日》也是不可信的③。陈梦家判定今文《尚书》皆出于西周至战国时代,"商书"多为宋国人拟作,它们"自然有所本,因之也保存了许多史料"④。那么,"商书"诸篇其实也都难以算得上是真正的商代文献。

历来学者都对"商书"中的《盘庚》格外青睐,认为具有很大的史料价值,反映了盘庚时代的实情,所以有"殷盘周诰"之称。《书序》云:"盘庚五迁,将治亳殷,作《盘庚》三篇。"可见,盘庚因为屡次迁都引起了贵族的不满,盘庚针对这些贵族有三次训诫,即《盘庚》三篇。在这三篇训话中,盘庚屡次提到先王,并将所有的赏罚都系在先王或天命名下。如以下这些话:

> 古我先王,亦惟图任旧人共政。王播告之修,不匿厥指,王用丕钦,罔有逸言,民用丕变。今汝聒聒,起信险肤,予弗知乃所讼。

> 兹予大享于先王,尔祖其从与享之。作福作灾,予亦不敢动用非德。(《尚书·盘庚》上)

---

① 关于《尚书》的真伪和流传情况,可参看陈梦家著《尚书通论》(北京:中华书局2005年版)和蒋善国著《尚书综述》(上海:上海古籍出版社1988年版)中相关章节。
② 王国维:《古史新证》,北京:清华大学出版社1994年版,第3页。
③ 郭沫若:《青铜时代》,北京:科学出版社1957年版,第7页。
④ 陈梦家:《尚书通论》,第108页。

> 古我先后，既劳乃祖乃父，汝共作我畜民，汝有戕则在乃心。我先后绥乃祖乃父，乃祖乃父乃断弃汝，不救乃死。兹予有乱政同位，具乃贝玉。乃祖乃父丕乃告我高后曰："作丕刑于朕孙。"迪高后，丕乃崇降弗祥。（《尚书·盘庚》中）

> 古我先王，将多于前功，适于山，用降我凶，德嘉绩于朕邦……肆上帝将复我高祖之德，乱越我家。朕及笃敬，恭承民命，用永地于新邑。肆予冲人，非废厥谋，吊由灵各；非敢违卜，用宏兹贲。（《尚书·盘庚》下）

可以说，盘庚基本上是假借先王的名义来训诫臣民，他有能力通过鬼神对臣民行赏罚之权，从而使臣民服从自己迁都的意愿。这种思维方式和行为方式与当时宗教文化有关。盘庚三次训话，一发表于"庭"，一在既"登"之后，一在"乃正厥位"之后。"庭"是汇聚百官之处，在庙堂或台下。而所"登"之处必然是庙堂或台，"正位"即就仪式之位或调整祭拜的方位。因此，盘庚的这些训话都是在宗教场合之中进行的，其实也是仪式中的祝祷行为。也只有在祭祀仪式中，盘庚才能以先王、神灵的名义恫吓臣下。那么，这些训辞与祷祝占卜一样，都具有宗教意义。

商代占卜有史职以甲骨文记录，那么，在祭祀过程中的诵祝训诫之辞也一定会有史职记录。《尚书·多士》谓"惟殷先人，有册有典"，这里的册、典当不包括甲骨卜辞，应该别有文献。《周礼·春官》言"大祝"的职能云："作六辞，以通上下亲疏远近，一曰祠，二曰命，三曰诰，四曰会，五曰祷，六曰诔。"郑司农注云："祠当为辞，谓辞令也。命，《论语》所谓为命裨谌草创之。诰，谓《康诰》、《盘庚之诰》之属也……会，谓王官之伯，命事于会，胥命于蒲，主为其命也。祷，谓祷于天地、社稷、宗庙，主为其辞也……诔，谓积累生时德行，以锡之命，主为其辞也……此皆有文雅辞令，难为者也，故大祝官主作六辞。"这里所说的虽然是西周之礼，但商代也有祝，前引郭沫若《殷契粹编》说："'叀册用'与'叀祝用'为对贞，祝与册有别，祝以辞告，册以策告也。"则我们也可以从《周礼》这段记载中推测商代"祝"有"典册"载录的责任。商

第一章　史职及其文献的产生

祝所撰述、载录的就是宗教场合下的"六辞",其中就包括"诰"。那么,可以据此推断,以上三篇中盘庚的话,都是商代的典册文献的一部分。

不过,《盘庚》三篇中记事的言辞,具有后世追忆的特点,所以不可能是史官的现场载录。《史记·殷本纪》云:"盘庚渡河南,复居成汤之故居,乃五迁,无定处。殷民咨胥皆怨,不欲徙。盘庚乃告谕诸侯大臣曰……帝盘庚崩,弟小辛立,是为帝小辛。帝小辛立,殷复衰。百姓思盘庚,乃作《盘庚》三篇。"近现代学者大多数认为《盘庚》是周初编定的。李民说:"《盘庚》应是周初统治者制作的一篇历史文献。由于周初是紧接着殷末的,即使距离盘庚时代,也只有二、三百年时间,因此,其所使用的历史素材是比较可靠的……不失为一篇中国古代的最早、最长的历史文献。"① 即使《盘庚》是周初所拟作,也应该存在着一种原始的殷盘文献,作为拟作或改造的底本。蒋善国云:"《般庚》是般庚迁殷后,史官所记,到了小辛时人民想到般庚迁殷后行汤政,使他们得安居的快乐,一面见小辛不能继般庚的德业,遂对般庚特别颂扬,使般庚迁殷的故事,家传户晓,也就是把般庚时史官所记迁殷的三篇文献,重传到民间……《般庚》三篇大体是迁殷后的实录。据《吕氏春秋·慎大览》所说:'武王于是复盘庚之政。'我们如认《般庚》是这个时候整编的,那么就是在克殷以后、武王死前。"② 此说的目的在于调和众说。但周初确实有一个文献收集和整理的高潮,这从《尚书》中的周初"八诰"中可以看出来。认为周初对《盘庚》进行了修订增饰,能解释《盘庚》文字水平高于殷商其他文献的疑问。对于《高宗肜日》、《西伯戡黎》和《微子》等作品,我们也可以作同样的理解。

我们还难以将《盘庚》完全复原到殷商时的状态,但《盘庚》能说明殷商时已经出现了类似的典册文献,而且对周初典诰类文献有着直接的影响。

---

① 李民:《尚书与古史研究》(增订本),郑州:中州书画社1983年版,第133页。
② 蒋善国:《尚书综述》,第205页。

四 铸鼎象物和图画文献

1

除了文字符号外,商周时期还存在着另一种巫术记录方式,那就是图画。我们先从鼎彝上的纹饰谈起。张光直在多篇文章中推断,青铜器在商周时主要是作为祭器出现的,青铜器上刻画的动物图形,是巫觋交通神灵的媒介,是巫师通神的助手,由于商周或更早时社会所行的是巫政,所以"中国古代青铜器等于中国古代政治权力的工具"①。到了周朝,这些青铜器成了王室和贵族的世代相传的重器,成了宗族和政权的象征。张光直十分重视鼎的政治功能,是极有道理的,但他对鼎上动物纹饰的具体阐释却有未尽之处。下面我们就这些动物纹饰做进一步的讨论。

《左传·宣公三年》有一段谈到所谓"九鼎":

> 楚子伐陆浑之戎,遂至于雒,观兵于周疆。定王使王孙满劳楚子。楚子问鼎之大小、轻重焉。对曰:"在德不在鼎。昔夏之方有德也,远方图物,贡金九牧,铸鼎象物,百物而为之备,使民知神、奸。故民入川泽、山林,不逢不若。螭魅罔两,莫能逢之,用能协于上下,以承天休。桀有昏德,鼎迁于商,载祀六百。商纣暴虐,鼎迁于周。德之休明,虽小,重也。其奸回昏乱,虽大,轻也。天祚明德,有所厎止。成王定鼎于郏鄏,卜世三十,卜年七百,天所命也。周德虽衰,天命未改。鼎之轻重,未可问也。"

"九鼎"是传说中最古老也是最尊贵的鼎,它的创设和形制,应该能典型地反映出鼎的文化意义。我们将王孙满话中属于周人特有的德行政教观念放置一边,那么,九鼎的最初功能就立刻显现出来,也就是"铸鼎

---

① 参见张光直著《中国古代艺术与政治》、《从商周青铜器谈文明与国家的起源》等文章,皆收录于《中国青铜时代》。

第一章 史职及其文献的产生

象物，百物而为之备"，其目的是"协于上下，以承天休"。所谓"物"，王国维认为其本义是"杂色牛"①，后泛指一切神怪，是人们祭祀的对象。《左传·庄公三十二年》云："以其物享焉，其至之日，亦其物也。"说的就是根据某物怪降临的日子来判断它的身份，并按照它固有的祭祀方法来祭祀它。《周礼·春官·神仕》有"致地示物魅"之语，郑玄注曰："百物之神曰魅。"《史记·天官书》云："所见天变，皆国殊窟穴，家占物怪，以占时应。"所以"物"实即物怪、鬼魅之意。那么，所谓"铸鼎象物"，就是在鼎上刻画各类神怪形象。

现存的青铜器上有不少的动物形象，被人们称为"饕餮"，或统称为"兽面纹"。《吕氏春秋·先识览》有关于鼎铸饕餮的记载："周鼎著饕餮，有首无身，食人未咽，害及其身，以言报更也。"又《左传·文公十八年》孔颖达疏引服虔案《神异经》云："饕餮，兽名，身如牛，人面，目在腋下，食人。"单就这些记载中所描绘的饕餮形象而言，确实有些恐怖。但现代文献所谓饕餮，其实是一种泛称，它包括了多种类似的刻画纹样，相当于王孙满所谓"魑魅罔两"一词。有学者将铜器上动物纹饰分为兽面纹、夔龙纹和神鸟纹三类，每类下又细分为多种形式，如牛角类兽面纹、羊角类兽面纹、豕耳类兽面纹、变异类兽面纹等②。根据上古时代的思维习惯，这些不同形态的动物应该各有专名。有学者根据古籍记载，从这些怪形兽中辨认出兽面的"肥遗"和龙形一足的"夔"，以及龙、虬等③。《山海经·北山经》说："有蛇一首两身，名曰肥遗，见则其国大旱。"《大荒东经》说："其上有兽，状如牛，苍身而无角，一足，出入水则必风雨，其光如日月，其声如雷，其名曰夔。黄帝得之，以其皮为鼓，橛以雷兽之骨，声闻五百里，以威天下。"显然，肥遗和夔皆非善类，人见则有灾。由此看来，所谓"铸鼎象物"的目的，并不如张光直所言，"是说各地特殊的通天动物，都供

---

① 王国维：《观堂集林》卷六《释物》，第287页。
② 参见段勇《商周青铜器幻想动物纹研究》有关论述，上海：上海古籍出版社2003年版。
③ 参见张光直《商周青铜器上的动物纹样》，收入《中国青铜时代》。

王朝的服役",是巫觋们通神的帮手①。王孙满所说的"以承天休"别有所指。

赵世超认为"九鼎的神奇之处并不在于它是否被用作祭器,而在于它上边铸有许多奇异的物",而在九鼎上铸这些物怪,是因为"各种害人的恶物的图像被铸到鼎上后,魑魅罔两便全在夏王的掌握中,人民也就可以放心地出入于川泽、山林了",反映了模拟巫术的思维特点②。这一说法虽然很有意思,但与王孙满所说的"使民知神奸"有些不符。所谓"知"就是认知,就是说"铸鼎象物"的主要功用还是认知。对于普通民众来说,能够准确地认识那些可怕的东西,才能在日常的生产生活中避开那些可怕的物怪,也就是"不逢不若,魑魅罔两,莫能逢之"。此外,鼎上所铸之"物"并不完全就是恶物,它还包括了善类的"神",而认识善神的目的,在于按照特定的方式祭祀以祈福,它在初民的生产生活中的重要性并不次于对恶神的避讳和祭祀。所以,"铸鼎象物"是一种模拟巫术的观点并不切合中国古代的实际情况。各种神灵物怪,都是初民在自然生活中产生的神秘感、畏惧感的反映,它需要通过种种形式的禁忌、祭祷来化解。所以,通过形象性、系统性将这些神灵物怪组织起来、表达出来,形成有效的知识,才能使人们能把握这些物怪,有效地安排自己的行为。我们相信,形象性、系统性的任务是由巫觋完成的,作为一种知识,它最初也是掌握在巫觋手里的。巫觋就是通过这些知识来协调人类与自然及物怪的关系,来指导人们的现实生活,亦即"协于上下,以承天休"。因此,刻画了"百物"之鼎就是巫师职业手册类的文献。

2

"铸鼎象物"很容易让我们联想到《山海经》一书。《山海经》内容奇诡,《汉书·艺文志》将其归为"形法家",是某种根据地理、宫舍甚至人畜骨等形状而推断吉凶的方术类著作;《隋书·经籍志》将其归为"地理志",是一部由禹所制定的有关疆界、物产和贡赋等内容的

---

① 张光直:《中国古代艺术与政治》,收入《中国青铜时代》,第467页。
② 赵世超:《铸鼎象物说》,《社会科学战线》2004年第4期。

第一章 史职及其文献的产生

著作；后人亦有称《山海经》"实则小说之最古者"（《四库全书总目提要》），等等。这些说法与《山海经》的内容总不大贴切，质疑者甚多。到20世纪前期，鲁迅《中国小说史略》断言："《山海经》……记海内外山川神祇异物及祭祀所宜，以为禹、益所作者固非，而谓因《楚辞》而造者亦未是；所载祠神之物多用糈（精米），与巫术合，盖古之巫书也，然秦汉人亦有增益。"[1] 当代学者，尤其是神话学者，基本上都接受鲁迅的观点，并在很大程度上完善了"巫书说"。如袁珂列出四项证据以补充鲁迅的观点：书中有巫师的活动、有祀典和祭物、有神话、传说其作者为禹[2]。《山海经》是一部"巫书"基本没问题，但"巫书"的说法太过笼统，因为我们也可以说《周易》是巫书，而两者的差别是十分明显的。那么，《山海经》到底是一部怎样的巫书呢？学者们虽然并没有更具体地探讨这一问题，但他们的研究涉及《山海经》中的巫术方式。如袁珂认为，《海经》所记"大约就是古代巫师招魂之时所述的内容大概"，而《山经》的内容"一是在奉享'上帝鬼神'，一是在'使民知神奸，不逢不若'：二者都与巫事有关，而后者尤为重要，它关系到巫事活动中的法术禁御"[3]。在这招魂、奉享和法术禁御三项中，都涉及对山川自然之神的认知，这与"铸鼎象物"是类似的。《山海经》的典型表达形式是：某山，有神怪名某，祸福如何，有草木出产名某，如何祭祀。显然，《山海经》的主要目的在于辨识"方物"，描绘各山或水的神灵的形象、善恶，说明它们的祭祀方法等。所以，它的主要功能类似于"铸鼎象物"，是指导人们应对各种自然神怪的巫术著作。而招魂、奉享等不过是有关方物知识中的应有之义，并不能决定《山海经》的性质。

说《山海经》性质同于"铸鼎象物"，从关于它的作者的传说中也能得到证明。刘歆《上山海经表》云：

　　禹乘四载，随山刊木，定高山大川。益与伯翳主驱禽兽，命山

---

[1] 鲁迅：《鲁迅全集》第九卷，第18—19页。
[2] 袁珂：《中国神话通论》，成都：巴蜀书社1993年版，第2—3页。
[3] 袁珂：《〈山海经〉盖"古之巫书"试探》，《社会科学研究》1985年第6期。

川，类草木，别水土。四岳佐之，以周四方。逮人迹之所希至，及舟舆之所罕到，内别五方之山，外分八方之海，纪其珍宝奇物，异方之所生，水土草木禽兽昆虫麟凤之所止，祯祥之所隐，及四海之外，绝域之国，殊类之人。禹别九州，任土作贡，而益等类物善恶，著《山海经》。

也就是说，《山海经》并非出于禹之手，而是由益完成的。王充《论衡·别通篇》也有"禹主治水，益主记异物……作《山海经》"的说法，可见刘歆的说法并不孤立。而益能作《山海经》是因为他曾任虞职。《尚书·舜典》云：

> 帝曰："畴若予上下草木鸟兽？"佥曰："益哉！"帝曰："俞，咨！益，汝作朕虞。"

《史记·五帝本纪》裴骃《集解》引马融的话云："虞，掌山泽之官名。"但这个说法反映的是后世职官的情况。先秦时期关于"虞人"唯一的解释来自《荀子·王制》："修火宪，养山林、薮泽、草木、鱼鳖、百索，以时禁发，使国家足用而财物不屈，虞师之事也。"虞的主要职责是"养山林、薮泽、草木、鱼鳖"等"百索"。"百索"相当于上文的"百物"，在内容上包括"山林、薮泽、草木、鱼鳖"。"索"字是古代祭祀用的一个专名。《礼记·郊特牲》云："蜡也者，索也。岁十二月，合聚万物而索飨之也。"蜡祭是一种相当盛行的仪式，它的特点是针对一些众多的与百姓生活有关的自然神灵进行祭祀。《礼记·郊特牲》载伊耆氏《蜡辞》云："土，反其宅；水，归其壑！昆虫，毋作；草木，归其泽！"希望山林草木虫兽能各得其所，不要作害生人。蜡祭的实际对象只能是山川之神，以及土、水、昆虫、草木等神灵。具体的仪式在《礼记·郊特牲》中有所记载：

> 直祭祝于主，索祭祝于祊。不知神之所在，于彼乎？于此乎？或诸远人乎？祭于祊，尚曰求诸远者与？

第一章 史职及其文献的产生

所谓"祊",就是庙门之外侧。那些受到索祭的鬼神,因其踪迹渺远,遍布四方,所以要在庙门外呼唤寻求。祭祀它们是为了人们日常生产、生活的平安,所以《郊特牲》又云:"八蜡以祀四方。四方年不顺成,八蜡不通。"那么,虞人所养"百索",实际就是山川草木鸟兽之鬼神。而益之为虞职,实掌索祭"上下草木鸟兽"之神,古语"上下"特指天上地下,属于神灵的领地。所以,古人又说"益等类物善恶",即认为益真正懂得如何区分"物"的善恶。显然,虞即是专门负责祭祀各处自然神灵物怪的大巫,它的职责是指导人们进行祭祀并进行有效的防范。"虞"后来具有提示、管理或防备等义项,即与这一职责有关。益既掌索祭上下四方自然神灵之职,自然需要一种图画百物鬼神的文献。将《山海经》的作者归于益,也能说明《山海经》本身的"百物"手册的性质。在"夏方有德"时,同时出现了夏启"铸鼎象物"和益"著《山海经》"的传说,这不是偶然的。

说《山海经》是一部"百物"文献,还有一个更为重要的证据,那就是它其实也是一部图画文献。《山海经》中所言及的兽或神,基本上都有"其状如……"的描写。如"南山经""招摇之山"之兽:

其状如禺而白耳,伏行人走,其名曰狌狌,食之善走。

而"南山经之首"这十座山之神:

状皆鸟身而龙首,其祠之礼:毛用一璋玉瘗,糈用稌米,一璧,稻米、白菅为席。

《山海经》除了描绘鸟兽之"状"外,也有部分草木之"状",原因是草木亦具巫医之用,但却没有描写山水之"状"的。除了形状外,古人还指出《山海经》还描写了动作形态。如朱熹所指出:"(《山海经》)记诸异物飞走之类,多云'东向',或云'东首',皆为一定而不易之形,疑本依图画而为之,非实记载此处有此物也。"(《记山海经》)胡应麟说:"经载叔均方耕,讙兜方捕鱼,长臂人两手各操一鱼,竖亥右手把算,羿执弓矢，凿齿执盾，此类皆与纪事之词大异……意古先有斯图，撰者因而纪之，故其文义应尔。"（《少室山房笔丛》丁部《四部正讹》下）可见《山海经》可能是依图而后作文，东晋郭璞在注释《山海经》中多次提到"畏兽画"。如《西山经》"有兽焉，其状如禺而长臂，善投，其名曰嚣"，郭璞注曰："亦在畏兽画中，似猕猴投掷也。"[1] 可见郭璞时代尚能看到一种叫"畏兽画"的图谱。饶宗颐解释说："畏兽谓威（猛）之兽，可以辟除邪魅，祛去不祥……图铸像物，谓'诸谲诡异状者通曰物'，此'物'即畏兽是矣。"又说："《山海经》之为书，多胪列神物。古代畏兽画，赖以保存者几希！"[2] 则《山海经》原本是以图画的形式出现的，陶渊明时尚能"流览山海图"，而现在我们所能读到的文字实际是对原图的描述。那么，所谓《山海经》与"铸鼎象物"在表现形式上亦复相同。

实际上，古代有学者认为《山海经》中的"方物"即古之"铸鼎象物"。郭璞在注释《北次二经》"有兽焉……名曰狍鸮，是食人"一句时说："为物贪惏，食人未尽，还害其身，像在夏鼎，《左传》所谓饕餮是也。"[3] 左思《吴都赋》云："枭羊麈狼，猰貐貜象，乌菟之族，犀兕之党，钩爪锯牙，自成锋颖，精若耀星，声若震霆，名载于《山经》，形镂于夏鼎。"又明代杨慎《山海经补注序》云："太史终古藏古今之图，至桀焚黄图，终古乃抱之以归殷。又史官孔甲，于黄帝姚姒盘盂之铭，皆绨之以为书。则九鼎之图，其传固出于终古、孔甲之流也，谓之《山海图》，其文则谓之《山海经》。至秦而九鼎亡，独图与经存。"以上这些论者并未见过"九鼎"，他们的说法也许只是一种直观感受或据理推测，表述方式也未必很精确，但这些论述可以显示《山海经》和"铸鼎象物"的某种联系，并一个侧面佐证《山海经》的原型就是一部"备百物，知神奸"的图画文献。

---

[1] 袁珂校注：《山海经校注》，上海：上海古籍出版社1980年版，第26—27页。
[2] 饶宗颐：《〈畏兽画〉说》，收入《澄心论萃》，上海：上海文艺出版社1996年版，第265—266页。
[3] 转引自袁珂校注《山海经校注》，第82页。

第一章 史职及其文献的产生

3

《左传·昭公十二年》载：

> 左史倚相趋过，（楚灵）王曰："是良史也，子善视之。是能读三坟、五典、八索、九丘。"

文中所列四种文献名称，后人都称不能知晓。不过，通过我们上文的论述，我们可以大致判断"八索"的性质。《郊特牲》云索祭即是蜡祭，又云"天子大蜡八"。有学者云"大蜡八"应读为"大索八"，因为"蜡"和"索"古音相同，皆是旁纽双声，铎部迭韵①。那么，"八索"是关于"索祭"的专门性文献，内容上应该大体同于鼎铸"百物"，或《山海经》。《国语·楚语下》中王孙圉论及倚相的知识范围云：

> 楚之所宝者……又有左史倚相，能道训典，以叙百物，以朝夕献善败于寡君，使寡君无忘先王之业；又能上下说于鬼神，顺道其欲恶，使神无有怨痛于楚国。

可见左史倚相的知识和能力包括了"叙百物"和"上下说于鬼神"。这两句话实际上说的是一件事，就是通晓"百物鬼神"。所谓"顺道其欲恶，使神无有怨痛于楚国"，就是说通过祭祀等手法，满足这些恶鬼，使其不能作祟于楚国。那么，倚相所读之"训典"正同于铸有物怪之鼎，是一种"百物"文献②。春秋时期，中原理性文化发展较快，一些进步的史家对这类"百物"文献已不复在意，以至于渐渐遗忘，而在文化上相对滞后的楚国，一些较为原始的巫史知识还得到较好的保留，所以，能读"八索"或"训典"的倚相，就成了楚王向别国夸耀的资本。

---

① 詹鄞鑫：《神灵与祭祀——中国传统宗教综论》，南京：江苏古籍出版社1992年版，第297页。
② 顾颉刚认为所谓"训典"即前之"三坟、五典、八索、九丘"，见其所著《三坟五典》，载张舜徽主编《中国历史文献研究》（一），武汉：华中师范大学出版社1986年版，第6—8页。

以图画形式表现山川草木之鬼神，还有多种显现形式，如帛画、壁画、器物漆画等。1949 年在湖南长沙陈家大山楚墓中出土的《人物龙凤图》帛画，1973 年在长沙子弹库 1 号楚墓中出土的《人物御龙图》帛画，以及多种出土的战国漆器和青铜器上刻画图案等，有多种人形、动物形以及星象等图形，有学者从中辨认出夔龙、凤鸟、句芒、驺吾、肥遗、人面三首神、蓐收、禺彊、五采鸟、鸣蛇、鳎鱼、并封、窫窳、羿、马身人面神、九尾狐、鸟氏、刑天……以及各类巫师的形象，并且认为这些都是某种"畏兽图"，因而"具有不可取代的神话思维、巫术功能与实用价值"①。此外，先秦时代的壁画，其表现的内容应该更加丰富。王逸《楚辞章句》解释《天问》的起因云：

> 屈原放逐，忧心愁悴。彷徨山泽，经历陵陆。嗟号昊旻，仰天叹息。见楚有先王之庙及公卿祠堂，图画天地山川神灵，琦玮僪佹，及古贤圣怪物行事。周流罢倦，休息其下，仰见图画，因书其壁，呵而问之，以泄愤懑，舒泻愁思。

根据这一段载录，这些图画是刻绘在楚王祖庙或公卿祠堂中的，这些地方都具有宗教性质。如刘师培所说："古人象物以作图，后世按图以列说。图画二字为互训之词……盖古代神祠，首崇画壁……神祠所绘，必有名物可言，与师心写意者不同。《楚辞·九歌》《天问》诸篇，言多诙诡，盖楚俗多迷，屈赋多事神之曲，篇中所述，其形态事实，或本于神祠所图绘。"② 金文中常提到"图室"亦是一种庙堂刻绘，如周康王时期的宜侯矢簋铭文云："惟四月辰在丁未，王省武王成王伐商图，延省东国图。"郭沫若认为："此两图字当即图绘之图。古代庙堂中有壁画。此所画内容为武王、成王二代伐商并延省东国时事。"③ 又汉代王延寿《鲁灵光殿赋》记汉时灵光殿壁画云："图画天地，品类群生，杂物奇怪，山神海灵"，

---

① 马昌仪：《从战国图画中寻找失落了的山海经古图》，《民族艺术》2003 年第 4 期。
② 刘师培：《左盦外集·古今画学变迁论》卷十三，见《刘申叔遗书》，南京：江苏古籍出版社 1997 年版，第 1639 页。
③ 郭沫若：《矢簋铭考释》，《考古学报》1956 年第 1 期。

第一章　史职及其文献的产生

"上纪开辟，遂古之初，五龙比翼，人皇九头，伏羲鳞身，女娲蛇躯"，"下及三后，淫祀乱主，忠臣孝子，烈士贞女，贤愚成败，靡不载叙"。灵光殿虽建于汉代，但可以看到先秦图画文献的影响。从以上的描述看，庙堂图画所表现的一般都具有历史传说性质，体现了巫史内容不分的文化形态，是需要经过巫史专职人员的解读才可被理解的，是巫史文献的一部分。

通过"铸鼎象物"、《山海经》、"八索"、庙堂壁画以及其他材料，我们知道，上古图像是巫史职业文献之一，所以古籍中又有"图法"的说法。如《吕氏春秋·先识览》载："凡国之亡也，有道者必先去，古今一也……夏太史令终古出其图法，执而泣之。夏桀迷惑，暴乱愈甚。太史令终古乃出奔如商……殷内史向挚见纣之愈乱迷惑也，于是载其图法，出亡之周。"由此可见图画文献确实是三代巫史人员重要的职业依据。图画文献起始于对物怪的载录。"草木鸟兽"之神灵，与人们的日常生活有着密切的关系。孔子说读诗可以"多识于鸟兽草木之名"（《论语·阳货》），应当不是把《诗》当作儿童启蒙的教材，而是指对草木鸟兽之神的认知。孔子虽然"不语怪力乱神"，但他毕竟不能脱离当时的文化环境，故有此说。而图画内容由草木鸟兽之神，而渐扩大为神话传说和宗族历史，显示了由原始宗教向理性意识形态的进步，也显示了历史意识的发展。

第 二 章

周公革命与礼乐教化

周人以一个蕞尔小邦，而终于巍为大国，其历史功劳不仅在于翦灭商朝，成就了八百年的基业，更在于促成了社会文化发生了巨大的变化，推动了中国文明发展到一个新的历史阶段。王国维对此有十分精到的评论："夏殷间政治与文物之变革，不似殷周间之剧烈矣。殷周间之大变革，自其表言之，不过一姓一家之兴亡与都邑之转移。自其里言之，则旧制度废而新制度兴，旧文化废而新文化兴。又自其表言之，则古圣人之所以取天下及所以守之者，若无以异于后世之帝王。而自其里言之，则其制度文物与其立制之本意，乃出于万世治安之大计，其心术与规摹，迥非后世帝王所能梦见也。"① 也就是说殷周之间的变革，是社会文化形态的大变革，而且，周人所确立的社会文化形态，一直绵延数千年，构成了中国传统社会的主要内涵。周代对商代文化的变革，也是有一个继承和变革的辩证发展过程。这一过程取决于很多因素，但最主要的因素是周人自身的发展条件和发展方向，当然也取决于一些杰出的文化英雄。史职在这一文化变革的洪流中，起了十分重要的作用。

一　史职在西周的发展

1

周是生活于中原的一个古老的部族，自传说中的祖先后稷到周文王，

---

①　王国维：《观堂集林》卷十《殷周制度论》，第453页。

第二章 周公革命与礼乐教化

其间差不多有一千二百年的历史。这一时期，周部族处在不断迁徙的过程中，考古学界称之为先周文化时期。根据《史记·周本纪》记载，周的先人先是以农业为本，至不窋时，"去稷不务"，"犇戎狄之间"①，主要从事游牧业。到了不窋的后人公刘，"虽在戎狄之间，复修后稷之业，务耕种，行地宜，自漆、沮度渭"，使周再次成为一个农业民族，并且由此奠定了周族的兴盛，其时大约在盘庚迁殷的前夕。这其后又有变化，所以，到了古公亶父，"复修后稷、公刘之业"，并迁徙至岐下，"作五官有司"。周人至此大概才确定自己作为农耕部族的性质。

在农业和畜牧业中的几番选择，几番迁徙，对周人来说，应该有着相当深刻的教训。所以在周人的意识形态中，"农功农德"是一个重要的概念。李山说："周人是一个以农德自重的人群。在先秦典籍中，有一个普遍的现象，人们在追述周族发达的历史时，总是郑重其事地强调，周人祖先天才的农耕禀赋，是其最终崛起为一个主宰人群的天赐根基。"② 周人对后稷、公刘、古公等的景仰爱戴之深切，即与他们的"农德农功"有关。社会的基本生产方式，从根本上决定了这个社会人群的意识倾向、社会组织方式和生活方式。周人以一个边缘小邦，几经历难，终于成就天下之业，所以对此非常自觉，并坚定地以农耕品质自认。《国语·郑语》载史伯的话说：

> 夫成天地之大功者，其子孙未尝不章，虞、夏、商、周是也。虞幕能听协风，以成物乐生者也。夏禹能单平水土，以品处庶类者也。商契能和合五教，以保于百姓者也。周弃能播殖百谷蔬，以衣食民人者也。

这一段话隐含着这样的信念：民族的代兴实际上是某种德行的更替，而一

---

① 《史记·周本纪》："不窋末年，夏后氏政衰，去稷不务，不窋以失其官职而犇戎狄之间。"许倬云就此解释说："大约后稷之名，原非官号，只是指周人为务稷的部族，'去稷不务'一语，本不是以夏后氏为主词，却是形容不窋领导下的周人放弃了原有的农业，改采戎狄的生活方式……"［《西周史》（增订本），北京：生活·读书·新知三联书店1994年版，第33页］
② 李山：《诗经的文化精神》，北京：东方出版社1997年版，第33页。

个民族要想立足于世，也必然要坚守某种德行。周人正是凭着农德，凭着"衣食民人"，博取神灵的信赖，从而取代商的统治地位。

此外，周人在不断迁徙和农业化过程中选择并且完善了父家长大家族制这种社会组织形态。"与氏族相比，这种大家族有着更为明确的共同始祖，这也是宗族与氏族的最显著的区别……这就使得宗族与氏族相比，对于族人的团聚力显得更强。"① 公刘时代，"在胥与豳，周人举行了宗教仪式，'君之宗之'，亦即建立了族长的权威。这是政治权威的形态……周人在公刘时代大约是一个由族长率领的武装移民，到达豳地之后，如将土地分配各人，整治田亩，以求定居"②。及至古公亶父"复修后稷、公刘之业"，并且率民迁徙到岐下时，"乃贬戎狄之俗，而营筑城郭室屋……作五官有司"（《史记·周本纪》）。从《诗经·大雅·绵》中，我们知道，古公时已经有了宫室宗庙。这表明，周人在其父家长大家族的基础上，完善了它的政治功能。而根据《左传·定公四年》记载，成王分封天下时，鲁公得"殷民六族"，这说明商在其灭亡时，仍保留着明显的氏族组织。所以许倬云评论说："商周制度在这一点上的区分，大约使周人的领袖可以直接掌握土地人民与武力，其对于各种资源的运用调度，周制当较商制灵活而有效。"③ 宗法制度，以及建立其上的封建制度，是周文化赖以发育成长的基础，对于奠定中国传统的文化形态，有着极其重要的意义。

西周采取分封制，并由封建强族转而封建子弟，血缘宗法制在社会组织中起了十分重要的作用，因此，周人对于宗教和鬼神的依赖要相对减少。这一点在周人尚未入主中原时，就已经显示出了苗头。甲骨卜辞显示，周人占卜的内容要相对集中，主要有卜祭祀、卜告及卜年、卜出入、卜田猎、卜征伐等，这些在当时都被认为是比较重要的社会事件；而商人是事无巨细，都要占卜。顾颉刚对此评论说："原来西周以前君主即教主，可以为所欲为，不受什么政治道德的拘束；若是逢到臣民不听话的时候，只要抬出上帝和先祖来，自然一切解决。这一种主义，我们可以替它

---

① 赵伯雄：《周代国家形态研究》，长沙：湖南教育出版社1990年版，第62页。
② 许倬云：《西周史》（增订本），第54页。
③ 同上书，第65页。

第二章　周公革命与礼乐教化

起个名儿，唤做'鬼治主义'。"① 其实商代的君主也在鬼神的统治之下，并不能例外。纣在行将灭亡之时说"我生不有命在天"，仍沉湎于鬼神而不能自拔，并最终导致灭亡。而周人的社会理性要明显强于商人，他们从商亡的历史教训中，总结出了天命转移的结论，认为"天命靡常"，虽然周人受有天命，但仍需时时警惧敬德。这种思想被顾颉刚称为"德治主义"。

《国语·晋语四》云："黄帝以姬水成，炎帝以姜水成。成而异德，故黄帝为姬，炎帝为姜，二帝用师以相济也，异德之故也。异姓则异德，异德则异类。"所谓"异德"即主要表现在周民族的崇尚农德和宗法制度。正是在这一观念的鼓舞下，周人才能对殷商发动革命，才能自觉地进行文化革新，这才有王国维所谓"旧文化废而新文化兴"。

2

周文化的发展，也受到了作为宗主国的商朝的深刻影响。

在殷商甲骨第一、二和四期中就已经有关于"周方"或"周"的记载②，说明商代早已关注到周族。周人称呼商为"大邦"，自称为"小邦"，如《尚书·康王之诰》云："皇天改大邦殷之命。"《尚书·大诰》云："天休于宁王，兴我小邦周。"这种称呼显示了对商的臣属关系，所以，《尚书·无逸》中才有这样的表示："不敢荒宁，嘉靖殷邦。"

陕西凤雏村出土的周原甲骨中，杂有不少的祭祀商王的卜骨。如以下一条是祭祀帝乙和成汤的：

> 癸巳彝文武帝乙宗，贞，王其邲祭成唐，鼎祝示及二女。其彝血三豚三，囟有足。③

这里说的就是用两个女子、三只公羊和三只猪来祭祀帝乙和成汤。此外，

---

① 顾颉刚：《〈盘庚中篇〉今译》，《古史辨》第二册，上海：上海古籍出版社1982年版，第44页。
② 张光直：《殷商文明》，北京：北京工艺美术出版社1999年版，第235页。
③ 转引自许倬云《西周史》（增订本），第61页。

周原甲骨中还有"确实的帝辛卜辞"①。关于这些庙祭卜骨的来历,主要有这么几种看法:一是认为周人祭祀商王。徐中舒说:"文王时代周之事殷,处处都要通过盟誓之言,作为周不叛殷的保证……文王在周原建立殷王宗庙,在旧史中也有此事例。"② 二是认为在商占卜后移来周原的。王玉哲说:"可能是在殷商末年商纣王时,掌握占卜的卜人投奔周人时,携带过去的。"③ 当然也有可能是殷人在周问卜。当时商为了监督外族,设有四方之史。殷商卜辞中记载有西史经纪旨方,而白川静认为旨方即召方,位处商都之西,后来召方与周人合作,共同灭商。商人在召方设史监督,在周也应有史,所以周原出土的商庙祭甲骨,也可能是出于在周的商史之手。总之,先周时代,周人由于臣服于殷,在文化上自然也会受到殷的影响。许倬云说:"武丁之后,周人臣服于商,有时称为周侯,然也未必即为殷商的内服诸侯……帝乙与周人关系异常密切,周人求他庇佑,自然也很可能。商周关系,遂同甥舅……文王母妻均来自商室,周人之接受殷商政治及文化影响,可说顺理成章了。"④ 从甲骨占卜文化的发达程度来说,商人是周人的老师。考古证明,先周青铜器中有相当一部分是模仿商人的。在这些商式铜器中可考制器的族别的,就有"史诸器",它是属于先周时代史官家族的。邹衡从这些青铜器中推断这些史官的祖先可能来自商,至少他们深受商文化的影响⑤。

周在立国的过程中,曾广泛地吸收来自殷的贵族。《史记·周本纪》说文王"礼下贤者,日中不暇食以待士",当时来归者,就有"太颠、闳夭、散宜生、鬻子、辛甲大夫之徒"。而在所有这些来归者中,史官又是特别受重视的一群人,他们成了周朝重要的专业人员。胡新生说:"周王朝史官就其渊源看大多出自异姓。一些异姓家族如辛氏、尹氏、程氏、微

---

① 李学勤、王宇信:《周原卜辞选释》,收入《古文字研究》第四辑,北京:中华书局1980年版。
② 徐中舒:《徐中舒历史论文选辑》(下),北京:中华书局1998年版,第1419页。
③ 王玉哲:《陕西周原所出的甲骨文来源试探》,《社会科学战线》1982年第1期。同样观点还见于李学勤、王宇信《周原卜辞选释》(《古文字研究》第四辑)、高明《略论周原甲骨文的族属》(《考古与文物》1984年第5期)等。
④ 许倬云:《西周史》(增订本),第63—64页。
⑤ 参见邹衡《夏商周考古学论文集》,北京:文物出版社1980年版,第309—333页。

第二章 周公革命与礼乐教化

氏等,自文武时期投靠周邦后一直世袭史职,可以说长期垄断着周王朝的文化事业,其中辛、尹两家的地位尤为显要。"① 而辛氏、尹氏都是殷朝的史官。《史记·周本纪》"集解"引刘向《别录》曰:"辛甲,故殷之臣。事纣。盖七十五谏而不听,去至周,召公与语,贤之,告文王,文王亲自迎之,以为公卿,封长子。"又《左传·襄公四年》魏绛云:"昔周辛甲之为大史也,命百官,官箴王阙。"可见辛甲在周仍继续从事史官之职,而且地位崇高。至于尹氏,学者从商朝晚期的尹光鼎等铭文中,推出尹氏为商代史官,而且曾侍从商王②,但此后尹氏差不多成了西周一代最有名望的史官家族。据《逸周书·克殷》记载,尹佚曾在武王入殷仪式上宣读代殷受命文书,又与南宫百达同"迁九鼎三巫";又据《尚书·洛诰》,成王在新邑"命作册逸祝册"以祭祀文王武王,作册逸即是尹佚。差不多周初重要的典礼都有尹佚参加,可见尹佚基本具有周初史官的领袖的地位。据胡新生考证,辛氏历代史官在周任职的,除了辛甲外,还有昭王时期的辛余靡,平王时期的辛有,春秋初期的辛伯、辛廖等,其中辛有次子董在晋为太史,后代有太史董狐。尹氏家族在周为史官的有康王时期的史䇦以及稍后的史速、尹丞,还有宣王时期的尹吉甫,直到春秋时期,尹氏家族随王子朝"奉周之典籍以奔楚"才中断了在王朝的史职③。至于微氏,其实也是来自殷。从1976年在陕西扶风县发现的史墙盘中,我们也能看出这一点。该盘铭文记载了周人自文王以来的历史,同时也记载了史墙家族的历史。兹节引秦永龙译文云:

> 我静幽的高祖,原本在微国很好地居处,在武王打败殷商之后,微国史官我的烈祖就来朝见武王。武王命令周公给烈祖安排住处,使之居留于周。我通达贤惠的乙祖,辅弼他的君主(成王),以有深远谋略而被君王纳为心腹之臣。我精明的亚祖祖辛,养育子孙,多吉多福,改用周人以双角周正而赤黄色的牲牛来祭祀的方式进行祭祀。闲

---

① 胡新生:《异姓史官与周代文化》,《历史研究》1994年第3期。
② 杨树达释《尹光鼎铭文》中"王乡酉,尹光遘"后半句为"尹光侍",见《积微居金文说》(增订本),北京:中华书局1997年版,第145页。
③ 胡新生:《异姓史官与周代文化》,《历史研究》1994年第3期。

雅而有文德的先父乙公，缊纯而无过失，善治农业，以孝友为原则。史官我……①

文中提到的"微"，有人指出即为商代三仁之一的微子启②，则史墙之祖原为商朝史官。从这一段家史中，我们能看到，周朝刚建立之时，对来投奔的商朝史官，武王命令周公给予亲自安排，其重视的程度超乎寻常。史墙的儿子痶也继父职为作册，痶钟铭文说其"秉明德圀，夙夕，左尹氏"③，承担史官之职。除了以上所说诸史官家族外，在商灭亡之前就逃亡到周的，还有向挚。《吕氏春秋·先识览》云："殷内史向挚见纣之愈乱迷惑也，于是载其图法，出亡之周。"随向挚到周的，还有大量的图法。

从文献材料来看，周人在灭商以后，商代的史官都被保留下来。《左传·定公四年》记载：

> 分鲁公以大路、大旂，夏后氏之璜，封父之繁弱，殷民六族，条氏、徐氏、萧氏、索氏、长勺氏、尾勺氏，使帅其宗氏，辑其分族，将其类丑，以法则周公。用即命于周。是使之职事于鲁，以昭周公之明德。分之土田陪敦、祝、宗、卜、史，备物、典策，官司、彝器，因商奄之民，命以《伯禽》，而封于少暤之虚。

周初分封各国时，商人的"祝、宗、卜、史"及其文献，都被鲁国继承，所以后来鲁国成为礼仪之府库。鲁国之所以能分得商代的"祝、宗、卜、史"显然与周公突出的地位和贡献有关，也与周公本人的身份有关。当然，除了鲁外，宗周作为商朝的政治中心，自然也需要"祝、宗、卜、史"。许倬云推测说："在陕西的宗周，由于有大批殷遗移居，而其中又不乏担任祝、宗、卜、史的职务，无疑对周室的典章文物也有

---

① 秦永龙：《西周金文选注》，北京：北京师范大学出版社1992年版，第87—88页。
② 徐中舒：《西周墙盘铭文笺释》，《考古学报》1978年第2期。
③ 马承源：《商周青铜器铭文选》（三），第34页。

第二章　周公革命与礼乐教化

深远的影响。"① 此外，周公在建成洛邑后，作《洛诰》曰："王肇称殷礼，祀于新邑，咸秩无文。"所谓"咸秩无文"应该是照搬不改的意思。周公将在新都完全使用商人的祭祀礼仪，可见周人有意保全继承殷代的祭祀、礼仪等巫史文化。

3

周人设立史官，至迟到太王时期。在岐山出土的一片卜辞记载曰："卲曰：竝乃克史。"（H11：6）其中提到史职。到周武王灭商时，当时的右史利还得到武王赏赐的铜料，利用它来铸造了一个纪念先祖的彝器。这一事件被铭刻在20世纪70年代出土的利簋上②。能在战争胜利后获得如此之高的奖赏，颇能说明右史在周建立过程中的功劳。此外，"周之史官，若史佚、辛甲之伦，皆开国元老"③。辛甲是周武王时的太史，有"命百官，官箴王阙"（《左传·襄公四年》）之职。周公东征时，辛甲建议："大难攻，小易服，不如服众小以劫大。"周公依计而行，平定九夷、商奄（《韩非子·说林上》）。至于史佚，即《尚书·洛诰》中曾提到的"作册逸"，又称尹逸（佚），可见是史官之长，曾在文王、武王、成王、康王四个朝代任职。《逸周书·克殷》和《史记·周本纪》记载了他在周公灭商后举行的祭祀大典中行筴祝之礼，宣告殷商罪状。《史记·晋世家》记载了史佚督促成王实践儿时戏言封叔虞于唐的事。《大戴礼记·保傅》引《明堂之位》云："博闻强记，接给而善对者，谓之承。承者，承天子之遗忘者也。常立于后，是史佚也。"即史佚因其博学而充当王的顾问。史佚是西周时期著名的思想家，据徐复观统计，在《左传》、《国语》、《淮南子》三书中，共八次称引史佚的话，其中有一次还提及"史佚之志"，看来史佚有专书存留于后世④。此外，孔子曾盛赞的古之良史周任，应该也是西周时期的著名史官。属于西周晚期的番生簋和毛公鼎铭

---

① 许倬云：《西周史》（增订本），第128页。
② 唐兰、于省吾、张政烺、徐中舒皆作有阐释利簋铭文的文章，对于铭文中"又事"的解释，有释为"右史"者，也有释为"有司"者。此从前说。
③ 牟宗三：《历史哲学》，台北：学生书局1988年版，第8页。
④ 徐复观：《两汉思想史》第三卷，上海：华东师范大学出版社2001年版，第144—145页。

文中都提到"太史寮（僚）"，可见西周继承了商末的史官制度，有专门的史官衙门。

关于西周史官的分职和功能，《礼记》有内史、太史（《盛德篇》）和左史、右史（《玉藻》）之说，《周礼·春官》列有五史：大史、小史、内史、外史、御史。今人赖长扬、刘翔根据有关文献（不含二戴《礼》与《周礼》）和铜器铭文列出西周史职"表一"如下（表2-1）：

表2-1

早期	中期	晚期
太史 太史（友）	太史（寮）	太史 太史（寮）
内史 内史（友）	内史 内史尹氏 作册内史 作命内史 内史（友）	内史 内史尹
作册	作册尹	作册尹
史	史	史
尹	尹 尹氏 命尹	尹氏 尹氏（友）
	御史	

据此表，二位学者认为："太史和内史是相对独立的两类史官，它们实际上代表了周代史官的基本格局。表一所示作册、作册内史、作命内史、作册尹、内史尹氏、尹氏等职称，我们认为或是内史的别称，或是内史僚属，都是内史类史官。"[①] 他们认为《周礼》中的小史、外史、御史是据商代或鲁国的史职附会而来，因为可信的西周史料中没有提及这些职务。但考虑到这三种史职都是具体的事务性职务，地位不高，不见于史料并不

[①] 赖长扬、刘翔：《两周史官考》，《中国史研究》1985年第2期。

第二章 周公革命与礼乐教化

能说明他们不存在。比如外史，《周礼》说其"掌书外令，掌四方之志，掌三皇五帝之书，掌达书名于四方。若以书使于四方，则书其令"，显然，这是史官中专司出使之职。西周大封诸侯，则四方之事不会太少，有一些专职出使的史官似在情理之中。又，"作册"和"尹"也不可简单地归属为内史的属官。作册司策命的制作，更多地参加各项朝廷典礼，与王室或卿士的关系更紧密。如许倬云所说："作册与史两项职务，在西周一代，一方面有二职的混合，另一方面也有工作的分化。大致成康之世，作册与史是两个系统，史又有大史、内史、中史的异辞。在册不宣王命，王后公侯各有自己直属的作册，史官宣王命，'王若曰'以下，大约即史官宣读。成康以后的史官，史、大史、内史仍旧，作册已罕见，却增加了作册内史、作命内史、作册尹、内史尹、命尹、尹氏诸职。这几项新出现的史官，与内史一样，都代王宣读策命。尹显然是内史之长，史只是尹的僚友。"① 根据以上诸位学者的分析，我们可大约将西周的史官系统分为三类：大史、内史和作册。而在各自的系统内，属官的种类应该不少。所以说，西周时期的史官已经十分发达，不但朝廷有自己的史官，而且诸侯和卿大夫也有自己的史官，并自成体系。

西周史官在社会政治生活中有着很重要的地位。《周礼·春官》云大史之职掌云：

> 掌建邦之六典，以逆邦国之治。掌法以逆官府之治，掌则以逆都鄙之治。凡辨法者考焉，不信者刑之。凡邦国都鄙及万民之有约剂者藏焉，以贰六官，六官之所登。若约剂乱则辟法，不信者刑之。正岁年以序事，颁之于官府及都鄙，颁告朔于邦国。闰月，诏王居门；终月，大祭祀，与执事卜日，戒及宿之日，与群执事读礼书而协事。祭之日，执书以次位常，辨事者考焉，不信者诛之。大会同、朝觐，以书协礼事。及将币之日，执书以诏王。大师，抱天时，与大师同车。大迁国，抱法以前。大丧，执法以莅劝防。遣之日，读诔。凡丧事，考焉。小丧，赐谥。凡射事，饰中，舍筹，执其礼事。

---

① 许倬云：《西周史》（增订本），第219页。

又云内史之职掌云：

> 掌王之八枋之法，以诏王治，一曰爵，二曰禄，三曰废，四曰置，五曰杀，六曰生，七曰予，八曰夺。执国法及国令之贰，以考政事，以逆会计。掌叙事之法，受纳访，以诏王听治。凡命诸侯及孤卿大夫，则策命之。凡四方之事书，内史读之。王制禄，则赞为之，以方出之。赏赐亦如之。内史掌书王命，遂贰之。

从上文看来，这两种职务的共同特点是广泛地参与社会政治和朝廷事务，主要包括以下几个方面：一是掌各项法则律典，二是掌颁行岁时，三是组织、主持、参与各种祭祀和礼仪活动，四是参与策命、出使，五是掌记述、保存各种文献。由于行政、策命等皆不能离开仪式和文献，都与史职本身的宗教色彩有关，因而在这所有的各项中，史职最核心的功能乃是祭祀和文献。

西周史官的宗教性职能主要为占卜、祭祀和颁时。《六韬·文韬·文师》："文王将田，史编布卜曰：'于渭阳，将大得焉。非虎非罴，兆得公侯，天遗汝师……文王乃斋三日，乘田车，驾田马，田于渭阳，卒见太公坐茅以渔。"史懋壶盖铭文："王在莽京溼宫，亲令史懋路（露）莽（筮）。"① 所谓"路莽"，依杨树达说即露蓍，"古人将筮，必先露蓍"②。以上是史官参与占卜的记录。又作册令方尊铭文："明公用牲于京宫……用牲于康宫……用牲于王。"③ 此是作册主持祭祀的记录。臣辰父癸卣铭文记载了史矢（黄）与士上在成周主持殷祭的事④。至于史官颁时，则《国语·周语上》曰："古者，太史顺时覛土，阳瘅愤盈，土气震发，农祥晨正，日月底于天庙，土乃脉发。先时九日，太史告稷曰：'自今至于初吉，阳气俱蒸，土膏其动。弗震弗渝，脉其满眚，谷乃不殖。'"所谓"古者"当指西周初期之时。因天时显示了神灵的意

---

① 马承源：《商周青铜器铭文选》（三），第159页。
② 杨树达：《积微居金文说》（增订本），第224页。
③ 马承源：《商周青铜器铭文选》（三），第69页。
④ 见唐兰《西周青铜器铭文分代史征》，北京：中华书局1986年版，第257—258页。

第二章 周公革命与礼乐教化

志,所以颁时就成为一种宗教性的工作,一直到汉代都由史官承担。以上为史官在西周初期所承担的最基本的宗教性职务,至于主持丧礼、赐谥等,也都与宗教有关。

记述和文献保存工作也是西周史官的重要职能。商代史官只记载与占卜有关的事,而西周史官的载录范围已经有所扩大。首先,史官以其草拟、载录之力参与朝廷册命礼,我们铭文中常见有"王呼(内)史某册令某"的记录。正式的册命仪式通常涉及作册和内史两种职务,先由作册具文,然后由内史宣读,并留其副本。最高级的册命仪式则由太史独自承担撰作、宣读的任务,如《尚书·顾命》中记载康王即位的仪式①。册命文件的制作及册命仪式的记录,是西周史官的重要文献工作,《尚书·周书》中不少篇章,以及一些钟鼎铭文,都是册命仪式的产物。其次,西周史官已经开始记言。《史记·晋世家》载史佚言曰:"天子无戏言。言则史书之,礼成之,乐歌之。"《尚书·周书》诸诰皆史馆所载录的周公训诫之辞,便是典型的记言。再次,西周史官开始记录一些社会性的事件。如师旂鼎铭文:"师旂众仆不从王征于方。雷使厥友弘以告于伯懋父:'在莽,伯懋父乃罚得霝古三百孚,今弗克厥罚。'懋父令曰:'义播!叔!厥不从厥右征,今毋播,其又内于师旂。'弘以告中史书。"② 这里所记载的是一件关于不从王征战的事。铭文的最后一句,杨树达解释说是"令中史记其事也"③。又《散氏盘铭》记载散人与矢人交换田地的事,文末有"厥左执缭史正仲农"句,显示了此项协约是史官所撰写并保存的④。此外,史官的文献工作还包括对刑律、礼书、祭祀文献的保存等。

宗教职责使得史官有权威并能被充分信任,而掌握文献则使得史官有提供咨询、执行政事的能力,所以,西周史官在祭祀和载录之外还有种种社会性职事。前所举《周礼·春官宗伯》载内史"掌王之八枋之法……受纳访,以诏王听治"云云,即史职有备王咨询之事。"纳访"郑玄注曰

---

① 许倬云:《西周史》(增订本),第205页。
② 马承源:《商周青铜器铭文选》(三),第60页。
③ 杨树达:《积微居金文说》(增订本),第162页。
④ 张亚初、刘雨:《西周金文官制研究》,北京:中华书局1986年版,第33页。

"纳谋于王也"。又《周礼·御史》云"掌邦国都鄙及万民之治令，以赞冢宰"，即为大臣行政提供律令方面的意见。与事前的咨议相联系，史官还有事后的规箴的权力。《左传·襄公四年》载："昔周辛甲之为大史也，命百官，官箴王阙。"显然，这些职责都源于史官保有国家律令、先王遗训等政治文献的便利。史官还参与军事行动。《周礼·大史》云："大师，抱天时，与大师同车。"郑司农注曰："大出师，则大史主抱式，以知天时，处吉凶。"战争是一种风险极大的社会行为，面对难以把握的前程，人们总希望能获得神灵的启示。所谓"抱天时"就是根据某些方法预言吉凶休咎，是史官宗教能力的一部分，所以战争中会有大史同行。长此以往，一些史官也就具有了军事能力，并受王信任而带兵出征。西周时期的史密簋铭文记载了史密曾率族人、厘白等讨伐长必，并俘获百人。所以，史官亦有军事方面的职能。历史文献和金文中还有史官代王巡行、出使、出任监军，甚至处理民事等方面的记载。由上可见，史官在西周时期是社会组织的重要力量。

　　许兆昌总结周代史官的职能为五项：文职事务（从事政府机构中的文字、文书工作）、馆职事务（收集、保存、典藏档案文献以及图书的职务）、史职事务（从事史料收集与汇编、史著编撰与保存的职务）、礼职事务（从事礼仪活动的职务）、天职事务（预测、推算"天道"的职务）、武职事务（从事征伐、战争的职务）[1]，差不多包括了当时社会管理事务的各个方面。但在这所有的职能中，史官本身的宗教性质和文献职能是最为基本的。宗教性质使得史官具有指导社会事务的权威，而文献职能又使得史官的行为专业化，因此史官能受到社会的普遍认同。许倬云说："史因位居周王左右，由掌书的工作，颇延展其任务于其他方面。这种情形，正符合中国后世内廷文书官员渐渐变成外朝要职的情形。王国维以为史、事、吏三义同源，即由这个现象所演变。"[2] 正能说明史职由掌文献而进入社会事务的趋势。

---

[1]　许兆昌：《周代史官职官功能的结构分析》，《吉林大学社会科学学报》1999 年第 2 期。
[2]　许倬云：《西周史》（增订本），第 219 页。

第二章　周公革命与礼乐教化

4

史官在西周的职官构成和社会政治生活中发挥着十分广泛的作用，其中太史位列三公①，地位可谓高贵。但我们也能看出来，与混沌难分的商代文化相比，史官在朝廷上的作用基本局限于礼仪性的组织工作，不直接参与社会事务，是作为神权的象征出现人们面前的，在实际政治中，不如卿士更活跃。其实际地位较商代已呈下降的趋势。何以会如此呢？

首先，西周社会的理性文明较殷商时代进步，人们对鬼神天命的迷信之心较前代为薄弱。

周革殷命，使得具有反省精神的周人对殷人的生活方式有一种戒惧之心，并由此而导致对殷人所极度沉湎的宗教持更为审慎的态度。周人虽然也讲上帝鬼神，虽然也有四方上下之祭，但周人还有一个特别的信念，那就是"周虽旧邦，其命维新"，所以，他们在祭祀天神、祖神态度上强调的是"敬之敬之"，在这"敬"的背后是"德"和"孝"两个全新的道德观念。如他们在祭祀文王等先祖时，所希望的是"济济多士，秉文之德，对越在天，骏奔走在庙"（《诗经·周颂·清庙》），是"於荐广牡，相予肆祀。假哉皇考，绥予孝子"（《诗经·周颂·雍》）。正如学者所说："在'其命维新'的社会，周人基本上是信天命的，然而却也并不像殷人信祖先神那样完全无疑，所以，有'天命不易'、'天命靡常'的理论。"②周人这种"自求多福"的立身处世观念，虽然仍包含着宗教精神，但它对宗教的依赖程度显然要较殷人大为松懈。久之，必然导致对宗教的松懈态度。《国语·周语上》载："厉王虐，国人谤王。邵公告曰：'民不堪命矣！'王怒，得卫巫，使监谤者，以告则杀之。国人莫敢言，道路以目。"谤，可能是一种仪式性行为，或与诅同，而利用卫巫"监谤"，则是一种不正当的宗教行为，不符合周代仪式规范，是对神灵和天命的蔑视。这个例子说明了周代宗教对统治者的约束力已经减弱。

---

① 杨宽《西周王朝公卿的官爵制度》云："公一级的，早期有太保、太师、太史；后期有太师、太史，太师可能同时有两人。"[《西周史研究》（《人文杂志丛刊》第二辑），1984年8月，第117页]

② 侯外庐等：《中国思想通史》第一卷，第85页。

其次，西周以封建和宗法制度组织社会，使得社会权力分配主要以血缘为根据。

西周封建一方面是分封旧有诸侯，如柳宗元《封建论》所云："盖以诸侯归殷者三千焉，资以黜夏，汤不得而废。归周者八百焉，资以胜殷，武王不得而易。狥之以为安，仍之以为俗，汤武之所不得已也。"但更重要的一方面是分封姬姜的宗亲子弟，使其居天下要津，屏护周室。在这一分封过程中，周室诸姬及异姓亲戚的宗族意识和宗族组织得到发展。宗族组织超越了制约在共同信仰和人神关系之下的社会关系，导致了宗教热情的减退，从而使周人有了比殷人更多的理性。

宗法政治背景下，社会权力按照血缘关系进行分配。小宗对于大宗，诸侯对于天子，卿大夫对于诸侯，都承担着相应等级的义务。因此，在血缘关系之外的史官阶层，就不大可能获得实际的社会权力。但对于宗法政治而言，社会礼法的信念则显得更为重要。血缘作为一种内化的秩序依据，还要求有一种外在的制约性的社会观念，而史官在这方面正可以有所作为。如牟宗三所说："盖史官者，经验之府，观念之所从出也。由五典五惇，至五礼五服五刑，即明由史官所见之观念形态，自始即为一道德政治的形态，紧系于集团实践而生出者。而如此所引生之观念又必切于人而通于天，故于典曰天叙，于礼曰天秩，于服曰天命，于刑曰天讨。"① 也就是说，史官凭着自己所掌握的历史知识，从而获得一种推演观念的话语权力。这些话语已经不再关涉具体的社会事务，而只是为各种宗法制的层级关系提供理论依据，提供一种来自天命的保证，它的中心意思就在于礼制的秩序的建立，在于确保血缘宗法制度的实行。史官由此而远离社会权力，成为意识形态方面的专家。

再次，政权下移，西周中央政权的强势不能长久地维持，也是史官地位下降的一个重要原因。

史官作为一种传统和一种意识形态的象征，主要是为了维护周中央政府的天命秩序，为了维持一种层级化的社会图景，但这一切都是建立在周廷有效统治的基础上的。西周初期，社会政权正处在一个建设和发展的阶

---

① 牟宗三：《历史哲学》，第8页。

第二章 周公革命与礼乐教化

段,史官的作用就比较明显,表现得也比较活跃。而一旦社会步入正常有序的阶段时,史官的作用就有限了,它一般只起一种礼仪示范、执行的作用。可以大史作为例子,"从现有金文材料看,关于大史的材料都是西周早期的材料。西周中晚期则缺少明确的记载。然而在西周晚期番生殷和毛公鼎铭文中却有大史寮存在,说明在西周晚期是应该有大史的。有大史寮而无大史主之,是不可想象的。"① 对这一事实的解释只能有一个,就是史官在西周早期是相当活跃的,而到西周的中晚期,由于朝廷更依赖强宗和有能力的卿士,所以史官相对沉寂,纵然有大史的存在,它的地位也不是很高的。在西周建国之初有奖励史官的记录,而到西周晚期就已经没有了。

史官地位的走低,表现为史职的不断分化。史官职名在整个西周时期,有一个不断增殖的过程。有学者据金文材料统计得出结论:"早期大史下之史官只有史及右史,中期增设了省史、中史、书史等……诸侯史官也增设了御史、敞史等","中晚期史官、师的分工较早期更加精细、周密"②。而据《周礼》则各种小史尤其之多,可见史职在西周中后期已经非常破碎。大史的不闻、史职的破碎、史官系统的扩大,恰恰说明史权变小,说明史官由神圣的指导者转而为琐碎的职能部门。部分史职的转化也能说明这一问题。许倬云说:"太史寮与卿事寮的分立以及史官系统又分化为大史、内史、作册三系,而最后演变为内史最有权。这个现象使居于幕僚职位的世袭史官在实际政务上获得空前的影响力。其中若干成员由祝宗卜史转任卿士,也就不足为奇了。"③ 所谓内史,在西周初期是在册命仪式上专行代王宣读策命的史官,由于他居王左右,成为周王的口舌,所以很容易获得周王的信赖,中期也可以充当作册,所以有作册内史、作命内史等职名出现,西周晚期的内史尹,也就是内史之长,可以行使代宣王命的职权④。内史由此而发展为执行王命的行政官员。从内史性质的转变,我们确实看到史权在西周已被分化,并渐渐衰落。

---

① 张亚初、刘雨:《西周金文官制研究》,第27页。
② 同上书,第106、111页。
③ 许倬云:《西周史》(增订本),第229页。
④ 以上参见陈梦家《尚书通论》,第143—145页。

二 周公摄政与政教分离

1

王国维认为商周之际存在着一场重大的文化革命,即制礼作乐。而制礼作乐是在周公"践阼"或"摄政"期间发生的,所以对周公制礼作乐的研究,就不能不涉及他的摄政称王。周公摄政是古代历史上一次重大的革命性事件,它不仅关乎政统承继问题,更涉及制礼作乐等文化变革问题,对历史发展有着深远的影响。后人因对周公制礼作乐的历史贡献极为推崇,而奉其为圣人。由于摄政这一事实关涉儒家最为敏感的君臣关系,所以后世学者对此一关节往往语焉不详,历经两千多年的聚讼,仍为中国古代历史之一大悬案。

最早关于周公称王的明确载录出自《诗经·大雅·灵台》孔颖达疏引之《尸子》:

> 昔武王崩,成王少,周公践东宫,祀明堂,假为天子。

又《逸周书·明堂》:

> 大维商纣暴虐,脯鬼侯以享诸侯,天下患之。四海兆民欣戴文武,是以周公相武王以伐纣,夷定天下。既克纣六年而武王崩,成王嗣,幼弱,未能践天子之位。周公摄政君天下,弭乱六年而天下大治。乃会方国诸侯于宗周,大朝诸侯明堂之位。

又《荀子·儒效》:

> 武王崩,成王幼,周公屏成王而及武王以属天下,恶天下之倍周也。履天子之籍,听天下之断,偃然如固有之,而天下不称贪焉。

第二章　周公革命与礼乐教化

战国时期关于周公称王的记载还有《韩非子·难二》等。以上这些记载都认为周公有七年当政的时间。现代学者通过对青铜器铭文和《尚书·周书》的研究，也都认为周公确曾在西周初年执掌大政[①]。依旧时学者的眼光来看，当政的原因有两个：一是成王年幼，一是国势维艰。由于此前已有法定的周天子成王，所以必须有这两个理由，周公才能摆脱篡位的恶名。这两个理由尤为汉朝人所强调，如《史记》的《周本纪》和《鲁世家》就言之凿凿地记载了这两个理由。但它们却受到后世很多学者的质疑。

成王年幼的观点来源于《尚书·周书》中的"孺子"之称。《金縢》曰："武王既丧，管叔及其群弟乃流言于国，曰：'公将不利于孺子。'"伪孔传曰："孺，稚也。稚子，成王。"《周书》中他处的"孺子"也一律被汉代经生释为成王年幼，甚至是在襁褓之中。汉人的解释主要继承发挥了《尸子》、《荀子》、《逸周书》等观点。如《史记·蒙恬列传》中记蒙恬之言云："昔周成王初立，未离襁褓，周公旦负王以朝，卒定天下。""襁褓之中"的说法破绽甚多。如学者所论："如果武王崩时，成王尚在襁褓之中，那么七年后，成王至多不过十岁左右。十岁未行冠礼，不谓成年，周公怎么可能归政给他呢？"[②] 成王在"襁褓之中"肯定不是事实，而即便是将"孺子"解释为年幼，也不是周初的本来意义。清人崔述举《左传》之例论在三种情况下可称为"孺子"："有大夫之嫡子而称为孺子者"，"有未成乎大夫而称为孺子者"，有"亲之、少之"而"以孺子称之也"（《考信录·周公相成王上》）。今人王慎行又据《左传》补充三项："诸侯之嫡长子以为后者，可称'孺子'"，"诸侯之非嫡长子而拟用之继位者，亦可称'孺子'"，"业已成年而居丧三年未满者亦称'孺子'"。并由此推论说，"孺子"是两周成语，《金縢》之"孺子"是指丧服在身而未成君主的成王[③]。

[①]　如《尚书》中的《大诰》、《康诰》、《梓才》、《酒诰》等篇中出现的"王若曰"，现代学者基本认可其中的王指的就是周公。其他诸诰也往往是由周公所颁行的。可参见杜勇《〈尚书〉周初八诰研究》前编《周初八诰的作者和年代》，北京：中国社会科学出版社1998年版。

[②]　启良：《武王崩成王不幼考》，《甘肃社会科学》1991年第1期。

[③]　王慎行：《周公摄政称王质疑》，《河北学刊》1986年第6期。

其实，周公当政时成王并非年幼，学者多有申说。陈梦家说："武王灭殷已过半百，则成王即位当早已成年。"① 又顾颉刚据春秋时出土的晋公盦铭文推断，既然成王之弟唐叔曾有"左右武王"之功，"可见他必曾在克殷时参预军事，其年之不幼可知"②，那么成王即位时必然在壮年。从《尚书·周书》来看，一般的"王若曰"，是指周公说的话，有时也用"周公若曰"。这种句式是史官受命载录的标准句式。而在《尚书·多方》中，有"周公曰，王若曰"的句子，一般解释为"是周公宣示'王如此说'的话"③。但是，从《尚书·周书》看来，周公自己的意思，是不会借口是成王所言的，直接用"王若曰"或"周公若曰"即可。《多方》中的"王若曰"应确实是成王如此说的意思，其后的话是周公和成王的共同宣言。可见成王也同时颁行政令，训诫臣僚，不可能在年幼之时。

这样，就出现了一个很奇特的政治现象："成王先已嗣位，周公旋又称王，周初政治舞台上出现了二王并存的局面。"④ 儒家学者无以解释此种现象，要么否认周公称王，要么说成王年幼周公摄政。近现代学者对此也是莫衷一是。比如廖平《经话》曰："周公、成王事，为经学一大疑。武王九十以后乃生子，成王尚有四弟，何以九十以前不一生？继乃知成王非幼，周公非摄，此《尚书》成周公之意，又有语增耳。武王克殷后，即以天下让周公，《逸周书》所言是也。当时周公直如鲁隐公、宋宣公，兄终弟继，即位正名，故《金縢》称'余一人'、'余小子'，下称'二公'，《诰》称'王曰'。《檀弓》：'文王舍伯邑考，而立武王。'盖商法：兄终弟及。武王老，周公立，常也。当时初得天下，犹用殷法。自周公政成以后，乃立周法，以传子为主。周家法度皆始于公，欲改传子之法，故归政成王。"⑤ 此论得到顾颉刚的赞赏⑥，今时学者还有发挥此说者⑦。此

---

① 陈梦家：《西周铜器断代（一）》，《考古学报》1955 年第 9 册。
② 顾颉刚：《武王的死及其年岁和纪元》，《文史》第十八辑，北京：中华书局 1984 年版。
③ 于省吾：《"王若曰"释义》，《中国语文》1966 年第 2 期。
④ 杜勇：《〈尚书〉周初八诰研究》，第 27 页。
⑤ 李耀仙主编：《廖平选集》（上），成都：巴蜀书社 1998 年版，第 452 页。
⑥ 顾颉刚：《周公执政称王——周公东征史事考证之二》，《文史》第二十三辑，北京：中华书局 1985 年版。
⑦ 如王冠英《周初的王位纷争和周公制礼》等，收郭伟川编《周公摄政称王与周初史事论集》，北京：北京图书馆出版社 1998 年版。

第二章　周公革命与礼乐教化

外，王慎行认为当时成王居丧，而周公只是以冢宰身份摄政而已①；李裕民则干脆认为是周公篡位②。

否认周公称王自然是没有什么道理，但解释周公何以称王的种种说法，都有未稳之处。比如上几说，包括廖平之说，都不能解释成王即位在前，且有二王并立的实情。

2

周公是武王的弟弟，曾佐武王灭商，有大功于周室。春秋时卫国的子鱼说"武王之母弟八人，周公为大宰，康叔为司寇，聃季为司空，五叔无官"（《左传·定公四年》）。子鱼即祝佗，杜注其职为"大祝"，孔子亦曾推崇他"治宗庙"之功（《论语·宪问》），因此，子鱼的话是可信的。大宰这个职务在商周时极为重要，主要职责就是相王。董仲舒说："汤受命而王，名相官曰尹；文王受命而王，名相官曰宰。"（《春秋繁露·三代改制质文》）西周有内史尹和作册尹之职，指的是诸史之长。《左传·定公四年》说成王分封天下时，使"周公相王室，以尹天下"。可见尹和宰在当时可以混称，犹如巫史之难以区分一样。由管理巫史的尹，而发展为统领百官的宰，应是官僚政治发展的结果，在周初其实应是二而一的事情，分别不是很清楚。相的初意是指宗庙祭祀仪式上的引导者，他对国王的辅助最初也指的是在宗教祭祀方面的襄助。所以他必然是国内最大的巫史专家，这才可能是诸史之长。

周公对自己的巫史才能是十分自信的。当武王重病时，"周公于是乃自以为质，设三坛，周公北面立，戴璧秉圭，告于太王、王季、文王。"（《史记·鲁周公世家》）其祝祷之辞载于《尚书·金縢》：

> 惟尔元孙某，遘厉虐疾。若尔三王，是有丕子之责于天，以旦代某之身。予仁若考，能多材多艺，能事鬼神。乃元孙不若旦多材多艺，不能事鬼神。乃命于帝庭，敷佑四方。用能定尔子孙于下地，四方之民，罔不祗畏。呜呼！无坠天之降宝命，我先王亦永有依归……

---

① 王慎行：《周公摄政称王质疑》，《河北学刊》1986年第6期。
② 李裕民：《周公篡位考——从"桐叶封弟"的疑案说起》，《晋阳学刊》1984年第4期。

从这些话中可以看出，周公认为自己最为突出的品质就是"能事鬼神"的"多材多艺"。所谓"多材多艺"，它的含义首先就是《国语·周语上》所谓"其智能上下比义，其圣能光远宣朗，其明能光照之，其聪能听彻之"的内在神性，其次才是"知山川之号、高祖之主、宗庙之事、昭穆之世、齐敬之勤"等等的外在才艺。这些都是上古时代对宗教领袖的要求。在周公看来，先王的"元孙"并不具有这些才能，却为自己所独有。

周公自己组织了这次祭祀仪式。在《史记·鲁周公世家》中，还记载了周公曾为成王举行过类似的祭祀仪式。除了祭祀外，周公自己也亲自占卜。《尚书·大诰》记载，周公在东征前，为劝邦君庶士随行，告之以天命曰：

> 予不敢闭于天降威，用宁（文）王遗我大宝龟，绍天明。即命曰："有大艰于西土，西土人亦不静，越兹蠢。殷小腆诞敢纪其叙。天降威，知我国有疵，民不康。曰：予复！反鄙我周邦，今蠢今翼。曰，民献有十夫予翼，以于敉宁（文）、武图功。我有大事，休？"朕卜并吉。

又《洛诰》记载周公在卜建东都时的话云：

> 予惟乙卯，朝至于洛师。我卜河朔黎水，我乃卜涧水东、瀍水西，惟洛食；我又卜瀍水东，亦惟洛食。伻来以图及献卜。

周公所颁行的政令以及训诫之辞，通常是在天命的名义下宣示的。邦君庶士们对周公的巫术行为不持异议，表明他们对周公占卜权利的认可。东征也好，营建洛邑也好，这些都是当时至为重要的大事，周公专有为国占卜的权力，其本人也必拥有大巫的身份，为当时的"群巫之长"。

周代的巫史承殷商而来，所以殷商巫史专家和巫史文献对周的巫史而言，就有着十分重要的意义。就现有的文献可以看出，周公本人对殷商的

第二章 周公革命与礼乐教化

巫史及其文献的重视是非常自觉的。史墙盘铭文提到史盘的先祖从殷商投奔周时，就受到周公的殷勤接待。倘周公是周朝的巫史之长，这就不是偶然的了。

周大封天下时，周公所得为鲁，随而去鲁的又以巫史人员及巫史文物为多。据《左传·定公四年》记载：

> 分鲁公以大路、大旂，夏后氏之璜，封父之繁弱，殷民六族，条氏、徐氏、萧氏、索氏、长勺氏、尾勺氏，使帅其宗氏，辑其分族，将其类丑，以法则周公。用即命于周。是使之职事于鲁，以昭周公之明德。分之土田陪敦、祝、宗、卜、史，备物、典策，官司、彝器；因商奄之民，命以《伯禽》而封于少皞之虚。

在这个随而之鲁的清单中，主要的人员是商之遗民，他们能够以自己的职事法则周公，光大周公的"明德"，而且还时刻准备受命于周庭。显然，这些商人不是仅仅来充人民之数的，他们就是下文所说的"祝、宗、卜、史"。相对于周人来说，商人才是真正的巫史专家，周人的巫史文化多有借鉴商人之处。而"备物、典策，官司、彝器"之类，又是巫史所必备的器具，或由其所保管的巫史文献材料，相信它们都是来自殷商，但也可能有周室的文献、重器。周公能拥有来自殷商的巫史人员和巫史器物，只能说明周廷对其巫史身份的认可，说明周公在当时是执掌巫史的权威。祝佗说鲁在接受了这些殷人和文献器具后，与卫国"皆启以商政，疆以周索"（《左传·定公四年》）。所谓"启以商政"，大概是指仍以商朝的旧例统治这些殷民，甚至统治全鲁。"商政"可以说是巫政。当周公以其巫史之长的身份留居周王左右时，其子伯禽虽为鲁君，也同时兼任周室太祝。禽簋铭文曰："王伐鳘（奄）侯，周公某（谋）禽祝，禽又（有）敂（胙）祝。"郭沫若解释说："周公与禽同出，周公自周公旦，禽即伯禽。伯禽殆曾为周之大祝，别有《大祝禽鼎》可证。"[①] 巫、祝、史三者或有分工之差异，但就其宗教身份而言，在当时确是难分彼此的。伯禽如不是

---

① 郭沫若：《两周金文辞大系图录考释·禽簋》，上海：上海书店出版社1999年版，第11页。

巫祝的专家，是不可能任周庭大祝之职务的。郝铁川据此推论云："从西周贵族世官制来看，可以反证周公本为巫祝，且系巫祝集团的首脑。"① 这是有道理的。

3

周初的继统正处在一个变革时期，以王国维的说法，商代"继统法以弟及为主而以子继辅之"，而"舍弟传子之法，实自周始"②。大多数学者将"舍弟传子"的继承之法归功于周公本人。在周公时代，"立嫡之制"尚未完全确立，从常理上来说，周公也有继承武王王位的可能。但这种可能性并没有促使周公废除成王以身代之，也没有完全屏蔽成王而独立管理国家。显然，周公摄政既不是因为成王年幼，也不是篡位夺权。有学者举易洛魁联盟的两名军事酋帅、斯巴达的两个国王和罗马共和国的两名执政官来说明"这种二头政长的现象并不是个别的"③，但这仍然无法解释周公称王的史实。

商行巫政，商王同时为群巫之长，所以商人的巫统和治统是二而一的。商尹的职责一般只限于在宗教祭祀方面对王进行辅助。而周武王忙于战争，便将巫史之事委之于周公，于是，周公身为周廷之大宰，身负巫史之职而有"尹天下"的责任，成为精神领袖，同时具有政治才艺。周公在向先王祝祷时，自称"余仁若考，能多材多艺，能事鬼神；乃元孙不若旦多材多艺，不能事鬼神"，就是刻意比较自己和文王"元孙"的优劣短长。而且在《大诰》中周公又特别申明"宁（文）王遗我大宝龟"，这也就是强调自己的宗教特权来自文王的传承，而武王或成王却没有获得这种特别的权利。在这种情况下，摄政就成了水到渠成的事情。

所谓摄政，它最初的意思并不指职位或权力的完全占有。《周礼·春官》有大宗伯，专职王家或朝廷的各种祭祀礼仪，实为大宰职责之一部分。关于大宗伯的职责，《周礼·春官·大宗伯》有这样的记载：

---

① 郝铁川：《周公本为巫祝考》，《人文杂志》1987年第5期。
② 王国维：《观堂集林》卷十《殷周制度论》，第454、456页。
③ 杜勇：《〈尚书〉周初八诰研究》，第27页。

第二章 周公革命与礼乐教化

> 若王不与祭祀，则摄位。凡大祭祀，王后不与，则摄而荐豆笾、彻。大宾客，则摄而载果。

可见，摄的最原始意思是指代替王主持祭祀仪式，它相对于商王自己主持祭祀仪式而言，是一个特殊情况。由于国家政令往往是在宗庙中，以天神或祖神的名义颁行，而神意要靠祭祀仪式来获得，所以摄祭祀之位，也就是暂时摄权令之位。对于周公来说，由于武王忙于征战，也由于成王缺乏"事鬼神"的材艺，所以摄位成为一种常态。但周公摄位肯定源于武王的授权，理论上来说，武王仍然是传统意义上的政教合一的王。但武王重病将死，这一情况将发生变化。《尚书·金縢》所谓"乃元孙不若旦多材多艺，不能事鬼神"，指的就是成王因为不具有宗教才能，无法承担祭祀祖先神灵之责。如成王重集宗教和政治于一身，天命将有可能中断，为了避免此种情况发生，周公向祖先们提出了继续摄政，甚至使其合法性、常规化的请求。对"以旦代某之身"的传统解释认为，这是周公愿意代武王生病。但这一解释实际上是可疑的：第一，据《金縢》记载，武王病重时，二公建议"为王穆卜"，为周公所否决，认为"未可以戚我先王"，也就是这次占卜不是为了武王。第二，所谓"事鬼神"指的是祭祀鬼神，指的是在人间主持祭祀仪式，而不是死后在鬼神身边。武王平时已不再"事鬼神"，则不能成为祈求武王恢复健康的理由。第三，周公最后陈述本次占卜祝祷的目的是"无坠天之降宝命，我先王亦永有依归"，说的仍然是天命和祭祀不能中断的事。显然，周公所祝祷的内容，实际上是要三位先王之灵正式认可自己拥有专祭之权。从《金縢》的记载来看，先王之灵应允了周公的请求，周公摄政从而有了神圣合理性。但周公在武王时期并没有将这次占卜的内容示之于众，此后成王即位，周公摄政引起了猜疑，成王与大夫"启金縢之书"，始知周公摄政有三位先王的授权，是天意，不可看作是周公的个人野心，事情由此得到平息。

据《史记·燕召公世家》记载，周公为了打消召公对自己称王的不满情绪，举商例说明自己称王的合理性：

> 汤时有伊尹，假于皇天；在太戊时，则有若伊陟、臣扈，假于上帝，巫咸治王家；在祖乙时，则有若巫贤；在武丁时，则有若甘般：率惟兹有陈，保乂有殷。

在周公看来，巫史传统里天然就包含着"假于皇天"、"治王家"的权利，尤其是那些具有杰出巫史才能的人。所谓"假于皇天"应该就是摄政，而"治王家"就包含了更多的政权事务。在"摄位"和"摄政"之间，本就没有清晰的界限，比如伊尹就曾放商王太甲于桐，自立为王。周代的宗教气氛虽较商代要淡薄，但宗教精神是不可能轻易就消亡的。由于武王和成王都"不能事鬼神"，所以周公必然要担起传统的"假于皇天"的责任来，摄政也就是必然的了。

周公摄政可以说是在一个特殊条件下的合理事件，在客观上，它也是周初政治文化改革的一个必然过程。从西方历史的发展来看，一个"政教合一"的社会，随着社会的发展，往往区分成"宗教事务"和"世俗事务"两个各自独立的部分，"人类在两个政府之下形成一个单一的社会，每个政府都各有自己的法律、自己的立法机构和行政机构以及自己的权利"①。这就是西方中世纪盛行的所谓"政教分离"的社会形态，它是世俗权利从宗教权利中挣脱出来的一个过渡阶段，是很容易理解的。中国文明发展的逻辑也应该有此一环，这就是周公称王的历史理由。当周公声称"宁（文）王遗我大宝龟"时，他的言下之意是武王、成王虽继承了王位，但却没有继承文王的宗教权力，这里面已经包含了明显的"政教分离"的意识。或者可以说，在文王那里，政教是没有分开的，文王演八卦似乎是个证明，而到了周公才开始分开。

4

关于周公摄政，一般认为有七年的时间。《尚书大传》云：

> 周公摄政：一年救乱，二年克殷，三年践奄，四年建侯卫，五年

---

① ［美］乔治·霍兰·萨拜因：《政治学说史》上册，盛葵阳、崔妙因译，北京：商务印书馆1986年版，第239页。

第二章　周公革命与礼乐教化

营成周，六年制礼作乐，七年致政于成王。

所谓救乱、克殷、践奄、建侯卫，是周公为维护新生政权的稳固而主持的重要政治事务，显示了周公卓越的政治才能。摄政行为最初只是一种在宗教仪式上的暂时替代，所以不会威胁到政权秩序本身。但由于周初多事，再加上成王缺乏政治经验，所以周政多出自周公，所谓"履天子之籍，听天下之断，偃然如固有之"（《荀子·儒效》），在事实上形成了"践天子位"，并动摇了成王的权威，动摇了一王专制的传统。它触犯正在形成的周朝的宗法制度，因此也就引起了宗族的不满。据《史记·鲁周公世家》记载："周公乃践阼代成王摄行政当国。管叔及其群弟流言于国曰：'周公将不利于成王。'"《史记·燕召公世家》曰："周公摄政，当国践祚，召公疑之，作《君奭》。"《尚书·金縢》说周公为了避免国内的动乱而"居东二年"，孔传释"居东"为东征。但这显然不是"居"的本意，居东实际就是迁居东都成周，并于第二年"制礼作乐"。周公"居东"是一个不得已的选择，因为他既要避嫌，又不能放弃自己的宗教责任，所以他说："我之弗辟，我无以告我先王。"这样就只能离开政权中心，迁居成周，在客观上造成了政、教分离的事实。

《尚书·多士》云："成周既成，迁殷顽民。"所以后世学者大多将周公营建成周的目的看作为了处置商朝遗民，以阻绝他们对新政权的威胁。但这一说法显然不合情理。将殷商之民大批地迁往地势重要的新城，这不能说是一种惩罚措施。对于"顽"字，孙星衍认为"不当以顽嚚之义为训"，而应该释为"众"[①]。1929年出土的士上盂铭文记载了殷遗民士上和史黄往成周朝觐而受赏的事。张政烺据此指出："他们虽被周公召公迁到洛邑，却保全了氏族组织和旧有的习惯。"[②] 周公迁殷商遗民至新都洛邑，既然不是为了惩罚他们，那就一定有另外的意思。《多方》记周公对"有方多士暨殷多士"的训诫说：

今尔奔走臣我监五祀，越唯有胥伯小大多正，尔罔不克臬……尔

[①] （清）孙星衍：《尚书今古文注疏》下册，北京：中华书局1986年版，第602页。
[②] 张政烺：《古代中国的十进制氏族组织》，《历史教学》1951年第4期。

乃自时洛邑，尚永力畋尔田。天惟畀矜尔，我有周惟其大介赉尔。迪简在王庭，尚尔事，有服在大僚……尔不克劝忱我命，尔亦则惟不克享，凡民惟曰不享。尔亦惟逸惟颇，大远王命，则惟尔多方探天之威，我则致天之罚，离逷尔土。

这一段话，古人解释多语焉不详。周公一边告戒殷商遗民要谨慎从命，同时也指出了他们聚集到洛邑的一个重要使命，就是跟随周公执掌祭祀之事。所谓"五祀"并非如旧所说是五年的意思。《周礼·地官》曰"以五祀防民之伪而教之中"，《春官》中"五祀"凡四见，皆是泛指祭祀之意。所以"奔走臣我监五祀"就是跟随周公执掌祭祀之事，意义甚是明确。后面所谓"迪简在王庭，尚尔事，有服在大僚"，是说殷遗民职事的高贵，应敬于职事。古时"事"则特指祀与戎，"尚尔事"仍是"监五祀"的意思。也就是说，周公在东都洛邑汇集了殷商遗民，仍是与巫史的职事有关，是为了自己的巫史职责聚集人才。《左传·桓公二年》载："武王克商，迁九鼎于雒邑。"洛邑是在周公手里营建的，朝廷重器不可能在武王时迁到洛邑，所以迁九鼎的也应该是周公。九鼎是庙堂重器，是天人关系的象征，它来到洛邑是为了增加洛邑的神圣性。

除此之外，周公营建东都洛邑时，还曾举行殷礼。《尚书·洛诰》云："周公曰：王肇称殷礼，祀于新邑，咸秩无文。"所谓"咸秩无文"，古人费尽口舌，多方曲解，而它的意思其实就是一切依原样而不加改动。上所举的士上盉铭文记载了士上和史黄接受成王之命来洛邑参加殷祭而受赏的事，可见，在洛邑行殷礼已经得到成王的认可。在新都洛邑聚集殷商旧族，并且用殷礼，其目就是从传统上加强巫史职事的地位，并和现实事务保持一定的距离，以神道设教，以便教权能顺利地从中央政权中分离出来。周公这一切的努力，使洛邑成为圣都，使自己成为圣王，所谓称王，也就是这个意思。

"神道设教"的主要内容是制礼作乐，其实讲的主要就是祭祀仪式。而周公时代的神道，则不能不借鉴商人的巫史传统，这就是周公分外看重商人巫史传统的原因。《礼记·明堂位》曰：

第二章 周公革命与礼乐教化

> 周公践天子之位，以治天下。六年，朝诸侯于明堂，制礼作乐，颁度量，而天下大服。

周公在营建东都之后，完成了制礼作乐的工作，为中华文明奠定了基本的发展方向。周代所谓礼制，后人有"经礼三百，威仪三千"的说法。孔颖达《周易正义》卷首云："案《礼稽命征》曰：'文王见礼坏乐崩，道孤无主，故设礼经三百，威仪三千。'其三百、三千，即周公所制《周官》、《仪礼》。"《周礼·天官·叙官》郑玄注曰："周公居摄而作六典之职，谓之《周礼》，营邑于土中。"贾公彦认为二书"发源是一，理有终始，分为二部，并是周公摄政致大平之书"。现代的学者普遍认为，《周礼》、《仪礼》里面包含有很多春秋、战国时才有的东西，所以肯定不出于周公。不过，周公作为巫史领袖，在当时的社会意识形态方面拥有绝对的权威，其继往开来，必有流传于世者。如谢谦所说："然作《周礼》者，必有所本，不能凭空虚构，其托名于周公，正如庄子后学托名于庄子，墨家弟子托名于墨子，儒家学派托名于孔子，都有一定的依据，并非全为无稽之谈。《周礼》虽非出自周公之手，但总有后人已无法见到的西周文献作蓝本，至少有周公制礼作乐的总体构想在。所以，我们完全有理由把《周礼》当作周公制礼作乐的理性蓝图来看待。"[①] 这一看法是合乎情理的，可以想象，西周的礼仪精神应出自周公，而《周礼》、《仪礼》等书，又不过是反映了周礼的精神，并加以发挥、完善的结果。

"制礼作乐"的意义首先是完善祭祀礼仪制度，它是在周革殷命之后，对宗教礼仪制度的一次大整合、大改革，它反映了周民族的自省而谨慎的理性，也表达了周公的忧患而积极的精神，从而产生出属于周文化的礼乐制度，它使得宗教礼俗更具有现实意义，符合现实、制约现实，为现实生活提供来自巫史传统的终极依据。简单地说，制礼作乐就是意识形态的创造和改革，它在很大程度上和现实的政治事务保持着一定的距离。这也是西方"政教分离"的一个基本信念。所以，周公的"制礼作乐"，也

[①] 谢谦：《中国古代宗教与礼乐文化》，成都：四川人民出版社1996年版，第90—91页。

是其"政教分离"的基本实践。

　　周公最终归政于成王，宣布了这次"政教分离"改革的失败。其原因应是多方面的，其中之一就是传统势力的反对。据《史记·卫康叔世家》记载："周公旦代成王治，当国。管叔、蔡叔疑周公，乃与武庚禄父作乱，欲攻成周。"周公虽然平息了这次动乱，但他也由此意识到"政教分离"的社会改革是不可能被社会所接受的，因此便在迁居成周的第三年致政成王。对于一个悠久的巫史传统来说，周公是一个有着特殊地位的人物。他的摄政称王、制礼作乐，被看作是为万世开太平的事业，是巫史传统的顶峰之作。更为重要的是，他的"政教分离"的实践，启发了后世"道统"、"治统"两分的理论。孔子、孟子、公羊家、司马迁、扬雄等人都是知道这其中的秘密的，所谓"素王"，所谓"五百年必有王者出"等，成了儒家永恒的悬念。这是非常有意义的。有学者断言："中国一开始便没有像其他民族，可以与政治领袖相抗衡，甚至可以支配政治的带独立性的僧侣阶级。所以古代宗教，一开始便和政治直接结合在一起。"① 其实是没有看到周公这次短暂的改革。

三　歌谣文献及其应用

1

　　"绝地天通"以后的官方宗教活动就朝着精致化和繁杂化的方向发展，注重礼仪、献享和器物文献。而民间宗教活动相对来说比较简朴，以咒、祷、占等巫术行为为主。在巫术思维中，人们相信语言尤其是韵语的神奇魅力，相信它能够诱导鬼神的活动，所以，常在巫祭活动中使用歌谣。这些古老的民间巫祭歌谣，也经常被收集、改编而用于官方宗教仪式中，并对官方宗教文献产生影响。可以说，先秦歌谣实际上是另一种形式的巫史文献。

　　现存最古老的韵文载于《吕氏春秋·音初篇》，相传是夏禹时涂山

---

① 徐复观：《中国人性论史·先秦篇》，上海：上海三联书店2001年版，第35页。

第二章 周公革命与礼乐教化

氏女所唱的"候人兮猗",这首歌只是一句感慨,带有咏叹的语气词,离韵文的标准还相差甚远。而如下几首古歌,才是真正最早的韵文。《弹歌》:

> 断竹,续竹,飞土,逐宍。(《吴越春秋·勾践阴谋外传》)

《蜡辞》:

> 土,反其宅;水,归其壑!昆虫,毋作;草木,归其泽!(《礼记·郊特牲》)

《驱旱魃咒》:

> 神,北行!先除水道,决通沟渎!(《山海经·大荒北经》)①

这几首歌都是用于民间巫术活动的誓辞、祭辞或咒语,因此,形式简单质朴,目的简单明了。而官方祭祀活动中所采用的韵文,就要复杂而精致得多,尤其是专门创作的歌谣,如《诗经》中的"周颂"以及"大雅"中的《生民》、《公刘》、《绵》、《文王》等,这些诗是周人用于祭祖仪式的,不但语言繁缛精美,音韵考究,而且还有舞乐的配合。即使那些采自民间乐歌,往往也需经过乐师的修饰、配乐,然后才能编入特定的仪式程序中。

在宗教活动中使用乐歌,就是相信它具有某种神秘性特征,能够有效地沟通人神,表达人的愿望或鬼神的启示。据《左传·昭公十二年》记载:"昔穆王欲肆其心,周行天下,将皆必有车辙马迹焉。祭公谋父作《祈招》之诗,以止王心,王是以获没于祗宫。"在这个例子中,能够阻止穆王的并非是祭公谋父,也不是歌谣本身,而是通过歌谣所诉达的神意。显然,歌谣在宗教活动中首先被认为是一种人神交流的手段。《尚

---

① 今人标点一般作:"魃时亡之。所欲逐之者,令曰:'神北行!'先除水道,决通沟渎。"(袁珂校注:《山海经校注》,第430页)比较而言,以末三句皆为"令曰"更为妥当。

书·舜典》所谓"诗言志,歌永言,声依永,律和声,八音克谐,无相夺伦,神人以和",说的就是通过歌谣进行人神沟通,并最终达至人神和谐的境界。

歌谣的另一个神秘特征是它的启示性。人们相信可以通过歌谣来领悟神意,并因而知悉人类自身的命运,这就使得歌谣有了占卜和预言的功用。《国语·晋语六》说"风听胪言于市,辨袄祥于谣",也就是说通过民间所流传的歌谣可以判断吉凶祸福,这就是所谓谣占。谣占的传统在历史上一直延续很久,人们尤其相信童谣、谚谣可以预言社会事件。《国语·郑语》记述了史伯所讲述的一则流行于周宣王时的童谣故事:

> 且宣王之时有童谣,曰:"檿弧箕服,实亡周国。"于是宣王闻之,有夫妇鬻是器者,王使执而戮之。府之小妾生女而非王子也,惧而弃之。此人也,收以奔褒。天之命此久矣,其又何可为乎?

这就是褒姒亡周的故事,周幽王因宠爱嬖妾褒姒而终以亡国,而这个结局却为几十年前的一则童谣所预言。可见童谣所传达的神意,人力是无论如何改变不了的。人们只可以通过顺应童谣的预言来完成现实的目的。如《国语·晋语二》记载:

> 献公问于卜偃曰:"攻虢何月也?"对曰:"童谣有之,曰:'丙之晨,龙尾伏辰,均服振振,取虢之旂。鹑之贲贲,天策焞焞,火中成军,虢公其奔。'火中而旦,其九月十月之交乎?"

晋献公通过童谣择日以灭虢,显示了他对童谣所包含着的命定因素的顺应。历史上关于童谣的记载,可谓代不绝书,可见谣占的影响十分深远绵长。

上古谣占的经典还应当数《周易》。《周易》是一种筮占文献,考古学者和古文字学家将筮占的起源追溯到在商代陶器、磨石、青铜器、甲骨

第二章 周公革命与礼乐教化

上所发现的筮数符号①。其中四磨盘出土的大骨上铭刻的两行数字符号后分别有"曰隗"、"曰魁"字样,彭邦炯说:"这可能是当时的卦名与后来《周易》的卦名不同,但也可能是根据七八七六七六和七五七六六六得出的卦辞,有如甲骨占卜时,王看了卜兆后的'王占曰……'相似。"② 可见,筮数占卜的方式至少在商代晚期开始出现。此时的筮占正处在由八卦向六十四卦演变发展的过程中,如张亚初、刘雨所说:"重卦的筮法首先出现于商,后来才推广到周……根据目前掌握的较可靠的材料看,占筮的时代,至少可以推到商代武丁时期……在八卦问题上,我们认为商文化影响周文化。"③ 而筮数由奇偶演变为阴阳卦画也发生于周初时期④。筮占在商朝出现得很少,一般推测,它可能是来自民间的,或是来自别的民族的,它在甲骨卜辞中出现是上下层文化或不同民族文化交流的结果。

八卦占卜在周代开始兴盛,并逐渐取代了甲骨占卜。《系辞下》云:"《易》之兴也,其于中古乎?作《易》者,其有忧患乎?"又云:"《易》之兴也,其当殷之末世、周之盛德邪?当文王与纣之事邪?"文中所谓"作"主要是指《周易》的卦爻辞,认为它反映了商周之变时的社会状况,并且包含着明显的忧患意识,这一点是对的。文王和周公的时代也正是《周易》由草创而至于成立的时代,后世学者将《周易》的发明权归于此二人亦是可以理解的。由于《周易》卦爻辞中同时载录了商人和西周时期的历史,现代学者一般倾向认为《周易》卦爻辞是周代的巫史在一个较长的时间里编定而成的。高亨说:

---

① 1978年,张政烺在第一届古文字讨论会上最先指出甲骨文中的一些"奇字"是与《周易》八卦有关的数字符号。见其所著《试释周初青铜器铭文中的易卦》,载《考古学报》1980年第4期。后张亚初、刘雨又搜集商周各类器物铭文中的八卦数字符号共得三十六条,见所著《从商周八卦数字符号谈筮法的几个问题》,载《考古》1981年第2期。此后,这些八卦数占符号才为普遍认识。

② 彭邦炯:《商史探微》,重庆:重庆出版社1988年版,第298页。

③ 张亚初、刘雨:《从商周八卦数字符号谈筮法的几个问题》,《考古》1981年第2期。

④ 《周礼·春官·大卜》云:"大卜掌三《易》之法,一曰《连山》,二曰《归藏》,三曰《周易》。其经卦皆八,其别皆六十有四。"又《帝王世纪》云:"庖牺氏作八卦,神农之为六十四卦,黄帝尧舜引而伸之,分为二易,至夏人因炎帝曰《连山》;殷人因黄帝曰《归藏》,文王广六十四卦,著九六之爻,谓之《周易》。"则颇有人认为商代发现的筮数符号有可能即《归藏》或《连山》。

· 73 ·

> 《周易》古经，大抵成于周初。其中故事，最晚者在文、武之世……其中无武王以后事，可证此书成于周初矣。至于最后撰人为谁，则不可知。后儒谓文王作卦辞，周公作爻辞，与此书之内容无所抵触。其或文王、周公对于此书有订补之功欤？①

李镜池说：

> 关于作者问题，我们的看法是：《易经》卦爻辞是编纂成的，有编者，姓名失传，可能是周王室的一位太卜或筮人，即《周礼·春官·宗伯》所说"掌三《易》"的人。编纂时间约在西周中后期。②

综上所述，筮卜虽然起源于商末，但其方式和文献是在西周时期完善起来的，并被大规模使用，所以，可以将易占看作是周文化的特点。由于历史的原因，周人并用卜和筮，并且有"筮短龟长"（《左传·僖公四年》）的说法，通常是大事仍用龟占，小事或民间才流行筮占。"筮短龟长"不过是一种尊古思想的一种反映，表达的是一种古典的趣味。

《周易》最突出的现象，就是除了载录卦爻符号外，还载录了大量解释卦爻符号的文辞。李镜池将卦爻辞分为三类："象占之辞"、"叙事之辞"和"贞兆之辞"；高亨则将卦爻辞分为四类："记事之辞"、"取象之辞"、"说事之辞"和"断占之辞"。其中"象占之辞"和"取象之辞"意义相近，主要指的都是卦爻辞中的具有象征意义的形象，也是易占的精华所在。《易·系辞传下》云：

> 古者包牺氏之王天下也，仰则观象于天，俯则观法于地，观鸟兽之文与地之宜，近取诸身，远取诸物，于是始作八卦，以通神明之德，以类万物之情。作结绳而为网罟，以佃以渔，盖取诸《离》。

其中关于"观象"以"通神明之德"的说法，则颇能说明周易"象占"

---

① 高亨：《周易古经今注》卷首，北京：中华书局1984年版，第12页。
② 李镜池：《周易探源》，北京：中华书局1978年版，第153页。

第二章 周公革命与礼乐教化

的本质。李镜池说:"'象占'一词,是我新定的,意思是指所有物象之变化或显现,人们见了,以为跟他有密切的关系,因而探究神旨,推断吉凶的一种占验。这物象也包括天文星相及人事之变化在内,其范围比《汉志》之杂占为广。"① 也就是说,在巫术思维中,人们认为某种意外呈现的现象或形象,可能是神意的显现,并据此可以推断出吉凶祸福,这就是象占。至于星占、望气、占梦、面相甚至灾异谴告等等,无不是各类象占。

阴阳卦画及其组合而成之八卦或六十四卦,固然可以看作是可占之"象",但现在看来,《周易》中更为复杂,更具象征意义的实际上是卦爻辞。那么,这些卦爻辞是如何被纂集在一部文献中的呢?高亨说:

> 《周易》古经,盖非作于一人,亦非著于一时也。其中有为筮事之记录。古代卜与筮皆有记录……当时有人将举一事,筮人为之筮,遇某卦爻,论断其休咎,及事既举,休咎有验,筮人(或史官)记录其所筮之事要与其筮时之论断与其事之结果,此即筮事之记录也……筮人将其筮事记录,选择其中之奇中或屡中者,分别移写于筮书六十四卦爻之下,以为来时之借鉴,逐渐积累,遂成《周易》卦爻辞之一部分矣……其中亦有撰人之创作,即有人取筮人之旧本加以订补,将其对于事物之观察,对于涉世之经验,对于哲理之见解,纂入书中。其表达方法,或用直叙,或用比喻,或用历史故事。其目的在显示休咎之迹象,指出是非之标准,明确取舍之途径。《周易》古经经过此人之订补,始成完书矣。②

这一说法虽无直接的根据,但基本符合《周易》卦爻辞和一般的编纂逻辑,因此也被广泛地接受。

《周易》筮辞中有很多歌谣。如《中孚》九二"鸣鹤在阴,其子和之。我有好爵,吾与尔靡之"等。李镜池认为歌谣可达全书的三分之

---

① 李镜池:《周易探源》,第123页。
② 高亨:《周易古经今注》,第10—11页。

一①，傅道彬通过对一卦之内的爻辞"进行自上至下的竖式分析"，又读出一些歌谣，并作有笺注②。黄玉顺认为《周易》六十四卦无不含有歌谣，并作了详细的分析，认为这些歌谣比《诗经》时代更为古老，并由此得出如下结论："我们只知道《易传》是对《易经》的哲学化阐释，却不知道《易经》本身又是对一种更古老的文献的神学化阐释。这种古老文献，便是殷周歌谣。"③ 在他们看来，《周易》的卦爻辞有很大一部分是由歌谣形式组成的。卦爻辞又称为繇，高亨云："近儒以为繇借为谣。《尔雅·释乐》：'徒歌谓之谣。'谣，古字作䍃。《说文》：'䍃，徒歌。从言，肉声。'因筮书之卦爻辞及卜书之兆辞，大抵为简短之韵语，有似歌谣，故谓之谣……考卜筮之繇，古亦谓之'颂'。《周礼·大卜》云：'大卜掌三兆之法，一曰玉兆，二曰瓦兆，三曰原兆。其经兆之体皆百有二十，其颂皆千有二百。'郑注'颂，谓繇也。'此卜书兆辞称'颂'之证。又《占人》云：'占人掌占龟，以八筮占八颂，以八卦占筮之八故。'所谓'八颂'，孙诒让谓'颂是筮辞之名'（《周礼正义》），甚是。此筮书卦、爻辞称颂之证。此两者所以称为颂，孙诒让谓'其文皆为韵语，与诗相类，故亦谓之颂'。其说至确。兆辞与筮辞，因其与诗相类而称为颂，以此类推，自是因其与歌相类而称为谣，此亦繇借为谣之旁证也。"④ 由此看来，所谓卦爻辞本身亦因歌谣得名，由此可知《周易》与古歌谣之密切关系，甚至可以说，《周易》就是巫史结合筮卜和谣占而形成的文献。

那么，这些歌谣来自何处呢？高亨认为是取自民间，他说：

《易经》本是散文作品，为什么其中有较多的短歌呢？最主要的原因是受民歌的影响，甚至是直接取材于民歌，这无庸详谈……由《周易》中的短歌到《诗经》民歌，也显示出由《周易》时代到

---

① 李镜池：《周易通义·前言》，北京：中华书局1981年版，第2页。
② 见傅道彬著《〈诗〉外诗论笺——上古诗学的历史批评与阐释》中《〈周易〉爻辞的诗体结构分析》一章，哈尔滨：黑龙江教育出版社1993年版。
③ 黄玉顺：《易经古歌考释·绪论》，成都：巴蜀社1995年版，第1页。
④ 高亨：《周易古经今注》，第17页。

第二章 周公革命与礼乐教化

《诗经》时代,诗歌的创作艺术逐步提高的过程。我们如果说《周易》中的短歌是《诗经》民歌的前驱,似乎也接近事实。①

相信这些民间的歌谣,是经过巫史的搜集整理,才成为《周易》的卦爻辞的。很多学者认为卦爻辞编定于西周时期,编定者大约是"太卜"之类的人②。太卜也是巫职。我们知道巫祭中的"文献"问题,一般由史来处理。虽然那时的史职还不是纯粹的文献从业者,但他们肯定有着强烈的文献意识。由于歌谣多产生于祭祀活动之中,是一种祭祀的文本,同时也能用于谣占,所以他们对歌谣一定很感兴趣。正是在此文化背景下,西周史官对于韵语十分熟悉,现存的金文中就有不少出自他们之手的韵语。史墙盘上的铭文是史官微氏对其祖先的追溯,有不少商周史事的描述,所用的就是韵语。再如西周后期的虢季子白盘铭文,多为四字韵语,非常整齐:

> 佳十又二年正月初吉丁亥,虢季子白乍宝盘。不显子白,壮武于戎功,经维四方。搏伐玁狁,于洛之阳,折首五百,执讯五十,是以先行。赳赳子白,献馘于王。王孔嘉子白义。王格周庙宣廨,爰飨。王曰:"白父,孔覭有光。"王赐乘马,是用佐王。赐用弓、彤矢,其央;赐用钺,用征蛮方。子子孙孙万年无疆。③

铜器铭文的撰写者应是参与册封、赐命的史官。这段铭文在形式上和《诗经》中"颂"十分相似,显示了很高的韵语表达技巧。这说明,韵文作为一种"文献"已经受到了史官的广泛的关注。这一点,还表现在一般史录文献之中,刘知幾《史通·言语》云:

---

① 高亨:《周易卦爻辞的文学价值》,原载《文汇报》1961年8月22日,后收入《周易研究论文集》第四辑,北京:北京师范大学出版社1990年版。
② 参见余永梁《易卦爻辞的时代及其作者》,载《历史语言研究所集刊》第1卷第1期(1928),后收入《古史辨》第三册,上海:上海古籍出版社1982年版。
③ 马承源:《商周青铜器铭文选》(三),第308—309页。

> 寻夫战国已前，其言皆可讽咏，非但笔削所致，良由体质素美。何以核诸？至如"鹑贲"、"鹳鸰"，童竖之谣也；"山木"、"辅车"，时俗之谚也；"幡腹弃甲"，城者之讴也；"原田是谋"，舆人之诵也。斯皆鸟词鄙句，犹能温润若此，况乎束带立朝之士，加以多闻博古之识者哉！则知时人出言，史官入记，虽有讨论润色，终不失其梗概者也。

可见，只要是韵语，无论是出自何人，都会被史官所载录。这反映了史官对韵语的敬重。虽然《礼记·郊特牲》说"殷人尚声"，但从文献和出土文物来看，周代祭祀仪式中，乐歌占有更为重要的地位，这也说明韵文或歌谣在周代巫史文化中的重要地位。

2

在周代，有专门的献诗和采诗制度，以保证韵语的供给。《国语·周语上》云：

> 故天子听政，使公卿至于列士献诗，瞽献曲，史献书，师箴，瞍赋，矇诵，百工谏，庶人传语，近臣尽规，亲戚补察，瞽史教诲，耆艾修之，而后王斟酌焉，是以事行而不悖。

这一段话表达了一种民主政治的理想，虽然不一定是事实，但其中所提到的献诗献曲制度颇值得注意。所谓"诗"、"箴"、"赋"、"诵"，都与韵语有关；而"瞽"、"瞍"、"矇"也是难以区别的，何况"师"中也有很多是盲眼的人。所以，上面的说法，相当于后世所说的"互文"，大概是说，瞽史等有献诗献书的职责。

古时"瞽史"并称，除上引"瞽史教诲"外，还有《国语·周语下》单襄公所云"吾非瞽史，焉知天道"，《国语·楚语上》楚左史倚相所云"临事有瞽史之导"，《国语·晋语四》言及《瞽史之纪》或《瞽史纪》这样的书名。可见瞽史连称在春秋时期为常用，人们习惯上也将瞽和史视为一类。但瞽和史的关系亦同巫和史的关系一样，虽为同类，也有

第二章 周公革命与礼乐教化

交叉的地方，职事并非完全相同。《礼记·礼运》说朝廷祭祀时，"王前巫而后史，卜筮瞽侑，皆在左右"。至于瞽的具体职责，《周礼·春官》云：

> 瞽矇，掌播鼗、柷、敔、埙、箫、管、弦、歌，讽诵诗，世奠系，鼓琴瑟。掌《九德》、《六诗》之歌，以役大师。

从这一段描述来看，瞽的职责主要是音乐和诗歌，太师就是由瞽者充任的。在《国语·周语上》"瞽史教诲"下，韦昭注曰："瞽，乐太师。史，太史也。"以瞽为专掌音乐之太师。但他有"世奠系"一项，这应该是关于宗族谱系的，是史的典型职责范围。也就是说，瞽和史确实有着不同寻常的关系。顾颉刚也看到了瞽和史"其术亦甚易相通"，不过，他认为是两者"相熏染"的结果①。这是心中先有了瞽、史两职的念头。实际上，瞽的专长在音乐记忆和传诵，它和史并称必是在歌谣作为祭祀文献或礼仪文献受到重视之时。换句话说，瞽可能是史职的一种，不过专心于歌谣、音乐类祭祀文献。之所以有这样的分工，可能是由于瞽的听觉和记诵能力强，而不能如史那样可以认读和写作。瞽和史一样，都以自己的文献知识指导祭祀，左史倚相所谓"瞽史临事以导"，就是这个意思。所以，瞽和史可以并称，甚至混称。如《孔丛子·巡狩》就说天子"命史采民诗谣"，史即瞽也。《诗经·周颂·有瞽》曰："有瞽有瞽，在周之庭。"这是说瞽在周朝廷上主持祭祀，与巫史相当。

古有采诗之说，采诗的成果就是《诗经》。上引《周礼·春官》所谓"六诗之歌"指的也是《诗经》。关于"采诗"，古人有以下说法：

1. 《礼记·王制》：天子五年一巡守……命大师陈诗以观民风。
2. 《孔丛子·巡狩》：命史采民诗谣，以观其风。
3. 《汉书·食货志》：孟春之月，群居者将散，行人振木铎徇于路，以采诗，献之大师，比其音律，以闻于天子。

---

① 顾颉刚：《史林杂识初编》，北京：中华书局1963年版，第224页。

4. 刘歆《与扬雄书》：诏问三代、周、秦轩车使者、遒人使者，以岁八月巡路，求代语、僮谣、歌戏，欲得其最目。

5.《春秋公羊传·宣公十五年》何休解诂：五谷毕入，民皆居宅，里正趋缉绩，男女同巷，相从夜绩，至于夜中，故女功一月得四十五日作，从十月尽正月止。男女有所怨恨，相从而歌，饥者歌其食，劳者歌其事。男年六十，女年五十无子者，官衣食之，使之民间求诗，乡移于邑，邑移于国，国以闻于天子。

6. 许慎《说文解字》"丌"部：辺，古之遒人，以木铎记诗言。

据以上所引之文来看，古人大多认为采诗之事是"使者"或"行人"所为。段玉裁认为"扬刘所谓'使者'"即"班所谓'行人'"（《说文解字注》），其实是二而一的事情。"行人"在《周礼》中虽属于"秋官"，但职责中有"属瞽史，谕声名，听声音"一项。则"行人"是瞽史属官，有采集诗歌的职责。《孔丛子》所谓"命史采民诗谣"，大约就是用史来指这一系列的官员。"行人"采集诗谣后，汇集到瞽师手中，经过音乐加工后，成为朝廷的重要文献。

此外，采诗的时间看来是一定的。刘歆说是"岁八月"；何休认为是从"十月尽"到"正月止"，指的是收获以后的农闲时期。此外就是孟春之说了。《左传·襄公十四年》载师旷引《夏书》曰："遒人以木铎徇于路，官师相规，工执艺事以谏。正月孟春，于是乎有之。"采诗的时间关系到这些歌谣的产生、功用等情况。这其中只有何休提到这些歌谣是农民"相从夜绩"时"有所怨恨"而唱出来的。这个说法太过田园化、浪漫化了。春天农闲则然，不过那也是传统的祭祀节令。《礼记·月令》云："立春之日，天子亲帅三公……命相布德和令，行庆施惠，下及兆民。庆赐遂行，毋有不当。"《周礼·地官·媒氏》曰："中春之月，令会男女。于是时也，奔者不禁。"由此可见，春天是民间祭祀狂欢的季节。这些狂欢性的季节祭，必然会产生出大量的歌谣，尤其是爱情歌谣。法国学者格拉耐（Marcel Granet）在其《中国古代的祭礼与歌谣》中，通过对"国风"中将近七十首诗的分析，认为那些"歌谣是季节祭的宗教感情的产物"，认为"中国古代祭礼是季节性质和田园性质的，春季的祭礼是最重

第二章 周公革命与礼乐教化

要的,其次是秋季的祭礼",而"国风"中的爱情歌谣,"是在古代农民社会的季节祭之时,青年男女集体的竞赛的交互合唱"[①]。

结合《汉书》的"群居者将散"云云,大体上可以判断,瞽史所采者,正是季节祭中所产生的歌谣。在经过改造加工后,这些歌谣成为朝廷礼仪的一部分。《国语·楚语上》云:"且夫诵诗以辅相之。"所谓"相"原本指的是对祭祀仪式的引导,后指的是襄助君王行政,因朝廷礼仪本由祭祀礼仪演化而成。《仪礼·乡饮酒礼》云:

> 设席于堂廉,东上……工歌《鹿鸣》、《四牡》、《皇皇者华》。卒歌,主人献工……笙入,堂下磬南北面立,乐《南陔》、《白华》、《华黍》。主人献之于西阶上,一人拜,尽阶,不升堂,受爵,主人拜送爵……乃间歌《鱼丽》,笙《由庚》;歌《南有嘉鱼》,笙《崇丘》;歌《南山有台》,笙《由仪》。乃合乐,《周南》:《关雎》、《葛覃》、《卷耳》;《召南》:《鹊巢》、《采蘩》、《采蘋》。

这其中既有专业人员或大夫官员的创作诗歌,也有从民间采集的歌谣。它们在经过修改和配乐之后,被用于庙堂礼仪之中。

3

采集歌谣在西周时代的目的是用于各类朝廷礼仪。但在春秋时代,诗歌还被普遍地运用在外交场合,用以表达外交或政治的意图,被称为"赋诗言志"。如晋文公重耳在逃亡途中,得到秦穆公的帮助,在秦穆公要正式宴请重耳时,就有赋诗的场面:

> 他日,公享之。子犯曰:"吾不如衰之文也,请使衰从。"公子赋《河水》。公赋《六月》。赵衰曰:"重耳拜赐!"公子降,拜,稽首,公降一级而辞焉。衰曰:"君称所以佐天子者命重耳,重耳敢不拜?"(《左传·僖公二十三年》)

[①] [法] 格拉耐:《中国古代的祭礼与歌谣》,张铭远译,上海:上海文艺出版社1989年版,第141、202页。

子犯认为秦王宴请中一定会有赋诗，所以他推荐赵衰跟从重耳。宴会中，重耳通过赋诵《河水》，表达了对秦的仰慕和归顺之意；秦王答以《六月》，表达了对重耳回国的支持。一场重大的外交活动就在赋诗中完成。"赋诗言志"是春秋时代特有的文化现象。子犯之所以推荐赵衰参加宴会，是因为赵衰之"文"，也就是说赵衰的诗歌修养好。《左传·昭公二十六年》说"文辞以行礼也"，所谓"文辞"在春秋时代就包括"赋诗"活动。所以，也即意味着诗对交际活动有文饰的功用。

但事情远非如此的简单。"赋诗言志"在当时实际上是一件很慎重的事情，它的后果可能涉及一人甚至一国的安危存亡。如《左传·襄公十六年》载：

> 晋侯与诸侯宴于温，使诸大夫舞，曰："歌诗必类。"齐高厚之诗不类。荀偃怒，且曰："诸侯有异志矣。"使诸大夫盟高厚，高厚逃归。于是叔孙豹、晋荀偃、宋向戌、卫宁殖、郑公孙虿、小邾之大夫盟，曰："同讨不庭。"

高厚虽然也赋诗，但言之不当，被人认为有"异志"，以致引起战争的危机。高厚赋诗被认为是"不类"。杨伯峻注曰："必类者，一则须与舞相配，而尤重表达本人思想。"① 是说赋诗在形式和意思上要符合某种规定性。其实，这种规定性的判断标准还是在仪式本身。《礼记·月令》曰："循行牺牲，视全具，案刍豢，瞻肥瘠，察物色，必比类，量大小，视长短，皆中度。五者备当，上帝其飨。"孔颖达正义云："'必比类'者，已行故事曰比，品物相随曰类。五方本异，其色是比也；大暤配东，亦用青，是其类也。"也就是说，在仪式上遵从天人物色之间的对应关系，比如五行理论，就是"类"。那么，在诵诗活动中的"类"，也就是要求在诵诗方式、选择诗歌方面符合仪式的规定性。诸大夫在晋国朝廷上的舞诗，就是一个仪式，而高厚在选择诗歌时违背了这一程式，所以被判定为

---

① 杨伯峻：《春秋左传注》（修订本），北京：中华书局1990年版，第1027页。

第二章 周公革命与礼乐教化

"不类"。但由赋诗不类而进一步判断高厚甚至是齐国有"异志",这一逻辑是从何而来的呢?我们从《礼记》的例子中看到,"类"实际上是一种宗教意义上的秩序以及对秩序的顺应,那么,它就关系到仪式参加者的精神和态度,关系到个体对整个天人关系的是否顺应。换句话说,"类"有似于天人之间的某种相应关系。因此,赋诗不但和交往场合、仪式本身有关,还和吟诵者的志向有着关。赋诗不类,可能是指所赋之诗不符合仪式或场合,同时也意味着赋诗者的精神意志、思想倾向和整个场合的不顺应。在晋侯称霸的宴会上赋诗不类,自然也就可以说明"诸侯有异志"。所以,叔孙豹这些当时的名臣对高厚赋诗中所显示出来的"异志"深信不疑,是不容高厚辩白的。这说明人们相信,诗之"言"具有某种神秘的规定性,而这种规定性隐含着这样的意思:诗不是人随意表达自己意志的工具,所以诵诗者无法自由"言"诗,而赋诗者也无法掩饰诗和志之间的对应关系。

春秋"赋诗言志",就是看重诗之"文"和"类"的特色。人们相信,较之日常言说方式,诗能够保证重大交往的庄重和诚信。因此,言诗的技巧是外交使节所必须掌握的。孔子说:"诵诗三百,授之以政,不达;使于四方,不能专对;虽多,亦奚以为?"(《论语·子路》)那么,诗的运用从祭祀仪式到外交场合,这中间除了仪式性这一交叉点外,外交使者也是一个重要的桥梁。

"赋诗言志"最初是一种职业性的外交手段,也就是说只有在外交宴饮中才能赋诗。春秋时代的天子和诸侯国间,以及诸侯国之间的外交活动十分频繁,当时存在有专职的使者,称为行人。大臣充任使者实际上是一种变通的或发展的措施,而真正的职业性外交专家,应该是行人。鲁成公出使周的时候,周王待之以"行人之礼"(《左传·成公十三年》)。在正式的外交活动中,一般都有行人参加,并由行人提供专业性的参考意见,或者在有疑问时由行人来沟通双方。如《左传·文公四年》载,卫宁武子来访鲁国时,鲁文公赋诗没有得到宁武子的回应,于是"使行人私焉",以进行进一步的沟通。显然,行人是一种常备的职业性外交官。

所谓行人,春秋时又称使者。据《左传·文公十二年》载,秦军与晋军交战时，"秦行人夜戒晋师曰：'两君之士皆未憖也，明日请相见也。'臾骈曰：'使者目动而言肆，惧我也，将遁矣。薄诸河，必败之。'"臾骈以"使者"称呼秦之"行人"。又《左传·成公十六年》，晋楚战于鄢陵，栾鍼说"今两国治戎，行人不使，不可谓整"，于是子重"免使者而复鼓"。由上可见，春秋时期，行人即使者。

使者在传统上是由史官充任的。甲骨文中"使"和"史"为一字，皆写作"史"。"史人于某"就是派人往某地出使，因为使者由史官充任，所以"史"才能假借为"使"。商代卜辞中常见有"东史"、"西史"、"北史"、"才史"等四方之史，他们都是商王派往各地行使权力或传达王命的史官，也就是商王的使节。所以，使者的职责在商朝是由史官来承担的。西周至春秋时代的王朝史官如内史过、史嚚、内史叔兴等也充使者之职，但由于社会分工的发展，此时使者并不一定就史官，但他仍然不能脱离和史官的关系。如《周礼·秋官》所言，"掌大宾之礼，及大客之仪，以亲诸侯"的"大行人"，仍"属瞽史"，有"谕声名，听声音"的职责。可见行人使者和史官有着复杂的渊源关系。

"赋诗言志"的最初形态应该是朝聘礼中的宴饮环节的赋诗，后来逐渐发展为一种外交辞令。不管如何，"赋诗言志"的主角是行人或者是使者。他们之所以要采用这个方法来执行自己的外交使命，其中一个重要的原因，就是诗歌是他们所必备的知识素养，也是他们职业性的修养。外交既是一种礼仪活动，也是一种职业性活动，当然容易被某种特有的仪式和学养所修饰。精通诗歌的礼仪人员不少，但行人使者们有着特殊的便利条件，上文关于采诗的论述，所谓"孟春之月，群居者将散，行人振木铎徇于路以采诗"，所谓"诏问三代、周、秦轩车使者，遒人使者，以岁八月巡路，求代语、僮谣、歌戏"云云，说明了行人使者和诗歌之间的紧密联系。

正是在这一背景下，赋诗成了外交场合表达自己意志的主要手段，即使行人使者不再是外交的主角，这一交往方式仍然保留下来。但行人使者仍然是赋诗方面的专家。《左传·襄公四年》载：

  穆叔如晋，报知武子之聘也。晋侯享之，金奏《肆夏》之三，

第二章　周公革命与礼乐教化

不拜。工歌《文王》之三，又不拜。歌《鹿鸣》之三，三拜。韩献子使行人子员问之，曰："子以君命辱于敝邑，先君之礼，藉之以乐，以辱吾子。吾子舍其大，而重拜其细。敢问何礼也？"对曰："《三夏》，天子所以享元侯也，使臣弗敢与闻。《文王》，两君相见之乐也，使臣不敢及。《鹿鸣》，君所以嘉寡君也，敢不拜嘉？《四牡》，君所以劳使臣也，敢不重拜？《皇皇者华》，君教使臣曰：'必谘于周。'臣闻之：'访问于善为咨，咨亲为询，咨礼为度，咨事为诹，咨难为谋。'臣获五善，敢不重拜？"

为了得到穆叔对晋侯赋诗的反应的解释，韩献子要派出行人子员出面沟通，看来澄清赋诗的内容，本来就是行人的责任。

4

从巫术咒语到卦爻辞中的诗歌，再到庙堂礼仪之诗，由此一线贯通，我们可以看到诗歌在周代的神圣性质。《周易·系辞上》云《易》有"探赜索隐，钩深致远，以定天下之吉凶、成天下之亹亹"的作用，这里说的虽是卦爻辞，但也可用来说明《诗》，它们都与"天下之吉凶"有关。因此，易辞和《诗经》的相通之处正在于它们的神圣性和启示性。春秋时代的贵族们以歌谣的形式在外交场合下表达政见，其用意就是利用歌谣的神圣性来确立信义。同样，通过对诗歌内容的考察，也可以判断"赋诗"或"引诗"者的现状及前途，诗歌这一功能就是所谓的"观风"。大至国运，小至一族、一人之命运，皆可通过诗歌进行预测，这与易的象占性质更为相近。

《左传·襄公二十七年》载：

郑伯享赵孟于垂陇，子展、伯有、子西、子产、子大叔、二子石从。赵孟曰："七子从君，以宠武也。请皆赋，以卒君贶，武亦以观七子之志。"子展赋《草虫》。赵孟曰："善哉，民之主也！抑武也，不足以当之。"伯有赋《鹑之贲贲》。赵孟曰："床笫之言不逾阈，况在野乎？非使人之所得闻也。"子西赋《黍苗》之四章。赵孟曰：

· 85 ·

"寡君在，武何能焉？"子产赋《隰桑》。赵孟曰："武请受其卒章。"子大叔赋《野有蔓草》。赵孟曰："吾子之惠也。"印段赋《蟋蟀》。赵孟曰："善哉，保家之主也！吾有望矣。"公孙段赋《桑扈》。赵孟曰："'匪交匪敖'，福将焉往？若保是言也，欲辞福禄，得乎？"卒享，文子告叔向曰："伯有将为戮矣。诗以言志，志诬其上而公怨之，以为宾荣，其能久乎？幸而后亡。"叔向曰："然，已侈。所谓不及五稔者，夫子之谓矣。"文子曰："其余皆数世之主也。子展其后亡者也，在上不忘降。印氏其次也，乐而不荒。乐以安民，不淫以使之，后亡，不亦可乎！"

赵孟是晋国的重臣，极有修养。他在自宋返国的途中，受到了郑君的款待，他提议赋诗的首要理由就是"以卒君贶"，也就是使郑君的宴饮仪式完满，这说明饮宴礼中本有赋诗环节。但这里的赋诗显然与《乡饮酒礼》中所述的赋诗程式又有所不同，较为自由，可以将其看作是演变的结果。而赵孟提议赋诗的另一个目的，就是"观七子之志"。在郑国七个大臣赋诗后，赵孟预言了这七个人的命运，认为伯有将有杀身之祸。伯有所赋《鹑之贲贲》，按《诗序》的解释，是刺卫宣姜淫乱的诗。显然，在宴会上赋此诗是不合时宜的，或者说是"辞不顺"，是一个非常现象。赵孟认为伯有"志诬其上"，但我们相信那仅是能够给出的解释，就像他对子展、印段的解释一样，这些含糊的判词，并不能导出"不及五稔"、"其后亡者"、"其次也"等一些非常确切的预言，尤其是对子展和印段后世延续代数长短的预言，就毫无道理可言。显然，这里有更加神秘的东西，这个神秘性与诗歌本身固有的神圣性、启示性有关。

"赋诗言志"是一套专业性话语，它的外在形式，是外交礼节和表达见解，而它的内核则是通过诗歌来把握命运，它在本质上仍然是一种谣占。而春秋时期，人们以"文"和"类"来阐释这其中的神秘性关系。所谓"文"就是熟练的诗歌技能，它代表了一种人格魅力；而"类"即是"顺"，它指诗与礼仪的配合，更指人们在特定环境里对某种神秘意志的顺从。这种神秘意志可能是一种自然的趋势、社会的道义，也可能来自诗歌本身的某种约定性，而在本质上都表现为一种天人关系。《左传·襄

第二章　周公革命与礼乐教化

公二十五年》有"其辞顺，犯顺，不祥"的话，可以看出春秋时人们对文辞"类"的敬畏。或者可以说，诗，本身就是一种神秘意志的具体体现。不顺，就是违背天意，自然就会招致灾难性的命运。

　　春秋时期，宗教文化已较西周大为减弱，瞽史地位下降，他们原先的以诗来论人论世的工作，就由贵族君子来承担了。但诗在此时仍然保持着某种神圣特性，所以以诗言说还有足够的话语权威。但贵族君子的解诗方法，已由神秘的谣占而渐渐发展为象征和比拟，甚至是简单的"断章取义"。而诗歌的象征又不是确定不移的，由此而引申的含义也可能有所差别。那么在诗歌的阐释和引申活动中，就免不了有主观的因素。它的可信性在很大程度上就依赖阐释者的个人经验，甚至个人的人格魅力。事实上，我们也可以看出，《左传》所记载的那些能真正以诗歌预言的人，不是君子就是贤人，都具有非常的人格魅力。比如上文提到的赵孟，以及和他谈论赋诗者命运的叔向，就是春秋时有名的贤臣。春秋时代，正是这些贤人君子部分取代了史官原有的文化功能。贤人君子借此拥有了极大的话语权力，他可以凭借着未来的命运，判断当下行为或品质的价值，并获得人们的认可。神圣的文献再加上有能力、有魅力的个人，就构成了社会话语权力的一个合法来源，这是为什么"君子"们在言论中频频引诗的原因。那些理性的社会意识形态，就是在这种神秘的阐释活动中得以确立的。从广义上来说，这是巫史天命神权的合理延伸。它在春秋时期的社会上层拥有合法性，但随着诗歌活动的普及，和朝廷祭祀仪式中诗歌活动的衰落，通过诗歌预言命运、通过诗歌评判社会的阐释行为，就流落到社会下层，并且一直没有中断。

第 三 章

"春秋笔法"中的话语权力

春秋时期是史官的又一黄金时期。史官们在一个宗教文化衰落、社会理性发展的历史时期，自觉地承担起社会意识形态建设和审判社会的责任。在原始宗教文化和道德理性文化之间，绾合二者的是礼乐制度。史官的话语权威依赖于宗教传统和礼乐制度。但随着文化形态的转变，礼乐制度本身的合理性也越来越受到了怀疑。我们在春秋史著中常常看到，史官就同一事件能发表分别基于宗教和理性的两种不同解释，就显示了原史文化自身的尴尬。有见识的史官们开始顺应历史，强调礼乐中的民本、秩序、谦卑、诚信等道德精神，礼乐文化的天平开始向理性的一头倾斜。在一个礼崩乐坏的时代，史官们已不再满足仅仅作为天命的见证者，他希望在自己的著述中维护传统，发扬理性，显示褒贬，裁决天下。我们从《春秋》、《左传》等文献中，能够看到这一时期史官的撰述情况。《春秋》仍然承继着传统史籍的冷峻刻板的记录方式，也由此承继了来自原史的宗教性权威，但史官们通过文本表述方式的细微变化，传达出自己的价值判断。这就是所谓的"春秋笔法"。"春秋笔法"显示了史官新的价值观念，也显示了史官以史著裁决天下的社会责任感。

一 春秋史官文化的转型

1

春秋时期，史官仍然是社会上一种十分活跃的政治和文化力量。有学

第三章 "春秋笔法"中的话语权力

者统计,仅《左传》中关于史官活动的记录就有四十八处,若再加上《国语》、《礼记》、《庄子》、《吕氏春秋》、《史记》等书的记载,则有关春秋史官的文献有七十多条,他们的活动除了史录和文献工作外,还包括执行王命、接受咨询等政治活动,也包括参与祭祀和占卜等宗教活动①。下面,我们对春秋史官的职事活动作简要的分析。

载录和文献是史官标志性的职责。春秋时期史官的载录活动似较西周更为活跃。春秋时期差不多各主要的诸侯国都设有史职,他们随时载录本国大小事件,使得纷乱复杂的春秋历史得以保存。《左传·僖公七年》曰:"夫诸侯之会,其德、刑、礼、义,无国不记。记奸之位,君盟替矣。作而不记,非盛德也。"《左传·襄公二十九年》曰:"鲁之于晋也,职贡不乏,玩好时至,公卿大夫相继于朝,史不绝书,府无虚月。"据此推测,每一次朝聘会盟都应该有史官随行载录,久之就会积累大量的史料文献。各诸侯国史官还通过"告命"制度,使得载录汇聚在一起。《左传·隐公十一年》载:"冬十月,郑伯以虢师伐宋。壬戌,大败宋师,以报其入郑也。宋不告命,故不书。凡诸侯有命,告则书,不然则否。师出臧否,亦如之。虽及灭国,灭不告败,胜不告克,不书于策。"这段载录说明,各国史官有到鲁国"告命"的义务。

载录工作的日常化和制度化,使得史官的职业意识明显增强,并形成了忠于职守的品德。据《左传·襄公二十五年》载,齐大臣崔杼杀了齐君作乱,"大史书曰:'崔杼弑其君。'崔子杀之。其弟嗣书,而死者二人。其弟又书,乃舍之。南史氏闻大史尽死,执简以往。闻既书矣,乃还。"这种前仆后继,以性命维护自己的职业的精神,是前代所未有的,它反映了史官作为一个职业群体,对自己的载录事业有着强烈的责任感和自信心。同样的例子还有《左传·宣公二年》:"乙丑,赵穿杀灵公于桃园。宣子未出山而复。大史书曰'赵盾弑其君',以示于朝。"晋国史官为了维护某种原则,而将弑君罪名强加在大臣赵盾身上,这其中的风险是明显的。以上的载录需要巨大的勇气,显示了春秋史官职业精神的空前高涨。

---

① 以上参见林晓平《春秋战国时期史官职责与史学传统》一文中《春秋战国史官职名及活动一览表》,载《史学理论研究》2003年第1期。

春秋时期，随着载录的活跃，史官所保留的文献越来越多，其守藏之职也愈见明显。《左传·昭公二年》："二年春，晋侯使韩宣子来聘……观书于大史氏，见《易》、《象》与《鲁春秋》，曰：'周礼尽在鲁矣，吾乃今知周公之德与周之所以王也。'"这一事件除了说明史官掌管着文献外，还可以说明：（1）当时的文献已经或至少是有条件地公开，并不如前代那样密藏，所以，非史官人员如韩宣子可以请求观览；（2）当时的文献或部分文献已经过编辑修订，若《鲁春秋》还只是一条条的无序的原始载录文件，当难以供外人观览。此外，从季札观乐中，我们可以看到《诗》顺序井然，也是经过整理的。后一点在史传传统中尤其重要，它说明史官开始有意识地编辑史著文献，史学由此而进入新的历史阶段。当然，这种编辑工作可能是在春秋后期进行的，但却普遍存在于各诸侯国。墨子在《明鬼下》中说自己曾见过"百国春秋"，并提到"周之《春秋》"、"燕之《春秋》"、"宋之《春秋》"和"齐之《春秋》"。《孟子·离娄下》也说："晋之《乘》、楚之《梼杌》、鲁之《春秋》，一也：其事则齐桓、晋文，其文则史。"其实被编定成书的作品还远不止这些，这不但说明了史官职责意识的加强，还说明了史官的阐释意识和史学观念的发展。

除了载录和文献事务外，史官仍然从事着祭祀与卜筮等神职工作。《左传·闵公二年》记载："狄人囚史华龙滑与礼孔，以逐卫人。二人曰：'我大史也，实掌其祭。不先，国不可得也。'"可见，史官在春秋时期掌管诸侯的祭祀。《左传》中关于史官参与祭祀的记载很多，如庄公三十二年，"有神降于莘"，"虢公使祝应、宗区、史嚚享焉，神赐之土田"。昭公十七年，"日有食之，祝史请所用币"。至于占卜，更是史官的常见职责。春秋时并用龟蓍，而以筮占为主，所以又有"筮史"之称。如《左传·僖公二十八年》："晋侯有疾，曹伯之竖侯獳贷筮史，使曰以曹为解……"《国语·晋语四》："公子亲筮之，曰：'尚有晋国。'得贞《屯》悔《豫》，皆八也。筮史占之，皆曰：'不吉。'"一般说来，筮和史是分开的。筮掌管具体操作，而得出的结果要由史来解释。如《左传·僖公十五年》载："初，晋献公筮嫁伯姬于秦，遇归妹䷵之睽䷥，史苏占之，曰：'不吉。'"《左传·成公十六年》载，晋楚鄢陵之战时，"公筮之，

· 90 ·

第三章 "春秋笔法"中的话语权力

史曰吉"。又《左传·哀公九年》载:"晋赵鞅卜救郑,遇水适火,占诸史赵、史墨、史龟。"由上可见,史是比筮卜更高一级的神职人员。此外,史还负有对灾异等神秘现象的解释之责,如上例中"有神降于莘",周惠王就特别向内史过请教它的原因,可见史官仍被看作传达天命的人。诸侯国出现灾异情况往往会特别请教周朝廷的史官。如据《左传·僖公十六年》记载:"十六年春,陨石于宋五,陨星也。六鹢退飞,过宋都,风也。周内史叔兴聘于宋,宋襄公问焉,曰:'是何祥也?吉凶焉在?'"哀公六年,"有云如众赤鸟,夹日以飞三日。楚子使问诸周大史"。等等。史官掌祭祀和卜筮,表明这个职务仍然保持着它的神圣性质,而这一点,对史官的撰史和文献工作有着十分重要的意义,也是其话语权力的根源。

可以说,文献载录和祭祀占卜是史官最本质的工作,但除此之外,春秋史官还广泛地参与政治事务。林晓平据所作《春秋战国史官职名及活动一览表》分析:"表中所列春秋战国史官70人,根据有关历史文献的记载,这些史官所从事的各种活动共95项次,其中,涉及政治方面的活动达51项次,占总项次的53.6%,可见,史官一职具有相当突出的政治功能。"[①]该表中只有很少几例是战国时期的,所以,它反映的主要是春秋时期史官的情况。林晓平将史官的政治活动概括为"宣达王命"、"掌书王命"和提供政治上的咨询几类。其实充当王的使者而宣达王命、会葬、策命、聘问等等,都是史官的传统职责。而在春秋时期,最值得我们注意的是史官的另一活动方式,即为周王或诸侯、大臣提供政治或军事上的咨询以及对时局发表评论等。

《国语·周语上》有"天子听政,使公卿至于列士献诗,瞽献曲,史献书……瞽史教诲……而后王斟酌焉,是以行事而不悖"的说法,说明了史官及其文献被认为有佐政之用。古代于此最有名的当算是辛甲了。《史记·周本纪》"集解"引刘向《别录》说:"辛甲,故殷之臣,事纣。盖七十五谏而不听,去至周,召公与语,贤之,告文王,文王亲自迎之,以为公卿,封长子。"《左传·襄公四年》云:"昔周辛甲之为大史也,命百官,官箴王阙。"可见史官谏王古已有之。《国语·晋语四》又说文王

[①] 林晓平:《春秋战国时期史官职责与史学传统》,《史学理论研究》2003年第1期。

"诹于蔡、原而访于辛、尹",其中辛即辛甲,尹为尹佚,皆为史官,可见史官有应对天子咨政的职责。这一传统在春秋时期得到进一步的认可,并发挥着实际的作用。据《左传·襄公三十年》载:"季武子曰:'晋未可婾也。有赵孟以为大夫,有伯瑕以为佐,有史赵、师旷而咨度焉,有叔向、女齐以师保其君。'"那么,史官的政治话语有什么特点呢?我们可以看下一例。昭公八年,楚灭了陈国后,晋侯问史赵,陈国是否就此灭亡。史赵回答说:

> 未也……陈,颛顼之族也,岁在鹑火,是以卒灭。陈将如之。今在析木之津,犹将复由。且陈氏得政于齐而后陈卒亡。自幕至于瞽瞍无违命,舜重之以明德,寘德于遂。遂世守之。及胡公不淫,故周赐之姓,使祀虞帝。臣闻盛德必百世祀。虞之世数未也,继守将在齐,其兆既存矣。(《左传·昭公八年》)

晋侯询问史赵关于陈国的未来,是相信史赵有这方面的知识和判断能力。这是一个纯粹的政治问题,但史赵的解释却并不是从现实政治出发的。徐复观说:"史赵判断陈不会遂亡,是宗教性的判断。但他的根据有二,一是星相学;这是因史主管天文,中国的星相学,可能即是史的副产品。另一是道德的报应说,这是史臣把历史知识及他们的愿望混合在一起所构成的。"[①] 显然,星象知识和历史知识,为史官现实话语权力提供了依据。当然,除了历史知识之外,还有新兴的道德理性精神,而且,历史知识、道德理性的重要性也越来越明显。如《左传·庄公三十二年》中史嚚论"虢其将亡"曰:"吾闻之:国将兴,听于民;将亡,听于神。神,聪明正直而壹者也,依人而行。虢多凉德,其何土之能得?"所依据的就是新兴的政治伦理。文公十八年,史克在向鲁文公解释了季文子驱逐莒太子仆一事时,先引述了《周礼》、《誓命》的话,然后又历数了自高阳氏、高辛氏、尧、舜、帝鸿氏时代的贤人和恶人,以及诸先圣贤是如何对待恶人的事实,以说明"今行父(季文子——引者注)虽未获一吉人,去一凶

---

① 徐复观:《两汉思想史》第三卷,第141页。

第三章 "春秋笔法"中的话语权力

矣。于舜之功，二十之一也，庶几免于戾乎"（《左传·文公十八年》）。虽然史克不难通过现实的分析以说明季文子驱逐莒太子的理由，但史克显然认为，只有历史和文献才能够给现实提供更充分的理由。由此我们可以看出，史官参与现实政治，仍然得益于其宗教和史录的职能。而历史意识的增强，是这时期史官话语最为突出的特点。正如葛兆光所说："当时人对于秩序的理性依据及价值本原的追问，常常追溯到历史，这使人们形成了一种回首历史，向传统寻求意义的习惯。先王之道和前朝之事是确认意义的一种标帜和依据。"①

2

总体来说，春秋史官仍然延续着前代史官的文化权威，并在某些方面还有所发展，如告命和议政等，尤其是使文献事业达到了第一个高峰。但随着社会文化的发展，以原始宗教为基础的史官的文化能力，也显示了一个明显衰落的趋势。

其实这一趋势在春秋以前就已经开始萌芽。西周时期，巫史的职能不断分化，从《周礼》中的描述来看，史职已经泛滥到比比皆是的程度，差不多各个部门中都有史官充当一般的事务性职责。史官分化得越是细致，它的行政职事特质就越明显，而它的宗教性、超越性的特点也就越模糊。史职的宗教权威被动摇，史官的地位自然也会随之而下降。除此而外，随着诸侯势力的增大，周中央政府也处在不断的衰微之中。周王室的衰微，一方面使得以祖灵天神为核心的宗法意识形态渐趋瓦解，另一方面也无力顾及、扶持史官的巫史事业，这些都必然会损伤史官的文化权力和社会地位。《史记·历书》云："幽、厉之后，周室微，陪臣执政，史不记时，君不告朔，故畴人子弟分散，或在诸侯，或在夷狄，是以其禨祥废而不统。"再如司马迁自述其家世时说："司马氏世典周史。惠襄之间，司马氏去周适晋。"（《史记·太史公自序》）作为"王官"的史官们不能得到重用，从而怀抱典籍，向诸侯国流亡，这一现象一直延续到春秋时期。春秋晚期，史官衰败的趋势已十分明显。昭

---

① 葛兆光：《七世纪前中国的知识、思想与信仰世界》，上海：复旦大学出版社1998年版，第169页。

公二十六年,周庭内乱,王子朝被逐,"王子朝及召氏之族、毛伯得、尹氏固、南宫嚚奉周之典籍以奔楚"(《左传·昭公二十六年》)。其中尹氏是史佚之后。史佚是周朝著名史官,又称作册逸、史逸或尹佚。此后世为周朝史官,但自此随王子朝奔楚后,遂湮灭无闻。史官的分散,导致了所谓"天子失官,学在四夷"(《左传·昭公十七年》)的现象。无论是"史不记时",还是"子弟分散",都预示了史官这一集团面临着很大的危机,巫史知识已难以保证他们原来的地位。

春秋时代,诸侯执政,周王室威权扫地,礼崩乐坏。史官虽仍然从事着祭祀、占卜等宗教事务,但他们由服务于天命和王室而获得的神圣光环也逐渐消退。鲁昭公二十年,齐侯因疥疮不愈,听信大夫的话认为祝史没能尽到责任,要杀祝史。晏子认为"家事无猜"则"祝史不祈",并说"虽其善祝,岂能胜亿兆人之诅?君若欲诛于祝史,修德而后可"(《左传·昭公二十年》)。齐侯认为祝没能影响天命,是不尽职,所以要杀。而晏子就干脆认为史官对天命不可能有什么影响,影响天命的是君侯自己的德行;如果史官能够以祝告的方式影响天命的话,其他人也同样能以诅咒的方式影响天命,因此,史官在天命上并无什么特别的能力,所以诛杀史官是无意义的。由此看来,史官的天职在春秋时期已经受到了质疑。如果史官所赖以安身立命的宗教权威已经不再被社会所尊敬的话,那么史官的社会地位自然也会随之而下降。一方面,礼仪本来就是对周的宗法政治秩序的文饰,如果诸侯们不再敬仰周天子的政治权威,楚子可以问鼎之轻重大小,那么首先遭到蔑弃的就是那些礼仪;另一方面,由于宗族子弟成为社会的主要政治力量,必然越来越多地浸润、掌握一些原来由史官才能掌握的知识。《国语·楚语上》论及教育太子,就有《春秋》、《世》、《诗》、《礼》、《故志》、《训典》等内容,其中大多数应该属于原为史官所掌的历史文献知识,这就使得史官不能再垄断这些知识。春秋时期"君子"阶层的出现,并且在政治文化事务中具有越来越大的影响力,说明史官的地位已经动摇。晋国是史官文化最发达的国度之一,但叔向作为卿大夫而习于《春秋》,并以"立言"而著称于史。郑国的子产,也不是史官出身,而被称为"博物君子",他对史官文献的了解一点也不比史官差。《左传·昭公元年》载晋侯有疾,卜人推占为"实沈、台骀为祟",

第三章 "春秋笔法"中的话语权力

而晋国的史官却无法对此作出解释，于是叔向只好向子产请教。子产有一大段解说，远溯传说中的高辛氏和金天氏，以及与此相关星宿和山川之神，还谈到晋国和它们之间的关系，条理极为清晰，但却是地地道道的巫史知识。可见子产在巫史文化方面的修养已经远远超过了一般的史官。史官渐渐丧失了意识形态和博物知识方面的权威地位，史官职业也因此而走向衰落。在很多诸侯或大臣眼里，史官似乎只能作些占卜之事了。史官们也好像有些气馁，对待文献也不那么用心了，所以，能读"三坟、五典、八索、九丘"的楚史倚相，就成了楚王向中原人夸耀的对象。

史官的衰落，于史有征。仅以晋国而言，董氏和籍氏是著名史官家族。董氏出过董因、董狐、董叔这样有名的史官。春秋晚期时，其后人董安于却沦为赵简子家臣。先是充当家史，"进秉笔，赞为名命"，后任上地守，就干脆弃笔不为史了。赵简子的家史还有史黯，《国语·晋语》载："赵简子田于蝼，史黯闻之，以犬待于门。"韦昭注："史黯，晋太史墨，时为简子史。"此外，《左传·昭公三十一年》还有史墨为赵简子占梦的记载。这都是史官在"公室日卑"的历史背景下不得不"托庇于大族"的例子①。强族大夫们之所以收留史官，大约不是因为史官的传统职掌，而是如鲁之季氏"八佾舞于庭"，以寻求僭越的快感，是为了装潢门面，其文化和史籍的意义是微不足道的。而晋国另一个史官家族籍氏，到鲁昭公时有籍谈，他以"介"的身份随荀跞往周会葬穆后，在回答周王晋何无物贡献王室时，籍谈以晋国始封未能获周王所赐明器作答，周王在反驳了籍谈之后，数落他说：

　　且昔而高祖孙伯黡司晋之典籍，以为大政，故曰籍氏……女，司典之后也，何故忘之？（《左传·昭公十五年》）

似籍谈这样数典忘祖的史官，颇能说明春秋后期史官对自己的职掌已经懈怠了，也就说明了史职本身不再受到尊敬和重视。又《左传·哀公十七年》载：

---

① 胡新生：《异姓史官与周代文化》，《历史研究》1994年第3期。

>   楚子问帅于大师子榖与叶公诸梁，子榖曰："右领差车与左史老皆相令尹、司马以伐陈，其可使也。"子高曰："率贱，民慢之，惧不用命焉。"

杨伯峻引杨树达《读左传》"据下文子榖语，二人盖皆俘也，似非谓贱官"以解释子高之言①。有学者就此进一步申说："就楚国官制言，左史并非贱官，但楚能用贱俘任左史，说明此职到春秋晚期地位已经下降了很多。"②

3

礼乐在春秋时代变得异常繁琐，而且被普遍地僭越。如《论语》所提到的鲁国大夫季氏"八佾舞于庭"、"三家者以雍彻"、"季氏旅于泰山"（《论语·八佾》）等等。礼乐文化传统被严重地侵蚀，一些史官也由此而变得世故起来。《左传·襄公二十五年》载，崔武子在吊唁齐棠公时，见棠姜貌美，要东郭偃为自己娶之。东郭偃以同姓不婚的理由加以劝阻。崔武子卜筮，史臣为了讨好崔武子而"皆曰吉"，结果导致了灾祸。这一现象的背后隐藏着对礼乐的轻贱，预示了礼乐的社会约束功能的衰退。固然仍有人顽强地坚持着传统的礼乐观，对礼崩乐坏的现实予以讥讽和抵抗，而有识之士则对之进行了深刻的反省。

巫史传统之外的贤人在掌握了巫史知识之后，往往对巫史抱有一种怀疑态度。齐侯使人禳祭彗星，受到了晏子的阻拦。晏子的理由就是天命是依据现世的德行，是改变不了的，"祝史之为，无能补也"（《左传·昭公二十六年》）。这些较为开明的贤臣，对宗教祭祀往往采取权变和敷衍的态度。比如郑国权臣子产，是当时精通巫史知识的人。伯有作祟于郑国，国人恐惧，子产立伯有之子为大夫，并解释说："鬼有所归，乃不为厉，吾为之归也。"（《左传·昭公七年》）数年之后，"郑大水，龙斗于时门之外洧渊，国人请为禜焉。"子产不同意，他说："我斗，龙不我觌也；龙斗，我独何觌焉？禳之，则彼其室也。吾无求于龙，龙亦无求于我。"

---

① 杨伯峻：《春秋左传注》（修订本），第1708页。
② 许兆昌：《试论春秋时期史官制度的变迁》，《烟台师范学院学报》1998年第2期。

第三章 "春秋笔法"中的话语权力

(《左传·昭公十九年》)子产是相信有鬼神存在的,他对伯有鬼魂的解释令当时人信服。子产也不否认龙的存在,但他却对祭祀鬼神的目的和手段表示怀疑,所以不同意祭祀。再比如,前所举子产为晋侯解释"实沈、台骀为祟"事,子产虽然能说出与此有关的精深的巫史知识,但他却不相信这些东西:"若君身,则亦出入、饮食、哀乐之事也,山川、星辰之神又何为焉?"(《左传·昭公元年》)子产从现实的角度对疾病作出解释。可以想象,以子产的巫史文化修养,而反对巫史文化,必将在很大程度上动摇史官的地位。子产的行为在当时也许并不普遍,但在思想界应该是很有代表性的。它一方面反映了巫史知识已开始流落俗世,成为竞相学习的对象,另一方面也说明了它在相当程度上为人们所质疑。这两者之间有着必然的联系。

对宗教仪式的普遍质疑,已经动摇了史官和礼乐文化的主导地位,那么如何保证传统文化的号召力、维持礼乐文化本身对社会的维系作用,就成了摆在史官以及一切有识之士面前的一个严峻课题。春秋时期,人们提出了礼、仪二分法,试图将质疑留在礼仪的外壳,也就是"仪"上,以求得礼的精神继续对社会发挥作用。就现有材料看,这一观点最早来自史官内部。

春秋前期的内史过承认巫祭礼仪不是最重要的,仪式背后的虔敬之心,以及在此观照下的人的德行,才是巫祭文化的要义。因此,他提出了舍弃仪式回归德性的主张。《国语·周语上》载录了他针对虢君通过祭祀向神求土田的评论曰:

> 虢必亡矣,不禋于神而求福焉,神必祸之;不亲于民而求用焉,人必违之。精意以享,禋也;慈保庶民,亲也。今虢公动匮百姓以逞其违,离民怒神而求利焉,不亦难乎!

所谓"禋",就是至诚的精神。也就是说,如果缺少内在的虔敬,缺少慈爱百姓之心,祭祀不但不会带来福泽,还会招致灾难。内史过实际上认为,祭祀的效果不在于仪式,而在于祭祀的过程以及祭祀者内在的精神。他把精致的仪式和虔敬的精神区分开来,并格外看重后者。礼、仪之分,实际上是巫史传统在退让之余，在客观上为自己保留了一个存在的理由，也保留了一定的阐释空间。史官们在春秋时期颇有选择与巫事脱离的，因为巫术已经和那些形式化的仪式不可分割了。《左传·庄公十四年》记载，申繻在解释两蛇相斗的现象时说：

  妖由人兴也。人无衅焉，妖不自作。人弃常，则妖兴，故有妖。

又《左传·庄公三十二年》记载，虢公使史嚚等祭神求土。史嚚说：

  虢其亡乎！吾闻之，国将兴，听于民；将亡，听于神。神，聪明正直而壹者也，依人而行。虢多凉德，其何土之能得？

申繻是鲁国贤人，常备鲁君顾问，和史嚚一样都是巫史。他们发扬了周公的"黍稷非馨，明德惟馨"的思想，都把鬼神、祭祀看作是一个纯粹的无关紧要的形式而予以舍弃，着力阐发一种人本或民本的政治伦理观念。这应该是春秋后期礼、仪两分法的源头。

礼、仪两分法认为，巫史文化散落在社会中的不过是仪，而不是礼。如《左传·昭公五年》记载：

  公（鲁昭公）如晋，自郊劳至于赠贿，无失礼。晋侯谓女叔齐曰："鲁侯不亦善于礼乎？"对曰："鲁侯焉知礼！"公曰："何为？自郊劳至于赠贿，礼无违者，何故不知？"对曰："是仪也，不可谓礼。礼，所以守其国，行其政令，无失其民者也。今政令在家，不能取也；有子家羁，弗能用也；奸大国之盟，陵虐小国；利人之难，不知其私。公室四分，民食于他。思莫在公，不图其终。为国君，难将及身，不恤其所。礼之本末将于此乎在，而屑屑焉习仪以亟。言善于礼，不亦远乎？"君子谓叔侯于是乎知礼。

又《左传·昭公二十五年》载：

第三章 "春秋笔法"中的话语权力

子大叔见赵简子，简子问揖让、周旋之礼焉。对曰："是仪也，非礼也。"简子曰："敢问，何谓礼？"对曰："吉也闻诸先大夫子产曰：'夫礼，天之经也，地之义也，民之行也。'天地之经，而民实则之。则天之明，因地之性，生其六气，用其五行。气为五味，发为五色，章为五声。淫则昏乱，民失其性。是故为礼以奉之……生，好物也；死，恶物也。好物，乐也；恶物，哀也。哀乐不失，乃能协于天地之性，是以长久。"简子曰："甚哉，礼之大也！"对曰："礼，上下之纪、天地之经纬也，民之所以生也，是以先王尚之……大，不亦宜乎！"

这两段话，都有明显的人文主义立场，强调仪作为礼的外在形式，不具有特别的实在的意义，而强调仪背后的真正精神，即礼。这一强调的目的显然是为了反流俗。因为礼仪知识的流散，必然造成仪式本身的泛滥。而礼仪的真正内涵也就在这泛滥之中被消解，从而在一定程度上成为一种流俗。女叔齐和子大叔也正是站在这一立场来批判礼仪的。就这两段话来说，他们对礼的内在精神的认识也是不一样的。女叔齐所强调的是礼的守国守民的政治功能，而子大叔所强调的是天地、人民的和谐和秩序。显然，二人的话虽然不离巫史传统，却显示了明确的政治理性和人文主义立场。

二 "春秋笔法"及其叙事策略

1

班固《汉书·艺文志》云："古之王者，世有史官，君举必书，所以慎言行、昭法式也。左史记言，右史记事，事为《春秋》，言为《尚书》，帝王靡不同之。"《春秋》和《尚书》所关涉的年代相差甚远，不可能是左右并列的关系。不过，《春秋》的体例确实大不同于《尚书》。《尚书》以西周初期的《周书》最具代表性，《周书》诸诰以"王若曰"为标志，专记周公或周王在特殊场合之下的话。这是因为当时之事皆出于周公，人

· 99 ·

事相对简要，而且取决于天意，所以宗庙里的祷祝、誓命之辞就自然包括了人事。《尚书》所记周公周王之言就是当时最重要的事实。春秋时期，诸侯称霸，导致政令纷繁、时局混乱、变故迭出、人事纷纭；重大的社会事务如颁朔、征战、结盟、朝聘等，又与仪式和史官不能分开。随着天命观念的日益淡薄，宗庙中的祷祝、誓命的作用越来越小，史官的记录重点就慢慢转向社会事件。这样，才能有记事体的"春秋"出现。

传统上认为《春秋》的作者是孔子，这一说法源自孟子。《孟子·滕文公下》云：

> 世衰道微，邪说暴行有作，臣弑其君者有之，子弑其父者有之。孔子惧，作《春秋》。《春秋》，天子之事也；是故孔子曰："知我者其惟《春秋》乎！罪我者其惟《春秋》乎！"

司马迁也多次谈及孔子作《春秋》，在《十二诸侯年表序》中说：

> 孔子明王道，干七十余君莫能用，故西观周室，论史记旧闻，兴于鲁而次《春秋》，上记隐，下至哀之获麟，约其辞文，去其烦重，以制义法，王道备，人事浃。

《公羊传·昭公十二年》在记述了齐高偃纳伯于阳之事时，还记载了孔子自云作《春秋》的一段对话：

> 子曰："我乃知之矣。"在侧者曰："子苟知之，何以不革？"子曰："如尔所不知何！《春秋》之信史也，其序则齐桓、晋文，其会则主会者为之也，其词则丘有罪焉耳！"

后人在相当长的时期内对此说法都确信不移。只是到了唐宋以后，才有人从疑古的立场出发，否认孔子与《春秋》的关系。如王安石视《春秋》为"断烂朝报"，清人朱彝尊《经义考》引宋人刘克庄说《春秋》为"史克之旧文"，这些观点也都无确凿的论据，所以并不被人们看重。后

第三章 "春秋笔法"中的话语权力

人一般以"修"来更正孟子所云之"作",就是说孔子对《春秋》有编订修改之功,这应该和司马迁所说的"次"或"笔削"的意思相同①。

《春秋》的原始材料来自鲁国史官的载录以及各国史官的"告命",这一点是无可怀疑的。首先,孔子曾经以古之经典传道授业,自然不能不讲鲁之"春秋",也就必然会对鲁史官处所汇集的文献进行编次。其次,孔子有着强烈的治世情怀,面对着是是非非二百余年的历史,孔子不能没有价值判断,这就必然要对原始史料进行改造。孔子所谓"知我"、"罪我",指的就是对《春秋》的修订。但我们应该知道,笔削毕竟是在有限的范围中进行的。古代经典文献自有其神圣不可改易之处,所以,孔子只能在"述而不作"的前提下,也就是不能改易事实,不能加以主观评点的前提下,进行谨慎的笔削,也就是选择和删削,而所剩下的仍然是史官的"告命"文献。因此,如不特别指出,本书仍将现存《春秋》看作春秋时期鲁国史官所汇集的原始文献进行研究。

现存《春秋》记载了自鲁隐公元年至鲁哀公十四年共二百四十二年的历史,其原始材料需要经过数代史官的累积。当时史官的基本职责是沟通天人,所载录的内容大多与礼仪相关,诸如即位、婚丧、征伐、献俘、结盟、朝会等,其中也都包含了礼仪活动。载录的目的是"告命",即向神灵,尤其是鲁国宗庙中的周族祖神告命。由于事关天命鬼神,所以每一项必有严格的表达规则。随着天命衰落、礼崩乐坏,史官面临越来越多的违背了礼乐制度和礼乐精神的社会事实,为了维护礼乐制度,就必须以传统的巫史职业为基础,假借天命鬼神的力量,赋予职业性的载录规范以现实批判的功能,形成了极为微妙的"春秋笔法"。这些古老的"笔法"对我们来说,可能已经很陌生,甚至被今天的学者看作古人的梦呓,但它确实存在过,并且赋予片段的事件以思想,这才使真正的历史成为可能。

2

《春秋》是我国第一部编年体史书,它将事件系于王年、月、干支日

---

① 也有人认为孔子和《春秋》的关系更疏远,如清人袁谷芳《春秋书法论》说:"《春秋》者,鲁史也。鲁史氏书之,孔子录而藏之,以传信于后世者也。"今人杨伯峻说:"总而言之,《春秋》和孔丘有关,仅仅因为孔丘用过《鲁春秋》教授过弟子。"[《春秋左传注·前言》(修订本),第16页]

下。如《隐公三年》第一条曰：

　　　　三年春王二月，己巳，日有食之。

正是因为如此详细的时间记录，《春秋》才被看作是我国第一部真正的史著。

　　春秋史官将事件系于王年、月直至干支日下，时间信息较为具体，这为它的编次创造了最基本的条件。而此前的载录，如殷商甲骨卜辞，在大多数情况下，只记载占卜或祭祀的干支日，如："戊子卜，何，贞王其田，往来亡灾"（《合集》28474）；"己丑卜，其众鞲告于父丁一牛"（《合集》31995）。卜辞中，王年的记载通常用"祀"来显示。如"癸丑卜贞：今岁受禾，弘吉。在八月，隹王八祀"（《殷契粹编》896），其中"隹王八祀"虽然可以看作是纪年，但其所指乃是本王的第八次祭祀[①]。显然，对于殷商巫史来说，干支日决定着祭祀的次序，是祭祀对象本身的属性，因此具有重要的意义，而年代则没有这样的意义。西周铭文中月份记载增多，如早期的静方鼎有"隹十月甲子"，中期的丰卣"隹六月既生霸乙卯"等等。到西周中晚期的铭文中，纪年逐渐增多，如走马休盘"隹廿年正月既望甲戌"、史颂鼎"隹三年五月丁巳"等。这些年月时序不是仪式不可或缺的一部分，它可能出于世俗"记忆"的目的，或是印证、稽核的需要等；另外，时间载录还可能是史官出于保存、检索的目的，是一种职业性行为。

　　《春秋》的基本记事时序是年月日，反映了自西周以来史官著录的发展趋势。但《春秋》似乎更加突出季节性时序，显示出以四季为单元的编次痕迹。《春秋·隐公元年》曰"元年春王正月"，此后不载录任何事件。这个现象绝非个别，而且很有规律，都只出现在四季的开始月。元人李廉云：

[①] 陈双新认为这里的"祀"反映的是殷商周祭的周期，"与太阳年之数基本上是相合的"，故可成为"年"的代称（《"祀、年、岁、载"——上古记年词语的综合考察》，载《语言文字应用论文集》，北京：语文出版社2004年版，第70页）。也就是说，卜辞中的"惟王×祀"之"祀"不是严格的太阳年。

第三章 "春秋笔法"中的话语权力

> 无事书"春正月"者二十四,自隐元年始;书"夏四月"者十一,自桓九年始;书"秋七月"者十七,自隐六年始;书"冬十月"者十一,自桓元年始。①

这种现象非常特殊,不可能是脱简造成的,因为太有规律。对这些"无事书",《穀梁传·桓公元年》解释云:"冬十月。无事焉,何以书? 不遗时也。《春秋》编年,四时具而后为年。"这段话有两层意思:(1)"四时"在春秋时期有着重要的观念性意义,它所体现的是化生万物的天意,因而也是人事活动的法则,人需严格遵守四时的规律来行事。这在春秋时期表现为"时也"或"不时"的价值判断。(2)"四时"被书录是史官的"编年"行为,是自觉的持续性文献活动的结果。也就是说,"四时"在史官眼里,是最为基本的、具有意义的时间单位,将这个时间单位标记出来,才能形成"编年"。可是,史官只是仪式主持者,不可能凭空产生"编年"的动机,那么,无事而书"四时"的"编年"意识是怎样形成的呢?

《逸周书·尝麦》载"王命大正正刑书"并论及分官设职之事,"太史乃藏之于盟府,以为岁典"②,这是说,史官会在岁祭仪式上呈供著录之典策。甲骨卜辞中即有"工典"的载录,李孝定说:"工即贡……典犹册也,贡典犹言献,册、告册也,谓祭时贡献典册于神也。"③ 连劭名根据对"三礼"等先秦文献的综合考察,认为"岁祭是一年中的常祀",如春祠、夏禘、秋尝、冬烝等④。四时常祀是春秋时期常规性的祭祖仪式。《诗·鲁颂·閟宫》:"春秋匪解,享祀不忒。"郑玄笺:"春秋,犹言四时

---

① 李廉:《春秋诸传会通》,景印摛藻堂《四库全书荟要》经部第040册,台北:世界书局1985年版,第374页上。

② 李学勤《逸周书汇校集注序》认为《世俘》、《商誓》、《皇门》、《尝麦》、《祭公》、《芮良夫》等篇"可信为西周作品"[黄怀信等:《逸周书汇校集注》(修订本),上海:上海古籍出版社2007年版,第3页];刘起釪则认为"《程典》……《尝麦》以及《常训》等十余篇,保存了西周原有史料,其文字写定可能在春秋时"(《尚书学史》,北京:中华书局1996年版,第97页)。

③ 李孝定:《甲骨文字集释》,第1582页。

④ 连劭名:《商代岁祭考》,《考古学报》2007年第2期。

也。"《诗·小雅·天保》:"禴祠烝尝,于公先王。"毛传云:"春曰祠,夏曰禴,秋曰尝,冬曰烝。"在四时祭祖时,史官会向神灵呈供典册,这就是"以为岁典"。那么,"岁典"和"无事书"有什么关系呢?岁祭于每季首月举行,也是史官以典册告神的时候,它对于史官载录是一个特殊的时候,因此,会被载录于策。可以肯定的是,正是岁祭赋予史官文献以"四时"的节奏,从而出现"无事书"四时的现象。利用岁祭进行祭告,需将三个月所积攒的典册一次性祭告祖先,则需要对这些典册进行编次,从《春秋》来看,它们是按月日顺序排列的,这就是"数典"。可以说,岁祭中的祭告仪式是书策以四时编次的根源,在这一基础上,才形成了"四时具而后为年"的编年实践和历史意识。岁祭活动中所形成的书策编次,为孔子编定《春秋》奠定了基础。

同时,一年四季是西周春秋时期特有"时"的观念的体现,而顺时而动则体现了某种天人之间的法则,所以,四时也作为一种价值尺度,而受到史官的重视,这也可能是史官无事书四时的原因吧。《春秋》隐公七年记载曰:"夏,城中丘。"隐公九年记载曰:"夏,城郎。"桓公十六年记载曰:"冬,城向。"在这些记载中,有关时令的"夏"和"冬"有着特别的意义。现实的生活和行为必须依照天时顺序来组织,否则就违背了天命的法则。具体到建城这一件事,按时令当在冬季举行。所以当《春秋》说"夏,城中丘"时,里面就包含有明确的否定性的价值判断,而且,这一判断不用史官来宣扬。史官沉默的背后,预示着一种严厉的天谴。《左传》在解释前两条记载时,曰"不时",就是不顺天命法则。而鲁国在多次筑城"不时"之后,能在冬天筑向城,它被载录下来,显然又包含了史官的嘉许;所以《左传》的解释是"时也"。显然,天命时序赋予了史官价值判断的权力,天命时序也是史官昭示价值的方式。

3

《春秋》叙事的外在形式表现为对事件的直观呈现,其中既没有因果、过程,也没有评判。但依传统的看法,《春秋》是一部忧患之书,是一部指正时蔽、为万世开太平之书。司马迁《太史公自序》认为《春秋》

第三章 "春秋笔法"中的话语权力

含有至大之"王道",可以"为天下仪表,贬天子,退诸侯,讨大夫,以达王事而已矣"。只不过其道至幽未明,只能表现为"微言大义"。而《春秋》之所以能不动声色地表达出至深至隐的"大义",就在于它所特有的"笔法"。通常理解的"笔法"大约有三端:一是"常事不书",属于选材类;二是"讳书",它特别指一件不得不载录的事实被全部或部分隐藏;三是表述中的一些特殊的句法和用词方法。

"常事不书"一词出于《公羊传》,被认为是"春秋笔法"中最为重要的体例。《公羊传》在三处指出《春秋》中这一书例。其一为桓公四年,《春秋》经文曰:"四年春正月,公狩于郎。"《公羊传》解释曰:

> 狩者何?田狩也。春曰苗,秋曰蒐,冬曰狩。常事不书,此何以书?讥。何讥尔?远也。诸侯曷为必田狩?一曰干豆,二曰宾客,三曰充君之庖。

其二为桓公八年,《春秋》经文曰:"八年春正月己卯,烝。"《公羊传》解释曰:

> 烝者何?冬祭也。春曰祠,夏曰礿,秋曰尝,冬曰烝。常事不书,此何以书?讥。何讥尔?讥亟也。亟则黩,黩则不敬。

其三为桓公十四年,《春秋》经文曰:"秋八月壬申,御廪灾。乙亥,尝。"《公羊传》解释曰:

> 常事不书,此何以书?讥。何讥尔?讥尝也。曰:犹尝乎?御廪灾,不如勿尝而已矣。

从以上三例中,我们大概可以分析"常事不书"的笔法意义。《春秋》所记录的狩、烝、尝,皆是四时祭仪的一部分,属于一般性的常规祭祀活动。按《公羊传》的理解,应属于"常事",所以史官一般不会载录。以"狩"为例,《春秋》于庄公四年载"公及齐人狩于郜",于僖公二十八

· 105 ·

年载"天王狩于河阳",于哀公十四年载"西狩获麟"。这些都是春秋史上的重要事件,而不是对常规祭礼的载录。可以推断,《公羊传》所谓"常事",实指四时之事,特指四时中的一般礼仪活动。《春秋》除了上三例外,确实再无四时礼仪的记载,可见"常事不书"是一般史官的载录原则。而一旦被载录,就不能不引起人们"此何以书"的疑问。如上所举之正月之狩、八月之烝和"御廪灾"之后的尝,或者违背了时令顺序,或者无视神的警示,从中可以推断主事者对天人秩序已经懈怠了,史官借以表示自己对这种懈怠的不满。礼崩乐坏,首先就是从四时常祀中体现出来的,所以史官极其关注四时常祀中的不正常的事件,一旦它被载录,就表达了史官的谴责,所以,载录了非常之事,就是"讥"。

将"常事不书"这一原则推而广之,史官对四时常规祭仪以外的其他礼仪或社会活动也采取同样的态度。只要是违犯了固有的仪式或久已形成的常规,都会被当作非常之事载录下来。《公羊传》对这种情况提示曰:"……不书,此何以书?"《穀梁传》解释为:"不书……此其言……何也?"如桓公十八年《春秋》经曰:"冬,十有二月,己丑,葬我君桓公。"《穀梁传》解释曰:"君弑,贼不讨,不书葬。此其言葬,何也?不责逾国而讨于是也。"又庄公二十二年记载了鲁庄公往齐纳币之事,《公羊传》曰:"纳币不书,此何以书?讥。何讥尔?亲纳币,非礼也。"在弑君之贼未能就范的情况下,国君的葬礼本不该被载录,这一葬礼一旦见之于《春秋》,就使得"葬"成为一个非常事件,它表达了史官对弑君一事的特别关注;鲁国纳币事虽小而书之,因为庄公亲往,有悖常理,从而也构成一个反常事件。同样,《春秋·隐公五年》载"公矢鱼于棠",《左传》也采取同样的思路进行解释。在三传看来,《春秋》记载了不该记载的事情,因此这些事情必有反常之处,了解当时历史背景的人是知道其中奥秘的。反常的载录将事情本身凸显出来,目的在于引起神灵或社会的特别关注,从而寄寓某种价值判断。这样的书例据《公羊传》统计达五十四条之多,由此可见"常事不书"这一笔法对史官话语权力形成的重要意义。

一般来说,"常事不书"往往隐含着"讥"的价值判断。但也不尽然,也有特别载录而予以褒扬的。如《春秋·庄公二十四年》载"曹羁

第三章 "春秋笔法"中的话语权力

出奔陈",曹为小国,而羁为普通大夫,本不该载之鲁史。《公羊传》在解释这一书例时认为:"曹羁者何?曹大夫也。曹无大夫,此何以书?贤也。何贤乎曹羁?戎将侵曹,曹羁谏曰:'戎众以无义。君请勿自敌也。'曹伯曰:'不可。'三谏不从,遂去之,故君子以为得君臣之义也。"显然,这一非常事件表明了史官所崇尚的君臣大义,所以见之于《春秋》。此外,不书而书,有时还表现了同情,尤其是在亡国的背景下,往往对葬礼或逃亡特加记载,隐含了"继绝世"的儒家思想。相对而言,通过"常事不书"这一特殊书例而对人或事褒扬和表示同情,这种情况要远远少于讥讽的判断,这也是可以理解的。

从以上的分析中我们也可以看出,"常事不书"并不仅是一个选择素材的问题,而是让什么呈示出来接受判断的问题。实际上《春秋》的每一个叙述都包括了在场者(事件)和不在场者(史官载录规范)。"常事不书"给出了一个敞开之境,使得"在场者能够入于澄明而持存,不在场者能够出于澄明而逃逸并在隐匿中保持其存留"①,不管在场还是不在场,它们因为互相比较而存在。这也正是"春秋笔法"的大旨所在。

由季节性礼仪的"常事不书",而至一切礼仪活动,再进一步则是普通的社会现象。司马迁《太史公自序》说:"《春秋》之中,弑君三十六,亡国五十二,诸侯奔走不得保其社稷者不可胜数。"非常事件成了一个突出的社会现象,也是《春秋》最主要的内容。隐公元年所谓"夏五月,郑伯克段于鄢",即是此类非常事件。相对于正常的礼仪活动,非常载录构成了"异辞"。《春秋公羊传》在隐公元年、桓公四年、哀公十年谈到的《春秋》"所见异辞"、"所闻异辞"、"所传闻异辞"的记事准则,这里的"所见"、"所闻"、"所传闻"说的应该是信息来源的渠道,与时间的远近没有关系。不管是通过何种渠道所获悉的非常事件,都能受到史家的关注。从这里可以推出一个一般的原则:原始史官是礼仪性活动的记录者,但春秋史官为了表达自己的社会观点,刻意记载了很多非礼仪性的事件,使熟悉当时文化的人群能很自然地得出"非礼"的评判。"常事不

---

① [德]海德格尔:《在通向语言的途中》,孙周兴译,北京:商务印书馆1997年版,第220页。

书"就是对这一叙事行为的认可和强调。

"常事不书"如同史官载录灾异。天降灾异的原因只能是由于不合礼仪的人事,是神灵的人事的审判。而史官在天人之间有沟通的义务,所以,他要将这种灾异保留下来。出于同样的理由,他也可能将不合礼仪的人事呈示神灵,恭候天谴。而"常事不书"正体现了这一载录的逻辑。

4

"常事不书"的重点实际是在非常之事上。《春秋》中还有另一种形式的"不书",即所谓"隐"。春秋史官有其固有的载录范围。一般来说,只要是重大的仪式性活动,如即位、册命、盟誓、吊问、征伐、朝觐、筑城等,都有仪式活动,都有史官的参与,应该被载录下来。《左传·僖公七年》载管仲之言曰:"夫诸侯之会,其德、刑、礼、义,无国不记。"襄公二十九年载叔侯之言曰:"鲁之于晋也,职贡不乏,玩好时至,公卿大夫相继于朝,史不绝书,府无虚月。"而一旦史官失记,其原因有可能是该诸侯国史官没能载录,或没来鲁国"告命",或本国事小而不值得记载。如隐公元年八月,纪入侵夷,《春秋》不载。《左传》认为是"夷不告,故不书";隐公元年,《春秋》失记"有螽",《左传》解释说是"不为灾,亦不书"。前者由于没来"告命",鲁史虽知而不载;后者由于事情过小,虽为该记之事项却被省略。出于以上原因而"不书"的,据《左传》统计不足十例。

在《左传》所言及的五十例左右的"不书"中,绝大部分是因为史官为了表达对事实的褒贬态度,而故意隐而不书的。如《春秋》在隐公元年没有载录隐公即位之事,《左传》解释说"摄也";同年四月,"费伯帅师城郎"也没有见诸《春秋》,《左传》认为是"非公命也"。即位和筑城是当时的大事,亦是礼仪大事,但隐公的君位是篡得的,而费伯在无国君之命的情况下筑城又完全漠视了国君的威严,都是春秋礼崩乐坏的典型事例,是史官或《春秋》编订者所竭力贬斥的。所以他通过缺失不载这一方法,表达自己的不认可,并提醒人们对这一事件进行反思。显然,这一"笔法"的逻辑前提是假设文献的阅读者熟知这些事实的存在。这

第三章 "春秋笔法"中的话语权力

一"阅读者"有如下几种可能：一是无所不知的天地宗庙之神，二是已知事实的朝廷官员，三是心照不宣的史官群体。史官面对这些"阅读者"，是可以通过缺失不载的方法来达到贬斥目的的。还有一种可能的"阅读者"比较特殊：那就是事实曾经被完全载录，形成第一文本；这些事实在重新编纂时被删削而去，形成第二文本。这样，"阅读者"可以通过比较两种不同的文本而获得价值认同。那样的话，"不书"就是编订者的二次叙述，而这种情况是可能的，因为现传《春秋》确实是经过后人编纂而成的。

有相当一部分隐而不书，被后世儒者看作避讳。《春秋啖赵集传纂例》引赵匡的话说："凡君之过，恶以讳为示讥见其避讳亦是以知其不当为也为尊者讳不书王师战，不言天王奔及出……"① 如《左传·昭公十六年》载："十六年春，王正月，公在晋，晋人止公。不书，讳之也。"鲁昭公被晋人扣留，这显然是一件重大的事情，但有损鲁国国君声誉，而且昭公自己也有过失，所以《春秋》编纂者既要考虑到自己的臣子立场，又要表达对事实的判断，就只能采取隐而不书的方法。按照《公羊传》的理解，《春秋》所谓"诸所避讳"的基本原则可以从两个方面描述：一是"于外大恶书，小恶不书；于内大恶讳，小恶书"，二是"为尊者讳，为亲者讳，为贤者讳"。前者所谓内外之分，也即亲疏之别，与后者所谓"为亲者讳"意思近似。但是若将《春秋》的隐而不书完全解释为为亲近避讳，则有些过于简单化了。实际上，《春秋》的隐而不书并不是一味遮掩，它同时也是一种臧否事件的方式。由于史官无权直接表达自己的评判，他只能通过各种超乎寻常的表达规范来显示自己的意见。从叙事的角度来看，"书"或"不书"这一法则表明，《春秋》作为一部史书，"如此关注事实的准确性，与此同时它可能为了满足这另一种要求被迫把这些事实留在阴影之中，或只是间接地叙述它们"。所谓"另一种要求"就是"价值哲学的优先地位"②。对于《春秋》的作者来说，价值要求要远远高于事实准确性本身。"隐而不书"实际上将事件本身留在历史的阴影

---

① （唐）陆淳：《春秋啖赵集传纂例》，北京：中华书局1985年版，第189页。
② ［法］弗朗索瓦·于连：《迂回与进入》，杜小真译，北京：生活·读书·新知三联书店1998年版，第10页。

处,审判由历史悄悄地进行。当然,留在阴影中的多少和方式,也能体现《公羊传》所说的两种避讳原则,因为在史官看来,"讳国恶"也是礼的一部分(《左传·僖公元年》)。不过,"隐而不书"并不尽是负面判断。按《左传》的理解,也有一部分是出于褒扬的目的,如文公二年所载:"冬,晋先且居、宋公子成、陈辕选、郑公子归生伐秦,取汪及彭衙而还,以报彭衙之役。卿不书,为穆公故,尊秦也,谓之崇德。"不过,这样的例子很少,并不具有代表性。

"不书"既包括对整个事件的完全失载,也包括对事件中的部分事实或因素失载。如人们常引的《春秋·庄公四年》"纪侯大去其国"一例,《公羊传》云:

> 大去者何?灭也。孰灭之?齐灭之。曷为不言齐灭之?为襄公讳也。《春秋》为贤者讳,何贤乎襄公?复仇也。

显然,《春秋》抹去了史官原始载录中的始作俑者"齐襄公"。编史者之所以避讳了齐襄公,是因为要表达尊贤这一信条。部分"不书",是相对于正常完整的书例而言。完整的载录应该涉及主事者的名号,事件发生的时间和地点等一些必要的信息。某些必要信息的缺失,则往往意味着有非正常的现象出现。上例所缺的是一方的主事者。又《春秋·襄公三十年》曰:"晋人、齐人、宋人、卫人、郑人、曹人、莒人、邾人、滕人、薛人、杞人、小邾人会于澶渊,宋灾故。"《左传》在补充了参加澶渊之盟的各国大夫的名字后,就春秋不载人名解释说:

> ……会于澶渊。既而无归于宋,故不书其人。君子曰:"信其不可不慎乎!澶渊之会,卿不书,不信也。夫诸侯之上卿,会而不信,宠、名皆弃,不信之不可也如是……"书曰"某人某人会于澶渊,宋灾故",尤之也。不书鲁大夫,讳之也。

因为这次会盟,所达成的约定没有得到遵守,所以为史官所讥诮。史官讥诮的方式,就是在记述中省略了参与会盟的各国大夫的名字。鲁国是亲

第三章 "春秋笔法"中的话语权力

者,所以连国名也被讳去。在《左传》看来,这是一次极为严厉的惩罚。此外,缺少地名、爵位名等,都会产生同样的效果。如杜预所总结的"参会不地"之类的记载,因为缺少了地点的记载,而使得一次会盟行动显得很不正常,会盟的意义也因此而引起了怀疑。

讳书由于模糊了事实的真相,而为现代学者所诟病。但对于三传来说,似乎并不存在这一问题,因为在当时的文化背景下,三传的作者清楚地了解那些被隐讳的事实,因此也就能了解讳书的用意。而这些清楚的事实则有赖于史官的原始记录,只有在此基础上才能删之隐之,形成"不书"。如《春秋·僖公二十八年》曰:"天王狩于河阳。"《左传》曰:"是会也,晋侯召王,以诸侯见,且使王狩。仲尼曰:'以臣召君,不可以训。'故书曰'天王狩于河阳',言非其地也,且明德也。"《史记·晋世家》曰:"孔子读史记至文公,曰'诸侯无召王'、'王狩河阳'者,《春秋》讳之也。""晋侯召王"是晋文公称霸的一个标志性事件,也是儒家所痛心疾首的政权下移的一个典型,不可不载。但在不加评论的情况下载录只会给人以误解,所以只能采取隐讳的方式,以表现史官的反对态度。"讳书"在表述逻辑上正同于"不书",史官必然认为某个事实的所有因素是已知的,而"阅读者"通过对两个"文本"进行比较而获悉编纂者的价值判断。

这种避讳,也被部分学者视为文章风格上的简约。刘知幾《史通·叙事》云:"夫国史之美者,以叙事为工,而叙事之工者,以简要为主。简之时义大矣哉……《春秋》变体,其言贵于省文。"当然也有人认为《春秋》之简约,实出于当时记录条件之限制,如钱锺书所引孙鑛之"汗青刻简,为力不易"和章学诚之"古人作书,漆文竹简,或著缣帛,或以刀削,繁重不胜",以说明"文不得不省,辞不得不约"[①]。但这两种说法都未能尽《春秋》之意。首先,《春秋》之简约,很难说就是一种好的修辞方法。它在简约一途上做得太过了,很多史实,倘无《左传》等的补充说明,往往不明所以。至于把《春秋》之简约归因于书写条件的限制,也是不恰当的,因为《尚书》、《诗经》都有完整的长篇载录,而《春

---

① 钱锺书:《管锥编》第一册,北京:中华书局1979年版,第163页。

秋》在数百年间皆为只言片语,甚至还不如铜鼎铭文详细,是说不过去的。《春秋》的简约源于叙事方法的特殊性,它所书录的是一个个孤立的事件,因为没有因果关系的追溯,没有过程的记载,没有评论,再加上它因"隐而不书"的笔法而故意缺省了很多事实或事实的某些方面,就更加显得简约难明了。

5

《春秋》三传相信,"春秋笔法"除了"常事不书"和"隐而不书"外,还表现为某些特殊的表达规则和用词规则,并从不同角度对这些规则进行总结、阐发。《左传》以"凡"字引出对《春秋》这些语言规则的解释,被后人称为"凡例"。杜预统计共有五十凡。晚唐儒家学者陆淳撰《春秋啖赵集传纂例》,以事类分"春秋笔法"为三十四例。"五十凡"、"三十四例"这样的"笔法"总结,大多数是讨论表达规则和用词规则的。下面我们从《左传》的总结开始探讨这类问题。

《左传》的"五十凡"所包含的叙述规则可大致分为两大类。有些陈述目的不在于显示意义判断,仅为某种实存的表述习惯。如第二凡曰"凡雨,自三尺以往为霖,平地尺为大雪"(隐公九年),有类于训诂学的阐释;第十六凡曰"凡物不为灾,不书"(庄公二十九年),涉及选择原则;第四十二凡曰"凡诸侯嫁女,同姓媵之,异姓则否"(成公八年),属于礼仪制度;等等。有的陈述方式则显示了意义判断。如三十五凡曰"凡弑君,称君,君无道也;称臣,臣无知罪也"(宣公四年),包含了鲜明的价值观;第三十四凡曰"凡诸侯会,公不与,不书,讳君恶也。与而不书,后也"(文公十五年),涉及避讳原则,等等。我们着重讨论后一类"笔法"。

《左传·成公十四年》在总结"春秋笔法"的大要原则时,有如下的判断:

> 微而显,志而晦,婉而成章,尽而不污,惩恶而劝善。

杜预对此有着较为详细的发挥,后世学者往往依此解说"春秋笔法"。为

第三章 "春秋笔法"中的话语权力

了更为清晰地认识这些"笔法",我们将杜预的解释以表格形式表达如下(表 3 – 1)[①]:

表 3 – 1

笔法	解　释	举　例	出　处
微而显	文见于此而起义在彼	1. 秋,叔孙侨如如齐逆女。 2. 九月,侨如以夫人妇姜氏至自齐。 3. 梁亡。 4. 诸侯城缘陵。	成公十四年 同上 僖公十九年 僖公十四年
志而晦	约言示制,推以知例	5. 参会不地(缺例)。 6. 与谋曰及(缺例)。	
婉而成章	曲从义训以示大顺	7. 诸所避讳(缺例)。 8. 郑伯以璧假许田。	桓公元年
尽而不污	直书其事,具文见意	9. 秋,丹桓宫楹。 10. 春,刻桓公。 11. 天王使家父来求车。 12. 齐侯来献戎捷。	庄公二十三年 庄公二十四年 桓公十五年 庄公三十一年
惩恶劝善	求名而亡,欲盖而章	13. 盗杀卫侯之兄絷。 14. 邾庶其以漆、闾丘来奔。 15. 莒牟夷以牟娄及防兹来奔。 16. 邾黑肱以滥来奔。	昭公二十年 襄公二十一年 昭公五年 昭公三十一年

表 3 – 1 中的引例所陈述的是一个个孤立的事件。这些叙述之所以受到重视,是因为它们与原始的职业载录略有区别。其中例 5 "参地不会"和例 7 "诸所避讳",皆为"隐而不书",已见于上节所论。余下皆为对《春秋》用词进行总结,后人认为主要有如下两个方面的特异:一是称谓,

---

[①] (晋)杜预《春秋经传集解·序》云:"一曰微而显,文见于此而起义在彼,称族尊君命、舍族尊夫人、梁亡、城缘陵之类是也。二曰志而晦,约言示制,推以知例,参会不地、与谋曰及之类是也。三曰婉而成章,曲从义训,以示大顺,诸所讳避、璧假许田之类是也。四曰尽而不污,直书其事,具文见意,丹楹刻角、天王求车、齐侯献捷之类是也。五曰惩恶而劝善,求名而亡,欲盖而章,书齐豹盗、三叛人名之类是也。"(《春秋经传集解》,上海:上海人民出版社 1988 年版,第 278 页)

· 113 ·

即通常所说的"爵号名氏褒贬说";二是特殊用词,即所谓"一字褒贬说"。若以上表中杜预所举诸例说明,则例1、例2可以看作是原始史官正常的表达方法,基本上不含有褒贬意味。例1称"叔孙侨如",是因为其受君命而出使,全名以示郑重;例2因为"夫人"尊贵于侨如,故免"叔孙"二字以突出夫人,这应是个权变。可以把这样严谨的符合秩序的表达方法看作是常例,它不涉及褒贬。这样的常例还包括称吴楚为"子"之类,因为史官是基于正统立场,称号以周王朝正式颁予的为准。总结而言,正常的叙事,应该包括主事者的名号,而主事者的名号则视其地位而选择采用族名或职位、爵号等,此外,还应该包括一些必要的时间、地点等信息。这些信息的改变,则往往意味着有非正常的现象出现。如隐公四年,"翚帅师会宋公、陈侯、蔡人、卫人伐郑"这一记载,就将"翚"的身份称谓省去,显然,在公子翚身上发生了不正常的情况,这才使史官免去了"公子"的称号。《公羊传》解释曰:"翚者何?公子翚也。何以不称公子?贬。曷为贬?与弑公也。"同样,例14、例15、例16中主事者也没有名号,这说明,他们的"来奔"是不正常的;如果仅称主事者为某"人",如"齐人伐山戎",就表达了齐国征伐行动违反礼节。至于"一字褒贬说",若以杜预上所举之例而论,"与谋曰及"应该只是一种表达习惯,不含褒贬之意。而例13之"盗"应属"一字褒贬",因为公开谴责了杀卫侯之兄的不义之行,尤其是在史官知道杀人者的名字情况下,就更是如此。再如国君被杀皆曰"弑",而鲁隐公被杀则曰"薨",显然这个记载也是不正常的,后人说是为鲁国大恶避讳。而反常的表述方式提醒了避讳的存在,暗示了事情的不正常状态。

"杀君曰弑"可能是史官的叙述规则,但对国君被杀行为在《春秋》中还有其他表达方式。《春秋集传纂例》"杀例"第二十六引啖助的话曰:"凡鲁君见弑皆书薨,不可斥言也。他国公子篡大夫弑必书名,志罪也。称国以弑,自大臣也,不书大夫,君无道也。称人以弑,同贱人也,亦恶其君也。称盗以弑,非君之恶也……据此,君有道则大臣称名,卑者称道;君无道则大臣称国,卑者称人。"① 同为杀君行为,改弑为薨,属于

---

① (唐)陆淳撰,《春秋啖赵集传纂例》,第146页。

第三章 "春秋笔法"中的话语权力

隐讳其词，目的在为尊者讳。但春秋史官并无为本国杀君行为隐讳之例，如晋史官董狐直书"赵盾弑其君"，被孔子称为良史。齐太史兄弟也直书"崔杼弑其君"，可见为尊者讳这一观点在此后才得到特别的强调。所以鲁君之"薨"，应该是一种特殊的"笔法"。又据以上两例，我们知道，史官记录弑君行为时，往往直书直接责任人的姓名，而《春秋》则有时记名，有时称国，有时称人，有时称盗，其效果是在以"弑"确立的负面判断的前提下，进一步确证被杀国君的道德地位，不失时机地表达自己劝惩之义。这一点，在儒家话语的形成中有着超乎寻常的意义。

总之，这两类用词方法都是一种不正常的记事，它在形式上表现为一种特异状态，而这种特异又和正常的记事体例形成对比，可以称之为"异记"。在某种程度上，"异记"一如史官载录灾异的"记异"。这就是所谓"一字褒贬"的大义所在。这种方法对于后人来说，由于文化背景的差异，就显得隐晦难明了。

近代以来，学者常常以《春秋》中笔法义例不统一为由，否认《春秋》中"笔法"的存在。我们认为这个理由尚不能完全否定"笔法"。因为《春秋》"笔法"是鲁史官和孔子的共同创造出来，包括了第一叙述和第二叙述两个层次，尤其是第二个叙述，往往是针对第一叙述中的具体内容进行再强调，再加上历史本身的复杂性，有不统一的地方是在所难免的。如徐复观所说："《春秋》的文字，既出于鲁史之旧，则所谓书法，也应分为三部分，一部分是鲁史之旧的书法；另一部分是孔子的书法；再一部分是作传的人由揣测而来的书法。三部分混合在一起，难于辨认；但由此可以得出既不应完全拘守书法，也不应完全否定书法的结论。"[①] 所以，说《春秋》字字大义固然荒唐，但否认《春秋》"笔法"的存在，也是不对的。《春秋》"笔法"由于其特殊的文化背景，形成了一个没有解释、没有情节、没有判断的叙述形式，这种形式不是诉诸普通人的理性的，也就是说，春秋史官所载录的这些东西，肯定不是供社会阅读的。就其载录方式而言，它首先是一种对事件的提示。从各民族的历史观念来

---

① 徐复观：《两汉思想史》第三卷，第156页。

说，历史是神圣的，它依靠口耳相传，结绳或简单的记录应该是帮助记忆、校正记忆的。其次，它是一种事实的呈现形式。巫史文献是巫史交通天人的手段之一，在天意和人间德行之间，巫史不过是这中间的传递者，判断的权力在神灵那里，巫史是不能擅发议论的。只有守住这一点，才能保证史官载录的合法性。如同甲骨文和《尚书》等巫史文献，春秋时史官的载录最初也是藏之宗庙，呈现给神灵的，是一种见证性的呈现。这种呈现实际上意味着恭候天命的裁决，这才使得史官及其文献有力量。《左传》记载，襄公二十年，卫宁惠子因为史册记载了他驱逐国君的事而死不瞑目。襄公二十五年，晋崔杼为了阻止史官载录"崔杼弑其君"，而连续杀两史官。而史官为了这五个字，不惜兄弟相继赴死。使宁惠子和崔杼所惧怕的以及史官以生命所捍卫的，不是这简单的五个字，而是这五个字背后的天命。史官正是在天命的支持下，利用自己的职业传统，构建起史官和儒家的话语权力。

三 《老子》和史官的箴诫传统

1

原史文化赋予巫史向人世显示天命的责任，也同样赋予他将世间情状上达神灵的责任，这就使得史官间接获得了某种权威，而帝王诸侯在通过占卜等方式征询神灵启示的同时，也往往就自己的行事征询巫史的意见。这就形成了巫史规谏的权利。

周代政治特别重视箴谏。编定于周初的《尚书·盘庚上》亦曰"无或敢伏小人之攸箴"，《左传·襄公四年》说"昔周辛甲之为大史也，命百官，官箴王阙"，《国语·周语上》曰"天子听政，使公卿至于列士献诗，瞽献曲，史献书，师箴，瞍赋，矇诵，百工谏，庶人传语，近臣尽规，亲戚补察，瞽史教诲，耆艾修之，而后王斟酌焉，是以事行而不悖"，此外，《左传》还在宣公四年、襄公十五年、哀公十六年等处提到"箴尹"一职。太史、师、尹都是广义上的史职，则箴为古史文本之一。可以说，史官箴谏之权利即使不是作为一种固定的制度，也已经成为一种

第三章 "春秋笔法"中的话语权力

明确的社会意识。以上"箴"字，陆德明《经典释文》引马融说释为"谏也"，但它同时也是一种文体形式。《诗经》大小雅中不少篇章就是"是用大谏"的产物，由此推断，箴谏文体中主要或颇有一部分是韵文形式，需要以诵唱的方式表达出来，所以瞍矇百工之人得以参与其事。

与宗教有关的韵文是一种"辞"。而在《周礼》中，以辞为职责的是祝。祝亦为巫史，所以常以巫祝或祝史连称。《周礼·春官·大祝》云：

> 大祝掌六祝之辞，以事鬼神示，祈福祥，求永贞……掌六祈，以同鬼神示，一曰类，二曰造，三曰禬，四曰禜，五曰攻，六曰说。作六辞，以通上下亲疏远近，一曰祠，二曰命，三曰诰，四曰会，五曰祷，六曰诔。

其中"六祈"即以辞"事鬼神示，祈福祥，求永贞"，从事祭祀活动；那么"六辞"是什么呢？孙诒让《周礼正义》说："此以生人通辞为文，与上六祝、六祈主鬼神示而言者异。"这一说法有一定道理，因为到西周时期，宗教礼仪不但有娱神祷祝的功用，它还要承担教化人民的责任，也就是所谓礼乐教化。所以，西周宗教仪式中除了传统的"六祈"之辞外，还有假借神灵之口对祭祀参与者或助祭者进行训诫的"六辞"。所谓"通上下亲疏远近"原指祭祀鬼神祖灵，此处亦可指各种社会关系。"六辞"中的"诰"是一种训诫文体。《周礼·秋官·士师》云："以五戒先后刑罚，毋使罪丽于民：一曰誓，用之于军旅。二曰诰，用之于会同。三曰禁，用诸田役。四曰纠，用诸国中。五曰宪，用诸都鄙。"可见"诰"为"五戒"之一，《尚书》中周初八诰皆为周公训诫王臣之作。"六辞"中的"会"，也是一种训诫性的文体。王引之《经义述闻》云：

> 窃疑乃譮之假借；譮，古话字也。《说文》："话，会合善言也。籀文作譮，从会。"《盘庚》曰："乃话民之弗率。"马注："话，告也，言也"。譮为告戒下民之辞，与诰相近，故三曰诰，四曰譮。①

---

① （清）王引之：《经义述闻》，南京：江苏古籍出版社1985年版，第213页。

邓国光列举了《诗经·大雅·抑》第九章"其维哲人，告之话言"、《左传·文公六年》"著之话言"、《左传·文公十八年》"颛顼氏有不才子，不可教训，不知话言，告之则顽，舍之则嚚"等，以证实王引之的话。他认为，诰与会皆训戒辞，"诰用于全民，或者与国政相关；会用于专门场合，属个人道德行为上的指正。诰重而会轻，所以列此于诰之后"①。祝在行"六辞"之诫时仍然离不开仪式，此所谓神道设教②。祝由此而拥有了告诫的职责。告诫辞亦为祝的职业文献之一。随着社会发展，祝的告诫之责不再限于仪式之上，而是延伸到日常政治生活之中，那么，脱离了仪式，祝的训诫还有权威吗？祝在这种情况下，很自然地以文献来代替仪式，通过文献的传统来赋予自己训诫的权力，于是形成了征引而诫的话语方式。值得注意的是，王引之云"会"即"话"，而《说文》释"话"为"会合善言也"。也就是说，"会"可能是一种"语"类纂辑文本。杜预注《左传》"著之话言"曰"为作善言遗戒"，也能说明这一点。那么，祝的训诫之辞必须包括某种既有文献，同样，前贤的"善言遗戒"也会被保留下来，成为后人的话语资源。因此，祝必须做搜集"善言"的工作，并形成职业性文献。最早的"善言"文献应该是"志"。《左传》《国语》中常提到"志"、"故志"、"前志"、"周志"、"礼志"、"军志"，或以人名而称的"某某之志"等文献。王树民认为"早期的'志'以记载名言警句为主"③，这些"志"都是一些汇集而成的"语"类文献，它们可能就与祝史"会合善言"工作有关。

《左传·襄公十四年》有"工诵箴谏"之语，工为乐工，所诵必为整齐的短语或韵文，则箴谏又表现为韵语或整齐短语的形式。《左传·宣公十二年》有"箴之曰：'民生在勤，勤则不匮'"的记载，此为整齐之短语。而传说为周初作品的《虞箴》则为较长的韵文：

芒芒禹迹，画为九州，经启九道，民有寝庙，兽有茂草，各有攸

---

① 邓国光：《〈周礼〉六辞初探》，《汉学研究》（台湾）第11卷第1期，1993年6月。
② 关于"六辞"及"诰"的仪式性特征，参见拙文《论先秦"辞"的演变及特征》，《北京师范大学学报》2015年第5期。
③ 王树民：《释"志"》，《文史》第三十二辑，北京：中华书局1990年版。

第三章 "春秋笔法"中的话语权力

处，德用不扰。在帝夷羿，冒于原兽，亡其国恤，而思其麀牡。武不可重，用不恢于夏家。兽臣司原，敢告仆夫。①

这与《诗经》大小雅中众多的讽谏诗形式相似。由此看来，箴在春秋时期实际已成为一种文体的名称，它以谏诫君王为内容，形式或为短语，或为韵文。

除诗之外，铭辞和"语"是春秋时期颇为流行的短语或韵语，今人将这两者统称为格言。铭是刻勒于器物或碑上的文字。《汉书·艺文志》道家类录有《黄帝铭》六篇，今不存，但《路史·疏仡纪》载有黄帝《巾几铭》曰："毋翕弱，毋俷德，毋违同，毋傲礼，毋谋非德，毋犯非义。"② 商汤《盘铭》见于《礼记·大学》，曰："苟日新，日日新，又日新。"《大戴礼记·武王践阼》记载了周武王作铭事："王闻书之言，惕若恐惧，退而为戒书，于席之四端为铭焉，于机为铭焉……"其中席铭分别为：前左"安乐必敬"，前右"无行可悔"，后左"一反一侧，亦不可以忘"，后右"所监不远，视迩所代"③。后人所辑武王、太公或周时其他人物铭文颇多，往往以所刻勒之器物命名，如"衣铭"、"矛铭"、"鉴铭"、"镜铭"、"盥盘铭"等。这些铭文的可靠程度不高，后世学者多持怀疑态度。如顾颉刚即认为这些铭文都出自战国好事者，他说："战国之世，好托古以自伸其说，教条式之铭辞乃骤然增多，黄帝铭固皆道家言，即武王铭亦宁非儒家言耶！"④ 此说颇有道理。春秋以前很难有这些实物性的铭文存在，而刻勒于器物上的文字往往都是册命纪功的内容，与上举那些告诫之辞不类。

其实，学者一般将铭与箴并提，认为都是一种告诫性的格言体。刘勰《文心雕龙·铭箴》云：

昔帝轩刻舆几以弼违，大禹勒笋虡而招谏。成汤盘盂，著日新之

---

① （清）严可均辑：《全上古三代文》卷二，北京：商务印书馆1999年版，第29—30页。
② （清）严可均辑：《全上古三代文》卷一，第4页。
③ （清）严可均辑：《全上古三代文》卷二，第22页。
④ 顾颉刚：《史林杂识初编》，第291页。

规；武王户席，题必戒之训。周公慎言于金人，仲尼革容于欹器，则先圣鉴戒，其来久矣。故铭者，名也，观器必也正名，审用贵乎盛德。盖臧武仲之论铭也，曰："天子令德，诸侯计功，大夫称伐。"夏铸九牧之金鼎，周勒肃慎之楛矢，令德之事也；吕望铭功于昆吾，仲山镂绩于庸器，计功之义也；魏颗纪勋于景钟，孔悝表勤于卫鼎，称伐之类也。若乃飞廉有石椁之锡，灵公有蒿里之谥，铭发幽石，吁可怪矣！赵灵勒迹于番吾，秦昭刻博于华山，夸诞示后，吁可笑也！详观众例，铭义见矣。

文中前半明确指出铭文的"鉴戒"功能，后面又举了一些颂德的内容，意颇含糊。显然，刘勰混淆了文体意义上的"铭"和实际行为的"铭"。仅就文体意识而言，学者都强调它的训诫意义。如朱熹为《礼记·大学》所载盘铭作注云："铭，名其器以自警之辞也。"（《四书章句集注》）姚鼐云："箴铭类者，三代以来有其体矣。圣贤所以自戒警之义，其辞尤质而意尤深。"（《古文辞类纂·序目》）等等。其实我们可以这样认为，先秦铭于金石的文字并非就是"铭文"，而用以训诫的"铭文"，亦很难在先秦金石遗留中找到证据。那么，认为训诫之辞见于金石可能确如顾颉刚所言是战国好事者的编造。但铭文以箴谏一说也并非完全是空穴来风，应该有其渊源可供追溯。

2

现在可见的诸"志"只是一些只言片语，"志"文献的原始形态已经不可知了。但我们还是能根据其他文献推断出祝史箴诫文体的大概形式。1973 年于长沙马王堆汉墓出土帛书《老子》乙本卷前附有《经法》、《十六经》、《称》、《道原》四篇。其中《称》被认为是一种"格言类"汇集文献，其文如："圣人不为始，不剸己，不豫谋，不为得，不辞福，因天之则。"这样的句子是用来训诫君王的，在形式上确如格言。而《称》中的这些格言又明显是汇集而来的。据唐兰统计，《称》有三处与《国语·越语下》相同，可以认定这几处是春秋时期的"语"。此外，《称》还有十九处与《鹖冠子》、《淮南子》、《文子》、《汉书》、《战国策》、《说

第三章 "春秋笔法"中的话语权力

苑》、《慎子》、《管子》、《吕氏春秋》、《春秋繁露》、《列女传》、《史记》、《荀子》等相似①。相同的句子分散在不同时代的著作中，只能说明这些句子本身在社会上或各类文献中普遍流传，是格言。因此有学者断言："《称》篇不能被认为是一部书的一个连贯浑成的组成部分，它更像是从较早的文献或口传中辑集的格言，其它篇章的作者由之获取灵感。"②那么，可以肯定春秋祝史一定有搜集整理的格言文献。

祝史是要行谏诫之责的，光有一些具有普遍意义的格言还不够。格言不论是来自先代的贤人，还是民间谚语，都必须对之进行阐释才能将意义落实到现实之中，才能帮助祝史完成谏诫之责。所以，一个完整的谏诫文本应包括格言和阐释两部分。《逸周书》中有一篇《周祝》，可以帮助我们了解这种文本的具体形态。《逸周书》内容驳杂，有记载文武周公史事的，有记载文武周公的训诫之辞的，还有被认为是兵家之书和礼书的内容。其中不少篇章语言古拙，现代学者相信这些篇章是西周、春秋时期的产物③。《周祝》不大可能是战国时伪造的，因为祝这一职务到战国时代已经湮没无闻了，现存的战国史书中几乎见不到关于祝的记载④。所以，《周祝》应该是春秋以前的文献。

我们在《周祝》中摘出两节抄录于下：

故曰：肥豕必烹，甘泉必竭，直木必伐。地出物而圣人是时，鸡鸣而人为时，观彼万且何为求？故天有时，人以为正，地出利而民是争。人出谋，圣人是经。陈五刑，民乃敬。教之以礼，民不争，被之以刑，民始听，因其能，民乃静。

故狐有牙而不敢以噬，獭有蚤而不敢以撅，势居小者不能为大。特欲正中，不贪其害。凡势道者不可以不大。

---

① 唐兰：《马王堆出土〈老子〉乙本卷前古佚书的研究》，《考古学报》1975 年第 1 期。
② 叶山语，转引自李学勤《〈称〉篇与〈周祝〉》，《道家文化研究》第三辑，上海：上海古籍出版社 1993 年版。
③ 参见李学勤为《〈逸周书〉源流考辨》（黄怀信著，兰州：西北大学出版社 1992 年版）、《逸周书汇校集注》（修订本）两书所作之序。
④ 缪文远《战国制度通考·职官考》（成都：巴蜀书社 1998 年版）载录各诸侯国职官名称，其中不录"祝"。

其他各节与上相似。陈逢衡说："此周祝垂戒之语……读其书者，可与涉世，可与存身，可与远害，可与尽年。通篇悉为韵语，似铭、似箴，盖直开老氏《道德》之先，匪特作荀子《成相》之祖。"① 从表达形式上来看，每段由一个俗语组成，如"肥豕必烹，甘泉必竭，直木必伐"、"狐有牙而不敢以噬，獭有蚤而不敢以撅"等，这些都是谚语或格言，余下部分则是从谚语或格言中推导而出的现实道理，形成一个解释结构。每段之间并不连贯，各自独立。罗家湘论曰："格言有两个来源：民间智能系统和朝廷圣贤系统。在古书中常用'故曰'来表示格言的渊源有自。"②《周祝》是祝史行谏诫之职时的职业文献。

李学勤认为除了《周祝》和帛书《称》外，《老子》也一样是格言体裁③。但实际上，除了格言形式外，《周祝》和《老子》还都具有一个由格言和解释两部分组成的阐释结构，可以说是完全相同的文体。因此，有关"祝"的文化背景和《周祝》的文本形态，为我们理解《老子》的文体和功能提供了一个十分清晰的标本。

3

除了面目不清的左丘明外，老子是我们所确切知道的最早的有著作传世的史官。作为道家学派的开创者，老子也是诸子的不祧之宗。因此，老子是从原史过渡到诸子的标志性人物。老子的生平及《老子》的撰述情况，司马迁在《史记》中有所著录：

> 老子者，楚苦县厉乡曲仁里人也。姓李氏，名耳，字聃，周守藏室之史也。孔子适周，将问礼于老子。老子曰："子所言者，其人与骨皆已朽矣，独其言在耳。且君子得其时则驾，不得其时则蓬累而行。吾闻之，良贾深藏若虚，君子盛德，容貌若愚。去子之骄气与多

---

① 转引自黄怀信等著《逸周书汇校集注》（修订本），第1048页。
② 罗家湘：《〈逸周书〉格言研究》，《殷都学刊》2001年第3期。
③ 李学勤：《〈称〉篇与〈周祝〉》，《道家文化研究》第三辑，上海：上海古籍出版社1993年版。

第三章 "春秋笔法"中的话语权力

欲、态色与淫志，是皆无益于子之身。吾所以告之，若是而已。"……老子修道德，其学以自隐无名为务。居周久之，见周之衰，乃遂去。至关，关令尹喜曰："子将隐矣，强为我著书。"于是老子乃著书上下篇，言道德之意五千余言而去，莫知其所终。(《史记·老庄申韩列传》)

司马迁认为老子是春秋晚期周王朝的史官，与孔子同时而年龄较长，当周王朝衰颓之时离职归隐。这一事迹反映了春秋末期史官失职、散在四野的现象。《史记》所载老子为关令尹喜著"道德之意五千余言"云云，不可看实。大约是老子离职后，在社会传授一种关于"道德之意五千言"的文献，后讹传成这样一个有着传奇色彩的故事。由于《史记》同时还提到老莱子和太史儋，并语焉不详，因此，自宋代陈师道、叶适，到清末康有为、梁启超，再到民国时期古史辨派的罗根泽、顾颉刚等，都认为老子为战国中期甚至是后期的人物[1]。当代学者多通过斟酌文献，力辩老子为春秋晚期人物[2]。尤其是马王堆帛书《老子》及所附《黄帝书》以及郭店楚简《老子》的出世，为判断《老子》的时代提供了新的根据，持"老子长于孔子，《老子》之书先成"观点的人更多[3]。所以，本书亦认同老子为孔子师友辈人物，而《老子》则早于由孔子弟子编辑而成的《论语》。

在司马迁来看，老子应关令尹喜的要求，一气撰成五千言，因此，《老子》是一个创作文本。后世学者也一直将老子看成是一个具有原创意义的哲学家。但这种撰述方式不符合春秋史职传统。春秋史官文献一般是世代累积、传承，并在春秋末期或战国时期编定的。《老子》作为个人文献而突然出现是难以理解的，所以，有必要对《老子》的文体形态和文

---

[1] 详见罗根泽《历代学者考证老子年代的总成绩》，收入《罗根泽说诸子》，上海：上海古籍出版社2001年版，第203—226页。

[2] 参见陈鼓应《老学先于孔学》，收入《老庄新论》，上海：上海古籍出版社1992年版，第43—58页。

[3] 参见李学勤《申论〈老子〉的年代》，《道家文化研究》第六辑，上海：上海古籍出版社1995年版；孙以楷《也谈郭店竹简〈老子〉与老子公案——与郭沂先生商榷》，《学术界》2004年第2期。

化背景重新进行考察。

通行本《老子》一共八十一章，每一章数句，皆类似于格言，有着训诫意味。如第三十三章云：

> 知人者智，自知者明。胜人者有力，自胜者强。知足者富，强行者有志。不失其所者久，死而不亡者寿。

似乎是由几个格言组成，表达一些政治或人生的见解。类似这样的一个、几个或一组格言而构成一章的，在《老子》中约有十三章。另有一些章是在"格言"的基础上，加入解释或发挥的内容。如第一章：

> 道可道，非常"道"；名可名，非常"名"。"无"，名天地之始；"有"，名万物之母。故常"无"，欲以观其妙；常"有"，欲以观其徼。此两者，同出而异名，同谓之玄。玄之又玄，众妙之门。

"名万物之母"之前数句类似格言，而"故"后数句，则是对格言的阐释。阐释有纯粹理论性推论的，也有说明其对现实政治或人生意义的，情形不完全相同。阐释句型有其标志性的语词，如"故"、"是故"或"吾是以知"等。这一类型在《老子》中约有二十四章。还有一种阐释类型比较特殊，似乎是专为王治理天下而作的，在政治或伦理方面对王进行训诫。《老子》中用"圣人"、"君子"来指称理想中的王。如第二十六章：

> 重为轻根，静为躁君。是以君子终日行不离辎重。虽有荣观，燕处超然。奈何万乘之主，而以身轻天下？轻则失根，躁则失君。

此类章节的主要标志为"是以圣人……"，有时候也变作"侯王若能守之"，"圣人用之"、"故圣人云"，或作"国之……"、"故大国"等等。在《老子》中类似的章节共有十四章。此外，还有一种较为复杂的类型，是前三者兼而有之，如第二章：

第三章 "春秋笔法"中的话语权力

　　天下皆知美之为美，斯恶已；皆知善之为善，斯不善已。有无相生，难易相成，长短相形，高下相盈，音声相和，前后相随。是以圣人处无为之事，行不言之教；万物作而弗始，生而弗有，为而弗恃，功成而弗居。夫唯弗居，是以不去。

它由格言、一般性的阐释、对王的训诫三个层次构成。此类章节共十五章。其他还有几章难以归入上面任一类，由于数量少，再考虑文献传承过程中的损失，所以可略去不论。

　　以上我们将《老子》中的章节共分为四个结构形态，而又大体可分为两类：第一类单纯由格言组成，十三章；第二类是由格言加上阐释构成的，共约六十章。从数量上可以判断，《老子》文本的基本结构形态就是格言再加上相关阐释，也就是说，《老子》是一部文献解释著作。作为阐释文本的标志词是"故"或"是以"，只是与《周祝》在前后位置上有差别，但在文体功能方面是相似的。而第一类则可能是原始材料或未完成的文本。有学者已经意识到了《老子》这种复合结构，但认为第一种形态是最原始的《老子》文本，由于流传过程中"辅以口说"，致使"某些借着口说而阐释文本之观念乃又转化成文字而加入以形成新的文本"[1]。这一说法认同《老子》文本是由一个基本文本和它的阐释所构成。但从职业性的角度来说，最应该值得我们注意的是阐释文本中对君王训诫的内容，它可能才是《老子》编纂的目的，是这部文献之所以存在的职业性依据。

4

　　《老子》中的格言部分同样也是辑来的。《老子》有时候说明了格言的来源。如第六十九章云："用兵有言：'吾不敢为主，而为客；不敢进寸，而退尺。'"所谓"用兵有言"是指某种辑录了兵家言论的文献。《左传》中有三处对"军志"的征引："允当则归"（僖公二十二年）、"先人有夺人之心"（宣公十二年）、"先人有夺人之心，后人有待其衰"（昭公二十一年）。在内容上都与"吾不敢为主而为客，不敢进寸而退尺"相

---

[1] 刘荣贤：《从郭店楚简论〈老子〉书中段落与章节之问题》，《中山人文学报》（台湾）第10期，2000年2月。

似。则"用兵有言"可能就是指《军志》类文献。又第四十一章云:"故建言有之:明道若昧;进道若退;夷道若纇;上德若谷;广德若不足;建德若偷;质真若渝;大白若辱;大方无隅;大器晚成;大音希声;大象无形;'道'隐无名。"第五十章:"盖闻善摄生者,陆行不遇兕虎,入军不被甲兵。"其中的"建言"和"盖闻",都说明所引文字其渊源有自,不是自己创作的。

还有一些原文本,《老子》虽然没有明说它的来源,但从上下文中可以推出它别有所出。如第十三章云:

宠辱若惊,贵大患若身。何谓宠辱若惊?宠为下,得之若惊,失之若惊,是谓宠辱若惊。何谓贵大患有身?吾所以有大患者,为吾有身,及吾无身,吾有何患?故贵以身为天下,若可寄天下;爱以身为天下者,若可托天下。

这是一个典型的解释结构。文中"何谓"二字,以及将两句拆开来解释,都显示出"宠辱若惊,贵大患有身"是一个为人所熟知的成语。

通过文献比较,我们也可以找到《老子》部分格言的来源。如第三十六章云"将欲歙之,必固张之;将欲弱之,必固强之;将欲废之,必固兴之;将欲取之,必固与之。"它与《国语·晋语四》所引《礼志》的话很相似:"将有请于人,必先有人焉。欲人之爱己也,必先爱人。欲人之从己也,必先从人。无德于人而求用于人,罪也。"又《战国策·魏策》记载任章引《周书》曰:"将欲败之,必姑辅之;将欲取之,必姑予之。"同样的例子还有《老子》第七十三章中"勇于敢则杀,勇于不敢则活",似乎来自《左传·文公二年》所提到的《周志》:"勇则害上,不登于明堂。"两者的文字虽有差别,但基本都反对盲目为"勇",它们显然存在着关系。

此外,谭家健、郑君华认为"《老子》吸收了大量来自人民群众的格言谚语"[①],他们共列举了五例,其中第六十四章"合抱之木,生于毫末;

---

① 谭家健、郑君华:《先秦散文纲要》,太原:山西人民出版社1987年版,第93页。

第三章 "春秋笔法"中的话语权力

九层之台,起于累土;千里之行,始于足下",和第六十三章"图难于其易,为大于其细。天下难事,必作于易;天下大事,必作于细",皆是《老子》中的格言。此外,《列子·天瑞》篇把《老子》第六章"谷神不死,是谓玄牝。玄牝之门,是谓天地根。绵绵若存,用之不勤"说成是"黄帝书曰",《老子》还有多章与《金人铭》的文字全同或相近,等等。这些虽不能说明《老子》一书所有格言的来源,但却可以使我们有理由推测:《老子》中的格言是从多个渠道搜集编纂而成的,而其他部分则是老子本人的阐释。

老子为什么要编纂这样一部格言和阐释汇集的文献呢?祝、史在春秋时期同为宗教人员,常共同参与祭祀,又都有载笔的职责,所以祝史常联袂共称。如《左传·昭公十七年》曰:"日有食之,祝史请所用币。"又《哀公二十五年》曰:"因祝史挥以侵卫。"作为"周守藏室之史"(《史记·老庄申韩列传》)的老子,熟悉并重视"语"类文献,是十分自然的。《老子》第十五章所称赞的"古之善为士者,微妙玄通,深不可识",指的就是诸如《周祝》中所汇辑的"语"。此外,老子似乎对训诫行为很感兴趣,有关孔子适周问礼于老子的记载,可以说明这个问题。《史记》有两处记载此事,其一在《孔子世家》,老子说:

> 吾闻富贵者送人以财,仁人者送人以言。吾不能富贵,窃仁人之号,送子以言,曰:"聪明深察而近于死者,好议人者也。博辩广大危其身者,发人之恶者也。为人子者毋以有己,为人臣者毋以有己。"

其二在《老庄申韩列传》,老子说:

> 子所言者,其人与骨皆已朽矣,独其言在耳。且君子得其时则驾,不得其时则蓬累而行。吾闻之,良贾深藏若虚,君子盛德,容貌若愚。去子之骄气与多欲,态色与淫志,是皆无益于子之身。吾所以告子,若是而已。

两处都记载了老子赠孔子以言。云"送人以言",云"独其言在耳",又云"吾闻之"、"吾所以告子",都说明老子对"语"的执着和熟稔。而且,这两段话也都是显示为基于"闻之"之"语"的解释结构,是一种训诫性话语。由此看来,老子对以"语"训诫表现出来一种职业性的认同感,这与他熟悉"语"类文献的史官身份有关。

至此,我们可以认定,《老子》的产生既仰仗于史官的职业背景,也依赖《周祝》这样的训诫类文献的表述传统,具有明显的职业文献的特点。当然,我们并不能确证《老子》就是一部祝史职业文献,因为和《周祝》比起来,《老子》似乎有些散漫。比如,比如谭家健、郑君华所列举另外两条民间格言:"善人者,不善人之师;不善人者,善人之资"(第二十七章);"知足不辱,知止不殆"(第四十四章)①,都出现在文中的阐释和引申部分。它提示我们,老子可能掌握了不少的格言,并可以随时引用它们。《老子》甚至有可能模仿格言体,然后再加以阐释或引申。如王中江指出《老子》"上德不德"(第三十八章)、"功成不名有"(第三十四章)二句是对《左传·襄公二十九年》赞美禹"勤而不德"等的总结,而"治大国,若烹小鲜"(第六十章)则来自《诗经·桧风·匪风》之"谁能亨鱼,溉之釜鬵"句②。此外《老子》第六十七章云:"我有三宝,持而保之。一曰慈,二曰俭,三曰不敢为天下先。"就是来老子自己的创作,老子还在后面堂而皇之地使用了一个阐释结构。这是一个明显的自我作古的例子。归根到底,老子只是史官,并不一定就是祝,它可能熟悉祝的职业文献,也乐意训诫天下,但他的行为未必就是一种职业行为。《老子》更有可能只是对《周祝》这样职业文献的模仿。但《周祝解》、《老子》等文献让我们看到了春秋史官是如何行使其箴谏功能的。

---

① 谭家健、郑君华:《先秦散文纲要》,第 93 页。
② 王中江:《老子治道历史探源——以"垂拱之治"与"无为而治"的关联为中心》,《中国哲学史》2002 年第 3 期。

第 四 章

《左传》研究

　　《春秋》经、传相辅而成。经以大义行，其叙述特点是微言而止，不关心事实的起因、发展过程，只是针对礼仪制度呈现事实的片断现象，因此被视为"断烂朝报"。而《左传》叙事井然，关注事实的过程，尤其关注事实的原因，反映了发展了的社会文化和思维特点。显然，《左传》和《春秋》有着不同的性质，有着不同的功用。春秋史官之所以能有与《春秋》迥异的另一套撰录系统，与史官的"传闻"制度有关。面对春秋时礼崩乐坏的现实，史官很难继续凭着仪式性载录来裁决天下，维持天人秩序。因此，他们必须改革传统的撰史方法，使其更符合并有利于新的意识形态建设。《左传》的叙事逻辑体现了原始宗教文化和理性文化交融混合的特点，而以理性文化为主。它关注事实的动机、过程和后果，也就必然要关注事实的细节。当然，《左传》的话语权力还必须要靠时时回顾宗教文化传统来维护，因此，在《左传》中原始宗教文化仍然有其重要的地位。意识形态的差别也导致了叙事方法的变化。《左传》中的虚饰行为与史官的因果信念有关。所以，重新认识《左传》中的"虚构"，对我们理解《左传》的文化逻辑和文化意义，理解《左传》的叙事成就，都有很大的帮助。

一　史官"传闻"制度与《左传》

1

司马迁在解释《左传》缘起时说：

孔子明王道，干七十余君，莫能用，故西观周室，论史记旧闻，兴于鲁而次《春秋》，上记隐，下至哀之获麟，约其辞文，去其烦重，以制义法，王道备，人事浃。七十子之徒口受其传指，为有所刺讥褒讳挹损之文辞不可以书见也。鲁君子左丘明惧弟子人人异端，各安其意，失其真，故因孔子史记具论其语，成《左氏春秋》。(《史记·十二诸侯年表序》)

从理论上说，《春秋》由于自身体例的限制，虽备"王道""人事"，却终究隐而不彰，其中的大义应有相应的著述予以发掘、阐释。《春秋》三传就是这一逻辑发展的结果。但后人对司马迁的这一段话多有疑问，问题集中在两个方面：(1)《论语》曰："子曰：'巧言、令色、足恭，左丘明耻之，丘亦耻之。匿怨而友其人，左丘明耻之，丘亦耻之。'"（《论语·公冶长》)有人据此认定，左丘明应是孔子所敬仰的前代贤人，应无可能为《春秋》作传[1]。(2)《左传》一书与《春秋》在内容上有相互乖离之处，即有无传之经和无经之传存在，所以《左传》不为传《春秋》而作，当是一部独立意义的史书[2]。现在看来，如果将《左传》的作者确指为左丘明，确实难有史料的支持；将《左传》专看作是《春秋》的注解，也似乎过于严格。所以司马迁"因孔子史记具论其语"，是应该打些折扣的。但另一方面，后人也没有足够的证据完全否认《左传》和《春秋》的关系。《左传》和《春秋》之间的关系，即使不如司马迁所说的那

---

[1] 如陆淳曰："夫子自比，皆引往人，故曰'窃比于我老彭'，又说伯夷等六人云'我则异于是'，并非同时人也。丘明者，盖夫子以前贤人，如史佚、迟任之流，见称为当时耳。"(《春秋啖赵集传纂例》卷一《赵氏损益义第五》，第8页）

[2] 西汉时刘歆《移太常博士书》就认为《左传》不传《春秋》。唐宋以后，学者往往有此观点，如韩愈《寄卢仝》曰："《春秋》三传束高阁，独抱遗经究终始。"清人刘逢禄《箴膏肓评·叙》云："余欲以《春秋》还之《春秋》，《左氏》还之《左氏》，而删其书法凡例及论断之谬于大义，孤章绝句之依附经文者，冀以存《左氏》之本真。"[(清)阮元编：《清经解》卷一千二百九十六，上海：上海书店1988年影印本，第445页]并作有《左氏春秋考证》一书。今人大多认为《左传》是独立于《春秋》的一部史学著作。如胡念贻作《〈左传〉的真伪和写作时间问题考辨》(载《文史》第十一辑)、赵光贤作《〈左传〉编撰考》(收入《古史考辨》，北京：北京师范大学出版社1987年版)、杨伯峻《春秋左传注（修订本）·前言》等。

第四章 《左传》研究

样密切,也绝不是毫不相干的。东汉桓谭曰:

> 《左氏传》遭战国寝废,后百余年,鲁人榖梁赤为《春秋》,残略多所遗失。又有齐公羊高缘经文作传,弥离其本事矣。《左氏传》于经,犹衣之表里,相待而成。《经》而无《传》,使圣人闭门思之,十年不能知也。(《新论·正经》)

虽然古今的学者强调《春秋》与《左传》是各自独立的史书,但如桓谭所说二者如"衣之表里",完全切断二者的关系是很难的。

可以相信,《春秋》和《左传》相关,但两者又不是严格的经典和注释之间的关系。它们应该是出于一体,而又有所分工。解释这一现象的关键,是它们各自材料的来源,尤其是《左传》材料的来源。当代学者对此也多有探讨,认为先秦时期存在着两类不同的史书。如徐中舒为《左传选读》作序时称:在《春秋》经之外,"还有大量珍贵的口头文献流传于乐官中,由瞽矇以传诵的方式保存下来",《左传》即以此为据[①]。王和在《中国史研究》上撰文提出《左传》材料的两个来源:一是"春秋时期各国史官的私人记事笔记",另一个是"流行于战国前期的、关于春秋史事的各种传闻传说"。王和特别注意到古人的简、策之论,并以此来证明两类不同的史书[②]。这些研究成果,对我们解开《左传》来源之谜有着很大的启发意义。下面我们在此基础上,进一步讨论春秋史官的两种载录制度,认为《左传》和《春秋》一样有其制度上的渊源。

2

《春秋》的原始材料来自鲁国史官的正式文献。现在看来,《春秋》的叙事形式呈现出孤立、松散的特征。这一叙事特征和古代其他巫史文献如甲骨文、钟鼎铭文相似。春秋以前,举凡即位、婚丧、征伐、献俘、结盟、朝会等仪式性事件,都会被史官记录下来,藏之于宗庙,示之神祇。史官的职责是对天命和礼仪负责,他的文献行为虽然神圣,但不过是一种

[①] 徐中舒:《〈左传〉的作者及其成书年代》,《历史教学》1962 年第 11 期。
[②] 王和:《〈左传〉材料来源考》,《中国史研究》1993 年第 2 期。

见证性的工作，是沟通天人的职业行为。在天命鬼神的背景下，史官所呈现的正式载录只能是这种片段式的零散形态，其原因在于如下两个方面：（1）原始思维是一种禁忌思维，只考虑某事本身是否合乎礼仪，而不关心它的因果。（2）鬼神无所不知，不需要史官为其提供因果解释，史官更无权对事件做出判断，所有的监督和裁决权力都取决于鬼神，人类所能做的只能是恭候天谴而已。所以，早期史官的文献形式只能是一种既无因果又无判断的"呈现"形态。当然，在历史的发展中，史官也逐渐利用这种神圣的文献载录形式，显示自己的社会批判精神，获取话语权力。但他们的载录行为仍然要遵从原先的表达规则和习惯，裁决社会只能在巫史传统的庇护下进行。所以，春秋史官只能通过对事件的选择，即"书"和"不书"，以及通过对载录句法的局部作异常变动，来显示自己的态度，这就形成了"春秋书法"。但它仍不能在载录中直接说明因果关系，也不能对事件做出直接的评判，否则将失去巫史传统的庇护。现存《春秋》可能经由孔子的加工改造，但在形式上仍然保留了原始史官的正式载录形态。因此，说《春秋》来源于史官的官方文献是没有疑问的。

《左传》的叙事形态和《春秋》有着很大的区别。孔颖达引沈氏云：

> 《严氏春秋》引《观周篇》云："孔子将修《春秋》，与左丘明乘，如周，观书于周史，归而修《春秋》之经，丘明为之传，共为表里。"（杜预《春秋经传集释序》孔颖达正义）

经、传之说，自是儒家的老调，但王应麟认为两类史料都来自"周史"[①]；当然我们知道，除了周史官外，也包括鲁史官之书。但是同样来自史官，为什么会有两类完全不同形式的陈述呢？

春秋时的史官应该有两种载录方式。其一是作为正式文献收藏在宗庙石室中，呈现给神灵和祖先的，它的形式是孤立的片断，不注重因果关系，也没有价值判断。从史实的角度而言，《春秋》类的载录只是一个标

---

① （清）王应麟：《汉艺文志考证》，《景印文渊阁四库全书》第675册，第33页。《严氏春秋》属公羊学，后汉立为官学，见《四库全书》史部目录类。

第四章 《左传》研究

志性的东西,史官必须对这种标志性东西背后的事实有所了解。这是职业延续的一个条件,也是一个传统。继承一个史官的职位,就意味着继承这些具体的历史内容。所以,史官还有一种更为详细的历史文本供自己使用或在自己职业内部传递。部落时代的酋长或巫师,在传递自己的职务时,除了将历史的标志性象征物,如绳结、图画等,传递给继任者外,还要秘密地将这些象征物背后的部落历史传递给继任者。如卡佤族(西盟)祖传一根木刻,每一刻口表示一件事情,刻口深浅表示事之大小,在特定的时候由专人讲述,本村的历史由此得以流传下去①。标志性象征物是公开的,而那些更为详细的历史知识或神话传说,则是酋长或巫师所独享的,也是他们用以维护自己身份神圣性的一个重要条件。这一传承历史的方式,对中国古代的史官来说也不应例外。而且,春秋处于历史变革时期,史官也由纯粹的巫祭之责转而关注社会。他们要负责历史的传承,要通过对历史的阐释以确立新的社会价值,指导社会现实。因此,史实对他们来说,不仅是传统承继的问题,更是职业传统的革新和转变的问题,是十分重要的。

其二是史官在自己职业内部相互传授的、更为详细的历史记录。它可能如徐中舒所说是以口头的形式进行,但根据史官的学养及职务的便利,它更可能是笔录而形诸文字的。《左传·隐公十一年》载:"冬十月,郑伯以虢师伐宋。壬戌,大败宋师,以报其入郑也。宋不告命,故不书。凡诸侯有命,告则书,不然则否。师出臧否,亦如之。虽及灭国,灭不告败,胜不告克,不书于策。"杜预注曰:

> 命者,国之大事政令也。承其告辞,史乃书之于策。若所传闻行言,非将君命,则记在简牍而已,不得记于典策。此盖周礼之旧制。

依杜预的理解,史官在处理所发生的事件时,有两种获得信息、处理信息的方式,就是"承告"和"传闻"。所谓"承告"是指鲁史接受别国史官以书策的形式前来告命,"告辞"当然是经过谨慎选择,符合当时的书

---

① 李家瑞:《记云南几个民族记事表意的方法》,《文物》1962年第1期。

法原则的,在形式上应和《春秋》没有什么不同,如"崔杼弑其君"之类。而"承其告辞"的鲁国史官对他国"告辞"应原样录于典策,不做任何改动。这一类文献构成官方史录,它们被史官藏之于宗庙,呈现给神灵。《春秋》应主要根据此类文献改编。但是这些"告辞"并没有展现事件的全貌,作为对历史事件的见证者,史官有必要了解而且传承更为详细的史料。而所谓"传闻",顾名思义,则是史官通过非正式的文告所得来的信息,其内容涉及事件发生的原因、过程等,其中也可能包括史官个人的态度和评判。"承告"记载于正式的"典策",而"传闻"则记载于"简牍"。宋人魏了翁曾说到这两种文献的不同:

> 仲尼修经皆约,策书成文。丘明作传皆博,采简牍众记。故隐十一年注云承其告辞,史乃书之于策。若所传闻行言非将君命,则记在简牍而已,不得记于典策。此盖周礼之旧制也。又庄二十六年经皆无传,传不解经。注云此年经传各自言其事者,或策书虽存,而简牍散落不究其本末,故传不复申解。是言经据策书,传凭简牍,经之所言其事大,传之所言其事小,故知小事在简,大事在策也。(《春秋左传要义·卷首》第二十四条"经据策书传凭简牍")

"小事在简,大事在策"的区分其实是根据"所传闻行言非将君命"来划分的。"君命"云云不可当真,它所强调的是官方色彩。正式"承告"而来的策书与"传闻"而来的简牍,使得"经"、"传"的资料来源有了不同的依据——"经据策书,传凭简牍"。从客观的作用来讲,"传闻"从内容上补充了正式"告辞"的不足。"传闻"被载录于非正式的"简牍",成为史官个人或内部的文献。"典策"有神性特点。《左传·襄公二十年》记卫宁殖的话曰:"吾得罪于君,悔而无及也。名藏在诸侯之策,曰'孙林父、宁殖出其君'。君入,则掩之。若能掩之,则吾子也。若不能,犹有鬼神,吾有馁而已,不来食矣。"[①] 从理论上说,"典策"的神性

---

① 今《春秋》在襄公十四年载"夏四月己未,卫侯出奔齐",与宁殖的话有异,但这应该《春秋》编定者为体现"书法"而改定的。从表达形式来看,"孙林父、宁殖出其君"与《春秋》的表达方式一致,是官方文献。

第四章 《左传》研究

权力是在史官主观意志之外的,史官的话语权必须来自解释。正是由于凭借"简牍",史官才掌握了对历史的再现及阐释的权力。

此外,《周礼·夏官》有"训方氏"一职,其职责是"掌道四方之政事,与其上下之志,诵四方之传道"。柯尚迁解释说:"传道民臣所传说邪正利病之事,及传闻四方诸侯之事,必为王诵之,盖天子耳目之官也。"(《周礼全经释原》卷十)训方氏既然掌四方之事,则其职责应源于史官。杜预《春秋左氏传注疏》序云:"《周礼》有史官,掌邦国四方之事,达四方之志。"训方氏所搜集的所"传道"的四方诸侯之事,也是史官通过正式"告辞"所不能获得的资料,可以补充史官"传闻"之不足。这说明了史官对"传闻"史料的重视,也说明史官职责内即有搜集和保管"传闻"的任务。

春秋时代史官"书法"诸多回护、避讳的特殊性,致使"传闻"和"告辞"的内容相差很大,所以《公羊传》才有"所见异辞","所闻异辞","所传闻异辞"的说法。何休在隐公元年"公子益师卒"下注曰:"所见者,谓昭定哀,己与父时事也。所闻者,谓文宣成襄,王父时事也。所传闻者,谓隐桓庄闵僖,高祖曾祖时事也。"认为"所见"、"所闻"、"所传闻"有时间远近的区别。其实更宽泛地说,"所见"、"所闻"、"所传闻"还可以就史官所获得事实真相的途径的远近而言。此处的"所见"应是指对于本国史实的了解,"所闻"则是指信息来自前来通报的史官,而"所传闻"则是指辗转相告。后者可能专指边远或人力不足的小诸侯国所发生的事情。可以相信,"传闻"在春秋时代已经形成某种默契或制度,构成了史官的知识储备,成为史官的职业性行为。由"告辞"和"传闻"而形成的两类文献,并行不悖,共同构成了史官的知识素养。"经据策书,传冯简牍",从形式而言,二者有正式、非正式之分;从途径而言。后者有近远之分;而从文本的形态来讲,前者表现为大事纲要,后者具体而微。这些区别造成了最初意义上的"经"和"传"的分工。

3

我们可以进一步从经传记载的内容来看二者的不同。《孟子·离娄

· 135 ·

下》云：

> 王者之迹熄而《诗》亡，《诗》亡然后《春秋》作。晋之《乘》，楚之《梼杌》，鲁之《春秋》，一也：其事则齐桓、晋文，其文则史。

人们在解释后一句时，一般将"事"和"文"合而论之，认为说的是史书的内容和文笔。如杨伯峻就语译为："所记载的事情不过如齐桓公、晋文公之类，所用的笔法不过一般史书的笔法。"[1] 可从这一句型来看，"事"、"文"又显然是分开而论的："文"归于史，而事则否。如合而论之，则孟子此处所指当是鲁之《春秋》，而孟子又分明说过"仲尼之徒无道桓文之事者"（《孟子·梁惠王上》）。《春秋》中"桓文之事"成分极少，所以"其事"云云，显然不是指《春秋》。这里应这样解释：此处"史"指《春秋》，以"书法"为主，故云"文"；而"事"则另有所载，以齐桓晋文等事件为主。"文"和"事"其实就是策和简这两类不同的文献。由此我们可以重新考虑孔子所谓"质胜文则野，文胜质则史。文质彬彬，然后君子"（《论语·雍也》）的话。这句中的"史"在历代都被解释为有文采的意思，但这显然是一个望文断义的解释，古代的"史"断无如此用法。这句话中的"野"，是指以事实为主，后代所谓"野史"之"野"源于此；而"史"则以书法为主，即正史。两者兼通的史官，可称为君子。

古代史官据传闻所作的记载，现在尚有踪迹可寻。据《史记·陈杞世家》："孔子读史记至楚复陈，曰：'贤哉，楚庄王！轻千乘之国而重一言。'"楚庄王所言为何，在《春秋》中找不到答案。倘楚庄王的话载于《鲁春秋》，孔子既然如此看重，在修《春秋》时是断然不会弃去的。那么，孔子所读之"史记"就不是《鲁春秋》，而是另有所本。而楚庄王轻国重言之事见于《左传·宣公十一年》：

---

[1] 杨伯峻译注：《孟子译注》，北京：中华书局1960年版，第192—193页。

第四章 《左传》研究

冬，楚子为陈夏氏乱故，伐陈。谓陈人无动，将讨于少西氏。遂入陈，杀夏徵舒，轘诸栗门，因县陈。陈侯在晋。申叔时使于齐，反，复命而退。王使让之曰："夏徵舒为不道，弑其君，寡人以诸侯讨而戮之，诸侯、县公皆庆寡人，女独不庆寡人，何故？"对曰："犹可辞乎？"王曰："可哉！"曰："夏徵舒弑其君，其罪大矣，讨而戮之，君之义也。抑人亦有言曰：'牵牛以蹊人之田，而夺之牛。'牵牛以蹊者，信有罪矣；而夺之牛，罚已重矣。诸侯之从也，曰讨有罪也。今县陈，贪其富也。以讨召诸侯，而以贪归之，无乃不可乎？"王曰："善哉！吾未之闻也。反之，可乎？"对曰："可哉！吾侪小人所谓'取诸其怀而与之'也。"乃复封陈。乡取一人焉以归，谓之夏州。

我们当然不能说孔子所看的"史记"是《左传》，但一定是《左传》所借鉴而以之为蓝本者。"史记"又可称之为"春秋之记"。《韩非子·内储说上·七术》和《管子·法法》中皆提及《春秋之记》。学者却举出《春秋之记》所载与《春秋》所载至少有三处不同[①]，可见《春秋之记》并非《春秋》，从孔子的解答中亦看不出有修改的必要，所以也不是《鲁春秋》。又《汉书·艺文志》载录有《青史子》一书，共五十七篇，班固自注曰"古史官记事也"，不曰某国之史，而特别说明是"记事"，当也是史官特为记述事件经过的职业文献。此外，春秋战国时流行的"语"或"事语"类著作，也应是此类文献，不过它偏重于贤人尤其是史官的言语。1949年后从马王堆出土的帛书《春秋事语》，其载录形式略同于《左传》，而比《左传》的形式更原始。从这些极其有限的材料来看，确实存在着流传于史官职业内部，较之正式官史更为详尽、更为真实的史料文献，这些文献正是《左传》的源头。

4

至于《左传》的编定者是否为左丘明，以及左丘明的具体年代、行

[①] 赵生群：《〈春秋〉经传研究》，上海：上海古籍出版社2000年版，第24页。

止,实难以考定。在存疑的状态下,只能宁可信其有了。作为史官,又被称为"鲁君子"的左丘明,是有条件既通于《春秋》,又谙熟史家内部文献的,而且他和孔子的思想相近。这才有可能使《左传》和《春秋》相辅而行,以事实本身凸显《春秋》中的微言大义。《汉书·艺文志》说:

> (孔子)与左丘明观其史记……有所褒讳贬损,不可书见,口授弟子,弟子退而异言。丘明恐弟子各安其意,以失其真,故论本事而作传,明夫子不以空言说经也。《春秋》所贬损大人当世君臣,有威权势力,其事实皆形于传,是以隐其书而不宣,所以免时难也。

"免时难"之说当然是无稽之谈,《春秋》所记不尽当时之事、本国之事,孔子自然无须为此担心。而所谓"褒贬贬损,不可书见",其实是囿于史官正式文献的特殊表达方式,不得已而采取书法、义例等形式传达自己的价值倾向。《春秋》中的书法、义例,都是对事实的不正常的描述方法,它的用意不在于遮蔽事实,而在于通过不同寻常的处理方法表明自己的态度。离开了事实本身,这些书法、义例就变得无从理解了。所以,《鲁春秋》和《春秋》的微言大义都依赖于史官的"传闻",《左传》则是根据《春秋》而有意继承、修改史官传闻之史而来。无《左传》之记事,则《春秋》之微言大义不可得窥。

史官保存的文献,用来进行社会教育,用来为圣人的经书作传,它的先决条件就是史官制度松懈,史官地位下降,相当一部分史官不得不从史职中流转出去,凭着他们所掌握的文献,传道授业。如此,史家之独藏,遂成为社会之公器。《左传》的整理成书及流传,就是在孔子的教育活动中出现的。若依司马迁之言,左丘明是"惧(孔子)弟子人人异端"而作《左传》,则左丘明直接参加了孔子的教育活动。从教学角度来说,《左传》与《春秋》的关系,如讲义与教材大纲的关系,缺一不可。所以说,即使左丘明没有直接从事教育士人的工作,也是赞成、支持孔子的这一活动的。此外,现行《左传》有着一个相对严密的思想逻辑和叙事模式,这些显然不太可能是依靠漫长时间、数代史官积累起来的原始"传闻之史"本身所具有的。它的思想体系来自《春

第四章 《左传》研究

秋》，它的叙事模式虽与《春秋》有较大的差别，但也深受《春秋》的影响。可以说，如果没有孔子的《春秋》编修活动，就很难陡然出现如此流畅、完美的《左传》。

二 《左传》的叙事逻辑

1

《春秋》所依据的原始材料来自各国史官正式承告的典策文献，体现了史官的传统的载录方式。史官的典策文献是藏之于宗庙，呈现给天帝神灵的，它不需要来自人间的价值评判，所以没有关于事件的动机、原因和过程的记述。隐藏在这一叙述理念背后的是原始禁忌思维，那就是看事件合乎礼仪与否。任何情况下的非礼行为都应该受到天罚。基于同样的思维方式，灾异作为一种神秘的天命意志，也是毋需解释的，人只能恭候天罚而已。这一思维导致《春秋》的叙述只能是一种孤立的呈现状态。《左传》和《春秋》之间，虽然有着逻辑依存关系，但在叙事原则上，却迥然不同。《左传·僖公十六年》有一则记载颇能说明两种不同载录方式的理据：

> 十六年春，陨石于宋五，陨星也。六鹢退飞，过宋都，风也。周内史叔兴聘于宋，宋襄公问焉，曰："是何祥也？吉凶焉在？"对曰："今兹鲁多大丧，明年齐有乱，君将得诸侯而不终。"退而告人曰："君失问。是阴阳之事，非吉凶所生也。吉凶由人。吾不敢逆君故也。"

这一段话常被解释为一种进步的人文思想，但从周内史的答话和《左传》此后的说明中，还是可以看出，他是相信在异常天象和人间吉凶之间存在着某种必然的联系。他所说的"失问"，是指宋襄公不该就此事发问，因为"阴阳之事"既不是原因，也不是结果。人的吉凶只由人自己负责，所以对待任何征兆，人所能做的就是谨慎戒惧。企图从征兆那里获悉灾异的原因或避让的方法，是不符合宗教精神的。在这种情况下，史官的仪式性叙述都排斥了理由，所以《春秋》在载录这件事时只有"陨石于宋五"和"是月，六鹢退飞，过宋都"这样简单的句子。

不过，从这一事例中我们还可以看到，春秋史官正试图通过自己的理解，向社会解释异常现象，而他也常被要求对社会事件进行解释。在这一历史文化背景下，史官作为社会价值的体现者，在天命神权的传统之外，还必须有着更加现实的理性精神，才能为自己的史录工作建立起新的价值依据，重新确立自己的批判权力。因此，春秋史官在来自"告辞"的"典策"之外，又建立了另一套文献系统，那就是来自"传闻"的"简牍"。史官通过"简牍"来体现这种新的价值标准，建立自己社会裁决的权威。这种价值依据依然可以用"礼"来说明，但这时的礼已经不是纯粹的宗教禁忌，而是神秘意志和道德理性的混合物，是神秘意志和道德理性相互支持所构建而成的社会规范体系。而神秘意志和道德理性都必须得到阐释，为此，春秋史官采用了不同的阐释策略，不同的阐释策略也就形成了不同的叙事逻辑。

在早期人类思想中，神秘世界在价值和意义上要高于现实世界，并为现实生活提供根据。人们从异乎寻常的自然现象或精神现象中感受到某种惊奇，并把它看作神秘世界所给予的某种启示，这种启示需要获得理解。史官利用自己的宗教背景，通过基于象征的阐释、叙事，在神秘世界和经验世界之间建立一种同构的关系。《左传》中大量的灾异记录和各种形式的占卜预言，就是借助神秘意象来理解现实生活的一种叙事方式，是象征方法的表现形式之一。象征性叙事，并不是春秋史官的创造，但确实是由于史录性质的现实化转变而大量出现。相对于象征性叙事而言，对事实的基于因果关系的理性阐释，是春秋史官努力建设新的意识形态的主要手段，是一种文化创新活动。它的目的是使传统的"礼"渐渐脱离宗教的性质，而成为道德秩序的象征。道德秩序不同于天命意志，就在于它看重个人行为的动机，强调行为和后果之间的必然联系。所谓惩恶褒善虽然具有相当的理想色彩，但和此前的神秘意志已经颇有不同。

2

神秘意志在《左传》叙事中主要体现在两个方面：灾异事件和占卜

第四章 《左传》研究

行为。《左传》中的灾异记录，包括特殊的自然现象，如日食、彗星、云气、水旱灾害等，也包括如二蛇相斗、雄鸡自断其尾等奇异现象。据周旻统计，《左传》中共有神异记录一百〇五条①，在全书中占有很大篇幅。春秋史官将这些灾异事件看作是神秘意志的一种呈现方式，是神秘意志裁决人间德行的一种预兆，因而隐藏着人间的吉凶。从另一个角度来说，当史官将人间的祸福命运和这些灾异现象联系起来，也就反过来确证了天命神意的存在，为人间道德理性寻找到一种终极的依据。因此，利用神异现象进行社会批评，或对人的命运进行推测，就成了史官工作的一个重要内容。

《左传》主要是通过象征性叙事，在灾异事件和现实生活中建立起联系，以达到阐释现实的目的。《左传·昭公七年》有一条关于日食的载录云：

> 夏四月甲辰朔，日有食之。晋侯问于士文伯曰："谁将当日食？"对曰："鲁、卫恶之。卫大，鲁小。"公曰："何故？"对曰："去卫地如鲁地，于是有灾，鲁实受之。其大咎其卫君乎！鲁将上卿。"

日食为凶兆，而这次日食发生在卫鲁分野，士文伯由此推断卫鲁有灾。由于日食始发于卫之分野而波及鲁，所以卫灾大而鲁灾小。此年八月，卫襄公卒；十一月，鲁上卿季武子卒。应验了士文伯的预言。士文伯的解释基于两个逻辑前提：一是日食为凶象，往往意味着君王的死亡；一是星宿分野理论。前者起于原始巫术思维，而星占理论却是在春秋时期发展起来的，它的基本原理是将天上的星辰分为二十八宿，以对应地上的各诸侯国，并根据各星宿的异常情况，来判断各诸侯国的命运②。这种理论认为，在天空和地面这上下两个世界中，存在着对应的关系，天命神灵首先通过星象展示自己的意志，而最终将落实在人间社会。因此可以将星象看作是一个象征系统，并用来解读人类的命运。春秋时期流行的星占学就是

---

① 周旻：《左传研究》，北京：北京师范大学2001年博士学位论文，第7页。
② 如《汉书·艺文志》天文类序所云："天文者，序二十八宿，步五星日月，以纪吉凶之象，圣王所以参政。"

这样一套完整的象征系统。相比较上引日食阐释之例，昭公十年裨灶根据一颗出现在婺女宿的客星预言晋君将死于该年七月戊子日，其解释更为精密，更能显示这种象征性思维的特点。

春秋时期，人们有限的理性能力，以及简单的因果思维，尚不能理解所有的事实。因此，人们还需一种值得依赖的文化传统和价值的支持，所以保留天命的神秘性是非常重要的。下面这个例子能说明这个问题：

> 秋七月……昭王攻大冥，卒于城父……是岁也，有云如众赤鸟，夹日以飞三日。楚子使问诸周大史。周大史曰："其当王身乎！若禜之，可移于令尹、司马。"王曰："除心腹之疾，而寘诸股肱，何益？不穀不有大过，天其夭诸？有罪受罚，又焉移之？"遂弗禜。（《左传·哀公六年》）

史官认为楚昭王之死是一种纯粹的命定原因，除了能说明天命的不可抗拒之外，还能说明天命是不可追究的，是无理由的。第一，楚昭王之死并无宗教礼仪或现实道德的原因；第二，楚昭王对既定命运持一种不卑不亢的态度，不避不迎，只尽人间的职责，命运的事自由神灵负责。所以孔子称赞曰："楚昭王知大道矣。"（《左传·哀公六年》）神异性预言，其目的是要营造一种神秘的象征，而神秘性本身屏蔽了人们改善命运的主观努力，在一定程度上缓解了理性缺陷所带来的压力。

占卜也是基于象征性思维的。《左传》中最为突出的占卜形式是《易》占。春秋占卜的喻体不来自神龟，而是来自巫史对《周易》某卦爻的指认，或是偶然获得的梦境，甚至人的名字、长相等。《周易》的卦爻辞是历史流传下来的，对于春秋人来说，是一个既定的存在。但如果进一步分析，我们就能看出，流传下来的卦爻辞不过是一种解读方法。在易占过程中，真正关键的是卦象的获得过程，而这一过程是偶然的。也就是说，在《周易》占卜中，偶然性正意味着必然性。原始巫术神话思维不相信有什么偶然的东西，正如恩斯特·卡西尔所说："没有能力构想一件在任何意义上都是'偶然的'事件，这一点已经被称为神话思维的特征，通常在我们从科学的观点谈论'偶然性'的地方，神话意识坚决主张一

第四章 《左传》研究

个原因,并在任何单一的情况中都假定这样一个原因。"① 偶然性的存在,是因果性叙述的一个缺憾,它意味着解释的缺席,是人类理性的一个空白点。人们对由偶然性导致的不确定性会感到明显的不安。象征性叙事能在一定程度上弥补这种缺失,所以,占卜在春秋时代大行其时,也为史官所重视。

《左传·庄公二十二年》记载曰:

> 初,懿氏卜妻敬仲。其妻占之,曰:"吉,是谓'凤皇于飞,和鸣锵锵。有妫之后,将育于姜。五世其昌,并于正卿。八世之后,莫之与京。'"陈厉公,蔡出也,故蔡人杀五父而立之。生敬仲。其少也,周史有以《周易》见陈侯者,陈侯使筮之,遇《观》䷓之《否》䷋,曰:"是谓'观国之光,利用宾于王'。此其代陈有国乎?不在此,其在异国;非此其身,在其子孙。光,远而自他有耀者也。坤,土也;巽,风也;乾,天也;风为天;于土上,山也。有山之材,而照之以天光,于是乎居土上,故曰'观国之光,利用宾于王'。庭实旅百,奉之以玉帛,天地之美具焉,故曰'利用宾于王'。犹有观焉,故曰其在后乎!风行而著于土,故曰其在异国乎!若在异国,必姜姓也。姜,大岳之后也。山岳则配天。物莫能两大。陈衰,此其昌乎!"

针对陈太子田完的前程,两次易占结论一致,都预言了一个非常遥远的结局:从时间上来说在他的第七代孙,从空间上来说远在他乡异国。对于这样一个遥远的事实,要想用因果关系把它和田完联结起来,是非常困难的,甚至是做不到的。田氏篡齐是春秋时代政权下移的必然结果。但这一从历史的眼光来看的必然现象,如果放到儒家的用道德编制的因果链条上来看,它就是一个偶然现象,因为它不能获得道德的解释。虽然《左传》也做了这方面的努力,比如《左传》特别记载了田完逃难至齐后曾辞谢过齐侯的高位,并在一次宴会上劝止了齐桓公夜以继日地酗酒的行为

---

① [德] 恩斯特·卡西尔:《神话思维》,黄龙保、周振选译,北京:中国社会科学出版社1992年版,第54页。

(《左传·庄公二十二年》)。但这两件事情作为其后代篡齐自立为王的道德理由，显然是远远不够的。但田氏篡齐无论如何是要解释的，因果叙事在此的缺憾，可以通过《周易》的象征性解释得到弥补。在卦爻辞和所占卜的人生现象之间，古人认为存在着神秘的象征关系，往往深信不疑。这一解释使得田氏篡齐这一偶然事件得到安置，从而成为一个不可追问的必然事件。

《周易》卦象的获得，在《左传》中常用一个"遇"字，如上段所说"遇《观》之《否》"。这一"遇"字清晰地表达了卦象获得过程的偶然性。但这个偶然性是在极严格的操作程序中获得的，占卜者最初必须拥有巫史身份，后来才扩及一些贤人君子。《左传》还特别强调他们的品德或地位。而对卦象的解释虽然允许有主观发挥，但绝不是随意的。这些条件，在很大程度上增加了《周易》预言的神秘性，遮掩了它的偶然性。当人们不再追问《周易》预言的合理性时，人们的关注点就只能集中到卦爻辞的象征意义上来。而象征，作为一种古老的话语方式，在当时是有魅力的。

《左传》中还有不少的龟卜、梦占等内容，其思维方式和文化功用基本与上相同，也属于象征话语系统。尤其是梦占，在《左传》中的分量很重，在文化背景和功能方面也有自己的特点，详见下节所论。

3

唐人刘知幾在评论《左传》的艺术特征时说："夫当时所记或未尽，则先举其始，后详其末，前后相会，隔越取同。"(《史通·模拟》)所谓"前后相会，隔越取同"，就是突破《春秋》以季节为参照的点状时序意识，从始和末两端寻找对当下事实的理解。也就是说，《左传》通过倒叙、预言等手法动摇了《春秋》铁定的自然时序，强调了起始和结局的对应关系，从而将《春秋》"呈现式"叙事改造为一种"再现式"叙事。这和只衡量当下事实是否合礼的传统禁忌性思维显然有所不同。

《左传》对事情的起因有着超乎寻常的关注。隐公元年，《春秋》有"郑伯克段于鄢"的记载。这一记载通过称谓词和动词的异常变动，暗示了这是一件有违礼仪的事件。而《左传》在"初"这一具有追忆特征的

第四章 《左传》研究

词的引领下,具体地叙述了武姜因为"庄公寤生"而对其厌恶,转而溺爱共叔段,并纵容他的贪心;通过请制、请京、筑京不度、贰西鄙北鄙、"缮甲兵将袭郑"等情节,叙述了共叔段的骄蛮、贪婪和愚蠢;通过郑庄公对公子吕、子封说的话,显示了他由无奈而生出的险恶机心,等等。从而将这一非礼事件分解为多种逐渐萌发的非礼因素,体现了理性意义上的各负其责的观念。《春秋》中的片断、孤立的叙述,到了《左传》里就成了一个首尾完整的故事。春秋史官相信,对于一个异常事件,当事人一定有着可供追溯的动机或品质上的原因,而这些动机或品质,应该对事情的结果负责。也就是说,对于史官和读者来说,真正有意义的不是异常事件本身,而是促使事件发生的诸种原因。

《左传》中共有八十六个起引领、追溯作用的"初"字。有些记述虽然不以"初"字引领,而是依纪年顺序进行叙述,但却明显是史官的追溯之笔。如《左传·宣公十七年》有如下的记载:

> 十七年春,晋侯使郤克征会于齐。齐顷公帷妇人使观之。郤子登,妇人笑于房。献子怒,出而誓曰:"所不此报,无能涉河!"献子先归,使栾京庐待命于齐,曰:"不得齐事,无复命矣。"郤子至,请伐齐。晋侯弗许。请以其私属,又弗许。

一个诸侯使臣的人格受辱,在春秋时期未必是一件大事,所以《春秋》不载。但这件事却是后来齐晋鞌之战的起因之一,所以应该是史官事后所追记的,如杜预所说目的是"为成二年战于鞌传"。按照赵生群的研究,《左传》中超出了《春秋》内容的所谓"无经之传"大多是为了交代《春秋》大事的原因而补充的[①]。这些追溯性叙述的作用,就是全面地将《春秋》的片断形式的"呈现式"叙述改造成为首尾具备的"再现式"记事,从而根本地改变《春秋》的叙事面貌。

春秋末期,天命意识的淡薄,使得人们开始理性地反省人类行为本身,把灾祸的原因追溯到更早更小的事情上,以便人们能够更容易地避开

---

① 见赵生群著《〈春秋〉经传研究》第三章《〈左传〉的无经之传》。

最终无法控制的结局。孔子所说的四端,就是从个人品行的最微小处着手,"日三省乎吾身",强调个人的修养以防微杜渐。这与此前的天命神灵思想是有差别的。《韩非子·外储说右上》云:

> 子夏曰:"《春秋》之记臣杀君、子杀父者,以十数矣,皆非一日之积也,有渐而以至矣。"凡奸者,行久而成积,积成而力多,力多而能杀,故明主蚤绝之。今田常之为乱,有渐见矣,而君不诛。晏子不使其君禁侵陵之臣,而使其主行惠,故简公受其祸。故子夏曰:"善持势者,蚤绝奸之萌。"

在子夏看来,《春秋》的历史教训就是要防微杜渐,要靠自己的努力以断绝灾祸。但如果我们光读《春秋》是看不出这个思想的,想必是子夏在孔子的传授过程中有所体会。而《左传》主要就申述了这种思想。如徐复观所说:"孔子作《春秋》的用心,《公羊》、《穀梁》两传,皆以'空言'加以说明,此有思想上的意义,没有史学上的意义。惟《左氏传》则主要以行为之因果关系,作为空言判断的根据,遂成为一部完整的史学著作。"[①]

4

《左传》对因果关系的认定,主要是采取追溯的方法,也就是从一件既已发生的重大异常事件出发,通过逆叙追溯事件的开端。春秋史官相信,异常事件必有其可供追寻的端绪,在"微"、"渐"和异常事件之间存在着必然的联系。史官认为,根据这一逻辑,反过来也可以从微小的事端中推断出未发生的异常事件或人生结局,因此,《左传》叙事还特别看重预言和应验的记载。

预言有着神秘的特征,本来就属于巫术宗教的领域,但在《左传》中却被附益了很多的因果逻辑因素。也就是说,在《左传》中,史官的很多预言并不完全依赖天命,而是根据某种必然性的因果观念,知微见

---

① 徐复观:《两汉思想史》第三卷,第185页。

第四章 《左传》研究

著，由今推往，从而捕获未来的命运，体现了一定的理性原则。如下面这段记载：

秋七月，有神降于莘。惠王问诸内史过曰："是何故也？"对曰："国之将兴，明神降之，监其德也；将亡，神降之，观其恶也。故有得神以兴，亦有以亡，虞、夏、商、周皆有之。"王曰："若之何？"对曰："以其物享焉。其至之日，亦其物也。"王从之。内史过往，闻虢请命，反曰："虢必亡矣。虐而听于神。"（《左传·庄公三十二年》）

内史过对"有神降于莘"的看法是不用过于关心，按常例祭祀即可。因为神的降临，既可能是"国之将兴"的预兆，也可能是"国之将亡"的预兆，而兴亡则完全是虢国的人事，与神的现身与否关系不大。但虢国国君没有听他的话，竟然向神求赐土田。内史过从此事判断虢国国君贪婪、愚蠢，再根据他暴虐的性情，由此预言虢国必亡。这虽然是一起神秘事件，但内史过的逻辑出发点是一种见微知著的因果关系，不同于以往的禁忌性思维。

春秋时期，由于诗与仪式的特殊关系，人们相信诗具有神圣性，因而也就相信通过诗所表现出来的个人品性是无可隐讳的，并可以据此推断出赋诗人的命运。《左传·襄公二十七年》载：

郑伯享赵孟于垂陇，子展、伯有、子西、子产、子大叔、二子石从。赵孟曰："七子从君，以宠武也。请皆赋，以卒君贶，武亦以观七子之志。"子展赋《草虫》。赵孟曰："善哉，民之主也！抑武也，不足以当之。"伯有赋《鹑之贲贲》。赵孟曰："床笫之言不逾阈，况在野乎？非使人之所得闻也。"子西赋《黍苗》之四章。赵孟曰："寡君在，武何能焉？"子产赋《隰桑》。赵孟曰："武请受其卒章。"子大叔赋《野有蔓草》。赵孟曰："吾子之惠也。"印段赋《蟋蟀》。赵孟曰："善哉，保家之主也！吾有望矣。"公孙段赋《桑扈》。赵孟曰："'匪交匪敖'，福将焉往？若保是言也，欲辞福禄，得乎？"卒

· 147 ·

享，文子告叔向曰："伯有将为戮矣。诗以言志，志诬其上而公怨之，以为宾荣，其能久乎？幸而后亡。"叔向曰："然，已侈，所谓不及五稔者，夫子之谓矣。"文子曰："其余皆数世之主也。子展其后亡者也，在上不忘降。印氏其次也，乐而不荒。乐以安民，不淫以使之，后亡，不亦可乎！"

晋臣赵孟作为客人，在郑国君臣款待自己的宴享活动中，提议赋诗以"观七子之志"。在这次赋诗活动，赵孟对参与赋诗的七个郑国大臣的命运进行了精确的预言。其中最为突出的是伯有、子展、印段三人。赵孟认为伯有将有杀身之祸，因为伯有所赋《鹑之贲贲》，是一首讽刺卫宣姜淫乱的诗，有关"床笫之言"是不适合用于这种外交场合的。伯有因"辞不顺"而有违礼仪，自然难逃天谴。但这一点并不是赵孟预言的主要根据。赵孟真正的理由是"志诬其上"，因为《鹑之贲贲》中有"人之无良，我以为君"之句，它透露了伯有内心对郑君的怨恨情绪，而他居然以这种情绪来取悦客人，可以想见他平日对郑国国君的态度，自然会引起郑国国君的不满和仇恨，那么他的下场是可想而知的了。春秋时代人们相信在赋诗过程中人是无法掩饰自己的心志的，而他的心志必然会对命运有所影响，因此，据此所作的预言是毫无疑问的。同样的道理，对子展、印段命运的预言，也是由其心志而判断其可能的行为，以及由此导致的结局，原理都是见微知著，其中有一条因果链在起着作用。但叔向预言伯有死在五年之内，赵孟预言子展、印段数世后灭亡的顺序，就有些让人觉得太过神奇了。我们只能认为，赵孟和叔向通过比较"志诬其上"、"在上不忘降"、"乐而不荒"这几种心志的道德地位，根据天命赏善罚恶的原则，再加上他们的直观判断，从而给出了更具体的预言。"诵诗"原是礼仪中很重要的一部分，因此，它本身具有神秘意味，这才有可能影响诵诗人的命运。但在赵孟这里，关于命运的预言已经带有明显的理性色彩。

如果说基于仪式、诵诗的预言，其背景多少具有神秘意味的话，那么基于世俗行为的预言，就更能显示春秋史官对因果关系的重视。比如关于齐懿公之死，在《左传》中就有两次著名的预言。其一是《左传·文公十五年》的记载：

第四章 《左传》研究

齐侯侵我西鄙，谓诸侯不能也。遂伐曹，入其郛，讨其来朝也。季文子曰："齐侯其不免乎？己则无礼，而讨于有礼者，曰：'女何故行礼？'礼以顺天，天之道也。己则反天，而又以讨人，难以免矣。诗曰：'胡不相畏？不畏于天。'君子之不虐幼贱，畏于天也。在《周颂》曰：'畏天之威，于时保之。'不畏于天，将何能保？以乱取国，奉礼以守，犹惧不终；多行无礼，弗能在矣。"

又《左传·文公十七年》记载：

襄仲如齐，拜穀之盟。复曰："臣闻齐人将食鲁之麦。以臣观之，将不能。齐君之语偷。臧文仲有言曰：'民主偷，必死。'"

这两次预言的依据一大一小，结果都是齐懿公将死。在季文子看来，齐懿公以他人举行正常的礼仪为罪名而施以讨伐，违背了最基本的礼制，是"不畏天"。这在当时应该是最明显、最具根本性的过错，所以会为天命所不容。而襄仲的根据是齐懿公"语偷"。所谓"语偷"，可能是指在这次外交会谈中，齐懿公言辞不够严谨、完整，或者是语气较为疲弱、懈怠，总之是表现出苟且、怠惰的精神状态。襄仲不以无礼，而以齐懿公的精神状态来预言的他的命运，则其对因果的追究更为远而微。襄仲的逻辑是：精神怠惰则行事昏悖，行事昏悖则必有天谴，其结果是必死。

5

象征关系和因果关系，是《左传》叙事的两种最重要的手段，他们共同构建了史官的话语权力，奠定了新的意识形态。对于《左传》中灾异、占卜的内容，由于语涉"怪力乱神"，范宁《穀梁传集解》序认为"其失也巫"，往往存而不论，或者被看作是文学性特征，是小说家语[1]。这些都是没有考虑到当时特殊文化背景的偏颇之论。《左传》中的象征叙事，它首先是一种阐释。其次，这种阐释的逻辑来自史官的宗教背景，因

---

[1] 如清人冯镇峦《读聊斋杂说》云："千古文字之妙，无过《左传》，最喜叙怪异事，予尝以之作小说看。"见张友鹤会校会注会评本《聊斋志异》，北京：中华书局1962年版，第9页。

而它为史官提供了一种现实批判的权力。同时,象征叙事作为初起的理性因果叙事的一个补充和支持,它们共同建构了史官的话语权力。但社会文化本身的发展,又不能不对这种叙事方法造成冲击。史官本身也能看到这种叙事方法的缺陷,从而在叙事时造成尴尬的情形。杜预注云:"俱论岁星过次,梓慎则曰宋、郑饥,裨灶则曰周、楚王死。传故备举,以示卜占惟人所在。"(《春秋经传集解·襄公二十八年》)《左传》还载录了预言不准的情况。如昭公十七年和十八年,裨灶预言郑国皆有火灾,前者应验,而后者则不验。除了预言不准外,象征性思维的不可理喻性,也使人们对这部分叙述难以接受。如上文所举的周太史为楚王占"有云如众赤鸟,夹日以飞三日"的例子,也很能显示史官对这一叙事方式的矛盾处境。这则关于灾异解释,其象征逻辑本身并没有什么问题,也应验了。但楚昭王面对天命的不卑不亢,在很大程度上消释了天命本身的威权。更为重要的是,这个具有德行、被孔子称为"知大道"的国君,为何要遭受这样的命运呢?这是史官所难以回答的。也就是说,象征叙事的非理性、不可追问性,使它有可能背离道德理性,从而违背了史官努力的方向。这说明了象征性叙事在建构新的意识形态和话语权力方面有着不可克服的缺陷。

因果关系虽然也强调一种必然性,但必然性又不是那么确定不移的,有多种因素会影响因果关系的成立,而且这些因素是不可预料的。再如对因果的起点和终点的不同认识,也会导致不同的判断。襄公十四年,《左传》曰:

> 秦伯问于士鞅曰:"晋大夫其谁先亡?"对曰:"其栾氏乎!"秦伯曰:"以其汰乎?"对曰:"然。栾黡汰虐已甚,犹可以免,其在盈乎!"秦伯曰:"何故?"对曰:"武子之德在民,如周人之思召公焉,爱其甘棠,况其子乎?栾黡死,盈之善未能及人,武子所施没矣,而黡之怨实章,将于是乎在。"

士鞅在这里预言了栾家将要灭亡的命运,他的主要依据是栾黡汰虐,因而必招致罪罚;而这罪罚却由栾黡的儿子栾盈来承担。栾黡的父亲栾书有德

第四章 《左传》研究

于民，栾黡虽有为祸首，却可以承继其父亲的恩泽，得以终其身。这里有两个问题是可以质疑的：（1）如果因果报应不在其身，反而要好人承担坏的命运，坏人承担好的命运，则有违赏善罚恶的基本原则。（2）如果认可这种因果链可以代代相积，以至无穷，那么赵孟根据诵诗可以预测子展等为"数世之主"（《左传·襄公二十七年》），而栾书德如召公却只能恩荫其子，区别这两种不同命运的理由是什么呢？史官并没有给出明确的依据。也就是说，春秋史官在处理事实之间的因果关系时，有着简单化和过度化的特征，是较为幼稚的。这使得叙事过程中的因果关系显得非常脆弱，而且具有很大的任意性，尚不足以完全确立一种明确的社会理性。

无论是象征性叙事还是因果叙事，都是春秋史官对现实进行阐释，以获取社会批判权力，建构新的意识形态的一种方法。史官的努力对推动中国传统文化的发展，尤其是推动理性思维的发展，有着重要的意义。在这一文化革新、发展的过程中，史官一方面推动了理性的进步，因而对象征性叙事采取排斥的态度；同时，由于历史原因，也由于初期理性文化的脆弱和不完善，也就不得不依赖于象征性的叙事，结果就形成了《左传》中象征性叙事和因果叙事双线并存的事实。

三 《左传》梦验载录的文化意蕴

1

在《左传》的宗教文化中，不同类型的神秘事件往往对应着特定的现实领域，有着特定的文化功能。比如灾异事件往往与国家或诸侯、大臣的命运有关，而《易》占更多地关乎士大夫的前途，等等。史官把不同的神秘现象看作是特定现实领域的一种象征，并据以判断现实、预测未来，这些都体现了原始宗教文化的思维特征。这种文化阐释形式，也是史官用以构建自己话语权力的一个重要手段。下面我们以《左传》中梦验故事为例，更深入地讨论象征性叙事的思维特征和文化功能。

梦作为一种普遍存在的个人经验，它的发生既是不可追究的，也是个体所不能预设或改变的，因此被人们理所当然地认为是一种超越人类知性，具有更高意义的启示现象。所以，在世界各地的原始文化中，都给予梦以特殊的地位，认为其中隐藏着某种神秘意志，能够预示现实事件或此在人生，或给一些意外事件的发生提供解释。所以，也就产生了各种关于梦的宗教巫术行为。

中国古人认为梦反映了天命神意，只能阐释而不能干预，因此，占梦术不但起源很早，而且十分发达。商代甲骨卜辞中就有为王占梦的记录，而且数量很多。《周礼·春官》说周代设有"占梦"一职，"掌其岁时，观天地之会，辨阴阳之气，以日、月、星、辰占六梦之吉凶。一曰正梦，二曰噩梦，三曰思梦，四曰寤梦，五曰喜梦，六曰惧梦。季冬，聘王梦，献吉梦于王，王拜而受之；乃舍萌于四方，以赠恶梦，遂令始难驱疫。"《诗经·小雅·正月》中也提到"召彼故老，讯之占梦"，可见周代确有"占梦"之官。《周礼·春官》还说大卜"掌《三梦》之法，一曰《致梦》，二曰《觭梦》，三曰《咸陟》"，大卜在周代地位极高，由此可见占梦在周代是深受重视的。《诗经》中还提到梦占的过程，如《小雅·斯干》说："乃寝乃兴，乃占我梦。吉梦维何？维熊维罴，维虺维蛇。大人占之，维熊维罴，男子之祥；维虺维蛇，女子之祥。"说梦到熊罴就要生男孩，而梦到虺蛇就要生女孩。《小雅·无羊》中说梦到鱼意味着丰年，梦到旐意味着家庭繁盛。由此看来，占梦在春秋时期的社会生活中，甚至在政治生活中，有着特别重要的意义。当时史官的职责尚未完全脱离巫官，还处在巫史不分时期，自然会关注占梦，甚至参与占梦。因此，《左传》中出现大量的占梦记述是理所当然的。

《左传》共记载梦验故事二十七个，分布在各个时期，兹列表如下（表4-1）：

表4-1

序次	纪年	国	梦事
1	僖公二十八年	晋	晋侯梦与楚子搏，楚子伏己而盬其脑……
2	僖公二十八年	楚	（子玉）梦河神谓己曰："畀余（琼弁玉缨）！余赐女孟诸之麋。"
3	僖公三十一年	卫	卫成公梦康叔曰："相夺予享。"
4	宣公三年	郑	（文公贱妾）梦天使与己兰，曰："余为伯鯈。余，而祖也。以是为而子。以兰有国香，人服媚之如是。"

第四章 《左传》研究

续表

序次	纪年	国	梦事
5	宣公十五年	晋	（魏颗）夜梦之（老人）曰："余，而所嫁妇人之父也。尔用先人之治命，余是以报。"
6	成公二年	晋	韩厥梦子舆谓己曰："旦避左右！"
7	成公五年	晋	（赵）婴梦天使谓己："祭余，余福女。"
8	成公十年	晋	晋侯梦大厉，被发及地，搏膺而踊，曰："杀余孙，不义。余得请于帝矣！"
9	成公十年	晋	公梦疾为二竖子，曰："彼，良医也，惧伤我，焉逃之？"其一曰："居肓之上，膏之下，若我何？"
10	成公十年	晋	小臣有晨梦负公以登天，及日中，负晋侯出诸厕，遂以为殉。
11	成公十六年	晋	吕锜梦射月，中之，退入于泥。
12	成公十七年	鲁	声伯梦涉洹，或与己琼瑰食之，泣而为琼瑰盈其怀，从而歌之曰："济洹之水，赠我以琼瑰。归乎归乎，琼瑰盈吾怀乎！"
13	襄公十八年	晋	（献子）梦与厉公讼，弗胜。公以戈击之，首队于前，跪而戴之，奉之以走，见梗阳之巫皋。
14	昭公元年		当武王邑姜方震大叔，梦帝谓己："余命而子曰虞，将与之唐，属诸参，而蕃育其子孙。"
15	昭公四年	鲁	（穆子）梦天压己，弗胜，顾而见人，黑而上偻，深目而豭喙，号之曰："牛！助余！"乃胜之。
16	昭公七年	鲁	（昭公）将往（楚），梦襄公祖。
17	昭公七年	晋	（晋侯）梦黄熊入于寝门……
18	昭公七年	郑	或梦伯有介而行，曰："壬子，余将杀带也。明年壬寅，余又将杀段也。"
19	昭公七年	卫	孔成子梦康叔谓己："立元，余使羁之孙圉与史苟相之。"史朝亦梦康叔谓己："余将命而子苟与孔烝鉏之曾孙圉相元。"
20	昭公十一年	鲁	泉丘人有女，梦以其帷幕孟氏之庙，遂奔僖子，其僚从之。
21	昭公十七年	晋	宣子梦文公携荀吴而授之陆浑，故使穆子帅师，献俘于文宫。
22	昭公二十五年	宋	宋元公将为公故如晋，梦大子栾即位于庙，己与平公服而相之。
23	昭公三十一年	晋	赵简子梦童子赢而转以歌，且占诸史墨，曰："吾梦如是，今而日食，何也？"
24	哀公七年	曹	曹人或梦众君子立于社宫，而谋亡曹。曹叔振铎请待公孙强，许之。

续表

序次	纪年	国	梦事
25	哀公十七年	卫	卫侯梦于北宫,见人登昆吾之观,被发北面而噪曰:"登此昆吾之墟,绵绵生之瓜。余为浑良夫,叫天无辜。"
26	哀公二十六年	宋	得梦启北首而寝于卢门之外,己为乌而集于其上,咪加于南门,尾加于桐门。

在上表这二十六项中,第十九项其实是两个梦,但内容相同;第十四项梦事并不发生在春秋时期,而是对周初史事的追溯。第二十三项虽然载录了梦的内容,但史墨的推占却抛开了梦境,而是根据日食这一天象进行的,因此,我们很难理解这则梦的具体意味。此外,僖公十五年提到"晋之妖梦是践",哀公十六年提到"卫侯占梦",但都没有记载梦的内容。

从表中可以看出,梦占在《左传》中的分布是很不均匀的,只有僖、宣、成、襄、昭、哀六个朝代有记录,尤以成公和昭公时期最为集中。从地域来看,以发生在晋国居多。这一现象可能是各国史官的态度,以及《左传》编者所依据的史料的不同导致的。由于史官正式文献不载梦占之事,所以只能见诸传闻,载之于内部文献。可能晋国史官对此多有心得,特加载录,影响了《左传》编辑者的选择。

有文章称《左传》中的梦"大多与祭祀或者政治斗争、战争有关"[1]。但若仔细研究,我们发现在春秋时期的各种占卜中,与现实政治诸如战争、国家兴亡、君主废立等密切相关的是星占和气占,这是由分野等星象学特点造成的;而梦占则主要与血缘宗亲等观念有关,其客观原因应该是梦的感情因素较重,符合血缘宗亲的特点。我们基本上可以将《左传》中的梦验故事分为三类:一是关于祖先关心和干涉子嗣的梦,二是反映复仇和报恩的梦,三是关于自己死亡的梦。以上二十七个梦占故事,大多与这三个方面的内容有关,而这三个方面的梦都包含着血缘宗亲

---

[1] 陈圣宇《试析〈左传〉中梦的记述》(《江苏广播电视大学学报》2004年第2期)将《左传》的梦占载录分为七类,其相关主题是:战斗与战争、子嗣、报恩或复仇、死亡、祭祀、继立、婚姻。

第四章 《左传》研究

的基本含义。

2

在《左传》梦验故事中，在梦中出现的人物有很大一部分是亡灵，其中有一些是做梦者自己的先人。如表中的第三项卫成公所梦康叔是自己的先祖，第四项郑文公妾所梦伯儵也是先祖，第六项韩厥所梦子舆是自己的亡父，第十六项鲁昭公所梦襄公也是自己的亡父。除此而外，第七项赵婴所梦"天使"索祭，考虑到古人不祭非类，如卫国宁武子所说"鬼神非其族类，不歆其祀"（《左传·僖公三十一年》），而且第四项郑国先祖亦以"天使"的名义出现，所以这里的"天使"也应该是先祖。这一类以先人亡灵为主人公的梦，它所昭示的意义往往与宗族的传承有关。

现在我们将第四项梦例完整抄录如下：

> 初，郑文公有贱妾曰燕姞，梦天使与己兰，曰："余为伯儵。余，而祖也。以是为而子。以兰有国香，人服媚之如是。"既而文公见之，与之兰而御之。辞曰："妾不才，幸而有子。将不信，敢征兰乎？"公曰："诺。"生穆公，名之曰兰。

这个梦境解释了的郑穆公出生及其名字的来历。从文化人类学的角度来说，这是一个有关图腾化生的故事。《诗经·郑风·溱洧》记载郑国男女秉兰而游，韩诗注云郑国在三月水盛之时，男女执兰招魂袚邪。兰作为一个宗族的标志，它的传承意味着郑国血脉和君位的传承。这个梦境所描述的主题就是宗族和血缘，它的情节是祖灵和子孙的交往。祖神信仰，是传统文化的一个起点，以此开始而建立起来的宗法制度和孝悌伦理观念，在中国传统文化中有着特别重要的意义。梦境作为一种不必追问的象征手段，就最大限度地承担了确证祖灵的作用。

祖灵的出现往往是为了保证血缘宗族的延续。它一般表现为两种形式，一是直接安排子嗣继承，另一种形式是索求祭祀。从宗法文化的角度而言，这两者又是二而一的事情。

如第十九项，卫国大臣孔成子和史朝所梦之康叔，虽然并不是自己直接的先人，但康叔之所以托梦给二位大臣，是为了表达自己关于卫国立君的意愿。康叔是卫国的祖先，这一梦如同郑文公贱妾之梦，也是先祖为后代安排子嗣即位之事。同样，第十四项武王邑姜梦见"帝"给自己未出世的儿子取名曰"虞"，并将唐地赐给虞，始为晋国。这里的"帝"也应是周的先祖，周人有先祖上天宾帝的观念，因此，也将先祖看作是帝。子嗣安排在血缘宗法制社会中有着重要意义，这一类梦的象征意义就是通过先祖确认子嗣的合法性。反过来说，子孙在获得这种合法性的同时，也必须保证对祖灵的正常祭祀。一旦正常祭祀遭到破坏，祖灵也往往通过梦向子孙显示自己的不满。这就是祖灵梦中何以多求祭内容的原因。第三项中康叔托梦给卫成公抱怨有人侵夺了自己的祭享，第七项中赵婴梦天使请求祭祀，就很典型。在这些梦境中，第十七项晋侯梦黄熊有些特别，我们稍做分析。黄熊不是晋的先祖，它为什么要出现在晋侯的梦中呢？郑国大臣子产解释说：

　　昔尧殛鲧于羽山，其神化为黄熊，以入于羽渊，实为夏郊，三代祀之。晋为盟主，其或者未之祀也乎！（《左传·昭公七年》）

黄熊是鲧的化身，也是夏族的图腾和先祖。根据古人"继绝世"的思想，夏朝被商灭后，商朝应该负责其祭祀，商被灭后，应该由周来祭祀。而晋作为盟主国，在实际上就有义务代替周天子来祭祀夏的祖先。因为祭祀有缺，黄熊才会在晋侯的梦中作祟，并使晋侯生病。果然，在晋人祭祀了夏郊以后，晋侯的病也就好了。它所体现的仍是祖脉延续的宗法观念。

　　从常理来说，血缘关系不一定非得联系上遥远的始祖，它可以更直接地呈现在父子之间。不过，只有死了的父亲才能入梦，而父亲的亡灵更关心的是在世儿子的生命安危。如第六项，这个梦出现在齐晋鞌之战中：

　　韩厥梦子舆谓己曰："旦辟左右！"故中御而从齐侯。邴夏曰："射其御者，君子也。"公曰："谓之君子而射之，非礼也。"射其左，越于车下。射其右，毙于车中。（《左传·成公二年》）

第四章 《左传》研究

子舆是韩厥的亡父,他通过梦境告戒儿子在次日的作战中,不能立在战车的左右两侧。而韩厥是车御,按常规应居于车左,虽然他不知道父亲的话意味着什么,但他遵从了父亲的嘱咐,居中而驾车,结果免于被射死。父亲关心儿子的生命,自然是出于一种伦理感情,但在当时,也是"世不绝祀"的一个保证。推而言之,血缘宗族的梦也可以象征两个活人之间的关系,如第十五项鲁国大臣穆子曾梦见自己和天搏斗,而得到一个叫牛的人的帮助,才侥幸活命。这个叫牛的人原来是穆子的一个私生子,在这个梦的帮助下,父子后来得以相认。这个血亲相认的梦虽然和祖先的神灵没有关系,但又确实是血缘宗族这个观念的象征,所以和有关祖神的梦属于同一象征系统。

其实,关于婚姻的梦,也与宗族传承有关。第二十项所显示的就是这样的情况:

泉丘人有女,梦以其帷幕孟氏之庙,遂奔僖子,其僚从之。盟于清丘之社,曰:"有子,无相弃也!"僖子使助薳氏之簉。反自祲祥,宿于薳氏,生懿子及南宫敬叔于泉丘人。(《左传·昭公十一年》)

泉丘之女梦见自己为孟氏族庙张帷,便认定自己和孟氏家族有一种关系,所以,虽然没有经过正式的聘礼,泉丘之女仍然私奔孟僖子,并最终为孟氏生子,传承孟氏家族。而孟僖子能够接纳这个女子,并和她盟誓,可能也是由于这个梦的原因。

以上分析中,第十九、十七、十五、二十项,虽然不是直接梦见自己的先人,但这些梦都包含着祖先后代血缘传承的含义,和其他直接显示先人的梦加起来,在所有梦占载录中占有相当大的比例。这说明,春秋时代梦占的主要文化功能,就是利用这种神秘现象增强人们的血缘意识和宗法观念。

3

在《左传》的梦验故事中,有一些是亡灵为了自己的后嗣而向相关的第三方复仇和报恩的故事。这类梦验故事,虽然也包含了血缘宗族的因素，但它的目的主要不在于宗族的延续，也不是子嗣的继立，而在于确证褒善惩恶的道义原则。

如表中的第八项"晋侯梦大厉"的故事，这一段描写极生动：

> 晋侯梦大厉，被发及地，搏膺而踊，曰："杀余孙，不义。余得请于帝矣！"坏大门及寝门而入。公惧，入于室。又坏户。（《左传·成公十年》）

大厉向晋景公寻仇的原因是自己的后代被杀，杨伯峻注云："当指八年晋侯杀赵同、赵括事。晋景公所梦见之恶鬼，应是赵氏祖先之幻影。"又举《史记·赵世家》的记载与此对照："晋景公疾，卜之，大业之后不遂者为祟。"①所谓"厉"，是指能作害生人的恶鬼。《礼记·祭法》王之七祀中有"泰厉"，诸侯五祀中有"公厉"，大夫三祀中有"族厉"。孔颖达疏云："泰厉者，谓古帝王无后者也；公厉者，谓古诸侯无后者也；族厉者，谓古大夫无后者也。"也就是说，"厉"是那些后代不存，因而断绝了香火的无主之鬼。这些鬼因无法享受祭祀，所以心怀怨恨而作祟生人。因此，《礼记》要求王、诸侯、大夫都要在自己的范围内祭祀那些无主之鬼。那么，晋侯所梦之"大厉"，就是因为自己子孙的被杀而使其不能受祭，因此暴跳如雷，进入晋侯梦中进行报复。古人认为，鬼神是不可欺骗的，鬼神的报复是无法抵御的。《墨子·明鬼下》云："鬼神之明，不可为幽间、广泽、山林、深谷，鬼神之明必知之。鬼神之罚，不可为富贵、众强、勇力、强武、坚甲、利兵，鬼神之罚必胜之。"所以，当晋景公杀了赵同、赵括，这种类似于灭族的行为当然会被认为是"不义"，甚至连上帝也支持祖先魂灵的报复行为。果然，在大厉出现不久，晋献公就死了。

与这个例子相似的还有昭公七年发生在郑国的伯有作祟事件。伯有是在大臣内战中被杀的，所以死后要报复攻击自己的驷带和公孙段。这似乎是一个纯粹的复仇事件，但在古人的观念中，这一事件仍然与宗族有关

---

① 杨伯峻：《春秋左传注》（增订本），第849页。

第四章 《左传》研究

系。当子产将伯有的儿子立为大夫后,伯有的鬼魂也就安宁下来。子产解释说:"鬼有所归,乃不为厉,吾为之归也。"也就是说,如果能让亡灵对自己的子嗣的安排感到满意,就不会作祟。所谓"归",是获得祭祀的意思。当他的儿子能够以大夫的身份来安排亡父的灵位、祭祀等事情,就会给亡父带来安慰。所以,伯有作祟之事虽非为子嗣而起,但却因为子嗣而得以解决。可见,当时人认为鬼魂都与血缘宗族观念有关。不仅如此,人们甚至认为亡灵的强弱程度也是由家族来决定的。子产在回答伯有之所以为鬼的问题时说:"人生始化曰魄,既生魄,阳曰魂。用物精多,则魂魄强,是以有精爽至于神明。匹夫匹妇强死,其魂魄犹能冯依于人,以为淫厉,况良宵(伯有),我先君穆公之胄,子良之孙,子耳之子,敝邑之卿,从政三世矣。郑虽无腆,抑谚曰'蕞尔国',而三世执其政柄,其用物也弘矣,其取精也多矣,其族又大,所冯厚矣,而强死,能为鬼,不亦宜乎!"子产认为鬼之所以强壮有两个原因:一是"用物精多",就是生时食物充足、精美;一是"族大",有强大的势力可以凭依。因此,一个人即使在死后,其处境也是和家族的命运紧紧联系在一起的。此外,伯有是强死(横死)者,这样的鬼魂因为饱含冤屈,可以鬼的身份进行复仇,这在当时被认为是合理的。这种横死之鬼的出现,也是为了保证人间的道义。

与复仇相对应的是报恩。《左传·宣公十五年》记录了一个报恩的梦:

> 初,魏武子有嬖妾,无子。武子疾,命颗曰:"必嫁是。"疾病,则曰:"必以为殉!"及卒,颗嫁之,曰:"疾病则乱,吾从其治也。"及辅氏之役,颗见老人结草以亢杜回。杜回踬而颠,故获之。夜梦之曰:"余,而所嫁妇人之父也。尔用先人之治命,余是以报。"

这件事发生在秦晋辅氏之战中,魏颗获胜,并且捕获了秦将杜回。杜回是秦国有名的力士,魏颗如果没有鬼神的帮助,是很难活捉到他的。而鬼神之所以帮助魏颗,是因为魏颗没有让一个嬖妾殉葬,嬖妾的亡父由此现身相报,并在梦中表达了自己感激。这个梦的主人公虽然不是魏颗本人的先人，但也是以一个亡父的身份出现的。亡父的感激和报恩，因自己的女儿而生，内中也包括了血缘的含义。殉葬制度在商代和周初还较为流行，但到春秋时代已经很少采用了。魏颗能坚持不用人殉就是这种进步思想的反映。而遵照先父的遗命，又是做人子的本分，在春秋时期这一观念应该是首位的。这两者在处理魏武子的遗命一事中形成了冲突。当魏颗选择不以嬖妾殉葬时，他要对此做出解释："疾病则乱，吾从其治也。"这一选择显然具有很强的主观性，因此，嬖妾的亡父才结草相报，但亡灵也强调魏颗是"用先人治命"，就是为魏颗保全孝敬的德性。

复仇和报恩，在原始社会中具有抵御外侵、凝结氏族等十分重要的文化功能。但中国文化发展到春秋时期，祖先和宗族的概念得以强化，复仇虽然在社会文化中的地位已经大为削弱，但它仍然是社会文化和家族文化的一部分。《五经异义》引古《周礼》云："复仇可尽五世之内。"① 这其中虽然有所限制，但不可谓不遥远。《越绝书·叙外传记》云："臣不讨贼，子不复仇，非臣子也。"《春秋公羊传·定公四年》云："父不受诛，子复仇可也。"由此看来，春秋时期的复仇有一定程度上的合理性，甚至允许向国君复仇，其中"晋侯梦大厉"就是一起祖先代子孙向国君复仇事件。有人认为这是"氏族社会民主制度的残余形式"②。不过，春秋时期的复仇明显含有孝道和公正的内涵，与原始社会的血亲复仇有了一定的距离。《左传》借梦境所记述的复仇和报恩故事，又与发生在实际生活中的类似故事不同，祖先和鬼灵的出现，"强固了祖先崇拜……复仇解释为正义的实现，为此，鬼灵显圣成为正义实现的合理形式之一"③。复仇和报恩的梦验故事仍然与当时的祖先宗族观念紧密相连。

4

在剩下的梦中，如表中的第九、十、十一、十二、二十二项等，都预

---

① 引自（汉）郑玄《驳五经异义·补遗》，北京：中华书局1985年影印本，第8页。
② 陈恩林：《论〈公羊传〉复仇思想的特点及经今、古文复仇说问题》，《社会科学战线》1998年第2期。
③ 王立：《血族复仇与鬼灵崇拜——中国古代血族复仇与鬼灵复仇关系略论》，《山西大学学报》2001年第4期。

第四章 《左传》研究

示着做梦者自己的死亡。第八项梦同时涉及复仇和死亡两个主题。死亡在宗教文化中,是此在人生向彼岸世界的一个过渡,也是现世子孙成为一个祖先的桥梁。人一旦死亡,他就成为一个宗族统系的标志,所以死亡在血缘宗族文化中具有很重要的意义。虽然星占和气占等也有死亡的内容,但其关心的重点在国家的兴亡和战争的胜负等方面,和梦验中的死亡在文化意义方面是有区别的。

在梦验故事中,死亡是不可避免的,呈露出神秘必然性特征。如关于晋景公死亡的梦,就是由一系列梦组成,而且这些梦精巧地组合在一起,构成了死亡的必然性观念。晋景公在梦中遭遇大厉的攻击后,桑田巫占梦说:"不食新矣。"也就是说,晋景公将死于吃新麦之前。在这之间他将在疾病中度过,疾病是死亡的一个环节:

　　(晋侯)求医于秦。秦伯使医缓为之。未至,公梦疾为二竖子,曰:"彼,良医也,惧伤我,焉逃之?"其一曰:"居肓之上,膏之下,若我何?"医至,曰:"疾不可为也,在肓之上,膏之下,攻之不可,达之不及,药不至焉,不可为也。"公曰:"良医也。"厚为之礼而归之。(《左传·成公十年》)

疾病作为一种神秘因素,是一种命运的力量,当它作为死亡先行者出现时,是不可能被人间的力量改变的。这个梦就显示了这种必然性。当晋景公确认了这种必然性后,也就坦然地接受了。下面的情节更加确证了梦兆的确定性和死亡的必然性:

　　六月丙午,晋公欲麦,使甸人献麦,馈人为之。召桑田巫,示而杀之。将食,张,如厕,陷而卒。(《左传·成公十年》)

晋景公在见到新麦后,认为梦占不准,杀掉了占梦的巫师。但晋景公还是在食麦之前离奇地死去,又毫厘不爽地确证了梦兆。这一个情节就是为了说明,死亡作为命运的神秘的必然性,也说明了梦兆本身的确定性。在这一故事中,还附带有另一个小臣的梦(见表第十项)。当他中午把晋景公的尸体从厕所里背出来，就暗合了部分梦境，所以人们以其为景公殉葬。小臣的梦也是一个关于自己死亡的预兆，甚至其死亡方式也在梦中被精确地展示出来。

同样的例子还有第十三项荀偃"梦与厉公讼"，梗阳巫在预言了荀偃"今兹主必死"后，又建议说："若有事于东方，则可以逞。"所谓"有事"，在这里指战争。荀偃参加了对齐的战争。在渡过黄河时，荀偃祷辞中有"官臣偃无敢复济"的话，表明了将死之志，也显示了对死亡命运的坦然接受。

在这些关于死亡的梦中，还有一个例子说明了占卜本身和梦验的关系。第十二项中声伯梦到有人给自己琼瑰而食之，泣出的眼泪又化为满怀的琼瑰。这个梦使声伯感到害怕，就没有请巫师占卜。声伯为何会觉得此梦不祥呢？杨伯峻注曰："古人死后，口含石珠。声伯疑为凶梦，不敢卜问。"[①] 三年以后，一切平安，他便认为梦中的琼瑰是指跟随自己的部属，就公开宣示了自己的梦。结果是"之莫而卒"，当晚就死了。显然，这个梦的死亡含义是确切的，声伯自己也能明白这个梦兆，但这个梦要一直等到被公开才形成效验。一般说来，当梦出现的时候，要通过巫师或有能力的人的阐释，才会将意义显示出来。而这一卜问的过程，就是神秘意志显现的过程。声伯一直秘而不宣，就使神秘意志不能为社会所感知，因而这个梦的效验就不能产生。换句话说，梦验所涉及的神秘意志，是通过卜问这一过程，向大众显示出警示意义的。梦验是社会事件，不是个人事件，它具有社会意识形态的性质和作用。而占卜本身，不管是自己占卜，还是由他人来占卜，就起着一个中介作用。如第二十五项中卫侯梦浑良夫登昆吾之墟而噪，"公亲筮之，胥弥赦占之，曰：'不害。'"这是一个预兆死亡的梦，但胥弥赦由于恐惧而不敢说出真实答案，然后就逃跑了。卫侯对这个梦再次进行贞问，得出了"灭之，将亡"的凶兆。果然，卫侯不久就命丧人手。在前一次卜问的过程中，虽然巫师给出了虚假的推论，但叙事者仍然要通过另一次卜问，在卫侯死前，将真正的梦兆显示出来。由此可见，春秋时代十分重视卜问在意义

---

① 杨伯峻：《春秋左传注》（修订本），第 899 页。

第四章 《左传》研究

揭示方面的作用。

在《左传》死亡梦验故事中,我们能看到春秋时人对死亡必然性的认识,以及面对这种必然性的坦然态度。这对我们理解春秋时代的生死观有重要的意义。《左传》中多处提到"死且不朽"这个观念,甚至写了主动就死,或者让祝宗为自己祈死的故事,表达了当时人不难于死亡的意志,显示了独特的精神气质[①]。其目的当然在于鼓励人们尽人事,讲气节,忠于职守,恪守原则。《左传》通过梦验故事所展示的死亡的必然性,以及由死亡而和宗族血脉的联系,应该给当时人以很大的鼓励。可以说,关于死亡的梦验故事,在生和死这个天堑上构造一座桥梁,既免除人们对死亡的恐惧,又为血缘宗法制度和伦理报应提供了神秘的终极依据。

《左传》梦验故事主要包括上面所列三个主题,其他如第一、二项是关于战争胜负的,第二十四项是关于国家动乱的,第二十六项是关于即位的。这些都是现实社会中的偶然事件,与血缘宗族关系不那么直接,在整个梦验故事中所占比例很少,可以看作是例外。

5

梦本身是非理性的,它只能作为一种象征而被人们所接受,所以,梦占最为普遍的方法就是象征阐释。表中第十一项就非常具有代表性。在成公十六年的晋楚鄢陵之战中,晋将吕锜梦见自己射中月亮,而自己也退入于泥中。占卜者解释说:

> 姬姓,日也;异姓,月也,必楚王也。射而中之,退入于泥,亦必死矣。(《左传·成公十六年》)

在中国古代象征体系中,象征物一般是成对出现的,所以月这一意象,相对于日来说,它的象征意义是外、阴、柔等。周王朝为姬姓,所以各诸侯国也自然以姬姓和异姓分为内外两个体系,而且以姬姓为尊。晋国是姬姓

[①] 参见刘蓉、白炜《从〈左传〉看春秋时人的生死观》,载《唐都学刊》2004年第3期。

国。黄池之盟时,晋国人就说:"于姬姓,我为伯。"(《左传·哀公十三年》)所以,月必然指异姓的楚国,代指楚王。身入泥中,"与人死埋入地下也有相似之处,隐喻吕锜将要死去"①。这些象征性的解释都得到验证:"及战,射共王中目。王召养由基,与之两矢,使射吕锜,中项,伏弢。"(《左传·成公十六年》)楚王受伤,而吕锜也被射死。同样,第十项中的小臣"梦负公以登天"中"登天"意味着国君的死亡,也是典型的象征。

但并不是所有的梦境都是如此清晰的,有些意象很难被纳入象征体系中去,这就要靠占梦者本人的智能了。第一项中晋侯梦见自己与楚子搏斗,"楚子伏己而盬其脑",这在一般人看来应该是个凶兆。但子犯却说:"吉。我得天,楚伏其罪,吾且柔之矣。"(《左传·僖公二十八年》)所谓"得天"、"伏罪"是以两者各自的姿态来判定的,抛开了两人的上下和主被动关系;而"柔之"则是以脑对齿的关系而言,言以柔克刚,又抛开了吞噬这一具体动作。所以,这一象征性解释虽然也有其根据②,但总觉得有些模糊。有学者认为这是"反梦法",即钱锺书所谓"反象以征","占梦为先事之反兆"③。可见占梦者对意象的选择,对象征意义的理解有很大的随意性。再如第十二项中声伯所梦到的琼瑰,在先后就被赋予两个不同的象征意义,先是与葬礼有关的含玉,后又被理解为帮助自己的人才。这就是象征所引出的歧义。象征阐释本身的不确定性,在一定程度会影响人们的信念,影响到对梦本身的敬畏态度。这在《左传》中已经微露端倪,如第七项中赵婴梦天对自己说:"祭余,余福女。"贞伯就认为祭或不祭,都不能改变赵婴的命运,不太相信"天使"的话。赵婴依梦祭祀,但在次日就死了。这是《左传》中唯一不验的一个梦。虽然不多,却意味着梦占以及与之相伴的象征性思维,已经开始受到了质疑。

象征是最古老的思维方法之一。神话、巫术、宗教作为一种文化象

---

① 李梦奎:《〈左传〉梦境描写的文化阐释》,《吉林师范学院学报》1996 年第 7 期。
② 杨伯峻以西安半坡遗址墓地中贵者仰身而葬和贱者俯身而葬,来解释"得天"和"伏其罪";引焦循《补疏》关于脑属阴柔之征来"柔之"[《春秋左传注》(修订本),第 459 页]。
③ 张卫中:《〈左传〉占梦、占星预言与春秋社会》,《史学月刊》1999 年第 4 期。

第四章 《左传》研究

征,已经成为文化人类学者的一个共识。克利夫德·格尔茨在《作为文化系统的宗教》一文中说:"某些经验事件的奇特的难以明了、强烈而无以回避的痛苦的无意义、整个世间不公正的奥秘的不可描述性……而在任何一种情况下,宗教对此疑惧的反应总是一样的:借助象征来表述这样一幅关于世界的真正秩序的景象,它……否认有不能说明的事件,人生是不可忍受的以及正义只是幻影而已。"① 象征的目的在于给不确定的现实世界一个解释和秩序,在神秘世界和经验世界之间建立一种同构的关系,并从中寻找现实生活的启示。即使在现代社会里,人类的理性也还不能解决一切社会问题,尤其是像命运、偶然性这些问题,我们仍然能从各种象征性的文化中寻找到安慰。春秋时期,理性话语正处在创构的初期,处在一个比较幼稚的阶段,象征性的叙事在当时文化中,在史官的话语权力中,都居有很重要的地位。就占卜而言,星占、气占、筮卜、梦占等,各有自己独特的文化功能,而梦占在维持当时的血统观念,维持宗法意识,帮助人们超越死亡的恐惧等方面,有着特殊的文化意义。

整体而言,《左传》的梦验故事,传达的是关于祖灵的信念,以及作为生人向亡灵过渡的死亡观念。也就是说,梦验所承担的主要文化功能,就是在个体和血缘宗族之间,在生人和亡灵之间,建立一种必然性的联系,从而为当时的宗法社会张本。

四 《左传》虚饰中的理性意识

1

《左传》和《春秋》同为记事体史书,但二者在叙事方法上迥然有别。《春秋》的载录依据是看事实是否合乎礼仪。礼仪自原始宗教的仪式和禁忌发展而来。这使得《春秋》记事在形式上仍然表现为祈求或禁忌的姿态,它对事件自身的发展过程毫无兴趣,仅是呈现出合礼与否的某种临界状态的事实片断。《左传》与此不同,它异乎寻常地关心事

---

① 史宗主编:《20世纪西方宗教人类学文选》,上海:上海三联书店1995年版,第182页。

实的起因或结果，并期望在这因果关系中确证某种道德理性，因此，《左传》叙事繁复而且多想象和推测。范宁在《穀梁传集解》序中说"左氏艳而富，其失也巫"，韩愈的《进学解》说"《春秋》谨严，左氏浮夸"，等等，都是站在《春秋》的立场，表达了对《左传》叙事风格的不认同。所谓"巫"和"浮夸"，说的就是《左传》叙事中"虚饰"的特点。肯定"虚饰"的学者基本都从文采的角度来谈论这一问题，认为是文体或文学手法的一种进步。这一观点自然没有什么问题，但在《春秋》和《左传》之间，除了文体或文学手法之外，还有更多的东西值得我们探讨。

所谓虚饰，基本含义是指对事件或其中的部分事实进行想象性的描写。一般认为，在《左传》之前，《尚书》和《春秋》都无虚饰，虚饰是从《左传》开始的。很多学者都曾指出《左传》中有多处杜撰的痕迹。如纪昀《阅微草堂笔记》卷十一记申苍岭话曰："鉏麑槐下之词，浑良夫梦中之噪，谁闻之欤？"钱锺书曰："上古既无录音之具，又乏速记之方，驷不及舌，而何其口角亲切，如聆謦欬欤？或为密勿之谈，或乃心口相语，属垣烛隐，何所据依？如僖公二十四年介之推与母偕逃前之问答，宣公二年鉏麑自杀前之慨叹，皆生无傍证，死无对证者。"① 杜撰是虚饰的典型形态。学者在谈到《左传》杜撰时，都以鉏麑触槐而死为例来说明，现将此段抄录如下：

> 宣子骤谏，公患之，使鉏麑贼之。晨往，寝门辟矣，盛服将朝。尚早，坐而假寐。麑退，叹而言曰："不忘恭敬，民之主也。贼民之主，不忠；弃君之命，不信。有一于此，不如死也。"触槐而死。（《左传·宣公二年》）

前人认为鉏麑的临终而叹是出于史家的杜撰。林琴南云："初未计此二语，是谁闻之。宣子假寐，必不之闻。果为舍人所闻，则鉏麑之臂，久已反翦，何由有暇工夫说话，且从容以首触槐而死？"（《左传撷华》卷上）

---

① 钱锺书：《管锥编》第一册，第164—165页。

第四章 《左传》研究

杜撰的存在会引起人们对《左传》真实性的质疑,而真实性问题又导致了人们对经典本身的怀疑①。

其实,不仅是私下之对话、独白,即使是公开或正式场合的人物语言,也在很大程度上受到人们的怀疑。《管锥编》引方中通的话云:"《左》、《国》所载,文过其实者强半。即如苏、张之游说,范、蔡之共谈,何当时一出诸口,即成文章?而又谁为记忆其字句,若此纤悉不遗也?"② 这里所说的苏、张、范、蔡之谈,出自《战国策》,但作者的疑问显然也包括《左传》在内。比如《左传·僖公三十年》"烛之武退秦师"的那段说辞,其不卑不亢,婉转有致,辞气顺达,为千古文章选家所推崇。这段对话何以能记录得如此详明呢?烛之武夜缒出城,自然不可能有史官相伴;而秦国于史事殊不在意,春秋时秦国史官告命甚少。那么,这段对话只能是由烛之武本人事后转述,或者是史官据其大概再行敷衍,总之,这段说辞必有虚饰的成分。《左传》中此类说辞甚多,往往典雅流丽、文采斑斓,甚有可观。但如都看作是当时实录,则未免有些神奇了。除了这样大段的说辞之外,可以说,一般的人物语言几乎都经过史官的"讨论润色"。只要将《左传》、《国语》,以及20世纪70年代出土的《春秋事语》相比较,就会发现,在同样的事件中,不同文献所载录的同一人物语言总是有差别的③。如《左传》僖公十一年所记,内史过代表周王赐晋惠公命,内史过因惠公"惰于受瑞"而推断其将无后于晋,并进一步解释说:"礼,国之干也;敬,礼之舆也。不敬,则礼不行;礼不行,则上下昏,何以长世?"《国语·周语上》也记载了这件事,所录内史过的话中也有"晋不亡,其君必无后"、"不敬王命,弃其礼也"等句子,

---

① 《孔丛子·答问第二十一》有这样的记载:"陈王涉读《国语》言申生事。顾博士曰:'始予信圣贤之道,乃今知其不诚也。先生以为何如?'答曰:'王何谓哉?'王曰:'晋献惑听谗,而书又载骊姬夜泣公。而以信人其言,人之夫妇夜处幽室之中,莫能知其私焉。虽黔首犹然,况国君乎?予以是知其不信,乃好事者为之辞,将欲成其说以诬愚俗也。故使予并疑于圣人也。'"此虽说《国语》,但情形正与《左传》之虚饰相同。
② 钱锺书:《管锥编》第一册,第165—166页。
③ 详见马王堆汉墓帛书整理小组《马王堆汉墓出土帛书〈春秋事语〉释文》,《文物》1977年第1期。又李学勤《帛书〈春秋事语〉与〈左传〉的传流》(《古籍整理研究学刊》1989年第4期)认为两者的差别是由于《春秋事语》对《左传》的沿袭改动所造成的。但考虑到春秋战国时代史官内部文献的分散特征,未必能确认两者之间单一沿袭关系。

· 167 ·

意思大致和《左传》相同，但语言并不相同。内史过的话，是一次正式的汇报，应该有所记录，为何在不同的史书中也呈现出不同的面目？刘知幾《史通·申左》认为它们"谅非经营草创，出自一时，琢磨润色，独成一手"。显然，史官可以修饰人物语言，而修饰和杜撰之间的分界线是很难划定的。因此，对人物语言的修饰也构成了《左传》虚饰的一个方面。

我们还可以把《左传》中大量精致的细节或场面描写，也归纳到虚饰中来。因为这些描写不可能皆为史官所目睹。比如《左传·成公十六年》"楚子登巢车，以望晋军"一段，以下全借楚共王与州伯犁的对话，非常细致地再现了晋军召军吏、合谋、卜于先君、发命、塞井夷灶、听誓、战祷等一系列战前准备情况。这一段对话是为了表现战争的细节和场面，它不是纯粹的记言文字。依理来说，巢车之狭难容史官相随，可以肯定，这一段对话虽然以事实为基础，但却是出自史官的想象。至于"三军之士皆如挟纩"这样表现感同身受的句子，就明显说明了《左传》的作者已经有了一种想象的自觉意识。相对于《春秋》和《国语》而言，细节和场面描写形成了《左传》叙事的一个典型特征。如宣公十二年邲之战中，在楚军的追击下，晋国两支军队争先渡河，"舟中之指可掬也"；后又有晋车在逃跑途中受困，得楚军指导方得逃脱，晋卒顾曰："吾不如大国之数奔也。"这些记载未必是史官所亲见，即使是他人转述，亦带有猎奇的色彩。场面描写的目的不在于判断事件合礼与否，而是为了能够形成对事件的模拟，形成个体体验。所以即使这些细节是真的，它也不可能出现在《春秋》和《国语》这样的文献中，因此，《左传》的描写不符合史官旧有的载录规范。总之，场面再现也好，感同身受也好，都离不开想象。因此，对细节和场面的摹写实际也是一种虚饰。

《左传》叙事往往以全知视角营造出所谓"全景式"的场面。如在晋楚鄢陵之战中，《左传》交替记录了交战双方的情况：楚将子玉不顾楚王的劝告，执意要同晋军一战；晋人设计"以怒楚"，再为楚军退避三舍；子玉使鬬勃请战，晋侯使栾枝应对；两军战于城濮。这种叙事方法在春秋时代是空前的，它完整而逼真地再现一个宏大的历史事件，清晰地呈

第四章 《左传》研究

现出事件的发展过程和各种因素之间的关系。但这一复杂的场面是如何写成的呢？从这一段记叙可以看出，《左传》叙事的着眼点虽然在晋国一边，但却同时使用了来自楚国和晋国的史料。其中关于战争结局的描写最能说明这一问题："狐毛、狐偃以上军夹攻子西，楚左师溃，楚师败绩。子玉收其卒而止，故不败。"（《左传·僖公二十八年》）说"楚师败绩"者显然是晋国史官，而说楚"不败"者自然是楚史官。史官杂取多国史料，无论对于《春秋》，还是《左传》，都是正常的，因为春秋史官本就有通报、传闻的制度。但在一个事件的叙述中，将来自不同史官的材料拆散，再重新组合起来，却只有在《左传》中才开始出现。全景式的记事方式看起来与虚饰无关，但它反映了史家在载录过程中，开始自由地处理材料，主观性大大增强，而这种主观性和自由性，恰恰是虚饰的精神依据。

由杜撰情节，到修饰人物语言和悬想场面，再到自由地组织史料，可以说，虚饰出现在《左传》叙事的各个层面。这是以《春秋》为代表的史官传统所没有的，因此，虚饰全面地改变了史官的撰史行为，反映了史官的主观性和创造性开始介入史录，因而也就产生了一种完全不同于传统的载录、编纂观念。

2

《左传》的虚饰，冲击了史传的实录传统，因此受到了"巫"、"浮夸"等指责，但也有人以真实性来为它辩护。比如《孔丛子·答问第二十一》中记载秦博士在解答陈涉对《国语》中骊姬夜泣的疑问时说："古者人君外朝则有国史，内朝则有女史。举则左史书之，言则右史书之，以无讳示后世，善以为式，恶以为戒。废而不记，史失其官。故凡若晋侯骊姬床笫之私，房中之事，不得掩焉。若夫设教之言，驱群俗，使人入道而不知其所以者也。今此皆书实事，累累若贯珠，可无疑矣。"刘知幾《史通·史官建置》也有类似的话。这里虽然谈的是《国语》，但自然也可以用来评论《左传》。不过，认为古代君、后身边随时都有各类史官侍从，那到真成了如钱锺书所笑话的"鬼瞰狐听"者了，于常理不通。而且，即使有这样的制度，也不能解释刺客鉏麑的故事。

近代以来，学者倾向于承认史官有补充修饰的权利。对于鉏麑之叹，林琴南分析说："想鉏麑之来，怀中必带匕首，触槐之事，确也。因匕首而知其为刺客，因触槐而知其为不忍。故随笔妆点出数句慷慨之言，令读者不觉耳。"（《左传撷华》卷上）也就是说，鉏麑之叹为逻辑中之应有，史官在事实缺乏的情况下，有权力增补部分内容。由于增补的文字在情理之中，所以只是一种修辞上的"妆点"，不应该被视为虚饰。林琴南认为，在不违背基本事实的情况下，史官"随笔妆点"可以使读者免除支离破碎的缺憾，而获得理解的连贯性。这是文章家的态度。在此基础上，现代学者进一步以文学观点来解释《左传》的虚饰现象。钱锺书认为史官本身具有"文心"、"诗心"，所有这些虚饰不过是文学家的手段："（《左传》）盖非记言也，乃代言也，如后世小说、剧本中之对话独白也。左氏设身处地，依傍性格身份，假之喉舌，想当然耳。"又说："史家追叙真人实事，每须遥体人情，悬想事势，设身局中，潜心腔内，忖之度之，以揣以摩，庶几入情合理。盖与小说、院本之臆造人物、虚构境地，不尽同而可相通；记言特其一端……《左传》记言而实乃拟言、代言，谓是后世小说、院本中对话、宾白之椎轮草创，未遽过也。"[①] 这一观点已经为当代文学史专家所广泛接受。而且，一些历史学理论也从另一个侧面支持这种说法。这些理论强调想象在史著中的意义，比如克罗齐曾说过："我们要求对我们所将叙述的历史的事件应有生动的体验，意思也就是事件作为直觉和想象重新被提炼出来。没有这种想象性的重建或综合是无法去写历史或读历史或理解历史的。"[②] 海德·怀特甚至说："阅读和写作历史的基本方法与写一部小说相类似。"[③]

以上的解释，无论是林琴南的"随笔妆点"，钱锺书的"臆造"、"虚构"，还是克罗齐的"生动的体验"，其实都在强调文本的阅读效果。这些解释摆脱了过去人们对"实录"二字的纠缠，尤其是在解释关于场面

---

① 钱锺书：《管锥编》第一册，第165、166页。
② ［英］克罗齐：《历史学的理论和实践》，傅任敢译，北京：商务印书馆1982年版，第25页。
③ 转引自［德］姚斯、［美］霍拉勃：《接受美学与接受理论》，周宁等译，沈阳：辽宁人民出版社1987年版，第453页。

第四章 《左传》研究

和细节描写方面，具有一定的合理性。但是，春秋时期的史官真的有"妆点"、"臆造"的权力吗？《左传》的原始形态是"传闻"之史，虽为史官私下著录，但在当时仍然是一种职业性文献。而作为史官文献，无论何种文体，都不可能放弃"实录"的史著观念，转而关注读者的"生动的体验"，以虚饰来满足阅读者的愉悦感。所以，以文章技法和文学性来解释虚饰难以使人信服。实际上，我们也能看出，史家的虚饰和文学创作方法是有所不同的。我们仍以鉏麑临终之叹为例，探讨一下史官虚饰的界限。

首先，我们必须承认鉏麑行刺并且自杀是一件真实的事件，因为《国语》和《公羊传》也记录了同样的事。《国语》和《左传》的叙述基本相同，只是文字上稍有差异，如将"民之主"改为"社稷之镇"等，而《公羊传》和《左传》则差别较大。现将《公羊传·宣公六年》中的文字抄录于下：

> 灵公心怍焉，欲杀之。于是使勇士某者往杀之。勇士入其大门，则无人门焉者；入其闺，则无人闺焉者；上其堂，则无人焉。俯而窥其户，方食鱼飧。勇士曰："嘻！子诚仁人也。吾入子之大门，则无人焉；入子之闺，则无人焉；上子之堂，则无人焉。是子之易也。子为晋国重卿，而食鱼飧，是子之俭也。君将使我杀子，吾不忍杀子也。虽然，吾亦不可复见吾君矣。"遂刎颈而死。

将三家记述对比，可以确定一个基本的事实：赵盾由于不断进谏引起了晋灵公的杀心，晋灵公派一个刺客前往赵家，此刺客由于某种原因自杀在现场。那么，在不同的叙述中，除了自杀方式的不同外，主要就是自杀的原因了。《左传》是"传闻"之史，《公羊传》也是"传闻"之史，传闻的渠道和远近的不同，导致了"触槐而死"和"刎颈而死"的不同记载，这里不存在虚构问题，只是转述造成的差异，不妨碍基本事实的真实性。那么，在这一事件中，可供史官发挥的关键之处，就是刺客自杀的原因了。刺客在现场主动停止了刺杀，并且自杀身亡，显然是由于内心的激烈冲突。这一冲突包括两个层次，第一个层次使他不能实现刺杀，第二个层次使他选择了自杀。第二个层次的冲突是由第一个层次的冲突引起的，刺客因为不能完成任务而有违君命，于是自杀，这容易理解。而他之所以在现场终止刺杀行为，有两种可能，一是由于良心发现而临时改变主意，二是有感于所见而改变主意。如果依第一种可能的话，那么，我们可以对这一事件作如下的表述：刺客来到现场，忽然良心发现，而停止刺杀，但这一行为却违背了他对国君的忠诚，因此，他自杀身亡。至此，虽然有部分推测的内容，但是可以被认为是"实录"，史官不必进一步"妆点"，也可将刺客的道德意义展示出来，并且可以满足读者的阅读需要。但史官不约而同地选择了"感于所见"这一可能性，并且虚构出鉏麑之叹，这是为什么呢？答案只有一个，那就是史官除了关心鉏麑外，他更关心赵盾，他认为赵盾本人才是这一事件的最终的理由、动机和意义，只有揭示将赵盾本人的道德意义揭示出来，才能完成事件的解释。因此，这里的虚构不是从满足读者的审美需要出发的。

同样，《左传》对人物语言的修饰，对场面和细节的精心描述，利用第三人称对各种史料的综合、排比，固然能使得文章更具有文学性特征，给人们的阅读带来愉悦和美感，但我们仍不能以文学性来定义这些写作方面的特点和变化。《左传》仍然是一部史著，它的种种虚饰只是为了使事实有理据，有意义，史官并没有脱离《尚书》、《春秋》的史录传统而使其成为文学作品。虚饰只是解释的一部分，它说明，《左传》在编撰的过程中，已经被植入某种阅读期待，有阅读期待才有解释的冲动。而这一点，使它和《春秋》这样的神圣文献有了巨大的差别。

3

巫史以沟通天人为责，它的原始职责是将人世的愿望和不敬传达给神灵，而不能代替神灵来判决。表现在撰述中，就形成了《春秋》那样的"实录"。礼崩乐坏的春秋时代，神明已经难以保证某种世俗价值了。史官们就在"实录"的基础上，通过微妙的"春秋笔法"，在宗教背景下暗暗滋长着自己的世俗话语权力，使得《春秋》在事实上具有了世俗审判的意义。但由于受制于表达传统，《春秋》的审判姿态是隐微而被动的，所以，春秋史官迫切需要新的话语方式，于是"传闻"之史应运而生，

第四章 《左传》研究

这是一种基于"德"的理性阐释模式。如《左传·昭公八年》记载师旷解释"石何故言"时说：

> 石不能言，或冯焉。不然，民听滥也。抑臣又闻之曰："作事不时，怨讟动于民，则有非言之物而言。"今宫室崇侈，民力凋尽，怨讟并作，莫保其性，石言，不亦宜乎？

在这一段话中，同时包括了对神灵的信仰和怀疑两种截然不同的观念。而这两种观念，实际上是两种话语方式的反映。承认"石言"，就如同《春秋》中记载"六鹢退飞"一样，认可它是一件灾异事件，史官应该停止解释。而将石言解释为"或冯焉"、"民听滥也"，这就如同《左传》中以"风也"解释六鹢退飞一样。前一种话语方式属于"典策"，而后一种话语方式属于"传闻"，两者虽然矛盾，但却共同为史官所有，这是意识形态转型时期的特殊状况。在这个例子中，师旷被要求对"石言"做出解释，它反映了史官可以代天宣言，这是时代发展的结果，而这实际上是对《春秋》史著传统的僭越。师旷本身并不相信"石言"，但他最后却说"石言，不亦宜乎"，原因就是"石言"能够帮助提示"作事不时，怨讟动于民"的现实判断。但是，这个解释的根据在哪里呢？虽然师旷引"闻之曰"来说明，但我们仍然看出将"石言"和"民怨"联系起来有着极大的随意性。而这一解释并没有受到怀疑，并被史官当作一个阐释的典范载录下来。这说明了，在春秋史官看来，解释本身的是否可信，不取决于它和事实之间的关系，而取决于这个"德性"解释自身的正确性。此外，师旷敢于对灾异现象采取一种机会主义的态度，也只能说明史官对揭示"德性"有一种绝对的崇拜。因此，在这样一个话语模式里，史官叙事所关注的就不只是非礼事件，而是事件的道德意义，解释道德意义是不会被视为虚饰的。在师旷的解释和鉏麑之叹之间，存在着同样的话语逻辑。史官虚构鉏麑事件，并不是为了事实载录的流畅、周密，而只是关注事实中所包含的"德性"，并希望能将藏身于事实中的"德性"展示出来。"不忘恭敬，民之主也。贼民之主，不忠；弃君之命，不信"，这样的一句独白，和"作事不时，怨讟动于民"一样，都是作者所发掘出的道德意义。

由于道德意义的现实性特征，这就使得史官将叙事的重点渐渐由事件转到人物身上，因为只有人的品质、性情才能作为道德的承担者。如罗兰·巴特所说："叙事所专有者，不是情节，乃是专有名称用的人物：语义原料（与我们叙事史的某个时期相应）注满了存在所专有者，以形容词注满了名称。"①《春秋》关注事实，而《左传》关注人物，这是两者最明显的区别之一。我们可以说，《左传》中有很多细节和描写类的虚饰，实际上都是作为叙事主语人的修饰而出现的。比如《左传·哀公十六年》在记楚叶公子高平定白公之叛时，有这样一个情节：

> 叶公亦至，及北门，或遇之，曰："君胡不胄？国人望君如望慈父母焉，盗贼之矢若伤君，是绝民望也，若之何不胄？"乃胄而进。又遇一人曰："君胡胄？国人望君如望岁焉，日日以几，若见君面，是得艾也。民知不死，其亦夫有奋心，犹将旌君以徇于国，而又掩面以绝民望，不亦甚乎！"乃免胄而进。

在战斗之中，叶公一会儿戴头盔，一会儿又不戴头盔，唯他人之言是听，显得有些滑稽，这样的人如何能在战争中取胜呢？这个情节很难说是真实的。但作者的意思却很庄重，他希望通过这一情节来说明叶公能得到民众的拥护，他自己也无条件地尊重民意，这也是史官认为他所以能取得胜利的原因，所以，《左传》中并没有详细记载战争的经过。显然，在这个记载中，人物要重于事实。只有人物的道德品质才是最终的真实，任何为了呈现德性的虚饰都不会受到怀疑。由于对道德和因果链条的看重，对道德主体人的看重，也就对事实不再那么尊重了，虚饰也就有了可能。回到鉏麑之叹这一情节，我们就会发现，史官所杜撰的独白，对塑造刺客的"性格身份"并无特别的帮助，它实际上只是对赵盾的评论。从史官的角度来说，赵盾这个人物显然要比刺客更有意义。史官不仅要记述刺客，更要记述赵盾，于是，凭着他们对赵盾品质的理解，以及在可能的情况下，

---

① [法]罗兰·巴特：《S/Z》，屠友祥译，上海：上海人民出版社2000年版，第307页。

第四章 《左传》研究

对赵盾当日行为的了解（可能既假寐又吃鱼），而有选择地假设了刺客的临终之叹。不管是《左传》的"恭敬"，还是《公羊传》的"易"和"俭"，都是史官所理解的有关赵盾的事实。在这一前提下，鉏麑临终之叹就成为一种可能的事实，所以，它只是对叙事主语的一种修饰，是可信的。

道德意义来自现实事件，但事件本身并不能自动地显示道德意义，因此，需要有人将意义指示出来，这就是最初的"立言"。"立言"成为史官扩张话语权力最直接的方式，《左传》、《国语》等都表现出史官强烈的"立言之志"。《左传·襄公二十四年》记载了穆子"太上有立德，其次有立功，其次有立言"三不朽之说，又在次年记载了孔子的话："《志》有之：'言以足志，文以足言。'不言谁知其志，言而无文，行之不远……"那些传说中的"《志》"往往是前代史官的立言，而春秋史官则通过"君子曰"的方式，直接揭示出事件的道德意义，并以此来立言①。而它的进一步发展则是史官有可能代历史人物立言，这样，就形成了虚饰。因此，虚饰更多地是表现在人物语言上。

近来，有研究者将《左传》虚饰归因于史官的叙事欲望②。所谓"叙事欲望"，当然是相对于《春秋》的记事态度而言。《春秋》虽然也含有价值宣示的意义，但它的本质仍然是礼仪性的。可以设想，如果以《春秋》的笔法来载录鉏麑事件的话，可以是这样："晋灵公使鉏麑贼赵盾，鉏麑死之。"这样一个记载，它前半句所召唤的就是"非礼也"的评论，后半句所召唤的是"礼也"的评论。评论并不来自读者，而是来自具有神秘意味的"礼"。对于神灵或者是一个神圣的传统，史官只有尽职的责任，自然不会有叙事的欲望。叙事欲望，就是阐释欲望。叙事欲望越强

---

① 后世学者多认为《左传》中的"君子曰"是编辑成书时由编辑者加上的，相当于《史记》的"太史公曰"，但郑良树《论〈左传〉"君子曰"非后人所附益》从先秦古籍引及《左传》"君子曰"、"君子曰"中引逸诗和逸书等五个方面，论证了《左传》中的"君子曰"不是后人所附益的，而是《左传》原有的文字（《竹简帛书论文集》，北京：中华书局1982年版，第353—354页）。也就是说，"君子曰"出自春秋史官之手，是史官自己的"立言"。这一说法是可信的。

② 周旻认为《左传》强烈的叙事欲望表现在两个方面："一是热衷于'虚饰'之文，一是刻意于'琐屑'之笔。"见其《〈左传〉研究》第五章第一节（北京师范大学2001年博士学位论文）。本文将所谓"琐屑之笔"亦归入虚饰类一并讨论之。

烈，事实的呈现程度就越明晰，文本本身的渲染程度也就越高。叙事欲望在一定程度上表现了自我体验、自我在场的道德实践。《左传》中那些精细的场面、细节描摹，一方面承担着使事件更清晰的任务，另一方面也显示了一种设身处地的姿态，这就是所谓的"在场感"。"三军之士皆如挟纩"是一种"在场感"，从不同的角度自由地组织材料也是为了获得"在场感"。"在场感"是一种对事件本身的自觉而主动的精神体验过程，它是道德理性的一个基本精神特质。宗教体验是建立在崇信和戒惧的心理基础之上的，它的原因不可追究，因而每一次体验也都是唯一的，不可重复的。而道德伦理是一种理性，是可验证的，人类可以通过模拟、感受而重复体验它，并在不断的重复体验中领悟、学习道德伦理精神。所以，《左传》的"在场感"实际上道德理性进入叙事的必然结果。虚饰在《左传》中的功能主要体现为理解和体验，但这里的理解和体验首先是道德理性介入史著的结果，其次才指向文学性的愉悦接受。虚饰意味着史录由一种宗教性的启示录，转而为世间性的，寻求自我解释和社会理解的道德理性文献。

4

《左传》的著录虽然较《春秋》更为自由，不受职业传统的限制，但史官在这一著述过程中仍然保有明显的身份意识，并自觉地以自己的巫史传统来保证虚饰本身的权威性。《左传》和《春秋》的原始文本在春秋时期是以怎样的形态流传的，现在已经很难考证了，但《左传》和《春秋》确实存在着十分密切的关系。汉代桓谭说："《左氏传》之于经，犹衣之表里，相待而成。《经》而无《传》，使圣人闭门思之，十年不能知也。"（《新论·正经》）今人杨伯峻说："桓谭说，《经》不能离开《左传》，其实，《左传》也不能离开《春秋经》。"[①] 对于史官来说，"告辞"形成了《春秋》，而"传闻"形成了《左传》，它们往往是一件事实在两个层次上的表述，是同时形成的，因此，《左传》不是独立的，它存在的姿态受到"典策"这一宗教文献的影响。即以"鉏麑之叹"这一情节而言，

---

① 杨伯峻：《春秋左传注·前言》（增订本），第23页。

第四章 《左传》研究

它与"典策"文献中关于赵盾的载录是一种相互在场的关系。《春秋·宣公二年》载曰:"秋九月乙丑,晋赵盾弑其君夷皋。"这是鲁国史官据晋国史官的通报载录的。赵盾逃亡之后,晋君为他人所杀,赵盾非弑君者,人尽知之,但为什么会有这样的记载呢?史官对赵盾解释说:"子为正卿,亡不越竟,反不讨贼,非子而谁?"(《左传·宣公二年》)因此,《春秋》这一记载显示了特定"笔法",它从字面上给赵盾和晋君以同样的谴责,但事实上是史官为了维护某条法例而冤屈了赵盾。孔子评论这则载录时说:"董狐,古之良史也,书法不隐。赵宣子,古之良大夫也,为法受恶。"(《左传·宣公二年》)也就是说,赵盾以自己的荣誉维护了史官的话语权。那么,史官对此不能视而不见,史官于是又在"传闻"文献中载录了"鉏麑之叹",一方面是为了真实地再现赵盾的面貌,还赵盾一个公道,另一方面也是为了将《春秋》笔法中所隐含的意义清晰地指示出来,它和《春秋》是一种相互支持、相互阐释的关系。在这一关系中,"典策"文献由于它神秘的宗教性质,所以不能将价值和态度直接呈现给世俗社会,因此只有借助于"传闻"之史来展示自己的"大义"。而它的"大义",以及它无所不在的神秘性,必然支持着"传闻"之史,赋予史官以话语的权力,并使得《左传》成为一种可信的载录,从而将巫史文化中的神秘审判,变成现实社会的道义审判。

"赵盾弑其君"的书例也说明,即使在正式的"典策"之史中,史官也是将观念置于事实之前的。他们可以为了彰显相关的礼仪或观念而改造事实,构成虚饰。比如《春秋·僖公二十八年》记载"天王狩于河阳",而事实却如《左传》所说:"是会也,晋侯召王,以诸侯见,且使王狩。仲尼曰:'以臣召君,不可以训。故书曰"天王狩于河阳",言非其地也,且明德也。'"(《左传·僖公二十八年》)《春秋》的载录并不是故意掩饰,而是一种变形的彰显,是事实被观念扭曲而形成的特殊景观。史官也从来不认为这种"春秋笔法"就是虚饰,相反却被认为是"不隐",也就是实录。当然,《春秋》虚饰还不能完全等同于《左传》的虚饰,《春秋》虚饰充其量是一种曲折的表达,它的真正目的并不是要改变事实,或是要使事实更生动,它的功用仅在于褒贬,在于维护某种礼仪规范,而不是建立或推导出新的理性观念。但这种"笔法"能赋予《左传》的虚饰行为一种合理性。

此外,"传闻"之史由口头而录之于简牍,由史官个人保存,因此,它在处理方法上比典策之史要更加自由、随意。这也为虚饰提供了条件。现在看来,《左传》中的事实发生在社会各个不同层面,场所也不仅限于礼仪之上,史官不可能做到亲历亲闻。对于同一事实,他有可能面临不同的转述者,这就难免会有所选择、质疑,事实到达第一个史官需要经过多层的转述,而在不同的史官那里,对事实又有着不同的理解。而正是在这些口传和理解过程中,虚饰成为不可避免的。虚饰,实际是史官期望超越这无数的中间链条,直接达到事实本身,并且揭示出事件的意义。换句话说,史官不再甘心只是作为一个转述的工具,他期望能在因果原则的保证之下,来维护事实的道德真实性。

总之,导致史官虚饰的理由可能是多方面的,这一叙事现象在本质上显示了史官对现实的直接介入。当史官发现"春秋笔法"面对现实太过于虚弱时,就干脆揭掉那层隐微的面纱,利用"传闻"的形式,直接面对事实、介入社会,发挥职业中所秉有的天命裁判的功能。他通过虚饰,将自己的观点掺入人物的声音中,将史官主体代入事实中,参与历史,直接面对读者。可以说,《左传》是神权衰落、中国传统意识形态成立的一个标志性文本。但春秋史官并没有给自己的虚饰行为设置一条形式界限,所以,一旦巫史文化传统或者礼仪德性原则的影响减弱,虚饰行为就必然会受到怀疑。而学者也就转而从文学的角度来解释《左传》的虚饰现象。刘知幾《史通·杂说上》这样评价说:

> 左氏之叙事也,述行师则簿领盈视,哤聒沸腾,论备火则区分在目,修饰峻整;言胜捷,则收获都尽;记奔败,则披靡横前;申盟誓则慷慨有余,称谲诈则欺诬可见;谈恩惠则煦如春日,纪严切则凛若秋霜;叙兴邦则滋味无量,陈亡国则凄凉可悯。或腴辞润简牍,或美句入咏歌,跌宕而不群,纵横而自得。若斯才者,殆将工侔造化,思涉鬼神,著述罕闻,古今卓绝。

第四章 《左传》研究

史官的虚饰行为,从客观上促进了叙事的发展,尤其是文学叙事的发展[①]。当代亦颇有不少学者认为中国小说源于《左传》,或者认为《左传》中包含着诸种小说因素,就与《左传》中的虚饰手法有关[②]。

[①] 如胡长乐《唐前史传中的虚饰现象与实录史学》(北京师范大学 2002 年博士学位论文)第四章论"虚饰艺术的产生与成熟原因"为四个方面:一是"史传叙事自身的发展",二是"古人对言辞功用的推崇",三是"书面语言的发展",四是"史传取材范围的扩大"。

[②] 关于《左传》与小说关系的研究可参见如下论著:郑君华《〈左传〉——长篇叙事文学的雏形》,《文学评论丛刊》第 18 辑,北京:中国社会科学出版社 1983 年版;孙绿怡《〈左传〉与中国古典小说》,北京:北京大学出版社 1992 年版;刘继保《中国古代小说起源于〈左传〉》,《中州学刊》2004 年第 1 期,等等。

第五章

君子文化和原史传统

春秋时期，政治和文化的形态都发生着剧烈的变革，西周时期形成的礼乐传统面临着巨大的挑战，显示出礼崩乐坏的趋势。变革时期的史官，一方面凭着职业所赋予的权力维护礼乐文化传统，一方面也积极参与新的文化建设，推动了历史的发展。但是，礼崩乐坏的过程，也是巫史文化衰落的过程。史官地位下降已经是不争的事实，他们独占文献的权力，以及在此基础形成的话语权力，也逐渐让渡出来。贵族中的一部分有识之士，开始崭露头角，成为新的文化权威。他们被称为"君子"。君子们通过"立言"的方式，引导着新的意识形态建设，是文化革新的主力军。君子的社会观念，以及他们的立言行为，得到了史官的有力支持，被刻意在文献中保留下来，成为史官文化传统的一部分。君子文化是对史官文化的继承和发展，同时，也开启了始于春秋晚期的诸子文化传统。

诸子百家的时代先后不同，价值取向不同，行动方式也不尽相同，他们和前代史官文化的关系也有远近深浅的区别。春秋晚期出现儒、道两家，也是与史官文化关系最紧密的两家。儒家文化是中国传统文化的主流，同时也是史官文化的嫡传。孔子及其后学，通过创造性的理论和实践，将原史文化由天人之际落实到社会现实之中，同时却利用它的超越性特点，构筑起一条"道统"，对中国历史产生极为深远的影响。

第五章　君子文化和原史传统

一　巫史知识的社会化

1

周代宗族子弟因为主持或参与祭祀，以及充任职官，需要掌握一定的知识。周代因此而设立了学官。《礼记·王制》记载：

> 天子命之教，然后为学。小学在公宫南之左，大学在郊。天子曰辟廱，诸侯曰頖官。

> 乐正崇四术，立四教。顺先王《诗》、《书》、《礼》、《乐》以造士。春秋教之以《礼》、《乐》，冬夏教以《诗》、《书》。王大子、王子、群后之大子、卿大夫元士之適子、国之俊选，皆造焉。

古人据此将所谓"小学"、"大学"、"辟廱"、"頖宫"等看作是各级学校的名称。但，《礼记·王制》又曰："大学在郊，天子曰辟廱，诸侯曰頖官。天子将出征……受命于祖，受成于学。出征执有罪，反，释奠于学，以讯馘告。"可见献俘仪式也在辟廱和泮宫里举行。此外，这两处还用来举行乡饮、乡射的礼仪。因此，杨宽说："西周大学不仅是贵族子弟学习之处，同时又是贵族成员集体行礼、集会、聚餐、练武、奏乐之处，兼有礼堂、会议室、俱乐部、运动场和学校的性质，实际上就是当时贵族公共活动的场所。"① 李山认为：辟廱古已有之，但周代的辟廱是穆王时期为"大祭文王"而建，"是古代集宗教、政治和教育为一体的礼乐性建筑"②。及至春秋时期，鲁僖公开始修建泮宫，其目的也非专为教学。《礼记·礼器》曰："鲁人将有事于上帝，必先有事于頖宫。"《诗经·鲁颂·泮水》曰："既作泮宫，淮夷攸服。矫矫虎臣，在泮献馘。淑问如皋陶，在泮献囚……憬彼淮夷，来献其琛，元龟象齿，大赂南金。"因此，姚小鸥认为

---

① 杨宽：《古史新探》，北京：中华书局1965年版，第202页。
② 李山：《〈诗〉"辟雍"考》，《河北师范大学学报》2003年第4期。

"泮宫是鲁僖公依照西周辟雍所建造的实施周代礼乐制度的综合性的典礼场所"①。可见，西周、春秋时期并不存在专门用于人才培养的学校，也非常设机构。但辟雍、泮宫等又确有演习、教学贵族礼仪的任务，因此，可以断定，教育确实被纳入国家礼仪制度中，只是保持在一个极小的规模上。

《礼记》认为教学是为了"造士"。《周礼·春官·乐师》："及彻，帅学士而歌彻。"郑玄注："学士，国子也。"周实行国野制，贵族居城中，其他人则居野外。所谓国士，当然是贵族子弟。关于贵族的学习内容，《礼记·内则》云：

> 六年，教之数与方名。七年，男女不同席，不共食。八年，出入门户及即席饮食，必后长者，始教之让。九年，教之数日。十年出就外傅，居宿于外，学书计……十有三年，学乐、诵《诗》、舞《勺》。成童，舞《象》，学射御。二十而冠，始学礼，可以衣裘帛，舞《大夏》……

《礼记·文王世子》云：

> 凡学……春夏学干戈，秋冬学羽籥，皆于东序。小乐正学干，大胥赞之。籥师学戈，籥师丞赞之。

《周礼·地官司徒》"保氏"条云：

> 保氏……乃教之六艺：一曰五礼，二曰六乐，三曰五射，四曰五驭，五曰六书，六曰九数……

早期贵族教育以礼仪为主要内容，而礼仪的核心即为音乐。所以《尚书·舜典》夔受命于舜要"典乐，教胄子"。卜辞"礼"作"豊"，裘锡

---

① 姚小鸥：《〈鲁颂·泮水〉与先秦礼乐制度的中兴》，《郑州大学学报》1998 年第 1 期。

第五章 君子文化和原史传统

圭认为这个字并非如王国维所说是指"奉神人之器",而是"从丝从珏",是"一种鼓的名称"①。周聪俊说:"鼓为古人行礼时之重要乐器,举凡祀天神,祭地祇,享宗庙,军旅,田役,大丧,莫不具备焉。故字以玉、壴以表达行礼之义。"② 所以早期贵族的礼仪教育亦即音乐教育。其实,音乐而外,"书"指识字,"数"指计算,属社会常识性科目。"射"和"御"也是当时礼仪或征战之技能。因此,西周贵族教育内容是礼仪或常用知识、技能,是一种身份教养的训练,还不能算真正的学问或职业技能。

西周时期主持所谓学宫教学的是乐人。《尚书·尧典》夔受命于舜要"典乐,教胄子",显然,乐师施教是个古老的传统。《周礼·春官》关于大司乐的职责亦有"掌学政"一项。那么,朝廷为什么要以乐师来掌学政呢?俞正燮认为:"虞命教胄子,止属典乐;周成均之教,大司成、小司成、乐胥皆主乐;《周官》大司乐、乐师、大胥、小胥皆主学……通检三代以上书,乐之外无所谓学。"③ 司乐是早期最重要的教师。司乐亦即"瞽史教诲"(《国语·周语上》)中的"瞽",韦昭注曰:"瞽,乐太师。"刘师培作《学校原始论》说:"商代之大学曰瞽宗,而周代则以瞽宗祀乐祖,盖瞽以诵诗,诗以入乐,故瞽矇皆列乐官……观《周礼》大司乐掌成均之法,以教合国之子弟,并以乐德、乐舞、乐语教国子。而春诵夏弦,诏于太师(《礼记·文王世子》);四术四教,掌于乐正(《礼记·王制》)。则周代学制,亦以乐师为教师,固仍沿有虞之成法也。"④ 以大司乐为师反映了春秋以前贵族教育情况。当时的贵族教育还是以礼仪为主,并以礼仪修养作为其成长的标志,所以《礼记·少仪》曰:"问大夫之子长幼,长,则曰'能从乐人之事矣';幼,则曰'能正于乐人'、'未能正于乐人'。"

在《周礼》中,负责教育国子者还有"师氏"。《周礼·地官·师

---

① 裘锡圭:《甲骨文中的几种乐器名称》,《中华文史论丛》1980 年第二辑。
② 周聪俊《说醴》,原载《第三届中国文字学国际学术研讨会论文集》,转引自阎步克《乐师与"儒"之文化起源》,《北京大学学报》1995 年第 5 期。
③ (清)俞正燮:《癸巳存稿》卷二,北京:中华书局 1985 年影印本,第 60—61 页。
④ 刘师培:《古政原始论·学校原始论》,《刘申叔遗书上》,第 677 页。

氏》云:"师氏……以三德教国子:一曰至德,以为道本;二曰敏德,以为行本;三曰孝德,以知逆恶。教三行:一曰孝行,以亲父母;二曰友行,以尊贤良;三曰顺行,以事师长。"这段文字明显具有儒家理想主义色彩,未必是西周时的真实情况。但"师氏"作为教育之职在西周时出现,并一直保留到春秋时期。乐太师最初都是以瞽来充任的。但随着其领袖成为掌管朝廷仪式的"大师",瞽就成了大师的部属,"大师"这一职位就不一定由乐官来担任了。他可能成为通晓乐、诗、舞的专家,也熟悉仪式背后的精神,甚至有可能熟悉史官典籍,成为朝廷中的巫史领袖。那么,"师"就有了特殊的含义。孔颖达释《尚书·说命中》云:"'大夫师长',人臣也……《周礼》立官多以'师'为名,'师'者众所法,亦是长之义也。"《孟子·梁惠王下》云:"天降下民,作之君,作之师,惟曰其助上帝宠之。"也就是说,由于师职的特殊性,他有传授知识、教育官民的责任。所谓"师氏"盖源于此。因此,《周礼》以"师氏"教育子弟以道德礼义,并非凭空想象。

司乐也好,瞽矇也好,师氏也好,这些都是以礼仪为职责的巫史人员。他们早期承担教育贵族子弟的职责,也是因为贵族子弟因为主持家礼或居职而需要学习礼仪。

但随着职官制度的发展,贵族子弟越来越多参与政治事务。晁福林说:"随着分封制和宗法制的实施,周代贵族阶级中政治权力的分配已经明朗化、固定化。这些反映在官制上便是自西周中期开始的官职世袭情况的普遍出现。"① 充任职官,使得贵族子弟对专业知识的需求也越来越多。如楚大夫申叔时谈论太子教育时说:

> 教之《春秋》,而为之耸善而抑恶焉,以戒劝其心;教之《世》,而为之昭明德而废幽昏焉,以休惧其动;教之《诗》,而为之导广显德,以耀明其志;教之礼,使知上下之则;教之乐,以疏其秽而镇其浮;教之令,使访物官;教之语,使明其德,而知先王之务用明德于民也;教之故志,使知废兴者而戒惧焉;教之训典,使知族类,行比

---

① 晁福林:《夏商西周的社会变迁》,第380页。

第五章　君子文化和原史传统

义焉。(《国语·楚语上》)

所谓《春秋》、《世》、《诗》、礼、乐、令、语、故志、训典云云，基本囊括了当时主要的文献知识。它们原来无一不是由巫史阶级所专有而世传的。王侯或贵族因为"临事有瞽史之导，宴居有师工之诵"(《国语·楚语上》)，因而没有必要亲自学习这些知识。但随着贵族官员政治身份的日渐明晰，他们在社会生活中的地位也就越来越重要，也就必然希望摆脱巫史人员的政治指导，在道德和精神上影响社会和历史。在这种情况下，贵族们开始学习更多、更专业的巫史文献。原来由巫史集团所垄断的礼乐知识的状况面临崩溃的局面。

2

西周王庭"大司乐"、"乐正"、"大师"之教，包括鲁国的泮宫，可能是贵族士大夫礼乐知识的一个来源，但这个制度远不足以顾及所有诸侯国的贵族子弟。那么，春秋时期子产、赵衰、郤縠、师旷、季札等人的礼乐知识，是从哪里来的呢？有两个渠道："观"和"问"。所谓"观"，就是"观礼"，包括"观乐"、"观书"等，"观礼"有其制度传统；而"问"则与巫史文化衰微的形式有关。

"观礼"有其传统，它是西周礼仪的一部分。宗庙祭祀是上古最为重要的仪式，它有着不言而喻的神圣性，因而也必然是庄重而神秘的，对于在场者有着严格的规定性，不应该有所谓的"观"者。至于开放性的郊天望祀等仪式，有着民众的广泛参与，有可能存在着潜在的观众。但周代实行宗法制，宗庙祭祀仪式及其相关的知识对于社会组织和意识形态建设有着十分重要的意义，所谓礼乐，主要也指的就是宗庙祭祀仪式。西周初期，周公制礼作乐，神道设教，更看重的祭祀仪式的社会教育意义，因此，其开放程度超过殷商，在宗庙祭祀仪式上出现了助祭者。如学者所论："在国家郊祀及周王宗庙祭祀中，周王为主祭者，诸侯、卿、大夫、士人、同姓宗族为助祭者。周王举行宗庙祭祀时，周王为主祭者，帝王后妃、夫人、九嫔、世妇，以及诸侯夫人、大夫孺人、士妇人、公侯世妇等亦参与助祭。在诸侯宗庙祭祀中，其主祭者为诸侯，助祭者为大夫、士、同姓宗族，以及诸侯夫人、大夫孺人、士妻等。在大夫及以下的宗庙祭祀中，宗子为主祭者，其他族人、族妇为助祭者。"① 助祭制度，将祭祀参与者的范围扩大到所有的家族成员，很大一部分是出于教化的理由，同时，助祭制度也为观礼者打开了大门。

　　西周时期，异姓诸侯或卿大夫也可参与周廷的祭礼，它实际上是助祭制度的延展。周灭殷后，将部分殷遗安置在宋国，使其世世祭祀殷商先人。宋人对周称臣，是下属的诸侯国，但却一直恪守着殷商传统，维持着对殷商祖先的祭祀。因此，从政治上来说，宋于周是臣；但从文化上来说，宋于周是客。《左传·僖公二十四年》载郑大夫皇武子云："宋，先代之后也，于周为客。天子有事，膰焉；有丧，拜焉。"所谓"有事"即宗庙祭祀，膰指致送祭肉，这段话说明，宋人常以客人的身份参与周王的祭祀仪式，即助祭。

　　《大雅·文王》是一首祭祀周文王的诗，诗中也提到宋人助祭："殷士肤敏，祼将于京。厥作祼将，常服黼冔。"诗中还记录了主持祭祀者对宋人的训诫之辞：

　　　　假哉天命，有商孙子。商之孙子，其丽不亿。上帝既命，侯于周服……无念尔祖，聿修厥德。永言配命，自求多福。

助祭是宗法文化和统治策略的体现，既强调政治服从，也着意营造天子和诸侯国之间的和谐关系，具有多方面的宗教和政治功能。但周王邀请宋人助祭，大多数情况下是为了显示周人礼乐文化的繁盛，或是进行礼乐文化交流。如《周颂·有瞽》云：

　　　　有瞽有瞽，在周之庭。设业设虡，崇牙树羽，应田县鼓，鞉磬柷圉。既备乃奏，箫管备举。喤喤厥声，肃雍和鸣，先祖是听。我客戾止，永观厥成。

---

① 许继起：《周代助祭制度与〈诗经〉中的助祭乐歌》，《文学遗产》2012 年第 2 期。

第五章　君子文化和原史传统

"瞽"为盲乐师,《礼记·明堂位》云"瞽宗,殷学也",加上"在周之庭"这种特别的解释,说明"瞽"是来自宋国的乐师,《礼记·明堂位》载"殷之崇牙",则诗中乐器的陈列、设置也是殷商旧制。周人"先祖"来听乐歌,但礼仪并不在宗庙举行,那么,这个"庭中"最合适的解释就是辟雍。周人将宋瞽说成是"我客",并希望"他们永远在我周庭之上观赏乐章"[①]。那么,诗中所描写是殷商遗民的乐舞表演,是一种礼仪交流活动。这显然是一次"观礼"活动,是在辟雍中对国子的礼仪教育活动。类似的诗还有《振鹭》、《有客》等。

观礼本是严肃的礼教活动,但在礼崩乐坏的春秋时期,出现了娱乐化的倾向。《国语·鲁语上》所载庄公如齐观社,曹刿解释"观礼"云:"天子祀上帝,诸侯会之受命焉。诸侯祀先王、先公,卿大夫佐之受事焉。臣不闻诸侯相会祀也,祀又不法。"这里所说的"会祀"实际上就是助祭,认为诸侯之间不应该有助祭行为。此外,曹刿认为"齐弃大公之法而观民于社",也就是齐国的"社"是一种民间祭祀,不符合礼制,所以,庄公如齐观社是非礼行为。

《左传·襄公十年》记载了另一次观礼事件:

> 宋公享晋侯于楚丘,请以《桑林》。荀䓨辞。荀偃、士匄曰:"诸侯宋、鲁,于是观礼。鲁有禘乐,宾祭用之。宋以《桑林》享君,不亦可乎?"舞,师题以旌夏。晋侯惧而退入于房。去旌,卒享而还。及著雍,疾。卜,桑林见。荀偃、士匄欲奔请祷焉,荀䓨不可,曰:"我辞礼矣,彼则以之。犹有鬼神,于彼加之。"晋侯有间,以偪阳子归,献于武宫,谓之夷俘。

宋公以《桑林》之礼"享"晋侯,是出于娱乐的目的。"桑林"是殷商大舞,杜预注为"殷天子之乐名"。《吕氏春秋·顺民》载商汤曾于桑林祭天祷雨,又《墨子·明鬼》云:"燕之有祖,当齐之社稷,宋之有桑林,楚之有云梦也,此男女之所属而观也。"由此看来,桑林作为地名,

---

① 聂石樵主编:《诗经新注》,齐鲁书社2000年版,第609页。

是殷商直至宋国的祭祀圣地；《桑林》作为天子之乐，当是祭天祭祖，其表演"可能较多地保存了古祭祀舞狂热、阴森、恐怖的气氛"①，与周礼的精神格格不入，因此不适合用于观礼。晋侯因为涉非礼行为，或冒犯殷商祖先而生病。

从"诸侯宋、鲁，于是观礼"这句话，以及其他春秋载录中，我们大致可以看出，春秋时期的观礼主要发生在鲁、宋两国，这是因为，鲁国实际上行周天子礼乐，宋国实际上行殷商礼乐，两者都是礼乐之大宗，所以诸侯可到鲁、宋观礼。其他国家出现的观礼，就只有齐国了，除了鲁庄公观社外，《襄公二十四年》还记载了楚国薳启强聘齐时，也被邀请观社礼。这实际上是僭越行为，是礼崩乐坏的表现。

春秋观礼行为的另一个变化是个人化倾向，一些有识之士来鲁国主动提出观礼，其中就有学习礼乐知识，主动体验礼教的目的。如下两则记载：

> 吴公子札来聘……请观于周乐。使工为之歌《周南》、《召南》。曰："美哉！始基之矣，犹未也，然勤而不怨矣。"……见舞《韶箾》者，曰："德至矣哉，大矣！如天之无不帱也，如地之无不载也。虽甚盛德，其蔑以加于此矣，观止矣。若有他乐，吾不敢请已。"（《左传·襄公二十九年》）

> 二年春，晋侯使韩宣子来聘，且告为政，而来见，礼也。观书于大史氏，见《易》《象》与《鲁春秋》，曰："周礼尽在鲁矣，吾乃今知周公之德与周之所以王也。"（《左传·昭公二年》）

季札"观乐"，为鲁国整套祭祀礼仪的舞乐部分，不是完整的礼仪。韩宣子所观之"书"，并非祭祀礼仪，但却与宗教祭祀有关，在春秋时期归神职人员所掌管。"观乐"和"观书"，是从"观礼"引申而来，它的目的不是为了学习礼仪，二是学习礼仪之精神和意义层面的东西。它逸出传统

---

① 王克芬：《中国舞蹈发展史》（修订本），上海：上海人民出版社2003年版，第33页。

第五章 君子文化和原史传统

礼教，但也在礼教传统之中。这两个观礼都是在聘问过程发生的，春秋外交已有观礼的成例，但从《左传》来看，并不是所有的聘问活动中都有观礼，这两次活动，可能与季札、韩宣子本人的兴趣和修养有关，也可能是他们自己请求的。

由上可知，春秋观礼行为已经突破了西周的传统，观礼的场合、人员、目的也都不再有严格的限制。《左传·庄公三十二年》载："雩，讲于梁氏，女公子观之。"鲁国演习求雨仪式，梁氏女公子可以因便而观之，这说明观礼活动已经完全不在意人员身份了。《定公十五年》载邾隐公来朝时，子贡前往观两君相见之礼，并评论曰："以礼观之，二君者，皆有死亡焉。夫礼，死生存亡之体也，将左右、周旋、进退、俯仰，于是乎取之；朝、祀、丧、戎，于是乎观之。今正月相朝，而皆不度，心已亡矣。嘉事不体，何以能久？高、仰，骄也；卑、俯，替也。骄近乱，替近病，君为主，其先亡乎！"由此看来，春秋时期，观礼已经向社会敞开，至少贵族士大夫及其子弟观礼，已经没有任何障碍，这也就为他们学习礼仪知识和相关文献，开辟了道路。孔子云诗"可以观"（《论语·阳货》），说明人们已经将"观"视为诗本身固有的功能。我们从季札、韩宣子等人的评论中，也看到贵族士大夫已经熟悉礼仪规范，并对礼教有自己的体验。正是在这种历史背景下，产生了专门的"习礼"者，如《礼记·檀弓下》记载孔子称延陵季子是"吴之习于礼者也"；也出现了专门指导观礼的理论，如《丧服四制》云："比终兹三节者，仁者可以观其爱焉，知者可以观其理焉，强者可以观其志焉。礼以治之，义以正之，孝子弟弟贞妇，皆可得而察焉。"这些都说明，观礼、观乐、观诗在春秋文化活动中的重要地位。

3

周廷衰颓，礼乐人员和文献典籍星散各地。《史记·历书》云："幽厉之后，周室微，陪臣执政，史不记时，君不告朔，故畴人子弟分散，或在诸侯，或在夷狄，是以其机祥废而不统。"昭公二十六年，"王子朝及召氏之族、毛伯得、尹氏固、南宫嚚奉周之典籍以奔楚"。所以，《左传·昭公十七年》有"天子失官，官学在四夷"的说法。巫史职官及其文献的星散，一方面说明礼乐仪式不再那么神圣，一方面也说明贵族士大夫能更多地接近巫史人员，而这两点，为贵族士大夫通过"问礼"的方式学习礼乐知识提供了机会。

殷商占卜，主持者一般是王，直接向神灵发问者也是王；到了西周春秋时期，主持宗教活动的都是巫史人员，所以，周王或诸侯所问的对象就是巫史了。如下例：

> 秋七月，有神降于莘。惠王问诸内史过曰："是何故也？"（《左传·庄公三十二年》）

> 夏四月甲辰朔，日有食之。晋侯问于士文伯曰："谁将当日食？"（《左传·昭公七年》）

> 十六年春，陨石于宋五，陨星也。六鹢退飞，过宋都，风也。周内史叔兴聘于宋，宋襄公问焉，曰："是何祥也？吉凶焉在？"（《左传·僖公十六年》）

以上都是王侯就吉凶询问巫史人员，是对神意的接受。

王侯咨老也称为"问"。《国语·周语上》载樊穆仲云：

> 肃恭明神而敬事耇老，赋事行刑，必问于遗训而咨于故实，不干所问，不犯所咨。

这里所描述的就是咨老之礼。传说三代有养老乞言的制度，《礼记·内则》云："凡养老，五帝宪，三王有乞言。五帝宪，养气体而不乞言，有善则记之为惇史。三王亦宪，既养老而后乞言，亦微其礼，皆有惇史。"所谓"乞言"就是"咨老"，它应该是古代长老政治的遗迹。

由上可知，早期"问"的对象是神灵和耇老，"问"是对某种启示性的开启，"问"本身具有礼仪的属性。据《左传》记载，春秋早期，周王通常派遣史官出访"观政"，而周王则向出访的史官"问政"，如《国

第五章 君子文化和原史传统

语·周语上》载内史过曾祭神观虢政、赐晋惠公命观晋政，并备周王问政之事。"观政"和"问政"在当时也制度化了，应该是问巫卜和咨老的结合。

以上的"问"，其行为虽然在礼仪之中，但并不是就礼仪本身的发问。从"临事有瞽史之导"的角度来说，王侯没有必要掌握礼仪知识，所以，王侯只问结果，并不关心原因，或结果是如何获得的。但春秋时期，就礼仪本身的问变得多了起来，而且问者也不限于王侯，出现了真正的"问礼"。如下例：

> 冬，晋侯使士会平王室，定王享之。原襄公相礼。殽烝。武子私问其故。王闻之，召武子曰："季氏！而弗闻乎？王享有体荐，宴有折俎。公当享，卿当宴。王室之礼也。"武子归而讲求典礼，以修晋国之法。（《左传·宣公十六年》）

晋国大夫士会在接受周王的享礼之后，还要"私问其故"，这就是对礼仪本身的兴趣了，其目的是为了"归而讲求典礼，修晋国之法"。这说明春秋贵族大夫开始关注礼仪建设。士会私下所问的应该是原襄公，原襄公既然能够为周王相礼，必然有巫史之职。类似的例子还有昭公九年，陈国有灾，郑国星占家裨灶推断"五年陈将复封，封五十二年而遂亡"，而"子产问其故"，也就是向裨灶探听这一预言的依据，而这本是巫史不能外传的职业技术。昭公二十九年，龙见于绛郊，魏献子问于蔡墨曰："吾闻之，虫莫知于龙，以其不生得也，谓之知，信乎？"这是魏献子就龙的传说请教于晋国史官[①]。以上都是"问礼"，也就是说，春秋贵族大夫们不再满足于"临事有瞽史之导"，希望主动介入礼乐之中，开始对礼乐知识产生了兴趣。

另一种情况是由于礼乐在政治生活中更加广泛的运用，必然导致交流的增加，问礼的情况也越来越多。如《左传·襄公四年》所载，鲁国大臣穆叔如晋，晋侯在宴会上为其演出《肆夏》、《文王》，穆叔皆不拜，为

---

① 蔡墨为晋国史官，又称蔡史墨、史墨。见杨伯峻《春秋左传注》（修订本），第1500页。

歌《鹿鸣》则三拜,此令晋侯困惑,于是,韩献子派行人子员询问原因,穆叔答道:

> 《三夏》,天子所以享元侯也,使臣弗敢与闻。《文王》,两君相见之乐也,使臣不敢及。《鹿鸣》,君所以嘉寡君也,敢不拜嘉?

所谓"行人",属于史官僚属,是专业礼仪人员,常于外交场合备顾问,所以由行人进行礼仪沟通乃是其职责所在。而之所以有这次沟通,原因在于春秋赋诗被赋予了更多的现实内涵,其方法则是断章取义,超出了礼仪用诗,需要更多的理解,因此,礼仪过程中或针对礼仪的"问礼"情况就在所难免。实际上,由于赋诗在春秋政治礼仪中的重要性,越来越多的贵族大夫有掌握诗、理解诗的愿望,《左传·昭公十二年》记载楚王对子革称赞左史倚相是"良史",子革对曰:

> 臣尝问焉,昔穆王欲肆其心,周行天下,将皆必有车辙马迹焉。祭公谋父作《祈招》之诗以止王心,王是以获没于祇宫。臣问其诗而不知也。若问远焉,其焉能知之?

这说明子革曾经向倚相问诗,而倚相之所以没有能够就《祈招》诗给出令子革满意的解释,一可能是传统用诗有其规程,以礼仪程序展示,并不需要理解;二可能是人们对诗的用法、理解并无一定之标准,也就很难给出一个确定无疑的解释。从这些例子来看,春秋"问诗"有其必然性。

春秋时期,"问礼"的情况非常普遍。据《左传》所载,隐公五年,"考仲子之宫,将万焉。公问羽数于众仲";隐公八年,"无骇卒,羽父请谥与族。公问族于众仲";桓公六年,"公问名于申𦈡";庄公十四年,庄公因郑国内蛇、外蛇相斗,及厉公入国,而问申𦈡"犹有妖乎",等等。我们现在不清楚众仲、申𦈡的身份,但他们精通礼乐知识,并且备鲁君顾问,可能有巫史的背景,当然,也可能是掌握了礼乐知识的大夫。又如昭公二十五年,赵简子问子大叔"揖让、周旋之礼",子大叔认为那只是"仪"而非"礼"。子大叔以郑国正卿的身份精通礼乐知识,并且很有见

第五章 君子文化和原史传统

地,说明知识传播已经不限于巫史和王侯贵族之间,贵族之间也有了知识传播,在贵族之间的知识主要就是靠"问"来传播的。问在当时已经成为一种风气,《国语·鲁语上》云:"夫仁者讲功,而智者处物。无功而祀之,非仁也;不知而不能问,非智也。"

自觉地学习巫史文献,在春秋晚期已经形成了风气。《左传·昭公十八年》记闵子马驳原伯鲁"可以不学,不学无害"的话说:

秋,葬曹平公。往者见周原伯鲁焉,与之语,不说学。归以语闵子马。闵子马曰:"周其乱乎!夫必多有是说,而后及其大人。大人患失而惑,又曰:'可以无学,无学不害。'不害而不学,则苟而可,于是乎下陵上替,能无乱乎?夫学,殖也。不学,将落,原氏其亡乎!"

就这段话看来,学习已经成为贵族不得不面对着的一个选择,是一个经常性的话题。原伯鲁说自己不喜欢学习,表达了一个老贵族的守旧态度,抵制正在发生的社会革新。而闵子马则是新兴文化的代表者,他认为,社会秩序和价值观念由"学"中产生,不学就会陷入"下陵上替"的混乱状态,导致家族或国家的衰亡。"学"作为一种生长性的"殖",是社会理想发育的根基,是维护个体向上、向前的动力,同时,"学"也是一个不能中断的过程,无论"小人"还是"大人",都必须保持着学习的热情。这样的"学",它的内容不可能再是已经机械化了的礼仪,而是《易》、《象》和《春秋》这些更具有意识形态色彩的文献。又《国语·晋语九》云:

范献子聘于鲁,问具山、敖山,鲁人以其乡对。献子曰:"不为具、敖乎?"对曰:"先君献、武之讳也。"献子归,遍戒其所知曰:"人不可以不学。吾适鲁而名其二讳,为笑焉,唯不学也。人之有学也,犹木之有枝叶也。木有枝叶,犹庇荫人,而况君子之学乎?"

范献子因为自己不知道鲁国的避讳而觉得惭愧,由此而告戒自己和他人要虚心向学。这说明，追求知识已成为贵族修养的一部分了，知识可以自我庇护，所以君子必须以更为广博的学术才能在社会中立身。我们看到春秋贵族追求知识、学习文献的自觉主动性。其实不光是贵族，诸侯王也积极参与到"学"之中。《国语·晋语四》有这样一个记载：

> 文公学读书于臼季，三日，曰："吾不能行也咫，闻则多矣。"
> 对曰："然而多闻以待能者，不犹愈也？"

虽然晋文公不是很清楚读书的意义，但仍没有放弃学习；臼季也知道晋文公并不能学以致用，但还是鼓励他学习。显然，学习作为一种修养或风气，甚至已对一些开明的诸侯王产生了影响。

"观礼"、"观乐"、"观书"、"每事问"、"从之"等，是私学以前巫史学问向社会传播的一个重要手段，是世俗贵族、士人主动学习传统文献的过程。当这些贵族或士人将巫史典籍学到手后，其中一些饱学之士又成为他人的老师，如《国语·晋语七》记载了晋悼公听说叔向"习于《春秋》"，便请他来做太子彪的傅。另有一些无职的士人甚至以此为职，通过私学的形式，更进一步将其传播扩大。孔子可能是兴办私学的第一人。至春秋末期，私学大兴于时，各种文献都得到传播和整理。士人在此基础上，发展了各自的学术观点，造成了战国时期百家争鸣的文化态势。

4

史职地位的下降，降低了文献的神圣性，史官散落各地又使得文献更加接近社会。由于从贵族到普通士人都有学习的需要，致使私学得以发展。这些，又为史官文献编辑、传播创造了条件。申叔时论教育楚太子时提到的《春秋》、《世》、《诗》、"礼"、"乐"、"令"、"语"、"故志"、"训典"等名目，在当时是否全都编定成教材文本，现在还不能知晓。但到战国时期，原来属于巫史的原始文献都已经编定成书。这一工作必是自春秋中后期开始的。

从《左传》中"赋诗"、"观乐"等记载来看，最早的赋诗是在僖公二十三年（前636年），当时君子们强调"赋诗必类"，且在礼仪活动中

第五章 君子文化和原史传统

有固定的歌诗程序。从《仪礼·乡饮酒礼》中，我们可以看到在整个仪式上，要按时"作乐"，包括升歌、笙奏、间歌、合乐等几个环节，在这些环节中，诗歌都是按既定程序展开的。显然，它的前提是诗已经被按一个固定的顺序编定了。而季札观乐是在襄公二十九年（前544年），此时所观之"诗"在风、雅、颂大目的编次上已与今传《诗经》相同，所以有学者认为是东周时期朝廷的乐官编就了《诗经》[①]。不过，《诗经》的编定显然是为了仪式的目的，是出于礼仪的秩序。但《诗经》肯定也有教育的目的。《周礼·春官》说到"大司乐"以乐德、乐语、乐舞教"国子"，而其中"乐语"的内容包括"兴、道、讽、诵、言、语"几项。朱自清认为所谓"乐语"都以歌辞为主（《诗言志辨》），并举《国语·周语下》一则叔向对单之老的一段话来说明"乐语"之教。兹录这一段引文如下：

> 其语说《昊天有成命》，《颂》之盛德也。其诗曰："昊天有成命，二后受之，成王不敢康。夙夜基命宥密。於，缉熙！亶厥心肆其靖之。"是道成王之德也。成王能明文昭，能定武烈者也。夫道成命者而称昊天，翼其上也。二后受之，让于德也。成王不敢康，敬百姓也。夙夜，恭也；基，始也；命，信也；宥，宽也；密，宁也；缉，明也；熙，广也；亶，厚也；肆，固也；靖，和也。其始也，翼上德让，而敬百姓；其中也，恭俭信宽，帅归于宁；其终也，广厚其心，以固和之。始于德让，中于信宽，终于固和，故曰成。

这是叔向在阐释《诗经》之义，朱自清认为由此可以想见乐官在传授《诗经》时的状况。可见，《诗经》虽为官编，但到了春秋中期以后，它也成为教学的重要教材了。《诗经》先是在学宫中传播，再传到贵族贤人

[①] 如高亨说："所谓周乐，差不多包括了今本《诗经》全部（只有《鲁颂》、《商颂》不在内），这些诗是鲁国乐工所歌，而称作'周乐'，那末编辑者应该是周王朝的乐官了。"（《诗经今注·诗经简述》，上海：上海古籍出版社1980年版，第1页）又余冠英说："这些作品，积累到三百零五篇，编定成一部总集，大约在纪元前六世纪中。"（《诗经选·前言》，北京：人民文学出版社1956年版，第1页）

那里，最终成为私学的经典教材，孔子说："不学诗，无以言。"（《论语·季氏》）可见《诗经》在春秋晚期已经普遍用于私学了。

礼书的编定也必在春秋时期。《左传·哀公三年》记载鲁宫庙起火："南宫敬叔至，命周人出御书，俟于宫……子服景伯至，命宰人出礼书，以待命。"杨伯峻注释引《周礼·春官·大史》云"大祭祀，与执事卜日戒及宿之日，与群执事读礼书而协事"①，可见，史官本有"礼书"传世。不过，礼书的编定也如同《诗经》，最初是作为一部职业参考文献，后来又用于贵族教学之中。至春秋晚期，孔子以礼乐为教，所本者当为史官之"礼书"。孔子为教学需要，有所编辑，"其后，七十子后学也有可能续加整理与增益，以致最后形成今本十七篇的样子"②。

《春秋》是在鲁国史官的典策文献的基础上编定的，《左传》和《孟子》都提到"鲁《春秋》"或"鲁之《春秋》"。现在关于孔子和《春秋》的关系的一般看法，是认为孔子可能修订、编次并且传播过《春秋》。在孔子之前应该有一个《春秋》的编辑本子。《公羊传·庄公七年》说：

"不修春秋"曰"雨星不及地尺而复"，君子修之曰"星霣如雨"。何以书？记异也。

这段记载说明是"君子"修订了《春秋》，此"君子"非孔子，因为《公羊传》有多处称孔子，因此没有必要再以"君子"来隐匿孔子。此处的"君子"当同于史书上"君子曰"之"君子"，是史官。不过，《春秋》肯定和孔子有着密切的关系，《公羊传·昭公十二年》在记述了齐高偃纳伯于阳之事时，还记载了孔子的对话："子曰：'我乃知之矣。'在侧者曰：'子苟知之，何以不革？'曰：'如尔所不知何？《春秋》之信史也。其序，则齐桓、晋文，其会，则主会者为之也，其词，则丘有罪焉耳。'"但《春秋》由积两百余年的材料筛选而成，只能由史官在官府中初步完成后，才能传入社会。清人袁毂芳《春秋书法论》说："《春秋》者，鲁

---

① 杨伯峻：《春秋左传注》（修订本），第1621页。
② 丁鼎：《试论〈仪礼〉的作者与撰作时代》，《孔子研究》2002年第6期。

第五章　君子文化和原史传统

史也。鲁史氏书之，孔子录而藏之，以传信于后世者也。"① 这一说法肯定了史官的编纂首功，但似乎低估了孔子对《春秋》的贡献。

《春秋》之外，《左传》是这一时期整理出来的最重要的一本史著，大约成书于春秋后期或战国初期，它的编纂者是左丘明。《史记·十二诸侯年表序》云：

> 鲁君子左丘明惧弟子人人异端，各安其意，失其真，故因孔子史记具论其语，成《左氏春秋》。

司马迁所说的"孔子史记"即指《春秋》，他认为《左传》是为了阐释《春秋》而作。这一看法在古代很流行。徐中舒认定《左传》的原始材料是一种口传文献。他说："当时所有的重要史料，除了《春秋经》以外，还有大量珍贵的口头文献流传于乐官中，由瞽矇以传诵的方式保存下来。孔子弟子当鲁国礼坏乐崩典籍散亡之时，与太史、乐官同时去国，他们从太史接受《春秋》，也从乐官接受这些珍贵的口头文献，这就为《左传》编写准备了必要的条件。"他又说："当时有两种史官，即太史与瞽矇，他们所传述的历史，原以瞽矇传诵为主，而以太史帮助记诵，因而就称为瞽史。"而左丘明也有失明或无目的说法，徐中舒因此认为左丘明正是传诵《左传》的瞽矇②。但由瞽矇纯靠记诵而掌握数百年的历史细节，尤其是其中还有些大段的人物对话，这似乎是不可能的。虽然世界上有靠口传而记诵篇幅更大的作品的例子，但那些大多是通过演唱的形式来帮助记诵的，而中国当时早已有笔录的便利。因此，我认为《左传》的基本材料仍然是笔录文献，是来自史官传闻制度的简牍文献，本书前文已作考论。但徐中舒认定左丘明是史官基本是可靠的。《汉书·艺文志》"六艺略"录有《左氏传》三十卷，班固自注曰："左丘明，鲁太史。"今人汪荣祖《史传通说》举前人三说以明"左"为史职之称，而丘明乃是姓名：

> 俞正燮谓左丘明子孙为丘氏，自汉至六朝并无异说，左为职称，

---

① 转引自杨伯峻编著《春秋左传注·前言》（修订本），第 15 页。
② 徐中舒：《〈左传〉的作者及其成书年代》，《历史教学》1962 年第 11 期。

· 197 ·

犹如左史。刘师培以为不误，曰："左史即太史，又据汉志自注及《论语》孔注均云丘明鲁太史，是丘明即左史，厥证甚昭。"章太炎亦谓："太史为左氏，左其官，丘其氏，信矣。"①

想必左丘明也是一个去职的史官，他在整理了《左传》后，就用它在社会上授学。刘向《别录》叙述了《左传》的传授统系："左丘明授曾申，申授吴起，起授其子期，期授楚人铎椒，椒作《抄撮》八卷。"② 由此看来，左丘明本人直接从事私学，也就可以肯定地说，《左传》是为了适应私学发展的需要而编纂的。

与《左传》同为前代史官所保留的职业文献，如"语"类作品，也得到整理和传播。最著名的如《国语》。《国语》是一部载录君子和史官"嘉言善语"的著作，是春秋史官借以建设新的意识形态的又一重要文献，先是在史官内部流行。《国语》的编纂者，以司马迁的说法也是左丘明。他在《太史公自序》中说："左丘失明，厥有《国语》。"但很多学者对司马迁这句话并不太相信，一方面是因为司马迁的《太史公自序》含有这句话的那段文字文学色彩强，且多与史实不合；另一方面，有学者根据《国语》中的一些预见性的内容，判断此书当编成于战国初期，甚至是战国后期③。不过，即使《国语》是战国时期由其他人编定的，也不能否定这本书作为春秋文献的性质。此外，长沙马王堆出土帛书《春秋事语》亦出于战国时期，它的分量要明显少于《左传》和《国语》，而且文字亦较简陋，但其内容却与《左传》相合，共十六章。张政烺说："这十六章的文字，记事十分简略，而每章必记述一些言论，所占字数要比记事多得多，内容既有意见，也有评论，使人一望而知这本书的重点不在讲事实而在记言论。这在春秋时期的书籍中是一种固定的体裁，成为'语'。"④ 李学勤却认为《春秋事语》是一种从《左传》简化而来的书，

---

① 汪荣祖：《史传通说——中西史学之比较》，北京：中华书局2003年版，第43—44页。
② 转引自陈国庆《汉书艺文志注释汇编》，北京：中华书局1983年版，第65页。
③ 沈长云：《〈国语〉编撰考》，《河北师院学报》1987年第3期。
④ 张政烺：《马王堆汉墓出土帛书〈春秋事语〉释文》，《文物》1977年第1期。

第五章 君子文化和原史传统

类似于《铎氏微》、《虞氏春秋》，出自荀子一系学者之手①。但在战国时期此类书籍应该很多，而且源自不同诸侯国、不同的史官，有些大同小异，也是可以理解的，不必非得指定出自某一书。从形式上看，即使《春秋事语》是一种节录自《左传》的书，也肯定受到春秋"语"类史著的影响。

由此我们可以看出，由春秋晚期到战国时代，实是一个史著编纂的高潮时期。究其原因，史职衰微后，史官不得不走向社会，导致了史籍的播散；而由于社会变化而兴起的私学之风，对这些史籍文献有着很大的需求，史官及一部分士人由此而对典藏文献进行整理、编辑，使其适合于教学和流传，致使史著文献繁盛一时。史官群体的衰微和史籍文献的繁盛，成了这一时期独特的现象。

二 "君子"与立言传统

1

西周和春秋贵族子弟都受到礼、乐、射、御、书、数等六艺教育，从《左传》中也可以看到贵族士大夫们随口称引《诗经》、《周易》甚至《尚书》的记载。学者由此推断原先由巫史掌握的文献，到了春秋前期已成为官员的一般修养，并认为当时存在着所谓官师政教合一的制度。就是说，贵族官员本身不但具有职业知识，而且还具有教育的责任，知识在官府中代代相传。余英时举《左传》中晋文公"作三军，谋元帅"之事来证明所谓官师政教合一制度的存在。在这段载录中，赵衰举荐郤縠说：

> 臣亟闻其言矣，说、礼乐而敦《诗》、《书》。《诗》、《书》，义之府也；礼、乐，德之则也；德义，利之本也。《夏书》曰："赋纳以言，明试以功，车服以庸。"君其试之！（《左传·僖公二十七年》）

这样的事例我们在《左传》中还能看到不少。这些描述是制度性的事实，

---

① 李学勤：《帛书〈春秋事语〉与〈左传〉的传流》，《古籍整理研究学刊》1989 年第 4 期。

还仅仅是反映了当时的一种理想呢？当诗书礼乐被当作郤縠的特别品质提出来，这不能说明在那个时代诗书礼乐等知识是和朝廷或诸侯职官一定联系在一起的。它可能被公认为是衡量个人品质的标准，但未必是对职官的要求，而且也正因为很少有人能做到这一点，赵衰才特别推荐郤縠。当然，那些关于国士教育的描述，包括《国语》中申叔时所论以《春秋》、《世》、《诗》、礼、乐、令、故志、训典等原巫史文献教育楚太子，实际上也只反映了申叔时本人的思想，而不是一种实际的制度。从史书记载来看，真正的官师政教合一的状况并没有形成，能够懂得前代典籍，关心社会意识形态的人是不多的。孔子说："不学诗，无以言。"（《论语·季氏》）但如果我们统计一下《左传》中引诗的情况，发现能引诗的毕竟只是贵族阶层中的很少的一部分人，引《书》和《易》的人更少，至于征引古史，就微乎其微了。西周或春秋时期，人们是不可能离开典籍来论"政教"的，所以，官师政教合一作为一种社会制度，在西周春秋时期，实际上是不存在的。

但上述这些载录，也至少反映了春秋时期确实出现了两个方面的变化：（1）德义理性已经从国家宗教中剥离出来，成为一种社会价值；（2）巫史不再独享文化话语权力，某些贵族士大夫已经有了分享，甚至主导社会话语的能力。如果仅将这两个方面认定为一种文化上的突破，也无可厚非。但造成这个突破的，并不是作为一个阶级的"士"，而是春秋时期的"君子"。君子，不是以其政治经济地位来定位的，也不具有自由知识分子的身份；"君子"是作为一种文化品质而被认定的。"君子"的标志，一是礼仪修养，二是立言于世。我们说，春秋时期，是中国文化史上的君子文化时期，是国家宗教和士人文化的过渡阶段，而在君子文化和士人文化之间也不存在一种突破关系。

2

今文《尚书》之《酒诰》、《召诰》有"伯君子"或"百君子"连称，孙星衍引郑玄注为"王之诸臣与群吏"、"谓大夫以上"[①]。《尚书·

[①] （清）孙星衍：《尚书今古文注疏》下册，第400页。

第五章 君子文化和原史传统

无逸》中，周公要求"君子"能"知稼穑之艰难……知小人之依"，以"君子"和"小人"对举，显然也是泛指贵族臣僚。《秦誓》云："惟截截善谝言，俾君子易辞，我皇多有之，昧昧我思之。"孔传云："惟察察便巧善为辨佞之言，使君子回心易辞，我前多有之，以我昧昧思之不明故也。"则此"君子"当指秦王的臣下。以上为今文《尚书》所见之"君子"，一般用来指臣僚，并不具有特别崇敬的含义。这个用法也见于春秋其他载录中。如昭公六年，楚公子弃疾如晋，在经过郑国时下令"禁刍牧采樵，不入田，不樵树，不采蓺，不抽屋，不强匄"，并誓曰："有犯命者，君子废，小人降。"（《左传·昭公六年》）其中的"君子"指的就是贵族官员。《诗经》共六十二首一百八十三处提到"君子"①，数量陡增，可见其由西周到春秋，正处在一个逐渐流行的过程中。《诗经》中"君子"一词的意义更复杂，有学者总结为四个方面的含义：（1）天子、君王；（2）贵族、官员、富人、主人；（3）情人或丈夫；（4）有才有德的人②。显然，导致这一扩展的原因，一是时代的发展，一是《诗经》所表达的社会面更为广泛。"君子"在《诗经》里虽然主要还是表达贵族身份意识，但它也被用来表示敬爱之情。由贵族而扩及敬爱者，其政治身份的含义逐渐模糊，"君子"也因此而承担了人们的情感评价，从而也为这个词进一步承担价值评价展示了可能。而赋予"君子"以价值和相关的文化内涵，则是由史官文献完成的。

春秋史官文献中的"君子"，一方面被赋予了浓厚的价值判断的意味，另一方面它又可代表一个正在崛起的新的文化精英阵营。而这是在《尚书》和《诗经》中都没有过的现象。在《左传》中出现的一百八十多处"君子"中，除了偶然有表示贵族身份的例子外，大部分"君子"的用法大致可以分为以下三种情形：一是借以树立某种社会人生理想，二是用以称赞当时的贤人，三是用以发表对史事的评论。

《左传》往往以"君子"来表明某种人格理想和行为准则，这类情形约有二十多处，所涉及的内容较为广泛。如桓公五年，郑庄公曰："君子不欲多上人，况敢陵天子乎？"文公十五年，鲁国季文子曰："君子之不

---

① 吴正南：《君子考源》，《武汉教育学院学报》1998 年第 5 期。
② 池水涌、赵宗来：《孔子之前的"君子"内涵》，《延边大学学报》1999 年第 1 期。

虐幼贱，畏于天也。"襄公二十五年，大叔文子曰："君子之行，思其终也，思其复也。"襄公三十一年，北宫文子曰："故君子在位可畏，施舍可爱，进退可度，周旋可则，容止可观，作事可法，德行可象，声气可乐；动作有文，言语有章，以临其下，谓之有威仪也。"等等，这些例子主要是用君子来表明理想状态下的礼仪规范、行为方式或者人格理想。又，襄公二十四年子产曰："侨闻君子长国家者，非无贿之患，而无令名之难。"昭公元年子产曰："侨闻之，君子有四时：朝以听政，昼以访问，夕以修令，夜以安身。"昭公四年浑罕曰："君子作法于凉，其敝犹贪。"这些例子大多说明在行政谋事时所应该遵循的原则，而"君子"就是践行这些原则的楷模。

"君子"在《左传》中还用作对当时贤明人物的评价，这样用法约三十处。如僖公十五年，晋君为秦国所俘，晋臣对秦君谈到国内的情况时，以君子和小人对举，称"小人戚，谓之不免；君子恕，以为必归"；僖公二十六年，鲁国展喜答齐侯问时说："小人恐矣，君子则否。"这两处的"君子"都特指本国有见识、知礼仪的贵族，与贵族中的"小人"相对，强调的是见识、修养等个人品德。此种用法还见于襄公二十九年：季札适卫，对卫臣蘧瑗、史狗、史鰌、公子荆、公叔发、公子朝等有好感，就说："卫多君子，未有患也。"襄公三十年，季武子以"朝多君子"论晋国的赵孟、伯瑕、史赵、师旷、叔向、女齐等人。

那么，具有什么样的品质才能被称为"君子"呢？我们举几例以说明。宣公十二年，晋楚邲之战，晋将鲍癸下令停止追击楚军，他的理由是"其左善射，其右有辞，君子也"。成公二年，齐晋鞌之战，晋将韩厥追击齐侯，齐将邴夏曰："射其御者，君子也。"齐侯曰："谓之君子而射之，非礼也。"又，成公九年，晋范文子称楚囚为"君子"，因为他"言称先职，不背本也；乐操土风，不忘旧也"。昭公二十年，齐侯招虞人以弓，不进。虞人说："旃以招大夫，弓以招士，皮冠以招虞人。臣不见皮冠，故不敢进。"孔子认为虞人能"守官"，是君子的同类。以上这些"君子"，基本上没有后世的道德或政治含义，所涉及的行为是射、辞令、御、乐、礼节，而这些行为都关涉礼仪修养。此外，晋侯称子产为"博物君子"（《左传·昭公元年》），师旷因"信而有征"被叔向称为君

第五章 君子文化和原史传统

子（《左传·昭公八年》），郑国的子齹、子大叔、子游、子旗、子柳等都因为在赋诗的中表现得体而被晋大夫韩起称为"二三君子"（《左传·昭公十六年》）。这里，君子的标准是对传统典籍的熟悉，而文献典籍和礼仪职事都是属于巫史文化传统。

由于礼仪和文献在当时世俗文化中是非常容易被区别出来的，我们可以将礼仪典籍看作是"君子"的最基本要素。也就是说，《左传》所谓君子，其基本含义也正是对礼仪传统中人的一种称呼，并由此而推而广之到人格、政事等方面。而且，君子在指及人格、政事时仍然包含着礼仪传统这个起点。如晋将狼瞫被称为君子是因为"怒不作乱而以从师"（《左传·文公二年》），鲁大夫臧孙纥被孔子称为君子是因为"能补过"（《左传·昭公七年》），郑国子产因为精通礼仪、有治国之才，被称为"君子之求乐者也"（《左传·昭公十三年》），这些德行、功业，也都是基于礼仪规范来进行判断的。所以，相对于《论语》中所描述的人格君子，则可以把《左传》中这些君子人物称为礼仪君子。

3

《左传》等史著中的"君子"，还有是以评论者身份出现的。这种用法甚至可以看作《左传》的文体特征。此以文公六年为例：

> 秦伯任好卒，以子车氏之三子奄息、仲行、鍼虎为殉，皆秦之良也。国人哀之，为之赋《黄鸟》。君子曰："秦穆之不为盟主也宜哉！死而弃民。先王违世，犹诒之法，而况夺之善人乎？《诗》曰：'人之云亡，邦国殄瘁。'无善人之谓。若之何夺之？古之王者，知命之不长，是以并建圣哲，树之风声，分之采物，著之话言，为之律度，陈之艺极，引之表仪，予之法制，告之训典，教之防利，委之常秩，道之礼则，使毋失其土宜，圣王同之。今纵无法以遗后嗣，而又收其良以死，难以在上矣。"君子是以知秦之不复东征也。

这一段文字中出现了两次"君子"。前一个"君子曰"，是对秦穆公以子车氏三子为殉一事的评论；后一个"君子是以知"，是对秦国前途的预测。这两个用法，也是《左传》中"君子"作为评论者身份出现的两种常见用法。前者如隐公元年，颍考叔促成郑庄公母子重新相见后，"君子曰：'颍考叔，纯孝也，爱其母，施及庄公。《诗》曰"孝子不匮，永锡尔类"，其是之谓乎！'"后者如襄公三十一年，季武子在葬礼上三次换丧服，"君子是以知其不能终也"。此类"君子曰"的情况在《左传》中共有七十八例①，是一种相当普遍的用法。

那么，这里的"君子"都是些什么人呢？后人通常把这些"君子曰"或"君子是以知"和《史记》的"太史公曰"相提并论，认为是史书的论赞衡评②，是《左传》等成书之时，由编者另行加上去的"编者按"③。这是学术界普遍的看法，但并不一定是正确的。杨向奎以《韩非子·难四》曾经引用了《左传·桓公十七年》中的"君子谓'昭公知所恶矣'"，而认为"君子曰"中的文字"皆无人伪窜之痕迹"，推断"'君子曰'为《左传》原有，盖无疑问矣"④。郑良树举出五个方面的理由，证明"君子曰"并非后人所附益的，而是与《左传》同时流行⑤。不过，杨向奎和郑良树的观点是针对后儒认为《左传》经刘歆造伪这一论点而

---

① 见郑良树《论〈左传〉"君子曰"非后人所附益》，载《竹简帛书论文集》，北京：中华书局1982年版。

② 如张东光《传统史学的衡评模式与衡评标准》（《河南教育学院学报》1995年第1期）即将《左传》中的80条"君子曰"、"君子谓"、"君子是以知"、"君子以为"和司马迁的"太史公曰"看作中国最早的"衡评模式"。

③ 见唐贤全《论"太史公曰"的春秋笔法》，《上海社会科学院社会科学辑刊》1982年第2期。

④ 杨向奎：《论〈左传〉之性质及其与〈国语〉之关系》，载《绎史斋学术论文集》，上海：上海人民出版社1983年版，第189—200页。

⑤ 郑良树《论〈左传〉"君子曰"非后人所附益》从以下几个方面陈述自己的观点：第一，先秦古籍引及《左传》"君子曰"；第二，左传"君子曰"引逸诗、逸书；第三，《左传》"君子曰"语有重复；第四，《左传》"君子曰"异于《国语》"君子曰"；第五，《左传》有"君子曰"犹《国语》之有"君子曰"。作者总结说："根据第二类证据，我们知道它们在《诗》、《书》散逸之前就已经存在了；根据第一类的证据，我们知道它们在《左传》本书流传之时，就跟《左传》一起流传了；这些，都是积极的主证。从第三类的证据里，我们推测出它们不应该是后人所附益的，因为它们有许许多多重复的地方，附益者不应该有如此自露破绽的愚拙手法；至于第四类的证据，因为它们和他书有所不同，更可以证明它们是《左传》原有的文字；这些，都是比较消极的副证。《左传》有'君子曰'，犹如《国语》之有'君子曰'，我们承认《国语》的'君子曰'，就应该承认《左传》的'君子曰'，这是它们的共同点！这是第五类证据，也是笔者的旁证。"（《竹简帛书论文集》，第353—354页）

第五章　君子文化和原史传统

发的，认为"君子曰"和《左传》皆出于先秦。本书赞同这样的看法，并进一步认为大多数"君子曰"是和《左传》的原始材料同时出现的。如上所列文公六年之例中，秦国以三良为穆公殉葬，"君子是以知秦之不复东征也"。君子大概看出秦穆公死后，秦已走上了下坡路，不能再和晋相争。但断然说秦不复东征，就明显与史实不符。穆公死后的第二年，"秦伐晋，取武城"；四年后，"秦伐晋，取羁马，战于河曲，大败晋军"（《史记·秦本纪》）。因此，这里君子的推测是当时就事而论，并未看到此后的发展情况。此外，如果是出于编者之手，那么，他的评价应该保持相对的统一，不至于对同一个人前后相差太大。如果相差过于明显，则可判断是出于不同的史官之手。如下面这几个例子：

> 君子谓郑庄公"于是乎可谓正矣，以王命讨不庭，不贪其土，以劳王爵，正之体也。"（《左传·隐公十年》）

> 君子谓郑庄公"于是乎有礼。礼，经国家，定社稷，序民人，利后嗣者也。许，无刑而伐之，服而舍之，度德而处之，量力而行之。相时而动，无累后人，可谓知礼矣。"（《左传·隐公十一年》）

> 君子谓郑庄公"失政刑矣。政以治民，刑以正邪。既无德政，又无威刑，是以及邪。邪而诅之，将何益矣！"（《左传·隐公十一年》）

这几条对郑庄公评论褒贬差别太大，尤其是发生在同一年里的两条，前者说庄公"度德而处之，量力而行之"，后者说庄公"既无德政，又无威刑，是以及邪"，评论全然相反，根本没有顾及文意的统一。那么，这两处的"君子"显然不是一个人。同样，评价相同的也不能就说明是同一个人所为。如前举文公六年，"君子是以知秦之不复东征也"一例。在此文之前，就同样的事实，还有一段"君子曰"的话，也是指责秦以人为殉，在文意上显得重复。杨伯峻就此评论曰："此文上有'君子曰'，末又有'君子是以知秦之不复东征也'语，似两'君子'

为不同之人。"① 不是同一个人，当然也就不可能是编辑者了。原始史料是经过多年多位史官积累的，不同的材料可能有不同的史官的评论，同一条材料也可能有不同的史官加以评论，而后来编辑者将原始史官评语附着在材料上，这才有可能出现不同的"君子曰"。

　　襄公十五年有一段"君子曰"也值得我们玩味。当时楚国任命了公子午为令尹、公子罢戎为右尹、蒍子冯为大司马、公子橐师为右司马、公子成为左司马、屈到为莫敖、公子追舒为箴尹、屈荡为连尹、养由基为宫厩尹。于是君子谓："楚于是乎能官人。官人，国之急也。能官人，则民无觊心。"楚国这些任官为何受到"君子"的称赞，从《左传》文本中我们找不到依据。几个公子除了公子午曾率师伐郑，公子罢戎与郑人成盟外，我们大约能推断养由基善射，屈荡以勇武出名而官至令尹，其他人有何德能就完全无从知道了。从《左传》文本中，后人根本不可能得出"能官人"的结论。那么，只有一个可能：当时的史官发表了他们的看法，却没有将理由留下来。同样，庄公十六年，《左传》载郑厉公杀公子阏，刖强鉏。君子谓："强鉏不能卫其足。"这一段载录也让后人不能理解，应该是原文有阙，所以这里的"君子谓"也不可能出自后之编辑者。

　　由上可知，《左传》中的"君子曰"大多应该是和原始史料同时出现的，是当时史官的评论，也是史官职业内部传承文献的一部分。为什么会在史录中记下这些评论呢？《左传》的原始材料来自春秋史官的"传闻"制度，是各国史官私相传授的内部文献。之所以有这种内部文献的产生，是因为史官的性质在春秋时期发生了变化：他们由天人之际被动的沟通者，转而希望成为一个社会现实的阐释者；由对仪式负责，转而希望对社会负责。因此，史官才需要对事实本身有详细的把握，对事实进行评判。虽然评判的核心标准依然是"礼"，评判依然要假天命而行，但这评判的权力确实是由神的手中转到了史官的手中。所以，史官私下传授的较为详细的史料中，一定包含有评判的内容。史料和评论是不可分的。这些评论可能是史官本人所作，也可能是录自同时代的贤人之口。史官立言这一现

---

① 杨伯峻：《春秋左传注》（修订本），第549页。

第五章 君子文化和原史传统

象渊源有自，如《左传》中多次提到的"史佚有言曰"，"周任有言曰"，"仲虺有言曰"等（见僖公十五年、文公十五年、宣公十二年、成公五年、襄公十四年）。人们还提到一本"史佚之志"的书，其中有"非我族类，其心必异"的话。史佚、周任、仲虺都是前代史官，他们因言论为后世史官所推崇。这说明在周代史官内部，已经有立言的传统。以"君子"称史官也有据可证。《左传·桓公二年》说"君子以督为有无君之心，而后动于恶，故先书弑其君"，这句话是解释《春秋》笔法的，其中的"君子"显然是指载录的史官。此外，马王堆出土帛书《春秋事语》中，我们也可以看到大多数史事都附有当时人的评论①。帛书《春秋事语》更像是没有经过后人编辑过的史官的"传闻之史"，应该与《左传》的原始形态类似。由此可以推断，在载录史事的同时也加入评论性的语言，是春秋史官的惯例。不过我们相信，如果是出于当时贤人之口的言论，应该直书其名。《春秋事语》录有评论者的名字，《左传》中也有相当一部分评论录了评论者的名字，而径称为"君子曰"的则应该是史官本人。但立论史官不太可能称自己为"君子"，它应该出于存留、传播、编辑者，是为了表达对"立言"者的敬重。

当然，《左传》中有少数"君子曰"可以推断是在传播或编辑过程中由史官加进去的。比如成公十四年，君子曰："《春秋》之称，微而显，志而晦，婉而成章，尽而不污，惩恶而劝善，非圣人，谁能修之？"这一段话是对《春秋》的评论，明显是在《春秋》成书之后，所以应该要晚于原始材料本身。再如襄公十三年，晋悼公治兵，诸将相让，君子曰："让，礼之主也。范宣子让，其下皆让。栾黡为汰，弗敢违也。晋国以平，数世赖之，刑善也夫！"从最后一句来看，似乎发这个评论的"君子"是在"数世"之后。但这样的例子很少。从这个角度来说，那些有背历史发展事实的评判，则可以认定是当时的作品。

现在我们可以对《左传》中的"君子"做一个总结。"君子"常被用来提示或列举前代的礼仪规范和人格理想，成为一种社会价值的标准。因此，符合这些价值标准的人，也可以被称为"君子"，尤其是那些知悉

---

① 见李学勤《帛书〈春秋事语〉与〈左传〉的传流》，载《古籍整理研究学刊》1989年第4期。

礼仪、熟悉古史和前代文献的人，也就是能够传承巫史价值的人，就可以被认为是"君子"。阎步克说："'君子'既是包括'王'在内的贵族统治阶级之尊称，同时又是个道艺礼义拥有者的美称。"① 这后半句确乎是从《左传》、《国语》等书中总结出来的，反映了春秋时期的"君子"的新内涵。前半句可能也是事实，但却不是史官文化推出"君子"一词的要义。在《左传》、《国语》中，君子虽然大多数是贵族，但贵族身份并不等于君子，也不是君子的前提条件。被俘的楚国乐官和齐国的虞人，都可以被称为君子。另外，那些能对史实发表评论的史官也被通称为君子。史官文化中的"君子"体现或传承了以礼仪为中心的社会价值，反映了一种人文理想。

4

"君子"意义的形成，除了礼仪修养外，另一个标志性的行为就是"立言"。在上两节所讨论的三类君子中，"立言"是一个一以贯之的观念。第一类和第三类"君子"都是通过立言而得名的。第二类君子虽非完全以"立言"著称，但差不多每一个人也都有"立言"。昭公三年，晏婴以"踊贵屦贱"一句博得君子的称赞："仁人之言，其利博哉。晏子一言而齐侯省刑。"晏子也因此而被称为"君子"。又《左传·襄二十五年》录孔子评论子产说："《志》有之：'言以足志，文以足言。'不言，谁知其志？言之无文，行而不远。晋为伯，郑入陈，非文辞不为功。慎辞也。"子产是君子，他以文辞而"立功"。可见"立言"是"立德"、"立功"的门径。春秋时代，是一个看重立言的时代，人们对此有着相当程度的自觉。《左传·襄公二十四年》有这样的记载：

> 穆叔如晋，范宣子逆之，问焉，曰："古人有言曰，'死而不朽'，何谓也？"穆叔未对。宣子曰："昔匄之祖，自虞以上为陶唐氏，在夏为御龙氏，在商为豕韦氏，在周为唐杜氏，晋主夏盟为范氏，其是之谓乎！"穆叔曰："以豹所闻，此之谓世禄，非不朽也。

---

① 阎步克：《士大夫政治演生史稿》，北京：北京大学出版社1996年版，第94页。

第五章 君子文化和原史传统

鲁有先大夫曰臧文仲，既没，其言立，其是之谓乎！豹闻之：'大上有立德，其次有立功，其次有立言。'虽久不废，此之谓不朽。若夫保姓受氏，以守宗祊，世不绝祀，无国无之。禄之大者，不可谓不朽。"

这里所揭橥的就是著名的"三不朽"。孔颖达《春秋左传正义》认为：立德即"创制垂法，博施济众，圣德立于上代，惠泽被于无穷"；立功指"拯厄除难，功济于时"；立言指"言得其要，理足以传"。惠泽无穷的"德"，价值要高于济于一时之"功"，而"立言"难见"博施济众"和"拯厄除难"的实效，故又等而下之。立德、立功、立言者分别为"上圣之人"、"大贤之人"和"次大贤之人"。而形成三种人格的原因是"人之才知浅深"。"三不朽"显示了三个由高到低的等级，这已经被后世广泛接受。但由具有命定色彩的"才知"决定着成圣还是成贤，这与孟子"人皆可以为尧舜"（《孟子·告子下》）相抵牾。就文中所谈到的臧文仲而言，叔孙豹曰："鲁有先大夫曰臧文仲，既没，其言立，其是之谓乎！"据《左传》所载，臧文仲为鲁卿，庄公二十八年曾"告籴于齐"，僖公二十一年谏焚巫尪使"饥而不害"，僖公二十六年"以楚师伐齐，取谷"，等等，颇有恤民之德和救败之功。那么，叔孙豹为何要舍"立德"、"立功"而独认等级较为低下的"立言"呢？

《左传·襄公十九年》所载臧武仲的一段话可以给我们以启发：

季武子以所得于齐之兵作林钟而铭鲁功焉。臧武仲谓季孙曰："非礼也。夫铭，天子令德，诸侯言时计功，大夫称伐。今称伐，则下等也；计功，则借人也；言时，则妨民多矣，何以为铭？"

鲁襄公跟随晋平公围攻齐国，获胜。季武子用缴获来的兵械铸钟，并作铭颂扬鲁襄公的军功。臧武仲根据铭文礼制，认为攻伐之事不可用来称赞诸侯，而且败齐之功属于晋君，鲁君不得贪冒。从这段话来看，就铭文而言，天子称德，诸侯称功，大夫称伐，三者不可混淆。铸器作铭，为了上报祖先、下以传世，所以铭礼也一定体现了社会价值标准和表达规范。将

· 209 ·

三等铭礼和"三不朽"进行比较,两者都是关于个体最高价值的表述,前两项都是"德"和"功",只是第三项有"称伐"和"立言"的区别,可以推断,三等铭礼和"三不朽"其实是一回事,只是说法有异而已。那么,"三不朽"实际可表述为:天子立德,诸侯立功,大夫立言。所谓太上、其次云云,说的是天子、诸侯、大夫地位的差别。这就是叔孙豹为什么不敢称颂臧文仲的恤民之德和从政之功,而专言其"立言"的原因。

"德"是天子专有的价值属性。晁福林说:"从甲骨卜辞的记载看,殷人所谓的'德'更多的是'得'之意。在殷人看来,有所'德'则来源于神意,是神意指点迷津而获'得'。"① 殷王是甲骨占卜的主持者,所以他专有神意的"德",故卜辞多见"王德"二字。西周文献中,"德"常被用来表示王权受诸天命的合法性。如《诗经·周颂·维天之命》云:"维天之命,於穆不已。於乎不显,文王之德之纯。"此处的"维天之命",实即《大盂鼎》铭文所谓"丕显文王受天有大命",是"文王之德"昭示了周革殷命的合法性。这种用法在春秋时期仍然可见,如《左传·宣公三年》"昔夏之方有德也",其中的"德"亦为受有天命之意。此后,"德"义有所演变,但往往与天子有关,如《国语·鲁语下》载孔子曰:"昔武王克商,通道于九夷、百蛮,使各以其方贿来贡,使无忘职业……先王欲昭其令德之致远也,以示后人,使永监焉。"这里的"昭其令德以致远",就是展示其天子之德性和德行,使方国服膺。又《左传·僖公二十四年》载富辰谏周王云:"大上以德抚民,其次亲亲,以相及也。"由于"率土之滨,莫非王臣",所以,只有天子才有可能拥有"抚民"之德。也就是说,"德"是天子受命的合法性所在,是天子所能展示出的令人服膺的品质,所以才会有"天子令德"、"大上立德"的说法。

"时"在春秋时期一种重要的价值标准,"得时"与否一般有两方面的参照:祭祀的时序和农时。臧武仲所云"妨民多矣",指的就是使百姓错过农时,此为"不时"。显然,"言时"是对诸侯行政治民的考察。那么,"计功"是什么意思呢?《左传·庄公三十一年》载:"凡诸侯有四夷之功,则献于王,王以警于夷;中国则否。"从这句话来看,诸侯击败夷

---

① 晁福林:《先秦时期"德"观念的起源及其发展》,《中国社会科学》2005年第4期。

第五章 君子文化和原史传统

狄可以算是"功",而战胜周朝之内的诸侯国,则不能算"功"。周初封建诸侯的目的是"藩屏周",特指诸侯受王命而征伐夷狄。《左传·成公二年》载:"晋侯使巩朔献齐捷于周。王弗见,使单襄公辞焉,曰:'蛮夷戎狄,不式王命,淫湎毁常,王命伐之,则有献捷。王亲受而劳之,所以惩不敬、劝有功也。兄弟甥舅,侵败王略,王命伐之,告事而已,不献其功,所以敬亲昵、禁淫慝也。'"诸侯征伐"兄弟甥舅"之国,即使出于王命,也不能献功,也就是不被周王认可。据此可知,在最初的含义上,诸侯的最高价值就在于尊王命以讨伐四夷。所谓"计功",指的就是向周王献俘、献馘。春秋时期,"功"的含义有所扩大,《周礼·夏官·司勋》将"功"分为六种:"王功曰勋,国功曰功,民功曰庸,事功曰劳,治功曰力,战功曰多",并说"凡有功者,铭书于王之大常,祭于大烝,司勋诏之"。早先的"四夷之功"在这里只是被包括在"勋"之中,"功"被扩展到诸侯王的各项政治、军事行为当中,含义大大丰富了。但"功"主要作为诸侯的属性,这一点却仍然保留着。

孔颖达说:"若称伐,则从大夫之例,于三者为下等,不足为功美也。"(《春秋左传正义·襄公十九年》)诸侯大夫分为公族大夫和异姓大夫,前者是由国君的家族分裂出来的,后者则多为积累军功而被擢升为大夫的。大夫在经过数代沿袭后,形成世族。从现有文献来看,诸侯国的大夫以自己的私人武装为国君征伐,乃是其最基本的义务。张荫麟论曰:"一个大夫和他私家的僚属战士,每每构成一大家族:他出征的时候领着同族出征,他作乱的时候领着整族作乱,他和另一个大夫作对就是两族作对,他出走的候时候,或者领着整族出走,他失败的时候,或者累得整族被灭。"[①]《左传》中关于卿大夫为诸侯出征,并且拥有家族武装的记载很多。可以说,拥有私人武装,是诸侯世族最为显著的特征,而听从诸侯命令出征,并且通过战争积累功劳,壮大家族的声誉和势力,就成了大夫的重要追求,因此,"伐"也就成为大夫的品质要求。

综上可知,"天子令德,诸侯言时计功,大夫称伐"三等铭礼,反映了天子、诸侯、大夫三类人群不同的社会责任和价值追求。那么,"大上

---

① 张荫麟:《中国史纲》,上海:上海古籍出版社 1999 年版,第 52 页。

立德，其次立功，其次立言"的"三不朽"，也同样反映了天子、诸侯、大夫的三个不同阶级的社会理想。两者的差别在于对大夫阶层理想的表述，是"称伐"还是"立言"？两者又有什么关系？

天子和诸侯的阶层理想，早在西周初期就已经形成了。到西周晚期和春秋时期才逐渐兴起的大夫阶层，正处在一个快速变化着的社会，大夫阶层的价值观念也有一个发展变化的过程。

随着天子衰微，春秋时期诸侯国的各种政治活动、军事活动明显多于西周时期，诸侯国大夫在奉命征伐的同时，也有了更多的外交内政的工作，其政治和文化影响力也越来越大。与此同时，诸侯国内政治动荡，大夫篡弑时有发生。大夫阶层开始有摆脱诸侯，追求独立的主体价值的意愿。以征伐邀功于诸侯，显贵于祖先，将自己的价值局限于家族的荣衰上，这种观念已经落伍，迫切需要建立起一种新的价值观。而巫史地位的下降为大夫们留出了空间。大夫们开始进入意识形态的主战场。从《左传》可知，春秋中期之后，卿大夫们不再依赖史官，而是独立出使、朝聘、结盟等，也就是说，在王室衰颓、礼崩乐坏的历史背景下，诸侯国卿大夫在各种政治场合越来越活跃，这使得他们有机会在重要礼仪场合，在更大的政治舞台上宣扬自己的理念，于是，言辞外在呈现为突出的政治外交才能，而内里却出于意识形态构建的需要，受到大夫阶层的高度重视。

此一阶段，出现了"辞顺"或"有辞"这类概念。宣公十二年，晋楚邲之战，晋将鲍癸评论楚将"其左善射，其右有辞，君子也"。文公十四年，晋赵盾以诸侯之师八百乘纳捷菑于邾。邾人辞曰："齐出貜且长。"宣子曰："辞顺而弗从，不祥。"乃还。襄公二十五年，面对晋人责问郑国为何攻陈，子产侃侃而辩，赵文子曰："其辞顺，犯顺不祥。"襄公三十一年，子产坏晋馆垣，并严辞责晋，使晋信服。叔向评论云"子产有辞，诸侯赖之"。在"辞顺"或"有辞"的评价中，对言辞有着神秘的、过度的推崇，这是言辞能力从巫史阶层转移到大夫阶层初期所形成的特殊状况。对于史官来说，"辞"是一种职业性的技能，而对于刚崛起的大夫阶层，"辞"既是一种值得学习的技能，也是一个值得膜拜的传统。

第五章 君子文化和原史传统

5

在这种背景下，史官亦以记言为尚，出现了专门记言的《国语》。《春秋事语》基本上也是每条载录都有伴有评论性的立言。那么，《左传》记言之多就是理所当然的了。钱锺书盛称《左传》的记言成就云："吾国史籍工于记言者，莫先乎《左传》，公言私语，盖无不有。"[①] 学者谈论《左传》的人物语言，主要从人物塑造和情节描写的角度出发，认为能"突出人物形象的性格特征"[②]。这一部分记言，实际就是钱锺书所谓"私语"，是与情节有关的，是从叙事角度而记述的人物语言。但"公言"又是什么呢？我们可以将其解释为公共场合的人物语言，如行人辞令；也可以看作是一种具有公共意义的语言，也就是韦昭《国语解》叙所谓关于"邦国成败"的"嘉言善语"。这样理解未必是钱锺书本人的意思，但钱锺书显然已经意识到，《左传》记言已经超出了叙事学的意义。可以说，《左传》有些记言本身就是一种自我展示，是以言语本身为目的的。僖公三十年，秦晋联合攻郑，因烛之武的一段精彩的说辞，秦解兵而去；此后，史官又载录晋文公关于战争的"仁"、"智"、"武"的一段言论，以说明晋何以没有攻秦。但至僖公三十二年，秦再次攻郑，无功而返；晋在丧中，却主动进攻秦军，爆发了殽之战。由此看来，该打的战争也终于打了，而史官之所以郑重其事地记述之前的停战，也只是为了"立言"。再比如，《左传》奉子产为君子，但对他的"田有封洫"、"作丘赋"、"铸刑书"却也不能赞同。尤其是后两项，一录子宽的评论，预言"国氏（子产父子国，按当时习俗，后代以父名为氏——引者注）其先亡乎"（《左传·昭公四年》），一借叔向之口，预言"终子之世，郑其败乎"。若单从这两段话来说，则子产之为人为官皆毫无可取，遑论"君子"，更谈不上是"数世之主"了（《左传·昭公十六年》韩起言）。如何理解这个问题呢？关键就在于子宽的话和叔向致子产的信，它们在评论子产的行为时，也同样具有立言的色彩。显然，就载录本身来说，立言是相对孤立的，往往就事论事，难免前后照顾不周，而史官由于偏爱立言，也就不会

---

① 钱锺书：《管锥编》第一册，第164页。
② 孙绿怡：《〈左传〉与中国古典小说》，第59页。

· 213 ·

特别在意前后的一致性问题了①。

这里所说的记言,就是指那些没有或很少具有叙事意义的"嘉言善语"。它们可能在行人辞令中,也可能在情节对话中,是春秋史官的特别载录,用以表达自己的社会政治、伦理立场,或构建新的意识形态。这些人物言论和"君子曰"在话语功能上并没有什么区别。如隐公三年,卫大夫石碏针对公子州吁"有宠而好兵"发表议论云:

> 臣闻爱子,教之以义方,弗纳于邪。骄、奢、淫、泆,所自邪也。四者之来,宠禄过也。将立州吁,乃定之矣;若犹未也,阶之为祸。夫宠而不骄,骄而能降,降而不憾,憾而能眕者,鲜矣。且夫贱妨贵,少陵长,远间亲,新间旧,小加大,淫破义,所谓六逆也;君义,臣行,父慈,子孝,兄爱,弟敬,所谓六顺也。去顺效逆,所以速祸也。君人者,将祸是务去,而速之,无乃不可乎?

这一段话虽有其具体的事实背景,但它对情节的发展并无任何帮助。也就是说,《左传》并不从叙事的角度关心这段话的意义,记录它的目的仅在于展示这段话中的"教子之道"和六顺、六逆的伦理规范。同样的载录还有,隐公五年鲁国的臧僖伯谏"公将如棠观鱼",论治国和祭祀制度之间的关系;桓公二年,晋国的师服就晋太子的名字发表意见,阐述了名、义、礼的关系,等等。这些言论,实际上都体现了新的社会思想观念,是为新的社会意识形态的建设服务的,是"嘉言善语"。而这些"立言"者自然也就被称为君子。《左传》文公二年云:"君子以为失礼:'礼无不

---

① 春秋史官有时候甚至是为了记言而记言。如昭公三年,晋平公丧其宠妾,齐景公使晏婴到晋请继室于晋。《左传·昭公三年》详细地记载了晏婴代齐景公求亲的话:"寡人愿事君朝夕不倦,将奉质币以无失时,则国家多难,是以不获。不腆先君之适以备内官,焜耀寡人之望,则又无禄,早世陨命,寡人失望。君若不忘先君之好,惠顾齐国,辱收寡人,徼福于大公、丁公,照临敝邑,镇抚其社稷,则犹有先君之适及遗姑姊妹若而人。君若不弃敝邑,而辱使董振择之,以备嫔嫱,寡人之望也。"晋丧妾,又将再娶,已经引起了郑卿子大叔的抱怨,晋大夫张趯也由此推论:"晋将失诸侯,诸侯求烦不获",《左传》也对他们的观点表示赞赏。那么,晏婴求亲之举不但无聊,而又有害,本不当详细载录。而且,这段说辞既非"嘉言善语",也与前后史事无涉,没有任何叙事学上的效果,只有一个彬彬有礼的外交姿态,是一段华丽的说辞。这只能有一个解释:《左传》对言辞的爱好达到了偏执的程度。

第五章 君子文化和原史传统

顺。祀，国之大事也，而逆之，可谓礼乎？子虽齐圣，不先父食久矣。故禹不先鲧，汤不先契，文、武不先不窋。宋祖帝乙，郑祖厉王，犹上祖也……'"杨向奎认为这段话实出自《国语·鲁语上》中鲁"有司"关于宗庙昭穆的一段议论，"两书的字句虽有不同，而意义如一，定知《左传》编者变鲁有司的话为'君子曰'"。同样，"《左传》中的名人言论在其他书内也有化为'君子曰'者"，如《说苑·君道篇》中有一段"君子闻之曰"的载录，实际上采自《左传》庄公十一年臧文仲的一段话[①]。可见，尊重立言者，将立言者视为君子，是一种载录惯例。

《左传》中立言的数量极多，除了"君子曰"外，约有上百条。尤其是庄公之后，立言的数量明显增加，范围渐广，差不多每年都有一条记载。而立言的人物，主要是各国的卿大夫，如鲁国的臧哀伯、申繻、臧文仲、臧武仲、孔子，晋国的师服、荀息、叔向、师旷、蔡墨，齐国的鲍叔牙、管仲、晏婴，郑国的子展、子产、子罕、游吉、女叔齐，楚国的申叔时、椒举、蒍启疆，宋国的子鱼，随国的季梁，秦国的公孙枝，周王朝之富辰、王孙满等，这些人向来被称为贤臣。除了卿大夫外，史官也是经常立言的人群，如内史过、史嚚、卜偃、内史叔兴、大史克、史赵、大史（见《左传·昭公十七年》）、泠州鸠、史墨、史䲡等。而且，这些史官留在《左传》中的主要事迹就是"立言"。卿大夫和史官之外，立言的人还有楚武王夫人邓曼、楚文王夫人息妫、楚国之穆姜、晋国叔向之母等，她们虽然贵为国君或大臣的妻母，但毕竟是女人，其社会地位不能与男人相比。当然地位更低的立言者在《左传》中也还有，如鲁国的曹刿，不在"肉食者"之列，但却以"何以战"的高论得以留名；晋国宁嬴，乃逆旅之大夫，以评论阳处父而留名；秦国的医和，在给晋平公治病时，也有一大段议论；晋国膳宰屠蒯，能以智慧阻止晋侯在大臣未葬之时饮酒作乐；楚国的戍官沈尹，职阶低下，能论古今天子、诸侯之守，列数楚国历史，所以也名载青史。由上可见，"立言"者主要是士大夫和史官，但无论是妇人，还是地位低下之人，只要有"嘉言善语"，即为史官笔录。

立言的本意乃是指那些特殊场合下的言语才能，《诗经·鄘风·定之

[①] 杨向奎：《中国社会与古代思想研究》上册，上海：上海人民出版社1962年版，第297—308页。

方中》毛传云:"故建邦能命龟,田能施命,作器能铭,使能造命,升高能赋,师旅能誓,山川能说,丧纪能诔,祭祀能语,君子能此九者,可为九德,可谓有德音,可以为大夫。"这九种言说能力原本只是巫史的才能,是宗教性或仪式性的,能掌握这些言说才能的贵族,就被称为君子了。这反映了春秋时期对巫史才能的推崇。出于意识形态建设的需要,对这些仪式性言语才能的推崇,就转而为对那些有道德内涵的话语的推崇。从史官撰录的角度来说,能"立言"的就是"君子"。

6

"立言"到春秋后期大为发展,孔门四科中"言语"位居第二,所以"立言"并不仅仅是"嘉言善语"四个字所能概括的。它是一种独特的行为,应该有一套自我识别体系,使人能够把它从别的言语形式中区分开来。那么,"立言"的特点是什么呢?

孔子既云"言之无文,行而不远",那么在他看来,言的首要特点是"文"。但,什么是"文"呢?刘勰《文心雕龙·征圣》在论及孔子这一段话时说:"夫子文章,可得而闻;则圣人之情,见乎文辞矣。先王圣化,布在方册;夫子风采,溢于格言。"又说:"精理为文,秀气成采。"则刘勰在这里也只是强调了孔子文章的"风采"和"格言"等文章形式特征。后人就此相信孔子所谓"文",就是指文采和辞藻[①]。但古志和孔子的所谓"文",在当时的含义应该是礼仪和文献。孔子说:"周监于二代,郁郁乎文哉!吾从周。"(《论语·八佾》)而周之所以是"文",就是因为它的礼乐和文献,所以孔子说:"文王既没,文不在兹乎?天之将丧斯文也,后死者不得与于斯文也;天之未丧斯文也,匡人其如予何?"(《论语·子罕》)而文王何以得称"文"呢?因其演八卦而开启有周一代礼乐文化。因此,春秋时代的"文"有一个基本含义,就是礼乐和文献。而"文"也就成为史官的一个基本品质,所以才有"文胜质则史"(《论语·雍也》)的说法。

---

① 如崔清田《孔丘论言语》:"孔子称赞子产,就他用语言充分表达情志,用文采很好修饰文辞;泛论一般君子,则说感情必须真挚,文辞必须巧妙。这是他在个人修养方面重视言辞文采的证明。"(载《杭州大学学报》1997年第6期)

第五章 君子文化和原史传统

言和文的关系可以从孔子的下面一段话中看得更加明白：

> 夏礼，吾能言之，杞不足征也；殷礼，吾能言之，宋不足征也。文献不足故也。足，则吾能征之矣。(《论语·八佾》)

一个完全而充分的"言"，不光指内容的正确信，还应该有"征"，也就是通过文献征引来取信于人。因此，孔子对于言夏礼和言殷礼则不免有遗憾，而对于"郁郁乎文哉"的周礼则得心应手了。也就是说，春秋时期的所谓"立言"，它包含对礼仪和传统文献的征引。那么，我们回过头来看子产受到孔子赞赏的那一段话。当晋人问陈之罪时，子产先是谈及陈和周的历史渊源，是征史；在晋人问何故侵小时，子产又以晋文公的"各复旧职"之命相对，是对盟誓文献的征引。晋人之所以称服子产是因为子产"辞顺"。"辞顺"与是否符合事实并无干系，而在于他的巧妙征引。那么，立言的关键是征引。叔向在评论师旷时说："子野之言君子哉！君子之言，信而有征，故怨远于其身。小人之言，僭而无征，故怨咎及之。"(《左传·昭公八年》) 所谓"信而有征"是说有了征引才能服人，而且，征引使得一个陈述有了更为广泛的意义，也就有了超越，因此也不会卷入所评论的事件中。当然，叔向在这段话后，立刻也征引了《诗经·小雅·雨无正》中的句子，显示了君子立言的特点。低级的官民也有通过征引以立言的，如晋国的逆旅主人宁嬴，在论阳处父性格中的"刚"时，就引用了《商书》中"沈渐刚克，高明柔克"(《左传·文公五年》)，因而使其言论具有了某种普遍的意义，成为立言，为史官所载录。

《左传·昭公十五年》叔向云："言以考典，典以志经。"又云："礼，王之大经也。"典即典籍，经即是传统礼仪。春秋时期普遍认为《诗》、《书》等典籍能反映礼仪的制度和精神，所以，言论只有征引了《诗》、《书》，或者是巫史传统中的其他典籍材料，才是真正的立言。春秋立言称引最多的是《诗》。据统计《左传》中引《诗》共八十二余处[1]，则平均不到两处立言就有一条征引《诗》，所以孔子才说"不学诗，无以言"。

---

[1] 张伟保：《〈诗三百〉的形成与流传研究》之《〈左传〉引诗表》，北京师范大学 2004 年博士学位论文。

《诗经》之外，则以《书》和《易》为多，此外还有"史佚有言"、"故志"等史官职业典籍。除了这些有名字的典籍外，立言者还常说"吾闻之"。如史嚚在论虢公求神赐土田时说："吾闻之：国将兴，听于民；将亡，听于神。"（《左传·庄公三十二年》）叔向的母亲在论娶妻时说："吾闻之：'甚美必有甚恶。'"（《左传·昭二十八年》）这样的例子，在《左传》中有十九处，数量不可谓不大。它们虽然没有出处，但也为人所崇信，和《诗经》等文献具有同样的价值。宣公十六年，晋羊舌职称赞士会胜任中军之将，曰："吾闻之，'禹称善人，不善人远'，此之谓也夫。《诗》曰'战战兢兢，如临深渊，如履薄冰'，善人在上也。善人在上，则国无幸民。谚曰'民之多幸，国之不幸也'，是无善人之谓也。"这段话同时征引了三种不同的文献，其中"谚"从其内容上来看并非民间谚语，应该有其出处。这些"闻"而得之的言论，未必出于常见或权威性的典籍，它们的大量出现，只能是在"立言"成为风气的时候才有可能。实际上，"立言"和"征引"是互相促进、互为表里的。

立言中的征引，除了文献以外，还有对史事的引述。历史是现实法则的根据，尤其是在理性社会的早期，天命观念正逐渐淡薄的时候，君子们更是刻意把历史看作社会理性的源泉，使经验理性逐渐取代天命观念，促进了社会的进步。因此，在《左传》立言中，出现了大量以古佐今、以史实为当下立法的情况。如宣公三年，楚庄王兵胜过周，问鼎之大小轻重，王孙满答曰：

> 在德不在鼎。昔夏之方有德也，远方图物，贡金九牧，铸鼎象物，百物而为之备，使民知神、奸。故民入川泽、山林，不逢不若。螭魅罔两，莫能逢之。用能协于上下，以承天休。桀有昏德，鼎迁于商，载祀六百。商纣暴虐，鼎迁于周。德之休明，虽小，重也。其奸回昏乱，虽大，轻也。天祚明德，有所厎止。成王定鼎于郏鄏，卜世三十，卜年七百，天所命也。周德虽衰，天命未改。鼎之轻重，未可问也。（《左传·宣公三年》）

这段文字讲述了鼎的创建和流传过程，一方面阐明鼎对德行的依附，以劝

第五章 君子文化和原史传统

说楚王立德；另一方面又以成王卜世，来说明周受天命庇佑，不可觊觎，反映了新的历史理性和旧的天命观念的交融、挣脱的逻辑关系。三代陵替变迁的事实、鼎的功用，这些应该都是巫史文化的核心知识之一。王孙满是周大夫，并非职业史官，却熟知这些巫史知识，由此可以看出，春秋时期，历史文献已经不由史官独占了，很多贤明大臣自觉学习史官的典籍，并用历史知识来阐释现实，成为新文化的建设者，成为君子。在这些贤明大臣中，子产是最有名的一位。

从《左传》来看，子产对史事的了解甚至超过了史官。昭公元年，晋侯有疾，卜曰"实沈、台骀为祟"，晋国史官对此不能解释。而子产从高辛氏之二子阏伯和实沈的相互征讨，说到夏、商的分野，再言及晋国祖先的受封，以说明实沈为参神，是晋星；金天氏后人台骀为玄冥师，因疏水有功，封在汾水，后为汾水之神。这些神话、传说、史实相互羼杂的东西，应该是巫史的看家知识，尤其应该为晋国史官所熟悉，子产却能随口道来，可见子产对巫史文献的稔熟程度。但有意思的是，子产在说完这些史事后，不是顺理成章地劝晋侯祭祀这两位与晋国大有关系的神灵，而是对晋侯的疾病别有解释：

> 抑此二者，不及君身。山川之神，则水旱厉疫之灾于是乎禜之；日月星辰之神，则雪霜风雨之不时，于是乎禜之。若君身，则亦出入、饮食、哀乐之事也，山川、星辰之神又何为焉？侨闻之，君子有四时：朝以听政，昼以访问，夕以修令，夜以安身。于是乎节宣其气，勿使有所壅闭湫底以露其体，兹心不爽，而昏乱百度。今无乃壹之，则生疾矣。侨又闻之，内官不及同姓，其生不殖。美先尽矣，则相生疾，君子是以恶之。故《志》曰："买妾不知其姓，则卜之。"违此二者，古之所慎也。男女辨姓，礼之大司也。今君内实有四姬焉，其无乃是也乎？若由是二者，弗可为也已。四姬有省犹可，无则必生疾矣。（《左传·昭公元年》）

他认为晋侯生病的真正原因在于：不能遵守四时行事的规矩；而且宫内有四个姬姓女，违背了同姓不婚的原则。子产的这番立言，目的就在于阐发"君子四时"和"内官不及同姓"两项社会理念。他所征引的史料文献，虽不能在逻辑和证据上有助于这两个社会观念，但也能在一定程度上增加了立言的权威性。这种引述方式在《左传》立言中是个特例。它一方面说明了引述史事在立言中的地位，也说明君子贤人在新的历史条件下，对巫史文献采取更为灵活的态度，其目的是为了获得对现实的解释权。

除了文献、史事外，那些谈及前代各类礼仪制度的言论也被史官所推崇，当作立言载录下来。这些礼仪和社会制度，虽然立言的君子都声称是前代的规范，但他们立言的目的却是着眼于现实和未来的，是一种推陈出新、古为今用的手段。所以，那些被谈到的礼仪制度往往都有被改造或美化的成分。如桓公二年，鲁臧哀伯谏纳郜鼎于太庙，就用春秋时兴起的德性观念来解释古代的宗庙制度，他说：

> 是以清庙茅屋，大路越席，大羹不致，粢食不凿，昭其俭也。衮、冕、黻、珽、带、裳、幅、舄、衡、紞、纮、綖，昭其度也。藻、率、鞞、鞛、鞶、厉、游、缨，昭其数也。火、龙、黼、黻，昭其文也。五色比象，昭其物也。锡、鸾、和、铃，昭其声也。三辰旂旗，昭其明也。夫德，俭而有度，登降有数，文、物以纪之，声、明以发之，以临照百官。百官于是乎戒惧，而不敢易纪律。（《左传·桓公二年》）

臧哀伯认为，古代设立宗庙的根本目的是为了"昭德塞违"。宗庙制度的种种细节和程序，都是为了体现各种具体的德行。郜鼎是受贿赂所得，而将"昭违乱之赂器"纳入鲁国的宗庙，这与礼的精神相违背，又谈何德行？从这一立言可以看出，春秋君子对礼仪制度的征引，既维护了史官的文化传统，又能发明新的时代精神，正体现了立言的意义所在。因此，周内史赞扬说："臧孙达其有后于鲁乎，不忘谏之以德。"（《左传·桓公二年》）臧哀伯的话虽然没有阻止鲁国纳郜鼎于太庙，但他的言论受到了史官的赞赏，并将其载入史册，这也是一个典型的君子立言。此外，如鲁申繻论命名之礼（《左传·桓公六年》），鲁御孙论男、女贽礼（《左传·庄

第五章 君子文化和原史传统

二十四年》），宋子鱼论用牲之礼（《左传·僖公十九年》），晋郤至论享、宴之礼（《左传·成十二年》），鲁臧武仲论铭钟之礼（《左传·襄公十九年》），齐晏子言卜宅之礼（《左传·昭公二年》），宋向戌献公会诸侯之礼、郑子产献伯子男会公之礼（《左传·昭公四年》），晋叔向论朝聘会盟之礼（《左传·昭公十三年》），郯子论少皞氏命官制度（《左传·昭公十七年》），周泠州鸠论乐（《左传·昭公二十一年》），郑游吉论吊丧送葬之礼（《左传·昭公三十年》），等等。这些关于关于古代礼仪及制度的引述，基本上都能体现托古改制的立言精神，如郯子所谓"为民师而命以民事"，泠州鸠所谓"天子省风以作乐"，都具有典型的春秋思想的特点，体现史官文化所承担的社会责任。

文献、历史和仪式制度，是春秋君子话语权力的三个来源。所有关于社会人生的理论，以及在此理论下对现实的批评，都应该建立在这三种形式的理据上。也只有建立在这三种理据上的话语，才能得到人们的认可，并受到史官的高度揄扬而载录史册。

7

显然，春秋史官对于记言是特别看重的。这一现象与史官传统有什么关系呢？

在周初，史官正是凭着自己的职业知识指导社会、革新思想，成为新的意识形态的创造者、实践者。比如史佚，《淮南子·道应训》有这样一段记载：

> 成王问政尹佚曰："吾何德之行而民亲其上？"对曰："使之时而敬顺之。"王曰："其度安在？"曰："如临深渊，如履薄冰。"王曰："惧哉，王人乎？"尹佚曰："天地之间，四海之内，善之则吾畜也。不善，则吾仇也。昔夏、商之臣，反仇桀、纣而臣汤、武，宿沙之民，皆自攻其君而归神农，此世之所明知也。如何其无惧也？"

尹佚指点君王、申明大义，反映了周史官在新的时代奋发有为的风采。春秋时有"史佚之志"传世，而且，史佚的话一再被春秋君子所称引。所以徐复观称其为"由宗教通向人文的关键性人物"①。此外，武王时史官辛甲、宣王幽王时的史伯、"古之良史"周任等，都勇于立言。他们见识不凡，思虑超远，对社会往往有着精深的见解，领一时之风骚。《国语·郑语》记史伯的话说：

> 夫和实生物，同则不继。以他平他谓之和，故能丰长而物归之；若以同裨同，尽乃弃矣。故先王以土与金木水火杂，以成百物，是以和五味以调口，刚四支以卫体，和六律以聪耳，正七体以役心，平八索以成人，建九纪以立纯德，合十数以训百体。出千品，具万方，计亿事，材兆物，收经入，行姟极。故王者居九畡之田，收经入以食兆民，周训而能用之，和乐如一。夫如是，和之至也。于是乎先王聘后于异姓，求财于有方，择臣取谏工而讲以多物，务和同也。声一无听，色一无文，味一无果，物一不讲。

这一段话虽以先王为说，但所论却是纯粹的政治哲学思想。侯外庐认为这段话包括了这样的命题：（1）两个不同的"他"物形成了统一体的一物（和）；（2）一切由对立物而形成的和合物是自然的发展；（3）没有发展就一切废置了；（4）又两端的和合而成五，以至十、百、千、万、亿、兆的复杂变化。认为含有朴素的辩证法的因素②。它体现了立言者自觉的理论意识。春秋初期，内史过、内史兴等巫史人员还比较活跃，但随着贵族政治势力的增强，史官的地位就逐渐边缘化了，基本上无力直接提出社会主张，而只能将"立言"的话语权力随着巫史文献转交给贵族阶级中的贤人了。

前人往往以"左史记言，右史记事"的说法，认可史官自有职之初就有记言的传统，并以《尚书》为史官记言的代表。但《尚书》所录主要是商周天子和周公的训诫之辞，是正式的宗教文献，和《左传》、《国

---

① 徐复观：《两汉思想史》第三卷，第144页。
② 侯外庐等：《中国思想通史》第一卷，第126页。

第五章 君子文化和原史传统

语》中的"君子"立言有本质的不同，还不能算是真正意义上的记言①。春秋史官一方面按照传统，以"告命"的形式，极为刻板而隐约地通报着本国的事件；另一方面，又以"传闻"的形式，以批判的眼光传递着事实的经过和评论。前者构成《春秋》的原始文献，其中并没有记言；后者就成了《左传》类的原始文献，而特重记言。《左传》类"传闻"文献构成了史官新的文化传统。史官希望借史实来裁判社会，宣扬新的社会思想，因此，在记录史实时会附加上自己的看法，这是最早的立言。等到史官认识到贵族的社会政治地位后，又特别树立其"君子"的形象，希望他们成为史官文化的代言人，并将其"立言"隆重载录在册。

史官的载录活动，直接促成了贵族士大夫的"不朽"观念。"不朽"的最初含义就是"虽久不废"，是"保姓受氏，以守宗祊，世不绝祀"。但在古代巫史文化中，载录本身也是一种不朽的形式，如卫国宁殖因为参与逐君而"名藏在诸侯之策"，所以死不瞑目（《左传·襄公二十年》）。另一个正面的例子就是穆叔所说的："鲁有先大夫曰臧文仲，既没，其言立，其是（不朽）之谓乎！"（《左传·襄公二十四年》）史官们正是利用这一点，通过对"嘉言善语"的不懈追求，而使贤人们认识到可以通过"立言"而达到不朽。显然，不朽的观念已从宗教的转换为社会人格的。可见，史录本身为春秋贵族提供了新的价值标准和人生目标，也就导致贵族士大夫立言的风气的高涨。《墨子·尚贤》将那些"厚乎德行，辨乎言谈，博乎道术"者称为"国家之珍"、"社稷之佐"。其中"博"为博识，"道术"当是指古代的礼仪、历史等知识。在春秋时期，也只有巫史传统和巫史知识，才是可靠的知识来源，是话语权力的最终依据。即使是突破和超越巫史文化的变革，也必须借助巫史文献本身的依据来完成。所以说，君子和史官是相辅相成的，君子通过史官的文献成功地实现立言，而史官则通过载录的方式，肯定并且支持了他们的思想创新活动。

通过以上的论述，我们认为，春秋时期有存在着一个渊源有自而连绵

---

① 春秋时期，也会有大量的盟誓、训诫、檄文之辞在同样的仪式中出现，也一定会被史官载录，如《左传》中所录的秦《诅楚文》等，但大量的同类文献并没有被纳入《春秋》和《左传》系统之中，它们应该自成一体，但没有流传下来。

不绝的立言传统,并且由此而催生出"君子"这一社会群体。"君子"实际上就是能立言的人,它主要是有见识的史官和卿大夫,但又不局限于史官和卿大夫。"君子"思想的出发点是礼仪,而真正关心的却是现实社会的秩序和规范,无论是在天道自然,还是在政治、道德等方面都有很大的创新①。有学者撰文分析了《左传》中的"君子曰"的思想,认为"君子曰"在礼、国家与君主、善与恶等范畴上都有系统的思想,它们和孔子、孟子思想的区别,仅仅在于所处时代的社会现实不同而已②。现在看来,春秋"君子"的思想已经基本上涵盖了后世儒家的主要命题,也奠定了后世儒家的基本价值倾向。上所举申叔时所论太子之教,就已经包括了很多儒家的基本概念。此外,《国语·周语下》录单襄公论晋周之德云:

夫敬,文之恭也;忠,文之实也;信,文之孚也;仁,文之爱也;义,文之制也;智,文之舆也;勇,文之帅也;教,文之施也;孝,文之本也;惠,文之慈也;让,文之材也。象天能敬,帅意能忠,思身能信,爱人能仁,利制能义,事建能智,帅义能勇,施辩能教,昭神能孝,慈和能惠,推敌能让。

这其中所包括的忠孝和仁义智信勇等,也都是后世儒家所致力表述的思想理念。《荀子·致士》云:"无土则人不安居,无人则土不守;无道法则人不至,无君子则道不举……君子也者,道法之揔要也,不可少顷旷也。得之则治,失之则乱;得之则安,失之则危;得之则存,失之则亡。"而立言传统,在春秋以后成为文化创造的主要方式。尤其是以评论史实为内容、以征引为立论手段的立言,更是开后世儒家援经傍史、述而不作的先河。所以,君子文化是史官文化到诸子文化的一个过渡阶段。

---

① 任继愈《中国哲学发展史·先秦》中有《春秋时期的思想》专论此时思想新旧交替的特点,并分别从天命天道、政治思想、道德思想三个方面阐发了春秋时期的"创新"成分。北京:人民出版社1983年版,第116—159页。

② 见浦伟忠《论〈左传〉"君子曰"的思想》(《中国史研究》1990年第2期)。该文认为"君子"所处的年代要后于孔子,是儒家思想的一个流变,其与孔子思想的差别是因为时代发展造成的。

第五章　君子文化和原史传统

如果说是"有识之士"们"以道自任"、"超越他自己个体的和群体的利害得失，而发展对整个社会的深厚关怀"，并由此而导致社会历史的"哲学的突破"①，那么，中国古代早期"知识分子"确乎不待孔子和"士阶层"而先有之，"君子"是也。"君子"虽然主要以卿大夫为主，但却不能从社会阶级的角度来划定。"君子"也包括下层官民、妇女等，它的早期标志就是看能否"立言"。"君子"只是以立言行为显现的人群，不是一支独立的社会政治或经济力量，因此，它不同于"游士"，也不同于西方的"独立知识分子"，但在社会批判、社会价值观念的创造和维护等方面，其功能则是一样的。这是君子文化的特点，也是中国早期知识分子的特征。现在看来，春秋"君子"的思想已经基本上涵盖了后世儒家的主要命题，也奠定了后世儒家的基本价值倾向，虽然这些观念还有待于孔子、孟子等发展完善，但它们确实是新思想的源头，是理性文化的先声。所以说，春秋时代的"君子"才是中国传统意识形态的真正奠基者。所以，中国古代的知识阶层不始于春秋后期的孔子，而是始于西周、春秋时期的史官和君子们。

三 "诸子"与史官渊源

1

史职的衰落，史籍的流播和整理，为诸子的崛起准备了必要的条件。春秋晚期兴起的诸子依凭着史籍本身所承载的话语特权，却又剔除了原史文化中的宗教背景，以"道"取代了"天"，从而将春秋史官所开掘的理性文化发扬光大，并完全确立了理性精神在主流意识形态中的地位，形成了一个在思想文化上彬彬大盛的新气象。

所谓诸子，司马谈有六家之分：阴阳家、儒家、墨家、名家、法家和道德家（《史记·太史公自序》）。班固则分之为十家：儒家、道家、阴阳家、法家、名家、墨家、纵横家、杂家、农家、小说家，又说"其可观

---

① 参见余英时《古代知识阶层的兴起与发展》（四）、（五）两部分，收入《士与中国文化》，上海：上海人民出版社 1987 年版。

者九家而已"(《汉书·艺文志》),不将杂家算为一家。在所有诸子中,儒和道两家在春秋后期就出现了。墨家的出现也甚早,离春秋不远。这几家可以看作是史官文化的直接继承者。班固在描述这几家的学术渊源时说:

> 儒家者流,盖出于司徒之官,助人君顺阴阳明教化者也。游文于六经之中,留意于仁义之际,祖述尧舜,宪章文武,宗师仲尼,以重其言,于道为最高。……

> 道家者流,盖出于史官,历记成败存亡祸福古今之道,然后知秉要执本,清虚以自守,卑弱以自持,此君人南面之术也。……

> 墨家者流,盖出于清庙之守。茅屋采椽,是以贵俭;养三老五更,是以兼爱;选士大射,是以上贤;宗祀严父,是以右鬼;顺四时而行,是以非命;以孝视天下,是以上同……(《汉书·艺文志》)

班固认为诸子皆出于王官的说法拘泥,今人大多不信其说,而且上所言各职官也未必都出现过。他所说的这些职能和品质,其实都包括在巫史文化中。

从本书所理解的史职范围来看,司徒之职能亦为史官所有。杨宽认为:"这里所说的'司徒之官',是依据汉代经学家的说法,实际上就是指西周的太师、太保而言,因而能够'助人君顺阴阳而明教化'。孔门儒家之学,教的是《诗》、《书》、《礼》、《乐》;讲究的是文、武、周公之道,就是太师周公、太保召公辅助君王'明教化'之道。"① 周公是巫史文化的标志,太师等以阴阳助教化也自然是巫史之事。则儒家出于史官。初期道家多君人南面之说,这与巫史在西周、春秋时期有咨政之责有关,而且,道家学派的创始人老子是"周守藏之史"(《史记·老子韩非列

---

① 杨宽:《战国史》(增订本),上海:上海人民出版社1998年版,第467页。

第五章 君子文化和原史传统

传》),曾以礼授孔子,于春秋末年著成《老子》一书①。则道家直接源于史官。墨家所出的"清庙之守",亦与神灵祭祀有关,是巫史之职。《吕氏春秋·当染》有这样的记载:"鲁惠公使宰让请郊庙之礼于天子,桓王使史角往,惠公止之。其后在于鲁,墨子学焉。"由此看来,墨子是从史角的后人那里得来的知识,创建了墨家学派。此外,名家的礼官、纵横家的行人也都是前代史官之属。那么,班固所列的就有五家出于史官。不过,诸子出于王官之说,是在汉儒美化三代的思想潮流下出现的,也受到汉代《周礼》学术的影响,这中间想象的成分多过事实,所以不可凿实而论。近人刘师培认为"史为一代盛衰之所系,即为一代学术之总归",他因此断言"九流学术皆原于史"②。我们可以说,初期子学直接受到史官影响,而后起的诸家则彼此辗转影响的较多。如道家,老子本人是史官,而庄子则又转益多门,不但受老子影响,也受孔子的影响。郭沫若说:"庄子是从颜氏之儒出来的,但他就和墨子'学儒者之业,受孔子之术'而卒于'背周道而用夏政'一样(《淮南·要略》),自己也成立了一个宗派。"③ 所以,刘师培就班固的话解释说:"盖班志所言,就诸子道术而分之,非就诸子渊源而溯之也。仁和龚氏有言,诸子学术,皆周史支孽小宗,后世子与史分,古代子与史合,此周史之所职掌者二也。"④

其实当时学者对此就已经有了清晰的认识。《庄子·天下》曰:

---

① 陈鼓应云:"《老子》这部作品……今本不免有后人重编时增删或古注羼入之处。然而,老聃自著的《老子》,当形成于春秋末期,曾对《孙子兵法》、《论语》等书有过影响。"见所著《老庄新论》,第57页。

② 刘师培谓:"儒家出于司徒,然周史六弢以及周制周法皆入儒家,则儒家出于史官。阴阳家出于羲和,然羲和苗裔为司马氏,作史于周(见《太史公自序》),则阴阳家出于史官。墨家出于清庙之守,然考之周官之制,太史掌祭祀,小史辨昭穆(见《周礼·春官》),有事于庙,非史即巫,则墨家出于史官。纵横家出于行人,然会同朝觐,以书协礼事,亦太史之职(见《周礼·春官·大史》),则纵横家出于史官。法家出于理官,名家出于礼官,然德刑礼义,史之所记,则法、名两家亦出于史官。杂家出于议官,而孔甲盘盂亦与其列。农家出于农稷之官,而安国书册(汉史孔安国也),参列其中。小说家出于稗官,而虞初周说,杂伺其间。则杂家、农家、小说家,亦莫不出于史官。岂仅道家云乎哉。"[《古学出于史官论》,原载《国粹学报》1905年1卷4期,辑入《中国史学史论文选集》(一),台北:华世出版社1976年版,第44—45页]

③ 郭沫若:《十批判书》,北京:东方出版社1996年版,第201页。

④ 刘师培:《中国史学史论文选集》(一),第45页。

· 227 ·

古之人其备乎！配神明，醇天地，育万物，和天下，泽及百姓，明于本数，系于末度，六通四辟，小大精粗，其运无乎不在。其明而在数度者，旧法世传之史，尚多有之。其在于《诗》《书》《礼》《乐》者，邹鲁之士搢绅先生，多能明之……其数散于天下而设于中国者，百家之学时或称而道之。

　　天下大乱，贤圣不明，道德不一，天下多得一察焉以自好。譬如耳目鼻口，皆有所明，不能相通。犹百家众技也，皆有所长，时有所用。虽然，不该不遍，一曲之士也。判天地之美，析万物之理，察古人之全，寡能备于天地之美，称神明之容。是故内圣外王之道，闇而不明，郁而不发，天下之人各为其所欲焉以自为方。悲夫，百家往而不反，必不合矣！后世之学者，不幸不见天地之纯，古人之大体，道术将为天下裂。

这是一段有关战国学术源流的论述，出自庄子后学之手。他认为在百家争鸣之前，是一个学术醇一的时代，万物该备，无所不通。这种学术掌握在世传之史手里，表现在文献上则是《诗》、《书》、《礼》、《乐》、《易》、《春秋》等史籍。及至天下大乱，百家分裂道术，各得一面而自以为是，诸子也就从此分而不合了。章学诚说："战国之文，其源皆出于六艺，何谓也？曰：道体无所不该，六艺足以尽之。诸子之为书，其持之有故而言之成理者，必有得于道体之一端，而后乃能恣肆其说，以成一家之言也。所谓一端者，无非六艺之所该，故推之而皆得其所本；非谓诸子果能服六艺之教，而出辞必衷于是也。《老子》说本阴阳，《庄》、《列》寓言假象，《易》教也。邹衍侈言天地，关尹推衍五行，《书》教也。管、商法制，义存政典，《礼》教也。申、韩刑名，旨归赏罚，《春秋》教也。其他杨、墨、尹文之言，苏、张、孙、吴之术，辨其源委，挹其旨趣，九流之所分部，《七录》之所叙论，皆于物曲人官，得其一致，而不自知为六典之遗也。"[①] 这一段论述中对史官和诸子学术的高低评价我们且置之不论，但认为诸子之学出于史官文化显然是极有道理的。

---

① （清）章学诚著，叶瑛校注：《文史通义校注·诗教上》，北京：中华书局1994年版，第60页。

第五章　君子文化和原史传统

诸子理论的形成往往与史官的职守有密切的关系。如老子关于天人宇宙的学术，一般被认为具有原创性。老子是"周守藏室之史"，有太史之职。王博论曰："太史之职，负责观测天时，即依日月星辰变化之规律来制定历法等，这日月星辰变化的规律就是所谓天道的内容。"春秋史官解读天道的方法主要与占星术有关，可占星术又受到一些如子产等君子们的理性挑战，"史官的职责使得老子更能感受到天道和人事的密切关系，但是，这种联系再也不能以占星术的形式出现了……所以，老子要重建这种关系，就必须要突破占星术的框架，对传统的天道观念进行改造。这种改造的一个直接表现就是在春秋时期天道观念的基础上提出了道的范畴"①。其实，儒家、墨家的主要学术范畴也都有这样的特点。徐中舒认为："孔子正名思想与'兴灭国，继绝世'的主张都是为西周以来封建旧秩序服务的，它和《春秋》书法有共同的基础。"② 班固说墨家出于清庙之守，其贵俭、兼爱、上贤、右鬼、非命、上同等思想范畴亦与"清庙之守"的职责有关（《汉书·艺文志》），则墨家与巫史文化的联系亦甚为紧密。此外，诸子还普遍援引前代史官文献，甚至以古代文献为立论的依据，造成了广泛尊古之风气。这一点能从学理上说明诸子对史官文化的依赖。比如《墨子·非命》中所提出的理论构建有所谓"三表"，第一项"本之者"，即指"上本之于古者圣王之事"，或者称"考之天鬼之志"，而"古者圣王之事"和"天鬼之志"都指的是前代史籍。据徐复观统计，"《墨子》引用的古典凡四十余条"，包括《诗》、《书》等③；再如《庄子·齐物论》云："六合之外，圣人存而不论；六合之内，圣人论而不议。春秋经世先王之志，圣人议而不辩。"又上引《庄子·天下》篇对"世传之史"和《诗》、《书》、礼、乐的推崇等，都显示了道家对传统史著是了解并且十分尊重的。法家著作亦常引古代经典，如《韩非子·说林上》引《尚书·康诰》等。徐复观说韩非子"著书时为加强自己论点的力量，依然有时假借古代经典，特别受孔子所作《春秋》的影响，征

---

① 王博：《老子之道的史官特色》，载《道家文化研究》第五辑，上海：上海古籍出版社1994年版。
② 徐中舒：《〈左传〉的作者及其成书年代》，《历史教学》1962年第11期。
③ 徐复观：《徐复观论经学史二种》，上海：上海书店出版社2002年版，第41—42页。

引遍及三传及'子夏说《春秋》'"①,等等。由上可见,战国诸子虽然已经脱离了史官职业传统,但他们在很大程度上仍然将前代史官文献当作自己重要的话语资源。

2

在从原史文化到诸子文化的承接转化的过程中,孔子是一位极为关键的人物。孔子本人"少也贫贱",但却赶上了天子失官甚至诸侯失官、学术下移的时代。他通过刻苦的学习,终于成为一个文化上的圣人。他的学生子贡说:"夫子焉不学?而亦何常师之有?"(《论语·子张》)这既说明了孔子博学多问,也说明了在孔子少年时代,私学还没有正式出现②。孔子的主要知识都是直接从宗庙巫史人员那里获取的。《论语·八佾》说"子入太庙,每事问"。《史记·孔子世家》记载孔子与学生南宫敬叔俱适周观书,访礼于老子。又孔颖达《春秋左氏传序》正义引沈氏云:"《严氏春秋》引《观周篇》云:孔子将修《春秋》,与左丘明乘如周,观书于周史,归而修《春秋》之经……"《公羊传·隐公元年》徐彦疏云:"孔子受端门之命,制《春秋》之义,使子夏等十四人求周史记,得百二十国宝书。"这些载录未必俱是事实③,但孔子的学术得之于史官是无可怀疑的。孔子自云"师挚之始,关雎之乱,洋洋乎盈耳哉"(《论语·泰伯》),又说"师冕见"(《论语·卫灵公》),徐中舒皆以为是孔子"与鲁

---

① 徐复观:《徐复观论经学史二种》,第46页。

② 吴霓总结了学术界关于私学的起源问题的三种看法:"(1)'私学起源于孔子所办的私学'。如冯友兰、于盛庭等持这种看法。(2)'先秦私人讲学之风,不始于孔子'。如王越等认为,孔子之前,就出现了邓析主持的讲学活动,而与孔子同一时代的少正卯也曾聚徒讲学。(3)'孔子不一定首创私学,但这个问题无考证的必要'。如孙叔平持这种看法,认为大凡时代风气,开辟者都不止一人。"但由于孔子讲学在中国教育史上的影响,因此"在谈到私学发展历史时,一般以孔子私学为首要标志"(《中国古代私学发展诸问题研究》,北京:中国社会科学出版社1996年版,第1—2页)。

③ 对于孔子是否适周的问题,因古代记载在时间、随同人物等方面的错乱,现代学者往往多有不同意见,如蒋伯潜认为孔子确实"欲远适东周,观王官之藏书。此事之年,本难确指,只能如梁氏(梁玉绳《史记志疑》——引者注)所说,付之阙疑……"(《诸子通考》,杭州:浙江古籍出版社1985年版,第53页)而钱穆认为:"孔子见老聃问礼,不徒其年难定,抑且其地无据,其人无征,其事不信。"(《先秦诸子系年考辨》,上海:上海书店1992年版,第8页)

第五章　君子文化和原史传统

国太史和乐官经常有往还"的证据①。《论语》中还两次言及孔子见到瞽者都必表示崇敬（《子罕》、《乡党》），《史记·孔子世家》说孔子曾向卫国乐官师襄子"学鼓琴"。瞽者与乐师皆是巫史人员。孔子大概经常观看鲁礼，他谈到聆听太师音乐的感受云："始作，翕如也；从之，纯如也，皦如也，绎如也，以成。"（《论语·八佾》）孔子的师友还有史狗、史鳎，而且史鱸还是当时很有影响的人物②，孔子还向郯子学习过，并感慨说："天子失官，学在四夷，犹信。"（《左传·昭公十七年》）所以，孔子"无常师"，能典型地反映出私学出现之前普通士人所获得知识的途径。

孔子将自己从史官处学来的礼乐等文献知识，再传授给学生，这是私学成立的过程，更是儒家学派创立的过程，也是一个文化转变的过程。这一过程有着以下几个方面的意义。

首先，是由"六艺"到"六经"的转变。孔子之前的所谓师教，不管它是发生在太庙里，还是出现在官府中，那都只是一种成人的训练，而不是一种文化的传承。官师教学的所谓"诗"与"六艺"，即"礼"、"乐"、"射"、"御"、"书"、"数"，都是礼仪性的科目。教学的目的是使贵族懂得各种仪式、礼节规范，成为彬彬君子。但在孔子的教学活动中，这些科目有了不同的意义。孔子虽然也说"不学《诗》，无以言"，受到春秋赋诗的影响，但孔子更强调诗的"兴"、"观"、"群"、"怨"的社会功能和自我修养功能（《论语·阳货》）。所以，孔子将"诗"、"礼"、"乐"三者看作完成人格修养的进阶，说"兴于《诗》，立于礼，成于乐"（《论语·泰伯》），这就与官师"六艺"之教完全不同。正如徐复观所说："把《诗》、礼、乐当作人生教养进升中的历程，这是来自实践成熟后的深刻反省，所达到的有机体的、有秩序的统一。此时的《诗》、礼、乐，成为一个人格升进的精神层级的复合体。即此一端，便远远超越了春秋时代一般贤士大夫所能达到的水准。"③ 除此三科外，孔子教授最力的当数《春秋》了。《孟子·滕文公下》云：

---

① 徐中舒：《〈左传〉的作者及其成书年代》，《历史教学》1962年第11期。
② 见钱穆《孔子年表》（载《古史辨》第四册，上海：上海古籍出版社1982年版，第77—81页）及《蘧瑗史鱸考》（《先秦诸子系年考辨》，第25—27页）。
③ 徐复观：《徐复观论经学史二种》，第13页。

> 世衰道微，邪说暴行有作，臣弑其君者有之，子弑其父者有之。孔子惧，作《春秋》。《春秋》，天子之事也。是故孔子曰："知我者其惟《春秋》乎！罪我者其惟《春秋》乎！"

孟子说孔子"作"《春秋》，司马迁说孔子"修"《春秋》，学者一般都将其理解为编定和传播。由上一段话我们可以看出，《春秋》确为孔子从史官处获知，并经修订后传播到社会上的，他也因之而有"知我"、"罪我"的担忧和感慨。又《论语·述而》载："子所雅言，《诗》、《书》、执礼。"也就是说孔子也以《书》教授学生。孔子晚年喜《易》，曾说："加我数年，五十以学《易》，可以无大过矣。"（《论语·述而》）马王堆汉墓帛书《要》释文亦云："夫子老而好《易》，居则在席，行则在囊。"旧说《易传》亦为孔子所作①，虽然未必是事实，但也可以看作是孔子对易学的影响。由此看来，儒家的所谓六经，在孔子手上已经基本确立。《庄子·天运》有这样的记载："孔子谓老聃曰：'丘治《诗》、《书》、《礼》、《乐》、《易》、《春秋》六经，自以为久矣……'""六经"云云当然不可能是孔子的原话，但它反映人们在战国时期已经认识到孔子之教以"六经"为本。这已经与前代官学"六艺"有了本质的区别。

其次，提升和转换了"礼"的意义。原史文化传播以"礼"为主，孔子亦强调"克己复礼"。从形式上看，都是指西周社会制度的种种礼仪规范，但具体到"礼"内涵上，两者的解释又各有侧重。巫史的"礼"有着明显的宗教意义，它具体指的是宗教文化中的禁忌性的仪式规范，以及在此观念指导下的政治生活和日常生活规范。因此，巫史之"礼"具有神秘性特点，靠仪式支持，是强制性的，所以《乐记》中说"礼自外作"。到了西周以后，由于礼俗又体现了宗法血缘政治关系，所以"礼"

---

① 朱伯崑说："关于《易传》即十翼形成的年代，是一个悬而未决的问题。司马迁于《史记·孔子世家》中，认为《易传》乃孔子所作。此说影响很深。直到欧阳修方怀疑《系辞》为孔子所作。其后，清朝崔述进而怀疑《彖》、《象》为孔子所作。近人同样认为十翼非孔子所作，几乎成为定论。并且认为《易传》各篇非出于一时一人之手，乃战国以来陆续形成的解易作品。"（《易学哲学史》上册，北京：北京大学出版社 1986 年版，第 39 页）

第五章　君子文化和原史传统

又被看作政治价值标准。春秋史家在这种政治含义上将"礼"提高到一个理性的层面。《左传·昭公五年》记载：

> 公（鲁昭公）如晋，自郊劳至于赠贿，无失礼。晋侯谓女叔齐曰："鲁侯不亦善于礼乎？"对曰："鲁侯焉知礼！"公曰："何为？自郊劳至于赠贿，礼无违者，何故不知？"对曰："是仪也，不可谓礼。礼，所以守其国，行其政令，无失其民者也。今政令在家，不能取也；有子家羁，弗能用也；奸大国之盟，陵虐小国；利人之难，不知其私。公室四分，民食于他。思莫在公，不图其终。为国君，难将及身，不恤其所。礼之本末将于此乎在，而屑屑焉习仪以亟。言善于礼，不亦远乎？"君子谓叔侯于是乎知礼。

将禁忌式的"礼"发展为一种政治理想，是春秋史官文化一大进步。

孔子对前代之"礼"有着深切的了解，他说："夏礼吾能言之，杞不足征也。殷礼吾能言之，宋不足征也。"（《论语·八佾》）孔子继承了春秋史官的思想，并进一步将"礼"从仪式中剥离出来，使其具有人格内省和社会和谐的伦理学的功能。孔子说："礼云礼云，玉帛云乎哉？乐云乐云，钟鼓云乎哉？"（《论语·阳货》）他强调的是"礼"形式中所蕴含的价值因素，而对形式本身并不执着。他在阐述"礼之本"这一问题时说："礼，与其奢也，宁俭；丧，与其易也，宁戚。"（《论语·八佾》）也就是说，只要保有礼敬的心意，则可以对礼仪本身进行简化。春秋史官强调的礼的精神，是尊尊、亲亲中的敬，是遵盟守约的信。而孔子认为"礼"不仅仅是一种社会交往原则，它更是每一社会个体的精神修养，是人类文化理性的体现。"礼由外作"指的是它起源于宗教的规范性特点，而到孔子以后，儒家"乃知缘人情而制礼，依人性而作仪"（《史记·礼书》），强调的是礼的人本主义特征。所以，孔子的六经教育虽然仍然以"礼"为主，但他看到的是人在精神上的进益和成长。《礼记·经解》记载孔子的话说："入其国，其教可知也。其为人也：温柔敦厚，《诗》教也；疏通知远，《书》教也；广博易良，《乐》教也；洁静精微，《易》教也；恭俭庄敬，《礼》教也；属辞比事，《春秋》教也。"也就是说，孔子看重的是教育过程对人精神和品性的塑造、提升的作用。孔子的教育目标是"志于道,据于德,依于仁,游于艺"(《论语·述而》)。史家的礼教,培养的是宗法社会中的君子的仪态规范,而孔子的礼教培养的是个体的人格精神。

我们可以说,战国之前"礼"经过了两个层次的提升:一是由纯宗教社会的禁忌层次提升至政治行为规范层次,这一提升是由史官和"君子"完成的;二是由政治行为规范再提升为一种社会的普遍理性和个体的人格精神的层次,这则是由孔子完成的。正因为孔子强调的是个体的精神培养,所以它没有了阶级的含义,此前的"礼不下庶人"的教义也就不再适应。孔子明确提出"有教无类"(《论语·卫灵公》),又说"自行束脩以上,吾未尝无诲焉"(《论语·述而》),这才将巫史的一家之学推广为全社会的学问,使得私学成为真正"弘道"的事业。

最后,建立了师道的传统。有教则有师,但在巫史和贵族受学时代,有师而无师道、师统。真正出现师道、师统,应该始于孔子。古今学者对"儒"的来源及其演变提出了多种说法,归纳起来,大约可分为两类:一认为是周代负责教化的职官,一认为是前代巫史术士之流。前者的根据是《汉书·艺文志》所说"儒家者流,盖出于司徒之官,助人君顺阴阳教化者也"。郑玄注《周礼·天官冢宰》"大宰"之职中"三曰师,以贤得民;四曰儒,以道得民"云:"儒,诸侯保氏,有六艺以教民者。"又注《周礼·地官·大司徒》中"联师儒"云:"师儒,乡里教以道艺者。"据此,则儒和师职相近,以教化为业。后一类说法则主要依据许慎《说文解字》所谓"儒,柔也,术士之称"。而术士为何?有宽泛理解为一切有术之士,有理解为"通习六艺之士",有理解为"以教书相礼为生"之士,有以为一种源于商代祝宗卜史的职业,等等[①]。以上的论点都希望在儒和某种王官或某类传统职业之间建立切实的联系。但我们无法在孔子之前找到某个曾为儒的人,也无法证实孔子本人曾任过王官或充当过任何形式的术士,甚至也不能证明在孔子时代还存在着其他以"儒"为职业的人。所以,儒家的源流仍然不能通过这些考证得出。但从这些考证中所揭

[①] 参见陈来《古代宗教与伦理——儒家思想的根源》,北京:生活·读书·新知三联书店1996年版,第331—333页。

第五章　君子文化和原史传统

出的相关资料来看，可以推出"儒"有两个方面的基本含义：一是有术，二是教学。章太炎说："周之衰，保氏失其守，史籀之书，商高之算，蜂门之射，范氏之御，皆不自儒者传……及《儒行》称十五儒，《七略》疏晏子以下五十二家，皆粗明德行政教之趣而已，未及六艺也，其科于《周官》为师，儒绝而师假摄其名。"① 也就是说在孔子时代，所谓"儒"不过是"师"的另一称呼。但孔子同样也与周官中的"师"没有直接关系。与孔子学派真正有关系的是"教"和"术"。所以，孔子学派被命名为儒，就是因为当时人们对它教学行为的看重。

可以说，学统和师道观念正是在孔子和儒家的教学过程中形成的。《论语·卫灵公》中有这样一段记载：

> 师冕见，及阶，子曰："阶也。"及席，子曰："席也。"皆坐，子告之曰："某在斯，某在斯。"
>
> 师冕出，子张问曰："与师言之道与？"子曰："然，固相师之道也。"

可见孔子非常强调"相师之道"，并能以身作则。我们从七十子之徒对孔子生前和死后的态度中，也可以看到在孔子师生之间，已经建立起明确的师道。这种师道在儒家的教学实践中继续发展、完善。《荀子·修身》在谈到尊师时说：

> 礼者，所以正身也；师者，所以正礼也。无礼何以正身？无师吾安知礼之为是也？礼然而然，则是情安礼也；师云而云，则是知若师也。情安礼，知若师，则是圣人也。故非礼是无法也，非师是无师也。不是师、法而好自用，譬之是犹以盲辨色，以聋辨声也，舍乱妄，无为也。

又《荀子·大略》篇云：

---

① 章太炎：《国故论衡·原儒》，刘梦溪主编：《中国现代学术经典·章太炎卷》，石家庄：河北教育出版社1996年版，第100页。

> 言而不称师谓之畔,教而不称师谓之倍,倍畔之人,明君不内,朝士、大夫遇诸涂不与言。

首先,荀子认为师是传授礼的;其次,他认为作为学生应该时常称引老师的话。诸子将师道和天道、君道相提并论,认为是人格修养的一个重要部分。《管子·弟子职》和《吕氏春秋·尊师》等还详细阐述了学生对老师应尽的各项义务,主要包括生活侍奉、家庭服务、参加生产三项[①]。学生对老师无条件地服从和敬重,说明"师道"作为一个新的社会统系和价值标准已经形成了,并与"君道"、"父道"相并而三[②]。这是对传统的宗教和宗法观念的突破。它光大、推进了社会理性,是孔子和儒家学派的一个革命性的贡献。

虽然春秋后期诸子中最早出现的是老子,但真正将私学规范化,并在此基础上建立起师道、学统的却是孔子和儒家学派。他们将私学发展为思想传播中心,并通过游说、举荐学生为官,甚至直接参加政治活动,而使学人集团获得政治势力。儒家及其他各学派,又都将学术文化的传承看作自己的责任。除了著书立说外,他们都能做到身体力行,通过自己的行为来宣扬自己学派的文化价值观念,并在学派内部建立了师生学统关系,从而在君臣、父子这些传统的社会关系之外,又增加了师生关系;在血缘伦理和政治伦理之外,又开辟了学术传承这一新的伦理体系。它使得学人可以凭借这个关系,暂时从君臣、父子的等级社会中游离出来,如《庄子·胠箧》所云:"今遂至使民延颈举踵曰,'某所有贤者',赢粮而趣之,则内弃其亲而外去其主之事,足迹接乎诸侯之境,车轨结乎千里之外。"这些游离出来的士人,也就在改革或批判社会时有了新的立足点,其意义极为深远。

---

① 参见刘泽华《先秦士人与社会》,天津:天津人民出版社 2004 年版,第 52—53 页。
② 阎步克对"三道"的形成另有详细的论述,见其所著《士大夫政治演生史稿》,第 86—99 页。

第五章　君子文化和原史传统

3

学统的建立，其意义要超出学术或教育本身。它成为后世"道统"的载体和依据。

早期史官是一个凭着天道而超越现实王权的特殊阶层。他们的撰史行为和祭祀仪式一样，都直接对天命负责，不受世俗势力干涉。当然，史官要想实现这样的理想是需要付出代价的。尤其是到礼崩乐坏的春秋时期，史官甚至要以生命为代价来捍卫自己的超越地位。如齐太史兄弟为了载录"齐崔杼弑其君"几个字就献上了两条生命。而也正是那种来自天命的责任感，使得他们能够前仆后继、秉笔直书。无论是《春秋》中隐晦的"书法"，还是《左传》中的直陈其事，其目的都是要行使以礼裁判现实的权力。孔子的文化革新活动，主要依赖的也正是前代"礼"的概念和史官文献。徐复观说："他（孔子）学问的始基，及其所受的启发与充实，乃是来自对历史的追求，亦即来自他继承了周代良史的业绩，及这些良史们将宗教转化为人文的精神，则是决无可疑的。"[①] 刘蔚华、赵宗正亦认为："孔子之功在于：一是收集整理，使之得以保存；二是传授解释，使之得以流传；三是创立学派，使之得以维护和光大。"[②] 因此，孔子是史官文化的传承和发展者，他也正是基于"礼"而拥有超越现实、批判现实的权力。

"礼"是史官文化的价值核心，而且具有神秘的意味。史官的著述行为也以"礼"为价值标准。孔子认为"礼"来自天：

> 大哉，尧之为君也！巍巍乎！唯天为大，唯尧则之，荡荡乎，民无能名焉。巍巍乎其有成功也，焕乎其有文章！（《论语·泰伯》）

所谓"文章"指的就是"礼乐"制度对人类生活的组织和文饰，它是尧法则天意而创留人间的。礼自此便成为一个古今一贯的精神，它不会因为

[①] 徐复观：《两汉思想史》第三卷，第150页。
[②] 刘蔚华、赵宗正主编：《中国儒家学术思想史》，济南：山东教育出版社1996年版，第116页。

朝代的改变而消亡。孔子说：

> 殷因于夏礼，所损益，可知也；周因于殷礼，所损益，可知也。其或继周者，虽百世，可知也。（《论语·为政》）

在孔子看来，"礼"在各个朝代虽有损益，但其基本精神不会随着朝代的改变而改变。所以他说，周以后也一定有继承这礼的，即使经历百世也可推知"礼"的精神。也就是说，"礼"本身具有超越性，是凌驾于现实之上的。不过，孔子认为"礼"依赖于史家文献而存在：

> 夏礼，吾能言之，杞不足征也；殷礼，吾能言之，宋不足征也。文献不足故也。足，则吾能征之矣。（《论语·八佾》）

夏礼和殷礼虽然令人向往，但文献阙载有间，所以，孔子认同的是周礼。周礼虽在前二代礼上有所损益，但也同样承载着天命意志，而且有文献可征，其显现形式更清晰、更繁密、更有条理。所以孔子说：

> 周监于二代，郁郁乎文哉！吾从周。（《论语·八佾》）

由此，我们也知道为何孔子对周代史官文献如此敬重了。

文王和周公是周朝的开创者，也是周文化的开创者。文王演易，周公制礼作乐，所以他们也就成了周礼的象征。孔子对自己的礼教充满了信心，并自认是文王和周公的继承者，所以当被困在匡地时，他感慨道：

> 文王既没，文不在兹乎？天之将丧斯文也，后死者不得与斯文也。天之未丧其斯文也，匡人其如予何？（《论语·子罕》）

他曾经哀叹自己事业无成，说：

第五章　君子文化和原史传统

> 甚矣，吾衰也！久矣，吾不复梦见周公！（《论语·述而》）

孔子认为自己承担着将文王、周公的"文"传承下去的大任，我们不难看出这其中有"以'王'自居之味"[①]。而且，孔子认为在这种承继关系中隐藏着一种天命，这从"匡人其如予何"一句中可以品味得出来，此外，孔子还说过"天生德于予，桓魋其如予何"（《论语·述而》），所谓天生之德，就是天命，所以孔子对礼乐有一份神圣的责任感。他说：

> 夫召我者，而岂徒哉？如有用我者，吾其为东周乎！（《论语·阳货》）

所谓"东周"，并非平王东迁以后的东周，而是相对于文王、周公之周的另一个立于东方的国家。也是说，孔子隐隐地期望着能像文王和周公一样，凭着自己的礼乐创建一个新的王朝，认为自己直接承接着文王和周公的事业。

由此，我们可以将孔子心目中的统属理出这样一个顺序：天—尧（夏）—汤（商）—文王、周公（周）—孔子（"东周"）。孔子很少提到汤，那是因为尧是这一统属的开始，而文王、周公是这一统属的最后一环。这一个统属，是"文"的统属，也就是天道的统属。它不同于王侯卿大夫的治统，它是一种以价值维系着的社会秩序，比治统更高明。那么，孔子在失意的时候感慨"凤鸟不至，河不出图，吾已矣夫"（《论语·子罕》），也就是可以理解的了。他之所以将自己和那个古老的传说联系起来，就是认为自己的事业与神圣天命有关。

胡适也看出了孔子事业的不平凡之处，但他认为那是为了复兴商朝。在做了很多精致的考证之后，胡适说：

> 殷商民族亡国以后，也曾期望"武丁孙子"里有一个无所不胜

---

① 刘华泽：《先秦士人与社会》，第204页。

的"武王"起来"大艰是承","肇域彼四海"。后来这个希望渐渐形成了一个"五百年必有王者兴"的悬记,引起了宋襄公复兴殷商的野心。这一次民族复兴的运动失败之后,那个伟大的民族仍旧把他们的希望继续寄托在一个将兴的圣王身上……他自己也明白人们对他的期望,也以泰山梁木自待,自信"天生德于予",自许要作文王周公的功业。到他临死时,他还做梦"坐奠于两楹之间"。他抱着"天下其孰能宗予"的遗憾死了,但他死了也"复活"了:"人能弘道,非道弘人",他打破了殷周文化的藩篱,打通了殷周民族的畛域,把那含有部落性的"儒"抬高了,放大了,重新建立在六百年殷周民族共同生活的新基础之上:他做了那中兴的"儒"的不祧的宗主;他也成了"外邦人的光","声名洋溢乎中国,施及蛮貊,舟车所至,人力所通……凡有血气者莫不尊亲"。①

这是一篇很有文采的文章,可惜胡适将孔子的事业看作是复兴殷商,这就和他对文王和周公的推崇,和他"吾从周"的宣言相去太远,而且在论据上也有不足②。如说宋襄公有复兴的野心,也还贴近,但孔子从事的"文"的事业又如何能恢复一个王朝呢?《礼记·檀弓上》记载了孔子有"天下其孰能宗予"的悲叹,"宗予"也是希望自己成为一代开辟之王,而不仅是恢复一个已经消亡了的王朝。但胡适文中反复出现的"教主"一词,似乎颇能说明孔子的自许。

　　胡适揭示了孔子的"天下宗予"的理想,并指出他的"教主"地位,这是正确的。但他的错误在于混淆了"治统"和"道统"。王夫之曾经说过:"天下所极重而不可窃者二:天子之位也,是谓治统;圣人之教也,是谓道统。"(《读通鉴论》卷十三"成帝")孔子最直接的榜样是"制礼作乐"的周公,周公曾经有八年的圣王经历,和成王形成了周初二王并

---

① 胡适:《说儒》,收《胡适文存》第四集,台北:远流出版事业股份有限公司1986年版,第63页。
② 郭沫若著有《驳"说儒"》(《郭沫若全集》历史编第一卷《青铜时代》,北京:人民出版社1982年版,第434—462页)、《论儒家的发生》(《郭沫若全集》历史编第三卷,北京:人民出版社1984年版,第382—397页)等对胡适进行了反驳,认为胡适以"儒"为殷商遗留在理据上不足,尤其是胡适文中以三年之丧为殷礼的说法更是于史无据。

第五章　君子文化和原史传统

存的局面。那时的周公是以教主的身份为王的，他的主要事业是"神道设教"，可以教训成王及诸位王公大臣，因此，周公是道统的代表，也是孔子心中的楷模。韩愈《原道》说："由周公而上，上而为君，故其事行；由周公而下，下而为臣，故其说长。"说的也就是周公凭着"道"而超越现世君权的地位。

孔子以道称王的理想在战国儒家学者那里是清楚的，并且认可其间存在着一个神秘的统系。孟子说：

> 五百年必有王者兴，其间必有名世者。由周而来，七百有余岁矣。以其数，则过矣；以其时考之，则可矣。夫天未欲平治天下也；如欲平治天下，当今之世，舍我其谁也？（《孟子·公孙丑下》）

又说：

> 由尧舜至于汤，五百有余岁，若禹、皋陶，则见而知之；若汤，则闻而知之。由汤至于文王，五百有余岁，若伊尹、莱朱，则见而知之；若文王，则闻而知之。由文王至于孔子，五百有余岁，若太公望、散宜生，则见而知之；若孔子，则闻而知之。由孔子而来至于今，百有余岁，去圣人之世若此其未远也，近圣人之居若此其甚也，然而无有乎尔，则亦无有乎尔。（《孟子·尽心下》）

在孟子看来，每五百年出一个圣王，依次是尧舜—汤—文王—孔子，他们都是开辟之王，这是不容置疑的。不过，孟子还认为在两个圣王之间，还必定会出现一个或两个"名世者"。这些"名世者"是"见而知之"的人，在智慧和影响上要略逊于"闻而知之"的圣王。他们起着辅佐、衔接圣王的作用，并且同样以道用世。孟子认为自己就是紧接着圣王孔子之后的一个"名世者"。但生于乱世的孟子也有着和孔子同样的"命矣夫"的感慨。

那么圣王是如何行使自己权力的呢？孟子认为孔子"作《春秋》"就是圣王之事业。他说：

  世衰道微，邪说暴行有作，臣弑其君者有之，子弑其父者有之。孔子惧，作《春秋》。《春秋》，天子之事也；是故孔子曰："知我者其惟《春秋》乎！罪我者其惟《春秋》乎！"……昔者禹抑洪水而天下平，周公兼夷狄、驱猛兽而百姓宁，孔子成《春秋》而乱臣贼子惧。(《孟子·滕文公下》)

他认为孔子的《春秋》事业和禹平洪水、周公兼夷狄一样，都是在"邪说暴行有作"的年代拯救人类的事业，是"天子之事"。孟子认为孔子以《春秋》裁决天下，为天下端正了价值秩序，其意义超越了历史本身，也超越了教育本身，是至高无上的。显然，孟子认为天道就存在于《春秋》之中，这天道和周公兼夷狄的理据并无不同。

  孟子以后，儒家普遍认可这样一条以"道"为内容、凭圣王而传递、以五百年为一个阶段的统属的存在。它实际上"构成了和政统分离的道统"，对政权发生影响，但"不占有政权者"[①]。道统在根本上源于周公的圣王实践，源于史官的天道责任感和对现实的关注精神。它的主要承载外壳是文献、师道，它的核心内容则是以天道诛暴虐的批判精神。《淮南子·要略》云："孔子修成、康之道，述周公之训，以教七十子，使服其衣冠，修其篇籍，故儒者之学生焉。"儒者可以凭着文献的传承而把握天道，从而超越现世权威。《礼记·儒行》云："儒有上不臣天子，下不事诸侯；慎静而尚宽，强毅以与人；博学以知服，近文章，砥厉廉隅；虽分国如锱铢，不臣不仕。其规为有如此者。"孔子的圣王实践在战国时代已被普遍认可，如墨家子弟公孟子说："昔者圣王之列也，上圣立为天子，其次立为卿大夫。今孔子博于诗书，察于礼乐，详于万物，若使孔子当圣王，则岂不以孔子为天子哉？"(《墨子·公孟》) 说明在战国时代，孔子已经在诸子学人中拥有"圣王"的声誉了。其实，不仅是孔子，其他诸子领袖，也拥有凌驾于君权的至尊地位，如《淮南子·道应训》所云："孔丘、墨翟，无地而为君，无官而为长，天下丈夫女子，莫不延颈举踵而愿安利之者。"荀子也被他的弟子们认为是圣人。《荀子·尧问》云：

[①]　参见费孝通《论师儒》，收入《皇权与绅权》，天津：天津人民出版社1988年版。

第五章　君子文化和原史传统

"今之学者，得孙卿之遗言余教，足以为天下法式、表仪。所存者神，所过者化。观其善行，孔子弗过；世不详察，云非圣人。奈何！天下不治，孙卿不遇时也！德若尧、禹，世少知之；方术不用，为人所疑；其知至明，循道正行，足以为纪纲。呜呼！贤哉！宜为帝王。"

道统在战国时代勃然兴起之后，经汉代公羊学家的渲染，使孔子有了"素王"的身份，遂成为中国传统文化中一条或隐或显的命脉。自董仲舒、司马迁以下，至于韩愈、朱熹，无不以道统传承者自居。数千年来，文人奋不顾身，以道干治，共同构建了一个坚持理想、为民请命的理性主义传统，将古代史官的天命天职发扬光大。

四　《论语》及其他诸子文献

1

孔子是诸子学术的开辟性人物。孔子虽然以整理、传播"六经"为自己的毕生事业，并自称"述而不作"，但春秋君子"立言"以不朽观念又不能不让孔子心动。设学课徒固然是"立言"之事，但能见之载籍却是每一个"君子"的梦想。所以孔子感慨道："君子疾没世而名不称焉。"（《论语·卫灵公》）而帮助孔子完成这一心愿的是弟子们所编纂的《论语》。《汉书·艺文志》将《论语》列入"六艺略"中，后世学者遂以为经书。蒋伯潜认为："孔子为诸子之开祖；私家之著述，始于弟子后学记纂孔子言行之《论语》；与其以《论语》为六艺之附庸，不如以《论语》为诸子之冠冕。"[1] 那么，《论语》的语录体制是如何形成的，又具有什么样的特点呢？这必须要回到史官文化背景上，才能有更准确的理解。

《汉书·艺文志》在说到《论语》的编纂过程时说：

《论语》者，孔子应答弟子时人及弟子相与言而接闻于夫子之语也。当时弟子各有所记。夫子既卒，门人相与辑而论纂，故谓之

---

[1] 蒋伯潜：《诸子通考》，第289页。

《论语》。

孔子的教学活动,应该以《诗》、《礼》、《春秋》为主,而《论语》所载的则是孔子指点学生的话,由于这些语言的现实性、针对性更明显,更能直接反映孔子的思想,因此,在此后的学术传统中,《论语》甚至超过了六经的地位,成为儒家的圣经。但如果从著述的角度来看,《论语》二十章头绪散乱,基本上没有一个系统的安排。每一章内部以语句为单位,语句之间缺乏逻辑关联。这是由于弟子们"各有所记"的随时随地性质所造成的。"论语"二字的含义,依《汉书·艺文志》,则"语"乃孔子之"语",而"论"为"辑而论纂"之意。《汉志》没能说出这种文体的来源。

"论语"其实来自史官文献中的"语"。徐中舒认为"语"是瞽矇传诵的历史,到春秋末期经笔录后"成为一种新兴的书体"。因此,"记录孔子遗言就被称为《论语》,记录古代传说就称为《说苑》。后来禅宗和理学有语录,小说有话本,皆以记录'语''话'得名"①。"语"作为一种载录类别,有着悠久的历史。《尚书》是古代最早的记言文献,《尚书》中的"言"实际上是仪式背景下的训诰命誓之"辞",在文化功能上与甲骨卜辞中的"命辞"相差不大,还不能算是真正的"言"。但"辞"、"书"等却启发了西周、春秋史官对言语的载录,于是出现了各种"志",如"史佚之志"、"古志"等。"志"往往是西周史官语录,那是由史官地位的神圣性决定的。春秋以后仿照志,又出现专门载录"嘉言善语"的"语",如《国语》、《事语》等。"语"则主要是"君子"的言论。《国语·楚语上》载申叔时在论太子的教育时说:"教之语,使明其德而知先王之务,用明德于民也;教之故志,使知废兴者而戒惧焉。"相对于"辞"及《春秋》等文献来说,"志"和"语"的世俗成分加强了,其地位应在《春秋》等史官正式文献之下,但仍然具有某种权威性,是面向现实的巫史文献。孔子以史为师,以史籍为教,又以道统自任,他的学生也应该非常熟悉这些文献。所以,以"语"体的形式载录孔子的语言,

---

① 徐中舒:《〈左传〉的作者及其成书年代》,《历史教学》1962 年第 11 期。

第五章　君子文化和原史传统

其文化动机也就是认为孔子属于古史官、君子统系,是巫史文化中人。何晏《论语集解》引"汉中垒校尉刘向言:鲁《论语》二十篇,皆孔子弟子记诸善言也"。所谓"善言"即"嘉言善语",可见刘向认为《论语》之编纂与《国语》并无什么区别。《论语》编成之后,也就成了儒家后学传授孔子学术、延续师道的教材①,从而与《诗》、《书》、《春秋》等经书并列。

《论语》以"子曰"的形式载录了孔子的言语,这一形式也源于史官文献。《尚书》八诰记言有个标志性的语词:"王若曰"或者"周公若曰"。其实"王若曰"这一例式在甲骨卜辞中就有了,作"王占曰"。在西周金文中基本就固定下来。于省吾说:"金文中凡是史官宣示命臣某或王呼史官册命臣某而称'王若曰'者,多在一篇之首或一篇的前一段,以下如复述之,则均简称为'王曰',此乃蒙上文而省却'若'字。"②可见,在西周时期"王若曰"是册命仪式中由史官代宣王命的一种固定的程式③,而"王若曰"由此而成为记言之标志。在此文化背景下,史官也载录一些先贤的言语。春秋时期称引前贤言语时常以"君子曰"领起,如《左传·襄公十四年》季札称"君子曰:能守节",昭公三年文子称"君子曰:弗知实难",《国语·楚语上》左史倚相引"君子曰:违而道",等等,有学者认为"'君子曰'是传喻人或当世、后世贤人传《语》时所发的议论"④,可见"君子曰"亦非简单的行为记录,而是有着提示"语"体的作用。从《左传》和《国语》的情形,可以看到春秋时期有不少"语"体文本在社会上传播,史官载录"语"、征引"语"较为盛行。"语"已被普遍认为是一种具有立言价值的文体,而"君子曰"也就成了立言的一个标志。"子曰"在形式上与"君子曰"并无不

---

① 在《论语》中发现一些文字与孔子无干,如《季氏》后一章云:"邦君之妻,君称之曰'夫人',夫人自称曰'小童',邦人称之曰'君夫人',称诸异邦曰'寡小君',异邦人称之亦曰'君夫人'。"《微子》中"大师挚适齐,亚饭干适楚,三饭缭适蔡,四饭缺适秦,鼓方叔入于河,播鼗武入于汉,少师阳、击磬襄入于海"等三章,《尧曰》开头一章等,这些文字大约是教学时用得着的材料,无意中被编入此书的。
② 于省吾:《"王若曰"释义》,《中国语文》1966年第2期。
③ 史官在册命仪式中的作用,见陈梦家《尚书通论》第二部分之《王若曰考》。
④ 张君:《〈国语〉成编新证》,《河北学刊》1991年第2期。

· 245 ·

同，只是"君子曰"是泛称，而孔子弟子不可能以泛称来论集孔子的"语"，所以改为"子曰"。那么，"子"是什么意思呢？杨宽说："在春秋以前，'子'原为天子所属的卿的尊称，如微子、箕子之类。春秋初期只有少数诸侯所属的卿连'谥'称'子'，如卫的宁庄子、石祁子之类；到春秋中期以后，诸侯的卿就普遍连'谥'称'子'；大夫虽然没有连'谥'称'子'，也已相称为'子'，如子服子、子家子之类。到春秋、战国之际，由于士的社会地位的提高，著书立说和聚徒讲学之风兴起，'子'便成了著名学者和老师的尊称，如孔子、子墨子之类。"① 但"子"其实只有在文献载录中才用，在现实中学生往往称老师为"夫子"，而作为第三人称则与姓连用称为"孔子"、"墨子"等。"子曰"连用，恰是一种文体的标志，是"王若曰"、"君子曰"传统在新的形式下的延续。

此外，孔子教学以阐发史官文献、指示大义为主，《论语》的出发点亦在于此，也是对各种史官文献的总结和提示，所以孟子屡以"孔传"称《论语》。"传"的意思就是对经典文献的传播解释，也就是说孟子是将《论语》纳入史官文献统系之中的。

2

史官的载录从其源头来说，是一种沟通神人的行为，是一种取信于神或者是恭候天命审判的行为，因此，史官无须也无权在载录中进行解释、评判。春秋时代史官的主观意识逐渐发展，并希望利用神圣的撰史行为来裁判社会，但其正式载录工作仍然要受制于旧有的规则。因此，《春秋》通过某些特定的"书法"，通过"微言"的方式表达"大义"。而这一话语构建模式，对《论语》的陈述方式产生了很大的影响。

学者们常用"哲学的突破"或"轴心时代"来谈论理性时代的来临，并以孔子为中国的代表人物，而与孔子对举的西方哲学家是巴门尼德、赫拉克利特和柏拉图②。这些西方先贤们怀着对本体论的浓厚兴趣，孜孜追求一种普遍性的观念，努力构建起绝对真理的模式。但我们在《论语》

---

① 杨宽：《战国史》（增订本），第465—466页。
② [德]卡尔·雅斯贝斯：《历史的起源与目标》，魏楚雄、俞新天译，北京：华夏出版社1989年版，第8页。

第五章　君子文化和原史传统

中却完全看不到孔子的这种理论兴趣。虽然经过一代代学者的阐发，今天我们已经能利用《论语》构建一个完整的儒家意识形态体系，但在当时孔子师生并没有这样的理论自觉。《论语》只是一些零碎的谈话记录，并且孔子似乎总是刻意避开观念性的推理和描述。如法国学者弗朗索瓦·于连所说："这种谈话并不（无）意于构建一种'科学'，甚至也不想构建一种道德。从理论角度看，这种谈话什么也不构建；从神秘角度看，它也不揭示任何东西。"① 即使被后人认为最具有抽象意义的"仁"，在《论语》中也并没有一个明确定义。针对四位学生关于"仁"的请教，孔子有着不同的回答："克己复礼为仁"；"出门如见大宾，使民如承大祭。己所不欲，勿施于人。在邦无怨，在家无怨"；"仁者，其言也讱"；"爱人"（以上见《论语·颜渊》）。在其他场合，孔子也还谈到"巧言令色，鲜矣仁"（《论语·学而》）；"仁者先难而后获，可谓仁矣"（《论语·雍也》）；"夫仁者，己欲立而立人；己欲达而达人。能近取譬，可谓仁之方也已"（《论语·雍也》）；"刚、毅、木、讷近仁"（《论语·子路》）；等等。从这些杂乱的表述中，我们看到，孔子关心的不是"仁"作为一个可定义的认知概念或准则，他所关心的是"仁"在不同环境中的体现方式，而且孔子也无意于穷尽或类推这些行为方式。也就是说，孔子希望学生从某一种行为体验出发，通过切身的感受，而达到作为"仁"的境界。所以颜回这样感叹道："瞻之在前，忽焉在后。夫子循循然善诱人，博我以文，约我以礼。欲罢不能。既竭吾才，如有所立卓尔，虽欲从之，未由也已。"（《论语·子罕》）也就是说，孔子之教不具有真理的认知性质，只能通过体验本身来捕捉"所立卓尔"的人生境界。在孔子看来，那些专注于语词本身的语言是一种"巧言"，它由于渐渐远离事实，也就远离了"仁"。专注于语词或概念的推理，将会使人获得一种智慧的快乐，而智慧的快乐不是道德的快乐。所以，孔子对言语的要求仅是"辞达而已"，并一再提醒人要"讷于言"、"慎于言"，自觉地抵制语言自身的诱惑。从《论语》中可以看出，在孔子的教学活动或对话中，是没有讨论的，学生应该接受、涵泳孔子的每一句话。它的意义不在于语言本身，而

---

① ［法］弗朗索瓦·于连：《迂回与进入》，杜小真译，第201页。

在于孔子当下的态度，在于事实的呈现程度。也就是说，孔子的谈话不是一种趋向真理的论证和辩论，而是针对某一个特殊行为的肯定或纠正。这一思维方式与史官传统有关。《春秋》的价值标准是"礼"。而"礼"在根本上源于宗教仪式和宗教禁忌，是非理性的。虽然"礼"是一个至上的价值标准，但它也是一个非定义的存在，由宗教精神和长期的行为习惯所固定。因此，"礼"也是非真理性的，有着实践性特征，它永远追随着事实本身，并通过事实本身显示出它的意义来。在史官那里，并不存在一种以概念形式呈现出的、超越事实本身的意义。可以说，史官的批评也是实践性的，当下的。孔子的"仁"是对"礼"的继承和提升，但"仁"仍然没有蜕变成一种理念或一个真理模式。所以说，孔子虽然脱离了史官的宗教或职业背景，但却继承了史官构建意识形态的思维方式。

3

《春秋》宣示意义的基本方法，就是通过让事实凸显出来，或是将事实置于阴影之中，构成一种悬念，从而表达出对事实的质疑。叙述本身不含有理解、评论，只是一种指示。在这种指示中，事实本身就会呈现出自己的"异"质特征，从而在无言中完成价值判断。相对于《春秋》的叙事性而言，《论语》更多的是以评论性的话语所建构出的文本；但如同《春秋》以指示性叙述来凸显每一个事实的价值一样，孔子的叙述也是以指示性来强调每一个行为规范自身的价值。《春秋》的指示是在宗教的背景上进行的，事实的"异"质性特征是相对于作为普遍理解的宗教规范而言的；而孔子的指示远离宗教，他指示出行为和社会群体之间的关系。当有人以"以德报怨"（《论语·宪问》）这个观点来请教孔子时，孔子并没有对此论题本身进行分析，而只是通过"何以报德"这一个提问，将德和怨之间的层级关系清晰地指示出来。"以德报怨"这一命题则由于无从安排这样的层级关系而显得很尴尬，并显示出自己的荒诞性来。也就是说，面对着德和怨这一明显存在的关系，"以德报怨"是"异"质性的，是一个悖论。因此"以直报怨，以德报德"的结论也就很容易理解了。我们还可以通过一个相反的例子来说明孔子叙述的指示性特征：

第五章　君子文化和原史传统

宰我问:"三年之丧,期已久矣。君子三年不为礼,礼必坏;三年不为乐,乐必崩。旧谷既没,新谷既升,钻燧改火,期可已矣。"子曰:"食夫稻,衣夫锦,于女安乎?"曰:"安。""女安,则为之!夫君子之居丧,食旨不甘,闻乐不乐,居处不安,故不为也。今女安,则为之!"宰我出。子曰:"予之不仁也!子生三年,然后免于父母之怀。夫三年之丧,天下之通丧也。予也有三年之爱于其父母乎!"(《论语·阳货》)

在与宰我的对话中,孔子既没有驳斥"期可以矣",也没有阐明"三年之丧"的理由,只是以一个"安"字,将"三年之丧"从它和"不为礼乐"的关系中拉开,而使其更加靠近"父母之爱",指示出"三年之丧"在新的关联中的位置,并由此而期待对它的新的审视。孔子的目的也仅如此,所以当宰我无视这种新的关联时,孔子的对话也就随之而结束。宰我的想法虽然没有完全解决,但却已被孔子留置在阴影之处,等待着人们的反省。孔子在宰我出去后对"三年之丧"的解释,也并没有揭示"三年之丧"的真正意义,毋宁更像是一种感慨。此外,如子贡去羊(《论语·八佾》)、樊迟问稼(《论语·子路》)等亦是此种表述方式。弗朗索瓦·于连说:"以真理为目标的贤人承认他所关注的不是知识,而是调整行为——可与调整环境联系起来。这样,以老师教授学生形式说出的与环境相关的孔子之言,远非要描述现实,而是要在抽象领域中重新建立诸物之间的重要关联,它只能是指示性的……它从事物微小的细节出发委婉地阐明人们不能以普遍方法确定的东西:即事物的内在基础。所以它不是以逻辑方式铺陈,而它的功效是指示性的。"[①]

指示性的表述方式,需要接受者不断反省体悟才能把握。子夏对"绘事后素"的参悟,子贡对"如切如磋,如琢如磨"的斟酌,都显示出后世禅学的意味。最具典型性的例子是颜回,孔子说:"吾与回言终日,不违,如愚,退而省其私,亦足以发,回也,不愚。"(《论语·为政》)颜回的学习方法,不是在与孔子对话的当下发问辩诘,而是"退而省其

---

① [法]弗朗索瓦·于连:《迂回与进入》,杜小真译,第202页。

私",于对话结束后自行琢磨。禅宗亦有大量语录体文字,强调"言语道断"的无言之教。参禅弟子要真正领会其中奥妙,进入语录所要表达的情理意蕴当中,必须对文本不断地切磋琢磨。这与《论语》有同工之妙。

指示性的陈述,在很大程度上依赖文本本身不容置疑的权威。只有具备足够话语权威的文本才能逼迫人们进行反思。《春秋》具有宗教的性质,因此,当它以一种"异质性"叙述表达出"非礼也"的判断时,就会使当事者产生畏惧之感。在孔子和弟子之间存在着一种"卡里斯马"式的准宗教关系。仪封人曾对孔子的学生说:"二三子何患于丧乎!天下之无道也久矣,天将以夫子为木铎。"(《论语·八佾》)这大概也代表了学生的看法。所谓木铎,它原是瞽史巡行的工具,是瞽史职业的一个标志。这一象征性的说法,表明了孔子承继了古代瞽史的职责,而且存在着天意,因此,孔子自然也就秉有了某种神圣的话语权威。而孔子本人对社会、人生深切的挂念和忧虑,以及由此而显示出的崇高的人格魅力,都能使人感受到一种不无悲悯之意的淑世情怀。这些都能使弟子们由衷地敬服。此外,《论语》是具有"回忆录"性质的作品。孔子的形象在追忆中被重新塑造、建构,甚至被"圣化"而具有了"智者"的地位。因此,在《论语》中,孔子拥有至高无上的话语权,掌握着对话的最终结论和导向,学生是没有任何反问、辩驳的余地和必要的。而木铎的另外一个功用是指示性的。它以一种震动人心的方式指示着某种神圣本身,但并不直接显示意义,它只是汇聚、召唤某种注意力,汇聚人们的崇敬和反思。把孔子比作木铎,就意味着他的学生们已经认识到,孔子的陈说方式是一种启示,而意义本身在却语言之外。孔子说:"予欲无言。"子贡问道:"子如不言,则小子何述焉?"孔子说:"天何言哉?四时行焉,百物生焉。天何言哉!"(《论语·阳货》)正因为如此,孔子才坚持不从抽象意义上论述那些如命、性、仁等概念[①],而把自己的语言保持在指示性这一范围内。指示性也就意味着启示性,教育专家将启发性看作孔子教学最重要的特点,也旁证了孔子陈述的指示性特征。

[①] 《论语·子罕》:"子罕言利与命与仁。"《论语》中孔子言"仁"甚多,但真正作为一个抽象的概念,孔子确实没有谈论过。

第五章 君子文化和原史传统

4

后人将《论语》归为经类，并且用治经的方法来解读《论语》。从解释学的角度来说，这是有道理的。经学的方法在很大程度上是想象，批评者必须回到文本产生的彼时彼地，揣摩前贤的用心，然后才能发挥、解说。这是因为那些经学的典范文本，如《春秋》，本身就没有一个统一的叙事规则，而是就事论事。比如书法中最重要的两条"常事不书"和"讳书"，前者指所记录的都是特异非常之事，后者指将一些非常之事隐去。而讳书也还有不同，《春秋公羊传》曰："于外大恶书，小恶不书；于内大恶讳，小恶书"（隐公十年），"为尊者讳，为亲者讳，为贤者讳"（闵公元年）。由于有了这些在形式上相互抵触的载录原则，所以有时即使是同样的记载形式，也有可能寄寓了不同的价值判断。同样，史官的价值指向是"礼"，而这里的礼既有宗教方面的含义，也有伦理方面的含义，对同一个事实如何评价，就不能不考虑到史官当时的主观倾向了。这就形成了《春秋》"微言大义"的特殊性、即时性的特点，并给解读带来了困难。所以，经学家只有通过回到当下反复体悟的方法，才能尽量阐释出史官的"大义"来。

《论语·述而》云："述而不作，信而好古，窃比于我老彭。"它所阐述的既是一种对待经典的态度，也是一种解经方式。《汉书·礼乐志》："知礼乐之情者能作，识礼乐之文者能述。作者之谓圣，述者之谓明。"因此，"作"是史官的职业行为，也是经典诞生的过程。在后人眼里，《诗》、《书》、《春秋》等经典的"作"者都是圣人。而"述"是对经典的继承和阐释，所以，"述"的限度是"辞达而已"（《论语·卫灵公》）。达，是对既定文本意义的靠拢，即通过一种主动靠近的方式，消弭与神圣文本之间的界限，让意义显示出来。那么，无论是在表述事物，还是在理解文本上，对真理的接近程度、方向都取决于自身的态度和能力，这使得表述和理解都具有了主观性，这同时也为真理蒙上了一种相对性色彩。因此，要想完全理解孔子的话，就必须回到孔子此时此地的内心，了解孔子当下的关切、忧虑。

这种个别性、主观性是《论语》表达方式的一个重要特征。比如

《论语·先进》中有这样的记载:

> 子路问:"闻斯行诸?"子曰:"有父兄在,如之何其闻斯行之?"冉有问:"闻斯行诸?"子曰:"闻斯行之。"公西华曰:"由也问'闻斯行诸',子曰'有父兄在';求也问'闻斯行诸',子曰'闻斯行之'。赤也惑,敢问。"子曰:"求也退,故进之;由也兼人,故退之。"

对同一个问题,孔子有不同的回答是经常性的,像这样完全相反的答案,在没有解释的情况下,当然能使人困惑。幸好有公西华的询问,才有了具体的答案。所以,如果想理解这样的陈述也只能回到当时的对话环境中去。其实,这段话即使没有孔子的解释,人们也可以作出如下理解,即孔子的第一种答案为了强调孝,而第二种答案则是为了鼓励学生践行真理。这样解释也是符合微言大义的表述传统的。我们还可以从孔子对管仲的评价中看出这一特点来:

> 子曰:"管仲之器小哉!"或曰:"管仲俭乎?"曰:"管氏有三归,官事不摄,焉得俭?""然则管仲知礼乎?"曰:"邦君树塞门,管氏亦树塞门。邦君为两君之好,有反坫,管氏亦有反坫。管氏而知礼,孰不知礼?"(《论语·八佾》)

> 子路曰:"桓公杀公子纠,召忽死之,管仲不死。"曰:"未仁乎?"子曰:"桓公九合诸侯,不以兵车,管仲之力也。如其仁!如其仁!"(《论语·宪问》)

> 子贡曰:"管仲非仁者与?桓公杀公子纠,不能死,又相之。"子曰:"管仲相桓公,霸诸侯,一匡天下,民到于今受其赐。微管仲,吾其被发左衽矣。岂若匹夫匹妇之为谅也,自经于沟渎而莫之知也?"(《论语·宪问》)

在两个不同的章节中,孔子对管仲有着截然相反的评价。但对孔子来说,

第五章　君子文化和原史传统

这些不同的评价都是对的。第一段话的标准是礼仪,第二段话的标准是仁义,第三段话的标准是华夷之辨。而选择什么样的价值体系,则取决于孔子当下的认知和态度,它与孔子所想到的事实有关,而与管仲这个人并没有直接的关系。这让我们想起晋国太史董狐所书的"赵盾弑其君"一事来。杀晋灵公的人并非赵盾,尽人皆知。董狐的载录完全违背事实本身,但它却确认并突出了大臣有义务讨贼这一原则。而孔子也认可这一载录方法,赞扬董狐是古之良史,并对赵盾表示同情,认为是"为法受恶"(《左传·宣公二年》)。可见,孔子认可"法"是就事论事,甚至只是事实的某个片面,而不是一个统一有效的标准。因此,既然存在着不同的片面的"法",那么也就可能存在对管仲的不同评价。

　　当然,我们还可以从《论语》中读出更多"微言大义"的影响,比如孔子经常以"不答"的方式表示认可或否认,以"彼哉,彼哉"这样含糊的方式来表示自己的评论,采用省略、悬置或隐喻等陈述方法。这些都来自史官的撰述传统。班固说:"昔仲尼没而微言绝,七十子丧而大义乖。"(《汉书·艺文志》)认为孔子继承了史官的"微言大义"表述方法,并认为孔子是最后一个以"微言大义"表达思想的人。这是有道理的。就语录体而言,指示性也好、主观性也好,都明显受宗教文献的影响,是宗教文献启示性、实践性特征的反映。也正因为如此,语录体文献才有其特别的文化功能。这是早期文化的一个普遍现象,古希腊的智者苏格拉底的言论也是以语录体的形式记载下来的。这不能仅仅归为巧合,只能说明语录体确实内含有某种伟大思想所必须的外在形式:神圣性、启示性、亲和性等特征。

　　《论语》之后,学者往往自觉编写这种语录体著作,如《墨子》中《耕柱》、《贵义》、《公孟》、《鲁问》、《公输》五篇,乃是泛记墨子行事言语,全篇并无确定的主题,形式散漫,题目亦取首二字而成,在体制上全仿《论语》。《法仪》、《七患》、《辞过》、《三辩》四篇,每篇都有较完整的意思,题目虽取自头一句,但却合乎全文的主题,多铺排议论,"同为记言的体裁"①。其他议论性较强的篇章,大部分也都以"子墨子曰"

---

① 蒋伯潜:《诸子通考》,第478页。

的形式，记载墨子的话，在形式上保留了记言的体制。孟子是孔子之后最著名的儒者，他将孔子看作是五百年而兴的"王者"，而自己是其间的"名世者"。当他觉得道不行于世的时候，"退而与万章之徒序《诗》、《书》，述仲尼之意，作《孟子》七篇"（《史记·孟子荀卿列传》）。对于孟子来说，"序《诗》、《书》"可能已经比不上自主立言更为重要了。汉代赵岐注《孟子》云："孟子亦自知遭苍姬之讫录，值炎刘之未奋。进不得佐兴唐虞雍熙之和，退不能信三代之余风，耻没世而无闻焉。是故垂宪言以诒后人。仲尼有云：我欲托之空言，不如载之行事之深切著明也。于是退而论集所与高第弟子公孙丑、万章之徒难疑答问，又自撰其法度之言，著书七篇，二百六十一章，三万四千六百八十五字。包罗天地，揆叙万类，仁义道德性命祸福粲然靡所不载。"（《孟子注疏》）和孔子不同的是，孟子自己也参与、主导了《孟子》一书的写作，这反映了他对《论语》立言传道精神的服膺。《孟子》一书在整体上也采取了记言的形式，而且孟子也是以"师"的身份来发言的，尤其是在面对着君王时，孟子更强调自己"师"的身份。这些都与《论语》相同。但《孟子》除了语录体外，还有论辩体，表明《孟子》还受《尚书·尧典》问对体的影响。《孟子》在叙述风格上又明显不同于《论语》，它常常抽象地论述一些概念，如"仁义"、"心性"等。在论述方式上，主要采取推理、比喻、反驳等理论手法，这就与孔子那种典雅而随意的指示性语气大有不同，因此被人认为是"好辩"。孟子对此也有清醒的认识，他说："圣王不作，诸侯放恣，处士横议，杨朱、墨翟之言盈天下。天下之言不归杨，则归墨……杨墨之道不息，孔子之道不著，是邪说诬民，充塞仁义也。仁义充塞，则率兽食人，人将相食……我亦欲正人心，息邪说，距诐行，放淫辞，以承三圣者；岂好辩哉？予不得已也。能言距杨墨者，圣人之徒也。"（《孟子·滕文公下》）从这段话中，我们可以看出孟子是认同孔子的陈述风格的，但由于时代发展，各种理论蜂起，他不得不采取这种辩论说理的方式，只有这样才能维护孔子之道。《墨子》和《孟子》在继承《论语》立言精神和文体形式的基础上，都以说理的方式发展了诸子散文的写作艺术。它们所表现出的理论品格、个性特征，甚至修辞技巧，预示着后代诸子的发展方向。

第 六 章

《战国策》研究

　　战国时代，宗法制度崩溃，礼乐文化也失去了对社会的规范作用，实用主义大行于时，武力和智谋取代了礼乐教化，祭祀、聘享、会盟、赴告等也就随之消失。史官制度虽然在一些诸侯国中或多或少地得到保留，但由于天道衰落，史官身上的神圣的光环已被剥夺，他不能继续沟通天人，代宣天命，因而也就完全丢失了自己的话语权力。史官文化出现了断裂。诸子延续着君子文化，成为文化创新的主角。在社会实践层面，最能体现战国时代之精神面貌者，是策士。战国策士朝秦暮楚，唯利是图，以完全的功利主义割断了西周以来的礼乐文化传统。策士的游说活动与春秋时代以经典为中心的立言有着本质的不同，其活动和游说方式集中表现在《战国策》中。从文本的表现方式来说，《春秋》是对事实的呈现，它对应于天命宗教的文化背景；《左传》是对事实的再现，它对应的是因果理性思维；而记录策士言行的《战国策》则是典型的表现，它对应的则是功利主义的现实。但是，《战国策》作为一部有着自身特质的文献，它与史官传统之间既有着蛛丝马迹的联系，更体现了对史官传统的游离，可以说，《战国策》能从一个独特的侧面帮助我们更为深刻地认识原史文化。

一　史职的衰落与师道的兴起

1

　　战国时期，各国仍保留史职。从现有的史料来看，七国之中，除燕国外各国皆设有御史一职。御史是诸侯王的侍从官，兼有随时记事之职，但见于史录的记事只有秦赵渑池之会一例。《史记·廉颇蔺相如列传》载：

> 秦王饮酒酣，曰："寡人窃闻赵王好音，请奏瑟。"赵王鼓瑟。秦御史前书曰"某年月日，秦王与赵王会饮，令赵王鼓瑟"。蔺相如前曰："赵王窃闻秦王善为秦声，请奏盆缻秦王，以相娱乐。"……于是秦王不怿，为一击缻。相如顾召赵御史书曰"某年月日，秦王为赵王击缻"。

从这一段记载来看，战国史官记事的庄重性和独立性，远不能与春秋史官相比。各诸侯国中，赵国的史职是最多的。除御史外，还有师、博闻师、筮史、太卜、行人等职①。其中"师"以教育为职，董说《七国考》言"博闻师"是"备顾问者"②，"筮史"和"太卜"是巫官，"行人"仍用于外交。这些都属于传统的巫史职官系统。其他诸侯国是否也有类似的官职，因不见经传，都不得而知。

虽然史官作为一个职业已经失去了往昔的光荣，但史职这一传统却在极艰难的历史条件下得以延续。《战国策·韩三》记载了这样一个故事：

> 安邑之御史死，其次恐不得也。输人为之谓安邑令曰："公孙綦为人请御史于王，王曰：'彼固有次乎，吾难败其法。'"因遽置之。

这个偶然保留下来的小故事本没有多少意义，但它却反映了战国史官的处境：第一，安邑这样的基层行政组织居然有史官，而且其副手为了获得继位的权力还要动一番脑筋，可见这一职位已经跟一般的吏职没有什么区别了。第二，"王曰""吾难败其法"虽然可能是假托之辞，但至少是有道理的，安邑令才能听信其说。也就是说，在某种程度上，史官还可以保持着自己职官传承相对独立的传统，这反映了古代天官神秘性特点在战国时代还有些影响。

巫史职官由于地位低下，已经失去了职业信念，颇有以蒙混为事者。

---

① 缪文远：《战国制度通考》，第24—26页。
② （明）董说：《七国考》卷一，北京：中华书局1956年版，第62页。

第六章 《战国策》研究

《战国策·东周》有这样一条记录：

> 赵取周之祭地，周君患之，告于郑朝。郑朝曰："君勿患也，臣请以三十金复取之。"周君予之。郑朝献之赵太卜，因告以祭地事。及王病，使卜之。太卜谴之曰："周之祭地为祟。"赵乃还之。

太卜，《周礼》说其掌三兆之法，以天命神意事天下，在西周、春秋时期享有很高的地位。但赵国太卜却可以为了三十金而出卖自己的信仰，可见他自己也并不尊重自己的职业。这在春秋时期是不可想象的。《左传·哀公十七年》记载卫侯梦见浑良夫"登昆吾之观，被发北面而噪"，卜官胥弥赦为保存性命欺骗卫侯说"不害"，然后立刻逃走了。这说明胥弥赦毕竟不敢欺骗自己，对天命仍然持有敬意。由此可见，战国的神职官员已经堕落为逐利欺世的俗人了，再也不可能出现如晋董狐、齐太史、南史氏那样特立独行的史官了。

春秋晚期，史官就有失职的现象，战国时期的情况更加严重。司马家族是史官世家，据司马迁《太史公自序》言为"重黎之后"，主巫祭之职，后"世典周史"。周惠王、周襄王时，司马氏于乱中奔晋。至春秋战国之交，"分散，或在卫，或在赵，或在秦。其在卫者，相中山。在赵者，以传剑论显，蒯聩其后也。在秦者名错，与张仪争论，于是惠王使错将伐蜀，遂拔，因而守之。错孙靳，事武安君白起。而少梁更名曰夏阳。靳与武安君坑赵长平军，还而与之俱赐死杜邮，葬于华池。靳孙昌，昌为秦主铁官，当始皇之时"。可见司马家族到战国时代，几乎已经完全没有从事史职的了。甚至在整个春秋晚期到战国时代，我们找不出一个完整的史官家族。相信史官世传制度在战国时期已经中断。

失职的史官有沦落到大臣家中充职的，如刘知幾《史通·史官建置》所言："盖赵鞅，晋之一大夫尔，有直臣书过，操简笔于门下。田文，齐之一公子尔，每坐对宾客，侍史记于屏风。"赵鞅和田文家中的史官，其地位应与家臣无大差别了。更多的史官家族后人弃置了史职，一部分史官成为私学教师。如《战国策·楚一》提到一个叫史举的人，应该出于史官世家，时任上蔡监门之职，"大不知事君，小不知处室，以苟廉闻于世",虽然职位低微,但却从事教学之事。《史记·樗里子甘茂列传》说:"甘茂者,下蔡人也。事下蔡史举先生,学百家之术。"另有一些史官则完全抛弃本行,转而向诸子学习,如《战国策·韩二》中记载的一个叫史疾的人,自云"治列子圉寇之言"。由此可见史职沦落之甚。

2

但是,即使在如此艰难的环境里,史录工作仍然没有完全中断。《墨子·明鬼下》提及的"燕之《春秋》"涉及燕简公。此燕简公于公元前414年至公元前373年在位,燕之《春秋》载录了战国史事,这说明战国时期燕国史官仍从事载录工作。汉代司马迁曾见到秦国史书,其《六国年表序》云:"独有《秦记》,又不载日月,其文略不具……余于是因《秦记》,踵《春秋》之后,起周元王,表六国时事,讫二世,凡二百七十年,著诸所闻兴坏之端。"则《秦记》是秦史官所载录之战国时期的本国史。此外,晋代太康年间,汲冢所发现的《竹书纪年》,杜预曰:"其纪年篇,起自夏殷周,皆三代王事,无诸国别也。唯特记晋国,起自殇叔,次文侯、昭侯,以至曲沃庄伯。庄伯之十一年十一月,鲁隐公之元年正月也,皆用夏正,建寅之月为岁首,编年相次。晋国灭,独记魏事,下至魏哀王之二十年,盖魏国之史记也。"(《春秋左传集解·后序》)此书原随葬于魏襄王墓中,是一部编年体通史,应该由魏襄王时史官最终编纂而成。《竹书纪年》所记既包括夏、商、周三代的历史,其中主要是晋国和魏国的历史,也包括魏襄王时的当代史。可见晋国和魏国的史官在战国时期仍然在认真地履行着自己的职责。

从这些史著的载录方式来看,春秋时期形成的两类记事方式,在战国史著中也同样存在。如墨子所提到"燕之《春秋》"所记载的燕简公杀其臣庄子仪的故事就较为详尽。司马迁言《秦记》"其文略不具",现在也无从得见《秦记》的本来面目,但从学者根据《史记》而考证的结果来看,《秦记》记言,并有多处占梦的载录,其体例同于《左传》,只是稍见简略而已[①]。而《竹书纪年》则保持着《春秋》的撰述

---

① 见金德建《司马迁所见书考》之《〈秦记〉考征》(上海:上海人民出版社1963年版)和王子今《〈秦记〉考识》(《史学史研究》1997年第1期)。

第六章 《战国策》研究

体例①,每事一记,内容极其简略,记战国时事也同样刻板,无事实过程,亦无任何评论②,是典型的典策文体。显然,《竹书纪年》的前身是周代正式史录,经晋国史官和魏国史官赓续而成,是典策之史在战国时期的延续。《竹书纪年》记春秋历史与《春秋》相类,应该出自同一系统,而此后则是先晋国后魏国,也就是说,这些文献经历了由晋而魏的传承过程,其原因可能是史官迁徙的结果。由上看来,春秋史录的传统在战国时期的某些诸侯国中仍然延续着,但不论是"燕之《春秋》"、《秦记》,还是《竹书纪年》,它们的文化影响,是远远不能与《春秋》、《左传》相比的,可以把它们看作春秋史著的余响。

比起著录来,战国时期史官和诸子学者对前代史官文献的整理更有成就。颇有学者相信《春秋》、《左传》等作品,皆于春秋后期至战国时代最终修订完成。值得注意的是,在《左传》传播过程中,还产生了选编类的著作。《史记·十二诸侯年表序》说:

> 铎椒为楚威王傅,为王不能尽观《春秋》,采取成败,卒四十章,为《铎氏微》。赵孝成王时,其相虞卿上采《春秋》,下观近势,亦著八篇,为《虞氏春秋》……及如荀卿、孟子、公孙固、韩非之徒,各往往捃摭《春秋》之文以著书,不可胜纪。

这里的《春秋》实为《左传》。战国学者从教学或传播的角度出发,希望通过摘录、概括等手段,将《左传》等史著文献中的精华,集中而突出地体现出来,这样就形成了一些选集或讲解类著作。这对传播和阐释前代史著有着很大的推动作用。李学勤据《汉书·艺文志》统计,传《左传》学者的著作有《铎氏微》三篇、《虞氏微传》二篇、《公孙固》一篇、

---

① 《竹书纪年》原简约亡佚于晋永嘉年间,据原简整理的抄本亦于唐后期亡佚。至少到元末明初又出现一种《竹书纪年》刻本,人称"今本",清人钱大昕、崔述等断为伪作,近人王国维作有《今本竹书纪年疏证》,一一梳抉其作伪的源头。清嘉庆间朱右曾从晋以后类书古注中辑录出《竹书纪年》的佚文,为《汲冢纪年存真》,人称"古本",王国维在此基础上完成《古本竹书纪年辑校》,为学界所普遍认可。关于"今本"的真伪,近来学界又起争议,可参看相关论文。

② "古本"《周纪》中有"成、康之际,天下安宁,刑措四十年不用"的评论,此句不见于《今本竹书纪年》,若"今本"不伪,此句有可能是后人评点之语,为辑校者所误收。

《张氏微》十篇等①。这些文献的出现,反映了史传作品在战国时期被普遍地学习,也反映了史职衰落,而史著却大为流行的状况。

3

春秋史官由于肩负天道而不畏君权,兄死弟及,秉笔直书,一方面显示了对天命负责的宗教精神,同时也通过这一形式为"谏"的政治实践张本,强调的是对现实负责的理性精神。由这两种精神所绾合而成的"道",则可显示出一条清晰可辨的史官文化传统来。但战国时期,天命衰颓,礼崩乐坏,宗法制社会逐渐分化而至于溃散。顾炎武说:

> 春秋时,犹尊礼重信,而七国则绝不言礼与信矣;春秋时,犹宗周王,而七国则绝不言王矣;春秋时,犹严祭祀,重聘享,而七国则无其事矣;春秋时,犹论宗姓氏族,而七国则无一言及之矣;春秋时,犹宴会赋诗,而七国则不闻矣;春秋时,犹有赴告策书,而七国则无有矣。(《日知录》卷十三"周末风俗")

那么,史官文化是如何变革和延续的呢?

春秋晚期在士人中所培养的师道精神,此时发挥了突出的作用。士人认定"道"本身就具有天然的超越性,而秉有这种"道性"的士,也就具有与王侯相抗衡的地位。《孟子·公孙丑下》曾引曾子的话说:

> 彼以其富,我以吾仁;彼以其爵,我以吾义,吾何慊乎哉?

儒家仁义即所谓"道",守道之士自然人格高尚,不受现实权威限制,可以自由处理和君王之间的关系,所以《孟子·离娄下》云:

> 君之视臣如手足,则臣视君如腹心;君之视臣如犬马,则臣视君如国人;君之视臣如土芥,则臣视君如寇仇。

---

① 李学勤:《帛书〈春秋事语〉与〈左传〉的传流》,《古籍整理研究学刊》1989 年第 4 期。

第六章 《战国策》研究

对君王应该平等相看、针锋相对，不可委屈了自己的人格。道家以自然自在之性为"道"，也强调"道"的至上超越性，因此也不把君权放在眼里。《庄子·逍遥游》记尧让天下给许由，而许由却说：

> 子治天下，天下既已治也。而我犹代子，吾将为名乎？名者实之宾也。吾将为宾乎？鹪鹩巢于深林，不过一枝；偃鼠饮河，不过满腹。归休乎君，予无所用天下为！庖人虽不治庖，尸祝不越樽俎而代之矣。

许由认为君位对于一个自在之人来说，只是一个空无实用的"名"，它的存在只能使人失去主体而处于"宾"之位，话中显示了对君位的不屑和鄙夷。又《齐物论》借长梧子之口云：

> 君乎，牧乎，固哉！丘也与女，皆梦也；予谓女梦，亦梦也。

所谓君位与其他所有的一切外在之物一样，都只是梦境。崔大华就此解释说："在庄子看来，俨俨然的君臣之分，煌煌然的君主统治，'礼仪三百，威仪三千'（《礼记·中庸》），皆如同荒诞、短暂的梦境，在'大觉'者的眼里，是很固陋的，现实的君主制度、贵贱等级制度的合理性、神圣性对一个真正的觉醒者来说是不存在的。"[①] 而在这些"道"的体认中，前代史官的超越精神就得以继承。

形而上的"道"表现在现实身份上，就是以师自居了。阎步克认为，战国时期，"传习'诗书'的贤人学士，即是这种传统的中心承担者，他们以'帝王之师'自任"[②]。做"帝王之师"正是士人的师道实践方式之一。《战国策·燕一》记载郭隗的话说："帝者与师处，王者与友处，霸者与臣处，亡国与役处。诎指而事之，北面而受学，则百己者至。先趋而后息，先问而后嘿，则什己者至。人趋己趋，则若己者至。冯几据杖，眄视指使，则厮役之人至。若恣睢奋击，呴籍叱咄，则徒隶之人至矣。"这

---

① 崔大华：《庄学研究》，北京：人民出版社1992年版，第234页。
② 阎步克：《士大夫政治演生史稿》，第97页。

一段话说的虽然是招徕士人的道理，但它包含着这样的前提：世界上存在着比诸侯王高明的"师"，他们在古典时代与"帝"具有同样的地位，诸侯应该"北面而受学"，向师道低头。正是在这种观念支持下，战国士人争相以道为己任，并且师生相承，奋励当世，毫不畏惧，畅所欲言，将一个超越现实治统的"道统"，从古代史官的手中传递下去。章学诚说：

  三代之衰，治教既分……至于官师既分，处士横议，诸子纷纷，著书立说，而文字始有私家之言，不尽出于典章政教也。①

其所谈论的也是这一传统的承继和变革。

二 《战国策》的文体特征

1

  《战国策》是关于战国历史最为重要的一部文献，而作者不可考，为西汉刘向所编定。由于刘向称《战国策》"其事继春秋以后，讫楚、汉之起"，又司马贞《史记索隐》说《淮阴侯列传》中蒯通游说韩信事，也见载于《战国策》，所以，颇有人认为《战国策》的作者是汉时的蒯通②。但郑良树认为《战国策》全书存在不少内容重复之处，对如"王伯"这

---

① （清）章学诚著，叶瑛校注：《文史通义校注·经解上》，第93页。
② 清人牟庭《战国策考》："《史记·淮阴侯列传》载蒯通以相人说韩信，而《索隐》以为《汉书》及《战国策》皆有此文；是则唐时《战国策》尚有蒯通说信之说，唐以后人始删去之也……以此言之，《战国策》即蒯通所作八十一首甚明！刘向校中书余卷，错乱相糅，因除去四十八首，为三十三篇耳！"（钞本《雪泥书屋杂志》卷之二，转引自《古史辨》第六册，上海：上海古籍出版社1982年版，第380—381页）罗根泽《战国策作始蒯通考》："考《史记·田儋列传》：'蒯通者，善为长短说，论战国权变为八十一首。'《汉·志》纵横家虽有《蒯子》，然仅五篇，固非《史记》所云，疑为通说韩信等之言，《汉·志》纵横家所列，多作者说时君时人之书。'所谓八十一首'者，史明言'论战国权变'，则必为论述战国权变之书，与《战国策》性质全同。又言'通善为长短说'，而《战国策》亦曰《短长》，曰《长书》，或曰《脩书》，脩通修，义亦训长。然则《战国策》盖即蒯通所论述者也？"（《罗根泽说诸子》，上海：上海古籍出版社2001年版，第381页）

第六章 《战国策》研究

样的概念有不同的理解，不同文章对史实尊重与否的态度并不相同①。齐思和又总结了《战国策》内容有"抵牾"、"重复"、"错乱"、"淆杂"等四个方面的情况②，因此，学界普遍不采信蒯通之说，而相信《战国策》非一人一时所撰，是由多种同类的书所组成。也有学者认为"蒯通只是众多流行'版本'中的编辑之一，而不是第一个编纂者"，他"把游说韩信的言辞整理成书，并附录于自己收集整理的战国策士游说选本之中"③。据上所论，我们认为《战国策》的主要作者应是战国时期的策士。刘向所编《战国策》到北宋已经多有残缺。曾巩受命编校史馆书籍，其《重校战国策序》云："访之士大夫家，始尽得其书，正其误谬，而疑其不可考者，然后《战国策》三十三篇复完。"所云"复完"也不那么确切，因为至少刘向原书中"楚、汉之起"时的事已经亡佚了，而且学者还不断从其他书中辑得《战国策》佚文。不过，一般认为，今本《战国策》基本保留了刘向本《战国策》的面貌，两者的差别不大。

《战国策》到底是一部什么样的书呢？班固《艺文志》将其归入"六艺略"的《春秋》类。《春秋》虽然为经，却是史官的记事著作④，所以，班固实际上是将《战国策》视为史著。南朝梁刘勰《文心雕龙·史传》篇云："及至从横之世，史职犹存。秦并七王，而战国有策。盖录而弗叙，故即简而为名也。"刘知幾《史通·六家》云："夫谓之策者，盖录而不序，故即简以为名。或云：汉代刘向以战国游士为之策谋，因谓之《战国策》。"《隋书·经籍志》以四部分类，而将《战国策》列入"史部"之"杂史"类，新旧《唐书》亦复如是。以上都是将《战国策》看作史书，到宋朝始有人提出异议。南宋晁公武认为《战国策》"纪事不皆实录，难尽信，盖出于学纵横者所著"，因将其列入"子部"之"纵横家"类，以其为子书（《郡斋读书志》卷十一）。这一说法也为很多学者所接受，如《宋史·艺文志》、马端临的《文献通考》等。今人何晋亦主

---

① 参见郑良树《战国策研究》第一章《作者》，台北：学生书局1972年版。
② 参见齐思和《〈战国策〉著作时代考》，载其所著《中国史探研》，北京：中华书局1981年版。
③ 孙家洲：《〈战国策〉记事年限与作者分析》，《中国人民大学学报》1993年第5期。
④ 《汉书·艺文志》"《春秋》"类小序云："古之王者世有史官，君举必书，所以慎言行，昭法式也。左史记言，右史记事，事为《春秋》，言为《尚书》，帝王靡不同之。"

· 263 ·

张《战国策》是一部子书,"更确切地说应视之为一部杂编的文集"①。关于《战国策》是史书还是子书的问题,一直存在着争论。近年来学术界还有"史书兼子书"、"史著文集"、"故事散文集"、"策谋汇编"、"学习参考资料"等多种说法②。下面我们对《战国策》的性质略作考辨。

刘向《战国策书录》云:

> 所校中《战国策》书,中书余卷,错乱相糅莒。又有国别者八篇,少不足。臣向因国别者,略以时次之,分别不以序者以相补,除复重,得三十三篇。本字多误脱为半字,以"赵"为"肖",以"齐"为"立",如此字者多。中书本号,或曰《国策》,或曰《国事》,或曰《短长》,或曰《事语》,或曰《长书》,或曰《修书》。臣向以为战国时,游士辅所用之国,为之策谋,宜为《战国策》。其事继春秋以后,讫楚、汉之起,二百四十五年之事皆定。

也就是说,《战国策》是由多部类似的著述纂辑而成的,那些名称不同的著述的原始作者则不可考,所以《四库全书总目提要》云:"作者既非一人,又均不得其主名。"《战国策》是据"中战国策书"校编而成。所谓"中",即指中秘所藏之书。《汉书·艺文志》如淳注引刘歆《七略》说"外则有太常、太史、博士之藏,内则有延阁、广内、秘室之府",其中的"内"大约就是刘向所谓的"中"。而刘向所依据的这些文献中,包括"国别者"八篇和"中书"六种。"中书"六种即《国策》、《国事》、《短长》、《事语》、《长书》、《修书》,是《战国策》的主体,而"国别者"在《战国策》中起着线索和组织的作用。"国别者"和"中书"六种在刘向看来都是"战国时游士辅所用之国,为之策谋"之书,内容相同,但在文体上一属"国别"体,另一部分"错乱相糅莒",大约是单篇连缀而成,而无次序可言。从名称上看,"国别者八篇"自然是史著,那么"中书"的性质是什么呢?郑良树认为组成《战国策》的材料可分为

---

① 何晋:《〈战国策〉研究》,北京:北京大学出版社2001年版,第154页。
② 李意辉、李家骧:《近十年〈战国策〉研究概要》,《湘潭大学社会科学学报》1999年第4期。

第六章 《战国策》研究

三类：第一类包括《国策》和《国事》，"偏重于史实的记载"，且"富有国别色彩"，所载为列国之事；第二类包括《事语》、《长书》、《修书》，"偏重于记言"，"没有明显的国别色彩"，所记为策士之言；第三类即《短长》一书，"和第二类有些相似"，是习纵横之术者的揣摩之作，内容包括设想策略和言辞①。这种推论虽然有一定的根据，但也还有勉强之处。因为从现存的《战国策》中很难切实地区分出记事和记言这两种文体来，尤其是记事一体，基本上不存在。《赵策四·魏败楚于陉山章》虽然完全没有记言，但"文多讹舛"，恐难以将其视作完篇。因此，《战国策》所收基本是记言类文章。

何晋据"中书"六种的字面意思都是指纵横之术，我们可以将其分为两类：一、《国策》、《国事》、《事语》；二、《短长》、《长书》、《修书》。他认为第一类是记游士策言的，编撰者为了夸大其重要，或因其确实关于军政大事，而分别取名如上。第二类名字亦得之于其内容。因为"汉代人普遍都是把'短长'作为游士纵横术的代称"，他因此推测这些书是在汉代编定的②。汉代人以"短长"或"长短"论纵横家术，而"长书"或"修书"的名字并非"短长"，如说是根据"短长"之称呼而变化其名，则有些勉强。关于"短长"，王国维另有解释。他认为"短长"即是"策"，"以其札一长一短，故谓之《短长》；比尺籍短书，其简独长，故谓之《长书》、《修书》"③。王国维以竹简形制的变化来解释"长书"、"修书"这样的名字，这是合理的。以上两种意见皆有可取之处，战国到汉代的简策有长短的形制，因此，那些持策的人就被称为怀短长术者④。但问题是为什么有一部分书以"策"为名，而另一部分却以

---

① 郑良树：《战国策研究》，第145—155页。
② 参见何晋《〈战国策〉研究》，第8—11页。
③ 王国维著，胡平生、马月华校注：《简牍检署考校注》，上海：上海古籍出版社2004年版，第37页。
④ 孙家洲作《"短长"释义》（载《史学史研究》1994年第1期）批评王国维的说法，引《汉制度》云："帝下之书有四：一曰策书……策书者，编简也，其制长二尺，短者半之……"来说明短长之"策"是帝王封敕诸侯所用，因而与战国策士的说辞无关。但王国维所谓"策"指的是编简的形式，而《汉制度》的"策"是文体种类，它并没有排斥其他文体也一长一短编简。而且孙文所引的《说文》、《释名》、《汉制度》都是东汉以后的文献，而战国时期和楚汉之际无王可尊，礼崩乐坏，策士以长短之制编策为书亦未尝不可。

"长短"来命名呢?

2

何晋所分第一类书名中的"策"和"事语"古已有之。《左传·隐公十一年》说:"凡诸侯有命,告则书,不然则否。师出臧否,亦如之。虽及灭国,灭不告败,胜不告克,不书于策。"杜预注曰:"命者,国之大事政令也。承其告辞,史乃书之于策。若所传闻行言,非将君命,则记在简牍而已,不得记于典策。此盖周礼之旧制。"(《春秋经传集解》)又《左传》襄公二十年记卫宁殖的话曰:"吾得罪于君,悔而无及也。名藏在诸侯之策,曰'孙林父、宁殖出其君'。"则"策"是史官正式文献,亦即《春秋》的原始材料。而"事语"之名本源于"语"。《国语·楚语上》记载申叔时的话云:"教之语,使明其德,而知先王之务用明德于民也。"申叔时将"语"与《诗》、《书》、《春秋》等史官文献相提并论,可见春秋时期已经存在"语"类文献,后来编定的《国语》就是此类史著的代表。1973年于长沙马王堆三号汉墓出土的一种帛书,内载春秋史事及有关议论,并且"使人一望而知这本书的重点不在讲事实而在记言论",被专家认为属于"语"体史籍,并推想它和刘向《战国策书录》所提及之《事语》相类,因此名之为《春秋事语》[①]。"国事"之名虽然不见前代载录,但也显然属于史书类。由此,我们可以确定,《国策》、《国事》、《事语》三种书名,实清楚地表明了赓续古史之意,应该属于史书。不过,春秋时代的"策"是专为录事的,"国事"之名必也如此。事言两分是春秋时期的特殊文化背景造成的,也反映了载录初期的文体状况。但《左传》已是言事混融了。到了战国时期,由于"立言"和游说的需要,记言的成分明显增加,所以《国策》、《国事》也可能如《事语》一样,是以记言为主、以国别为体的。

春秋史籍记言,多是君子对事实的评论,或借题阐发义理。《春秋事语》在很大程度上继承了这一特点,如其第七章记齐桓公因蔡夫人荡舟,暂将其送归,而蔡人又将其嫁出。文末有士说的评论:"夫女制不逆夫,

---

① 张政烺:《〈春秋事语〉解题》,《文物》1977年第1期。

第六章 《战国策》研究

天之道也。事大不报怨，小之利也。"申述夫妇关系、大国和小国的关系等，并断言蔡将亡。这些都是一种情节之外的评论，因此属于史著"君子曰"式的记言体。《战国策》中也有类似于春秋史籍的记言，如《魏一·西门豹为邺令章》记魏文侯论为官之道等，但这样的篇章并不多。不过，《春秋事语》虽为记言之体，但其叙事成分明显增强，如第十章记"吴人会诸侯，卫君后，吴人止之"，子赣为太宰喜分析了卫国的形式，以及卫君的态度，使得吴人放弃了对卫侯的追究①。这一段载录中最重要的是子赣的话，但子赣的话并非置身事外的评论，而是推动情节发展的重要因素。这对我们判断《战国策》的性质很有帮助。《战国策》的记言特点，也主要是以言促事，以事记言，与《春秋事语》的记言基本相同。当然，《战国策》中还有些篇章的史录特点更为明显，如《楚四·楚考烈王无子章》除了记事外，还有"春申君相楚二十五年"、"后十七日"、"是岁，秦始皇立九年矣"等这样的时间记录。那么，我们由此可以推断，《国策》、《国事》、《事语》承自史官文献传统，属于史书体系。

《短长》、《长书》、《修书》之名得自秦汉时期，也就是说它们在流传的早期是没有书名的。何晋以马王堆三号汉墓出土的一种无名的纵横术言辞的编纂本来例证这种说法，我认为是有道理的。可以以这一出土材料来大致推测这三种书的性质②。出土帛书因其与《战国策》的性质和形式都相类似③，被整理者命名为《战国纵横家书》。据统计，《战国纵横家书》二十七章中共有十章与《战国策》内容重复，有学者认为帛书就是《战国策》的别本④。唐兰据字体和避"邦"讳推测，"可能是汉高祖后

---

① 以上两章原文参见马王堆汉墓帛书整理小组《马王堆汉墓出土帛书〈春秋事语〉释文》，载《文物》1977年第1期。

② 何晋亦以出土帛书来推测"中书"的原始面貌，但它并没有把《国策》、《国事》、《事语》和《短长》、《长书》、《修书》分开而论，这与他认为这六种书的性质相同的观点有关。详见其书第二章第一节《对中书的推测》。

③ 杨宽《马王堆帛书〈战国纵横家书〉的史料价值》云："把帛书第二十四章和《战国策》、《韩非子》作比较，可知这部帛书的性质同于《战国策》，属于纵横家。"（附录于《战国纵横家书》，北京：文物出版社1976年版）

④ 马雍：《帛书别本战国策各篇的年代和历史背景》，《文物》1975年第4期。

期或惠帝时（前195年前后）写本"①。但它入土的时间据考证为汉文帝前元十二年，早于刘向一百四十多年，甚至比采录"战国之权变"入史的司马迁也早五十多年。因此，这是一部未经文献学家专门整理过的较为原始的策士文献，略同于刘向所见的"中书"。

《战国纵横家书》由三种书组成，其中前十四章为：《苏秦自赵献书赵王章》、《苏秦使韩山献书燕王章》、《苏秦使盛庆献书于燕王章》、《苏秦自齐献书于燕王章》、《苏秦谓燕王章》、《苏秦自梁献书于燕王章（一）》、《苏秦自梁献书于燕王章（二）》、《苏秦谓齐王章（一）》、《苏秦谓齐王章（二）》、《苏秦谓齐王章（三）》、《苏秦自赵献书于齐王章（一）》、《苏秦自赵献书于齐王章（二）》、《韩夤献书于齐章》、《苏秦谓齐王章（四）》。从内容上看，它们基本上都是苏秦游说燕王和齐王的说辞，并且前后关联，能够看出连续性来。它们的语言特点一致，而与其他篇章有明显的区别。杨宽断言它们"应该是从一部有系统的原始的苏秦资料辑录出来的"②。这样一部"原始的苏秦资料"不分国别，亦不纪年，所以它不是史书，而是以一个人物为中心，记录一个人物的说辞，这和《孟子》、《墨子》等书在形式上没有什么区别。显然，这是十四章在编排上采用了早期子书记言的体例③。不过，这十四章中，只有《苏秦自齐献书于燕王章》、《苏秦谓燕王章》见于《战国策·燕》，而且还有出入。可见，刘向所见的三种"短长"中并不包括这本书。

《战国纵横家》所余十三章，可从文献的角度判断其出自两种不同的祖本：第十五至十九章为第二种书，第二十至二十七章为第三种书。但这两类书从内容和载录形式上并无多大区别。这十三章中共有八章见于《战国策》，何晋经仔细比较，认定有四章帛书"与《战国策》策文几乎完全相同"，另外四章与《战国策》相比存在着"文句脱漏"的情况，但仍然能看出它们之间的联系来，因此这两部分帛书被认为"即使不是中

---

① 唐兰：《司马迁所没有见过的珍贵史料》，附录于《战国纵横家书》，北京：文物出版社1976年版。
② 杨宽：《马王堆帛书〈战国纵横家书〉的史料价值》，附录于《战国纵横家书》。
③ 唐兰认为这十四章可能是《汉书·艺文志》中列入纵横家而早已失传了的《苏子》。见《座谈长沙马王堆汉墓帛书》，《文物》1974年第9期。

第六章 《战国策》研究

书中'战国策'的一部分，也一定和这些中书有着相同的来源"①。根据何晋比勘的结果，我们还可以进一步看出，文字上"几乎完全相同"的四章和"文句脱漏"的四章，恰分别属于第二、第三两种不同的帛书。也就是说，《战国纵横家书》第二种书和刘向所见到"中书"几乎没什么区别，只是有一篇没有被刘向选中而已；而第三种书在传抄质量上要逊于刘向所见"中书"。那么，这两种帛书有何特点呢？首先，没有国别、纪年，甚至也没有以人物相系的编排体例；其次，从内容或文章学上我们也看不出每一本内部有何关联。因此，可以判断，编抄这些材料的人并没有意识形态或学术上的兴趣，那就只能是出于资料、兴趣和学习的需要。在战国著作中，《韩非子》里有两类文章与这一组文章的编辑方式有些相似，那就是其中的《储说》诸篇和《说林》上下。《内储说》上下首先提出"七术"和"六微"的游说原则和方案，然后以"经"的方式简要阐发各项，最后设"传"记载"经"中所提到古事证例。其他《储说》则只有"经"和"传"两项。显然，这是一组从原则方法、注意事项到论点、论据都齐全的系统的游说训练教材。而《说林》上下两篇，则不加分别地罗列史事、语录、寓言等小故事。署名门无子的《韩子迂评》云："《说文》：说，诱也，以言谕人，使从己也。战国之时，以游说相高，故韩子采而成篇，名曰说林，则说亦多术而不苦贫矣。"② 梁启超《要籍解题及其读法》云："《说林》上下篇：似是预备《内外储说》之资料。"③ 由此可以看出，在战国时期，诸子已经开始有意识地摘编历史材料为自己的论述或游说作为准备。《储说》诸篇和《说林》上下就是这种新的文献。它以立意为先，而以史事同类相辑，赋予这些片断的历史文献以实用目的，不再体现任何历史学的意义。虽然这些材料的来源和编排方式还未能摆脱史著的影响，但它们在本质上却是地地道道的诸子文献了。

如果将杂编的历史资料用于某一个或一系列思想观点的申述，那它就

---

① 何晋：《〈战国策〉研究》，第 28 页。
② （明）门无子：《韩子迂评》，四库全书存目丛书编辑委员会编：《四库全书存目丛书·子部》，济南：齐鲁书社 1995 年版，第 741 页。
③ 梁启超：《要籍解题及其读法》，北京：清华周刊丛书社 1925 年版，第 101 页。

属于诸子文章的范畴；如果将其用于某个游说，那就属于纵横家的专有文体。从行为方式上，有时候我们并不能完全区分诸子和纵横家。诸子大体上也都是要游说的，所以也讲究游说技巧。专对纵横之说感兴趣的人，以苏秦等纵横家的成功案例取代历史故事，就成了《战国纵横家书》那样的文献。学者认为《说林》在文体上与《战国策》相近[①]，就不无道理了。其实《战国纵横家书》中第二十四章《公仲佣谓韩王章》就同时出现在《战国策》和《韩非子》中。我们认为《战国纵横家书》第二、第三两种书的编辑方式确实与史著没有什么关系，是战国后期普遍注重游说技巧的现象的反映。由于对纵横之说感兴趣的人毕竟缺乏诸子那样的著述意识，所以所编辑的东西也就可能没有名字，或者到了秦汉之际再简单地冠以"短长"、"长书"、"修书"这样空泛的名字。

3

不管是史著还是诸子文章，一般不会有故意造假的情况，但在《战国策》中还大量存在有违史实的篇章。学者一般都认为这是后人出于学习、揣摩的目的而写成的，是一种教学文本。比如《齐三·楚王死太子在齐质章》，其时楚怀王死，而楚国太子在齐国做人质，苏秦建议齐国留住太子以换取楚国的下东国之地。在苏秦的说辞之后，有这样一段文字：

> 苏秦之事，可以请行，可以令楚王亟入下东国，可以益割于楚，可以忠太子而使楚益入地，可以为楚王走太子，可以忠太子使之亟去，可以恶苏秦于薛公，可以为苏秦请封于楚，可以使人说薛公以善苏子，可以使苏子自解于薛公。

这里分析了苏秦计谋得以实施之后事情发展的多种可能性。此下随着苏秦在薛公、楚王、太子之间的来回游说，上面所分析的可能性逐一得到实现。文中不断出现"故曰可以使楚亟入地也"、"故曰可以益割于楚"等

[①] 缪文远云："韩非重视游说，故广集资料，储以备用，今《韩非子》中《内、外储说》及《说林》诸篇，论其性质，实与《国策》之文为近，其中有多篇亦见收于《国策》。"（《战国策新校注·自序》，成都：巴蜀书社1987年版。

第六章 《战国策》研究

评述性的语言,这些分析、评点的话显然是教学或学习的提示。这说明《楚王死太子在齐质章》是被当作训练教材使用的,不具有史学价值。如缪文远所论:"依《史记》,事在楚顷襄王元年。《策》《史》互证,则楚怀王卒于太子即位之后,实无可疑。此章胜意叠出,奇变无穷,然按之于史事则皆虚,盖为治长短术者为其徒属揣摩示范之谈。"① 根据缪文远《战国策考辨》一书的分析可统计出,《战国策》四百六十章中,拟托之作有九十八章之多,超过全书的五分之一②。由于策士学问的实践性质,使得他们有可能只是采用小规模教学和自我揣摩的学习形式,这样也就出现了类似《短长》和《战国纵横家书》这样的文献。杨宽说:"纵横家讲究'揣摩',《史记·苏秦列传》说苏秦'得《周书阴符》,伏而读之。期年,以出揣摩'。集解说:'《鬼谷子》有《揣摩篇》',《索隐》引王劭说:'《揣情》《摩意》,是《鬼谷子》之二章名,非为一篇也。'《鬼谷子》一书出于后人伪造,但是揣情摩意确是纵横家十分注意的。所有这些战国权变和游说故事的汇编,原是游说之士的学习资料,或者是练习游说用的脚本,对于有关历史时间的具体经过往往交代不清,有的只约略叙述到游说经过和游说的结果。其中有些编者着重于吸取历史的经验教训的,就比较能够注意历史的真实性。如果编辑起来只是用作练习游说的脚本的,就不免夸张失实,甚至假托虚构。正因为苏秦和张仪是纵横家学习模仿的榜样,他们的游说辞是练习游说用的主要脚本,其中就有许多是后人假托他们名义编造出来的,不但夸张虚构,而且年代错乱,矛盾百出。"③

通过以上的分析,我们可以看到《战国策》所依据的"中书"文献,既有史著也有子书性质的资料杂编,此外还有完全用于揣摩练习用的"脚本"。这使得《战国策》成为一种性质复杂的文本。《国策》、《国事》、《事语》继承了传统的"语"体或"事语"体的编纂体例,所以,它以历史事件为中心,以谋略和游说为主要内容,反映了战国时代的社会政治史。而在内容上,这些史著和《苏子》或战国策士事迹汇编,自然不会有什么太大的区别。所以刘向将他们看成是一类文章,共同编为

---

① 缪文远:《战国策新校注》上册,第353页。
② 缪文远:《战国策考辨》,北京:中华书局1984年版。
③ 杨宽:《战国史》(增订本),第672—673页。

《战国策》也就很正常的了。而出于揣摩或模拟而成的作品,虽然已经完全没有了史著和子书的意义,但在文本形式上则和上述作品没什么不同。因此,《战国策》在文体文风上同时具有史著和子书的性质,但也有着自身的特点,如其具有明显的漠视道义的实用性、关注修辞的游戏性,不以史实为目的的虚构性等等。尤其是其中用以揣摩的文体,它实际上已经构成了一种新的文体。汉代以后文士自设题目,引经据史,左右论辩,创为策论一体,实即源自《战国策》中的"揣摩"。

三 《战国策》的叙事特征

1

《战国策》的重点虽然在于记言,但由于它的言论不再是评论,而是谋略,必须在事件中才能体现其价值,所以它是事件的一部分。《春秋》叙事的特征是事实片段的呈现,它以宗教性的"礼"为价值标准;《左传》叙事的特征是事情经过的再现,它主要以道德理性为价值标准。而《战国策》则着眼于对现实和未来的谋划,关注的是结果,表现出浓厚的功利主义特点,游说者以利与害的对比作用于听者的心理。这与《左传》过分关注事实的原因不同。因此,《战国策》的叙事主要是对未来事实的虚拟性体现,而特别强调语言和修辞所营造出的现场感受。

《汉书·艺文志》诸子略云:"纵横家者流,盖出于行人之官。"春秋行人乃史官之属官,专事外交礼仪,有应对之责。策士虽然也常代表一方游说另一方,但其主要功能乃在于筹划谋略,与行人之职无涉。所以晁公武认为《战国策》"盖出于学纵横者所著",以其为子书。今人亦多有认为纵横家为一独特之思想流派者。如谭家健论纵横家思想,认为"其道德哲学观多取道家,社会政治观接近法家,独与儒家抵牾不合"[①]。熊宪光总结纵横家的思想特点是重计、重利、重时[②]。但纵横家有主合纵者,有主连横者,并不相同,而且无论合纵还是连横也都只是一种时势战略,

---

① 谭家健:《先秦散文纲要》,第165页。
② 熊宪光:《战国策研究与选译》,重庆:重庆出版社1988年版,第41页。

第六章 《战国策》研究

与儒、道、墨等在哲学、政治学、伦理学层面的探讨迥然不同。所谓重计、重利、重时也不过是一种实践方式，并无多少理论意味。有人强调纵横家自我尊崇的观念，认为是"相对独立人格的形成"，"标志着士的个人意识的觉醒"①。纵横之士流品甚杂，虽有亢言"士贵君不贵"者，也只是一种语用策略，危言耸听，以抬高自己的地位而已。其理论价值根本不能和《左传》中的民贵君贱、《孟子》的浩然之气相比。总的说来，纵横家既无明确的理论意识，也无学派传授统系，既可以说是各种思想皆有，也可以说一种思想都无。在"横则秦帝，从则楚王"的局势中，《战国策》看起来似乎更倾向于合纵一派，但这并不能说是出自非常自觉的文化政治意识。它可能与《战国策》的编著体例有关，但并不具有代表性。他们崇尚现实利益，并在手段上表现出因时权变的特点，是典型的功利主义者。

有人以苏秦"不信"而指责其为"小人"，结果引起燕王对苏秦的怀疑。苏秦为自己辩解的时候并没有否认自己的"不信"，他宣称"信"、"廉"、"孝"等传统的伦理政治观念是没有价值的。他说：

> 且夫孝如曾参，义不离亲一夕宿于外，足下安得使之之齐？廉如伯夷，不取素餐，污武王之义而不臣，焉辞孤竹之君，饿而死于首阳之山。廉如此者，何肯步行千里而事弱燕之危主乎？信如尾生，期而不来，抱梁柱而死。信至如此，何肯扬燕、秦之威于齐而取大功乎哉？且夫信行者，所以自为也，非所以为人也，皆自覆之术，非进取之道也。且夫三王代兴，五霸迭盛，皆不自覆也。君以为自覆为可乎？则齐不益于营丘，足下不逾楚境，不窥于边城之外。且臣有老母于周，离老母而事足下，去自覆之术而谋进取之道，臣之趣固不与足下合者。足下者自覆之君也，仆者进取之臣也，所谓以忠信得罪于君者也。（《燕一·人有恶苏秦于燕王者章》）

这一段话典型地反映策士们的思维方式和思想境界。在苏秦看来，追求现

---

① 王佩娟：《难能之处在于"真"——评〈战国策〉的思想价值》，《国际关系学院学报》1995年第2期。

实利益是"进取之道",而那些通过道德操守而成就声名的行为不过是"自覆之术"。在一个风雨飘摇的时代,诸侯们唯以吞并或自保为务,当然是"进取之道"的崇信者。策士们也正是看穿了这一点,才能以利害诱逼,左右逢源。所以,他们不可能有超越一己私欲的理想和信念,而唯以功利是求。

策士们在判断政治形势时如此,他们自己的行为也是以现实利益为目标的。被人们看作是反秦斗士的苏秦,其实也只是一个追逐个人利益的人。苏秦始以连横说秦王,"书十上而说不行",等到他回到家时,有感于"妻不以我为夫,嫂不以我为叔,父母不以我为子",于是昼夜揣摩,并誓言曰:"安有说人主不能出其金玉锦绣,取卿相之尊者乎?"转而说赵合纵,终受相印。可见,苏秦的政治主张是围绕着"金玉锦绣"和"卿相之尊"摇摆不定的,这里面不含有任何信仰和信念。当他衣锦回乡时,其嫂"蛇行匍伏,四拜自跪而谢",并解释自己前倨后卑的理由是"以季子之位尊而多金"(《秦一·苏秦始将连横说秦章》)。由此可见,苏秦的奋斗目标和其嫂对钱和势的本能反应是没有任何区别的。另一个较为典型的例子是吕不韦。他本是商人,当他在邯郸见到在赵国做人质的秦国太子,就推想到"耕田之利"十倍,"珠玉之赢"百倍,皆不如"立国家之主"利大,所以专心为太子谋求回国继位,最终为相封侯,"食蓝田十二县"(《秦五·濮阳人吕不韦章》)。吕不韦弃商而为策士,是出于自己的投机心理。在他看来,政治行为和商业行为一样,是可以以利润来衡量的。行为的合理性及其价值都在于最大限度地获利。

策士的行为只能依据于现实世界朝夕变化的政治军事形势。苏秦说齐闵王曰:

> 臣闻用兵而喜先天下者忧,约结而喜主怨者孤。夫后起者藉也,而远怨者时也,是以圣人从事,必藉于权,而务兴于时。夫权藉者,万物之率也;而时势者,百事之长也。故无权藉,倍时势,而能事成者寡矣。今虽干将、莫邪,非得人力,则不能割刎矣。坚箭利金,不得弦机之利,则不能远杀矣。矢非不铦,而剑非不利也,何则?权藉不在焉。(《齐五·苏秦说齐闵王曰章》)

第六章 《战国策》研究

所谓"权",乃是对形势的权衡;而"藉",则是对形势的利用。在苏秦看来,变化着的形势是行动最原始的动因。征战和谈、合纵连横,所有行事的理由和方向,也都在"时势"之中。可以说纵横家都是窥伺者,他们以一种本能的方式敏锐地感知着时势的变化,并把它当作自己的机会。刘向《战国策书录》所谓"扶急持倾,为一切之权","转危为安,运亡为存",将纵横策士看作是抱不平的侠士,未免言过其实。在遇事而发这一点上,策士与侠士确有相同之处。但侠士讲究锄强扶弱,而策士的眼里并无强弱之分,只是机会罢了。同样,策士本人的行为也是以能否准确把握瞬时变化的形势来评价的。如《战国策》中唐且保安陵不失极受人称赞,认为是纵横之士救人于难的典范。但这个故事其实不过是秦王和唐且在时势上所进行的博弈。当秦王说"天子之怒,伏尸百万,流血千里"时,他认为自己处在有利的地位;而唐且说"若士必怒,伏尸二人,流血五步,天下缟素"时(《魏四·秦王使人谓安陵君章》),也就是告诉秦王,特定的时间和空间,再加上不怕死的勇气,自己所处的时势更有利。安陵五十里的存亡,只是在于朝廷上刹那间双方对形势的不同判断,与任何法定的或习俗的理由都没有关系。策士们将所有的得失存亡,都归结于对权和藉的认识和较量。

策士的实用主义本质决定了他们否认一切的观念和秩序,是一群依靠混乱的时势而生存和发展的人。所以,当我们将其看作是"所在国重,所去国轻"的政治力量时,我们也必须看到他们对政治秩序的破坏作用。他们在苦心寻觅着各种冲突所带来的机遇的同时,也在制造着冲突和机遇。如秦国穰侯为相,而客卿造就来鼓动穰侯联合燕国发动对齐国的战争。他说:"秦封君以陶,藉君天下数年矣。攻齐之事成,陶为万乘,长小国,率以朝天子,天下必听,五伯之事也;攻齐不成,陶为邻恤而莫之据也。故攻齐之于陶也,存亡之机也。"(《秦三·秦客卿造谓穰侯曰章》)这不但要穰侯利用一场三国之间的战争来使自己摆脱秦国自立,甚至要成就自己的霸业。而造之所以要提出这多少有些天方夜谭且具有极大破坏性的计划,其目的仍然是要为自己寻找一个"存亡之机"。同样,在具体的政治行为中,策士们在"权"和"时"的口号下,往往不择手段。如赵人李园为了获取权势,欲将自己的妹妹"进之楚王",但又担心妹妹无

· 275 ·

子，就先自为春申君舍人，再用计将妹妹献于春申君。等妹妹有孕后，再指示妹妹说动春申君将自己献给楚王。妹妹生子后，被立为太子，李园又担心春申君泄露机密，乃阴养死士，最终刺杀了春申君（《楚四·楚考烈王无子章》）。李园的计策可谓周到绵密，但整个计划不但疯狂，而且充满了诡谲的色彩。此类阴险的计谋故事在《战国策》中尚有不少。它显示了策士在没有信念和理想的情况下，一味崇尚计策、权变之后的堕落。策士的功利性特点既决定了其思想价值的负面倾向，也深刻地影响了《战国策》的叙事方法和文章风格特征。

2

《春秋》叙事以"呈现"为特征，《左传》叙事以"再现"为特征。前者以宗教信仰为背景，表现为一种内敛和恭候的姿态，是面向未来神意的守望；后者依托因果理性，采取追溯的叙事方式，表现出面向过去的反省姿态。但策士的叙事立场与上二者皆有不同，实用主义精神，使得他们的叙述追求即时有效性。因此，《战国策》叙事以"表现"为特征。它既不可能是面向未来的守望，也不可能是面向过去的反省，他们关注的是当下的叙述效果。换句话说，最有代表性的策士叙述中，事件的起因和结果并不建立在事实或外在的规范上，而是叙述本身所滋生的。比如苏秦说齐合纵，其理由是"（齐地）车不得方轨，马不得并行，百人守险，千人不能过也。秦虽欲深入，则狼顾，恐韩、魏之议其后"，因此"秦不能害齐"（《齐一·苏秦为赵合从说齐宣王章》）；而张仪说齐连横，则恫吓齐王说"秦驱韩、魏攻齐之南地，悉赵涉河关，指博关，临淄、即墨非王之有也"（《齐一·张仪为秦连横说齐王章》）。两种完全不同的理由，都能使齐王相信，可见齐王在被游说的过程中失去了判断事实的能力，其原因就是所谓"事实"本身只是策士们构建出来的，与客观现实无关。当然，未来的结果也同样只在说辞之中。对于策士来说，游说的当下包括了过去和未来，因此，叙述就不可能是反思性和隐喻性的。所有那些反讽、象征，甚至因果链稍长一点的推论，以及任何可能达到意义的叙述方法，都不会受到策士的青睐。所以，策士的叙事方式既不是呈现，也不是再现，而是具有虚拟性的幻象显现，是故事式的表现。它不作用于听者的信

第六章 《战国策》研究

仰和理性,而是作用于听者的心理、情绪和美感,因此有着很浓郁的文学或美学的意味。下面我们从几个方面来讨论这些叙事特点。

预设的游说情境可以取消听者原有的立场,从而获得话语的主动权。因此,经营一个有利于展开游说的话语情境,就成了策士们经常采用的手段。一般的情境经营是在游说正式进入正题之前开展的,目的是使听者认同自己的忠诚或智慧,从而较容易接受自己的主张。最为典型的就是《赵四·赵太后新用事章》触龙说赵太后的例子。当时秦兵压境,而齐国要求以赵太后最疼爱的幼子长安君为人质才能出兵相救,太后不肯,并对所有来劝谏的人盛气相待。老臣触龙这样开始了自己的游说:

> 入而徐趋,至而自谢,曰:"老臣病足,曾不能疾走,不得见久矣。窃自恕,而恐太后玉体之有所郄也,故愿望见太后。"太后曰:"老妇恃辇而行。"曰:"日食饮得无衰乎?"曰:"恃粥耳。"曰:"老臣今者殊不欲食,乃自强步,日三四里,少益耆食,和于身也。"太后曰:"老妇不能。"太后之色少解。左师公曰:"老臣贱息舒祺,最少,不肖,而臣衰,窃爱怜之,愿令得补黑衣之数以卫王宫,没死以闻。"太后曰:"敬诺。年几何矣?"对曰:"十五岁矣。虽少,愿及未填沟壑而托之。"太后曰:"丈夫亦爱怜其少子乎?"对曰:"甚于妇人。"太后笑曰:"妇人异甚。"对曰:"老臣窃以为媪之爱燕后贤于长安君。"……

在游说之前,赵太后立场强硬,对游说者抱有敌意。在这种情况下,营造一个友善的情境,是开始对话的第一步。而触龙通过谈论健康,使太后感觉到老人特有的体贴;又通过为自己的幼子求职,使太后感觉到他对少子的慈爱。由此,赵太后在一片劝谏声中似乎突然找到了知音,不但立刻就认同了这种友好的情景,还认同了触龙对儿子的关爱,先是"色少解",然后又"笑曰",在不自觉中放弃了自己的立场。整个游说的优劣形势立刻逆转。触龙既然掌握了讨论"如何才是真正地爱儿子"的主动权,那么说服赵太后就变得十分容易了。同样的例子还有《秦三·范雎至秦章》,当秦昭王一再向范雎请教时,范雎只是再三以"唯唯"相应,造成口噤不敢进言的情势,然后又通过周文王和吕尚的故事,指出"交疏"和"言深"的矛盾关系,表达了自己对"今日言之于前,而明日伏诛于后"的担忧。这些渲染,目的是让秦王意识到自己有重大进言,并让秦王相信自己冒死进言的赤诚之心,从而也在游说之前营造了一个尽忠为主的情境。在此前提下,范雎再指出"足下上畏太后之严,下惑奸臣之态"这样一个严重的事实。虽然是离间秦王的骨肉和大臣,也就容易为秦王所接受了。

营造情境也可以是在进入正题的过程中。策士由远而近、由浅而深,营造一个容易为听者所领悟、认同的外围情境,一步步将听者引入到一个核心论题上,使听者不得不服从自己的观点。在《楚四·庄辛谓楚襄王曰章》中,庄辛面临着和范雎同样的问题,但他却开门见山地对楚襄王说:"君王左州侯,右夏侯,辇从鄢陵君与寿陵君,专淫逸侈靡,不顾国政,郢都必危矣。"结果是遭到了襄王的斥责,游说告失败,等到再次游说时,庄辛先用"亡羊而补牢,未为迟也"来安慰楚襄王,然后说:

> 王独不见夫蜻蛉乎?六足四翼,飞翔乎天地之间,俯啄蚊虻而食之,仰承甘露而饮之,自以为无患,与人无争也;不知夫五尺童子,方将调饴胶丝,加己乎四仞之上,而下为蝼蚁食也。蜻蛉其小者也,黄雀因是以。俯噣白粒,仰栖茂树,鼓翅奋翼,自以为无患,与人无争也;不知夫公子王孙,左挟弹,右摄丸,将加己乎十仞之上,以其颈为招,昼游乎茂树,夕调乎酸咸,倏忽之间,坠于公子之手。夫黄雀其小者也,黄鹄因是以。游于江海,淹乎大沼,俯噣鳝鲤,仰啮菱衡,奋其六翮而凌清风,飘摇乎高翔,自以为无患,与人无争也;不知夫射者方将修其碆卢,治其矰缴,将加己乎百仞之上,被礛磻,引微缴,折清风而抎矣。故昼游乎江河,夕调乎鼎鼐。夫黄鹄其小者也,蔡圣侯之事因是以。南游乎高陂,北陵乎巫山,饮茹溪流,食湘波之鱼,左抱幼妾,右拥嬖女,与之驰骋乎高蔡之中,而不以国家为事,不知夫子发方受命乎宣王,系己以朱丝而见之也。

其实这一大段话所要说的道理很简单,就是应该居安思危,不能贪于逸

第六章 《战国策》研究

乐,但由于陷楚襄王于逸乐之中的是他的宠信之重臣,所以庄辛难以遽说其事,只有通过螳螂捕蝉黄雀在后的故事取得楚王的认可,然后将情境逐渐扩大,最终论及幸臣亡国这个主题。楚王至此也就顿然悔悟了。《齐一·邹忌修八尺有余章》记邹忌不如徐公之美,而邹忌的妻、妾、客却当面夸他美于徐公,邹忌以此游说齐王摒斥面谀,多多纳谏。这也是以营造情境的方式来进行的游说,它貌似一个真实发生的有启示意义的故事,但其实不过策士是为了事理而营造的情境,与庄辛说楚襄王的手段相同。

有时候,情境不完全是由策士设置的,而是本来就存在于事实中的一种可能性。策士只是将这种可能性作为一种必然性展示出来,从而迫使听者认同自己的观点。比如《齐二·昭阳为楚伐魏章》中,陈轸为了阻止昭阳君伐齐,在祝贺昭阳君伐魏胜利后突然问他:"楚之法,覆军杀将,其官爵何也?"昭阳曰:"官为上柱国,爵为上执珪。"陈轸曰:"异贵于此者何也?"曰:"唯令尹耳。"于是他提示昭阳:"令尹贵矣,王非置两令尹也。"也就是说,即使昭阳伐齐成功,也不可能再获奖赏,然后又以画蛇添足的故事告诉他:行事当适可而止,否则将适得其反。陈轸通过提前展示结局的方式,将一个尴尬的情境推到昭阳面前,使他终于罢兵。与此类似的是《秦二·秦宣太后章》,太后因为舍不得情人魏丑夫,指定自己死后要以魏丑夫为殉。于是,庸芮前往游说太后,他的方法也是将未来的情境置于太后面前。不过,他给出的不是唯一的情境,而是一个两难之境。他说:

若太后之神灵,明知死者之无知矣,何为空以生所爱葬于无知之死人哉?若死者有知,先王积怒之日久矣,太后救过不赡,何暇乃私魏丑夫乎?

当庸芮将两种不同的结果同时呈现在太后面前并逼迫太后选择时,太后因无力面对这样愚蠢甚至是可怕的后果,而不得不放弃殉葬的要求。

设置情境的目的,是要诱导听者在态度上接近甚至完全认同策士的立场,并在此基础上改变自己的观点。而听者之所以能在情境中认同策士,就是因为情境是自一个和听者的立场不相冲突的角度设置的,因此能够邀得听者参与其中。它与说辞的主题也许无关,也许有着或多或少的关联,但情境总能在一个自足的语言环境中推动听者脱离原有的立场,从而失去话语的控制权,并在新的立场中认同策士。

3

夸张和对比,其修辞目的是将自己所申述的论题尖锐化、深刻化,或者将某种合理性的优势更突出地展示出来。夸张手法尽可能地扩展某个陈述的广度或深度,从而在最大范围内占领听者的感知力,或者使听者形成唯一的印象;对比,一方面强调某个陈述本身的优越性,一方面还设立了一个假性的单项选择,而由于它对利害关系不容置疑的展示,实质上仍是一个排他性的唯一命题。从某种程度上来说,夸张和对比的心理作用就是诱惑和恐吓,它以一种修辞力量逼迫听者服从自己,因此,也是策士最常用的叙述策略。

《韩一·苏秦为楚合从说韩王章》里,苏秦为了鼓舞韩王的信心和秦抗衡,先夸大韩国的实力,他说:

> 韩北有巩、洛、成皋之固,西有宜阳、常阪之塞,东有宛、穰、洧水,南有陉山,地方千里,带甲数十万。天下之强弓劲弩皆自韩出,鞮子、少府时力、距黍,皆射六百步之外。韩卒超足而射,百发不暇止,远者达胸,近者掩心。韩卒之剑戟皆出于冥山、棠谿、墨阳、合伯、邓师、宛冯、龙渊、大阿,皆陆断马牛,水击鹄雁,当敌即斩,坚甲、鞮鍪、革抉、咙芮,无不毕具。以韩卒之勇,被坚甲,蹠劲弩,带利剑,一人当百,不足言也。夫以韩之劲与大王之贤,乃欲西面事秦,称东藩,筑帝宫,受冠带,祠春秋,交臂而服焉。夫羞社稷而为天下笑,无过此者矣。

策士为了鼓舞听者的勇气,通常都是强调其国富兵强,尤好铺陈四境之险要,是所谓"四塞之国"。而绚丽繁缛的辞藻、整齐铺陈的句式往往能营造出一种势在必得的气势,使听者心驰神往,并在志得意满之时俯首听命。所谓"四塞之国"不但是想象中的地理空间,也以一种言语方式为

第六章 《战国策》研究

听者设立了一个心理空间。这一空间被空前夸张出来，从而使听者失去比较和分析的途径，也失去判断的能力。这一段铺陈在《战国策》里并不算是特别突出的，但我们举这个例子，是为了和张仪游说韩王作对比，以便更清晰地看到这种游说方法的特点。《韩一·张仪为秦连横说韩王章》里张仪是如此说的：

> 韩地险恶山居，五谷所生，非麦而豆，民之所食，大抵豆饭藿羹；一岁不收，民不厌糟糠；地方不满九百里，无二岁之所食。料大王之卒，悉之不过三十万，而厮徒负养在其中矣，为除守徼亭鄣塞，见卒不过二十万而已矣。秦带甲百余万，车千乘，骑万匹，虎挚之士，跿跔科头，贯颐奋戟者，至不可胜计也。秦马之良，戎兵之众，探前趹后，蹄间三寻者，不可称数也。山东之卒，被甲冒胄以会战，秦人捐甲徒裎以趋敌，左挈人头，右挟生虏。夫秦卒之与山东之卒也，犹孟贲之与怯夫也；以重力相压，犹乌获之与婴儿也。夫战孟贲、乌获之士，以攻不服之弱国，无以异于堕千钧之重，集于鸟卵之上，必无幸矣。

张仪认为韩国民贫兵弱，而秦军却勇猛精武，韩王对此笃信无疑，遂表示服膺。韩国还是那个韩国，而张仪和苏秦的说辞完全相反，恐怕两人所说并不完全是凭空捏造，但关键是夸张了事实的不同部分。而每一个夸张都被当作完全的事实奉献在韩王面前，因此，都在当下获得了韩王的认同。由此可见夸张的力量。韩国实际上是诸大国之间的一个弱小者，如《韩三·或谓公仲曰今有一举章》中说客所云："今天下散而事秦，则韩最轻矣，天下合而离秦，则韩最弱矣。"因此韩王只能首鼠两端，充满了犹豫和不自信，"苏秦、张仪正是抓住韩王处境困难，缺乏主见这一弱点，极尽夸饰之能事，一举成功"①。在《战国策》中，这两章观点相反，而游说方法完全相同，说明它们不太能是真实发生过的事情，而是出于后世学纵横者的拟作，但它们却能突出地反映战国说辞夸张的特点。

---

① 饶尚宽：《试论战国策士的语用策略》，《新疆师范大学学报》1991年第4期。

以上两段说辞中也运用了对比的手法。苏秦以韩国强大的国势和韩国对秦称臣的屈辱地位相比，目的在于鼓动韩王反抗秦国的勇气；张仪以韩国贫乏的国力、羸弱的军队和秦军的强大相比，目的在于恐吓韩王，使其臣服秦国。这两个对比都是在夸张的基础上进行的，二者相得益彰，具有更加耸动人心的效果。《赵三·秦围赵之邯郸章》记载了鲁仲连劝止赵尊秦为帝的念头。在与辛垣衍的辩论中，鲁仲连交替运用了夸张和对比的手法，终于舌胜对手。鲁仲连之所以反对"帝秦"是出于文化上的理由："彼秦者，弃礼义而尚首功之国也，权使其士，虏使其民。"但这个理由并不能说服赵平原君和魏将军辛垣衍，于是他就通过历史事件，突出地夸大了帝对于臣的害处。其中有周天子对齐威王的无礼指责、纣对三公的肆然迫害、齐闵王对鲁邹君臣在礼节上的苛求，等等。而当辛垣衍自认要以仆事秦时，鲁仲连就以上面的逻辑夸大其害云："然吾将使秦王烹醢梁王。"在这些陈述中，包含着精心设计的多方面的对比：首先是帝与臣的地位对比，如纣认为鬼侯女儿不美就"醢鬼侯"，因为鄂侯争辩就"脯鄂侯"，因为文王"闻之而叹"就将其囚于牖里。其次是以鲁邹君臣和当今三晋大臣相对比，因为不愿意以天子之礼接待齐王，鲁人"投其龠，不果纳"，邹人则曰："必若此，吾将伏剑而死。"鲁仲连评论曰："邹、鲁之臣，生则不得事养，死则不得饭含，然且欲行天子之礼于邹、鲁之臣，不果纳。今秦万乘之国，梁亦万乘之国，俱据万乘之国，交有称王之名，睹其一战而胜，欲从而帝之，是使三晋之大臣不如邹、鲁之仆妾也。"正是通过双方对比的落差，造成了说辞强烈的气势，最大限度地指示出"帝"和"臣"之间不可调和的矛盾，指示出"帝秦"后其他各国的悲惨结局。鲁仲连所展示的这些未必是事实，而只是基于他对秦国"权使其士，虏使其民"的认识。但正是夸张和对比使得这一模糊的可能性，变得极为清晰，从而有着极大的震慑作用，迫使对手"不敢复言帝秦"。

夸张和对比作为一种思维方式，并不仅仅表现在事实的广度和深度方面。它还可以通过调整说辞的逻辑节奏，营造出更为紧凑的时间感，突出因果关系的直接性，使得听者无法进行比较、选择，由此而强调结果的必然性。比如《魏一·张仪为秦连横说魏王章》中，张仪为了恐吓魏王，曰："魏之地势，故战场也。魏南与楚而不与齐，则齐攻其东；东与齐而不与赵,则赵攻其北;不合与韩,则韩攻其西;不亲于楚,则楚攻其南,此所谓四分五裂之道也。"由此他推论,魏似乎只能合纵,但兄弟尚且相争,合纵实在难以依赖。于是,魏唯一可走的路就是与秦连横。而且,"大王不事秦,秦下兵攻河外,拔卷、衍、燕、酸枣,劫卫取阳晋,则赵不南;赵不南则魏不北,魏不北则从道绝,从道绝,则大王之国欲求无危,不可得也。秦挟韩而攻魏,韩劫于秦,不敢不听。秦、韩为一国,魏之亡可立而须也,此臣之所以为大王患也。"张仪在此给出了魏灭亡的两种途径。他通过简短而类似的句式,通过排比、顶针等修辞格式加快了语言的节奏,因而使一个有着多种条件的推测变得十分直接,将那些原本复杂的因果关系表现得间不容发。这种修辞方式能够使听者在无力思考的情况下,直觉地感受到一种必然性,因而不得不接受他的结论。其实这种表达方式,可以认为是关联速度的夸张,其效果与事实的夸张是一样的。这也是策士们经常采用的一种游说技巧。《赵三·平原君谓平阳君章》里公子牟曰:"夫贵不与富期而富至,富不与粱肉期而粱肉至,粱肉不与骄奢期而骄奢至,骄奢不与死亡期而死亡至。累世以前,坐此者多矣。"将"贵"和"死亡"这两对相对遥远的事实联系起来,以一种必然性来警示听者,所采取的也是这样的修辞方法。

不论是在场面、事实,还是在逻辑节奏上夸张和对比,目的都是为了将自己的论题从纷纭复杂的现实中剥离出来,并以一种完全的、迫切的、必然的形式展现在听者面前,使听者失去判断的能力,或者无暇考虑其他因素。因此,这种游说方法在本质上是以一种华丽的片面性取代整体性。它虽然不是真实的,但却是有效的。

4

策士还通过有意强调、夸示自己的人格力量,以取得心理上优势,并由此掌握话语权力。策士人格优势与论题无关,也不能形成一种话语情境,它甚至并不针对某一次游说,但若被策士用作一种游说策略时,就变成了一种切实存在的精神压力,在游说中能起到事半功倍的作用。

《齐四·齐宣王见颜斶章》有这样的记载:

> 齐宣王见颜斶曰:"斶前!"斶亦曰:"王前!"宣王不悦。左右曰:"王,人君也。斶,人臣也。王曰斶前,亦曰王前,可乎?"斶对曰:"夫斶前为慕势,王前为趋士;与使斶为趋势,不如使王为趋士。"王忿然作色曰:"王者贵乎?士贵乎?"对曰:"士贵耳,王者不贵。"王曰:"有说乎?"斶曰:"有。昔者秦攻齐,令曰:'有敢去柳下季垄五十步而樵采者,死不赦!'令曰:'有能得齐王头者,封万户侯,赐金千镒。'由是观之,生王之头,曾不若死士之垄也。"王默然不悦。

士贵君轻是战国时期的普遍思潮。颜斶在这里没有正面阐述这些道理,而是一方面将尊士当作是诸侯王的一种美德,鼓励齐宣王付诸实践;一方面又将诸子的平等论夸大为高下论,并且以齐国屈辱的事例来说明之。颜斶利用了齐宣王的虚荣心以及朝夕不保的恐惧心理,并用其本国的例子,予以有效的威慑,所以齐宣王虽然"不悦",但也只能接受。再加上颜斶用尧、舜、禹、汤、文王等圣人"明乎士之贵"相鼓励,宣王只好就此下台,感叹曰:"嗟乎!君子焉可侮哉,寡人自取病耳!及今闻君子之言,乃今闻细人之行,愿请受为弟子。"和诸子相比,颜斶的说辞不以理而以势,以劝诱和恐吓,这是典型的策士风格。颜斶这次游说虽然没有明确的主题,但却为所有的策士建立了一种以人格取胜的典范,为后来者利用人格力量震慑诸侯做出了榜样。

王斗游说齐宣王举士,也采取了同样的方法:

> 先生王斗造门而欲见齐宣王,宣王使谒者延入。王斗曰:"斗趋见王为好势,王趋见斗为好士,于王何如?"使者复还报。王曰:"先生徐之,寡人请从。"宣王因趋而迎之于门,与入,曰:"寡人奉先君之宗庙,守社稷,闻先生直言正谏不讳。"王斗对曰:"王闻之过。斗生于乱世,事乱君,焉敢直言正谏。"宣王忿然作色,不说。(《齐四·先生王斗章》)

王斗先让齐宣王趋己,并给他送上一顶"好士"的帽子,然后再指责他

第六章 《战国策》研究

为乱君。齐宣王被激怒了，可因为有帽子在身，又不便发作，情绪变得脆弱、紊乱，此时不要说是辩论了，恐怕只有下台之阶是求。王斗因此也就掌握了话语的主动权。但王斗并不就此转入正题，而是称赞齐桓公的功绩，并认为齐宣王与乃祖有四方面相同之处。宣王由此心绪稍感平畅，并对王斗的话抱有期望。王斗说："先君好马，王亦好马。先君好狗，王亦好狗。先君好酒，王亦好酒。先君好色，王亦好色。先君好士，是王不好士。"所同者乃是桓公的缺点，而唯一不同者却是治国最为关键的优点。齐宣王经王斗的一再激怒，已无还手之力，略加申辩，就只好承认"寡人有罪国家"。王斗正是在不断地贬抑对方的基础上确立了自己的人格力量，因而不战而胜。苏秦游说楚王时，劈头就说："楚国之食贵于玉，薪贵于桂，谒者难得见如鬼，王难得见如天帝。令臣食玉炊桂，因鬼见帝。"（《楚三·苏秦之楚章》）亦是通过贬低楚王来先立己威，为此后的游说赢得主动权。

此外，我们在《战国策》中，还能发现策士经常性地使用连续发问的方法。这一方法可以使被问者处于智商被考察状态，从而提高了游说者的心理地位。《宋、卫·公输般为楚设机章》中墨子劝阻楚国攻宋云：

> 今有人于此，舍其文轩，邻有弊舆而欲窃之；舍其锦绣，邻有桓褐而欲窃之；舍其梁肉，邻有糟糠而欲窃之。此为何若人也？

这里虽然只有一个问号，但由于设问的气势是连贯的，给人感觉好像是一连串的发问。而对于这样简单而荒唐的问题，楚王只能回答"必为有窃疾矣"。墨子这才指出宋乃穷僻之国，而楚无所不有，根本没有攻打宋国的理由。楚王遂令停止攻伐。其实，在这次游说中，当楚王回答那些问题时，不但掉进了墨子的逻辑陷阱，还丢掉了辩论者应有的尊严和气势，只能将自己置于被教导的地位，胜败就此判然而分。

以人格力量压倒对手的方式还有另一种表现形式，那就是预先设定一个低下的人格类型，让对手只要涉及某一个方面的论题，就被认定为在人格上有缺陷，也就自然无法取得游说的胜利。比如《魏二·庞葱与太子质于邯郸章》：

· 285 ·

庞葱与太子质于邯郸，谓魏王曰："今一人言市有虎，王信之乎？"王曰："否。""二人言市有虎，王信之乎？"王曰："寡人疑之矣。""三人言市有虎，王信之乎？"王曰："寡人信之矣。"庞葱曰："夫市之无虎明矣，然而三人言而成虎。今邯郸去大梁也远于市，而议臣者过于三人矣。愿王察之矣。"王曰："寡人自为知。"于是辞行，而谗言先后至，太子罢质，果不得见。

庞葱以三人市虎的故事，说明谣言被重复多了就会使人相信。庞葱由于担心自己走后会受到谗毁，而又不知道论敌会从哪个方面攻击自己，就预先设置一个这样的针对信任和人格本身的圈套，并暗示那些来说自己坏话的人是无事生非的小人。虽然他最终没能避开遭人谗毁的结局，但这一游说方式却受到策士们的肯定。它在本质上也是希望用人格对比的方法超越论题本身，不战而胜。

战国时期士人的人格自觉，是社会文化发展的结果。士人由于不再依靠鬼神天命，不再为宗法体制、职官等限制，可以自由流动，其主体意识由此而得到发展，并培养出一种傲视权贵的自由主义精神。策士这种利用人格力量胁迫听者的游说策略，在本质上和孟子以人格力量鼓励自己不畏权威、敢于坚持真理，有品格高下的不同。这种游说策略还容易造成极端自傲的病态人格。如赵平原君因对魏公子无忌以国相身份与博徒卖浆者游有微辞，于是平原君门客多离开而归魏公子。平原君因不杀美人向跛子谢罪，其宾客亦渐渐离去者过半。这其中就有不少矫情的成分，完全失去了孟子所谓"大丈夫"的意义了。所以，对策士的人格价值不宜过高估计。

5

战国文章普遍使用寓言，策士也不例外。寓言作为一种修辞方法，基本反映了以上所描述的游说之辞的特点和效用，而且表现得更为集中，更为突出。考虑到使用寓言在战国时代是一个非常特殊的现象，且深受策士青睐；在中国文章史上，寓言自身也具有独特的文体价值；此外，策士使用寓言的种类和方法与诸子颇有区别，表现出鲜明的特点，所以，我们对《战国策》寓言进行单独讨论。

第六章 《战国策》研究

与诸子常采用神话、传说、先贤故事或形象性寓言不同，策士寓言追求的是对某一具体事实的认同，是客观知性，具有功利性和实践性特点，所以往往偏爱那些经验性的故事，如"百发百中"、"群狗争骨"、"画蛇添足"、"狐假虎威"、"土偶与桃梗"、"南辕北辙"、"鹬蚌相争"等。俗传故事主要是来自世俗生活或由以动植物为主人公，它有较低的姿态，其表述是经验性的，能够提供问题的解决方案，因此表现得较为亲切。《秦二·楚绝齐齐举兵伐楚章》中齐国伐楚，楚王请求秦出兵相救，于是秦王问计于陈轸。陈轸说：

> 王不闻夫管与之说乎？有两虎诤人而斗者，管庄子将刺之，管与止之曰："虎者戾虫，人者甘饵也。今两虎诤人而斗，小者必死，大者必伤。子待伤虎而刺之，则是一举而兼两虎也。无刺一虎之劳，而有刺两虎之名。"齐、楚今战，战必败一，败，王起兵救之，有救齐之利，而无伐楚之害。

楚告救于秦，救与不救与道义或交情有关，但陈轸以这样一个寓言，完全屏蔽了这件事中的道义关怀，将秦楚本来的邦交关系转变为猎人与猎物的关系，将一次救助事件转化为一个纯粹的渔利事件。那么，这则寓言最重要的叙事效用就在于提示功利目的的合理性。再如《秦三·天下之士章》有一则寓言，说和平相处的群狗，若有人"投之一骨"，则"轻起相牙"。这则寓言包含了说者对人的本质以及人际关系的完全功利化理解。因此，在此前提下，"投之一骨"则成了一种无道义负担的快乐的胜负游戏。《战国策》中这类寓言很多，《齐三·齐欲伐魏淳于髡谓齐王章》中的"韩子卢逐东郭逡"、《赵一·谓赵王曰三晋合章》中的"虎将击禽"、《燕策二·赵且伐燕章》中"鹬蚌相争"等。这些寓言阻断道义关怀、隔绝反思，并具有简单的可操作性，迎合了诸侯或大臣们趋利避害的心态，有着明显的投机色彩。有学者指出，在不同国别中出现的寓言往往有不同的主题。如《齐策》和《楚策》中"邹忌窥镜"、"狗吠"、"郑袖劓美人"等寓言，显示了两国对内政的关注；《齐策》、《秦策》和《燕策》中"土偶与桃梗"、"交浅言深"、"周地贱媒"等寓言，显示了三国关心人才；《韩策》中"叱犬"、"韩卖美人"等寓言，显示了韩国重视外交①。熊宪光认为《战国策》寓言表现出"认清对象、惨淡经营"、"崇计尚谋"、"争利求名"几个方面的特点，说的也是它的功利性特点②。

策士寓言的另一个特征是戏剧性。所谓戏剧性，一是指它是虚构的，二是指它是自足的，三是指它的意义是自明的。下面我们以一则寓言来说明这些特征，及它们在游说中的作用。《齐三·孟尝君将入秦章》：

> 孟尝君将如秦，止者千数而弗听。苏秦欲止之，孟尝君曰："人事者吾已尽知之矣；吾所未闻者，独鬼事耳。"苏秦曰："臣之来也，固不敢言人事也，固且以鬼事见君。"孟尝君见之。谓孟尝君曰："今者臣来，过于淄上，有土偶人与桃梗相与语。桃梗谓土偶人曰：'子西岸之土也，挺子以为人，至岁八月，降雨下，淄水至，则汝残矣。'土偶曰：'不然，吾西岸之土也，吾残则复西岸耳。今子东国之桃梗也，刻削子以为人，降雨下，淄水至，流子而去，则子漂漂者将何如耳。'今秦四塞之国，譬若虎口，而君入之，则臣不知君所出矣。"孟尝君乃止。

这则故事是虚构的，自不用说。有些如"画蛇添足"、"南辕北辙"即便在现实中可能发生，甚至如"郑袖劓美人"这样仿佛是据实而写的故事，亦有夸张虚构的特点。所以，俗传故事总与虚构有关。虚构作为一种叙事方法，它首先作用于人的兴趣，有一种将人带入的形式功能，就如同戏剧、小说或电影一样，是人们回避现实的一种选择。所以，当孟尝君不愿谈"人事"而选择子虚乌有的"鬼事"时，这不仅是一种刁难，也透露出他已经厌烦屡遭游说这一现实处境。而寓言以一种虚构性特征满足了人们逃避现实的心理需求。其次，从游说的角度来说，寓言可以将真切纠缠着人们的现实虚化，虚化为一种舞台上的演出，所以，虽然孟尝君讨厌关于赴秦的谈话，却可以津津有味将桃梗和土偶的故事欣赏完。虚化和虚构是联系在一起的。寓言本身的虚构特点，就是将现实虚化为一种可供欣

---

① 赵阳、吴晓洪：《〈战国策〉中寓言主题的分类》，《扬州教育学院学报》2004年第1期。
② 熊宪光：《〈战国策〉寓言论》，《北京师范大学学报》1987年第2期。

第六章 《战国策》研究

赏、评点的戏剧。一般说来，以动植物或世俗生活为内容的寓言，就是一种低姿态的故事，很容易引导听者进入。而一旦听者接受了寓言，他就从一个当事者变成一个旁观者，他原来所固有的立场、阵地，以及由此而来的成见、戒备甚至反抗的心理，就被慢慢放弃了。

戏剧的自足性特点，是指故事具有完整的发生、发展、冲突和结局的过程。如上所举几则寓言中，淄水和桃梗、土偶的冲突，桃梗和土偶的冲突，都非常清晰。从游说者来说，这些冲突都与听者的现实处境有关。不仅如此，戏剧性冲突还将人的现实处境尖锐化、鲜明化，使得听者难以回避。但从听者的角度来看，寓言中的冲突是一种戏剧冲突，它是在封闭的故事中进行的，不必然地关涉任何现实因素，是一个自足的形式，因而和现实之间保持着一个安全的距离。所以，即使是满怀戒意的孟尝君，也不会在聆听寓言的过程中感受到任何来自游说的威胁。所以他很容易认同寓言或游说者的立场。

在这个寓言中，"桃梗"和"土偶"的命运，是在比较中逐步揭示出来的：离开故土是最大的不幸。可以将这一结论看作是寓言本身演化过程中自明的，即使孟尝君意识到它是针对自己处境的，也可以借寓言的情境而避免被教训的尴尬。在这一切都已经完成以后，苏秦再指出"今秦四塞之国，譬若虎口，而君入之，则臣不知君所出矣"就水到渠成了。由此可见，正是寓言的戏剧性特点，帮助苏秦完成了一次艰难的游说。当然，戏剧性特点还包括悬念、反讽等等。前者如"海大鱼"（《齐一·靖郭君将城薛章》），即通过制造悬念的方式，激发听者的好奇心；后者如"狐假虎威"（《楚一·荆宣王问群臣曰章》），是通过对寓言人物的反讽，使得事实更为突出。

策士寓言的第三个特征是其片面绝对性。相比较而言，《庄子》中的形象性寓言是一种向多义开放的喻体，而俗传故事的意义则相对简约、单纯。俗传故事将现实处境故事化、专题化，使现实变得更清晰，更容易处理。因此，使用寓言就是对现实进行简化、选择的过程，它剔除了事实中的很多复杂的因素，而根据需要选择其中一对矛盾，并使这一矛盾冲突更鲜明、更突出。因而，对于整个纷繁复杂的事实来说，寓言所显示的意义是绝对的，也是片面的。《齐二·昭阳为楚伐魏章》记载楚将昭阳在攻克

魏国的八座城池后,率师伐齐,而陈轸为齐国前来游说昭阳停战。他引用了一个画蛇添足的寓言:

> 楚有祠者,赐其舍人卮酒。舍人相谓曰:"数人饮之不足,一人饮之有余,请画地为蛇,先成者饮酒。"一人蛇先成,引酒且饮之,乃左手持卮,右手画蛇,曰:"吾能为之足。"未成,一人之蛇成,夺其卮曰:"蛇固无足,子安能为之足。"遂饮其酒。为蛇足者,终亡其酒。

所谓"画蛇添足"是说适可而止,过犹不及。但就昭阳伐齐而言,伐与不伐是由多方面的因素决定的,国际政治形势、两国军事力量对比、楚王与将士们的态度等等,都是重要的影响因素;但陈轸将所有这些矛盾都集中到昭阳本人能否升迁问题上。陈轸认为昭阳爵位已高,再有封赏就是令尹了,而楚国不能置两个令尹,所以昭阳不必再立功。这一寓言有效地阻断了其他因素对整个事件的影响,在此情况下,昭阳做出的选择必然是片面的。另外,战争虽然有冒险的成分,但"画蛇添足"的寓言却单方面地强调了"战无不胜而不知止者,身且死,爵且后归"的结局。所有这些,都是一种片面的推论。寓言本身的绝对真理性,使听者放弃了对复杂现实的周密思考,从而将一种片面绝对性认为是一种普遍必然性。寓言故事具有简明的人物关系、明晰的情节和单一而激烈的冲突,因此,它最多只是反映了现实处境中的部分事实。更为重要的是,在寓言中,情节发展、冲突、解决具有一种逻辑必然性。而现实世界中却充满了各种偶然性、突发性因素,因此可以说,寓言以必然性取代了现实中的可能性、偶然性。它不仅以一种简化了的关系取代复杂的现实关系,还可能强加给现实本来所没有的关系。以寓言取代事实就不可能是完全的等同意义上的置换,它还必须伴随着改造、扭曲现实的风险。寓言中种种关联,并不能简单地等同于现实中的种种关联,而这些却是听者所难以意识到的,也是游说者心机所在之处。相比较而言,《庄子》中的形象性寓言在寓意方面远不如流俗寓言那样清晰绝对,它有着神话的神秘、多层次、隐喻性特点,也就是说,形象性寓言并不是一种观念性的寓言,它常常以非世俗性的形

第六章 《战国策》研究

象阻断我们的经验性联系,其目的也就是为了达到思维的混一性、寓意的丰富性。而策士们的故事寓言将听者置于观念的片面性之中,人既不可能对寓言作出两种以上的理解,也就没有了选择的余地,因而得到的结论是明确而绝对的,也一定是片面的。

当一个游说者用寓言进行游说时,真正说服听者的是寓言故事。由寓言再回到现实并得出一个针对现实困境的答案,这得益于寓言的绝对真理性,也得益于寓言表现形式的经验性。寓言鼓励听者模拟整个事件,并从理解力上赋予听者以信心。也就是说,听者在戏剧化的冲突中,在自己的观赏行为里,进行心理和思维上自觉的模拟活动,帮助策士完成了游说活动。战国策士在游说中并不以真理性本身为目的,而是希望以更为直接、简单的游说技巧来征服对方,以取得游说的成功。因而,策士们的陈述在多数情况下并不诉诸听者的理性,而是诉诸听者的情绪和感情,获取的是心理效果。亦即它是表现性的。这样的陈述有着很强的文学性。后人在谈论《战国策》时,所肯定的往往也是它的阅读效果,而不是它的内容。如宋人李文叔认为其内容虽"浅陋不足道",但"人读之则必尚其说之工而忘其事之陋者,文辞之胜,移之而已"[①]。今人陈平原亦从文学效果来评论《战国策》,认为其"追求的是'现场效果',而不是'藏之名山传之后世'"[②],即说明策士的言论难以经受得起理性和实践的检验,它只追求当下即时性的效用。这一叙述方式和《春秋》、《左传》有着很大的区别,它是功利主义的产物。

[①] (宋)李文叔:《书战国策后序》,见(元)吴师道撰《战国策校注》,北京:中华书局 1991 年影印本,第 14 页。

[②] 陈平原:《从言辞到文章 从直书到叙事——秦汉散文论稿之一》,《文学遗产》1996 年第 4 期。

第七章

《春秋》与汉代文化

公元前221年,秦王嬴政统一六国,结束了分封而治的历史。继之而起的汉朝在此基础上最终确立了大一统制度。大一统的政治模式,对于原史文化而言,是一个两难之境:一方面,西周春秋尊王攘夷的理想中就蕴含了大一统的理念,它也是春秋史官极力维护的重要的现实原则;另一方面,大一统的政治理性最终必然会剥夺原史文化的神圣性,从而使史官的话语权力完全丧失。从高帝立国到武帝"海内艾安",儒家士人通过艰苦的努力,使得儒学开始复兴。儒士延续并发展了史官的文化理想,他们使传统文献进一步经典化、政治化,尤其是使得《春秋》在西汉盛行一时,被当作新的政治意识形态的出发点和理论根据,成为原史文化和汉代政治的交汇点。春秋公羊学派在独尊儒术以及儒学政治化的进程中,作用最为突出。最能体现这一历史进程的代表人物是董仲舒。董仲舒对史官经典《春秋》的现实意义作了最大限度的阐释,使得原史理想再一次走近政治和社会生活。因此,儒家的复兴也意味着史官文化的复兴。但是,董仲舒的春秋公羊学毕竟是一种政治哲学,它也在理论上动摇了史官文化的根本,所以从董仲舒的公羊学理论中,我们又能看到史官文化不断衰微的必然命运。这一结局,引发了司马迁的挣扎和反抗,引发了史官文化最为壮丽的回光返照式的大迸发。

第七章 《春秋》与汉代文化

一 儒家与原史文化的复兴

1

秦本为诸羌一支，史常以"秦戎"称之，他们在不断东迁的过程中，逐渐靠近了中原文化。周宣王时（前827—前782）封秦部落酋长秦仲为大夫，令其抵御其他戎族的入侵。西周末叶时秦国建立①。因此，秦国与中原文化一向有些隔膜。《史记·秦本纪》记载秦襄公时曾"与诸侯通使聘享之礼"，但在更多的时候，因其"僻在雍州，不与中国诸侯之会盟"，遭中原文化"夷翟遇之"。没有文化上的负担，再加上夷狄崇武尚战的精神，使得秦国在春秋战国的混乱局面中不断强大，成就了多年的霸业，最终一统天下。

很多学者都看重秦任用法家治国的政策，并以商鞅变法为秦强大的标志性事件。商鞅变法的主要内容，一是严密国内法律，一是建立二十级爵制。据现有文献和考古资料来看，秦律在当时各国中是最为周密而精细的，除丰富的刑律外，"从劳绩之考课，到徭役之征发；从新故官员之交接，到府库财货之出入；小至斗之衡定、火之预防、锦履之禁、版书之材、传食之差等，公器之标识，大抵皆有可循之规章，有必遵之条文。秦律中包括着帝国政府的主要行政规程，用以处理官府、官吏之间及其齐民之间的各种关系、各类事务"②。这就使得秦的国内政治事务在很大程度上能依律而行，形成一套技术官僚政治制度。这一制度排斥了由礼仪精神发展而来的"仁政"理想，排斥了主观德性的意义，因此与中原文化传统大相径庭。而商鞅所设立的二十级爵制，其主要目的是奖励军功，增强秦国的军事力量。《史记·商君列传》云："有军功者，各以率受上爵；为私斗者，各以轻重被刑大小。僇力本业，耕织致粟帛多者复其身。事末利及怠而贫者，举以为收孥。宗室非有军功论，不得为属籍。明尊卑爵秩等级，各以差次名田宅，臣妾衣服以家次。有功者显荣，无功者虽富，无

---

① 参见翦伯赞《秦汉史》，北京：北京大学出版社1996年版，第4页。
② 阎步克：《士大夫政治演生史稿》，第233页。

所芬华。"这一政策一方面使得秦国兵力强盛,另一方面以一种机会平等的社会制度,动摇了传统的宗法制度。秦国独特的文化制度,屡受中原文化的抵制、批评:"秦与戎翟同俗,有虎狼之心,贪戾好利而无信,不识礼义德行。苟有利焉,不顾亲戚兄弟,若禽兽耳。"(《战国策·魏三》)中原正统士人难以认同秦的文化和军事扩张政策,如鲁仲连所说:"彼秦者,弃礼义而上首功之国也,权使其士,虏使其民;彼则肆然而为帝,过而遂正于天下,则连有赴东海而死矣,吾不忍为之民也!"(《战国策·赵三》)

礼崩乐坏的事实,不但终结了宗法礼教文化,也同样削弱了刚刚发展起来的道德理性,使得功利主义有了生长的土壤。事实上,法家思想并非起源于秦国,而是起源于中原。李悝在晋变法,商鞅卫人,曾仕于魏,其后的法家韩非出身于韩公室,而李斯是楚人,师于赵人荀子。法家都产生于中原,但却不能在中原取得变法的成功。徐复观说:"唯有秦国立国,封建贵族势力,本不若东方诸国的深厚,加以杂西戎之俗,礼制尚未深入人心,故以刑治代礼治,所遇之阻碍力特少。故自商鞅变法以后,法家思想逐渐成为秦国的立国精神。"① 因此,秦的尊法尚功也是中原文化发展的一种可能性。如阎步克所说:"在政统、亲统和道统因社会分化而各自自主性大为增加的时候,秦政吏道的片面发达伴之以对父道、师道的强力压抑,三统相维的整合秩序与调节机制,被吏道的独尊取代了。"② 将秦的"吏道"看成是从三统一体中分化出来的"政统",也是有道理的。变法使得秦国国富兵强,人民勇于公战而怯于私斗,又经过数代国君的左冲右突,终于成就了秦始皇帝的"振长策而御宇内,履至尊而制六合"的大业。

秦朝统一天下,各种游士和秦法制文化的冲突在所难免。早期秦相吕不韦"亦招致士,厚遇之,至食客三千人"(《史记·吕不韦列传》),由这些"士"所编著的《吕氏春秋》兼有儒、道、墨、名、阴阳五行等诸家思想,尤以儒道思想为多,而很少有法家思想。有学者因此认定吕不韦

---

① 徐复观:《两汉思想史》第一卷,第69页。
② 阎步克:《士大夫政治演生史稿》,第241页。

第七章 《春秋》与汉代文化

是反对秦以法家治国的①。徐复观据《吕氏春秋》载有六国灭亡之事，推断说："是吕不韦死后，其书仍在继续修补之中，则吕氏门客，在秦仍继续发生影响。"② 这就意味着，秦朝统一后仍有各种形式的士从事议政、著述等活动。史载始皇为了"兴太平"，曾"悉召文学方术士甚众"（《史记·秦始皇本纪》），而朝廷设有博士一职，共七十人。这些博士中既包括如淳于越那样的礼乐儒者，也包括各类方士。他们曾参与议定朝仪、制定礼制等活动。但统一后的秦朝仍然继续着战时的治国方略，以苛酷的刑律统治人民。《盐铁论·刑德》云："昔秦法繁于秋荼，而网密于凝脂。然而上下相遁，奸伪萌生，有司法之，若救烂扑焦不能禁。非网疏而罪漏，礼义废而刑罚任也！"在这种政治文化背景下，礼仪教化失去了存在的土壤，必然和秦的统治发生激烈的冲突。《史记·秦始皇本纪》说秦朝统一后，以淳于越为代表的朝中博士曾希望能恢复周代分封制度，并说："事不师古而能长久者，非其所闻也。"丞相李斯却坚决表示反对，他说：

> 五帝不相复，三代不相袭，各以治，非其相反，时变异也。今陛下创大业，建万世之功，固非愚儒所知。且越言乃三代之事，何足法也？异时诸侯并争，厚招游学。今天下已定，法令出一，百姓当家则力农工，士则学习法令辟禁。今诸生不师今而学古，以非当世，惑乱黔首。丞相臣斯昧死言：古者天下散乱，莫之能一，是以诸侯并作，语皆道古以害今，饰虚言以乱实，人善其所私学，以非上之所建立。今皇帝并有天下，别黑白而定一尊。私学而相与非法教，人闻令下，则各以其学议之，入则心非，出则巷议，夸主以为名，异取以为高，率群下以造谤。如此弗禁，则主势降乎上，党与成乎下。禁之便。臣请史官非秦记皆烧之。非博士官所职，天下敢有藏《诗》、《书》、百家语者，悉诣守、尉杂烧之。有敢偶语《诗》、《书》者弃市。以古非今者族。吏见知不举者与同罪。令下三十日不烧，黥为城旦。所不去者，医药卜筮种树之书。若欲有学法令，以吏为师。

---

① 见杨宽著《秦始皇》，上海：上海人民出版社1956年版，第22—24页。
② 徐复观：《两汉思想史》第一卷，第75页。

李斯的这一段话并非专为驳分封制而发，它实际上反映了秦对中原礼仪文化传统的否定，而希望将整个国家完全置于法令的统治之下。李斯的话得到了秦始皇的赞同，自此以后，秦"专任狱吏，狱吏得亲幸。博士虽七十人，特备员弗用"。当有博士因不能容忍而逃去时，就引发了秦始皇"坑儒"的惩罚。

焚书坑儒，不仅仅是儒法两个学派斗争的问题，它是极端功利主义对文化传统的压制，是集权政治对所有非官方意识形态话语权力的压制，它从根本上切断了传统史官文化的脉络。由巫史，而君子，而士人，这一路发展而来的知识阶级，他们对文化、道义所承担的责任，也就被完全剥夺了。从李斯的话中可以看出，秦国的史官可以保持《秦记》，博士官也可以保存《诗》、《书》和"百家语"。这一情形正同于初期史官的状态，有载录、保存之责，而无传播、议论之权，也就是"备员弗用"了。顾颉刚说："《诗》、《书》和百家之言凡是博士官所执掌的都不烧；为什么还要留下这一点'是古非今'的根苗？大约这和官制有关系，除非把博士官取消，就得让他们去读点古书；只要他们不敢乱发不合时宜的议论，安心做个皇帝的装饰品，也就罢了。"① 而那些游离在朝廷之外的士人，无传习、议论的自由，那么，上千年来史官传统所形成的附着于文献的理性精神和以"道"行世的理想，也就烟消云散。士人在秦的唯一的出路就是"以吏为师"，学习法令，成为一个称职的官吏。史官文化由此而沉寂到无比黑暗的深渊里，只能在暗地里积聚着自己的愤怒。

2

刘邦入关为王，萧何开始依据秦律制定九章，此后又有叔孙通加以增益，形成了一整套颇为繁苛的汉律。秦钳制文化的《挟书令》和《妖言令》，在汉初也一直被沿用，直到汉惠帝和汉文帝时才最终废除。20世纪80年代，载录了汉高祖时期十六条案例的《奏谳书》出土，历史学者通过研究，认为汉法在"刑名"、"审判程序"、"量刑标准"、"刑徒"等方

---

① 顾颉刚：《秦汉的方士与儒生》，上海：上海古籍出版社1998年版，第53页。

第七章 《春秋》与汉代文化

面,与秦律有"诸多相同或相似之处"①。这些都坐实了前人"汉承秦制"之说。"汉承秦制"一直到汉武帝时,也一直没有多大改变。《汉书·刑法志》云:

> 及至孝武即位,外事四夷之功,内盛耳目之好,征发烦数,百姓贫耗,穷民犯法,酷吏击断,奸轨不胜。于是招进张汤、赵禹之属,条定法令,作见知故纵、监临部主之法,缓深故之罪,急纵出之诛。其后奸猾巧法,转相比况,禁网寖密。律令凡三百五十九章,大辟四百九条、千八百八十二事,死罪决事比万三千四百七十二事。文书盈于几阁,典者不能遍睹。

其繁杂和苛刻程度并不在秦朝之下,若就此而论,说"汉律之峻峭,比秦更甚"②,亦不为过。在秦汉战争的缝隙中重新泛起的游士,随着新的大一统王国的建立,又重新陷入尴尬的处境。

但刘汉政权毕竟是在"天下苦秦久矣"的口号中建立起来的,因此,刘汉统治者对秦政的苛暴有着清醒的认识。反秦战争中,刘邦入关后曾布告关中曰:"父老苦秦苛法久矣,诽谤者族,偶语者弃市。吾与诸侯约,先入关者王之,吾当王关中。与父老约,法三章耳:杀人者死,伤人及盗抵罪。余悉除去秦法。诸吏人皆案堵如故。"(《史记·高祖本纪》)这段话透露出刘邦有改革这种政治生态的意愿。所以,汉开国后,虽然在政体和法律上多承秦制,但在统治思想上,却颇为不同。汉高祖称帝时,"悉去秦苛仪法,为简易",致使朝纲混乱。叔孙通建议创立朝仪,刘邦说:"可试为之,令易知,度吾所能行为之。"(《史记·刘敬叔孙通列传》)桓谭对此解释说:"宪度内疏,政合于时,故民臣乐悦,为世所思。此知大体者也。"(《新论·言体》)这里虽然不无美誉的成分,但也说出了刘邦在政治上"简易"的倾向。而真正将这一思想落实到政治实践上的是曹参。史载"其治要用黄老术,故相齐九年,齐国安集,大称贤相"(《史记·曹相国世家》)。及至参为汉相国,"举事无所变更,一遵萧何约

---

① 卜宪群:《秦制、楚制与汉制》,《中国史研究》1995年第1期。
② 侯外庐等:《中国思想通史》第二卷,第62页。

束。择郡国吏木讪于文辞,重厚长者,即召除为丞相史。吏之言文刻深,欲务声名者,辄斥去之。日夜饮醇酒。卿大夫已下吏及宾客见参不事事,来者皆欲有言。至者,参辄饮以醇酒,间之,欲有所言,复饮之,醉而后去,终莫得开说,以为常"(《史记·曹相国世家》)。曹参斥去"言文刻深"之吏,醉不治事,固然不能更改汉初法律的弊端,但其主观上是希望少生事,以一种貌似消极的姿态来减轻苛繁的法律对百姓的骚扰。方孝孺论曰:"参可谓知治乱之方矣。秦之亡不在乎无制,而患乎多制;不患乎法疏,而患乎过密。使参而相汉,复苛推而详禁之,是续亡秦之焰而炽之也。"① 当时的百姓也以"载其清净,民以宁一"来称颂曹参的政治策略(《史记·曹相国世家》)。所谓"清净",是相对于秦朝的苛刻政治而言,也是相对于汉初的法律制度而言,是对承秦而来的汉制的一种纠偏行为。刘邦之所以看重曹参,正是由于他清静无为的政治态度。刘邦在回答吕后谁可代曹参为相时,说:"王陵可。然陵少憨,陈平可以助之。陈平智有余,然难以独任。周勃重厚少文,然安刘氏者必勃也,可令为太尉。"(《史记·高祖本纪》)其所说的"憨"、"重厚少文",都有清静无为的特点,即使是以"智"闻名的陈平,史称其自少"治黄帝、老子之术"(《汉书·陈平传》),自然也不会行严苛之政。可见,刘邦已经有意识要纠正秦的统治策略,希望能从执政者的人品和行政风格上,尽量减少繁苛的刑律对社会的负面作用。正是由于这些大臣的相继为政,使得汉初形成了一个无为而治的政治局面。司马迁说:"孝惠皇帝、高后之时,黎民得离战国之苦,君臣俱欲休息乎无为,故惠帝垂拱,高后女主称制,政不出房户,天下晏然。刑罚罕用,罪人是希。民务稼穑,衣食滋殖。"(《史记·吕太后本纪》)

清静无为的统治政策,并不意味着以"《诗》、《书》、百家语"为标志的百家争鸣时代的来临,也不意味着春秋时的礼乐政治立刻可以在汉朝得以恢复。清静的政策,在最基本的层次上是要适应"黎民得离战国之苦,君臣俱欲休息乎无为"的现实,而在思想上则和黄老道家之学相呼应。道家学术有着较为复杂的价值的取向,既有在统治策略上的无为而无

---

① (明)方孝孺:《逊志斋集》卷五《杂著》,台北:中华书局1966年版,第7页。

第七章 《春秋》与汉代文化

不为,也有在人生现实中的蛰伏避祸而全身保性,还有在政治斗争中的阴谋权衡、以柔克刚,等等。秦朝法家政治在很大程度上促成了道家风气的形成。因秦法家政治极刚极猛,士人或赖阴谋以迎合之,或赖虚己以躲避之,皆与老子明哲保身的思想有所关联。司马谈论"六家要指"时说:"道家使人精神专一,动合无形,赡足万物。其为术也,因阴阳之大顺,采儒墨之善,撮名法之要,与时迁移,应物变化,立俗施事,无所不宜,指约而易操,事少而功多。"(《史记·太史公自序》)可见,道家之学,可以帮助人适应形势,因时而动,尤其是在形势酷烈之时,更有奇效。焚书坑儒之后尚存留于世的士人儒者,也只能在黄老之学中寻一方寸之地。故有学者论曰:"秦末士人在秦之暴政的威逼下,大多对自我个性进行了一番洗割,以蛰伏保身、顺时而动的人生策略应对时势。正因秦政暴戾冷峭,秦末士人已变战国士风之张扬为秦末士风之深敛,在这种勇、'怯'之变中诞育出了以黄老之术为处世策略的时代氛围。"[①] 这样,黄老学术在秦末到汉初成为一种思想潜流,史称陈平"多阴谋",却自少"好读书,治黄帝、老子之术",这就不难理解了。

《论六家要指》又云:"道家无为,又曰无不为,其实易行,其辞难知。其术以虚无为本,以因循为用。无成埶,无常形,故能究万物之情。不为物先,不为物后,故能为万物主。有法无法,因时为业;有度无度,因物与合,故曰'圣人不朽,时变是守。虚者道之常也,因者君之纲也'。"(《史记·太史公自序》)黄老之学本是南面君人之术,所以能延伸到政治层面,成为一种政治理想。而这一政治思潮之所以形成,则有赖于三个方面的原因:(1)在以酷法为治的秦朝灭亡之后,汉统治者采取与民休息的政治策略,实是"时变"之必然。(2)汉初统治者皆武臣出身,以简易为便。《汉书·刑法志》云:"及孝文即位,躬修玄默……而将相皆旧功臣,少文多质,惩恶亡秦之政,论议务在宽厚,耻言人之过失。""少文多质"使将相们自然远离了法家苛密的律令和儒家繁杂的礼仪,表现出"长者"的风度。刘邦在秦末战争时期就有"长者"之称,《史记·高祖本纪》记郦食其话云:"诸将过此者多,吾视沛公大人长者。"

---

① 程世和:《汉初士风与汉初文学》,北京:中国社会科学出版社2004年版,第37页。

又怀王诸老将议论遣兵入关时说:"秦父兄苦其主久矣,今诚得长者往,毋侵暴,宜可下。今项羽僄悍,今不可遣。独沛公素宽大长者,可遣。"又《史记·齐悼惠王世家》记载大臣平乱后推代王为帝时,理由也是"君子长者"。至于大臣被人许为"长者",曹参举引"重厚长者"为吏,更多见载籍。由上可知,秦末汉初的"长者",其实就是"少文多质"、简易清净的代名词,这些品质也是道家所推崇的。而这些"大人长者"自然也会亲近黄老之术。(3)一些大臣和皇族有意识地提倡黄老之学。史载曹参任齐相时,"尽召长老诸生,问所以安集百姓,如齐故诸儒以百数,言人人殊,参未知所定。闻胶西有盖公,善治黄老言,使人厚币请之。既见盖公,盖公为言治道贵清静而民自定,推此类具言之。参于是避正堂,舍盖公焉。其治要用黄老术,故相齐九年,齐国安集,大称贤相"(《史记·曹相国世家》)。这是汉初政治家主动地选择黄老之术的开端,与汉高祖"悉去秦苛仪法,为简易"的自然反应颇有不同。曹参以外,汉文帝和窦太后亦信奉黄老,《史记·礼书》载:"孝文即位,有司议欲定仪礼,孝文好道家之学,以为繁礼饰貌,无益于治,躬化谓何耳。故罢去之。"《史记·外戚世家》载:"窦太后好黄帝、老子言,帝(景帝——引者注)及太子(武帝——引者注)诸窦不得不读《黄帝》、《老子》,尊其术。"此外,以黄老之学立世的大臣,尚有陈平、田叔、直不疑、汲黯等。《史记·汲郑列传》说郑当时"好黄老之言,其慕长者如恐不见","每朝,候上之间,说未尝不言天下之长者"。《后汉书·樊准传》云:"昔孝文窦后性好黄老,而清静之化流景武之间。"可见,在汉武帝之前,由拨正秦乱而导致政治上的休养生息,相应地也导致了黄老之学在统治阶层的蔓延。

  黄老之术虽然也是前代史官传统的一部分,但在秦末汉初,它主要是作为一种行为方式和政治态度出现的,有着很强的实践性,已经远离了史官传统。而真正能代表着史官传统的儒家,则并没有因秦的灭亡而理所当然地重新兴起。但汉代毕竟不同于秦代,已经重新看到了希望的儒士开始了艰难的破冰之旅,并最终使儒家思想成为朝廷的意识形态,使史官文化传统得以发扬光大。

第七章 《春秋》与汉代文化

3

儒家政治主要用力点在教化，因此，儒家虽然起于春秋战国的乱世之中，但却要到治世里才可发扬光大。秦一统天下，对于儒士来说是一个很好的机会。当秦始皇置酒咸阳宫时，有博士七十人前为祝寿，仆射周青臣进颂曰："他时秦地不过千里，赖陛下神灵明圣，平定海内，放逐蛮夷，日月所照，莫不宾服。以诸侯为郡县，人人自安乐，无战争之患，传之万世。自上古不及陛下威德。"（《史记·秦始皇本纪》）这番话虽然被淳于越指责为"面谀"，但确实代表了不少儒士欢欣鼓舞、欲有所为的心态。由于秦朝厉行法治，秦始皇只能接受儒士的颂扬，而不能容忍儒士对现行政策的批评。儒士根深蒂固的价值观、传统观又不可能不和法家思想产生冲突。所以，当淳于越以"三代"封建制度来批评秦始皇的郡县制时，就被李斯责骂为"愚儒"，并将儒士指为"主势降乎上，党与成乎下"的罪魁祸首，间接导致了"焚书坑儒"的惨局。从此除少数的儒士尚能在"备员弗用"的博士一职下蛰伏之外，其他或受死，或星散，儒家文献也一并被禁，儒学一蹶不振。

及陈涉起义，"鲁诸儒持孔氏之礼器往归陈王。于是孔甲为陈涉博士，卒与涉俱死"，这一件事情极不合理，只能看作是儒家不甘酷秦迫害，而做出的挣扎。司马迁在评论这一事件时说："陈涉起匹夫，驱瓦合适戍，旬月以王楚，不满半岁竟灭亡，其事至微浅，然而缙绅先生之徒负孔子礼器往委质为臣者，何也？以秦焚其业，积怨而发愤于陈王也。"（《史记·儒林列传》）楚汉战争时，儒生们又将希望寄托在刘邦身上。当时刘邦方以"长者"自居，与"暴秦"争天下，所以对拘拘儒者并不措意。《史记·郦生陆贾列传》记载："沛公不好儒，诸客冠儒冠来者，沛公辄解其冠，溲溺其中。与人言，常大骂。未可以儒生说也。"虽然如此，儒家也不愿意放弃尝试的机会。曾为秦待诏博士的叔孙通就主动降汉："汉二年，汉王从五诸侯入彭城，叔孙通降汉王。汉王败而西，因竟从汉。叔孙通儒服，汉王憎之；乃变其服，服短衣，楚制，汉王喜。叔孙通之降汉，从儒生弟子百余人，然通无所言进，专言诸故群盗壮士进之。"（《史记·刘敬叔孙通列传》）郦食其"好读书"，长期隐为监门吏，

· 301 ·

在反复比较中，他认为刘邦与众不同，在别人"未可以儒生说也"的劝说下，改以"狂生"身份见刘邦："郦生至，入谒，沛公方倨床使两女子洗足，而见郦生。郦生入，则长揖不拜，曰：'足下欲助秦攻诸侯乎？且欲率诸侯破秦也？'沛公骂曰：'竖儒！夫天下同苦秦久矣，故诸侯相率而攻秦，何谓助秦攻诸侯乎？'郦生曰：'必聚徒合义兵诛无道秦，不宜倨见长者。'"（《史记·郦生陆贾列传》）叔孙通和郦食其都是带着儒家理想来见刘邦的，这从他们儒服、责之以礼上可以看出来，其中叔孙通还携百余弟子一同前来，说明他的行为具有群体性质。他们认识到刘邦虽然可能收留他们，却不可能立刻给他们实现儒家理想的机会，于是只能继续隐忍。所以，郦食其自称狂生，为刘邦做些游说之事；叔孙通"变其服"，为迎合刘邦专进"群盗壮士"。叔孙通在回答弟子的责问时说："汉王方蒙矢石争天下，诸生宁能斗乎？故先言斩将搴旗之士。"他们理解这是在战争时期，儒家的理想只能放在一边，暂以策士的身份为刘邦所接纳。当然，儒家在经历了战国末世以至酷秦一代之后，已经不复是孔孟之时的儒者了，"孔孟干君虽栖惶，其为仁行义的理想却始终未坠，并不断培植超越性的精神体验。而此际之儒，尤其是集中于刘邦周围的得意者，则往往混迹乘势，知时权变，以邀取世功爵禄。他们不是身份单纯的儒家学士，他们同时还是折冲樽俎的辩士、说客。"① 这样看当时的儒者有一定的道理。也有人将他们视为"通儒"。正是这些通儒审时度势，在千方百计得到了刘邦的容留后，保存了自己，也为儒家以后的复兴，预埋下了种子。

汉定天下，刘邦军功集团一方面由于自身的粗疏少文，一方面为改变秦酷烈之气，以简易行事。简易之风与黄老相应，却与儒家不合，但儒家士人却努力从中挤出自己的空间，使统治者逐渐认可儒家。《史记·刘敬叔孙通列传》载：

> 汉五年，已并天下，诸侯共尊汉王为皇帝于定陶。叔孙通就其仪号。高帝悉去秦苛仪法，为简易。群臣饮酒争功，醉或妄呼，拔剑击

---

① 于迎春：《秦汉士史》，北京：北京大学出版社2000年版，第43页。

第七章 《春秋》与汉代文化

柱,高帝患之。叔孙通知上益厌之也,说上曰:"夫儒者难与进取,可与守成。臣愿征鲁诸生,与臣弟子共起朝仪。"高帝曰:"得无难乎?"叔孙通曰:"五帝异乐,三王不同礼。礼者,因时世人情为之节文者也。故夏、殷、周之礼所因损益可知者,谓不相复也。臣愿颇采古礼与秦仪杂就之。"上曰:"可试为之,令易知,度吾所能行为之。"

针对粗疏简易政治的弊病,叔孙通能抓住机会,通过为汉朝指定朝仪一事,一方面让刘邦看到了儒家礼仪的社会功用,使得统治者从"守成"实务着眼接受儒家;另一方面又使得那些虽湮埋在民间,仍孜孜讲习礼仪的山东诸儒有了进用的机会,也为全国读书守礼的儒家士人开辟了一条道路。从这一角度来说,弟子们称叔孙通为"圣人"、"知当世之要务",也不为过分。叔孙通这次制定朝仪,虽还只是一种功利行为,难以说得上是儒学复兴,但毕竟是儒家在经过一个漫长的蛰伏期后,第一次得到官方的正式认可,因此其意义不可小觑。

与叔孙通相比,更具有儒家自觉意识,能从积极方面倡导儒家思想的是陆贾。据《汉书·郦陆朱刘叔孙传》记载:

(陆)贾时时前说称《诗》《书》。高帝骂之曰:"乃公居马上得之,安事《诗》《书》!"贾曰:"马上得之,宁可以马上治乎?且汤武逆取而以顺守之,文武并用,长久之术也。昔者吴王夫差、智伯极武而亡;秦任刑法不变,卒灭赵氏。乡使秦以并天下,行仁义,法先圣,陛下安得而有之?"高帝不怿,有惭色,谓贾曰:"试为我著秦所以失天下,吾所以得之者,及古成败之国。"贾凡著十二篇,每奏一篇,高帝未尝不称善,左右呼万岁,称其书曰《新语》。

陆贾这次虽然也是从"守成"的意义上对刘邦说《诗》、《书》,但却高调阐释了以仁义王天下的儒家理想,相比较叔孙通来说,陆贾的儒家立场更清晰。刘邦以长者身份行简易之政,本身就包含着对秦朝政治的反拨。而陆贾启发他从仁义的角度重新考虑到成败的原因,实际上是指出了一条更深入、更有意义的反思之路。这虽与刘邦性情不合，致其"不怿"，却是当下立国要务，所以为刘邦勉强接受。陆贾不失时机，凭着其十二篇"新语"，开启了儒家在新政权中的话语空间。

叔孙通定礼仪，陆贾言《诗》、《书》，儒家的两大学术思想资源就在以黄老和律法的编织而成的汉初政坛上艰难地露出头角，现出希望。此后，民间私相授受儒学经典者往往有之，读书而为官者，汉文帝时则有贾谊。《史记·屈原贾生列传》说他"年十八，以能诵诗属书闻于郡中"，因被招为官员，受汉文帝赏识，任太中大夫。"贾生以为汉兴至孝文二十余年，天下和洽，而固当改正朔，易服色，法制度，定官名，兴礼乐，乃悉草具其事仪法，色尚黄，数用五，为官名，悉更秦之法。"贾谊意在全面复兴儒家，在汉推行礼仪政治。这一建议在一定程度上得到汉文帝的支持。贾谊的政治主张以及所作《新书》，可以看成是儒家学术全面复兴的一个预兆。此后儒生往往得以登用，汉文帝也在公孙臣、新垣平等的帮助下，尝试过改历和服色，"使博士诸生刺六经中作《王制》，谋议巡狩封禅事"（《史记·封禅书》），并且为《诗》、《书》、《春秋》等儒家经典设立博士职。至此，儒学的生存状况已经大为改观，并逐渐在朝廷上获得立足之地了。

但是，此时儒家思想仍受到来自各种势力的抑制。如贾谊虽然得到汉文帝的信任，并拟任为公卿，但"绛、灌、东阳侯、冯敬之属尽害之"（《史记·屈原贾生列传》），此皆朝廷重臣，汉文帝只能将其任为长沙王太傅，远离政治中心了事。《史记·儒林列传》载："孝惠、吕后时，公卿皆武力有功之臣。孝文时颇征用，然孝文帝本好刑名之言。及至孝景，不任儒者，而窦太后又好黄老之术，故诸博士具官待问，未有进者。"儒家学问在文景之世还难以和黄老、刑名之术相抗衡，辕固生的遭遇颇能说明这一问题。《史记·儒林列传》又载："窦太后好《老子》书，召辕固生问《老子》书。固曰：'此是家人言耳。'太后怒曰：'安得司空城旦书乎？'乃使固入圈刺豕。景帝知太后怒而固直言无罪，乃假固利兵，下圈刺豕，正中其心，一刺，豕应手而倒。太后默然，无以复罪，罢之。"辕固生是传习《诗》的博士，他对黄老经典的不敬，让他差点送了性命，可见黄老之学在景帝时地位还是非常牢固的。

第七章 《春秋》与汉代文化

二 原史经典的政治化途径

1

叔孙通等定朝仪，陆贾为刘邦言得失，走的虽也是儒家的路子，但终究还是即时的、个人的行为，有功利色彩，并没有在制度上为儒家学术争取一个稳定的位置。儒家复兴实起始于文献的公开传习。

秦始皇焚书坑儒后，儒家经典多随着儒生流传至齐鲁一带，然没有公开传习者。儒生习礼乐大约始于秦乱之后。史载，刘项之争时，"举兵围鲁，鲁中诸儒尚讲诵习礼乐，弦歌之音不绝"（《史记·儒林列传》）。汉惠帝时废除"挟书令"和"妖言令"，儒家文献才能公开传授。汉文帝时，任用以《诗》、《书》起家的贾谊，此时，民间儒家经典传授活动已相当活跃了。《史记·儒林列传》云：

> 伏生者，济南人也。故为秦博士。孝文帝时，欲求能治《尚书》者，天下无有，乃闻伏生能治，欲召之。是时伏生年九十余，老，不能行，于是乃诏太常使掌故朝错往受之。秦时焚书，伏生壁藏之。其后兵大起，流亡，汉定，伏生求其书，亡数十篇，独得二十九篇，即以教于齐鲁之间。学者由是颇能言《尚书》，诸山东大师无不涉《尚书》以教矣。

文帝求《尚书》，并非纯为复兴儒家学脉，但它却显示了统治者对儒家文献的重视，为儒家学术的合法化开启了门径。《尚书》的问世，显示了儒家文献由民间而走向朝廷的趋势。

受朝廷影响，诸侯王亦多求文献典籍。楚元王曾与申公一起从齐人浮丘伯学《诗》，元王死后，申公又受新王之命为太子傅。由于太子不好学，申公"归鲁，退居家教……弟子自远方至受业者百余人"（《史记·儒林列传》）。景帝时河间献王刘德亦以搜求文献为乐事。史载：

（献王）修学好古，实事求是。从民得善书，必为好写与之，留其真，加金帛赐以招之。由是四方道术之人不远千里，或有先祖旧书，多奉以奏献王者，故得书多，与汉朝等。是时淮南王安亦好书，所招致率多浮辩。献王所得书皆古文先秦旧书，《周官》、《尚书》、《礼》、《礼记》、《孟子》、《老子》之属，皆经传说记，七十子之徒所论。其学举六艺，立《毛氏诗》、《左氏春秋》博士。修礼乐，被服儒术，造次必于儒者。山东诸儒多从而游。（《汉书·景十三王传》）

河间献王所收藏的主要是儒家典籍，而"修礼乐，被服儒术"就明显具有复兴儒学的意思了。其时由于窦太后好道家之学，儒家就只能在各诸侯王和民间流传了。至武帝时，各种先秦著作纷纷再现，班固《汉书·艺文志》载："武帝末，鲁共王坏孔子宅，欲以广其宫，而得《古文尚书》及《礼记》、《论语》、《孝经》凡数十篇，皆古字也。"《尚书》序疏引刘向《别录》亦云："武帝末，民有得《泰誓》书于壁内者，献之与博士。"这些被壁藏的先秦儒书的出现，大大推进了儒家学术的传播。

从制度上恢复儒家的学术地位，并为儒家的复兴奠定基础的是汉博士制度。博士制度大约出现于战国晚期[①]，《汉书·贾山传》云贾山的祖父贾祛"故魏王时博士弟子也"。秦王嬴政统一六国时，有博士七十人[②]。此后，博士制成了设官常例。陈涉揭竿而起时，孔鲋被任为博士。楚汉战争中，刘邦"拜叔孙通为博士，号稷嗣君"（《史记·叔孙通列传》）。刘邦之后，"孔鲋弟子襄为孝惠皇帝博士"（《史记·孔子世家》）。到汉文帝时，就有"博士七十余人"了[③]。但秦博士只是因"通古今"而备皇

[①] 有学者认为博士制度起源于齐稷下学宫制度，如钟肇鹏《秦汉博士制度源于稷下考》，载《管子学刊》2003 年第 3 期。

[②]《史记·封禅书》云："（始皇帝）即帝位三年，东巡郡县，祠驺峄山，颂秦功业。于是征从齐、鲁之儒生博士七十人，至乎泰山下。"大约秦的博士官制始于此。

[③]（汉）卫宏：《汉官旧仪》，《丛书集成初编》第 28 册，北京：中华书局 1985 年影印本，第 23 页。

第七章 《春秋》与汉代文化

帝顾问，不具有传播学术的职责①，也不限定于儒家。这一状态一直到汉武帝立五经博士，黜百家之言后，才有了改变。由于儒家看重文献的传承，又执着于师承，所以能在战乱年代薪火相传，使得学术得以保存。汉代博士制度虽不专为儒家而设，但儒家仍具有非常重要的地位。有学者统计："从高祖到惠帝，博士今可考者仅叔孙通、随何、孔襄三人，全是儒家。到汉文帝时，博士员数又达 70 余人。此时，依旧不问学派师承，凡博学之士，皆可为之。儒家学派依旧占据优势，在今可考的 5 人中，晁错、申培、韩婴 3 人都是儒家人物。入景帝朝，儒家的优势更为明显，今可考的博士辕固、张生、董仲舒、胡母生 4 人，全系儒家……自'罢黜百家，独尊儒术'以后，博士被儒家垄断，其他学派再也不能染指。"②

专经博士出现，意味着博士一职的设立开始着眼于学术本身的传承，为学派的发展提供了条件。最早有意识地提拔专书学者的是汉文帝。据《汉书·楚元王交传》记载，文帝"闻申公为《诗》最精，以为博士"，其他以一经闻名而得征召为博士者，如张生、晁错以长于《书》而为博士，申公、辕固生、韩婴以长于《诗》而为博士，贾谊以长于《礼》和《左传》而为博士③，至景帝时胡母生、董仲舒以长于《春秋》而为博士。此时虽然还不是以专书的名义征召博士，但博士由"博学于文"而转为"专于一经"，意味着博士的职事由"备顾问"而向传播经典一途转化。这对以文献为主的儒家来说，是一个极其有利的发展机会。事实上，河间献王刘德在景帝时就曾为《毛氏诗》和《左氏春秋》立博士，这应

---

① 葛志毅《汉代的博士与议郎》（《史学集刊》1998 年第 3 期）云："秦博士可以有弟子跟随，但因秦未立太学，故博士虽可于博士官署兼传弟子之职，其性质乃与以吏为师无异，博士尚未具备汉代学官的性质。"

② 安作璋、刘德增：《齐鲁博士与两汉儒学》，《史学月刊》2000 年第 1 期。

③ 后人往往据赵岐《孟子章句题辞》"孝文皇帝欲广文学之路，《论语》、《孝经》、《孟子》、《尔雅》皆置博士"，以及刘歆《让太常博士书》"至孝文皇帝……天下众书往往颇出，皆诸子传说，犹广立于学官，为置博士"，认为以上诸书在汉文帝时皆已立博士。徐复观《中国经学史的基础》辩驳说："实则孝文时，有的是以'诸子传说'出名，有的是以治'《论语》、《孝经》、《孟子》、《尔雅》'出名，因而得为博士，但并非为'诸子传说'、'《论语》、《孝经》、《孟子》、《尔雅》'立博士。"但他认为申公因《诗》而列为博士，是唯一的为专书立博士的实例（见《徐复观论经学史二种》，第 59 页）。实际上，据《汉书》原文来看，汉文帝立申公为博士依然是对人而不是对书。

该是汉武帝立五经博士的先声。

　　汉武帝时,儒学的社会地位日见高隆,当时的丞相窦婴、太尉田蚡俱好儒术,而御史大夫赵绾和郎中令王臧也都是儒家学者。赵绾向武帝建议诸事不必奏请窦太后,引发了以窦太后为代表的黄老学派和儒家学派的激烈冲突,其结果是赵绾和王臧自杀,窦婴和田蚡免职。但这一事件显示出儒家势力已成,汉武帝的态度也趋向于儒家。武帝此后立儒家五经为博士,这是正式依专书立博士职的开端。建元六年(前135),窦太后去世之后,田蚡再次执政,就开始"绌黄老、刑名百家之言,延文学儒者数百人"(《史记·儒林列传》)。著名的儒者董仲舒、公孙弘由此开始崭露头角,儒家的全面复兴亦由此拉开了大幕。董仲舒的贤良《对策》三云:

　　《春秋》大一统者,天地之常经,古今之通谊也。今师异道,人异论,百家殊方,指意不同,是以上亡以持一统;法制数变,下不知所守。臣愚以为诸不在六艺之科孔子之术者,皆绝其道,勿使并进。邪辟之说灭息,然后统纪可一而法度可明,民知所从矣。(《汉书·董仲舒传》)

这一奏议为汉武帝所采纳,儒家成了官方学术,儒家思想成为官方意识形态。《史记·儒林列传》说:"今上即位,赵绾、王臧之属明儒学,而上亦乡之,于是招方正贤良文学之士。自是之后,言《诗》于鲁则申培公,于齐则辕固生,于燕则韩太傅。言《尚书》自济南伏生。言《礼》自鲁高堂生。言《易》自菑川田生。言《春秋》于齐鲁自胡母生,于赵自董仲舒。"五经博士基本确立。此后,公孙弘为确保儒学的流传和推广,向汉武帝建议:

　　为博士官置弟子五十人,复其身。太常择民年十八已上,仪状端正者,补博士弟子。郡国县道邑有好文学,敬长上,肃政教,顺乡里,出入不悖所闻者,令相长丞上属所二千石,二千石谨察可者,当与计偕,诣太常,得受业如弟子。一岁皆辄试,能通一艺以上,补文学掌故缺;其高弟可以为郎中者,太常籍奏。即有秀才异等,辄以名

第七章 《春秋》与汉代文化

闻。其不事学若下材者，及不能通一艺，辄罢之，而请诸不称者罚。（《史记·儒林列传》）

博士弟子古亦有之，但可能不具有官方身份。公孙弘所论，实际上是从制度上确认了博士以传播儒家学术为第一要务，而博士弟子同时也成为政府官员的候补者。公孙弘的建议既满足了儒家经典作为学术传承的条件，也为儒家学术获得政治上的支撑找到了坚实的基点，从而保证了儒家经典的不可动摇的地位。

在汉武帝立五经博士，设置博士弟子制度后，儒家学术和文献有了充分的发展条件，但同时也使得儒家经典与政治更为贴近，并使其政治化、现实化。这使得传统经典的干政方式有了改变，也使经典容易受现实政治的侵蚀，从而失去其主动性地位。

2

史官文化有两大表现形式：一是文献，一是礼仪。战国之后，儒家成了史官文化最杰出的传承者，自然也就掌握了文献和礼仪制度。儒有"小人儒"和"君子儒"之分，两者的区分在原则上等同于"仪"和"礼"的区分，孔、孟、荀这样的儒者在传播礼乐的同时，致力于自礼乐中开发新的意识形态和社会伦理精神，自然是"君子儒"；而以烦琐的礼乐规仪服务于世，继承巫史文化中的物质性内容，应该属于"小人儒"。君子儒更看重对文献的阐发，而小人儒则精通于礼仪规则。学者论秦汉之际，认为儒者的品格不逮前贤，缺乏仁义的理想和超越的精神体验[①]，丧失了以道自任的人格力量[②]，而实际上，秦始皇以"文学"名义征召的儒博士，大多是一些"小人儒"。"小人儒"主要以传播礼乐知识为目的，并不在人格精神上下功夫，其聪明者，往往随时而动，操权变之术，染策士之习气，其代表者为叔孙通。至于秉持儒家道德理性的，也自有人在，如当着秦始皇面骂周青臣面谀的淳于越，与陈涉俱死的孔甲，指责叔孙通面谀主上以得亲贵的"儒两生"等，皆是所谓"君子儒"。只是他们不为

[①] 于迎春：《秦汉士史》，第43页。
[②] 程世和：《汉初士风与汉初文学》，第33页。

世用，难以以事功、声名显世而已。

恰是小人儒凭着变通的胆识和礼乐知识，顽强而直接地介入政治生活中，展示了儒家文化的切实功用，从而也为汉儒开辟了一条济世之路。叔孙通为刘邦制定朝仪，是儒家和汉代政治的第一次合作。刘邦由此深感"吾乃今日知为皇帝之贵也"（《史记·刘敬叔孙通列传》），从而也就将礼仪和儒家容留在汉政治体系之中。叔孙通是汉代礼仪制度的开创者。除朝仪外，叔孙通还"因秦乐人制宗庙乐"："大祝迎神于庙门，奏《嘉至》，犹古降神之乐也。皇帝入庙门，奏《永至》，以为行步之节，犹古《采荠》、《肆夏》也。乾豆上，奏《登歌》，独上歌，不以管弦乱人声，欲在位者遍闻之，犹古《清庙》之歌也。《登歌》再终，下奏《休成》之乐，美神明既飨也。皇帝就酒东厢，坐定，奏《永安》之乐，美礼已成也。"（《汉书·礼乐志》）又与萧何、周昌、王陵等共议天子服饰制度，认为"春夏秋冬天子所服当法天地之数，中得人和。故自天子王侯、有土之君，下及兆民，能法天地、顺四时以治国家，身亡祸殃，年寿永究，是奉宗庙安天下之大礼也"（《汉书·魏相丙吉传》）。惠帝时，他还更定了宗庙礼仪，"谓从高帝陵寝出衣冠，游于高庙，每月一为之"[1]；又建议惠帝取樱桃献宗庙，仿古"春尝果"之礼（《汉书·叔孙通传》）。由此看来，叔孙通实为儒家中精通礼乐者。汉初的有关礼仪制度，大多与叔孙通有关，因此班固说汉仪法"皆通所论著也"（《汉书·叔孙通传》）。《后汉书·曹褒传》提到叔孙通有《汉仪》十二篇，《晋书·刑法志》提到叔孙通有《傍章》十八篇。又郑玄注《周礼·天官·凌人》时引《汉礼器制度》，贾公彦疏云"叔孙通前汉时作《汉礼器制度》"。《汉仪》、《傍章》、《汉礼器制度》等等，都为礼仪文献[2]，虽未必皆为叔孙通原著，或可能是出于后人的辑录，甚至是托名。但由此可以看出，叔孙通确实是汉礼仪制度的第一人，他在实用的层次上，将古代礼仪文化在汉发扬光大。

---

[1] （宋）叶廷珪撰，李之亮点校：《海录碎事》上册，北京：中华书局2002年版，第552页。

[2] 可参看沈家本《历代刑法考》之《汉律摭遗》，北京：中华书局1985年版，第1376—1377页。

第七章 《春秋》与汉代文化

先秦儒家中,对礼乐最为关注的是荀子一派。《荀子》中有《礼论》、《乐论》,强调礼法并用,以矫正社会。荀子虽然在社会教育的意义上谈论礼,但也讲究礼仪揖让的内容,即郭沫若所谓狭义的礼①。其《礼论》主要述祭祀丧葬之礼。荀子说:"祭者,志意思慕之情也,忠信爱敬之至矣,礼节文貌之盛矣,苟非圣人,莫之能知也。圣人明知之,士君子安行之,官人以为守,百姓以成俗。其在君子,以为人道也;其在百姓,以为鬼事也。"所表达的是"神道设教"的思想,希图从"鬼事"之礼中阐发出"忠信爱敬"之义来。因此,"礼"是行为的依据,是不能随便放弃的。《荀子·王制》说:"衣服有制,宫室有度,人徒有数,丧祭械用皆有等宜。声则凡非雅声者举废,色则凡非旧文者举息,械用则凡非旧器者举毁。"汉初对礼仪有所发明的是贾谊。据《汉书·贾谊传》,贾谊初以《诗》、《书》闻名郡中,"河南守吴公闻其秀材,召置门下,甚幸爱"。吴公为李斯学生,而李斯以荀子为师,所以贾谊亦有荀子的学统。贾谊《新书》中有《礼》篇,不过,他更注重在对礼仪精神的阐发,强调"节义"、"恤下"以及"守尊卑之经"等,与荀子的礼仪思想一脉相承,是君子儒的层次。冯友兰说:"注重'习',注重'礼'。在这些方面,贾谊是接着荀况讲的。"② 金春峰亦云:"贾谊希望在汉代以荀子《礼论》思想为蓝图,建立起地主阶级的礼治的等级秩序井然不紊的社会。荀子的'礼论'思想成为贾谊建设社会秩序的基本指导思想。"③ 贾谊对汉文帝抱有极大的期望,《新书·数宁》说:

> 臣闻之:自禹以下五百岁而汤起,自汤已下五百余年而武王起。故圣王之起,大以五百为纪。自武王已下过五百岁矣,圣王不起,何怪矣。及秦始皇帝似是而卒非也,终于无状。及今,天下集于陛下,臣观宽大知通,窃曰足以操乱业,握危势,若今之贤也。明通以足,天纪又当,天宜请陛下为之矣。然又未也者,又将谁须也?

---

① 郭沫若:《十批判书·荀子的批判》,第 238 页。
② 冯友兰:《中国哲学史新编》第三册,北京:人民出版社 1985 年版,第 26 页。
③ 金春峰:《汉代思想史》(修订本),北京:中国社会科学出版社 1997 年版,第 91 页。

贾谊抱有五百年必有王者出的信念，认为汉文帝也足以承担起圣王的责任，自己生逢其时，所以应该帮助汉文帝成就这一伟大的事业，而他的《新书》基本都是围绕着这一理想所设计的蓝图。贾谊认为圣王之业，应当以礼仪制度的改革作为标志。《史记·屈原贾生列传》曰："贾生以为汉兴至孝文二十余年，天下和洽，而固当改正朔，易服色，法制度，定官名，兴礼乐，乃悉草具其事仪法，色尚黄，数用五，为官名，悉更秦之法。"但贾谊的设想在文帝初年遭到了来自朝廷老臣的阻挠，不但不可能实现，甚至于自己的政治前途也就此告终。

汉初儒家学者中，荀子一派实广有影响，其代表人物是荀子的再传弟子申公①。据《史记·儒林列传》记载，申公在高祖、吕后朝皆很活跃，与楚王刘郢同师，后为楚太子戊的老师，因太子戊不好学，"申公耻之，归鲁，退居家教，终身不出门，复谢绝宾客，独王命召之乃往。弟子自远方至受业者百余人。"《汉书·儒林传》则云受业者"千余人"。王臧、赵绾、孔安国、周霸、夏宽等都是申公的弟子，这些人都位居高官。其弟子中还有"为博士十余人"（《汉书·儒林传》）。申公一派对古礼相当重视，所传《穀梁传》被认为集中发挥了荀子礼仪之学。汪中《荀卿子通论》云："《礼论》、《大略》二篇，《穀梁》意俱在。"② 所以，文、景时出现的《周礼》一书，极有可能是申公及其弟子们最终完成的。郭沫若《周官质疑》通过将《周礼》与金文作对比研究，认为"《周官》一书，盖赵人荀卿子之弟子所为，袭其师'爵名从周'之意，纂集遗闻佚志，参以己见而成一家言。其书盖为未竣之业，故书与作者均不传于世"③。彭林通过对《周礼》一书的思想和制度作精细的考察，也认为《周礼》"是以荀子'礼本刑用'的思想为蓝本的"，他说："《周礼》不仅阴阳与五行相结合，儒与法相结合，而且儒法与阴阳五行相结合，浑然一体，几乎看不出糅合的痕迹，其整体性、条理性、成熟性……是战国末期任何一位学者或著作都未能企及的。"因此，他认为《周礼》是"汉初荀子后学

---

① 《汉书·楚元王传》云："白生、申公俱受《诗》于浮丘伯，伯者，孙卿门人也。"
② （清）汪中著，田汉云点校：《新编汪中集》，扬州：广陵书社2005年版，第412页。
③ 郭沫若：《周官质疑》，收入刘梦溪主编《中国现代学术经典·郭沫若卷》，石家庄：河北教育出版社1996年版，第464页。

第七章 《春秋》与汉代文化

所为",其年代在文景之间①。其实,朱熹也认为《周礼》是汉儒所为,他曾引程子的话曰:"孟子之时,去先王未远,载籍未经秦火,然而班爵禄之制已不闻其详。今之礼书皆掇拾于煨烬之余,而多出于汉儒一时之傅会,奈何欲尽信而句为之解乎?"(《四书章句集注·孟子集注》)可见,《周礼》本之于周代的巫政合一的官制形态,由战国后期的荀子后学编著。至文景之际,礼学思潮兴起,荀子后学踪迹前贤,最终完成。《周礼》的完成,表达了儒家学者的文化信仰,也显示了积极参与新朝改革的强烈愿望。

文帝时,朝廷礼仪活动越来越频繁,诸生也开始将朝廷的礼仪制度和统系问题联系起来考虑,强调通过礼制来表征汉代政权的合法性。这其中最重要的就是正朔服色问题。汉初沿用秦的正朔,以十月为岁首,色尚赤,后张苍依秦改为色尚黑。但伏胜持"三统说",以为夏商周三代循环,至汉当承接夏而以正月为岁首。贾谊则据五行观点认为应当"色尚黄,数用五"。十余年后,公孙臣再提五德更始,以汉受土德,建议色尚黄。由于黄龙现于成纪,文帝始关注服色问题,乃召公孙臣"与诸生申明土德,草改历服色事"(《汉书·郊祀志上》)。同年,汉文帝又"使博士诸生刺六经中作《王制》,谋议巡狩封禅事"(《史记·封禅书》),这实际上是一次大规模的礼制建设活动。现在看来,《王制》除巡狩、祭祀、朝聘等礼仪性内容外,还涉及选举、官爵、采邑、养老、听讼、决狱等社会制度问题,显示了儒家以礼治国的思想。《王制》之前,故秦博士伏胜所作《尚书大传》就有很多古代礼仪的内容,包括了天子礼制、祭祀、养老、贡士、刑法等,天子礼制又包括有巡狩、朝见、辅佐、居室、车舆、衣服等。因此,有学者认为《王制》受伏胜《尚书大传》的影响②。但文、景之时,黄老思想居有很高的地位,儒家学者的制礼理想往往未能实现。改正朔,更服色,行封禅大仪,这些儒家理想直到武帝时才得以实现。

汉武帝时另一个重要的礼仪事件,就是建立明堂制度。《礼记·明堂

---

① 参见彭林《〈周礼〉主体思想与成书年代研究》第七章《〈周礼〉成书于汉初》,北京:中国社会科学出版社1991年版。

② 参见华友根《西汉礼学新论》,上海:上海社会科学院出版社1998年版,第19—29页。

位》云：" 明堂也者，明诸侯之尊卑也……武王崩，成王幼弱，周公践天子之位，以治天下。六年，朝诸侯于明堂，制礼作乐，颁度量，而天下大服。"这一制度是将庙祭制度和颁政、朝诸侯等礼仪活动绾合在明堂之上。清儒惠栋解释说："明堂为天子大庙，禘祭、宗祀、朝觐、耕藉、耆老、尊贤、飨射、献俘、治历、望气、告朔、行政皆行于其中，故为大教之宫……室以祭天，堂以布政。"① 由此看来，明堂正是周公巫政合一的标志，是神道设教理想的一个文化符号。汉代最早提出恢复明堂制度的是贾山。他曾向汉文帝进言："臣不胜大愿，愿少衰射猎，以夏岁二月，定明堂，造太学，修先王之道。风行俗成，万世之基定，然后唯陛下所幸耳。"(《汉书·贾邹枚路传》)但这一建议没有被文帝采纳。汉武帝即位之初，"赵绾、王臧等以文学为公卿，欲议古立明堂城南，以朝诸侯"(《汉书·郊祀志上》)，"秋七月……议立明堂。遣使者安车蒲轮，束帛加璧，征鲁申公"(《汉书·武帝纪》)。此事因赵绾和王臧得罪自杀而无果。窦太后死后，诸种儒家礼仪皆得施行，《史记·孝武本纪》载汉武帝在元封元年"从封禅还，坐明堂"。此明堂前人多认为在泰山脚下，或是周明堂遗址，或是齐国明堂，但于此可以看出，汉武帝对明堂之事颇感兴趣。于是，"济南人公玉带上黄帝时明堂图。明堂中有一殿，四面无壁，以茅盖，通水，水圜宫垣，为复道，上有楼，从西南入，名曰昆仑。天子从之入，以拜祀上帝焉。于是上令奉高作明堂汶上，如带图"(《汉书·郊祀志下》)。此后，又不断进行明堂祭礼，汉武帝在这些明堂祭礼中，享受着皇权神授、天人合一的崇高感。汉代明堂制度受战国末期阴阳五行思想的浸染，与月令融合为一体，表现出顺时行化的思想②，在形式上较古代更为精致。

3

在先秦和汉初，《老子》被称为"道德经"，《墨子》被称为"墨经"。章太炎解释"经"云："今人书册用纸，贯之以线。古代无纸，以

---

① （清）惠栋：《明堂大道录》第一册，北京：中华书局 1985 年影印本，第 1 页。
② 参见葛志毅：《明堂月令考论》，《求是学刊》2002 年第 5 期。

第七章 《春秋》与汉代文化

青丝绳贯竹简为之。用绳贯穿，故谓之经。经者，今所谓线装书矣。"①则凡书籍文献皆可曰"经"。至儒家登堂入室，地位独高，则唯以儒家所传《易》、《诗》、《书》、《礼》、《乐》、《春秋》为"六经"，有尊崇的意思。班固《白虎通·五经》云："经所以有五何？经，常也；有五常之道，故曰五经。《乐》，仁；《书》，义；《礼》，礼；《易》，智；《诗》，信也。人情有五性，怀五常不能自成，是以圣人象天五常之道而明之，以教人成其德也。"② 班固将"经"训作"常"，有天地本然的意思，而天地本然又是人类社会的终极意义所在，因此，"经"即天下之常则，即至道所存之圣法。此"经"之义是汉儒的独创，所指的也就是这几部经典的巫史文献，它们是儒家赖以立言的最原始的话语资源。有了"经"便有"经学"。《汉书·公孙弘卜式兒宽传》云："兒宽，千乘人也。治《尚书》，事欧阳生，以郡国选诣博士，受业孔安国……见上，语经学。上说之，从问《尚书》一篇，擢为中大夫，迁左内史。"这大约是最早提及"经学"的记载。

  经学的形成当以汉武帝立五经博士为标志。为专书设博士反映了人们对经典文献尊崇的态度，它在本质上正同于孔子的"述而不作"，是以经典文献本身的价值为追求目标的。这与秦汉初期为"文学"之士设立博士具官备问的情形有了很大的区别。春秋以前，文献无非巫史职业文献，并依靠传统和职业本身来维持其神圣性质。至战国时期，巫史文献大多为儒家所守，儒家对上代巫史文献的神圣性质笃信不疑。荀子《儒效》云：

  圣人也者，道之管也。天下之道管是矣，百王之道一是矣，故《诗》、《书》、《礼》、《乐》之归是矣。《诗》言是其志也，《书》言是其事也，《礼》言是其行也，《乐》言是其和也，《春秋》言是其微也……天下之道毕是矣！乡是者臧，倍是者亡。乡是如不臧，倍是如不亡者，自古及今，未尝有也。

---

① 章太炎：《国学讲演录》，上海：华东师范大学出版社1995年版，第44页。
② 班固此处以《乐》、《书》、《礼》、《易》、《诗》为五经，而下文又云："五经谓何？《易》、《尚书》、《诗》、《礼》、《春秋》也。"后者应是汉人的普遍看法。

荀子认为古代巫史文献隐含天下之至道。他虽然也认为这些文献是神圣的，但是从"道"的角度来认识把握的，有着明显的理性色彩。至秦火过后，汉初民间儒者也只能是以传诵本身为目的，尽量保证文献本身的完整了。儒术通过设立五经博士和独尊儒术的形式成为经学，则是将作为自由思想的儒学和政治体制结合起来，并通过这种方式又一次认可了这些文献的神圣性质，因此，儒家文献的经学化，是巫史文献的一次复兴。

经学具有官方意识形态的性质，虽然话语权仍在儒者手里，却受大一统王朝的既存形态和发展趋势，甚至受皇帝本人的趣味所制约，它的神圣化是有条件的。比如汉代的统系、大一统、为汉立法等问题，都成了经学的重要命题。就儒学文献本身的传播和发扬来说，这次神圣化的路径是朝两个方向完成的：一是延续荀子的道路。陆贾《新语·道基》云：

> 后圣乃定《五经》，明六艺，承天统地，穷事察微，原情立本，以绪人伦，宗诸天地，纂修篇章，垂诸来世，被诸鸟兽，以匡衰乱，天人合策，原道悉备，智者达其心，百工穷其巧，乃调之以管弦丝竹之音，设钟鼓歌舞之乐，以节奢侈，正风俗，通文雅……

但是，汉人在此基础上又加上了阴阳五行之学，赋予这些文献一种神秘的天命色彩，并由此而导致了西汉中后期谶纬的风行。在另一方向上，为了适应变化了的社会现实，汉儒又将这些文献和汉代政治紧密地结合起来，在现实功用上做大文章，这就是所谓的通经致用。皮锡瑞说："武、宣之间，经学大昌，家数未分，纯正不杂，故其学极精而有用。以《禹贡》治河，以《洪范》察变，以《春秋》决狱，以三百五篇当谏书，治一经得一经之益也。"[①] 所谓"以三百五篇当谏书"见于《汉书·儒林传》："（王）式为昌邑王师。昭帝崩，昌邑王嗣立，以行淫乱废。昌邑群臣皆下狱诛……式系狱当死，治事使者责问曰：'师何以亡谏书？'式对曰：'臣以《诗》三百五篇朝夕授王，至于忠臣孝子之篇，未尝不为王反复诵之也；至于危亡失道之君，未尝不流涕为王深陈之也。臣以三百五篇谏，

---

① （清）皮锡瑞：《经学历史》，北京：中华书局2004年版，第56页。

第七章 《春秋》与汉代文化

是以亡谏书。'使者以闻,亦得减死论,归家不教授。"神秘化和实用化,在客观上提升了这些传统文献的地位,使它能突破历史的限制,为当代立法。从儒家本身的发展而言,经学化使得文献传播的意义不仅仅局限于继承和学习,而是鼓励儒者积极投身于现实之中,以元典为万世立法,成为以道为己任的"君子儒"。经学化使得五经"不仅作为一种文化的背景和知识的体系而存在,更重要的是儒家以继承和弘扬上古三代的价值理想为其本质特征和理论倾向……是对五经的一种新的哲学阐释,是对五经中的价值观和社会理想的继承"[①]。经学的价值观和社会理想,是传统巫史文化和大一统政治的复合体,是一种新的社会理想。

4

汉代经学是一种经典解释学,它以巫史基本典籍为话语资源,目的在于建构一套完整的社会意识形态体系。而具体方法又可分为三类,前人通常以今文经学、古文经学和谶纬之学来区分之。其中谶纬之学比较特殊。《四库全书总目提要》云:"谶者诡为隐语,预决吉凶……纬者经之支流,衍及旁义……盖秦汉以来,去圣日远,儒者推阐论说,各自成书,与经原不相比附。"也就是说谶纬并非完全依傍经书,不但作者无考,于史无征,而且具有明显妖妄的特点。所以后人舍此不论,而常以今、古文学派来论汉代经学。那么,什么是今文经学和古文经学呢?皮锡瑞说:"今古文所以分,其先由于文字之异。今文者,今所谓隶书,世所传熹平石经及孔庙等处汉碑是也。古文者,今所谓籀书,世所传岐阳石鼓及《说文》所载古文是也。隶书,汉世通行,故当时谓之今文……籀书,汉世已不通行,故当时谓之古文;犹今人之于篆、隶,不能人人尽识者也……许慎谓孔子写定六经,皆用古文;然则,孔氏与伏生所藏书,亦必是古文。汉初发藏以授生徒,必改为通行之今文,乃便学者诵习。故汉立博士十四,皆今文家。而当古文未兴之前,未尝别立今文之名……至刘歆始增置《古文尚书》、《毛诗》、《周官》、《左氏春秋》。既立学官,必创说解。后汉

[①] 姜广辉主编:《中国经学思想史》第二卷,北京:中国社会科学出版社2003年版,第4页。

卫宏、贾逵、马融又递为增补，以行于世，遂与今文分道扬镳。"① 也就是说西汉初期所传经学文本，大多来自口传，以当时隶书写定，故称为今文；至刘歆时，特以几种文献的古文文本请求立于学官，故称为古文。但今古文经学的分别，即使在文字上也不那么截然两分。从现代出土的文献来看，一些古文经书实际也是用隶书写定的，因此，有学者提出了新的看法："唯着眼于抄本的时间才算是把握了正确的标准：所谓今文经仅限于汉武帝元朔五年或稍迟写定的经书今文写本，除此之外，凡有古文祖本的经学传本，不论是隶体还是古籀，都可能属于古文经的范围。"② 这一说法受到很多人的赞同。但这只是今古文经学相区别的第一个层次，它们的更高层次的区别乃是阐释方法的不同。皮锡瑞说："前汉今文说，专明大义微言；后汉杂古文，多详章句训诂。"③ 也就是说，今文学长于从经学文献中推衍出意识形态和社会思想，而古文学则强调从字句训诂方面诚实地理解文献中的事实。从表层看来，两者似乎相辅相成，各有擅长，并不构成冲突，但实际上，古文学派之所以开张旗帜，也正是不满于今文学派的种种主张，并欲取而代之。周予同列举出今古文两家学派的十三条不同④，其中最主要的区别在于：（1）今文学派以为孔子托古改制而作六经，而古文学派以为六经乃古史，孔子是"述而不作"。（2）今文学派为经学派，古文学派为史学派。换句话说，今文学是政治哲学，而古文学是史学。但如说古文学派纯然就是史学，则又不然。今文学派讲求通经致用，讲孔子为汉家立法；而古文学派是通经致古，希望恢复到周代礼仪社会，是要以周公压制孔子，它既是儒家内部思想的纠偏驳正以及争夺学统正宗和话语权力的结果，也是变化发展了的社会现实对学术方式影响的结果。

实际上今古文学派在传统的原史文化中都有根基。《春秋》以隐微的书法原则暗含褒贬之意，实是春秋史官在当时历史背景下伸张自己话语权

---

① 皮锡瑞：《经学历史》，第54—55页。
② 王葆玹：《今古文经学新论》，北京：中国社会科学出版社1997年版，第61页。
③ 皮锡瑞：《经学历史》，第56页。
④ 周予同著，朱维铮编：《周予同经学史论著选集》（增订本），上海：上海人民出版社1983年版，第9页。

第七章 《春秋》与汉代文化

力的一种特殊方法，它的理据建立在巫史神圣传统上。孔子、孟子尊崇《春秋》，并自觉地神化《春秋》的微言大义，实际是对巫史传统极精微之精神的领悟和发扬。汉朝巫史文化衰落，文献和叙述行为本身所具有的神圣性自然也无有落处，于是只能通过"为汉家立法"，以博士制度形式，来确定文献的经典地位。而在这一叙述模式的构建过程中，神圣信仰成分减少，神秘性被突出出来。今文经学之所以与阴阳五行一拍即合，即源于这种神秘性的需求。从话语方式来说，微言大义是一种典型的神秘性叙述，它在不动声色的语言变异中裁决天下，可谓惊心动魄，不能不使汉儒心仪。汉儒虽然承继了春秋史官的微言大义的叙事方式，但又有明显的不同。春秋史官的"微言"是叙述行为，而汉儒以之来对待经典文献的所有文本；春秋史官的大义隐而不显，而汉儒的目的则要昭示大义于世。更大的区别在于，春秋史官的微言大义仅在于裁决事实本身是否合礼，因此其叙事意义仅限于褒贬；而汉儒的微言大义在本质上是要为天下立法，"是'经世之志'，是'天子之事'，似乎'一王大法'，是新的一套理论，是继周损益的一套创造性的革新制度"[①]。因此，今文经学是以传统文献为合理性依据的意识形态构建行为，其"微言大义"的神秘解释学原则源自原史的叙述传统，但又有很大的开拓。但是，"微言大义"的话语方式如离开了神圣职业背景，其理据就会减弱，"微言"和"大义"之间的神秘性联系也会越来越淡薄，它的价值就会渐受到怀疑。班固说："自武帝立五经博士，开弟子员，设科射策，劝以官禄，讫于元始，百有余年，传业者寖盛，支叶繁滋，一经说至百余万言，大师众至千余人，盖禄利之路然也。"（《汉书·儒林传》）这也是古文经学希望代替今文经学的理由。

　　古文经学的目的是希望回到经典本身，在更为切实的基础上，重构儒家话语模式。而这一重构方式是语言考据和历史复原的方法。但古文经学并非只是训诂考证，是纯粹的学问，古文经学其实也有明确的社会政治意识，有切实的现实关怀。廖平和周予同曾就今古两派经学的社会礼制理想列表比较，今人孙筱就此表分析了今古文经学的不同的政治取向，指出古

[①] 蒙文通：《经史抉原》，成都：巴蜀书社 1995 年版，第 162 页。

文学派主张"保留王国自治","倡导恢复宗法血缘政治时代的世卿制度",等等,并认为古文经学体现了"两汉时诸侯王国和豪门世族的要求"①。无论古文经学反映了怎样的政治倾向,有一点可以肯定,古文学派希望将话语的理据建立在实证的基础上。他们期望通过认真训释典籍文献,考证典章文物,"再现"周代的社会制度,尤其是王官礼制,通过春秋时期的历史教训,来为当代社会改革提供借鉴。古文经学的训诂考据方法虽然有明显的崇古意识,但主要依靠的是经验理性,它比今文经学所秉持的"微言大义",更能体现理性发展的趋势。鉴于此,古文学派认为周公是圣人,而孔子只是先师,是史学家;他们所看重的文献是《周礼》和《左传》,前者所展示的是一种"周公致太平"的图景,王国维总结说"周之制度、典礼,乃道德之器械,而尊尊、亲亲、贤贤、男女有别四者之结体也"②,反映了儒家建立伦理社会的政治理想。《左传》则是以春秋二百四十二年的史实,具体阐释了兴亡和尊礼的对应关系,进一步宣示周礼的意义;另一方面,《左传》针对公羊家以《春秋》为孔子素王之业的说法,强调《春秋》实为孔子"存前圣之业"、"不以空言说经"(《汉书·艺文志》),显示了古文学派在学术上的实证主义主张。如果说今文经学还保留着一些神秘性特点的话,古文经学实际上终结了原史文化中的天命传统,成为一种新型的完全以理性精神为目的的历史科学。

今文经学和古文经学在尊崇古典文献和基本社会理想方面,并无大的差异。脱离了具体的时代背景,它们的区别就主要体现在阐释方法上了:今文经学自文献出发,强调面向现实的"大义";古文经学自文献出发,强调古代理想社会的"真实"再现。两者各有自己的话语空间。东汉以后很多学者调和两派,或同时接受两种学术方法,如马融、郑玄等,皆能兼收并蓄,遂使今古文经学成融合之势。总的说来,春秋以前史官的史录实践、春秋战国时期儒家的文献整理和传播、汉代经学阐释学,构成了原史文化中话语权力的三种不同方式,并显现出阶段性特点。

---

① 参见孙筱《两汉经学与社会》,北京:中国社会科学出版社2002年版,第307—313页。
② 王国维:《观堂集林》卷十《殷周制度论》,第477页。

第七章 《春秋》与汉代文化

三 《春秋》与大一统政治形态

1

儒家五经中，《尚书》较早获得汉统治者的关注。《尚书》被认为是帝王之学，所以汉文帝特诏求能治《尚书》的经师，并派晁错从伏生学习。但随着儒家经学地位的稳固，儒士开始与帝王争夺话语权，而站在史臣的立场对天子诸侯进行是非审判的《春秋》，就成了儒士最为重要的文献了。

景帝时，擅长公羊学的董仲舒和胡母子都皆任博士，但并无名声。汉武帝于元光元年诏贤良"受策察问"，《汉书·董仲舒传》载："仲舒以贤良对策焉……对既毕，天子以仲舒为江都相。"董仲舒的《天人三策》就是这次对策所作[1]。对策成功必然会使汉武帝重视董仲舒的学术背景。元光五年，武帝再诏举贤良文学，公孙弘被武帝亲擢为第一。公孙弘曾以胡母子都为师，《史记·平准书》说"公孙弘以《春秋》之义绳臣下，取汉相"，说明公孙弘也是以公羊学得到赏识的。在公孙弘执政期间，发生了公羊学和穀梁学辩论的事，《汉书·儒林传》记载：

> 武帝时，江公与董仲舒并。仲舒通《五经》，能持论，善属文。江公呐于口，上使与仲舒议，不如仲舒。而丞相公孙弘本为公羊学，比辑其义，卒用董生。于是上因尊《公羊》家，诏太子受《公羊春秋》，由是《公羊》大兴。

江公本治《穀梁春秋》，这次论辩是在儒家内部进行的，其目的是要争正统。江公的失败，口才不济只是个表面的原因，更为重要的原因是《穀

---

[1] 关于董仲舒对策年份的问题，学术界有多种说法，主要有武帝建元元年和元光元年两种。当代学者如徐复观（《两汉思想史》第二卷）、周桂钿（《董学探微》，北京：北京师范大学出版社1989年版）、陈苏镇（《汉代政治与〈春秋〉学》，北京：中国广播电视出版社2001年版）等都认为董仲舒对策在元光元年。

梁传》思想和阐释方式都较为保守，缺乏应对时务的能力。董仲舒的公羊学思想家的地位得到巩固。终汉武帝之世，董仲舒先任江都王相，后任胶西王相，这之间还曾"废为中大夫"，并曾获罪下吏，官职虽然未至十分显赫，但基本上还是受到朝廷的敬重。董仲舒在胶西相位上时，"恐久获罪，疾免居家"（《史记·儒林列传》），"朝廷如有大议，（武帝）使使者及廷尉张汤就其家而问之，其对皆有明法"（《汉书·董仲舒传》）。而随董仲舒学习公羊学的弟子也受到朝廷的重用。《史记·儒林列传》云："仲舒弟子遂者：兰陵褚大，广川殷忠，温吕步舒。褚大至梁相，步舒至长史……弟子通者，至于命大夫；为郎、谒者、掌故者以百数。而董仲舒子及孙皆以学至大官。"由此可见，春秋公羊学在汉武帝时得到了高度的肯定，并延续整个西汉一朝，而其他诸经则很难获得如此之高的地位。

春秋公羊学，它的基本文献仍然是《春秋》。那么，一部早期的史官文献为何能够受到统治者如此的青睐呢？这与公羊学的阐释特点有关。《春秋》虽为史著，但隐含着史官的微言大义，所以是一部讽世之作。这一点左氏和穀梁两家也是同意的，只是这两家重在史实和训诂，通过具体事例来解释《春秋》的言外之意，讲求实事求是，立足点仍是春秋时代的事实和事理。而公羊家立足于当代的现实，并且理论自觉意识更强，意图创建适合当代社会需要的系统意识形态[①]。这也是古文学派和今文学派的区别。公羊学派由于所指遥远，而且说经的主观性强，所以被何休称为"非常异义可怪之论"（《春秋公羊经传解诂序》）。但无论如何，传统的公羊学仍将《春秋》的大义限定在一种普遍的伦理政治的法则上。公羊学发展到董仲舒则进入了一个新的阶段。董仲舒的公羊学具有明显的天命神秘色彩，并且体系更加严密、周详。邓红认为董仲舒有"两个春秋公羊学"，其中一个是"非天论"春秋公羊学，所论与"天"没有关联，或是还没有觉悟到"天"是至上神和本体时的学问；另一个是"天论"春

---

① 陈其泰《今文公羊学说的独具风格和历史命运》（《北京大学学报》1997年第6期）总结，学者一般认为公羊学的主要政治理论体系包括如下几端：一是大一统观念，"强调统一的王权具有绝对的权威"；二是在民族问题上主张"内其国而外诸夏，内诸夏而外夷狄"，"以文化区分民族的先进和落后"；三是提出"三世说"的朴素进化观的重要命题；四是"拨乱反正，以待后圣"。

第七章 《春秋》与汉代文化

秋公羊学,与天论密切相关,已经觉悟到"天"是至上神和本体时的公羊学[1]。这一说法看到了董仲舒公羊学内部的差异,但这实际上是继承和发展的差异。所谓"非天论"公羊学实际上是董仲舒对传统公羊学的继承,而"天论"公羊学则是董仲舒对《春秋》这部原史文献的开拓。传统公羊学认为:"君子曷为为《春秋》?拨乱世,反诸正,莫近诸《春秋》。则未知其为是与?其诸君子乐道尧、舜之道与?末不亦乐乎尧、舜之知君子也?制《春秋》之义以俟后圣。"(《公羊传·哀公十四年》)所强调的是拨乱反正和尧舜之道,而董仲舒却在此基础上构筑了一个以"天"为中心的、庞大而严密的关于宇宙、历史、社会的思想体系,使得公羊学成为涵盖一切的哲学、政治学、伦理学,甚至是法学。

董仲舒之前,古代的哲学家们就热衷于构建宇宙系统的理论,这些理论往往由四季、十二纪、九野、八风、五星、二十八宿等概念对应组合而成,它们的运行变化既是人类政治、社会活动的准则,也能通过警示、惩戒等干涉人类的社会活动。在董仲舒的宇宙论里,纳入了阴阳和五行的学术,特别强调了阴阳的对立统一和五行的相胜相生,认为它们的运行具有明显的道德目的论特点,认为"阴阳五行上承天意,下示王者,是上天和王者之间进行沟通的渠道或中介"[2]。董仲舒认为《春秋》正是显示了这种天人关系的理想文本,其《春秋繁露·玉英》篇云:"是故《春秋》之道,以元之深正天之端,以天之端,正王之政,以王之政正诸侯之即位,以诸侯之即位正竟内之治。五者俱正,而化大行。"所谓"元"和"天"是一方,而王、诸侯、大夫、百姓是另一方,天人相互感应,并以某种德性为准则。那么,《春秋》所揭举的基本社会关系正与天人关系相符。董仲舒《天人三策》说:"《春秋》之中,视前世已行之事,以观天人相与之际,甚可畏也。"(《汉书·董仲舒传》)认为天是一个有意志的主体性存在,天的意志在天人关系中居于主导地位。

天的意志是如何体现的呢?有两种方法:一是受命而王,一是灾异谴告。《春秋繁露·三代改制质文》云:

---

[1] 邓红:《董仲舒的春秋公羊学》,北京:中国工人出版社2001年版,第19—34页。
[2] 周桂钿:《董学探微》,第61页。

> 王者必受命而后王。王者必改正朔,易服色,制礼乐,一统于天下,所以明易姓,非继人,通以己受之于天也。王者受命而王,制此月以应变,故作科以奉天地,故谓之王正月也。

人事又以王位的予夺传承为中心,而王位的予夺传承只能依据天的意志,所以,王实际上不过是天在人世间的代理人,因此王的行为必须时时体现出天命来。所谓改正朔、易服色、制礼乐等等,就是为了昭示天命。从这一角度来说,王之为王,有其天然的合理性,是不可追问的,不应受臣民的质疑。这一观点与传统儒家,如孟子的"诛一夫纣"的革命观点,可谓大相径庭,它维护了当朝天子的神圣地位,为新朝提供法理的支持,所以能赢得统治者的赞同。另一方面,由于受命而王,所以必须对天绝对服从,《春秋繁露·深察名号》云:"受命之君,天意之所予也。故号为天子者,宜视天如父,事天以孝道也。"那么,王的行政也需要遵照天意。《天人三策》云:"天道之大者在阴阳。阳为德,阴为刑;刑主杀而德主生。是故阳常居大夏,而以生育养长为事;阴常居大冬,而积于空虚不用之处。"(《汉书·董仲舒传》)因此,王治的关键就是养育生民,以及在此基础上的爵位、赏罚、教化等。董仲舒认为《春秋》中包含有"敬贤重民"这一重要的思想,他说:"考意而观指,则《春秋》之所恶者,不任德而任力,驱民而残贼之。其所好者,设而勿用,仁义以服之也。"(《春秋繁露·竹林》)董仲舒建立了一个以天、君、民为次序的政治体系。在现在社会秩序中,如果无人能督促王的政治行为,又怎能保证王能上以孝事天,下以德养民呢?这一答案还是只能归结到天命上来。这就是董仲舒特别强调《春秋》灾异谴告说的理由。《春秋繁露·必仁且智》云:

> 天地之物有不常之变者,谓之异,小者谓之灾。灾常先至而异乃随之。灾者,天之谴也;异者,天之威也。谴之而不知,乃畏之以威……凡灾异之本,尽生于国家之失。国家之失乃始萌芽,而天出灾害以谴告之;谴告之而不知变,乃见怪异以惊骇之,惊骇之尚不知畏恐,其殃咎乃至。以此见天意之仁而不欲陷人也。

第七章 《春秋》与汉代文化

天虽然是王的看护者，对王有无限的仁慈，但天同时又作为王的唯一执法者，对德性原则有着更坚定的护持。它时时监督着王的行为，并通过种种灾异召唤着王的自我反省和改正，如王一再忽视这些谴告，执迷不悟，则天命将改。显然，天命既是君权的依据，也是君权的制衡力量。董仲舒认识到，大一统制度下的君权，由于缺乏社会制约，一定会给社会造成灾难。因此，必须将君权置于天命的控制之下，使王怀着敬畏的心情来行使君权，从而才能保证社会的和谐。这种想法现在看来有些虚妄，或者说天真，但在当时应该是严肃的，是可以为君王和士大夫双方同时接受的。董仲舒说：

> 《春秋》之法，以人随君，以君随天。曰：缘民臣之心，不可一日无君。一日不可无君，而犹三年称子者，为君心之未当立也。此非以人随君耶？孝子之心，三年不当。三年不当而逾年即位者，与天数俱终始也，此非以君随天耶？故屈民而伸君，屈君而伸天，《春秋》之大义也。（《春秋繁露·玉杯》）

这就是天人感应的政治内核。我们看到董仲舒作为一个士人对君权无限扩充这一现实的无可奈何的认可，但也应该看到董仲舒试图将君权纳入天道之中的艰难努力，并期望借神权的力量有效地制约君权。而《春秋》之所以重要，就在于它不但展示了受命于天的历史，还更多地展示了灾异谴告的历史。《天人三策》说："孔子作《春秋》，上揆之天道，下质诸人情，参之于古，考之于今。故《春秋》之所讥，灾害之所加也；《春秋》之所恶，怪异之所施也。书邦家之过，兼灾异之变。"（《汉书·董仲舒传》）

当然，董仲舒的春秋公羊学的内容并不止于天人感应。实际上，董仲舒利用《公羊春秋》建立起一整套的社会政治伦理学说，比如讲"大一统"支持汉的现行政策，讲春秋所见、所闻、所传闻的"三世说"为改制说张本，等等。司马迁说："夫《春秋》，上明三王之道，下辨人事之纪，别嫌疑，明是非，定犹豫，善善恶恶，贤贤贱不肖，存亡国，继绝世，补敝起废，王道之大者也。"（《史记·太史公自序》）司马迁从董仲舒学《春秋》，这一段话也可反映出董仲舒的《春秋》学思想。也就是说，在董仲舒手里，春秋公羊学被发展成一门哲学、政治、伦理无所不包的具有法典意义的学问，而《春秋》自然也就成了这部法典的典范文本。由于董仲舒在公羊学中捏合了阴阳和五行的学术，不但使《春秋》的意义横亘天人，囊括万代，而且使它具有神秘的超越性，使其成为一部神圣法典。而这部神秘法典的执行者，正是那无所不晓的天。因此，董仲舒说："仲尼之作《春秋》也，上探正天端王公之位，万民之所欲，下明得失，起贤才，以待后圣……其为切而至于杀君亡国，奔走不得保社稷，其所以然，是皆不明于道，不览于《春秋》也。故卫子夏言，有国家者不可不学《春秋》，不学《春秋》，则无以见前后旁侧之危，则不知国之大柄，君之重任也。故或胁穷失国，掩杀于位，一朝至尔。苟能述《春秋》之法，致行其道，岂徒除祸哉，乃尧舜之德也。"（《春秋繁露·俞序》）从某种程度上来说，董仲舒公羊学理论中的王者受命、灾异谴告、大一统等等思想，实际上是传统史官文化理想的复兴，是将史职文献还原为无所不包的巫史文化的一种新的尝试。只是，在巫史文化中，巫史阶层居有重要的地位，但在董仲舒的思想体系中，巫史甚至是士人的地位都变得无足轻重了。而没有巫史的巫史文化，预示着巫史文化开始全面衰落。

2

董仲舒的春秋公羊学是一种特殊的经典解释学，其关键就在于"辞"和"指"的关系。"辞"是《春秋》或《公羊传》的文本，而"指"则是《春秋》的大义所在。所谓《春秋》大义，既包括春秋史官或孔子的本意，也包括公羊家和董仲舒本人的独特立意。那么，如何在《春秋》文本和天人大义之间建立联系，关系到这一理论能否成立。董仲舒对自己的解释学理论有相当的自觉。

董仲舒在《春秋繁露》中有所谓"十指"之论：

《春秋》二百四十二年之文，天下之大，事变之博，无不有也。虽然，大略之要有十指。十指者，事之所系也，王化之所由得流也。举事变见有重焉，一指也。见事变之所至者，一指也。因其所以至者

第七章 《春秋》与汉代文化

而治之,一指也。强干弱枝,大本小末,一指也。别嫌疑,异同类,一指也。论贤才之义,别所长之能,一指也。亲近来远,同民所欲,一指也。承周文而反之质,一指也。木生火,火为夏,天之端,一指也。切刺讥之所罚,考变异之所加,天之端,一指也。举事变见有重焉,则百姓安矣。见事变之所至者,则得失审矣。因其所以至而治之,则事之本正矣。强干弱枝,大本小末,则君臣之分明矣。别嫌疑,异同类,则是非著矣。论贤才之义,别所长之能,则百官序矣。承周文而反之质,则化所务立矣。亲近来远,同民所欲,则仁恩达矣。木生火,火为夏,则阴阳四时之理相受而次矣。切刺讥之所罚,考变异之所加,则天所欲为行矣。统此而举之,仁往而义来,德泽广大,衍溢于四海,阴阳和调,万物靡不得其理矣。说《春秋》者凡用是矣,此其法也。(《十指》)

"十指"基本囊括了董仲舒《春秋》学的大义,内容包括天人之际、君臣关系、安定百姓、道德教化等等,揭示了汉儒的政治伦理纲领。但"十指"之论又非完全是从思想方面着眼的,它同时也是解读《春秋》的立场和目标,甚至包括解读的方法,因此,它又是属于解释学的。

"十指"所包含的思想,并非汉代公羊学或董仲舒的独创,其中有很多内容见于孔孟至荀子的著作中,也见于公羊春秋里。这其中新鲜的东西,如"强干弱枝,大本小末",涉及汉代天子和诸侯国的关系,现实性较强,出自董仲舒之手。但董仲舒的公羊学的独特的文化功能并不仅在于总结出这些思想,而是要在传统文献和现实社会之间建立起更加切实而紧密的联系。这种联系超出一般的普遍真理与具体实践之间的关系,那是一般公羊学理论,认为孔子通过春秋史事,总结出至圣的大道,或说是为万世立法。而董仲舒的公羊学还要在春秋具体事实和汉代具体事实之间建立对应的关系,认为孔子是为汉代立法。因此,董仲舒的最终目的是要将《春秋》阐释为汉代的宪法。从这个意义上说,"十指"是董仲舒阐释学的一个支点和转换中轴。董仲舒的公羊学具有明显的现实性和可操作性特点,并因此而隐含着两个方面的阐释学命题:一是辞指论,一是实践论。

从《春秋》文本到"十指",起关键作用的是董仲舒阐释学的辞指论。辞是文本，它可以是一个词，一个称谓，也可以是一个表述方式或者干脆是不表述。指则是"大义"所在。《春秋》有辞有指，而我们读《春秋》的目的在于把握大义。那么，辞和指是一种什么关系呢？董仲舒说："辞不能及，皆在于指，非精心达思者，其孰能知之。"（《春秋繁露·竹林》）一切意义都来自文献本身，但文献本身并不就是意义，意义的呈现需要阐释的参与；从另一个方面来说，"辞"是"指"的托身之所，而辞不及意，因此理解要超出言辞本身。在辞和指的关系中，指的意义是绝对的。这种"辞指"阐释观是今文经学的一个重要特点，和古文经学的语文学阐释方式有很大的区别。它认为意义的实现，并不在辞上，而是作者和阐释者合谋的结果。加达默尔谈到对历史的理解时说："诠释学必须从这种立场出发，即试图去理解某物的人与在流传物中得以语言表达的东西是联系在一起的，并且与流传物得以讲述的传统具有或获得某种联系。"[①]这里所说的就是这种共谋关系。而加达默尔认为这种关系的成立是由于阐释者本人所具有的"先验的预期"或"前判断"，"这种支配我们一切理解的完全性的先把握本身在内容上每次总是特定的，它不仅预先假定了一种内在的意义统一性来指导读者，而且读者的理解也是经常地由先验的意义预期所引导，而这种先验的意义预期来自于与被意指东西的真理的关系"[②]。当然，"先验的预期"或"前判断"并不是完全的个体的主观活动，它也是历史地形成的，并且和所要解读的文本本身有着十分密切的关系。董仲舒并不是一个纯粹意义上的历史学家，而是一个儒者，有着十分明确的政治和伦理立场，所以他的"前判断"也就更为明确。正是在这个意义上，我们才能说董仲舒的"指"是《春秋》和他自己双方共谋的一种真理。

既然"指"是绝对的，那么"辞"又具有怎样的特点呢？《春秋繁露·竹林》开篇云：

《春秋》之常辞也，不予夷狄而予中国为礼。至邲之战，偏然反

---

① ［德］汉斯-格奥尔格·加达默尔：《真理与方法》上卷，洪汉鼎译，上海：上海译文出版社2004年版，第381页。
② 同上书，第380页。

第七章 《春秋》与汉代文化

之，何也？曰：《春秋》无通辞，从变而移。今晋变而为夷狄，楚变而为君子，故移其辞以从其事。

所谓"常辞"就是一些在最基本层面上的规律性的表述。从史官的职业传统来说，就是某事或某种表述是否"合礼"的原则。比如"不予夷狄而予中国之礼"，也就是在涉及中原和夷狄关系中，以某种方式表达对中原的尊重。"常辞"是一种表达规范，是公认的《春秋》义理表达方式。"常辞"的第一层含义是名号和一字褒贬等。就名号而言，《公羊传·庄公十年》论人称之尊卑云："州不若国，国不若氏，氏不若人，人不若名，名不若字，字不若子。"就一字褒贬而言，董仲舒在《春秋繁露·精华》中说："《春秋》慎辞，谨于名伦等物者也。是故小夷言伐而不得言战，大夷言战而不得言获，中国言获而不得言执，各有辞也。有小夷避大夷而不得言战，大夷避中国而不得言获，中国避天子而不得言执，名伦弗予，嫌于相臣之辞也。是故小大不逾等，等贵贱如其伦，义之正也。"这其中有史官据礼仪而认定的等级名分，叙事遵循以上的等级名分或礼仪次序，就是所谓的"常辞"。那么，灵活运用以上的名分或一字褒贬等手法，以表示对一特殊事实，尤其是非礼事件的态度，就是所谓的"变辞"。如邲之战，《春秋·宣公十二年》曰："夏，六月，乙卯，晋荀林父帅师，及楚子战于邲，晋师败绩。"依礼，晋为中原国，而楚为南夷，史官本应尊崇晋国，但史官在叙事中称用了晋国大夫荀林父的名字，这里就包含了贬的意思。这就是变辞，史官为什么要使用变辞呢？在邲之战前，楚庄王率兵伐郑，破城后已与郑言和而退兵。晋本为救郑而来，见两国已和却一定要向楚国挑战。董仲舒解释说："夫庄王之舍郑，有可贵之美，晋人不知其善，而欲击之。所救已解，如挑与之战，此无善善之心，而轻救民之意也，是以贱之。"（《春秋繁露·竹林》）因此，《春秋》这一变辞就是为了表彰去战求和的德义，谴责"不任德而任力，驱民而残贼之"（《春秋繁露·竹林》）的乱德行为。当然，这一变辞表面上看起来是牺牲了夷夏之礼，但它实际上是将夷夏之礼作为奖惩的手段，作为评价的标准，因此，也在事实上强调了夷夏之分。《春秋繁露》中提到与变辞类似的，还有诡辞、微辞、温辞、婉辞等，这些都是相对于常辞或正辞的变异

· 329 ·

了的表达方式，并以此来暗含特殊的价值评判，或者在一件不得不载的不良事件中维护某种道义。董仲舒说："《春秋》之书事时，诡其实以有避也。其书人时，易其名以有讳也。"（《春秋繁露·玉英》）则诡辞就是一种避讳，如《春秋·僖公二十八年》所载的"天王狩于河阳"，有违事实，但史官如此记载是为了"诡晋文得志之实，以代讳避致王也"（《春秋繁露·玉英》）。其他微辞、温辞、婉辞都有类似的特征，就是因为某种恶德的存在，而为尊者避讳，则所载之辞与事实不完全一致，甚至完全不同。在董仲舒看来，这些避讳之辞目的不是为了隐藏事实，而是囿于史官自己的身份，不得不采取的一种委婉的表达方法，或者说这些都是一种以职业规范为基础的文化隐喻。

常辞和变辞是春秋史官的话语方式，诡辞、微辞等也可能出于《春秋》被编定时的"二度创作"。董仲舒能在具体分析的基础上对之作较为系统的阐释，并在辞指关系论中多有发明，可以说是尽了学者的责任，对《春秋》有所贡献[①]。但在董仲舒的辞指论中，"指"是绝对的，而且，董仲舒的"指"在一定程度上又超越春秋史官之"指"。那么，对辞的阐释将会偏离史官文化的立场，形成曼衍之势。这也表现在两个方面：一是"得一端而多连之，见一空而博贯之"（《春秋繁露·精华》），一是"见其指者，不任其辞"（《春秋繁露·竹林》）。前者的意思是以一知百，亦即他自己说的"贯比"法。这种阐释方法的前提是相信前代经典具有神圣的启示性，这种启示性是不容怀疑的，当它和某个聪明的个人相遇，则真理将会显现。合理性在这其中并不总是最重要的，权威的作用也许要更为重要。可以将这种历史阐释方法视为一种浪漫主义的方法。加达默尔说："因为存在一种浪漫主义特别要加以保护的权威形式，即传统。由于流传和风俗习惯而奉为神圣的东西具有一种无名称的权威，而且我们有限的历史存在是这样被规定的，即因袭的权威——不仅是有根据的见解——

[①] 黄开国《董仲舒〈公羊〉学方法论》说："由辞明指与董氏对《春秋》文辞的训解有着直接的关联，董氏解释其文辞虽重其变的灵活性，但同时强调凡变都有某种规定性，他称之为'处'，认为言其文辞，只要各得其处，就可以从中正确地探得其义指。这种依赖《春秋》文辞，据以讲明义指的方法，是由辞明指法中的依辞言指法，董氏借助此法，的确阐发了不少《春秋》之义，为人们正确理解《春秋》做出了很大贡献。"（《哲学研究》2001 年第 11 期）

第七章 《春秋》与汉代文化

总是具有超过我们活动和行为的力量。"① 这种辞指关系在董仲舒的公羊学中可以说是经常出现的。比如《春秋》中的"元年春王正月"这几个字,其中"元年"表示隐公此年即位,"春王正月"本史官用以体现自己颁岁守辰的职责,同时也体现自己的天道义务。《公羊传·隐公元年》解释曰:"元年者何?君之始年也。春者何?岁之始也。王者孰谓?谓文王也。曷为先言王而后言正月?王正月也。何言乎王正月?大一统也。"从鲁国史官的立场,书王时以表示对周天子的敬重,亦可以说是表达了"大一统"的观念,所以,《公羊传》的解释尚无大差。董仲舒却有自己的解释:

> 是故《春秋》之道,以元之深正天之端,以天之端,正王之政,以王之政正诸侯之即位,以诸侯之即位正竟内之治。五者俱正,而化大行。(《春秋繁露·玉英》)

> 何以谓之王正月?曰:王者必受命而后王。王者必改正朔,易服色,制礼乐,一统于天下,所以明易姓,非继人,通以己受之于天也。王者受命而王,制此月以应变,故作科以奉天地,故谓之王正月也。(《春秋繁露·三代改制质文》)

董仲舒在其他地方还有类似的解释。从这些论述来看,董仲舒通过"元年春王正月"这几个字的解释,所要表达的意思,一是关于世俗政权的合法性问题,一是关于政治秩序合理性问题。其中"元"由纪年之始转变为一个具有终极意义的自在本体,是一切合法性和秩序的根源。如汪高鑫所论:"天以元为始,却又是王之始,王者改制、制礼作乐,都必须要顺从天意,改制是显示王者受命于天,制礼作乐是要显示'天功',因此,王是一统于天的……董仲舒认为君是万民之元,朝廷、百官、万民、四方皆系于君主一身,系于君心之正否,君心正则天下正,君心不正则天下不正。由此看来,董仲舒立元正始的目的主要是为了解决政治秩序合理

---

① [德]汉斯－格奥尔格·加达默尔:《真理与方法》上卷,洪汉鼎译,第362页。

性的形上根基问题。"① 同样，"正月"之"正"则变为治理天下之"政"，体现了大一统政治的逻辑秩序。这已完全脱离了史家的本意，成了董仲舒自己的"立元正始"。这是一种主观色彩很重的阐释，它利用并强调了《春秋》本身的神圣性质，再加上自己天才的发挥，从而形成一种远远超过文本意义的"真理"体系。在这个阐释中，文本只提供一个类似于出发点的作用，阐释的意义并不会重新回到文本上来。也就是说"辞"的价值被削弱了。

那么，董仲舒所提出的"见其指，不任其辞"的阐释方法，就是由"指"到"指"，基本上抛开了"辞"，从而使辞指关系进一步削弱。这种方法之所以能成立，也是有其理由的。春秋史官或《春秋》编辑者所采用的以异常载录来暗示异常事实，如"天子狩于河阳"等，即符合"见其指，不任其辞"的表达方式。那么，董仲舒的"见其指，不任其辞"也可以说是解释《春秋》的一种有效方法。由于辞的限定作用的缺失，使得阐释空间过大，则阐释者可以脱离文本自由发挥，阐释的有效性也就会受到怀疑。那么，"见其指，不任其辞"是否有效即依赖于"指"本身的公认性和阐释者的巧妙联系。《春秋繁露·竹林》云：

《诗》云："弛其文德，洽此四国。"此《春秋》之所善也。夫德不足以亲近，而文不足以来远，而断断以战伐为之者，此固《春秋》之所甚疾已，皆非义也。难者曰："《春秋》之书战伐也，有恶有善也。恶诈击而善偏战，耻伐丧而荣复仇。奈何以《春秋》为无义战而尽恶之也？"曰："……若《春秋》之于偏战也，善其偏，不善其战，有以效其然也。《春秋》爱人，而战者杀人，君子奚说善杀其所爱哉？故《春秋》之于偏战也，犹其于诸夏也。引之鲁，则谓之外；引之夷狄，则谓之内。比之诈战，则谓之义；比之不战，则谓之不义。故盟不如不盟。然而有所谓善盟；战不如不战，然而有所谓善战。不义之中有义，义之中有不义。辞不能及，皆在于指。"

---

① 汪高鑫：《中国史学思想通史》（秦汉卷），合肥：黄山书社 2002 年版，第 198 页。

第七章 《春秋》与汉代文化

董仲舒从"任德不任力"和爱惜人民生命的立场出发，反对一切战争，也就认定《春秋》的主旨是反对战争的。那么，董仲舒如何从那么多的战争记录中，得出《春秋》反对一切战争的结论呢？战争是客观存在的，且在历史进程中起着重要的作用，因此，史官不得已而载之。董仲舒认为史官的非战思想首先表现在"后者主先"的载录原则，如《春秋·庄公二十八年》载："春王三月甲寅，齐人伐卫。卫人及齐人战，卫人败绩。"齐人是侵伐者，所以《春秋》后两句以"卫人"做主语，表示对齐人发动战争的不满。其次，所谓偏战，也就是双方军队堂堂皇皇，列阵击鼓而战，这中间含有礼的精神。例如《春秋·僖公二十二年》说"宋公及楚人战于泓，宋师败绩"，《公羊传》论宋襄公曰："故君子大其不鼓不成列，临大事而不忘大礼，有君而无臣。以为虽文王之战，亦不过此也。"也就是说，宋襄公因坚持偏战而受到褒扬。据此来看，《春秋》至少是对部分战争行为持肯定的态度的。但董仲舒认为这段载录只是"善其偏，不善其战"，归根结底还是反对战争。董仲舒对此提出了两个阐释原则：一是立足点转换；一是不得已而求善。就前者而言，偏战是否算是"义"要看和谁比，"比之诈战，则谓之义"，这是《春秋》本有之义；"比之不战，则谓之不义"，这是董仲舒对评论立足点的转换。就后者而言，"战不如不战"，这是董仲舒所坚信的《春秋》大指；而"有所谓善战"则是于不得已中求其善。由此，我们可以看到，"《春秋》无义战"是绝对的，而辞的有无是非并不是最关要紧的。这就是"见其指，不见其辞"的阐释法，这种阐释方法不能说完全没有根据，但其中的牵强附会之处也是明显的。

由上可以看出，董仲舒的辞指论是一种独特的解释学理论，它既包括了对春秋史官或《春秋》编纂者特殊编纂理念的理解和把握，也包括了在此逻辑基础上大胆的发扬、张大。徐复观说："《竹林》第三：'辞不能及，皆在于指'，由此可知他所说的指，是由文字所表达的意义，以指向文字所不能表达的意义；由文字所表达的意义，大概不出于《公羊传》的范围。文字所不能表达的'指'，则突破了《公羊传》的范围，而为仲舒所独得，这便形成他的春秋学的特色。"[①] 可以说，董仲舒的春秋解释

---

① 徐复观：《两汉思想史》第二卷，第208页。

学实现了由史学解释学向哲学解释学的转折，其一以贯之的不是某些《春秋》义理，而是《春秋》作为神圣经典的神秘启示性。正是这神秘启示性赋予董仲舒的过度阐释以合理性。

3

除了辞指论外，董仲舒春秋阐释学的另一个特征是实践性。所谓实践性，大而言之，就是着眼于现实，着眼于社会改造，陈其泰概括为"政治性"和"变易性"两点①；小而言之，就是认为《春秋》对具体史实的处理，可以看作是解决现实问题的示范性案例。我们把实践性也看作是解释学的问题，是因为它涉及经典文本的性质的认知和功能的实现问题，颇能显示董仲舒经学思想的特性。《公羊传·哀公十四年》云："君子曷为为《春秋》？拨乱世，反诸正，莫近诸《春秋》……制《春秋》之义以俟后圣。"说孔子的《春秋》事业本来就是一种政治事业，而与撰史无干。而且，孔子的政治事业还不仅局限于春秋时代，还作用于后代。董仲舒《春秋繁露·俞序》云："仲尼之作《春秋》也，上探正天端王公之位，万民之所欲，下明得失，起贤才，以待后圣。"则进一步强调《春秋》之义主要是在后世，而不是春秋时代。而这个"后圣"是谁，公羊传和董仲舒都没有明言，但汉人似乎都不怀疑是指汉代皇帝。何休注"以俟后圣"云："待圣汉之王以为法。"又引《演孔图》云："孔子仰推天命，俯察时变，却观未来，豫解无穷，知汉当继大乱之后，故作拨乱之法以授之。"这虽然是谶纬之说，却可看作是汉人的一种普遍认识。从以上观点出发，《春秋》不仅被视作一部有启示意义的古代史书，而且还被看作有直接指导意义的当代法典。因此，将《春秋》付诸实践，既是为了发挥《春秋》的法典功能，又是为了确证它的当代性意义。

《春秋》为汉制法，也可以说《春秋》即汉法，可以直接用诸汉世。因此，在董仲舒看来，《春秋》所谓拨乱反正，也就是拨秦法治之乱而归于汉德治之正，而如何实行德治呢？要进行礼乐教化。这是《春秋》之

---

① 见陈其泰《春秋公羊学说体系的形成及其特征》，载《山东大学学报》2002年第6期。

第七章 《春秋》与汉代文化

大义,也是《春秋》之大用①,也是《春秋》解释学的实践性的第一要义。以董仲舒为代表的公羊学家并不认为《春秋》仅是义理之书,他们认为《春秋》作为汉之法典,万事俱备,不光汉之典章制度、政治变革、皇帝的行止可以按图索骥于《春秋》,甚至如对匈奴用兵、处理假冒太子事等,都可从《春秋》中找到解决问题的理由和方式。如太初四年武帝下征伐匈奴诏中有曰:"高皇帝遗朕平城之忧,高后时单于书绝悖逆。昔齐襄公复九世之仇,《春秋》大之。"(《史记·匈奴列传》)《春秋·庄公四年》有"纪侯大去其国"的载录,《公羊传》解释说:"大去者何?灭也。孰灭之,齐灭之。曷为不言齐灭之,为襄公讳也。《春秋》为贤者讳,何贤乎襄公?复仇也。何仇尔?远祖也。哀公亨乎周,纪侯谮之。以襄公之为于此焉者,事祖祢之心尽矣。尽者何?襄公将复仇乎纪……远祖者,几世乎?九世矣。九世犹可以复仇乎?虽百世可也。"公羊学家对《春秋》复仇的赞赏,使得汉武帝有了征伐匈奴的理由和责任,而汉武帝的诏书未始不可以看作是对《春秋》和公羊学的实践性解读。又《汉书·隽不疑传》载,昭帝始元五年,有人在北阙自称是卫太子,丞相、御史、二千石等因不明实情而不知所措,京兆君隽不疑则下令将此人收捕,并解释说:"诸君何患于卫太子!昔蒯聩违命出奔,辄拒而不纳,《春秋》是之。卫太子得罪先帝,亡不即死,今来自诣,此罪人也。"这是一起突发事件,在此人身份不明的情况下,诸人处于两难境地,而隽不疑则可以据《春秋》理直气壮地大胆处置,则可以见出人们对《春秋》至高法典性质的认可,以至昭帝由此感慨"公卿大臣当用经术明于大谊"。西汉时期经学家的引经行事是一种风尚,如以《禹贡》治河,以《洪范》察变,以三百篇当谏书等,皆其例也。

《春秋》阐释的实践性,最突出的表现是所谓"《春秋》决狱"。不少学者从汉代法律变革的角度来说"《春秋》决狱"的意义,认为是儒家

---

① 陈苏镇《〈春秋〉与"汉道"——董仲舒"以德化民"说再探》(《国学研究》1997年第4卷)认为《春秋》为汉制法的主要含义,就是教导汉朝变革秦的法制而推行德治。

思想对汉律的补充和完善①，或是以"任德不任刑"来改革汉律②，但从公羊学家和董仲舒对《春秋》性质的把握来看，"《春秋》决狱"正是其法典功能的集中体现，它认为《春秋》可以不需经过任何意义转换而直接作用于汉代现实，也就是说它起的作用不是借鉴，而是法例和准绳。《春秋》决狱的范围上至天子、诸侯，下至小民，无所不包，显示了《春秋》天之大法的意义。如武帝建元六年辽东高庙和长陵高园殿先后发生火灾，于是董仲舒论曰："天灾若语陛下：'当今之世，虽敝而重难，非以太平至公，不能治也。视亲戚贵属在诸侯远正最甚者，忍而诛之，如吾燔辽东高庙乃可；视近臣在国中处旁仄及贵而不正者，忍而诛之，如吾燔高园殿乃可'云尔。在外而不正者，虽贵如高庙，犹灾而燔之，况诸侯乎！在内而不正者，虽贵如高园殿，犹燔灾之，况大臣乎！此天意也。"（《汉书·五行志上》）"在外而不正者"指淮南王刘安，"在内而不正者"指武安侯田蚡，这段论述皆当世朝廷大事，而董仲舒借灾异言之。据《史记·儒林列传》记载，此前董仲舒"以《春秋》灾异之变推阴阳所以错行……著《灾异之记》"，而两庙之灾正是《春秋》灾异的汉代翻版。董仲舒这番推论当时虽未被汉武帝接受，但到元朔六年淮南王谋反事露后，武帝"思仲舒前言，使仲舒弟子吕步舒持斧钺治淮南狱，以《春秋》谊颛断于外，不请"（《汉书·五行志上》）。吕步舒以《春秋》判淮南王谋反案，赢得了武帝的赞赏。董仲舒是"春秋决狱"的大师，王充《论衡·程材》说"董仲舒表《春秋》之义，稽合于律，无乖异者"，《后汉书·应劭传》载："故胶西相董仲舒老病致仕，朝廷每有政议，数遣廷尉张汤亲至陋巷，问其得失。于是作《春秋决狱》二百三十二事，动以经对，言之详矣。"《春秋决狱》虽不存③，但从中我们也可以看到董仲舒的"春秋决狱"已经形成体系了。

---

① 如于振波《"引经决狱"的实质与作用》，载《湖南大学学报》1999年第2期。
② 陈苏镇认为："'任德不任刑'并不是不要'法'，而是要让'法'符合'义'的原则。'《春秋》决狱'之说正是基于这一理论。"（《汉代政治与〈春秋〉学》，第252页）
③ 《汉书·艺文志》"六艺略"著录有《公羊董仲舒治狱》十六篇，后世传有题名董仲舒所作的《春秋决事》、《春秋决狱》、《春秋决事比》等，但在宋后亡佚。清人自《太平御览》、《通典》等书中辑得六例，其中与《春秋》有关的有五例。见清人苏舆《春秋繁露义证》所附《春秋繁露考证》。

第七章 《春秋》与汉代文化

一般来说，公羊学和董仲舒都强调《春秋》的法典性质，既然是法典自然有断狱的功能。但即使是法典，《春秋》也只是一种义理大典，相当于今日的宪法，仍不能凭之断狱，断狱应该依赖一些更详细的律例。那么《春秋》何以能决狱呢？我们先看董仲舒《决狱》之一例：

> 甲父乙与丙争言相斗，丙以佩刀刺乙，甲即以杖击丙，误伤乙，甲当何论？或曰：殴父也，当枭首。论曰：臣愚以父子至亲也，闻其斗，莫不有怵惕之心。挟杖而救之，非所以欲殴父也。《春秋》之义，许止父病，进药于其父而卒。君子原心，赦而不诛。甲非律所谓殴父，不当坐。①

这是一个甲为助父而误伤父亲的案子，若依汉律当入殴父之罪，而董仲舒认为依《春秋》例断其无罪。《春秋·昭公十九年》载："夏，五月，戊辰，许世子止弑其君买……冬，葬许悼公。"《公羊传》曰："贼未讨，何以书葬？不成于弑也。曷为不成于弑？止进药而药杀也。止进药而药杀，则曷为加弑焉尔？讥子道之不尽也。其讥子道之不尽奈何……止进药而药杀，是以君子加弑焉尔，曰许世子止弑其君买；是君子之听止也。葬许悼公，是君子之赦止也。赦止者，免止之罪辞也。"许世子进药误杀父亲，《春秋》责之以"弑"；由于是误杀，《春秋》又在记述葬礼时表示了原谅。那么，判断一件案子的主要依据不是事情的结果，而是动机，也就是董仲舒所说的"君子原心"，因此，甲实无罪。由此，我们可以看出，《春秋》所以能断狱，是因为儒家强调以德衡事，追究当事人的动机。董仲舒《天人三策》认为秦法汉律是"诛名而不察实，为善者不必免，而犯恶者未必刑也"（《汉书·董仲舒传》），反对刑律的就事论事的态度。若以个人的德行为裁决的对象，自然可以以义理来衡之。在儒家看来，《春秋》惩恶扬善，直指人心，强调事实的道德含义。董仲舒《春秋繁露·精华》说："《春秋》之听狱也，必本其事而原其志。志邪者不待成，首恶者罪特重，本直者其论轻。"此后的《盐铁论·刑德》说的更为明

---

① （宋）李昉等撰：《太平御览》卷六百四十，第2868页。

确:"《春秋》之治狱,论心定罪。志善而违于法者免,志恶而合于法者诛。"这就根本抛开了犯罪的事实,而专论当事者的主观意志了。"原心论罪"、"论心定罪"因其较为主观随意,为学者多所诟病①,但善恶乃本之于心,董仲舒之论是赏善罚恶的根本之所在也,对当时苛严的刑法制度的改革亦大有作用。

"《春秋》决狱"是公羊学解释学的实践性特征的突出表现形式。张涛说:"就法律本身的发展而言,《春秋》决狱将儒家经义特别是其反复强调的道德原则引入司法实践,并进而通过'决事比'也就是判例法这种方式渗透到立法实践之中,由此开启了儒家经义、儒家道德法律化、法典化的进程。经学的介入,使儒家思想开始成为封建法律的指导思想,并使引礼入法开始成为中华法系的一个重要特征,在中国法制史上意义重大。"② 从文献阐释的角度来说,"《春秋》决狱"从根本上动摇了《春秋》的史著性质,不但坐实了《春秋》的国家法典的意义,而且进一步指示了《春秋》神秘而无所不能的实践性的功能。《春秋》从一部有着政治寓意的史书,至此而成为一部指导人类社会活动的神圣大典。它的作者也由史官一变而为君子,再变而为立法者。

更为重要的是,"春秋决狱"展示了汉儒话语权力的构建过程。春秋时期开始的"信而有征",强调经典作为话语资源和话语权力的来源,但汉儒主动承担起意识形态的更始新创之重任,必须有较大的理论创新,而这些无法从传统经典中直接获取。在这个背景下,新的经典阐释学开始出现,这种阐释学必须赋予阐释者更大的空间。公羊学就是这样的阐释学,其集大成者就是董仲舒的"见其指,不任其辞"。它强调了后圣主观"原心"的权力,并希望借助《春秋》一劳永逸地解决意识形态和社会规范的建设之问题,甚至可以代替律令来裁决社会事务。可以说,"春秋决狱"是汉代公羊家话语理论一次顺理成章的实践过程。虽然不少学者肯定《春秋》决狱"原心定罪"的合理性和进步性,但由于公羊家经典解

---

① 如马端临《文献通考》卷一百八十二"春秋决事比"条所曰:"盖汉人专务以《春秋》决狱,陋儒酷吏,遂得以因缘假饰。"(宋)马端临:《文献通考》,上海:商务印书馆1936年版,第1567页。

② 张涛:《经学与汉代社会》,石家庄:河北人民出版社2001年版,第203页。

第七章 《春秋》与汉代文化

释学自身的随意性，使得"春秋决狱"很快就走到了自己的尽头。董仲舒之后，"春秋决狱"方式虽然还余响不绝，但有识之士已经有意识地削弱了它的随意性，晋朝熊远上奏曰："凡为驳议者，若违律令节度，当合经传，及前比故事，不得任情以破成法。愚谓宜令录事更立条制，诸立议者皆当引律令经传，不得直以情言，无所依准，以亏旧典也。"(《晋书·刑法志》)学者认为，"此项举措，将'春秋决狱'更名为条例，引入律典，使得合经与合律同一，同化'引律决狱'与'引经决狱'，强调不任情断狱、不亏旧典、不破成文。"① 不仅是法律实践通过制度化、条例化来改变"春秋决狱"的主观任意性，儒家话语方式也一样需要调整。西汉宣帝时期召开的石渠阁会议"平《公羊》、《穀梁》同异"，"望之等十一人各以经谊对，多从《穀梁》。由是《穀梁》之学大盛"(《汉书·儒林传》)。其后，刘歆等认为《春秋》乃圣人"制礼"之书，而《左传》"好恶与圣人同"(《汉书·刘歆传》)，推崇《左传》、贬低公羊学。《春秋穀梁传序疏》录郑玄《六艺论》云："《左氏》长于礼，《公羊》长于谶，《穀梁》长于经。"这实际上都是为了纠公羊学"微言大义"之偏，而将儒家经典的意义回溯到较为切实的"礼"上，从而也就使得儒家依傍经典以立言的话语方式变得更有理性，更为成熟。

4

孟子是"五百年必有王者兴"的道统大义的开创者，认为周公、孔子皆有圣王之位。荀子后学对此也颇有体认，他们称颂荀子云："德若尧、禹，世少知之，方术不用，为人所疑；其知至明，循道正行，足以为纪纲。呜呼！贤哉！宜为帝王。"(《荀子·尧问》)汉初儒家又得益于荀子后学，因此，有关圣王道统的学术在汉初公羊家那里得到继承和发展，并成为一套非常系统严密的学说。在大一统和中央集权的政治背景下，这套学说和天人理论一起，共同维系着新的君臣关系，也维持着道和治两者在一定程度上的和谐共存。

孟子"五百年必有王者兴"理论应该受周公以教主身份称王的启发，

---

① 李鼎楚：《春秋决狱再考》，《政法论坛》2008年第3期。

强调的是圣王和俗王的并行于世，并据此称孔子以圣王的身份裁决天下，行教化之事。但以董仲舒为代表的公羊学家，却没有继承这样的圣俗分化的意识，他们通过"三统""三正"说，将孔子的王者之业纳入朝代更替的进程中，在夏、商、周、汉的统系中为孔子找到了王位之所在，从而将一条观念的历史并入朝代更替的历史，并以此方法坐实了孔子和《春秋》的王道地位。

董仲舒说：

> 王者必受命而后王。王者必改正朔，易服色，制礼乐，一统于天下，所以明易姓，非继人，通以己受之于天也。王者受命而王，制此月以应变，故作科以奉天地。(《春秋繁露·三代改制质文》)

> 受命于天，易姓更王，非继前王而王也。若一因前制，修故业，而无有所改，是与继前王而王者无以别。受命之君，天之所大显也。事父者承意，事君者仪志，事天亦然。今天大显己，物袭所代而率与同，则不显不明，非天志。故必徙居处、更称号、改正朔、易服色者，无他焉，不敢不顺天志而明自显也。若夫大纲、人伦、道理、政治、教化、习俗、文义尽如故，亦何改哉？故王者有改制之名，无易道之实。(《春秋繁露·楚庄王》)

也就是说，朝代是可更替的，而每一次更替也都体现了天命天意。新王为了表示自己受命于天，必须改变制度。"三统""三正"理论正是关于朝代发展的学说，它认为历史实际上是黑、白、赤三统依次循环更替的，每一新朝为一统[①]，每一统有着自己的服色制度。三统的颜色根据不同正朔物萌时的颜色而定。夏朝黑统，以寅月（一月）为岁首正月，色尚黑，"故朝正服黑，首服藻黑，正路舆质黑，马黑，大节绶帻尚黑，旗黑，大

[①] 庞天佑认为："在五行相生相胜、五德终始循环的基础上，董仲舒根据尧、舜、禹三代禅让后徙居处、改正朔、建日月、易服色，夏、商、周三代岁首各不相同的史实，提出了'三统'、'三正'的历史循环理论。"(《秦汉历史哲学思想研究》，北京：中国社会科学出版社2002年版，第108页)

第七章 《春秋》与汉代文化

宝玉黑，郊牲黑，牺牲角卵。冠于阼，昏礼逆于庭，丧礼殡于东阶之上。祭牲黑牡，荐尚肝。乐器黑质"（《春秋繁露·三代改制质文》，下同）；商朝白统，以丑月（十二月）为正月，色尚白，"故朝正服白，首服藻白，正路舆质白，马白，大节绶帻尚白，旗白，大宝玉白，郊牲白，牺牲角茧。冠于堂，昏礼逆于堂，丧事殡于楹柱之间。祭牲白牡，荐尚肺。乐器白质"；周朝赤统，以子月（十一月）为正月，色尚赤，"故朝正服赤，首服藻赤，正路舆质赤，马赤，大节绶，帻尚赤，旗赤，大宝玉赤，郊牲骍，牺牲角粟。冠于房，昏礼逆于户，丧礼殡于西阶之上。祭牲骍牡，荐尚心。乐器赤质"。而且，根据天统的不同，统治策略也有所不同，董仲舒说："然夏上忠，殷上敬，周上文者，所继之捄，当用此也。孔子曰：'殷因于夏礼，所损益可知也；周因于殷礼，所损益可知也；其或继周者，虽百世可知也。'此言百王之用，以此三者矣。"（《汉书·董仲舒传》）由于三统循环相续，每一新统对前三统有"绌"、"故"、"亲"的关系，亲疏有序，如"文王受命而王，应天变殷作周号，时正赤统。亲殷，故夏，绌虞谓之帝舜，以轩辕为黄帝，推神农以为九皇。"所谓"绌"，就是将前二朝之外的王降为帝，"封其后以小国，使奉祀之"。而对于自己的前二朝，则"下存二王之后以大国，使服其服，行其礼乐，称客而朝"（《春秋繁露·三代改制质文》）。苏舆注曰："二代前不追尊，使小国奉祀而已。"[①] 对最近的前一朝以"亲"的态度，对更前一朝则以"故"的态度，但因皆在三统之内，所以允许他们的后人以大国的身份各自保存自己的祭祀和礼乐传统。董仲舒的继统理论还包括"质"和"文"的循环变化，并以此和"三统"组织更为复杂的历史循环发展体系。

董仲舒的"三统三正"之说的根本目的不是要改变"天道"，而在于补弊救偏。他说："道之大原出于天，天不变，道亦不变。"（《汉书·董仲舒传》）但是，每一朝代运行既久，难免积弊丛生，因此，"先王之道必有偏而不起之处，故政有眊而不行，举其偏者以补其弊而已矣。"（《汉书·董仲舒传》）那么，董仲舒的三统变替，实际上就是为了对前朝之弊循环相救，以保证社会的良好发展。"三统"说的现实意义是为了促使汉

[①] （清）苏舆：《春秋繁露义证》，北京：中华书局1992年版，第198页。

朝"更化"。董仲舒说：

> 至周之末世，大为亡道，以失天下。秦继其后，独不能改，又益甚之，重禁文学，不得挟书，弃捐礼谊而恶闻之，其心欲尽灭先王之道，而颛为自恣苟简之治，故立为天子十四岁而国破亡矣……今汉继秦之后，如朽木粪墙矣，虽欲善治之，亡可奈何。法出而奸生，令下而诈起，如以汤止沸，抱薪救火，愈甚亡益也。（《汉书·董仲舒传》）

周朝礼繁，而秦朝法深，皆文弊之表现，需要用质朴之道更化之，恢复到"夏之忠"，也就是要自周之赤统变而为汉之黑统，顺应三统循环的天命。因此，董仲舒的"三统三正"说，既是一种历史发展理论，也是一种具有实践意义的社会改造理论，如陈其泰所说："他的理论主张的实质就是解释历史的变化和治国办法的不同，其现实价值是讲汉代要'改制'，要创立新的制度、办法……在汉代，封建关系正在成长，当时的封建阶级处在上升时期，他们有创造精神，对历史有勇气向前看。董仲舒在《公羊传》基础上提出'张三世'、'通三统'的命题，就反映了这种时代特点。"[①]"三统"论除了论述实在的朝代更替外，也赋予了孔子和《春秋》以特殊而实在的历史地位，这更值得关注。

5

在董仲舒的"三统"体系中，夏、商、周、汉递相更替，不但秦朝不在正统之内，西周之后，天子失政，天道已经变化。那么，此间当有新王出世，使天统流转。公羊家遂以孔子为素王，以《春秋》作王者之业。董仲舒说："故《春秋》应天作新王之事，时正黑统。王鲁，尚黑，绌夏，亲周，故宋……具存二王之后也。"（《春秋繁露·三代改制质文》）将孔子的《春秋》事业正式纳入"三统"之中。不过，公羊家和董仲舒皆强调孔子"制《春秋》之义，以俟后圣"，是为汉代"更化"提供理

[①] 陈其泰：《清代公羊学》，北京：东方出版社 1997 年版，第 22—23 页。

第七章 《春秋》与汉代文化

论根据。若从为汉家立法的观点而论，孔子之统，汉家之统也，则孔子的实际地位与汉代政权合而为一。

孔子素王的说法虽然自孟子就开其端绪，并为汉前期公羊家所发挥，但董仲舒以孔子得天之黑统乃是一种实证的论述。

首先，董仲舒认为孔子受命有天命之迹。《天人三策》云："天之所大奉使之王者，必有非人力所能致而自至者，此受命之符也。"（《汉书·董仲舒传》）那么，孔子受命之符为何？即《春秋·哀公十四年》之"西狩获麟"。《公羊传》一方面认为"麟者，仁兽也。有王者则至，无王者则不至"，一方面说孔子"反袂拭面，涕沾袍"，直叹"吾道穷矣"。对此最合理的解释就是仁兽麟好不容易出现却被射死。而董仲舒却不那么悲观，他说："有非力之所能致而自至者，西狩获麟，受命之符是也。然后托乎《春秋》正不正之间，而明改制之义。"（《春秋繁露·符瑞》）认为"获麟"乃孔子就新王之位的符瑞。

其次，《春秋》有依三统改制之事。《春秋》"文公十二年"和"成公四年"都有"杞伯来朝"的记载。董仲舒云：

> 王者之后称公，杞何以称伯？《春秋》上绌夏，下存周，以《春秋》当新王。《春秋》当新王者奈何？曰：王者之法，必正号。绌王谓之帝，封其后以小国，使奉祀之。下存二王之后以大国，使服其服，行其礼乐，称客而朝。故同时称帝者五，称王者三，所以昭五瑞，通三统也。是故周人之王，尚推神农为九皇，而改号轩辕谓之黄帝，因存帝颛顼、帝喾、帝尧之帝号，绌虞而号舜曰帝舜，录五帝以小国。下存禹之后于杞，存汤之后于宋，以方百里爵号公。皆使服其服，行其礼乐，称先王客而朝。《春秋》作新王之事，变周之制，当正黑统。而殷、周为王者之后，绌夏改号禹谓之帝，录其后以小国，故曰绌夏存周，以《春秋》当新王。不以杞侯，弗同王者之后也。称子又称伯何？见殊之小国也。（《春秋繁露·三代改制质文》）

董仲舒认为，杞是夏后，于周，则与商之后裔宋国同为"王者之后"，及孔子以《春秋》当新王之政，则以宋、周为王者之后，而夏当绌去王号改称帝，杞为小国，这就是《春秋》不称杞侯而称杞伯的道理，也是《春秋》"应天作新王之事"的证明。

再次，新朝必有徙居处之事，王者亦必有疆域，而孔子所王何处呢？董仲舒有"《春秋》托新王受命于鲁"之说：

> 今《春秋》缘鲁以言王义，杀隐桓以为远祖，宗定哀以为考妣，至尊且高，至显且明。其基壤之所加，润泽之所被，条条无疆……大国齐宋，离不言会。微国之君，卒葬之礼，录而辞繁。远夷之君，内而不外。当此之时，鲁无鄙疆，诸侯之伐哀者皆言我。邾娄庶其、鼻我，邾娄大夫。其于我无亲，以近之故，乃得显明。隐桓，亲《春秋》之先人也，益师卒而不日。于稷之会，言其成宋乱，以远外也。黄池之会，以两伯之辞，言不以为外，以近内也。（《春秋繁露·奉本》）

《春秋》以鲁史传天下，孔子鲁人，故鲁就是孔子立王业之疆域。董仲舒的这一段话就是将《春秋》的有关笔法聚拢到以鲁为中心的话语系统中，形成一个天下宗鲁的题目。康有为对这段话做了这样的解释："'缘鲁以言王义'。孔子之意专明王者之义，不过言托于鲁，以立文字。即如隐桓，不过托为王者之远祖，定哀为王者之考妣，齐宋但为大国之譬，邾娄、滕侯亦不过为小国先朝之影。"① 是说《春秋》实际上通过历史叙述以及和其他诸侯国的关系，构建了一个王朝发展的框架，构成了"孔子新朝"的前期基础，所谓"宗定哀以为考妣"说的就是孔子新朝的世系次序。邾娄仪父、滕侯、薛侯等小国之君皆能来朝，所以得到《春秋》的褒扬，同时也显示了《春秋》王鲁之义。朱一新注曰："鲁无鄙疆，即王道浃，人事备，广鲁于天下之意，非谓鲁之鄙疆果远也。"② 苏舆曰："所传闻之世，来接内者书其小恶，其不来者不治。明化自近始，有界

---

① 康有为：《春秋董氏学》，北京：中华书局1990年版，第27页。
② 转引自苏舆《春秋繁露义证》，第281页。

第七章 《春秋》与汉代文化

域,至于近则内外渐进而从同矣。故云'无鄙疆',此所谓王义也。"① 说的就是鲁的王化已经遍及天下,王鲁之势已经显露于世。至于"益师卒而不日",是因为时代久远,王化未成,故载录粗疏;而邾娄诸大夫皆得书名,小国之君卒均得书葬,皆因为时代贴近。陈其泰说:"《春秋》既然缘鲁以言王义,那么定公、哀公离得近,有如考妣至尊且高,而隐公、桓公之世已是远祖,恩薄情减。故《春秋》书法,定、哀之世,表示王化程度已深,记载的态度越宽厚,因时代近而密切;而对隐、桓之世态度越严,因时代远而疏淡。"② 也就是说,从《春秋》书法的远近亲疏的程度来看,《春秋》王道已于定哀之后在鲁形成,鲁则为《春秋》王事的立足之处。

最后,《春秋》行王者之事。这一论点发自孟子,而为公羊学所着意发挥,所以不用多费笔墨。董仲舒说:"仲尼之作《春秋》也,上探正天端王公之位,万民之所欲,下明得失,起贤才以待后圣。故引史记,理往事,正是非,见王公。史记十二公之间,皆衰世之事,故门人惑,孔子曰:'吾因其行事而加乎王心焉。'以为见之空言,不如行事博深切明。"(《春秋繁露·俞序》)司马迁说:"余闻董生曰:'周道衰废,孔子为鲁司寇,诸侯害之,大夫壅之。孔子知言之不用,道之不行也,是非二百四十二年之中,以为天下仪表,贬天子,退诸侯,讨大夫,以达王事而已矣。'子曰:'我欲载之空言,不如见之于行事之深切著明也。'夫《春秋》,上明三王之道,下辨人事之纪,别嫌疑,明是非,定犹豫,善善恶恶,贤贤贱不肖,存亡国,继绝世,补敝起废,王道之大者也。"(《史记·太史公自序》)司马迁对董仲舒思想的发挥可谓清晰明了。

王鲁、亲周、故宋,以《春秋》当新王。董仲舒这一套理论,将孟子的"《春秋》,天子之事也"的观点发展到极致。他认为孔子就是王。孔子受天之命,立法天下,裁决历史,以一部《春秋》而维系了"王鲁、亲周、故宋"的天道流转,除了没有实在的权柄之外,孔子拥有王者的一切,因此,孔子是"素王"。孔子的《春秋》事业等同于周公摄政及制

---

① 苏舆:《春秋繁露义证》,第282页。
② 陈其泰:《清代公羊学》,第29页。

礼作乐,有着至高无上的地位。如果说孟子的观点还多少有些迷离的话,董仲舒的建立在"三统论"基础上的"新王"说就非常肯定,他希望将孔子为王的说法坐实,并在历史统序中获得切实的地位。当然,"新王"说的真正的核心是以《春秋》"当一王之法"(《史记·太史公自序》)。这不但将儒家所奉持的古史典籍中的道统含义阐发至明,而且还通过天命的形式赋予其合法性,成为和周公礼乐一样的万世不移的大法。因此,董仲舒的"新王"理论将孟子道统观点推衍至一个前所未有的高度。如从文化演进的角度来看,则又可以看作是巫史传统的强劲复苏。董仲舒的孔子受命说已经赋予孔子形象以神秘色彩,在此后流行的纬书中,巫史传统的神秘启示性就得到更加充分的显示和夸张了,孔子也被渲染成为一个应命而生,怀有圣德,大法天下的"教主",而《春秋》经文"备三圣之度"①。孔子和《春秋》都被神化了。因此,董仲舒的公羊学是巫史传统的又一高峰。

但是离开了原始的巫史文化传统,董仲舒的天道观点和《春秋》"新王"之说,总觉得隔了一层,并不那么牢靠。在孟子那里,"五百年必有王者兴"和实际的朝代是平行的,道统有着自己的文化渊源和发展方向,因此才能对现实行赏罚之权。而董仲舒强调《春秋》为后圣立法,因此,"新王"之道是要和汉代治统合为一体,才能有其真正的合法性。林存光说:"董氏'推明孔氏'之意……旨在通过理论上的系统论证而将孔氏的经典之学与汉家王朝的政治合法性和制度建设予以联姻、整合为一体。"② 这是时代背景使然,也是儒者在汉初多方努力才能达到的最好结果。

儒学在经过秦火之后,能再次成为汉朝的至尊学问,董仲舒可谓居功至伟。但董仲舒是通过将道统嫁接到汉家政统之上才获得这种成功的。不论他对阴阳五行、对《春秋》大义阐发得如何系统缜密,但真正能确立"新王"地位的不是天道,而是汉家的政治权威。有一个例子能说明这个

---

① 黄奭编:《春秋纬·论语纬·孝经纬》,上海:上海古籍出版社1993年影印本,第199页。

② 林存光:《历史上的孔子形象——政治与文化语境下的孔子和儒学》,济南:齐鲁书社2004年版,第106页。

第七章 《春秋》与汉代文化

事实。《史记·儒林列传》载："（董仲舒）居舍，著《灾异之记》。是时辽东高庙灾，主父偃疾之，取其书奏之天子。天子召诸生示其书，有刺讥。董仲舒弟子吕步舒不知其师书，以为下愚。于是下董仲舒吏，当死，诏赦之。于是董仲舒竟不敢复言灾异。"董仲舒的灾异论来自《春秋》，当统治者认为"有刺讥"时，灾异论就成为"下愚"了。这说明，董仲舒的天道或"新王"学说，在很大程度上依赖于政统，而依赖于政统的道统也就失去了存在的合理性。可以说，董仲舒在一定程度上使儒家所奉持的巫史文献居于汉家意识形态的核心地位，但由于他对政统的妥协和依赖，又在实际上终结了巫史传统的自然合法性，使其成为一种寄生的东西，这也就意味着巫史传统，或者是道统的必然衰亡。

第八章

《史记》与原史传统的终结

　　史官制度在经过秦朝和汉初的中断后,在汉武帝时期终于得到复兴。司马迁是这一时代最为杰出的史官。他在家世传统和公羊学思想的鼓舞下,立志要再现孔子的《春秋》之业,成为另一个素王。但汉武帝的大一统集权政治,正竭力扼杀着他的话语权力和希望。原史文化由此而和现实产生了激烈的冲突,冲突的结果集中体现在宫刑和《史记》上。前者意味着原史文化已沦落至屈辱的地位,并由此而告终结;后者意味着原史文化在其寂灭之前,奋然张起复仇大旗,原史精神就在这复仇的烈焰中涅槃。司马迁是最后一个原史,也是这个传统最伟大的代表之一。由他所肩起的道统,通过"发愤著述"而转化为一种普遍的文人理想,并且一直延续不绝。中国古人对撰史的热情和对史传作品的敬重,以及文人所经常采用的以史讽今的政治批评方式实是原史精神的延续。

　　司马迁的史著行为立足于原史传统,又超逸出原史传统。"发愤著述"说,就是将"刺讥"从原史传统中剥离出来,并以个体的理由继续延续。这一转换,使得原史的批判精神,即使在原史传统中断以后,仍然能通过著述的形式得以保留和发扬,其意义十分重大。"发愤著述"的写作实践,又在一定程度上超出了政治"刺讥"的范围,它在关注社会的不公和不义的同时,转而关注个体的际遇和命运,这就使《史记》成为一部具有浓烈主观色彩的抒情泄愤之作。《史记》作为一部史著因此也就具有了鲜明的文学特色。

第八章 《史记》与原史传统的终结

一 司马迁的史职观念

1

秦国一直有史官制度。秦昭王与赵惠文王渑池会盟时,有秦御史记录曰:"某年月日,秦王与赵王会饮,令赵王鼓瑟。"(《史记·廉颇蔺相如列传》)统一六国后,秦始皇听从李斯的建议,将"史官非秦记皆烧之"(《史记·秦始皇本纪》)。由这一句话可以推知如下几点:(1)秦有《秦记》传世,应该是经过编定的较成系统的秦国史书[①]。(2)六国史记也曾集中到秦的"史官"手里,与《秦记》一同收藏。史载秦柱下史张苍"明习天下图书计籍"(《史记·张丞相列传》),这也只有"天下图书计籍"都汇聚到秦廷才有可能。(3)由于六国史记未必人人能读,则六国史官也可能被集中到秦朝廷中。关于六国史官在秦的问题,已无确切材料可考,牛润珍推测说:"秦始皇完成统一后,有博士70多人,观察天文星象的官吏有300多人,天官本是史官所掌,其中大部分人当是被迁来关中的六国史官。"[②] 此说可信。也就是说,秦朝成立初期,史官的活动还是较为活跃的。《汉书·艺文志》"《苍颉》一篇"下注云:"《博学》七章,太史令胡母敬作。"《史通·史官建置》云此书作于"秦有天下"时。《博学》七章后世不存,据书名来判断,所记主要应是名物制度,或是为秦始皇统一天下文字、制度而作。《博学》显示了秦太史令是职掌典籍文献的官员。秦朝的史料除了《秦记》外,《汉书·艺文志》还著录有《奏事》二十篇,并注曰:"秦时大臣奏事,及刻石名山文也。"这种文献纂辑工作是史官的当然职责,类似于古史之记言。以上是古籍文献中关于秦史官的记录。

[①] 20世纪70年代在湖北云梦睡虎地十一号秦墓出土的《编年记》,也是一部较为完整的史官著作,作者是一个叫喜的史官。可见秦确实有史书传世。参见睡虎地秦墓竹简整理小组编《睡虎地秦墓竹简》,北京:文物出版社1978年版,第1—13页。

[②] 牛润珍:《汉至唐初史官制度的演变》,石家庄:河北教育出版社1999年版,第20—21页。

从上记载来看，秦在统一之初，对史籍文献还是相当重视的，史官制度也较完整。但这一切都在焚书坑儒之后化为乌有。司马迁在整理战国史料时说："秦既得意，烧天下《诗》《书》，诸侯史记尤甚，为其有所刺讥也。《诗》《书》所以复见者，多藏人家，而史记独藏周室，以故灭。惜哉，惜哉！独有《秦记》，又不载日月，其文略不具。"（《史记·六国年表序》）感慨秦史籍的零落。此后，文献中关于秦的史官活动的记载也基本绝迹，相信秦火之后史官制度也已经瓦解。不过，秦朝以法治天下，需要有大量的文献或文字官吏，这些官吏的初始来源也应该是史官，尤其是史官制度瓦解之后，那些以史籍文献为业的史官，都转而为法籍之吏，亦未可知。

汉初延续秦政，《汉书·百官公卿表》云："秦兼天下，建皇帝之号，立百官之职。汉因循而不革，明简易，随时宜也。其后颇有所改。"从文献上看不出汉武帝之前有明确的史官设置，史职往往为其他职官分散承担。如秦史官张苍，追随高祖，汉初任计相，后官至丞相。但汉初有关阴阳律历的事，都由张苍决定。《史记·张丞相列传》载："张苍为计相时，绪正律历。以高祖十月始至霸上，因故秦时本以十月为岁首，弗革。推五德之运，以为汉当水德之时，尚黑如故。吹律调乐，人之音声，及以比定律令。若百工，天下作程品。至于为丞相，卒就之，故汉家言律历者，本之张苍。"议定并颁行律历本是史官最重要的职事之一。《国语·周语上》曰："古者，太史顺时觋土，阳瘅愤盈，土气震发，农祥晨正，日月底于天庙，土乃脉发。先时九日，太史告稷曰：'自今至于初吉，阳气俱蒸，土膏其动。弗震弗渝，脉其满眚，谷乃不殖。'"这里说的就是史官颁时定阴阳的职能，议定并颁行律历即从这种功能发展而来。此外，叔孙通制礼仪也与张苍定律历的情形相似。陆贾亦非史官，在受命著述《新语》之外，他还"记录时功，作《楚汉春秋》九篇"（《后汉书·班彪列传上》）。《楚汉春秋》记刘项楚汉战争，下至汉惠帝、汉文帝事，班固认为这本书是介于《战国策》和《史记》之间的重要著作，并给司马迁撰写《史记》提供了借鉴。他说："汉兴伐秦定天下，有《楚汉春秋》。故司马迁据《左氏》、《国语》，采《世本》、《战国策》，述《楚汉春秋》，接其后事；讫于天汉。其言秦汉，详矣。"（《汉书·司马迁传》）这些事实说

第八章 《史记》与原史传统的终结

明，在西汉初期并没有十分确定的史职，往往是一些有能力的人来承担史事。

西汉前期称名为史的职位有内史和御史。内史是殷周时期巫史的代表性职务，如《吕氏春秋·先识览》说"殷内史向挚见纣之愈乱迷惑也，于是载其图法，出亡之周"，而西周内史则在册命仪式上专司代王宣读策命，后来由此发展为作册内史、作命内史等职务。战国时期这一职务已经变为一种行政官员了。但秦朝的内史一职也还保留着文献的责任。《秦律十八种·内史杂》云："有事请殹也，必以书，毋口请，毋羁请。"①《内史杂》所提及官署中有"书府"与"藏府"，主收藏书籍文献。可见秦朝的"内史"与文书、文献制度都有关系。不过，秦的内史主要还是地方行政官员。《汉书·百官公卿表》云："内史，周官，秦因之，掌治京师。景帝二年分置左［右］内史。内史，武帝太初元年更名京兆尹，属官有长安市厨两令丞，又都水、铁官两长丞。左内史更名为左冯翊，属官有廪牺令丞尉。又左都水、铁官、云垒、长安四市四长丞皆属焉。"汉承秦制，内史依然是职掌京师的行政官员。此外，各诸侯国及军中往往亦有"内史"掌治民和法律，"治粟内史"则掌谷物，则内史似有泛称之用。这可能与内史掌管簿籍法律有关。因此，牛润珍说："内史虽然在掌理文书簿籍方面多少保存了先秦的一些职能迹象，但从性质上讲，已不再是史官了。"②汉武帝时就干脆将内史之名废除不用了。而御史一职在战国时期有记事的职责，应该是战国到汉初时期最主要的史职官员。在秦汉的务实政治中，主要是起草诏书。《汉书·高帝纪》沈钦韩注云："是时未有尚书，则凡诏令御史起草，付外施行。"③汉御史大夫下设御史中丞一职，"在殿中兰台，掌图籍秘书，外督部刺史，内领侍御史员十五人，受公卿奏事，举劾按章。成帝绥和元年更名大司空"（《汉书·百官公卿表》）。据此，御史中丞的职事也分为两类，其中"掌图籍秘书"应该是这个职务的传统职责，而"受公卿奏事，举劾按章"，则是从"掌图籍秘书"派生出来的，也可算是文献工作。兰台是汉专责图书文献的官署，除上代文

---

① 睡虎地秦墓竹简整理小组：《睡虎地秦墓竹简》，第 105 页。
② 牛润珍：《汉至唐初史官制度的演变》，第 37 页。
③ 引自（清）王先谦《汉书补注》上册，北京：书目文献出版社 1995 年版，第 29 页。

· 351 ·

献外，政府文书也要通过此类官署收发和保存。王充《论衡·对作篇》云："汉立兰台之官，校审其书，以考其言。"兰台到了东汉时期就成了撰史的官署了，班固就曾以兰台令史的职务而撰写《汉书》。如果说在汉武帝之前，汉代还有史官的话，则御史中丞的"掌图籍秘书"就应该是代表了。兰台外，西汉还有尚书也负责档案文献，据《史记·魏其武安侯列传》记载，窦婴子弟上疏说持有汉景帝遗诏，"书奏上，而案尚书，大行无遗诏。诏书独藏魏其家，家丞封。乃劾魏其矫先帝诏，罪当弃市"。可见，尚书有保存诏令之责。至汉武帝时，起草诏书的职责开始由尚书郎担当了。太常是西汉专司礼仪的官衙，内设有"掌故"一职。文帝时，晁错"以文学为太常掌故"，并以此身份从伏生受《尚书》，"景帝即位，以错为内史。错常数请间言事，辄听，宠信倾九卿，法令多所更定"（《史记·袁盎晁错列传》）。所谓"掌故"，即执掌"故事"，而"故事"当然主要是指前代文献资料。

实际上，随着社会分工的细化，到西汉时期再将所有的文献工作归入史官职能，就已经有些勉强了。秦汉社会政治制度已经有了很大的改变，文献工作已经被分解，而且到处都有了，尤其是秦以法治国，"使法典法规、文书图籍、档案簿记之类，变成了帝国行政的基础"[①]，不少职官都有了文书工作。因此，西汉的文献工作并不必然与史官有关。真正继承前代史官职能的是太史。汉代有关太史的最早记录是在汉武帝时代。在司马迁之前，可知的太史有司马谈和落下闳。司马迁在追溯自己家族的历史时，认为自己出生于史官世家，但入汉以来家族中的第一任史官却是自己的父亲司马谈。则汉武帝复设史官之职有可能是从司马谈始，时在建元、元封之间。又《史记·历书》载有"巴落下闳运算转历"，《史记索隐》转引《益部耆旧传》云："闳字长公，明晓天文，隐于落下，武帝征待诏太史，于地中转浑天，改《颛顼历》作《太初历》，拜侍中不受。"可见落下闳亦为太史。此前是否还有太史一职，则难以考察。太史的长官是太史令。《后汉书·百官志》曰："太史令一人，六百石。"自注曰："掌天时、星历。凡岁将终，奏新年历。凡国祭祀、丧、娶之事，掌奏良日及时

[①] 吴宗国主编：《中国古代官僚政治制度研究》，北京：北京大学出版社2004年版，第48页。

第八章 《史记》与原史传统的终结

节禁忌。凡国有瑞应、灾异，掌记之。"根据司马谈父子的生平记载和相关的材料，牛润珍指出西汉太史的主要职责大致有九项：（1）掌天时、星历，议造历法，颁行望朔，奏时日禁忌；（2）主持并参与多种祭祀仪式；（3）礼乐损益，音律改易；（4）随从封禅，事鬼神；（5）掌管天下郡国计书；（6）掌术数算学与课试蒙童；（7）记录灾异；（8）掌灵台，候日月星气；（9）掌明堂、石室档案图籍[①]。由此看来，汉代太史的职责与春秋史官相仿，仍以沟通天人和文献职事为主，属天官。这说明汉统治者在一定程度上尊重并认可巫史传统，可以想象，秦代即使有太史职，也不可能从事这些传统职事的，这可能与汉武帝接受了董仲舒的天命观及改正朔等建议有关。但时光流逝，史官执文化之牛耳的时代已经一去不复返了。司马迁《报任安书》云："文史星历，近乎卜祝之间，固主上所戏弄，倡优蓄之，流俗之所轻也。"则太史一职在社会地位上，已远不如春秋史官了。

2

司马谈是现在所知的汉代最早的太史，对司马迁的思想和《史记》的产生有着很大的影响。司马谈对于史职的理解和实践，是中国原史传统发展中的一个重要的环节。司马迁在《太史公自序》中记录了父亲临终前的嘱托云：

> 余先周室之太史也。自上世尝显功名于虞夏，典天官事。后世中衰，绝于予乎？汝复为太史，则续吾祖矣。今天子接千岁之统，封泰山，而余不得从行，是命也夫，命也夫！余死，汝必为太史；为太史，无忘吾所欲论著矣。且夫孝始于事亲，中于事君，终于立身。扬名于后世，以显父母，此孝之大者。夫天下称诵周公，言其能论歌文武之德，宣周邵之风，达太王王季之思虑，爰及公刘，以尊后稷也。幽厉之后，王道缺，礼乐衰，孔子修旧起废，论《诗》《书》，作《春秋》，则学者至今则之。自获麟以来，四百有余岁，而诸侯相兼，

[①] 以上参见牛润珍《汉至唐初史官制度的演变》，第39—40页。

> 史记放绝。今汉兴，海内一统，明主贤君忠臣死义之士，余为太史而弗论载，废天下之史文，余甚惧焉，汝其念哉！

这一段话至少说明了以下几个方面的意义：（1）司马谈认同自己的史官家世，并表示了对这一传统的忠诚，希望能将这一传统延续不断。（2）太史之职典天官之事，所以司马谈对不能参加汉武帝的封禅大礼耿耿于怀。（3）司马谈认为太史一职是家传的，所说"余死，汝必为太史"的话，就说明史官传统在一定程度上游离于当时的中央集权政治制度之外。以上三点所反映的是传统的原史观念，与春秋以前的史职是一脉相承的，而以下三点则有着明显的时代特色：（4）将周公、孔子纳入巫史传统中，认为他们是这一传统最杰出的代表人物，隐约认可了"五百年必有王者兴"的思想。（5）在天官职能之外，司马谈认为周公的《诗经》之作，孔子"修旧起废"等经典文献工作，是史职最值得关注的内容。（6）认为自己作为史官的理想，是著录当代的"明主贤君忠臣死义之士"和"天下史文"。这三点并不在史官传统之内，而是来自汉代儒家思想的影响，尤其是公羊家的影响。

司马迁在司马谈思想、公羊家学术的基础上，形成了对史职理想和原史文化的认识。他在《太史公自序》中将自己的家世追溯到重黎绝地天通："昔在颛顼，命南正重以司天，北正黎以司地。唐虞之际，绍重黎之后，使复典之，至于夏商，故重黎氏世序天地。"重黎是巫官的源头，有序天地而教导人民的责任。司马迁自认重黎为先祖，当然是为了强调自己家族作为天命代言人的地位。到了周朝，史官职能更加明晰。司马迁说："当周宣王时，失其守而为司马氏。司马氏世典周史。"我们知道，史官虽由巫官分化而出，其主要职责是以文献事鬼神，但并不能算是"失其守"。之所以这样说，是因为周朝文献工作日常化，史官的职责较前更为明确，与巫职分工也就越来越明显。所以，司马迁在论及父亲司马谈的职务时，还特别指出"太史公既掌天官，不治民"。这说明，司马迁虽然较他的前辈史官，尤其是秦代以前的史官，有着更明确的文献意识，但他仍然特别强调史官的神秘渊源和宗教背景，强调史官传统特有的来自天命的话语权力。

第八章 《史记》与原史传统的终结

但是在司马迁所列举的先辈中，真正任史官的并不多，尤其是"司马氏去周适晋"以来，直到其祖父司马喜，没任史官之职者。那么，司马谈父子为何对自己的家世如此自负呢？有研究者认为司马迁所珍视的家世传统包括了入世功业意识、独立批判精神和传统史学精神三个方面，而所谓"史官"传统，实指史官所必备的"中正无私"的品格[1]。这一解释虽然不无道理，却有些勉强，其实司马迁自负其史官家世有其实在的理由，这从《太史公自序》中我们能找到答案。司马迁在聆听了父亲的病中教导后，俯首流涕曰："小子不敏，请悉论先人所次旧闻，弗敢阙。"这里的"先人"一向被解释为司马谈，"所次旧闻"则指司马谈"所欲论著"者。不过泷川资言注此句中的"先人"为"父祖"。易宁、易平亦撰文指出："《自序》称先人凡五见，无一指生人……然而，《自序》记'迁俯首流涕'回答其父时，司马谈尚在人世，'执迁手而泣'，耳提面命。《自序》记当时情形明白无疑。岂有做儿子的在复父命时当面称其父为'先人'之理？""司马迁此言'先人'，确切的涵义是指世为史官的司马氏先祖和孔子"[2]。不过，司马迁当父亲的面称孔子为"先人"似乎也不合情理，唯一的解释就是指司马谈以上的祖先。那么，那些并没有当过史官的祖先为何会次有"旧闻"呢？那只能说明这个"世典周史"的史官家族即使在失职期间也依旧著录或保留了先人所编次的史著，一代代地坚守着史官的职责，并且将这份家族的信念和"所次旧闻"一直传递到司马谈父子手里。果如此，这个家族对史职的忠诚，足以使得司马谈父子感到骄傲，使其视史职为自己的生命责任。

汉代中央集权，实行官僚政治，高级官员皆经中央政府任命，而司马谈却可以肯定地对司马迁说"余死，汝必为太史"，司马迁亦说"太史公仍父子相续纂其职"，可见太史一职在汉代有着特殊的地位，而这特殊地位只能来自当时社会对天官传统的敬重。所以，司马谈父子才会积极储备学识，以承担自己的神圣使命。

司马谈本人曾"学天官于唐都，受《易》于杨何，习道论于黄子"

---

[1] 张斌荣：《家世传统与司马迁的人格精神》，《烟台师范学院学报》1999年第4期。
[2] 易宁、易平：《"司马谈作史"说质疑》，《北京师范大学学报》2004年第1期。

(《史记·太史公自序》)。所谓"天官",《索隐》注曰:"此天官非《周礼》冢宰天官,乃谓知天文星历之事为天官。且迁实黎之后,而黎氏后亦总称重黎,以重本司天,故太史公代掌天官,盖天官统太史之职。"又《史记·天官书》云"星则唐都"。所以"天官"指的是天象星历。也就是说,司马氏家族除了将"所次旧闻"等文献资料传承下来外,一些巫祭星历之类的知识恐怕已经失传,只能求之于外了。天文星历是传统史官的必备知识,显然,司马谈的学习是为了自己家族的史职事业,这和当时的经生有所不同。司马谈对司马迁的教育也是一种史官教育,司马迁也精通天文星历及古今祭仪。《汉书·律历志》云:"至武帝元封七年,汉兴百二岁矣,大中大夫公孙卿、壶遂,太史令司马迁等言'历纪坏废,宜改正朔'……遂诏卿、遂、迁与侍郎尊大、典星射姓等议造《汉历》。"司马迁应是太初历的主要制定者[1]。至于祭仪知识,看其所著《封禅书》等就可知其造诣。但司马迁的学习以文献为主。司马迁回忆说:"年十岁则诵古文。二十而南游江、淮,上会稽,探禹穴,窥九嶷,浮于沅、湘,北涉汶、泗,讲业齐、鲁之都,观孔子之遗风,乡射邹、峄……"所谓"古文",《索隐》引刘伯庄语说是指《左传》、《国语》、《系本》等书。除此之外,司马迁还从董仲舒学习过《春秋》[2]。《太史公自序》称"余闻董生曰",并于《史记》中一再推崇董仲舒的学术,可见他受董仲舒的春秋公羊学影响至大。章学诚《邵与桐别传》云:"昔史迁著书,自命《春秋》经世,实本董氏天人性命之学,渊源甚深。班氏而下,其意微矣。"章贻选案曰:"司马迁尝受《公羊春秋》于董仲舒,观《自叙》答壶遂语意可见。班固《儒林传》于《春秋》传授,无司马迁名,是固不知迁学所自出也。而《艺文志》尚列《太史公》于《春秋》家,仍刘向

---

[1] 王国维说:"太初改历之议发于公,而始终总其事者亦公也。故《韩长孺列传》言'余与壶遂定律历';《汉志》言'乃诏迁用邓平所造八十一分律历'。盖公为太史令,星历乃其专职;公孙卿、壶遂虽与此事,不过虚领而已。孔子言'行夏之时',五百年后卒行于公之手,后虽历术屡变,除魏明帝、伪周武氏外,无敢变用亥、子、丑三正者,此亦公之一大事业也。"(王国维:《观堂集林》卷十一《太史公行年考》,第500页)

[2] 颇有人认为司马迁只是向董仲舒问学,而没有正式的师生关系。详论可参见陈桐生《中国史官文化与〈史记〉》第十章第一节《司马迁师承董仲舒说不能成立》,汕头:汕头大学出版社1993年版。

第八章 《史记》与原史传统的终结

《七录》之文耳。刘向固受《公羊春秋》者也。"[①] 又《汉书·儒林传》云:"孔氏有古文《尚书》,孔安国以今文字读之,因以起其家逸《书》,得十余篇。盖《尚书》兹多于是矣,遭巫蛊,未立于学官。安国为谏大夫,授都尉朝,而司马迁亦从安国问故。迁书载《尧典》、《禹贡》、《洪范》、《微子》、《金縢》诸篇,多古文说。"不过,司马迁和孔安国的关系大约只是问学而已,因为司马迁的《尚书》学包括了古文学,也包括了今文学,来源不止一处[②]。问学于董仲舒和孔安国,这只是见于载录的,司马迁学识渊博,自是师出多门。而这种学习方式与汉代的普遍风气并不相同。"汉人最重师法。师之所传,弟之所受,一字毋敢出入;背师说即不用"[③],而且也无改换门庭的习惯。这当然与当时的博士制度及学术风气有关,而司马迁文献学习的目的在于自己的史家修养,并非出于学派或仕途的考虑,所以对师承并不在意。我们有理由相信,司马谈本人所学的天官知识、《易》及道论也为司马迁所继承。司马迁说:"自曹参荐盖公言黄老,而贾生、晁错明申、商,公孙弘以儒显,百年之间,天下遗文古事靡不毕集太史公。"(《史记·太史公自序》)此太史公指司马谈。古今图书汇聚于太史官衙,司马迁必大受其惠。此外,《汉旧仪》谓:"司马迁父谈,世为太史。迁年十三,使乘传行天下,求古诸侯之史记。"[④] 此说法与司马迁《太史公自序》"二十而南游江、淮"有出入,但可以肯定的是,司马迁在游历中广求故事,其中当然包括"诸侯之史记"。这些记载说明司马迁在年轻时已经有了很多的学识储备。司马谈临终以"正《易传》,继《春秋》,本《诗》《书》《礼》《乐》之际"相嘱,可知司马迁平时必大有积学。其实,从《史记》所显示的学识来看,司马迁对古之遗书无所不读,卓有见识,涉猎极广。

3

司马迁生于汉代,一个文化复兴、在政治上充满了机遇的时代,如其

[①] (清)章学诚:《章学诚遗书》,北京:文物出版社 1985 年影印本,第 177 页。
[②] 参见张强《司马迁与〈尚书〉之关系考论》,《中国文化研究》2005 年春之卷。
[③] 皮锡瑞:《经学历史》,第 46 页。
[④] (宋)李昉等:《太平御览》卷二百三十五,第 1114 页。

父亲司马谈所说，其时"海内一统"，而"明主贤君忠臣死义之士"代有其人。司马迁的人生理想也带有明显的时代色彩和个性色彩。首先，作为一个命定的史官，司马迁要承担起原史传统的神圣使命，使其免于坠折；其次，因为泛览百家，司马迁实际上又具有了士的身份，希望以言立身，建功于当世。在这二重理想的鼓舞下，司马迁才提出了"究天人之际，通古今之变，成一家之言"的撰述目的。也正是这一新的职业理想，使得司马迁在原史文化中掀开了最为悲壮的一页。

传统史官的意义，除了实际的天官职能外，主要就是载录。但在一个大一统的时代，各诸侯国史官的"告命"和"传闻"制度已经不复存在，"就《封禅书》所见，司马谈身为太史令，但不过奉'灵旗'、为'兵祷'而已，官属太常，秩不过六百石"①。如果有所谓文献工作，也不过是对明堂、石室档案图籍或者天下郡国计书的保存了。所以，司马谈有"后世中衰，绝于予乎"之叹，他期望司马迁能不"废天下之史文"，接续祖业。换句话说，在司马谈看来，作为史官如果不能立言于世，无所论著，则当深为耻辱。而周公能"论歌文武之德，宣周邵之风，达太王王季之思虑，爰及公刘，以尊后稷"，自然是立言以为功；孔子"修旧起废，论《诗》、《书》，作《春秋》"，是立言者之理想。这一思想，体现了史职发展的趋势，是史官文化的一大转折点。学者论述司马迁"成一家之言"往往从内容和观念的范畴出发，强调"一家之言"的思想倾向，或者是学派归属。也有些学者不从内容，而是从著述方式来论司马迁"成一家之言"的独特意义。如梁启超说司马迁著《史记》，"与荀卿著《荀子》、董生著《春秋繁露》，性质正同。不过其'一家之言'乃借史的形式以发表耳"②。白寿彝说："司马迁自称'成一家之言'，是在史学领域里第一次提出这个'家'字，这是一个开创新局面的史学家自觉的表现。"③ 这些看法较接近司马迁本意，他们都认为司马迁的"成一家之

---

① 苏诚鉴：《〈史记〉是对汉武帝的批判书》，载刘乃和主编《司马迁和史记》，北京：北京出版社1987年版，第77页。

② 梁启超：《要籍解题及其读法·史记》，《饮冰室合集·专集》之七十二，北京：中华书局1989年版，第18页。

③ 白寿彝：《中国史学史》第一册，上海：上海人民出版社1986年版，第181页。

第八章 《史记》与原史传统的终结

言"就是立言,而立言的方式又是和史著行为不可分的。将史著和立言联系起来,而不是特别强调司马迁所立的是哪一家之言,这显示了几位学者的卓识。但他们或者把立言看成是受诸子的影响,或者把"以史立言"看成是司马迁的独创,则与事实不符。

立言是史官文化固有的传统,史官以立言为自己的人生目标。西周以后,尤其是在春秋时期,史官们由于对历史本身的掌握而获得了话语权力,"立言"就作为一种集体理想呈现在史著之中,并由此而形成了"三不朽"的立言观。《左传》中多次征引的"史佚有言曰","周任有言曰","仲虺有言曰"等[①],就显示了周代史官前辈们的"立言"实践已经深深地影响了春秋史官,他们通过记言和立言而建构了春秋"君子"理想。所谓"君子曰"云云就是春秋史家立言的典型形式。因此,传统史家本不以记录史事为重要职责,即使到司马迁时代,史官职责也不包括撰写历史,史家除了传统的职事之外,最为看重的恰是立言。立言是史官隐含在职业深处的理想,是史官文化的精髓。孔子不是史官,但却是史官文化的代表者,他深深理解"立言"的意义,并将其发展成为一种人生理想。《左传·襄公二十五年》孔子论子产曰:"《志》有之:'言以足志,文以足言。'不言,谁知其志?言之无文,行而不远。"他也希望在传承史官文化的同时,成为一个以立言而立身的人。所以,他虽然有整理、传播六经之功,但却有这样的感慨:"弗乎弗乎,君子病没世而名不称焉。"(《史记·孔子世家》)何以为"君子"?何以"称名"?只有"立言"。孔子无史官之职,因此只能"述而不作",不能无憾,遂有此叹。弟子们知道孔子的理想,于是在他死后,将平时的"各有所记""辑而论纂"成《论语》一书,实现孔子立言的遗愿。立言,是史官文化发展到春秋后期的必然结果,是史官话语权力的一种突出的显现形式,并成为这一传统中的人生理想。不少学者刻意强调司马迁的"成一家之言"是向现代意义上的史家认归,并将其和"稽其成败兴坏之理"联系起来,看成是一种史学自觉意识,认为"马迁自成一家就是一个历史家"等[②],但

---

① 分别见僖公十五年、文公十五年、宣公十二年、成公五年、襄公十四年。
② 参见杨燕起《司马迁的〈史记〉与中国史学的自觉》,《史学史研究》1995年第1期;张大可、俞樟华等《司马迁一家言》,西安:陕西人民教育出版社1995年版,第18页。

这不符合传统史官的理想，而将史家从一种本源性的文化中独立出来和其他各家各派并列，也是对史职的一种误解，是对司马迁的误解。

司马迁的"成一家之言"是对原史传统的继承。但比起春秋史官的立言方式，司马迁的"立言"有了新的发展。春秋史官以记言或以"君子曰"的方式立言，司马迁也以"太史公曰"的形式发议论，但相较而言，司马迁有明显的著述意识，并以著述为"立言"之道。这与司马迁对孔子的理解有关。孔子似乎并没有将自己的《春秋》事业看成是"立言"，因而有了弟子们的《论语》编纂之举。但在司马迁看来，孔子的立言之举不在《论语》，而在《春秋》。之所以有这样不同的认识，是因为孔子不认为自己是史官，而司马谈和司马迁却将周公和孔子看成原史文化最杰出的代表，是圣人，所以他们也就在最大程度上认同孔子的《春秋》事业。故司马迁的"成一家之言"，正在于"正《易传》，继《春秋》"，以《史记》当《春秋》之用，成就史家的人格理想。

在司马迁看来，《春秋》不但成就了孔子的圣人人格，而且有用于世，集中地体现了史官的神圣使命和职业理想。他在《孔子世家》里说：

> 子曰："弗乎弗乎，君子病没世而名不称焉。吾道不行矣，吾何以自见于后世哉？"乃因史记作《春秋》，上至隐公，下讫哀公十四年，十二公。据鲁，亲周，故殷，运之三代。约其文辞而指博。故吴楚之君自称王，而《春秋》贬之曰"子"；践土之会实召周天子，而《春秋》讳之曰"天王狩于河阳"：推此类以绳当世。贬损之义，后有王者举而开之。《春秋》之义行，则天下乱臣贼子惧焉……弟子受《春秋》，孔子曰："后世知丘者以《春秋》，而罪丘者亦以《春秋》。"

在司马迁看来，孔子的史官事业，就是以《春秋》行天道，贬损当世。司马迁在很大程度上认同董仲舒的《春秋》公羊学的说法，认为孔子作《春秋》"以当王法"（《史记·儒林列传》），"以达王事"（《史记·太史公自序》），"以制义法，王道备，人事浃"（《史记·十二诸侯年表序》），认可《春秋》作为"一王之法"。不过，我们发现司马迁似乎有意识地回避了公羊家以孔子为素王的说法。他以"据鲁"代替了董仲舒的"王

第八章 《史记》与原史传统的终结

鲁",也从没有提及孔子为黑统,《史记》虽然在多处记载并感慨孔子获麟,将获麟事件和《春秋》之作联系起来,但司马迁记载获麟是为了显示孔子的"道穷",而不是将其看作称王的祥瑞。所以,司马迁并没有完全接受董仲舒的说法,而是在"素王"这一点上有所保留。司马迁特别看重孔子被拘于匡时的感叹:"文王既没,文不在兹乎?天之将丧斯文也,后死者不得与于斯文也。天之未丧斯文也,匡人其如予何!"(《史记·孔子世家》)也就是说,司马迁认可孔子承文王而来,但所继承者乃其文统。这句感慨与《尚书·大诰》中周公所说"宁(文)王遗我大宝龟"以说明自己的宗教地位相仿。司马迁在董仲舒之后又回到了巫史以天命道义裁决天下的传统,与王权统系保持着一定的距离,使得史官的文化功能较为纯粹,而且在新的时代能有所作为。此外,我们还能从上大夫壶遂的责问中能看出司马迁关于"素王"的担心:"孔子之时,上无明君,下不得任用,故作《春秋》,垂空文以断礼义,当一王之法。今夫子上遇明天子,下得守职,万事既具,咸各序其宜,夫子所论,欲以何明?"(《史记·太史公自序》)按壶遂的说法,作为臣子,承认今王和承认今王的圣明是没有区别的,而"素王"只能出现在"上无明君"的朝代,可是大一统政治下,史官有什么权利声明当世帝王不是"明君"呢?那么,以董仲舒的三统说和素王观念,史官实际上是不可能在臣位而行王者之事,也就自然不可能拥有裁决天下的权利。这是董仲舒的一个悖论,他在无限抬高了《春秋》的王事的同时,也取消了史官的话语权利。因此,司马迁从文道的角度来论孔子《春秋》事业,是在新的历史条件下,站在史官的立场为争夺话语权利所采取的不得已的手段。所以,司马迁在《孔子世家》中感慨说:

《诗》有之:"高山仰止,景行行止。"虽不能至,然心乡往之。余读孔氏书,想见其为人。适鲁,观仲尼庙堂车服礼器,诸生以时习礼其家,余祇回留之不能去云。天下君王至于贤人众矣,当时则荣,没则已焉。孔子布衣,传十余世,学者宗之。自天子王侯,中国言六艺者折中于夫子,可谓至圣矣!

司马迁将孔子看成一个以文道传世的圣人，一个折中六艺的宗师，其地位至高无上，但却只限于以六艺为代表的文化传统，而不是一个王，甚至不是一个"素王"。这一圣人事业因为不在治统之列，所以不会被现世的治统所吞并，所遮蔽，这才有可能与治统并驾齐驱，成为一个审判者。所以，司马迁所理解的孔子虽然没有董仲舒说的那么神奇，但却更具有理论意义和实际价值。

在司马迁看来，孔子的《春秋》王业并不在后世，而是当世性的，是要"贬天子，退诸侯，讨大夫"，使"乱臣贼子惧"，要在现世中发挥它道义审判的社会功能，是与"空言"相对的"深切著明"的"行事"。这又使论题回到了孟子那里。司马迁说：

> 夫《春秋》，上明三王之道，下辨人事之纪，别嫌疑，明是非，定犹豫，善善恶恶，贤贤贱不肖，存亡国，继绝世，补敝起废，王道之大者也……拨乱世反之正，莫近于《春秋》。《春秋》文成数万，其指数千。万物之散聚皆在《春秋》。《春秋》之中，弑君三十六，亡国五十二，诸侯奔走不得保其社稷者不可胜数。察其所以，皆失其本已。故《易》曰："失之毫厘，差以千里。"故曰"臣弑君，子弑父，非一旦一夕之故也，其渐久矣"。故有国者不可以不知《春秋》，前有谗而弗见，后有贼而不知。为人臣者不可以不知《春秋》，守经事而不知其宜，遭变事而不知其权。为人君父而不通于《春秋》之义者，必蒙首恶之名。为人臣子而不通于《春秋》之义者，必陷篡弑之诛，死罪之名。其实皆以为善，为之不知其义，被之空言而不敢辞。夫不通礼义之旨，至于君不君，臣不臣，父不父，子不子。夫君不君则犯，臣不臣则诛，父不父则无道，子不子则不孝。此四行者，天下之大过也。以天下之大过予之，则受而弗敢辞。故《春秋》者，礼义之大宗也。夫礼禁未然之前，法施已然之后；法之所为用者易见，而礼之所为禁者难知。（《史记·太史公自序》）

概括言之，《春秋》王道体现在三个方面：一是天道的体现者。所谓"三王之道"、"存亡国，继绝世"，实际就是公羊家所说的三统三世之说，是

第八章 《史记》与原史传统的终结

天道照应下的朝代循环变迁。《史记·天官书》云："为天数者，必通三五。终始古今，深观时变，察其精粗，则天官备矣。"而在这些天数变化中，人间的礼乐制度也要因之而变化。司马迁在谈到作"八书"的原因时说："礼乐损益，律历改易，兵权山川鬼神，天人之际，承敝通变，作八书。"(《史记·太史公自序》)可见司马迁的"究天人之际"，就是明了天道统系的变化，以及随之而行的礼乐律历的改易。《史记·平准书》云："物盛则衰，时极而转，一质一文，终始之变也。"这里所说的文质互变，还有忠、敬、文三种政教制度的变化，都是"补敝起废"的王道，也是"通古今之变"。这些都是"王道之大者"，是天道。二是乱世的审判者。孟子说《春秋》是"天子之事"，《春秋》是史官著作，它是如何行天子之事的呢？在《春秋》没编定之前，载录本身就是恭候天谴的方式，史官不置一辞，而乱臣贼子惧，史书多有记载①。而在《春秋》中，审判就由史官来执行了，所以有"贬"、"退"、"讨"之说。到了《左传》等书中，"君子曰"就变得非常重要了。司马迁认同后一种审判，是史官据"理"而行的审判，也就是"别嫌疑，明是非，定犹豫，善善恶恶，贤贤贱不肖"，《春秋》将这些原则毫厘不爽地落实在二百四十二年的历史中，使乱世中的天子、诸侯、大夫都得到切实的审判，审判不仅停留在史官的褒贬笔法上，也应验在个人或家族的命运中。所以司马迁认为《春秋》有"拨乱反正"的功用。三是个体行为的尺度。认为《春秋》是礼义之大宗，前人通常也只是从传统礼仪的角度论之，而认为《春秋》突出地体现了君臣、父子等伦理秩序，则是司马迁直接承自董仲舒的学说。《左传》论《春秋》的社会功能仅概言其"惩恶而劝善"(《左传·成公十四年》)，《公羊传·庄公二十四年》论"君臣之义"也只是说"三谏不从遂去之"，董仲舒开始阐发《春秋》的君臣大义。《春秋繁露·玉杯》云："屈民而伸君，屈君而伸天，《春秋》之大义也。"强调君臣之间的主从地位是一种不可动摇的天命意志。《春秋繁露·基义》云："君臣父子夫妇之义，皆取诸阴阳之道。君为阳，臣为阴；父为阳，子为阴；

---

① 《左传·襄公二十年》载："卫宁惠子疾，召悼子，曰：'吾得罪于君，悔而无及也。名藏在诸侯之策，曰"孙林父、宁殖出其君"。君入则掩之，若能掩之，则吾子也。若不能，犹有鬼神，吾有馁而已，不来食矣。'悼子许诺，惠子遂卒。"

夫为阳，妻为阴……王道之三纲，可求于天。"则以阴阳关系规定君臣、父子、夫妻之间的主从关系。这些论述赋予《春秋》以建立社会伦理规范的意义。司马迁认为"君君，臣臣，父父，子子"这"四行"是最重要的社会道德范畴，而《春秋》通过各种"犯"、"诛"、"无道"、"不孝"的行为，将这层最基本的道德规范表达出来。而且，司马迁认为君臣父子的道德姿态，正是防微杜渐的开始，应该受到特别的重视。这一思想也承自董仲舒而来，《春秋繁露·王道》曰："孔子……刺恶讥微，不遗小大，善无细而不举，恶无细而不去，进善诛恶，绝诸本而已矣。"见微知著是伴随着道德观念的发展而发展的，见微知著同样也是道德审判的开始。

由此看来，孔子的《春秋》王事包括了从天道运行到每一个社会个体的言行，包含了"万物之散聚"，而且，它既是立法者，也是严格的执法者。它以"善善恶恶，贤贤贱不肖"的坚决的态度，在乱世开始了自己的审判。《春秋》审判的对象包括了自天子、诸侯、大夫直到臣民，它以政治统系的变更和个人命运的偿报，来完成自己的审判，从而也确定史著行为至高无上的权威。史著行为是超越现世的，是天命意志在人间的体现，所以是"天子之事"。而司马迁所认同并衷心向往的，正是这种既超越又面向现世的史官事业。他说：

> 先人有言："自周公卒五百岁而有孔子。孔子卒后至于今五百岁，有能绍明世，正《易传》，继《春秋》，本《诗》《书》《礼》《乐》之际？"意在斯乎！意在斯乎！小子何敢让焉。（《史记·太史公自序》）

司马迁以史官世家的身份和绝世的才华，加上正赶上在五百年一个周期的关节点上，不由得心驰神往，有慨然肩起传承大道之雄心，自认为是周公、孔子文统的继承者，是孔子之后又一个有权裁决天下、拨乱反正的伟大史官。事实上，司马迁也实现了他的史统理想，他以其卓越的《史记》著述抗声立言，继《春秋》之后，对现实进行了全面而深入的审判，成为史官传统乃至道统的又一座丰碑。司马迁的理想，是巫史传统在新的历史条件下的一次新的萌动和突破。

第八章 《史记》与原史传统的终结

二 司马迁的个性精神

1

秦统一六国后，战国时喧嚣一时的士人立刻失去了活动的舞台，终于在焚书坑儒后暂告终结。及至秦汉、楚汉战争兴起，士流稍稍泛起。高祖平定海内后就布告天下曰："盖闻王者莫高于周文，伯者莫高于齐桓，皆待贤人而成名。今天下贤者智能岂特古之人乎？患在人主不交故也，士奚由进！今吾以天之灵，贤士大夫定有天下，以为一家，欲其长久，世世奉宗庙亡绝也。贤人已与我共平之矣，而不与吾共安利之，可乎？贤士大夫有肯从我游者，吾能尊显之。"（《汉书·高帝纪》）再加上汉初各诸侯王的揽留，士人奔走于途者往往皆是。武帝压制诸侯王的同时，又广开仕进之路。《汉书·公孙弘卜式兒宽传》曰："是时，汉兴六十余载，海内艾安，府库充实，而四夷未宾，制度多阙。上方欲用文武，求之如弗及，始以蒲轮迎枚生，见主父而叹息。群士慕向，异人并出。"汉武帝曾下诏求士曰："盖有非常之功，必待非常之人，故马或奔踶而致千里，士或有负俗之累而立功名。"（《汉书·武帝纪》）于是设立各种形式的选官制度。吾丘寿王曰："今陛下昭明德，建太平，举俊材，兴学官，三公有司或由穷巷，起白屋，裂地而封。"（《汉书·吾丘寿王传》）甚至有以一言而获官者。《汉书·梅福传》云："孝武皇帝好忠谏，说至言，出爵不待廉茂，庆赐不须显功，是以天下布衣各厉志竭精以赴阙廷自衒鬻者不可胜数。"在这种情况下，一些沉沦下层的士人得以迅速崛起："卜式拔于刍牧，弘羊擢于贾竖，卫青奋于奴仆，日䃅出于降虏，斯亦曩时版筑饭牛之朋已。"（《汉书·公孙弘卜式兒宽传》）这些令人眼花缭乱的进言、拔擢，使人仿佛又回到战国时代，士人无不备受鼓舞，摩拳擦掌，意欲大有作为，沉淀已久的王者师友之念又开始在士人的心里蠢蠢欲动。当然，在这些士人中，受益最多的还是儒者，而孔子素王说之所以能在汉武帝时盛行一时，也在一定程度上反映了儒士们奋发有为的心态。

司马迁不能不受到这种风气的影响，他在《报任安书》中这样评论自己:"上之,不能纳忠效信,有奇策材力之誉,自结明主;次之,又不能拾遗补阙,招贤进能,显岩穴之士;外之,又不能备行伍,攻城野战,有斩将搴旗之功;下之,不能累日积劳,取尊官厚禄,以为宗族交游光宠。四者无一遂,苟合取容,无所短长之效,可见于此矣。"这虽然是司马迁对自己一事无成的抱怨,但它既反映了"时人的功名理想"①,也透露出司马迁的人生志向。以上四项的共同特点,都是通过个人奋斗而取功名,出人头地,但在司马迁眼里却有上下品次之分。反映了大一统社会特征的"累日积劳"被视作下品,而明显具有战国时代特色的以"奇策材力""自结明主"的自我实现方式被司马迁视为上品。这显示了司马迁的士人理想深受战国文化的影响,期望能趁时而起,一言安邦而名显天下。如东方朔《答客难》所云:"一当万乘之主,而身都卿相之位。"但是,大一统政治在很大程度上限制了这种战国士人式的理想。汉代士人在怀抱理想而又倍感压抑之下遂生出强烈的不适应之感,于是常有"此一时,彼一时也"的"不遇"之感慨。司马迁《悲士不遇赋》云:"悲夫士生之不辰,愧顾影而独存,恒克己而复礼,惧志行而无闻,谅才韪而世戾,将逮死而长勤,虽有行而不彰,徒有能而不陈……没世无闻,古人惟耻;朝闻夕死,孰云其否。"表达了在大一统制度下士人难以遽然出头的悲哀。之所以有这种悲哀,是因为在司马迁们的心里,仍然不自觉地以战国策士的成功来衡量自己的人生价值。

《史记》中的七十列传基本反映了司马迁的士人理想。他说:"扶义俶傥,不令己失时,立功名于天下,作七十列传。"(《史记·太史公自序》)战国策士"立功名"在很大程度上无分正邪,不论忠奸,具有唯功名论色彩。《史记》列传虽然不能不有褒贬,尤其是其"太史公曰"往往坐而论道,是非分明,但比起全篇的生动叙述,那些大义褒贬就显得如隔靴搔痒,远离意趣所在了。如关于商鞅,作为法家的代表人物,历来为舆论所恶,司马迁在"太史公曰"中称其为"天资刻薄人",其所为皆是"以帝王术挟持浮说",结果是"恶名于秦有以也夫"。但事实上这不过是换副面孔说话。司马迁真正要传写商鞅的原因是"鞅去卫适秦,能明其

---

① 于迎春:《秦汉士史》,第90页。

第八章 《史记》与原史传统的终结

术,强霸孝公,后世遵其法"(《史记·太史公自序》),也就是能乘时而起,建功名于世。再如项羽以匹夫之雄而霸王天下,其英雄意气,深得司马迁推崇,并破格将其放在"本纪"之中,但他同时又以"太史公"的口吻批评项羽"自矜功伐,奋其私智而不师古"(《史记·项羽本纪》),等等。从这一点来看,司马迁明显具有士和史的双重身份。当他以士的身份言说时,则汹汹然血脉贲张,意气风发;而当他以史官言说时,则板起面孔以道义褒贬人物。而这两者经常是相对立的,这就为《史记》带来了许多的矛盾。

将自己看作是一个士,并且坚持以士的道义来衡量自己的人格,司马迁在《报任安书》中这样说:

> 仆闻之,修身者,智之府也;爱施者,仁之端也;取予者,义之符也;耻辱者,勇之决也;立名者,行之极也。士有此五者,然后可以托于世,列于君子之林矣。

司马迁认为士应该以"立名"为"行之极",为人生的最终奋斗目标,因此,明取予和知耻辱就成了十分重要的精神气质。司马迁虽然谈到"修身"和"爱施"这样近乎儒家的道德观念,但其实他所看重的是"取予"和"耻辱"。这两个观念并非来自儒家,它们是指士人勇于决断和超乎常人的耻辱观。换句话说,司马迁的明取予和知耻辱,就是胸怀大志,忍辱负重,成就功名。《史记》所传战国策士范雎和蔡泽,二人皆有奇耻大辱的经历,而卒就功名。范雎得罪魏相魏齐,"魏齐大怒,使舍人笞击雎,折胁摺齿,雎详死,即卷以箦,置厕中。宾客饮者醉,更溺雎"(《史记·范雎蔡泽列传》)。而范雎能忍辱求生,终于在秦国实现自己策士的理想,并报得大仇。司马迁由此称赞他"能忍诟于魏齐,而信威于强秦"(《史记·太史公自序》),认为正是困厄造就了范雎。韩兆琦认为《范雎蔡泽列传》"歌颂了一种忍辱奋斗的精神"[①]。司马迁将具有这种精神的人称为"倜傥非常之人",他们既包括能忍胯下之辱的韩信,被人嘿而逃之

[①] 韩兆琦:《史记通论》,桂林:广西师范大学出版社1996年版,第443页。

的荆轲，也包括那些"意有郁结，不得通其道，故述往事，思来者"的文王、孔子、屈原、左丘明、孙子等圣贤之人。司马迁将明取予和知耻辱看作士的典型精神特征，而在《史记》中浓笔渲染。

明取予和知耻辱的士道观与司马迁本人的遭遇大有关系。李陵之祸以后，司马迁以接受宫刑而避死，颇遭世人非议。他解释云：

> 且勇者不必死节，怯夫慕义，何处不勉焉！仆虽怯懦，欲苟活，亦颇识去就之分矣，何至自湛溺累绁之辱哉？且夫臧获婢妾，犹能引决，况若仆之不得已乎？所以隐忍苟活，函粪土之中而不辞者，恨私心有所不尽，鄙没世而文采不表于后也。(《报任安书》)

当代学者多认为这段话反映了司马迁崇高的道德气质或献身精神。但其实这段话并没有那么高深，它的意思只是要向世人解释他苟且偷生是因为功名不成。所谓"私心"实是指心中所怀的功名情结，在司马迁的时代，他的功名也就只有著文立言一途了。司马迁在一个特殊情境中面临一个艰难的选择：气节还是功名。他选择了后者。这其中虽然也有艰难和执着，也有一定程度上对世俗伦理的超越，但这个选择本身明显具有功利色彩。学者们之所以认为这个选择是伟大的，其逻辑前提是这一选择的后果——《史记》是伟大的，但我们不能用后果来判断选择本身。那样也是功利的。如果我们要从司马迁的"苟活"里寻找到伟大的因素，那就只能是"隐忍"的勇气和决心了。这就是明取予和知耻辱的意义所在。但这一点确实属于"士"的品格，它与史官传统，以及继承了史官传统的儒家人格观念没有什么关系，而与战国策士的渊源却相当深厚，是司马迁身上"士"气的体现。如陈桐生所说："士的人格理想和立世之道在司马迁的心中已经深深地扎下了根，他的思想、言行、看问题的角度和方式以及评价人物事件的标准，都是从士的基本立场出发的。"[①]

2

司马迁清楚地知道，在一个中央集权的大一统朝代里，士人如涸辙之

---

① 陈桐生：《中国史官文化与〈史记〉》，第104页。

第八章 《史记》与原史传统的终结

鱼,已经难有作为了。他说:"主上幸以先人之故,使得奉薄技,出入周卫之中。仆以为戴盆何以望天?故绝宾客之知,亡室家之业,日夜思竭其不肖之才力,务壹心营职,以求亲媚于主上。"(《报任安书》)这段话里虽然多有牢骚,却说明司马迁的发展空间是有限的,说明士在汉武帝时代只能"一心营职"的逼仄之感。"一当万乘之主,身都卿相之位"已经成为过眼云烟,但那种光荣和梦想仍然在司马迁的心中激荡,它开始以变化了的形式将"不令己失时"人格精神曲折地展示出来。比如《游侠列传》,"司马迁写的是'布衣之徒'、'乡曲之侠'、'闾巷之侠'、'匹夫之侠',那就说明这些游侠是下层人民,或接近下层人民的中小地主"[①],而他们的事迹也实在不能与士相比,如传中所刻意叙写的郭解,"少时阴贼,慨不快意,身所杀甚众。以躯借交报仇,藏命作奸剽攻,休乃铸钱掘冢,固不可胜数。适有天幸,窘急常得脱,若遇赦。及解年长,更折节为俭,以德报怨,厚施而薄望。然其自喜为侠益甚。既已振人之命,不矜其功,其阴贼著于心,卒发于睚眦如故云。而少年慕其行,亦辄为报仇,不使知也。"后来为洛阳仇家调解,放走杀其外甥的凶手,等等(《史记·游侠列传》),这些行为也谈不上建功立业,社会意义十分有限。司马迁之所以能为这些凡俗之人列传,主要的原因是在他们身上仍然保留着士的某些突出的品质。他说:"今游侠,其行虽不轨于正义,然其言必信,其行必果,已诺必诚,不爱其躯,赴士之厄困,既已存亡死生矣,而不矜其能,羞伐其德,盖亦有足多者焉。"(《史记·游侠列传》)把游侠比作战国时代鲁仲连。虽然游侠不能"转危为安,运亡为存",却能以其"不轨于正义"的民间游侠行为,成就了极致的士品。游侠身上不仅有士的品格,也有来自民间的名声,他们"修行砥名,声施于天下,莫不称贤,是为难耳",这多少与"功名"沾了边,颇能显示士人"不令己失时"的信念。由此,我们不难看出,身处士踪无觅的大一统时代,司马迁只能把自己的士人理想寄托在民间游侠身上,不无勉强之处,但其用心十分良苦。这样的例子还有《货殖列传》。司马迁所赞扬都是一些不仕而富的工商业者。蜀地卓氏,"即铁山鼓铸,运筹策,倾滇蜀之民,富至僮千人。

---

① 聂石樵:《司马迁论稿》,北京:人民教育出版社2001年版,第162—163页。

田池射猎之乐,拟于人君";山东程郑,"亦冶铸,贾椎髻之民,富埒卓氏";宛地孔氏,"大鼓铸,规陂池,连车骑,游诸侯,因通商贾之利……家致富数千金,故南阳行贾尽法孔氏之雍容"(《史记·货殖列传》),等等。这些人不但为儒者所不取,亦为当时政治制度所歧视,是等外之民,更与士流无涉。司马迁虽然也称赞他们的"诚壹"、"身有处士之义"等,但这些只不过是较为冠冕堂皇的理由罢了,而真正让司马迁动心的却是"素封"这两个字。他说:"由是观之,富无经业,则货无常主,能者辐凑,不肖者瓦解。千金之家比一都之君,巨万者乃与王者同乐。岂所谓'素封'者邪?非也?"(《史记·货殖列传》)"素封"即"如同封君",当然是一种功业。可见在司马迁心中,这些巨商大贾的功业也不在士人之下,他们虽然没有士的身份,没有政治空间,但在"不令己失时"而成就事业这一点上,没什么不同。而这正是司马迁为之作传的主要动因。不论是游侠还是商贾,他们都被汉代政治秩序所排斥,他们的成功最为突出地显示了司马迁所推崇的"不令己失时"的士品。这种"士品"在形式上和政治秩序相抗衡,而在本质上却和士的精神相通,皆隐含着一种主体意识和独立精神。

班固论司马迁曰:"其是非颇缪于圣人,论大道则先黄老而后六经,序游侠则退处士而进奸雄,述货殖则崇势利而羞贱贫,此其所蔽也。"(《汉书·司马迁传》)此处的"圣人",指的是儒家的古代圣贤传统,也就是史官传统。在班固看来,司马迁在《史记》撰述中表现出了明显区别于史官身份的个性因素。"黄老"、"游侠"、"势利"这些萌发于乱世的行为方式和价值尺度,显示了对传统秩序的不信任和抗拒,显示了个体生命意识的自觉和主体性的高涨,是战国时代士文化的精粹所在。因此,司马迁除了与生俱来的史官身份外,还秉有了时代所赋予的士的精神。乘时而起,建功立业,这是战国士人传统留给汉代的精神财富,也就成了司马迁的人格理想的另一翼。韩兆琦从"以道自任"、"以王侯师友自任"和"士为知己者死"这几个角度,论司马迁的士风。他说:"《史记》是先秦文化之集大成,司马迁也是先秦士风、先秦优秀士人思想人格的直接继承者。但是司马迁生活在汉武帝'罢黜百家,独尊儒术'的时代,先秦的许多风气、思想、人格在这个时代已经不允许再存在了。所以从这个

第八章 《史记》与原史传统的终结

意义上讲，司马迁又是先秦士风、先秦优秀士人思想人格的终结者，是最后的一个。"① 那些曾经有过的光荣激发了司马迁的无限生命力量，但逐渐稳固的大一统制度又抑制了司马迁的士人梦想，于是，在彷徨和愤懑之中，司马迁心中难以平息的理想，扭曲了，转化了，成为新的精神气质。向内，鼓荡起一种强烈的生命意志，它以不屈的精神姿态，面临着难以突破的环境和命运，做最后的挣扎，从而使生命绽放出奇异的光彩；向外，发展为一种平民精神，以自己特有的价值观和行为方式，抗衡已经趋于凝固的主流社会意识形态。司马迁以自己独特的方式保存并延续了士的精神和血脉，并使它成为中国文化中的一股激荡不已的生命潜流。

3

对于司马迁的人生历程和著述事业而言，除了生就的史官身份和时代赋予的精神气质而外，影响最大的就是李陵事件了。

据《汉书·李陵传》载，天汉二年（前99），汉武帝决定征伐匈奴，遣贰师将军李广利将三万骑，出酒泉，击左贤王于天山。李陵时任骑都尉，汉武帝诏为贰师将军将辎重，李陵叩头请战曰："臣所将屯边者，皆荆楚勇士奇材剑客也，力扼虎，射命中，愿得自当一队，到兰干山南以分单于兵，毋令专乡贰师军。"当汉武帝表示没有更多的骑兵时，李陵说："臣愿以少击众，步兵五千人，涉单于庭。"李陵遂率卒五千，出居延，至浚稽山，陷单于三万骑兵包围圈中。李陵于营外设阵，"搏战攻之，千弩俱发，应弦而倒"，杀敌数千。单于再调集八万余骑进击李陵，李陵边战边退，数日间再杀敌数千人，以至单于疑心汉"有伏兵"，打算撤兵。这时，李陵手下一个军候因为校尉所辱，投降匈奴，向单于报告了汉军并无后援，箭枝将尽，独李陵和韩延年各率八百人为前行。单于遂令骑兵围攻，李陵与将士一再苦战，箭尽绝，韩延年战死。李陵自叹无面目回见汉武帝，遂投降。

司马迁对李陵有着很高的评价，他说：

---

① 韩兆琦：《史记通论》，第150页。

> 李陵提步卒不满五千,深践戎马之地,足历王庭,垂饵虎口,横挑强胡。卬亿万之师,与单于连战十余日,所杀过当,虏救死扶伤不给。旃裘之君长咸震怖,乃悉征左、右贤王,举引弓之民,一国共攻而围之。转斗千里,矢尽道穷,救兵不至,士卒死伤如积。然李陵一呼劳军,士无不起,躬流涕,沫血饮泣,张空拳,冒白刃,北首争死敌。

因此,他认为:"李陵素与士大夫绝甘分少,能得人之死力,虽古名将不过也。"(《报任安书》)而这一结论并不是司马迁的独家之见。据《汉书·李陵传》记载:"(陵)至浚稽山止营,举图所过山川地形,使麾下骑陈步乐还以闻。步乐召见,道陵将率得士死力,上甚悦。"但李陵投降的消息传来,汉武帝震怒,陈步乐因被汉武帝责问而自杀,其他大臣皆言李陵罪大,如司马迁所记,"主上为之食不甘味,听朝不怡,大臣忧惧,不知所出"(《报任安书》)。恰逢诏问,司马迁在夸奖了李陵能得士死力的将才外,又提出两点看法:一是"(陵)身虽陷败,彼观其意,且欲得其当而报汉",说李陵虽然投降,但他有可能通过其他方法来报答汉帝;二是"事已无可奈何,其所摧败,功亦足以暴于天下",李陵的战功足以抵罪。司马迁之所以如此为李陵辩护,一是出于对李陵品质的信任,二是为了"广主上之意,塞睚眦之辞",为武帝宽心。司马迁关于李陵投降的解释,客观看来,具有明显的书生意气,投降行为关乎将士的气节,是传统战争中不可饶恕的罪过,是不可能以前功相抵的;而说李陵将寻机报汉,又是出于想象,本无根据。清人王夫之就此论曰:"李陵之降也,罪较著而不可掩……为将而降,降而为之效死以战,虽欲浣涤其污,而已缁之素,不可复白,大节丧,则余无可浣也……李陵曰:'思一得当以报汉',愧苏武而为之辞也。其背逆也,固非迁之所得而文焉者也。"① 司马迁的想法是过于天真了。而且,司马迁的这些说法,本就是出于意气,他说:"陵未没时,使有来报,汉公卿王侯皆奉觞上寿","今举事壹不当,而全躯保妻子之臣,随而媒孽其短,仆诚私心痛之"(《报任安书》)。司

---

① (清)王夫之:《读通鉴论》,北京:中华书局1975年版,第83—84页。

第八章 《史记》与原史传统的终结

马迁对那些察言观色见风使舵的人十分鄙夷，这也能影响他对李陵投降事件的判断。从国家立场来说，李陵的投降，以及为投降行为的辩护，都是不可接受的，因此，司马迁的解释当然会引起汉武帝的大怒，"以迁诬罔，欲沮贰师，为陵游说，下迁腐刑"（《汉书·李陵传》）。

"腐刑"在当时是一种严刑，是一种仅次于死刑的肉刑。陈桐生认为："由于宫刑是与人们所不齿的非法性行为联系在一起，而且又是对人体那个神秘敏感的羞耻部位施刑，所以受宫刑也就因其卑鄙下流而为人们所不齿。"[①] 宫刑是对人的尊严的严重扭曲，是对个体精神的严重摧残，而以人格尊严处世的士人则宁可选择死刑，也不愿意接受宫刑。《盐铁论·周秦》篇说："古者君子不近刑人，刑人非人也。身放殛而辱后世，故无贤不肖莫不耻也。"司马迁在《报任安书》里也说：

> 祸莫憯于欲利，悲莫痛于伤心，行莫丑于辱先，诟莫大于宫刑……太上不辱先，其次不辱身，其次不辱理色，其次不辱辞令，其次诎体受辱，其次易服受辱，其次关木索被箠楚受辱，其次鬄毛发婴金铁受辱，其次毁肌肤断支体受辱，最下腐刑，极矣！

这当然是从士君子人格和道德理念的角度，认定宫刑是一种最为残酷的刑罚，它完全抹杀了士君子赖以立身的精神基础，因此，它比死刑更恶毒。

另一种说法认为司马迁本被判为死刑，后自请宫刑以赎。清人赵铭曰："夫迁以救李陵得罪，迁但欲护陵耳，非有沮贰师意也。帝怒其欲沮贰师而为陵游说，则迁罪更不容诛。以武帝用法之严，而吏傅帝意以置迁于法，迁之死尚得免乎？汉法，罪当斩赎为庶人者，惟军将为然。而死罪欲腐者许之，则自景帝时著为令。张贺以戾太子宾客当诛，其弟安世为上书，得下蚕室，是其明证。迁惜《史记》未成，请减死一等就刑，以继成父谈所为史；帝亦惜其才而不忍致诛，然则迁之下蚕室，出于其自请无疑也。迁《报任少卿书》曰：'草创未就，会遭此祸，惜其不成，是以就极刑而无愠色。'又曰：'仆诚已著此书，藏之名山，传之其人，通邑大

---

① 陈桐生：《中国史官文化与〈史记〉》，第117页。

都,则仆偿前辱之责,虽万被戮,岂有悔哉!'寻文考指,当日迁所以请,与帝所以贳之本末,犹可推见,史家讳不书耳。"① 韩兆琦赞同此说,他列举了景帝、武帝时汉确有允许死刑犯人申请或通过赎钱改为宫刑的事例,并推测说:"大概也正因为司马迁这个宫刑是他自己请求或是用钱赎来的,所以这件事在当时很为社会舆论所不齿。"② 这一说法最有利的根据是司马迁自己所说的话:"假令仆伏法受诛,若九牛亡一毛,与蝼蚁何以异?而世又不与能死节者比,特以为智穷罪极,不能自免,卒就死耳。"(《报任安书》)从其中语气来看,似乎司马迁有所不甘,才主动选择宫刑的。因此,以司马迁被判以死刑而自请宫刑的说法也有一定的道理,只是尚无直接的证据来证明。

汉武帝当然知道对一个史官、一个以士道自任的人施以宫刑意味着什么。那么,汉武帝何以要对司马迁报以如此的恶意呢?仅仅就是因为司马迁为叛将李陵辩护吗?或者仅仅是因为司马迁的辩护中隐含有对所宠爱的贰师将军李广利的不满?这一说法很难让人信服。司马迁自己对以上的理由也很难接受。他自认为对汉武帝并无敌意,反而报有感恩之心:"仆少负不羁之才,长无乡曲之誉。主上幸以先人之故,使得奉薄技,出入周卫之中。仆以为戴盆何以望天?故绝宾客之知,亡家室之业,日夜思竭其不肖之才力,务壹心营职,以求亲媚于主上。而事乃有大谬不然者!"(《报任安书》)以上说法可能含有情绪,但总体来说,司马迁对汉武帝的统治基本持赞同的态度。而且,司马迁认为自己为李陵辩护的目的一是出于公心,其间并无个人好恶。他说:"仆与李陵,俱居门下,素非相善也。趣舍异路,未尝衔杯酒,接殷勤之欢。然仆观其为人,自奇士,事亲孝,与士信,临财廉,取予义,分别有让,恭俭下人。常思奋不顾身,以徇国家之急。其素所蓄积也,仆以为有国士之风。"(《报任安书》)第二个目的则是为了宽慰主上:"仆窃不自料其卑贱,见主上惨凄怛悼,诚欲效其款款之愚。"(《报任安书》)即使自己所言非当,汉武帝也应该能看出自己的"拳拳之忠",应该能体谅其中的善意的,又何至于用此极刑呢?所以

---

① 转引自杨燕起、陈可青、赖长扬编《历代名家评〈史记〉》,北京:北京师范大学出版社1986年版,第54—55页。

② 韩兆琦:《史记通论》,第24页。

第八章 《史记》与原史传统的终结

司马迁才有"事乃有大谬不然者"的感叹。

关于司马迁和汉武帝之间的事，难以理解的还不止于李陵事件。《史记·太史公自序》裴骃《集解》引卫宏《汉书旧仪注》云：

> 司马迁作《景帝本纪》，极言其短及武帝过，武帝怒而削去之。后坐举李陵，陵降匈奴，故下迁蚕室。有怨言，下狱死。

葛洪《西京杂记》卷六也有同样的记载。又《三国志·王肃传》云：

> 司马迁记事，不虚美，不隐恶。刘向、扬雄服其善叙事，有良史之才，谓之实录。汉武帝闻其述《史记》，取孝景及己本纪览之，于是大怒，削而投之。于今此两纪有录无书。后遭李陵事，遂下迁蚕室。

司马迁从其继承父职后就开始撰写《史记》了，汉武帝应该是知道的，他关心司马迁是如何叙写父亲和自己应该在情理之中，所以索取有关景帝和自己的部分阅读。《孝景本纪》、《孝武本纪》今存，但学者多怀疑并非出自司马迁手笔。《史记·太史公自序》索隐云"《景纪》取班书补之，《武纪》专取《封禅书》"。赵生群说："《史记》诸本纪，皆言事并重，凡人物对话、诏书多载其中，唯《孝景本纪》片言只字不存，与其它各篇体例迥异。就记事而言，各本纪对重大历史事件记载甚详，《孝景本纪》则纯用编年之法，虽大事所当详载者，亦概从简略。如载七国之乱，仅用寥寥数十字，于七国作乱及平定过程，俱付阙如，亦与它纪判断有别。即此两端，可证《孝景本纪》非史公之笔。"又论《孝武本纪》云："武帝被司马迁称为'今上'，《自序》明言作'今上本纪'，今本标题为'孝武本纪'，已与作者原意相违。篇首六十余字袭用《孝景本纪》，以下全抄《封禅书》，文中多处称武帝为'孝武皇帝'，'今上'、'今天子'之称也杂于其中。全篇所载，只有封禅一事，且系抄袭，而于武帝外攘夷狄，内修法度，改正朔，易服色诸事，一概不予载录，与《自序》之意，失之弥远。"① 那么,武帝"怒而削去"《景帝本纪》和《今上本纪》应该是事实。司马迁对先秦史官的撰史传统非常推崇,坚持"秉笔直书"、"书法不隐"的撰史原则,并不回避景帝和武帝的错误,甚至"极言其短",都有可能。汉武帝在读到这些记述时,其愤怒是可想而知的,但他的愤怒止于"怒而削之",这又令人不解。在汉武帝的严酷统治下,以言论获罪者甚多。如深得汉武帝宠信的董仲舒,因推言辽东高庙、长陵高园殿灾事,武帝"下仲舒吏,当死",后"诏赦之"(《汉书·董仲舒传》)。武帝重用酷吏,其中以张汤最得武帝信任。班固说:"张汤以知阿邑人主,与俱上下,时辩当否,国家赖其便……张汤死后,罔密事丛,以耗废,九卿奉职,救过不给,何暇论绳墨之外乎!"(《汉书·酷吏传》)所谓"国家赖其便",就是"专以人主意指为狱"(《汉书·杜周传》)。张汤自言:"所治即上意所欲罪,予监吏深刻者;即上意所欲释,予监吏轻平者。"(《汉书·张汤传》)秦有诽谤、妖言之罪,虽在汉文帝时已经除去,而武帝时张汤居然以"不入言而腹非"罪处死大司农颜异,"自是后有腹非之法比,而公卿大夫多谄谀取容"(《汉书·食货志》)。汉武帝时酷烈如此,那么,《史记》"极言其短"的载录让武帝"怒而削去之",此罪实与"欲沮贰师为陵游说"不可同日而语。如此冒犯武帝父子,司马迁竟何以安然无恙呢?

从《汉书旧仪注》和《三国志·王肃传》所载来推测,司马迁所作"《景帝本纪》极言其短及武帝过"而得罪武帝,但武帝却以"举李陵"的罪名下司马迁蚕室,这两者之间有着因果关系。今人这样理解的也不少,如韩兆琦说"汉武帝的这次对司马迁的动怒,是一种新旧矛盾的总爆发"②,不过,若轻重相较,"《景帝本纪》极言其短及武帝过"罪更大,所以,可以直接认定它和"下蚕室"之间的因果关系。也就是说,汉武帝似乎不便以作《史记》诽谤之罪名惩罚司马迁,只能怀恨在心,另寻借口,这才有李陵事件。这也说明,汉武帝对司马迁撰写《史记》之事有所忌惮。又据《汉书·司马迁传》载:"迁既被刑之后,为中书令,尊宠任职。"中书令的职责,卫宏《汉旧仪》说"领赞尚书,出入奏

---

① 赵生群:《〈史记〉文献学丛稿》,南京:江苏古籍出版社2000年版,第43、45页。
② 韩兆琦:《史记通论》,第23页。

第八章 《史记》与原史传统的终结

事,秩千石"①,则中书令是在皇帝和尚书之间作文件传达的事,包括掌管文书,起草诏令等,所从事的仍然是文献工作,传统上是内史之类职务所承担的职责,因此,以史官出身的司马迁任中书令一职,亦是其史职的继续和延伸。"汉朝的官制,尚书为国家政权之枢机,中书令又为尚书之枢机"②,因此,地位又比太史令高很多。司马迁以史职得罪,为何汉武帝仍让其继续从事文献工作,并且官职更高呢?韩兆琦认为主要是由于汉武帝的自信心以及司马迁的才华③,但这一解释仍然只是一种臆测,也与汉武帝"怒而削去之"的心态不符。

如果我们将以上的事实综合起来看,则可以看到一个明显的事实:汉武帝对司马迁的"极言其短"的载录十分愤怒,但却不能以通常的"诽谤"罪名处置他,只能别寻借口,这说明汉武帝所顾忌的实际上是司马迁的史官身份和史官职事。当司马迁受诏论李陵事件时,此时司马迁不在史官职事之中,故可论罪。至于司马迁出狱后继续任中书令,继续撰写《史记》,也同样在史职之内,汉武帝并不能干涉,这就更加证明汉武帝对史职有一种忌惮之心。再结合司马谈临死时所说"余死,汝必为太史"的话,则可以推断,史官一职似乎在汉家政治体系之外,别有存在的根由。这一根由只能是史官自身的传统,是由巫史传承而来的,带有某种神秘性、超越性和宗教意味的传统。即使在大一统的汉武帝时代,原始宗教的意味已经很淡薄了,史职的神秘性也已经大大减弱了,但那种来自历史深处的东西,仍然会影响着人们的观念。它影响了司马迁,也一样影响了汉武帝,这才使司马迁敢于对当朝皇帝父子"极言其短",也使汉武帝有所顾忌。李陵事件,实际上更能说明原史文化的顽强和影响力。不过,如果说司马迁是先秦士风的终极者,倒不如说司马迁是原史文化的终极者更为贴切,在司马迁这一遮遮掩掩的宫刑之后,史官的神秘面纱就被完全揭去,原史最终让位于官史,原史文化也就寿终正寝。

---

① 转引自(唐)李林甫等撰,陈仲夫点校《唐六典》卷九,北京:中华书局1992年版,第273页。
② 聂石樵:《司马迁论稿》,第55页。
③ 韩兆琦:《史记通论》,第23页。

三　司马迁的文化复仇

1

　　李陵事件之后，司马迁继续撰写《史记》，态度更加激烈，锋芒更加锐利。东汉明帝说："司马迁著书，成一家之言，扬名后世。至以身陷刑之故，反微文刺讥，贬损当世，非谊士也。"（班固《文选·典引序》）东汉末年王允说："昔武帝不杀司马迁，使作谤书，流于后世。"（《后汉书·蔡邕传》）此后，三国魏明帝在与王肃谈论《史记》时说："司马迁以受刑之故，内怀隐切，著《史记》非贬孝武，令人切齿。"（《三国志·魏书·王肃传》）甚至到清代的王夫之也说："司马迁之史谤史也，无所不谤也。"又说："司马迁挟私以成史，班固讥其不忠，亦允矣。"（《读通鉴论》）他们认为《史记》就是一部"谤书"，以讥刺历代汉帝尤其是汉武帝为主，而司马迁作谤书的动机是为了报自己下狱之仇，为了泄一己之私愤。这一说法也并非完全没有道理。《史记》刺讥当世帝王，虽然可以用社会意义更强的"批判说"来解释，但这"批判"中的刻意过分之处，却与司马迁的个体遭遇不无关系。

　　司马迁自觉无辜而遭受宫刑，身心受到极大的伤害，由此而引起的愤懑和哀怨，必然表现在著述中，从而形成"刺讥"。《报任安书》云：

> 身非木石，独与法吏为伍，深幽囹圄之中，谁可告诉者……仆以口语遇遭此祸，重为乡党戮笑，污辱先人，亦何面目复上父母丘墓乎？虽累百世，垢弥甚耳！是以肠一日而九回，居则忽忽若有所亡，出则不知所如往。每念斯耻，汗未尝不发背沾衣也。

从这些记述中可以看出，宫刑不仅仅只是戕害了司马迁的身体，它也毁坏了他作为人的信念和声誉。古人重宗族承继，而司马迁此时只育有一女，尚未有子，宫刑使得其传承祖脉的希望落空，是为大不孝。《孝经》云"身体发肤，受之父母，不敢毁伤，孝之始也"，司马迁大质已亏，此为

第八章 《史记》与原史传统的终结

又一重不孝。而汉代又以孝治国，对孝道极是敬重，司马迁以残缺之身，自觉无颜面对父母丘墓，何其惨烈之极！肉体和道义上的双重逼迫，使得司马迁的精神经常处于难以控制的漂游不定之态，内心所缠绕的羞耻之念正渐渐地吞噬着理智，形成激烈的冲突，并寻找着迸发的裂口。那么，这种心理状态对《史记》的撰写一定会产生重大的影响。这一影响首先就表现为"发愤著述"的精神。司马迁《太史公自序》云：

> 昔西伯拘羑里，演《周易》；孔子厄陈蔡，作《春秋》；屈原放逐，著《离骚》；左丘失明，厥有《国语》；孙子膑脚，而论兵法；不韦迁蜀，世传《吕览》；韩非囚秦，《说难》、《孤愤》；《诗》三百篇，大抵贤圣发愤之所为作也。此人皆意有所郁结，不得通其道也，故述往事，思来者。

司马迁认为，由著述而带来的不朽，是人生缺陷的一种补偿形式，那么，人生缺陷也就成为著述的一种不容置疑的理由。值得注意的是，司马迁所列举的著述内容各有不同，但他又特别强调"发愤"和抒发"郁结"，也就是说，司马迁的"发愤著述"实际上指人生缺陷赋予作者以发泄愤懑的权利，而这样的著述具有某种程度上的报复性就不难理解了。其次，李陵事件使得司马迁对社会不义有着深切的体验，因而愤世之心转急，并在《史记》中表现出来。司马迁在《游侠列传》中说："且缓急，人之所时有也……此皆学士所谓有道仁人也，犹然遭此灾，况以中材而涉乱世之末流乎？其遇害何可胜道哉！"郭嵩焘就此评论曰："秦为乱世，自秦以后皆乱世之末流也。史公值汉盛时而言，此诚亦有伤心者哉！"[①]《汲郑列传》的论赞被认为是司马迁的一篇讽世檄文："夫以汲、郑之贤，有势则宾客十倍，无势则否，况众人乎！下邽翟公有言，始翟公为廷尉，宾客阗门；及废，门外可设雀罗。翟公复为廷尉，宾客欲往，翟公乃大署其门曰：'一死一生，乃知交情。一贫一富，乃知交态。一贵一贱，交情乃见。'汲、郑亦云，悲夫！"一般认为，司马迁亲眼所见的李陵降后"全

---

① （清）郭嵩焘著，贺次君点校：《史记札记》，上海：商务印书馆1957年版，第434页。

躯保妻子之臣，随而媒孽其短"，以及自己下狱后，"交游莫救，左右亲近不为一言"，深深体会到世态炎凉，这才有这些讥刺。如尚学锋所说："发愤著书的心态深刻影响了司马迁的创作。翻开他的作品，处处都能感受到强烈的怨愤之情。他倾诉'信而见疑，忠而受谤'的悲愤，同情坎坷之士的遭遇，抨击各种不公正的社会现象，甚至对所谓天道发生了质问。"① 所以，说司马迁因个人遭遇，而形成一种复仇情绪，并见诸著述，是有一定道理的。

但如将《史记》刺讥，或说是司马迁的复仇，限定于个人遭际上，或限于其个体人格精神的伸张，则又明显低估了司马迁复仇的价值。近代以来，学者颇看重司马迁的历史意识和基于政治洞见的现实批判意识，亦有不少学者注重从司马迁受宫刑后的心理变化的角度，强调司马迁的批判锋芒来自其心理的本能反应。这些都是有道理的，但这些解释还不足以完全解释司马迁的刺讥。司马迁的刺讥是有多个层次的，其文化意义也更为复杂而深远。

首先，司马迁的"刺讥"是对史官传统书法原则的继承和发扬。《左传》在阐释《春秋》书法原则曰："微而显，志而晦，婉而成章，尽而不污，惩恶而劝善。"（《左传·成公十四年》）其中前四句所言乃刺讥的方法；"惩恶而劝善"一句，当解为通过惩恶而达至劝善的目的。则《春秋》以刺讥为主。孟子认为孔子作《春秋》，是有感于"世衰道微，邪说暴行有作；臣弑其君者有之，子弑其父者有之"（《孟子·滕文公下》）的混乱局面，则《春秋》为孔子针砭当世之作。《公羊传》和董仲舒皆继承孟子的观点，认为《春秋》是孔子刑法天下的书。这些观点对司马迁有很深的影响，他在《太史公自序》中借董仲舒之口说："周道衰废，孔子为鲁司寇，诸侯害之，大夫壅之。孔子知言之不用，道之不行也，是非二百四十二年之中，以为天下仪表，贬天子，退诸侯，讨大夫，以达王事而已矣。"在司马迁看来，《春秋》是古代史著的典范，是史职传统的一面旗帜。他说："夫《春秋》，上明三王之道，下辨人事之纪，别嫌疑，明是非，定犹豫，善善恶恶，贤贤贱不肖，存亡国，继绝世，补敝起废，王

---

① 尚学锋：《汉代士的地位变化和司马迁的不遇心态》，《文学遗产》1991 年第 4 期。

第八章 《史记》与原史传统的终结

道之大者也。"(《史记·太史公自序》)司马迁以史官的身份,有志于继承孔子的《春秋》事业,则当然认同《春秋》的刺讥精神,并有意发扬光大这种精神。这一点甚至引起了壶遂的质疑:"今夫子上遇明天子,下得守职,万事既具,咸各序其宜,夫子所论,欲以何明?"司马迁只能唯唯否否,以《春秋》"非独刺讥而已"来搪塞壶遂。这恰恰说明司马迁内心对著述以刺讥的理念的执着,只是"事未易一二为俗人言也"(《报任安书》)。由此看来,《史记》对汉帝刺讥,是司马迁立志继承古史传统的必然结果。《盐铁论·疾贪》曰:"《春秋》刺讥,不及庶人,责其率也。"因此,司马迁将刺讥的矛头指向历代汉帝,尤其是当朝的汉武帝,而对臣下和平民十分宽容,这也与司马迁对史官精神的认知大有关系。

其次,司马迁对以汉帝为代表的政治体制的刺讥,是史官文化权利的最后伸张和面对政治压力的一种文化复仇。在一个大一统集权社会里,皇帝拥有天子的身份,英明是与生俱来的。而皇帝之外,任何人都只有守职的责任,在这个严密的政治系统中"各序其宜",任何立足于秩序之外的批判都是一种僭越。史官神圣的裁判权利,士人凭着帝王师友身份的自由批判的权利,也都丧失殆尽。这是董仲舒和汉武帝合谋的结果,它在表面上通过对儒家学说的认可,让儒家经典、儒士重新获得合法性和尊崇的社会地位,但在实际上,它把巫史文化所本有的神圣性,让渡给帝王和他的政治的统系,称皇帝为天子,使帝王成为天命的符号,从而树立起帝王的绝对权威。面对着拥有天子身份的皇帝,史官还能一如既往以神圣天命的名义展开自己的批判吗?壶遂的责问实际上就是对司马迁以史官身份批判皇帝和治统的权利所进行的质疑。司马迁说:"文史星历,近乎卜祝之间,固主上所戏弄,倡优畜之,流俗之所轻也。"(《报任安书》)"戏弄"云云,自然是司马迁的意气之言。但汉武帝"建藏书之策,置写书之官"(《汉书·艺文志》),的确只是为了"润色鸿业"。史官的社会政治功能基本丧失。司马迁不能忘怀《春秋》王业之念,却亲眼看到史职已为流俗所轻,如何能甘心?无独有偶,士人在汉武帝时期也面临着同样的处境。东方朔《答客难》所云"自以为智能海内无双","可谓博闻辩智矣",可与战国时期的苏(秦)、张(仪)、范(睢)、蔡(泽)相比,本当"一当万乘之主,而身都卿相之位",但实际上,"积数十年,官不过侍郎,位不过执戟"。有着同样的感受的还有董仲舒、司马迁,以及此后的扬雄、班固等等。他们都以"不遇"来表达自己的不适应感。所谓"不遇",实际上是指不遇于时,也就是东方朔所感叹的"彼一时也,此一时也"。士人从大一统的王权政治中,再也找寻不到为帝王师友的梦想了,士道也因此失落了。这是一种不能容忍的时代,因此,也是一个自我爆发的时代。司马迁身怀史和士的双重理想,对现行文化制度展开了顽强的批判,那是挣扎,也是文化报复。

作为文化复仇,司马迁的矛头就不能只是指向汉武帝或者是某种社会现象,司马迁的复仇在一个更为广阔、深厚的历史文化背景上展开,因此,也具有更加深沉而悲壮的历史意蕴。

2

历史学家通常将司马迁的《史记》看成"中国古典史学"形成的一个标志[①]。而历史学之所以存在,是以历史学家将延续着并变化着的社会作为思考的对象为前提的,将社会视为一个整体,以及对之进行思考,都包含着一种"梳理"和"把握"的思维倾向,而这些之所以可能,是因为人们相信历史或历史学中存在某种结构、关系或者秩序。这样的结构、关系或者秩序,也就是史家的历史观或社会思想。吴怀祺认为:"作为一门独立学科的形成,应当有自己的基本的要素,首先要有自己的思想体系;其次要有一个较为完整的学术上的体系;另外,这个学科要有自己的学风上的特点。"他认为《史记》体现了这三个方面的特点,因此,"在中国,史学真正成为'家',成为一门独立的学问,应该从司马迁开始"[②]。在吴怀祺的三项标准中,后两点是学术上的标准,可以考查这门学科或这个学者的著作,是否是一个好的学科或是否是一部好的著作,而最为核心的当然是思想体系。

不少学者都将"原始察终"、"见盛观衰"、"承敝易变"以及重视经

---

① 刘家和:《对于中国古典史学形成过程的思考》,《史学理论》1987年第2期。
② 吴怀祺:《中国史学思想史》,合肥:安徽人民出版社1996年版,第68页。

第八章 《史记》与原史传统的终结

济,看作是司马迁的主要历史观[1]。《平准书》云:"是以物盛则衰,时极而转,一质一文,终始之变也。"其中"物盛而衰,时极而转"主要来自《周易》的阴阳变化、否极泰来思想,认为盛衰的转化是一种自然的不可更易的现象;而"一质一文,终始之变",亦即"承敝易变",又来自汉代流行的三统说。司马迁说:"夏之政忠。忠之敝,小人以野,故殷人承之以敬。敬之敝,小人以鬼,故周人承之以文。文之敝,小人以僿,故救僿莫若以忠。三王之道若循环,终而复始。周秦之间,可谓文敝矣。秦政不改,反酷刑法,岂不缪乎?故汉兴,承敝易变,使人不倦,得天统矣。"(《史记·高祖本纪》)学者认为"见盛观衰"、"承敝易变"构成了司马迁的"通变"观,而"通变"的思想是司马迁历史理论的核心。以"通变"观点对某些历史事实进行具体的分析,自然没有什么不可,但要将他们看作一种历史发展的法则,则难免有些机械。在司马迁那里,"通变"仍然是以"天变"、"时变"为中心,人事的变化不过是要追随着天道变化而已,"通变"所强调的是一种"天人关系",或者说,"通变"主要是与天官的事业有关。他说:"为天数者,必通三五。始终古今,深观时变,察其精粗,则天官备矣。"(《史记·天官书》)而"天数"变化在汉代儒家那里,又是可以指画的,有着明显的机械论色彩。

"原始察终"与"通变"理论不同。《六国年表序》曰:"秦取天下多暴,然世异变,成功大。传曰'法后王',何也?以其近己而俗变相类,议卑而易行也。学者牵于所闻,见秦在帝位日浅,不察其终始,因举而笑之,不敢道,此与以耳食无异,悲夫!"当人们以享国年浅而忽视秦朝时,司马迁却认为秦朝的兴衰历史有着极大的认识价值。当然,对秦国的兴衰也只能在秦国自己的历史中寻找理由,否则就会完全否定秦朝的价值。"察其终始"就是回到历史本身,追究始和终的因果联系,并在这一阶段性的因果环节中评价历史人物或历史事件。司马迁说:

    罔罗天下放失旧闻,王迹所兴,原始察终,见盛观衰,论考之行

---

[1] 详见吴怀祺《中国史学思想史》第二编第二—第四节,杨燕起《〈史记〉的学术成就》(北京:北京师范大学出版社1996年版)第六章第二节、第七章,庞天佑《秦汉历史哲学思想研究》第九章。

事,略推三代,录秦汉,上记轩辕,下至于兹,著十二本纪,既科条之矣。并时异世,年差不明,作十表。礼乐损益,律历改易,兵权山川鬼神,天人之际,承敝通变,作八书。(《史记·太史公自序》)

这里说得很明白,"察其终始"需要"论考之行事",亦即从具体的事实出发,寻找时代盛衰的原因。在"察其终始"中,人事自成因果。而"承敝通变"与礼乐、律历这些天人之间、三五转换等概念是联系在一起的,朝代兴衰中呈现出一种天道运行的轨迹。这两类史学思想不可混为一谈。

"察其终始"的目的是"稽其成败兴坏之理"。张大可说:"这个'理'字,一作'纪',以今语言之,即是'法则'、'原理',含有'规律'的意义。"① 杨燕起也认为司马迁思想中有某些较为固定的事理、法则的观念,"这些事理、法则,以成败得失的标准来衡量,在客观上也就表现了某些事物本身所具有的局部规律性,表述这样的局部规律性,正是司马迁历史思想中所要探求的最终的'理'"②。也就是说,司马迁有一种历史规律的自觉意识,并认为这种历史规律,同样会在当代社会起作用。司马迁说:"居今之世,志古之道,所以自镜也,未必尽同。帝王者各殊礼而异务,要以成功为统纪,岂可绲乎?观所以得尊宠及所以废辱,亦当世得失之林也,何必旧闻?"(《史记·高祖功臣侯者年表序》)。时异事异,但道无不同,揽古以为镜则必有道存焉。所以将考察"成败兴坏之理"看成是司马迁史学思想的重要的内核,是有一定道理的。那么,司马迁通过"察其终始"而获得的"理"又包括哪些内容呢?张大可总结为四个方面:(1)成败兴坏在于人心向背;(2)用贤相良将以治平天下;(3)因循为用以顺民之俗;(4)惩恶劝善为后王立法③。这一总结在学术界具有代表性。在这四项中,第二和第三项是政治手段,第一和第四项是历史发展的规律。当然我们也可以将第三项归结到第一项,皆言民意决定成败,它承自古已有之的民本思想。第四项则认为个人道德尤其是君王

---

① 张大可:《史记研究》,北京:华文出版社2002年版,第505页。
② 杨燕起:《〈史记〉的学术成就》,第270页。
③ 张大可:《史记研究》,第506—515页。

第八章 《史记》与原史传统的终结

道德的善恶决定着成败,承自古代修德的思想。而第二项不过是为了保证民意和王德的双向交流能顺畅进行。因此,如将这四项看作是司马迁本人的历史观,还不如说是司马迁接受了先秦史官的民本思想。《尚书·皋陶谟》云:"天聪明,自我民聪明。天明畏,自我民明畏。达于上下,敬哉有土!"《尚书·泰誓上》云:"民之所欲,天必从之。"《泰誓中》云:"天视自我民视,天听自我民听。"《左传·桓公六年》云:"夫民,神之主也。是以圣王先成民,而后致力于神。"《孟子·尽心下》云:"民为贵,社稷次之,君为轻。"可见民心向背决定成败的历史观已是先秦的成说。至于德,春秋史官以之为天命转移的根据。《左传·僖公五年》宫之奇云:"臣闻之,鬼神非人实亲,惟德是依。故《周书》曰:'皇天无亲,惟德是辅。'又曰:'黍稷非馨,明德惟馨。'又曰:'民不易物,惟德繄物。'如是,则非德,民不和,神不享矣。神所凭依,将在德矣。"《左传》、《国语》中贤人以德论成败的比比皆是,"在春秋时期,以德较天命、鬼神更为根本的思想,几乎为整个社会所公认"[①]。可以说,先秦史官已经有意以"民"和"德"为历史发展的依据,以其为裁决天下的出发点,并由此而构建了较为理性的历史观。司马迁作为史官传统的继承人,他接受这一历史观就毫不足怪了。所以,他说"昔虞、夏之兴,积善累功数十年,德洽百姓,摄行政事,考之于天,然后在位。"(《史记·秦楚之际月表序》),又说"非兵不强,非德不昌,黄帝、汤、武以兴,桀、纣、二世以崩,可不慎欤?"(《史记·太史公自序》)

天人史观和道德史观,共同构成了史官观念的传统,它们不是司马迁的独创,而是司马迁在原史传统中的出发点,也是司马迁渴望回归的终点。但是,当神圣的史官传统沦为"主上所戏弄,倡优畜之,流俗之所轻"的境地,当立志要继孔子为圣王的司马迁因下蚕室而"为乡党所笑,以污辱先人"时,他看到了"主上"的威严和酷烈,看到了那无可撼动的恶的意志在睥睨着一切,这时,司马迁还能相信那些来自传统的观念吗?他不能。他说:"论秦之德义不如鲁卫之暴戾者,量秦之兵不如三晋之强也,然卒并天下,非必险固便形埶利也,盖若天所助焉。"(《史记·

[①] 黄开国、唐赤蓉:《诸子百家兴起的前奏——春秋时期的思想文化》,成都:巴蜀书社2004年版,第274页。

六国年表序》）第一句的意思是说，相比较秦国来说，鲁、卫的暴虐也算是高尚的，极言秦国德恶。那么，周德虽衰，败势必然，但秦德又在哪里呢？若以德而论，鲁、卫之国远在秦国之上，而何以由秦国继周临天下呢？司马迁无以解释，只能归自于"天助"。那是无可奈何的话。同样，司马迁极爱项羽天真勇猛之气，深赞其推翻暴秦、宰割天下之功，以重瞳子为舜和项羽共有，而隐然将二人相提并论。而刘邦则在一定程度上是一个侮慢、贪财好色、玩弄权术、卑怯自私的人，韩兆琦说司马迁"写出了刘邦的痞子气、流氓气"[1]。但实际上取得楚汉战争胜利，一统天下的却是刘邦，这让司马迁又如何解释呢？《太史公自序》云："子羽暴虐，汉行功德；愤发蜀汉，还定三秦；诛籍业帝，天下惟宁，改制易俗。作《高祖本纪》第八。"又《项羽本纪》云："（羽）自矜功伐，奋其私智而不师古，谓霸王之业，欲以力征经营天下，五年卒亡其国，身死东城，尚不觉寤而不自责，过矣。乃引'天亡我，非用兵之罪也'，岂不谬哉！"其中"汉德"云云，若以刘邦本人的德行而论，实在无从说起。而把项羽的失败归因于"奋其私智而不师古"又实在勉强。通观《项羽本纪》，项羽的失败，其真正能说的出的理由倒只有"此天亡我，非战之罪也"。钱锺书说："马迁行文，深得累叠之妙，如本篇末写项羽'自度不能脱'，一则曰：'此天之亡我，非战之罪也'；再则曰：'令诸君知天亡我，非战之罪也'；三则曰：'天之亡我，我何渡为'，心已死而意犹未平，认输而不服气，故言之不足，再三言之也。"[2] 项羽是否说过"天亡我"云云，倒不必追究，但却完全可以看作是司马迁本人的再三感叹，虽然他在论赞中正襟危坐论其大谬不然，但那不过是一种掩饰，或者表明他不能完全放弃传统史官信念的心态。与此相应的是刘邦的成功，司马迁在《秦楚之际月表序》中评论云："此乃传之所谓大圣乎？岂非天哉，岂非天哉！非大圣孰能当此受命而帝者乎？"由此，我们可以看出，在司马迁眼里，秦国的暴兴，项羽的失败，刘邦的称帝，都是不能理解的事，也就是无法以天命循环或道德原则来加以解释，因而只能归结为莫测的"天意"。从这里，我们也看到了司马迁对传统历史观的怀疑和不信任。

---

[1] 韩兆琦：《史记通论》，第362页。
[2] 钱锺书：《管锥编》第一册，第272—273页。

第八章 《史记》与原史传统的终结

当然，作为一个史官，司马迁并没有完全放弃传统的历史观，因此，我们从《史记》中感受到了那种前所未有的矛盾和冲突。这种冲突有时还非常激烈，由于自我压抑和反抗，在某一个特定条件下形成一种逆转，形成一种一触即发的对传统道德史观的猛烈的报复。其《伯夷列传》曰：

> 或曰："天道无亲，常与善人。"若伯夷、叔齐，可谓善人者非邪？积仁洁行如此而饿死！且七十子之徒，仲尼独荐颜渊为好学。然回也屡空，糟糠不厌，而卒蚤夭。天之报施善人，其何如哉？盗蹠日杀不辜，肝人之肉，暴戾恣睢，聚党数千人横行天下，竟以寿终。是遵何德哉？此其尤大彰明较著者也。若至近世，操行不轨，专犯忌讳，而终身逸乐，富厚累世不绝。或择地而蹈之，时然后出言，行不由径，非公正不发愤，而遇祸灾者，不可胜数也。余甚惑焉，傥所谓天道，是邪非邪？

天意和道德的相辅而行构成了传统的历史信念，也同样构成了正义观念，即所谓的"天道"。它也是传统史官经过一代代的艰难努力，勉力构建而成的社会意识形态，是史职的价值所在。至于天道本身的是否存在，并不重要，重要的是对天道的信念已经开始在司马迁心里动摇了。如果不能惩恶奖善，那么，天道的意义在哪里呢？历史的价值又在哪里呢？不公正的事实使他开始怀疑"天道"，开始否定历史构成的正义性，由此进一步开始否定史官传统本身，我们不能只将这种怀疑意识看作是司马迁的知性觉悟，而应该看到司马迁内心的剧烈冲突，看到司马迁自感一种被愚弄的激愤，并由此而产生了对传统信念的复仇冲动，也能看到原史传统坍塌时最后痛苦的哀号。

3

司马迁对已经衰落的传统理念复仇，是在史官传统内部进行的，是一个个体史官失去庇护之后而产生的怨诽之情。但作为一个史官，作为一个悠久传统的继承者，司马迁仍然不会放弃自己的责任，他代表整个史官传统，向着独大的治统展开了更猛烈的复仇。

在司马迁看来，史官传统就是天道运行的体现，史官及其著述在世俗社会里至少应该具有道义的优势，并凭着这种道义的优势"贬天子，退诸侯，讨大夫"。这也是"素王"的意义所在，是司马迁继承孔子遗志的动力之源。战国以后，史官传统衰落无闻，及至汉代承平，董仲舒以儒家经典为汉家立法，在一定程度上重新振起了以儒家经典为代表的原史传统，恢复了原史文献的神圣地位，也就因此给汉代史官带来了希望。作为一种妥协，董仲舒认可帝王作为天子的地位，居于天人之间，受到天命的庇护，因而也就拥有了神性特征。帝王从此领有了传统巫史的权威，史官的批判和监督权利也因此而被让渡给帝王。可以说，周公以后一直分道并行的道统和治统，在汉武帝手里合而为一了。因此，董仲舒所复兴的只是以经典文献为代表的过去的光荣，而史官著述行为本身的神圣意义，却被放弃了。汉武帝可以一边独尊儒术、神化《春秋》，一边却可以以倡优视"文史星历"。治统正挟道统之威为所欲为，而道统却在治统的压迫中感到空间日益逼仄，前途渺茫。对于以素王自期的司马迁，这是决不能容忍的。理想和现实之间有着巨大的落差，这巨大的落差蓄积了无比的力量，并终于导致了一场轰轰烈烈的复仇运动。《史记》在最大范围内展开了对当时的意识形态和帝王权力体制的批判，这也是对自己的文化传统的严正捍卫。

在汉代，治统就是以皇帝为中心的政治系统，它的合法性建立在天命转移和皇帝道德至善这两点上。而天命转移观念保留了原史文化最后的根芽，司马迁虽有所批判，但又不能不有所顾忌，所以，《史记》将复仇的矛头指向了汉代皇帝的德性。《史记》对从高祖刘邦到武帝刘彻都进行了毫不留情的贬损。高祖是汉家开国皇帝，已经在很大程度上被神化了，但《高祖本纪》写刘邦早年，"不事家人生产作业。及壮，试为吏，为泗水亭长，廷中吏无所不狎侮，好酒及色，常从王媪、武负贳酒"。《郦生陆贾列传》记载刘邦接见儒生时，居然解其儒冠，溲溺其中。《张丞相列传》还记载了这样一段故事："（周）昌尝燕时入奏事，高帝方拥戚姬，昌还走，高帝逐得，骑周昌项，问曰：'我何如主也？'昌仰曰：'陛下即桀纣之主也。'"刘邦在这里所呈现的是一副乡里无赖的面目。刘邦妻吕后为开国母后，应当母仪天下，但《吕太后本纪》却通过戚姬母子的悲

第八章 《史记》与原史传统的终结

惨结局，写出了吕后的残酷恶毒。吕后在毒死戚姬子赵王如意后，"遂断戚夫人手足，去眼，煇耳，饮瘖药，使居厕中，命曰'人彘'。居数日，乃召孝惠帝观人彘。孝惠见，问，乃知其戚夫人，乃大哭，因病，岁余不能起。使人请太后曰：'此非人所为。臣为太后子，终不能治天下。'"这一段记载真可谓惨不忍睹。文景两朝，史称盛世，两代皇帝亦被视作明君圣主。尤其是汉文帝，有仁德之名，司马迁在《孝文本纪》中亦多方赞赏，但却也不放过文帝在德行上瑕疵，表达自己的刺讥之意。《张释之冯唐列传》中，有人在躲避文帝车驾时，无意中惊了文帝的马，张释之处以罚金，而文帝却大为不满："此人亲惊吾马，吾马赖柔和，令他马，固不败伤我乎？而廷尉乃当之罚金！"比起张释之的秉公之心，文帝就有自私乱法之意了。此外，《佞幸列传》还记载了文帝和宦官邓通的不正常关系，动辄"赏赐通巨万以十数"，并"赐邓通蜀严道铜山，得自铸钱，'邓氏钱'布天下"。就此而说汉文帝昏庸亦不为过。司马迁原撰《景帝本纪》和《武帝本纪》已被汉武帝怒削去之，可见其中当有很多描写使武帝不能容忍。今存《景帝本纪》和《武帝本纪》皆为后人补得，难以凭据。从其他传记中，我们还是看到司马迁对这两代皇帝的刺讥。在《张释之冯唐列传》中，记述景帝为太子时过司马门不下马而为张释之所劾，景帝表面上不记其过，却将张释之调离京城，因为"犹尚以前过也"。在《绛侯周勃世家》中，周亚夫因反对景帝立皇后兄王信为侯，景帝就故意刁难他，请他吃饭时，"独置大胾，无切肉，又不置箸"，后来又以谋反罪将周亚夫下狱，逼死周亚夫。由此可见景帝心肠狭小、刻薄忌恨，实在难以称得上是圣主。汉武帝雄才大略，在边功、文化、平定诸侯王等方面都有所建树，作为与司马迁有着直接的冲突的"今上"，汉武帝所受到的刺讥就更为严厉。汉武帝推崇儒术，称"吾欲兴政治，法尧舜"[1]，但司马迁却以汲黯的话指出汉武帝的虚伪："陛下内多欲而外施仁义，奈何欲效唐虞之治乎！"（《史记·汲郑列传》）毫不留情地戳穿了汉武帝的阴阳面目。

汉家在独尊儒术之前，就推崇孝德，欲以孝治天下。刘邦称帝后，

---

[1] （东汉）荀悦、（东晋）袁宏著，张烈点校：《两汉纪》，北京：中华书局2002年版，第167页。

"五日一朝太公,如家人父子礼"(《史记·高祖本纪》)。汉文帝十二年颁行《置三老孝悌力田常员诏》云:"孝悌,天下之大顺也。力田,为生之本也。三老,众民之师也。"(《汉书·文帝纪》)汉武帝即位伊始,即颁诏云:"然则于乡里先耆艾,奉高年,古之道也。今天下孝子顺孙愿自竭尽以承其亲,外迫公事,内乏资材,是以孝心阙焉。朕甚哀之。"(《汉书·武帝纪》)宣布免除孝子顺孙的赋税徭役。元光元年建孝廉察举制度。元朔元年又下诏希望"兴廉举孝,庶几成风,绍休圣绪",也就是正式确立以孝治天下的政策。除了这一系列鼓励孝道的政策外,在高祖之后,汉代皇帝还在谥号前加孝字,如孝惠帝、孝文帝、孝景帝等。颜师古《汉书·惠帝纪》注云:"孝子善述父之志,故汉家之谥,自惠帝已下皆称孝也。"表明身体力行,为天下之榜样。当时官员也认为汉德以孝为先,有司在汉武帝下诏督举孝廉后奏曰:"今诏书昭先帝圣绪,令二千石举孝廉,所以化元元,移风易俗也。"(《汉书·武帝纪》)可见,司马迁所处的时代正是汉朝推行孝道最为热闹的时候。但在《史记》关于汉帝的载录中很少能看到他们的孝行,不仅如此,从刘邦身上,我们还能看到的却是孝行有缺的讥讽。《项羽本纪》载,楚汉战争中,项羽以烹刘邦之父要挟,而刘邦却回答说:"吾翁即若翁,必欲烹而翁,则幸分我一杯羹。"并不将父亲的生命放在心上。即至登基为帝,未央宫成,他在大朝诸侯群臣时,对父亲说:"始大人常以臣无赖,不能治产业,不如仲力。今某之业所就孰与仲多?"(《史记·高祖本纪》)刘邦在大庭广众之下,居然与兄争长论短,并以此难为、嘲笑父亲,实在难以说是孝悌。《楚元王世家》载:"始高祖微时,尝辟事,时时与宾客过巨嫂食。嫂厌叔,叔与客来,嫂详为羹尽,栎釜,宾客以故去。已而视釜中尚有羹,高祖由此怨其嫂。及高祖为帝,封昆弟,而伯子独不得封。太上皇以为言,高祖曰:'某非忘封之也,为其母不长者耳。'于是乃封其子信为羹颉侯。"刘邦的嫂子固非完人,难以称得上是"长者",但刘邦因一饭之不给而加以报复,也显然有违待长者之道。此外,《项羽本纪》还记载刘邦在兵败逃跑时,曾几番将自己亲生儿女孝惠、鲁元推堕车下。此为不慈,与不孝属同一伦理范畴。以上所记皆琐屑细微,非关军政大事,而司马迁津津乐道之,就是为了说明刘邦于孝道有亏,不堪为天下楷模。祖先如此,则后代

第八章 《史记》与原史传统的终结

汉帝所鼓吹的孝德就显得可笑了。可以说，司马迁如此用意，就是要揭下汉武帝的伪善面具，颠倒汉家的意识形态，剥夺其统治手段的合理性。

政治体系中另一重要的角色就是官僚阶层。《汉书·元帝纪》记载宣帝的话说："汉家自有制度，本以霸王道杂之，奈何纯任德教，用周政乎！且俗儒不达时宜，好是古非今，使人眩于名实，不知所守，何足委任！"唐令狐德棻解释说："王道任德，霸道任刑。自三王已上，皆行王道；唯秦任霸术，汉则杂而行之，魏、晋已下，王、霸俱失。"（《旧唐书·令狐德棻列传》）可见王霸杂治本是汉代吏治的特点。形成这一特点的原因是多方面的，也不自汉武帝始。其中，"汉帝国的创业集团本来就颇多文吏出身之人"，也是形成汉家"霸道"治国的一个重要原因①。但王霸杂行、佯王实霸的典型，则要推汉武帝时期。汉武帝虽罢黜百家独尊儒术，但其"内多欲而外施仁义"的特性，决定了他不可能纯以仁义治国，于是大倡霸道，导致了酷吏的盛行。司马迁《酷吏列传》载史上酷吏十人，大多数来自汉武帝朝。这些酷吏皆以"暴酷骄恣"、"微文深诋"、"多诈"为性格特点，以"杀伐行威"、"斩杀缚束"为行政手段。王温舒任广平都尉时，"择郡中豪敢任吏十余人，以为爪牙，皆把其阴重罪，而纵使督盗贼，快其意所欲得。此人虽有百罪，弗法；即有避，因其事夷之，亦灭宗"。及任河内太守时，"捕郡中豪猾，郡中豪猾相连坐千余家。上书请，大者至族，小者乃死，家尽没入偿臧。奏行不过二三日，得可事。论报，至流血十余里。河内皆怪其奏，以为神速。尽十二月，郡中毋声，毋敢夜行，野无犬吠之盗"。在经过一个充满血腥味的冬季后，王温舒尤嫌不足，"顿足叹曰：'嗟乎，令冬月益展一月，足吾事矣！'"其他酷吏也莫不以大兴狱杀为能事。杜周为廷尉时，"诏狱亦益多矣。二千石系者新故相因，不减百余人。郡吏大府举之廷尉，一岁至千余章。章大者连逮证案数百，小者数十人；远者数千，近者数百里。会狱，吏因责如章告劾，不服，以笞掠定之"。以至大家一听到有狱事，都争相逃跑。可见这些酷吏杀人成性，酷烈无比。他们之所以能如此杀伐行威，与皇帝的鼓励分不开。王温舒大肆杀戮，"天子闻之，以为能，迁为中尉"。由

---

① 阎步克：《士大夫政治演生史稿》，第363页。

于皇帝的鼓励，导致酷吏横行，整个国家都笼罩在恐怖之中："至若蜀守冯当暴挫，广汉李贞擅磔人，东郡弥仆锯项，天水骆璧推咸，河东褚广妄杀，京兆无忌、冯翊殷周蝮鸷，水衡阎奉朴击卖请，何足数哉！何足数哉！"这些酷刑完全超出了人们心理所能承受的极限，是嗜血变态的行为，以这样的"能吏"治国，无异于驱虎牧羊，诱魔吃人。

在司马迁看来，这些酷吏实际上体现了汉武帝本人的邪恶意志。《酷吏列传》记张汤的话云：

> 所治即上意所欲罪，予监史深祸者；即上意所欲释，与监史轻平者。所治即豪，必舞文巧诋；即下户羸弱，时口言，虽文致法，上财察。于是往往释汤所言。

《酷吏列传》还有这样一段记载：

> 客有让（杜）周曰："君为天子决平，不循三尺法，专以人主意指为狱。狱者固如是乎？"周曰："三尺安出哉？前主所是著为律，后主所是疏为令，当时为是，何古之法乎！"

由此看来，酷吏的纷纷涌现，一方面迎合了汉武帝的阴法阳儒的政策，另一方面也由于汉武帝自己的徇情刻薄之性情。酷吏们以皇帝看家之犬自居，以皇帝的意志为自己的意志，以自己的官职为皇帝的私赏，将公义和百姓完全置之度外。这显然是与汉武帝明里所倡导的王道格格不入，显示了汉武帝本人及其整个政治体制的自私和虚伪，显示了汉武帝政权的暴虐性质。受史家传统的尚德和教化观念的熏染，司马迁对汉武帝的酷吏政治十分反感，认为滥用刑法在一定程度上是造成社会混乱的根源。他说：

> 法令者治之具，而非制治清浊之源也。昔天下之网尝密矣，然奸伪萌起，其极也，上下相遁，至于不振。当是之时，吏治若救火扬沸，非武健严酷，恶能胜其任而愉快乎！言道德者，溺其职矣。故曰"听讼，吾犹人也，必也使无讼乎"。（《史记·酷吏列传》）

第八章 《史记》与原史传统的终结

他认为严密的法网反而导致了社会奸伪萌生,破坏了社会的淳善。司马迁引孔子的话曰:"导之以政,齐之以刑,民免而无耻。导之以德,齐之以礼,有耻且格。"又引老子的话曰:"上德不德,是以有德;下德不失德,是以无德。法令滋章,盗贼多有。"(《史记·酷吏列传》)儒家认为应该以礼教约束人的性情,使其自觉向善,这是最根本的,而法律只能起补救作用,不可重用。道家认为,人本性淳朴,以法相约束是暴力雕琢,非完善之道。在司马迁看来,法律手段的非善特征,会激起人们的以非善的方法相抵抗,所以,法网愈密而奸伪愈盛。在《酷吏列传》中,司马迁多次提到"事益多,民巧法";"然取为小治,奸益不胜";"吏民益轻犯法,盗贼滋起";"百姓不安其生,骚动";等等,指出了汉武帝吏治的失败及其严重恶劣的后果。

对汉代政治统系的讽刺,尤其是对汉武帝政治的讽刺,是在各个层面进行的,除了以上所说外,其他如经济政策、战争、改定礼仪、尊崇方士等等,无不涉及,而且都相当深刻,甚至是刻薄的。比如汉武帝的拓边开土之战,在司马迁笔下则成为一场场劳民伤财的灾难:

> 严助、朱买臣等招来东瓯,事两越,江淮之间萧然烦费矣。唐蒙、司马相如开路西南夷,凿山通道千余里,以广巴蜀,巴蜀之民罢矣。彭吴贾灭朝鲜,置沧海之郡,则燕齐之间靡然发动。及王恢设谋马邑,匈奴绝和亲,侵扰北边,兵连而不解,天下苦其劳,而干戈日滋。行者赍,居者送,中外骚扰而相奉,百姓抏弊以巧法,财赂衰耗而不赡。入物者补官,出货者除罪,选举陵迟,廉耻相冒,武力进用,法严令具。兴利之臣自此始也。(《史记·平准书》)

连年的战争,不但大量消耗了百姓生命财产,而且也严重地破坏了社会秩序,导致天下混乱,官府巧取豪夺,无恶不作。汉朝正走在自己的下坡路上,所谓"物盛而衰,固其变也",即是司马迁对汉武帝时代急剧衰落的哀叹。

衰落的不仅是一个曾经繁荣的刘家王朝,还包括董仲舒等儒家学者所殚精竭虑构想出来的以道统和治统相合一的理想。其实,治统不会立刻坍塌，而道统已经在现实中走到了它的尽头。司马迁不过是在史官传统的回光返照中，挥起戈矛，奋力做最后的一击，让原史精神再一次穿透这凝重的现实，显示其超越而绚烂的光芒。

4

在古代文化中，复仇具有天然的合理性。拉法格曾经说过："报复是人类精神的最古老的情欲之一，它的根子是扎在自卫的本能里，扎在推动动物和人进行抵抗的需要中，当他们受到打击时，就会不自觉地予以回击。"① 从文化学上来看，复仇观念是原始部落文化的一种遗留形态，它强调血族或部族复仇的正当性，而部族或血族复仇是凝结部族精神的一种有效方式，因此它的合理性在很大程度上得到后世的肯定。《春秋公羊传》也认可部族复仇，它在解释庄公四年"纪侯大去其国"时说：

> 大去者何？灭也。孰灭之，齐灭之。曷为不言齐灭之，为襄公讳也。《春秋》为贤者讳，何贤乎襄公？复仇也。何仇尔？远祖也。哀公亨乎周，纪侯谮之。以襄公之为于此焉者，事祖祢之心尽矣。尽者何？襄公将复仇乎纪……远祖者，几世乎？九世矣。九世犹可以复仇乎？虽百世可也。

公羊家认为复仇的合理性在于"事祖祢之心"，这仍然是古代血族复仇观的体现，但其中又结合了宗法、孝道等观念，赋予复仇这种古老的行为以新的意义。"虽百世可也"又表明了复仇可以不受时间的限制，可以不受当世价值体系的约束，具有了超越性特点。这种思想符合并满足了司马迁的心理需求。

学者普遍认为司马迁之所以钟情于复仇故事是由于他因受宫刑而感受到的屈辱，这一说法是有道理的。宫刑对司马迁而言，并不仅仅是一个屈辱的问题，而是关系到后嗣断绝的大问题。从史料来看，司马迁只有一个

---

① （法）拉法格：《思想起源论》，王子野译，北京：生活·读书·新知三联书店1963年版，第67页。

第八章 《史记》与原史传统的终结

女儿,其外孙杨忠、杨恽成为司马迁家族最亲近的人,虽然王莽时"求封迁后,为史通子"(《汉书·司马迁传》),但定非嫡嗣。也就是说,宫刑使司马迁这一族显赫的史官世家从此中断,这使司马迁痛感无"面目复上父母之丘墓",对祖上怀有深沉的负罪感。从这个角度来说,司马迁的复仇也就是血亲复仇,而这一点是被儒家经典所鼓励的,有着至高无上的正义性。而司马迁一介文臣,无力向庞大的政治体系复仇,而且他所信奉的正统思想亦不允许他向汉武帝行复仇之事,因此,内心的矛盾郁结无以开释,只能借他人酒杯浇自己的块垒。那些或远或近、或悲壮或惨烈的复仇的故事就在很大程度上满足司马迁的心理宣泄的需要。如论者所说:"对于那些敢于与命运抗争,历经磨难,顽强不屈,'弃小义,雪大耻'的复仇者,他由衷地敬佩和喜爱。他们的经历对他而言仿佛像一面镜子,从他们身上看到了自己复仇的希望……可以说书中的每一段复仇史事都传达出他强烈的复仇意念,每一个复仇人物都成为他向汉王朝复仇的代言人。通过这些复仇人物,他那不甘屈辱,不甘沉沦的思想和灵魂找到了释放的缺口,他强烈的复仇心理和情感找到了寄托和抒发。"[1]《史记》中以复仇形象被载录的人物甚多,如因脚跛遭齐夫人嘲笑而发誓报复的晋大夫郤克,卧薪尝胆的越王勾践,蒙耻隐忍要取仇家之头的范雎,为赵氏复仇而冒死抚育孤儿的程婴、公孙杵臼,还有《刺客列传》中为报恩人之仇而奋不顾身的豫让、聂政等。《史记》中这些复仇者和他们的故事都得到充分的描写,非常生动,显示了司马迁的满腔激情。

《伍子胥列传》可算是《史记》中最为惨烈的复仇故事。伍奢为奸人所谗而遭楚平王拘押,楚平王又欲骗来伍奢二子伍尚和伍子胥。伍子胥曰:"楚之召我兄弟,非欲以生我父也,恐有脱者后生患,故以父为质,诈召二子。二子到,则父子俱死,何益父之死?往而令仇不得报耳。不如奔他国,借力以雪父之耻,俱灭,无为也。"伍子胥并没有阻止伍尚归死,而是用毕生的力量去完成自己的复仇心愿。这一复仇行为需要超越多重价值观念。首先,伍姓是楚国传统的贵族,与楚王有着宗族关系,伍子胥为报私仇而借他国之力,则必然有灭国弑君之行。这既有违宗族之义,

---

[1] 杨宁宁:《论司马迁复仇情结的产生》,《社会科学家》2001 年第 3 期。

也有违君臣之道。楚大臣郧公云:"君讨臣,谁敢仇之?君命,天也。若死天命,将谁仇?"(《左传·定公四年》)可见向国君复仇的压力之大。其次,楚平王声称若伍子胥兄弟就缚则免其父死刑,虽然人皆知其为诈,但这一宣令仍让伍子胥冒着干犯孝道的风险。实际上,伍子胥听任伍尚就死就是对这种孝道的顾忌和妥协。再次,伍子胥在逃亡途中答应为晋在郑充当内应,这是对郑国好意的背叛;在吴进专诸助公子光夺权,也是一种不光彩的帮凶行为。除此之外,他还要忍受中道乞食、退耕于野等等屈辱。所有这些,都是复仇的精神障碍,但在伍子胥看来,或者说在司马迁看来,复仇是高于一切的,它能够超越这些不同层次的价值规范,义无反顾完成自己的目标。伍奢在得知儿子的选择后曰:"楚国君臣且苦兵矣。"也就宣示了一个复仇者的诞生。在经过若干年的隐忍努力后,伍子胥终于带领吴国的军队攻入自己的祖国,"掘楚平王墓,出其尸,鞭之三百",完成了自己的复仇事业。司马迁对此也深感震惊,但他却给予了毫无保留的赞赏:

> 怨毒之于人甚矣哉!王者尚不能行之于臣下,况同列乎!向令伍子胥从奢俱死,何异蝼蚁?弃小义,雪大耻,名垂于后世,悲夫!方子胥窘于江上,道乞食,志岂尝须臾忘郢邪?故隐忍就功名,非烈丈夫孰能致此哉?

在复仇面前,司马迁将所有那些孝道、君臣之道、宗国之道,甚至信义、人格尊严等等,看作是"小义",认为都是可以舍弃的。而人们已经习惯了用这些"小义"来评价人物,所以这一舍弃使得复仇者的面目变得有些怪异,甚至有些狰狞,连司马迁也感叹"怨毒之于人甚矣哉",但复仇本身所具有的正义性却是至上的,无可置疑的。《伍子胥列传》除了写伍子胥外,它还包括了多个复仇故事,明代凌约言说:"传子胥不忘郢也,故一传中叙夫差,复父仇也;虽伯嚭,亦复祖仇也;申包胥,复君仇也;越王,复己仇也;白公,复父仇也,此叙事之微也。"[1]

---

[1] (明)凌稚隆辑校,(明)李光缙增补:《史记评林》第五册,天津:天津古籍出版社1998年影印本,第20页。

第八章 《史记》与原史传统的终结

复仇是一件有意义的事，它的价值在于恢复本原意义上的正义，所以它值得去做。但并不是所有的人都能完成复仇。复仇者要背负着屈辱顽强地前行，并最终达到自己的目标，这一品质就是隐忍。司马迁在《报任安书》中说：

> 今仆不幸，蚤失二亲，无兄弟之亲，独身孤立。少卿视仆于妻子何如哉？且勇者不必死节，怯夫慕义，何处不勉焉！仆虽怯懦，欲苟活，亦颇识去就之分矣，何至自湛溺累绁之辱哉？且夫臧获婢妾，犹能引决，况若仆之不得已乎？所以隐忍苟活，函粪土之中而不辞者，恨私心有所不尽，鄙没世而文采不表于后也。

在司马迁看来，受了宫刑的人生将永远和屈辱为伴，生活在无尽的悲惨之中，要忍受更多的艰难，这比死去更需要勇气。这就是隐忍。隐忍是因为私心未尽、文才不表，而司马迁的著述行为又是和复仇紧紧联系在一起的，所以，也可以说隐忍就是为了复仇，还可以说有复仇就一定有隐忍，隐忍是复仇者必备的品质。当范雎遭魏相魏齐迫害，被打得"折胁摺齿"时，他就"详死"，被卷在箦中扔进厕所，忍受着客人醉后"更溺"。此后，"伏匿，更名姓曰张禄"。在经过了这一连串的屈辱后，他终于等到复仇的机会（《史记·范雎蔡泽列传》）。同样，当豫让要为前主人智伯复仇时，先是"变名姓为刑人，入宫涂厕"，后又"漆身为厉，吞炭为哑，使形状不可知，行乞于市。其妻不识也"（《史记·刺客列传》）。这些做法虽有复仇策略方面的考虑，但也反映了复仇者非凡的隐忍能力。伍子胥的复仇也非一帆风顺的，漫长的等待过程也是漫长的隐忍过程。逃亡途中的背叛、乞讨，至吴后助公子光弑君、退耕等等，在这一过程中伍子胥当然能体会到耻辱，但在强烈的复仇欲望下，这些负面情感或道德的体验，都被转移到隐忍的层面上，隐忍使其将事件的价值评价转移为一种意志评价。这些也是司马迁对自己受辱的解释和价值体验。

如果说隐忍显示了复仇者突出的意志品质，那么复仇本身将最终成就复仇者的人格。通常，复仇者总是面对着比自己力量更为强大的势力，复仇者往往要以自己的生命作为代价，因此，复仇者所成就的就只能是一种精神，一种不屈的人格力量。豫让在最后一次刺杀赵襄子失败后，他请求获得赵襄子的衣服，"拔剑三跃而击之，曰：'吾可以下报智伯矣！'"然后伏剑自杀。这一次刺杀行为虽然没有成功，但在他"三跃击之"的时候，复仇者的形象如雷电乍现，震慑人心。一个坚强的复仇者人格豁然显现。司马迁特别记载了"（豫让）死之日，赵国志士闻之皆为涕泣"，就是为了表达自己对这种复仇精神的赞赏。伍子胥的人生价值也同样是在复仇中完成的。当伍子胥终于攻破郢之时，平王早已死去，楚昭王也已经逃走，"乃掘楚平王墓，出其尸，鞭之三百，然后已"。破城鞭尸，报了父兄之仇，使得十数年的隐忍之苦得到报偿，在这三百鞭中，伍子胥的激情得到淋漓尽致的宣泄，此刻，他体验到了他人生的顶峰状态。复仇完成之后，伍子胥的人生立刻就变得委琐而无能，在与太宰嚭的政治斗争中屡处劣势，并终于被吴国国君赐剑自杀。而就在自杀的一刹那，伍子胥再次寻找到了怨恨的理由和复仇的对象，于是生命再次勃郁膨胀起来，精光闪闪，又一次充满了魅力。他自杀前嘱咐舍人说："必树吾墓上以梓，令可以为器；而抉吾眼县吴东门之上，以观越寇之入灭吴也。"（《史记·伍子胥列传》）他要让自己的坟墓上也长出可以杀人的利器，要亲眼看到越国将吴国灭亡，这其中所隐含的复仇的决心是如此的强烈，它再一次将沉沦中的伍子胥拯救出来，使其恢复了一个复仇者的精神面目，并最终成就了一个复仇者的人格。

复仇者的人格精神，是司马迁维系自己生存的一个理由。司马迁隐忍而撰写《史记》，也就是为了成就自己的复仇愿望。他说：

> 草创未就，适会此祸，惜其不成，是以就极刑而无愠色。仆诚已著此书，藏之名山，传之其人，通邑大都。则仆偿前辱之责，虽万被戮，岂有悔哉！（《报任安书》）

所谓"偿前辱之责，虽万被戮，岂有悔哉"就是指冒死复仇，并最终通过成功的复仇来洗却蚕室之辱。司马迁内心强烈的复仇愿望和必死的决心，使得他隐忍着内心巨大的悲痛和屈辱，全身心投入《史记》的编著

第八章 《史记》与原史传统的终结

之中。《史记》是传世之文,是文士的价值所系,但对于司马迁而言,《史记》还是一种报复的手段和成果。正是《史记》这一伟大的创造,以及其中所包含的复仇精神,成就了司马迁伟大的人格。因此,司马迁能完全认同历史上那些复仇的志士,并在描述过程中体验这些伟大而坚忍的复仇过程,发泄着自己的愤懑和焦虑。如陈桐生所言:"司马迁用饱蘸深情的笔墨记述了历史上一个个艰辛卓绝可歌可泣的复仇故事,他为正义复仇呐喊,替重义轻生的侠士讴歌,为失败的英雄流泪。他仿佛和这些复仇者一道经历了坚忍顽强的复仇过程,和他们一起窥测等待、筹谋策划、白刃相拼……再和他们一起分享复仇的喜悦。"①

5

司马迁的复仇虽然有着强烈的个人因素,但在本质上仍然是一种文化复仇,司马迁代表了悠久的史官传统向着现实政权进行复仇。这种复仇是文化冲突的显现形式,因此,它一方面显示了史官文化最具本质、最具有反抗性的一面,一方面也显示了史官文化的脆弱和无奈,并最终宣示了一个时代的结束,给历史留下了悠远而深长的回响。

复仇是绝望中的挣扎,因此,即使在最猛烈的复仇中也能体会到一种无可挽回的失落感。原史文化在春秋时代达到了它的顶峰,当孔子等以士的身份进入思想文化领域时,原史的历史使命在理论上也就告一段落。但由于史官文化在战国和秦代的间歇性中断,使得原史文化和现实的冲突没能及时展开,而是被延迟到汉代,并终于在司马迁的《史记》撰述中,才真正走到了自己的尽头。司马迁是那怀着绝望宣告原史文化终结的史官。导致史官文化丧落的因素是多重的。首先,原史文化从原始宗教发展而来,它从那神圣的载录中获得了话语权力,但在它的发展过程中,它却通过对"礼"和"仪"的辨识,通过对因果关系的追究,通过对世俗"君子"的赞扬,而逐渐和宗教传统拉开了距离,并确立了理性文化的地位。因此,史官的话语权力本身就是一个矛盾体,而史官也只是一个启蒙者,一旦理性文化完全确立,原史文化也将因其宗教背景而被冷落、遗

---

① 陈桐生:《中国史官文化与〈史记〉》,第 127 页。

弃。其次，公羊家在感受到了原史文化的危机后，使史官的话语权力依附于世俗权力，虽然在某个特殊历史阶段，在一定程度上，强化了史官文化权力，但这一依附使得原史文化所倚赖的神圣背景可以和世俗皇权共享，也就在本质上轻视、贬低了史官文化的超越性质。董仲舒的妥协，使得汉武帝的集权专制制度有了天命的理据。因此，当司马迁再续《春秋》素王之业时，两者的冲突就在所难免。而冲突的结果，就通过李陵事件和《史记》表现出来。

将《史记》著述视作文化复仇行为，是因为司马迁已经看到了原史文化必然没落的结局。他说："先人有言：'自周公卒五百岁而有孔子。孔子卒后至于今五百岁，有能绍明世，正《易传》，继《春秋》，本《诗》《书》《礼》《乐》之际？'意在斯乎！意在斯乎！小子何敢让焉。"（《史记·太史公自序》）又说："文史星历，近乎卜祝之间，固主上所戏弄，倡优畜之，流俗之所轻也。"（《报任安书》）这其中的差别岂止天壤。身处乱世的孟子曾仰天叹曰："天未欲平治天下也，如欲平治天下，当今之世，舍我其谁也？"（《孟子·公孙丑下》）两人前后呼应，同一机杼，皆是王者之叹。"文史星历"文化权威的失落，以及司马迁自身的悲惨遭遇，这都使他不能甘心，于是他自然地凭借着自己所皈依的神圣传统，超越帝王的权威，把文化建设的意愿最终转变为一场轰轰烈烈的文化复仇行动。而这场文化复仇不仅仅为了心理上的补偿和报得私仇，而有着更为广泛而深远的意义。

首先，司马迁的文化复仇，展示了一种立足于史著的批判精神，并使这种批判精神成为制约王权的一种力量。这就是后人所谓的"实录"。《汉书·司马迁传》云：

> 自刘向、扬雄博极群书，皆称迁有良史之材，服其善序事理，辨而不华，质而不俚，其文直，其事核，不虚美，不隐恶，故谓之实录。

学者对"实录"二字往往从两个方面立论：一是说司马迁叙事谨慎切实，

第八章 《史记》与原史传统的终结

于史料多方考核,形成史学的考信和求实传统①。二是说司马迁对史传人物的褒贬不隐,立意尤其是在贬,从而将"实录"与"谤书"联系起来。一般来说,如无特殊的目的,撰史者总是以再现事实为己任,司马迁当然有这样的求实意识。学者常举司马迁自己所说的"考信于六艺"、"折中于夫子"为证,但这里的"考信"、"折中"云云亦非就事实而论,而是指观点或意识形态上的标准。所以考实求真并非"实录"的本意。"实录"实指司马迁的批判精神。上所引《汉书·司马迁传》中的话,重点在"其文直"、"不虚美"、"不隐恶"上,"其事核"不过稍带提及,或者连而读之,其意不过说是以事褒贬而已。聂石樵师说:"由于他在写作上能够坚持忠于史实,坚持'实录'的精神,揭露了这些统治者的残酷、贪狠、愚昧、昏庸的阶级本质,揭露了他们阴险、诡诈的手段,因而他的著作被班固指责为'微文刺讥,贬损当世'(《典引》序),被王允诋毁为'谤书'(《后汉书·蔡邕传》)。"② 此外,《汉书》中这一段话是将"实录"和"良史"连起来论的。而所谓"良史",事见《左传·宣公二年》。时晋赵穿杀晋灵公,太史董狐书曰:"赵盾弑其君。"孔子评论曰:"董狐,古之良史也,书法不隐。"显然,"良史"和"书法不隐"都不包含征实的意思。董狐为这一明显不准确的记载辩解曰:"子(赵盾)为正卿,亡不越竟,反不讨贼,非子而谁?"由此可以看出,所谓"良史"实际是指依据某种道义惩处权者的勇气,是对道义原则的忠诚,而非指对事实的忠诚。那么,称司马迁为"良史",所赞扬的也是那种裁决天下的勇气,是对皇帝和权势者进行严厉褒贬的批判精神。这一点对后世学者的影响是很大的,它给后世文人留下了执笔为文、鞭笞天下的榜样和信心。

其次,司马迁的文化复仇,将传统的职业监督转变为一种人格抗拒,从而突出了文化个体的精神力量。司马迁原本以史官身份实践《春秋》"素王"之业,他所承担的是原史传统的责任和梦想,此时司马迁所体现

---

① 如张桂萍说:"司马迁作《史记》,以'继《春秋》'为己任,从学术思想、撰述方法和著史实践上全面继承、发展了孔子的原则,创立了'考信于六艺'、'折中于夫子'、'厥协六经异传,整齐百家杂语'的考信标准和考订方法,为后世史家树立了求真的楷模。司马迁的基本态度是'考信'与'求实',以写出一部信史为自己的人生目标。"(《〈史记〉与中国史学传统》,重庆:重庆出版社2004年版,第25页)

② 聂石樵:《司马迁论稿》,第121页。

的是一种职业精神。但史官的超越地位，在古代得到宗教天命的庇护，因此也能得到人君的认同。而汉武帝时代文史星历低下的处境，已经使得史官难以超越皇帝的权威。史官不能再以天命的代言人身份出现，他已经失去了裁决天下的权利。因此，《春秋》时代的"载录即惩罚"的那种姿态典雅、笔调刻板冷峻的职业性"笔法"已经难以发挥作用了。而支持着司马迁将裁决天下进行到底的就只有埋在内心的信念和激情，职业性的监督也因此而变成个体人格的反抗。个体人格的反抗，在司马迁看来，虽然没有传统和天命的庇护，但它来自人的本能，因此也是无可置疑的。其《屈原贾生列传》写道：

> 屈平疾王听之不聪也，谗谄之蔽明也，邪曲之害公也，方正之不容也，故忧愁幽思而作《离骚》。离骚者，犹离忧也。夫天者，人之始也；父母者，人之本也。人穷则反本，故劳苦倦极，未尝不呼天也；疾痛惨怛，未尝不呼父母也。屈平正道直行，竭忠尽智以事其君，谗人间之，可谓穷矣。信而见疑，忠而被谤，能无怨乎？屈平之作《离骚》，盖自怨生也。

强烈的不公会激起个体内心的痛苦，而痛苦积聚到一定的程度，就会回归到一种超现实的本质状态。司马迁在这段话里提到"天"和"父母"，它的意义是两个方面的：一是用"天"和"父母"这两种价值之源来标志这种本质状态，以说明此时个体的超越性；二是说这种本质状态自然召唤来自"天"和"父母"，作为个体的支持，从而取得对世俗权威的道义优越性。在这种状态中，个体的"怨"就为天理所庇护，获得一种当然的正义性。这里的"怨"是完全属于个体的，也就是说，痛苦个体不必凭借某个集体或传统，也有复仇和泄怨的权利。当然，我们还不能说司马迁对这一转变有着明确的理论意识，他更多地是通过实践来提示着批判权利朝个体的转移，或者说强调了个体的批判权利。事实上，《史记》中的批判精神往往超越了原史传统，具有明显的个性化特质，即是这种思想的成果。明代李贽《藏书》云："若必其是非尽合于圣人，则圣人既已有是非矣，尚何待于吾也？夫按圣人以为是非，则其所言者，乃圣人之言也，非

第八章 《史记》与原史传统的终结

吾心之言也。言不出于吾心，词非由于不可遏，则无味矣……此迁之史所以为继麟经而作，后有作者，终不可追也已。"[①] 这段话即是对司马迁因"不可遏"而自出心声的个性精神的高度赞扬。司马迁之后，原史传统荡然无存，后人往往以个性精神对抗权威，李贽即其代表。

最后，由于司马迁赋予著述以明确的批判精神，又将职业批判的权利转化为个体批判的权利，强调个体痛苦本身作为批判精神的根据，这也就导引出中国文化史上另一重要的命题：发愤著述。《太史公自序》云：

> 昔西伯拘羑里，演《周易》；孔子厄陈蔡，作《春秋》；屈原放逐，著《离骚》；左丘失明，厥有《国语》；孙子膑脚，而论兵法；不韦迁蜀，世传《吕览》；韩非囚秦，《说难》、《孤愤》；《诗》三百篇，大抵贤圣发愤之所为作也。此人皆意有所郁结，不得通其道也，故述往事，思来者。

类似的说法还有《平原君虞卿列传》：

> 虞卿料事揣情，为赵画策，何其工也！及不忍魏齐，卒困于大梁，庸夫且知其不可，况贤人乎？然虞卿非穷愁，亦不能著书以自见于后世云。

司马迁"发愤著述"的意义前人多有阐述，普遍认为以上两段话揭示了文学创作论中作家创作动机的问题。但就史官文化发展而言，这一段话从作者和作品两个方面扩大了"怨悱性著述"的范围：一是它从史官扩展到每一个个体，二是它从史著扩展到各类文体。也就是说"发愤著述"将史官批判精神泛化到所有的文人中，强调他们与生俱来的发泄怨悱的权利，强调文章著述裁决社会的天然合理性。虽然，自战国以来，文士们已经在著述实践中表达了自己怨悱的权利，但由司马迁以史官的身份从史著的立场来宣布"发愤著述"，则包含着对原史文化的反省，是对原史文化

[①] （明）李贽撰，张建业编：《李贽文集》，北京：社会科学文献出版社 2000 年版，第 795 页。

精神薪尽火传的一个宣言。这一点，对后世文人的影响是巨大的。唐代韩愈《送孟东野序》说："大凡物不得其平则鸣：草木之无声，风挠之鸣；水之无声，风荡之鸣。其跃也或激之，其趋也或梗之，其沸也或炙之。金石之无声，或击之鸣。人之于言也亦然：有不得已者而后言，其歌也有思，其哭也有怀，凡出乎口而为声者，皆有弗平者乎！"韩愈的话里又将司马迁的批判精神扩展为所有自然感情，当然"弗平"二字仍然表示这种感情是以"怨悱"为主的，但它强调自然心生即为合理的观念，也就是强调了所有具有真实感情的文章著述的合理性。也就是说，个体文人有着当然的理由以自己的著述形式承继古代史官超越的批判权利，文人在文化史上的理想地位也就由此而奠定。

我们在本节中强调了司马迁文化复仇的理性意义，是为了说明司马迁本人已经逸出了原史文化的范畴，并且从实践和理论上开启了文人批判精神的新纪元。但就司马迁本人的复仇来说，则是传统原史文化和强烈的个性精神相结合的产物，这也使得《史记》的批判精神更为卓越超绝，是前无古人、来者难觅的。而如此冒犯皇家威严的《史记》的撰写活动能在汉武帝时期顺利完成，则是皇权对巫史传统的最后的妥协。

四　《史记》的体例和书法

1

学者论《史记》，常常推重它的发凡起例之功，认为司马迁奠定了中国正史纪传体的基本形式，文学史家则认为司马迁开创了传记文学的体裁。《史记》一书由本纪、表、书、世家、列传五种体例组成。郑樵《通志·总序》云："（《史记》）分为五体，本纪纪年，世家传代，表以正历，书以类事，传以著人，使百代而下，史官不能易其法，学者不能舍其书。"这五种体例各有承担，互相支持，成为一个完整的统一体，共同构架了司马迁的宏伟的历史图景。

司马迁以史官的身份编撰史著，又以孔子《春秋》事业为己任，其中赓续传统的意识非常明确，则其著述体例当有所依据。古今学者对

第八章 《史记》与原史传统的终结

《史记》五体的探讨络绎不绝，形成多种说法，现总括如下：

（1）关于"本纪"、"世家"和"列传"

刘勰《文心雕龙·史传》认为"本纪"体由《吕氏春秋》继承而来：

> 子长继志，甄序帝绩。比尧称典，则位杂中贤；法孔题经，则文非玄圣。故取式《吕览》，通号曰纪。

刘知幾《史通·列传》说：

> 夫纪传之兴，肇于《史》、《汉》。盖纪者，编年也；传者，列事也。编年者，历帝王之岁月，犹《春秋》之经；列事者，录人臣之行状，犹《春秋》之传。《春秋》则传以解经，《史》、《汉》则传以释纪。寻兹例草创，始自子长。

刘知幾认为《史记》的基本体例由本纪和列传构成，本纪效《春秋》之体，列传效诸传之体。今人徐复观亦认为《史记》与《左传》等有关："凡此体制，史公殆各有所本，尤以受《左氏传》及《国语》的影响最大。"[①] 不过徐复观未能详论。而清代赵翼则认为"本纪"古已有之，司马迁《史记》曾提到《禹本纪》一书。他说：

> 《史记·大宛列传》则云："《禹本纪》言：'河出昆仑，高五百里。'又云'《禹本纪》及《山海经》所有怪物，予不敢言之也。'"是迁之作纪，非本于《吕览》。而汉以前，别有《禹本纪》一书，正迁之所本耳。（《陔余丛考》卷五《史记一》）

聂石樵先生亦赞同《禹本纪》为司马迁"本纪"所本之说。此外，《史记·卫康叔世家》有"余读《世家》言"云云，赵翼云"是古来本有世

---

① 徐复观：《两汉思想史》第三卷，第205页。

家一体,迁用之以记王诸侯国"(《廿二史札记》卷一《各史例目异同》)。

(2)关于"表"

最早论"表"体的是东汉桓谭。他说:

> 太史《三代世表》,旁行邪上,并效《周》谱。①

赵翼《廿二史札记》卷一《各史例目异同》云:

> 《史记》作十表,昉于周之谱牒,与纪传相为出入。凡列侯、将、相、三公、九卿功名表著者,既为立传;此外大臣无功无过者,传之不胜传,而又不容尽没,则于表载之。作史体裁,莫大于是。

聂石樵先生列举司马迁在《史记》中自云"余读牒记,黄帝以来皆有年数。稽其历谱谍终始五德之传,古文咸不同"(《史记·三代世表序》)及"太史公读《春秋历谱谍》,至周厉王,未尝不废书而叹也"(《史记·十二诸侯年表序》)等,推知古史即有谱牒之书,而桓谭所谓《周谱》"当指周代之谱牒,并非专指一书"②,正与赵翼以"周之谱牒"代"《周谱》"相合。

(3)关于"书"

刘知幾《史通·书志》说:

> 夫刑法、礼乐、风土、山川,求诸文籍,出于《三礼》。

赞同此说的有清代的王鸣盛,不过,他认为《史记》八书体裁还受《荀

---

① 转引自(唐)姚思廉《梁书》卷五十《刘杳传》,北京:中华书局1973年版,第716页。
② 聂石樵:《司马迁论稿》,第109页。

第八章 《史记》与原史传统的终结

子》和《新书》的影响①。更为普遍的说法是"八书"源于《尚书》。清代尚镕说:"《天官书》,源出《尧典》。"② 近人梁启超《中国历史研究法》云:"其八书详记政制,蜕形于《尚书》。"③ 范文澜《正史考略》"《史记》条"云"八《书》之作,则取《尚书》之《尧典》《禹贡》"④,并在《文心雕龙注》中更进一步指出,《尧典》中的"乃命羲和,钦若昊天,历象日月星辰,敬授人时……以闰月定四时成岁"一段,即《史记》之《律书》、《历书》、《天官书》所出;"岁二月东巡狩……车服以庸"一段,即《史记》之《封禅书》之所出;"帝曰,夔,命汝典乐……百兽率舞"一段,即《乐书》之所出;"帝曰,弃,黎长阻饥,汝后稷,播时百谷"一句,即《平准书》之所出。而《禹贡》一篇乃《河渠书》之所出⑤。聂石樵先生又以《尧典》之"帝曰:咨,四岳,有能典朕三礼。佥曰:伯夷。帝曰:俞咨伯,汝作秩宗,夙夜惟寅,直哉惟清",乃《礼书》所从出⑥。

《史记》各体来源除以上诸说外,还有认为皆源于《世本》的。关于《世本》,据《汉书·艺文志》说是"古史官记黄帝以来迄春秋时诸侯大夫",刘知幾认为"楚、汉之际,有好事者,录自古帝王、公侯、卿大夫之世,终乎秦末"(《史通·古今正史》),刘向曾经校定过《世本》,至宋亡佚,后人有辑本。从辑本来看,可以判断出其纪人物的体例有"帝王"、"帝系"、"诸侯"、"王侯大夫"、"世家"、"传"、"氏姓"等,纪制度的体例有"居"、"作"、"谥法"等。又班固云"司马迁据《左氏》、《国语》,采《世本》"(《汉书·司马迁传》),南朝宋范晔云"司马迁采《左氏》、《国语》,删《世本》、《战国策》,据楚、汉列国时事"(《后汉书·班彪列传上》),因此,颇有人认为《世本》是纪传体史著的开创者,

---

① (清)王鸣盛:《十七史商榷》,北京:商务印书馆 1937 年初版,1959 年重印第 1 版,第 29 页。
② (清)尚镕:《史记辨证》卷三《天官书》,见张舜徽主编《二十五史三编》第一分册"史记之属",长沙:岳麓书社 1994 年影印本,第 907 页。
③ 梁启超:《中国历史研究法》(外二种),石家庄:河北教育出版社 2000 年版,第 24 页。
④ 范文澜:《正史考略》,北平:文化学社 1931 年版,第 11 页。
⑤ 范文澜:《文心雕龙注》中册,北平:文化学社 1931 年版,第 315 页。
⑥ 聂石樵:《司马迁论稿》,第 111 页。

而《史记》则得益于《世本》。王锦贵说："《世本》的出现，为《史记》等系列纪传体文献的问世立下了汗马功劳。只消将《世本》同后世的纪传体文献稍加对比，就会发现：后来的纪传体中的本纪、世家、列传以及书志等体例不仅大体上可以在《世本》中找到，而且各种体例的义项也大抵接近，或一仍其旧。"①吕幼樵进而认为《史记》中的"表"因袭于《世本》的"氏族"、"谥法"，"书"因袭于《世本》的"居篇"、"作篇"等②。但是现传《世本》都难以考确，《世本》在汉代，尤其是在刘向整理前的情状已经模糊不清，所以很难指认《史记》直接承自《世本》而来，但我们可将《世本》的作用归入其他文献的洪流中，并与其他文献一起共同影响了《史记》的体例。

从以上考述可以看出，《史记》五体大约都有所本，但似乎又都是些蛛丝马迹，司马迁并没有完全现成的模式可以套用。《史记》五体是在对前代史官文献的选择、加工、整理的基础上的新的创造。如赵翼所说："古者左史记言，右史记事，言为《尚书》，事为《春秋》，其后沿为编年记事二种。记事者，以一篇记一事，而不能统贯一代之全；编年者，又不能即一人而各见其本末，司马迁参酌古今，发凡起例，创为全史。'本纪'以序帝王，'世家'以记侯国，十'表'以系时事，八'书'以详制度，'列传'以志人物，然后一代君臣政事，贤否得失，总汇于一编之中。自此例一定，历代作史者，遂不能出其范围，信史家之极则也。"（《廿二史札记》卷一《各史例目异同》）但是司马迁这五体的设立又不仅是为了"记言"、"记事"的顺畅、流利，它还在更深的层次上表达了司马迁的史官理想。

司马迁自述这五种体例的分工云：

> 罔罗天下放失旧闻，王迹所兴，原始察终，见盛观衰，论考之行事，略推三代，录秦汉，上记轩辕，下至于兹，著十二本纪，既科条之矣。并时异世，年差不明，作十表。礼乐损益，律历改易，兵权山川鬼神，天人之际，承敝通变，作八书。二十八宿环北辰，三十辐共

---

① 王锦贵：《中国纪传体文献研究》，北京：北京大学出版社1996年版，第14页。
② 吕幼樵：《〈世本〉述论》，《贵州师范大学学报》1997年第4期。

第八章 《史记》与原史传统的终结

一毂,运行无穷,辅拂股肱之臣配焉,忠信行道,以奉主上,作三十世家。扶义俶傥,不令己失时,立功名于天下,作七十列传。凡百三十篇,五十二万六千五百字,为《太史公书》。(《史记·太史公自序》)

从以上的表述可以看出,司马迁以五体编史除了述事的理由外,还强调一种天人秩序,显示出宏阔而又颇具神秘色彩的历史观。为了我们更清楚地显示这一特征,现将司马迁的自述列表如下(表8-1):

表8-1

	观念	内容	篇数
本纪	王迹所兴,原始察终,见盛观衰	论考之行事,略推三代,录秦汉,上记轩辕,下至于兹	十二
表		并时异世,年差不明	十
书	天人之际,承敝通变	礼乐损益,律历改易,兵权山川鬼神	八
世家	二十八宿环北辰,三十辐共一毂,运行无穷,辅拂股肱之臣配焉	忠信行道,以奉主上	三十
列传	扶义俶傥,不令己失时	立功名于天下	七十

上表中"观念"一栏,若综合论之,则与汉今文学派的"三统循环"和"五德终始"的历史观念相符,它在根本上确立了《史记》五体的理论意义。

在这个表中可以看出,"本纪"一体,在司马迁的观念之中居有中心的地位,它所承担的是揭示王朝兴衰的任务。但我们又不能将其意义简单理解为朝代编年。司马迁说:"为天数者,必通三五。终始古今,深观时变,察其精粗,则天官备矣。"(《史记·天官书》)又说:"物盛则衰,时极而转,一质一文,终始之变也。"(《史记·平准书》)那么,所谓"原始察终,见盛观衰",所体现的正是"天数"或"天时",表现在朝代更替上,亦即公羊学家所说的黑、白、赤三统循环,或忠、敬、文三教循环。"天数"在汉代主流思想中具有核心的地位。司马迁正是希望通过"本纪"历论朝代的兴亡、更替,以显示出天道循环的轨迹来。而"表"

则是对"本纪"的进一步补充，是在天数循环的大框架下，将"时世"、"年差"更细致地表现出来。

至于"书"的"天人之际，承敝通变"，实际上就是在顺应"天数"的前提下，易姓受命而王，应天改制，顺时更化。司马迁在《历书》中云："王者易姓受命，必慎初始，改正朔，易服色，推本天元，顺承厥意。"这与董仲舒在《春秋繁露·三代改制质文》中所表达的意思是一样的。董仲舒所提到的改制内容还包括"作国号，迁宫邑"，"礼乐各以其法像其宜"，"易官名，制礼乐"等，这些都反映在司马迁"八书"之中。也就是说，"书"上承"本纪"，是在三五天数的统系之内各种礼仪、文物、制度等的应时变化。所谓"承敝通变"就是汉儒所谓"更化"，它在理论上是对天数的顺应追随，而在实际上则是指社会制度的变通和发展。陈桐生说："天人宇宙的循环变化，由此导致王朝的嬗递变更，受命新王改变前代王朝的弊政，建立一套新王制度，这就是《太史公自序》所说的'天人之际，承敝通变'的基本涵义……'八书'中大体上有两类文字：一是从史的角度记载历史上各个朝代应天改制的情形，可以看作是一部改制史；另一类是概论该制度的性质、功能、特征与意义。可以视为制度论。两者一经一纬，互为发明。"[①]

"世家"和"本纪"是一个同心圆的关系。众多"世家"的拱卫和辐散，才能显示出"本纪"这颗北极星的至尊地位，显示出车轴的运行轨迹。由于"世家"也随轴运行，王侯家族的命运也能折射出三五天数的规律。因此，"本纪"和"世家"之间首先表现为一种同心弥散的关系。其次，"本纪"和"世家"又有一种垂直的君臣关系，颜师古注《汉书·司马迁传》曰："众星共绕北辰，诸辐咸归车毂，若文武之臣尊辅天子也。"所以"本纪"和"世家"之间又表现出世俗社会的尊卑伦理，是独立于"天数"之外的治道系统。可以说，"世家"既支撑又彰显了由"本纪"所代表的"天数"，同时也以君臣尊卑关系使天道的某些因素现实化。

在《史记》五体中，"列传"是较为独特的一类。虽然司马迁也强调

---

① 陈桐生：《重评司马迁的"通古今之变"》，《人文杂志》1994年第4期。

第八章 《史记》与原史传统的终结

"不令己失时",隐含着一种顺时而动的观念,但这里的"时"已经与"天数"没有多少关系了。汉代儒家的天人观念中,虽然有"民"这一项,但"民"却没有普通个体的含义,所以"列传"中的传主也就在天人关系中找不到立足之处。那么,这里的"时"也就只能局限于天子和诸侯所笼罩的空间里,局限于毂和轮的缝隙之处。由于轮毂运行的紊乱和空间的狭小,普通个体若想成就自己,相时而动就显得特别重要。所以,司马迁特别强调"不令己失时"这一点。此外,《史记》前四体都有天道运行作为依据,因此,其所依据和蕴含的价值标准是一定的,唯有"列传"中人不能直接承受天道的光芒,所以,也就不可能以天道观甚至君臣伦理观来衡量,"列传"所表现出来的价值倾向也就不那么确定了。个体意志及其展现的程度,就成为"不令己失时"的标准了。

如上所述,则《史记》五体虽渊源有自,而且也考虑到了历史表述的便利,但在更为深刻的层次上体现了一种内在逻辑性,这就是所谓"三统变化"、"五德终始"的"天数"和顺应天时的文物制度的"更化"。这也就是司马迁所说的"究天人之际,通古今之变"。至于五体的篇数,都比较特殊,似乎也不是由于写作素材的原因而自然形成的。前人已经注意到这一点,如张守节云:

> 作本纪十二,象岁十二月也。作表十,象天之刚柔十日,以记封建世代终始也。作书八,象一岁八节,以记天地日月山川礼乐也。作世家三十,象一月三十日,三十辐共一毂,以记世禄之家辅弼股肱之臣忠孝得失也。作列传七十,象一行七十二日,言七十者,举全数也,余二日象闰余也,以记王侯将相英贤略立功名于天下,可序列也。合百三十篇,象一岁十二月及闰余也。而太史公作此五品,废一不可,以统理天地,劝奖箴诫,为后之楷模也。(《史记正义·论史例》)

朱自清云:

> 十二是十二月,是地支,十是天干,八是卦数。三十取老子

"三十辐共一毂"的意思，表示那些"辅弼股肱之臣"，"忠信行道以奉主上"；七十表示人寿之大齐，因为列传是记载人物的。这也是用数目的哲学作系统，并非逻辑的秩序，和《吕氏春秋》一样。①

两相比较，似以朱自清说较为通达。这些数字本身确乎隐含了传统巫史文化的因素，司马迁本人并没有对《史记》篇数作出解释，可能当时人对这些数字所包含的文化意义已经十分熟悉。

总的说来，《史记》五体的设置，在主观上是为了体现司马迁的"天人之际"的认识，体现了天道统领治道的观点。如朱惠政所论："纪传体这一撰史体裁帮助了具有非凡思想的司马迁对天人关系的探讨，纪传体也是司马迁借助以陈述自己历史观和历史见解的文字载体。也就是说，没有彻底究明'天人合一'思想的决心、没有重新阐析'天人合一'思想新见解的宏愿、没有为此奋斗的不屈不挠的毅力，司马迁《史记》的这种创造性体裁和史著就不可能面世。所以从这点上可以说，'天人合一'问题的研究导致了中国纪传体及其第一部史著的问世。"② 司马迁在具体的撰写过程中，并没有完全拘泥于他为各体所预设的观念，甚至有与这些观念相冲突的地方，显示了司马迁的个性精神和特定感受。而五体结史的观念，是一种理想状态，它显示了司马迁"上明三王之道，下辨人事之纪"以承五百年《春秋》王业，以及凭借"天道"裁决天下的气度和胆识。

从文学和叙事的角度来说，在《史记》五体中，最有意义的是"本纪"、"世家"和"列传"，它们在客观上确立了人物传记这种文体形式，从而将叙事的重心由"天人之际"的"天"向"人"倾斜，关注个体的命运和情感，也就因此确立了《史记》的人文特征和现世特征。明人徐师曾说："自汉司马迁作《史记》，创为'列传'以纪一人之始终，而后世史家卒莫能易。嗣是山林里巷，或有隐德而弗彰，或有细人而可法，则皆为之作传以传其事，寓其意；而驰骋文墨者，间以滑稽之术杂焉，皆传

---

① 朱自清：《中国散文的发展》，朱乔森编：《朱自清全集》第 8 卷，南京：江苏教育出版社 1993 年版，第 323 页。

② 朱惠政：《"天人合一"思想对中国纪传体史书发展的影响》，《社会科学》1995 年第 3 期。

第八章 《史记》与原史传统的终结

体也。"① 近人梁启超云:"其最异于前史者一事:曰以人物为本位。"② 章学诚云:"记事出于《左氏》,记人原于史迁。"③《史记》以人为中心的观点得到现代学者的普遍认同④,如赵生群在论述《史记》时说:"纪传体的创造,使人物第一次占据了作品的中心地位,反映出作者'写人'的自觉意识,而以写人为目的的叙述模式一经形成,又反过来要求作者以人物为中心来选取、提炼和组织材料,表现人物。"⑤ 以人为中心在很大程度上是"本纪"、"世家"、"列传"这几类体裁自身的要求。《史记》之前,《世本》中也有这几类文体,它也是以人为中心的,但《世本》述人的目的,不在于展示人物个体的生命状态,而在于指示个体在社会、家族中的地位。《史记》所关心的是个体的成长和命运,《世本》所关心的是个体的社会符号意义。党大恩说:"《世本》的基本特征是因人叙事,但是,它的叙事重心在于谱系学的追溯,《世本》中的人能够被标识的特征是人在家族谱系中的位置,正如刘向所说,《世本》是古代史官熟悉上古史事者所作,记录黄帝以来帝王诸侯及卿大夫系、谥、名号等。因此,《世本》的文体特征可以概括为身份叙事。"⑥《史记》中的人,在很大程度上是以"形象"出现的,它不仅是事实的施受者,还表达了司马迁对这个世界的理解和感受,是司马迁对自我的表达。我们也可以说,就一个"形象"的产生来说,观念是先在于事实的。这是司马迁的独创之处,也是我们可以把《史记》部分篇章称为传记的原因。中国传记的诞生,在很大程度上受惠于这几类史传体裁的出现。

---

① (明)徐师曾:《文体明辨序说》,北京:人民文学出版社1962年版,第153页。
② 梁启超:《中国历史研究法》(外二种),第24页。
③ (清)章学诚:《章学诚遗书》卷二十四《湖北通志·凡例》,第245页。
④ 陈桐生发表《〈史记〉是以写人为中心吗?》(《东南大学学报》2004年第2期)一文,认为《史记》不是以人为中心,而是"以揭示'王迹所兴'历史轨迹为中心"。这一观点确实反映了司马迁的主观愿望。所谓"以人为中心"实际上是司马迁的个性精神和独特认知参与撰写过程,并最终显示在《史记》全书中。这与《史记》在构想中以及框架上的"以揭示'王迹所兴'历史轨迹为中心"并不矛盾。
⑤ 赵生群:《〈史记〉文献学丛稿》,第301页。
⑥ 党大恩:《〈史记〉与中国叙事传统》,《渭南师范学院学报》2002年第3期。

2

　　《史记》是一部史著,因此,也就必然在多方面承继着前代史著的叙事笔法①,尤其是对《左传》等多有借鉴,但《史记》叙事在多方面受到时代因素和个性气质的影响,表现出自己的特点来。在前人所总结的林林总总的众多笔法中,"太史公曰"和"互见法"最能见出司马迁的用心,也是最有代表性的两例笔法。对这两例笔法的探讨,可以帮助我们进一步清理司马迁与史传传统的复杂关系。

　　"太史公曰"是《史记》进行评论的提示语。习惯上将位于篇前的"太史公曰"称为序,位于篇中的称为论,位于篇末的称为赞。据张大可统计,《史记》中共有序二十三篇,论五篇,赞一百〇六篇。其中本纪中《武帝本纪》乃后补者袭用《封禅书》之赞,世家一篇无赞,列传七篇无赞②。可见《史记》人物传记的文末差不多都有"太史公曰"。学者历来认为"太史公曰"继承了《左传》的"君子曰"的评论形式,并对此后的史传著述模式产生影响。如刘知幾《史通·论赞》云:

　　　　《春秋左氏传》每有发论,假君子以称之。二传云公羊子、穀梁子,《史记》云太史公。既而班固曰赞,荀悦曰论,《东观》曰序,谢承曰诠,陈寿曰评,王隐曰议,何法盛曰述,扬雄曰撰,刘昞曰奏,袁宏、裴子野自显姓名,皇甫谧、葛洪列其所号。史官所撰,通称史臣。其名万殊,其义一揆。必取便于时者,则总归论赞焉。

　　不过,"太史公曰"和"君子曰"还是有所区别的。《左传》等"君子曰"一般是就一件特定的史实发表评论,是就事论事。而《史记》的"太史公曰",尤其是文末的赞,是对全文的总评,有着很强的提示性和概括性。在内容方面,"太史公曰"也不限于评论事实,而是有所扩展,

---

　　① 赵生群《〈史记〉书法论》总结《史记》书法共十四目:述而不作、以类相从、以事牵连、互见、据事实录、详变略渐、详近略远、对比、以小见大、寓论断于叙事、矛盾中显真实、隐微而彰显、微文讥刺、感慨寄托。见其所著《〈史记〉文献学丛稿》。

　　② 张大可:《简评史记论赞》,《青海社会科学》1983年第6期。

· 414 ·

第八章 《史记》与原史传统的终结

如牛运震所说：

> 太史公论赞，或隐括全篇，或偏举一事，或考诸涉历所亲见，或征诸典记所参合，或于类传之中摘一人以例其余，或于正传之外摭轶事以补其漏，皆有深义远神，诚为千古绝笔。①

由此可知，"太史公曰"除了总体上的评论外，还交代撰述过程、佐证撰述事实、发表撰述感言等，体现了十分明显的"撰述者"意识，因此可以说"太史公曰"的文体特点更为明确。所以，"太史公曰"虽然受到了前代史书的"君子曰"的影响，但将其确定为史传的文体标志，则是司马迁的功劳。

关于"太史公曰"研究，学术界有很多成果②。这些论著对"太史公曰"的思想内容进行了总结，认为它们反映了司马迁"究天人之际，通古今之变，成一家之言"的历史观念。但颇有一些"太史公曰"和《史记》的主体部分不协调，显得有些言不由衷。这一部分内容所占的比例也许不多，但它所显示出来的意义却值得我们注意。

《项羽本纪》可以说是《史记》中的重头文章，是司马迁的得意之笔。文中所描写的项羽是一个叱咤风云的英雄，但文末"太史公曰"却这样评论道：

> 吾闻之周生曰"舜目盖重瞳子"，又闻项羽亦重瞳子。羽岂其苗裔邪？何兴之暴也！夫秦失其政，陈涉首难，豪杰蜂起，相与并争，不可胜数。然羽非有尺寸，乘埶起陇亩之中，三年，遂将五诸侯灭秦，分裂天下，而封王侯，政由羽出，号为"霸王"，位虽不终，近

---

① （清）牛运震：《史记评注》，见张舜徽主编《二十五史三编》第一分册"史记之属"，第631页。
② 张大可除著有《简评史记论赞》外，还编著有《史记论赞辑释》（西安：陕西人民出版社1986年版），俞樟华发表有《试论〈史记〉中的"太史公曰"》（《浙江师范学院学报》1982年第2期）等。此外，还至少有三本硕士学位论文论及"太史公曰"：胡大海《〈史记〉论赞研究》（安徽大学2001年）、翁俊松《〈史记〉"太史公曰"研究》（四川师范大学2001年）、刘猛《论〈史记〉中的"太史公曰"》（华中师范大学2004年）。

古以来未尝有也。及羽背关怀楚，放逐义帝而自立，怨王侯叛己，难矣。自矜功伐，奋其私智而不师古，谓霸王之业，欲以力征经营天下，五年卒亡其国，身死东城，尚不觉寤而不自责，过矣。乃引"天亡我，非用兵之罪也"，岂不谬哉！

这一段话前半褒扬项羽的功勋，后半数落他放逐义帝而不师古，因其无道而身死人手。《汉书·项籍传》之"赞曰"照录此段，历代学者亦皆将其看作是司马迁对项羽的真实态度。以"放逐义帝"和"不师古"作为项羽失败的原因，是一种较为幼稚的道德决定论。且不说曾经说过"倘所谓天道，是邪非邪"的司马迁是否相信，就是他指责"天亡我，非用兵之罪也"也显得突兀而难以理解。这一句是项羽垓下被围时的感慨："吾起兵至今八岁矣，身七十余战，所当者破，所击者服，未尝败北，遂霸有天下。然今卒困于此，此天之亡我，非战之罪也。今日固决死，愿为诸君快战，必三胜之，为诸君溃围、斩将、刈旗，令诸君知天亡我，非战之罪也。"此后在乌江边拒绝亭长东渡时又说："天之亡我，我何渡为！"一共三次提及"天亡我"。这一句话并非等闲，从人物塑造的角度来说，它显示了项羽愿赌服输的英雄豪气，是人物性格的点睛之笔。从思想内容上来说，它反映了司马迁对道德史观的怀疑。明代钟惺说："司马迁以项羽置本纪，为《史记》入汉第一篇文字，俨然列汉帝之前而无所忌，盖深惜羽之不成也。不以成败论英雄，是其一生立言立意，所以掩其救李陵之失也。"① 所谓"深惜羽之不成"、"不以成败论英雄"，即说明司马迁在"德"和"报"之间感到了困惑，因此只能将其归因为"天亡我"，这其中自然有着无限的失望和怨愤。因此，"此天之亡我，非战之罪也"，实是司马迁的逻辑，而不只是项羽的逻辑。此外，倘此话真出自项羽之口，则在场者乃二十八骑，这些人中纵有未战死者，其能有文字流传下来，或为司马迁口述吗？因此，这一段话也必然为司马迁虚构。那么，司马迁却在"太史公曰"中自斥为"岂不谬哉"，学者历来都将其视为司马迁对项羽的公平评价，视为司马迁"不隐恶"精神体现或是对正文的补充，这

---

① （明）钟惺：《钟敬伯评史记》，转引自杨燕起等编《历代名家评〈史记〉》，第347页。

第八章 《史记》与原史传统的终结

都是很令人费解的。这样的例子还有《淮阴侯列传》的"太史公曰":

> 假令韩信学道谦让,不伐己功,不矜其能,则庶几哉,于汉家勋可以比周、召、太公之徒,后世血食矣。不务出此,而天下已集,乃谋畔逆,夷灭宗族,不亦宜乎!

传中正文写韩信谋反之事殊为可疑。针对韩信与陈豨约定谋反的一席话,周寿昌评论曰:"豨此时无反意,信因其来意,突教之反,不惧豨之言于上乎?此等情事不合,所谓微辞也。"① 陈豨反后,太后以同谋之罪逮杀韩信。茅坤评曰:"此情似诬。豨,汉信幸臣也,偶过拜淮阴,淮阴何以遽行谋反?及豨反后,亦无往来迹。且豨之反,自周昌所言仓卒激之,安得与淮阴有夙谋?此皆忌口慎阳侯辈谮之。不然,汉廷谋臣诈以此论杀之耳。"② 大约汉以谋反罪诛韩信,司马迁未必相信,故文中留有多处破绽,使人窥破韩信之冤。但"太史公曰"又何必对韩信谋反事言之凿凿呢?

读这样的"太史公曰"总觉得司马迁在一番纵情挥洒之后,忽然又正襟危坐,前后抵触,言不由衷,显示出两副面孔来。除了上举的两人外,司马迁在叙述和评论吕后、蒙恬、晁错、商鞅、王翦、李斯、酷吏等,都有此类情况。它们在整个《史记》中所占的比例也许不高,但感觉上却很突出,是不应该被忽略的。那么,司马迁为什么要在部分"太史公曰"中显示出另一副面孔呢?梁玉绳说:"信之死冤矣……史公依汉廷狱案叙入传中,而其冤自见。一饭千金,弗忘漂母;解衣推食,宁负高皇?不听涉、通于拥兵王齐之日,必不妄动于淮阴家居之时;不思结连布、越大国之王,必不轻约边远无能之将……是知高祖畏恶其能,非一朝夕胎祸于蹑足附耳,露疑于夺符袭军,故禽缚不已,族诛始快。"③ 这一段话是说司马迁以一种曲折的方式穿透"汉庭狱案"的虚伪。清人李慈

---

① 转引自韩兆琦《史记选注汇评》,郑州:中州古籍出版社 1990 年版,第 421 页。
② 转引自(明)凌稚隆辑校,(明)李光缙增补《史记评林》第五册,第 785 页。
③ (清)梁玉绳撰,贺次君点校:《史记志疑》卷三十二《淮阴侯列传》,北京:中华书局 1981 年版,第 1333 页。

· 417 ·

铭说:"'天下已集,乃谋叛逆',此史公微文,谓淮阴之愚,必不至此也。"① 这是说司马迁在"太史公曰"中也是欲擒故纵,左右言他。他们的意思都是说司马迁要顾忌"汉庭狱案",所以不得不说冠冕堂皇的话。自然,也可以这样来理解《项羽本纪》中的"太史公曰"。因为刘邦是在打败了项羽之后才建立了汉朝,为了说明刘邦立汉在道义上的合理性,就当然要指责项羽有亏大义而不得不败了。也就是说,司马迁由于要顾及官方的意志,在表面上和汉代的意识形态保持一致,才以"太史公曰"说些遮掩的话。这一解释有一定的道理,但也不尽然。

如果说《项羽本纪》和《淮阴侯列传》中的"太史公曰"还自露破绽,让读者能看出司马迁的本意的话,那么,商鞅、李斯、晁错等法家人物列传中的"太史公曰"就不那么容易理解了。在《商君列传》中,司马迁所塑造的商鞅是一个智慧、锐意进取、识大体而果敢的改革者形象,他在秦国所推行的一系列改革方案,皆卓有成效。司马迁赞誉说:"行之十年,秦民大说,道不拾遗,山无盗贼,家给人足。民勇于公战,怯于私斗,乡邑大治。"又说:"居五年,秦人富强,天子致胙于孝公,诸侯毕贺。"文中虽然也借赵良之口表达了不同的政治主张,但其立足点是劝商鞅避害而已。至于商鞅遭害,司马迁明言是公子虔之徒的诬陷,态度是同情的。但文末之"太史公曰"却说:

> 商君,其天资刻薄人也。迹其欲干孝公以帝王术,挟持浮说,非其质矣。且所因由嬖臣,及得用,刑公子虔,欺魏将卬,不师赵良之言,亦足发明商君之少恩矣。

对商鞅进行了彻底的否定,前后差别实在太大,因此有人视其为一种戏剧性特征。如李景星曰:"通篇以'法'字为骨,开首提出'好刑名之学'已暗为下文诸'法'字伏根。以下曰'鞅欲变法',曰'不法其故',曰'非所论于法之外也',曰'不用法而霸',曰'智者作法',曰'卒定变法之令',曰'太子犯法',曰'将法太子',而以'为法之弊'终之。

---

① (清)李慈铭:《越缦堂读史札记全编》,北京:北京图书馆出版社2003年版,第43页。

第八章 《史记》与原史传统的终结

赞语又曰'刻薄',曰'少恩',曰'受恶名',活现出法家下场。令人读之,如睹七十二地狱变相,如炎天之中陡变秋节;那不惊心动魄!盖史公于鞅之为人,尽情贬抑,所以导人于正;而于鞅所行之事极力摹写,又所以不没其实,此本是特别文字,自当以特别之眼光读之。"① 说文字特别,实际上是"太史公曰"特别,而将商鞅分为"为人"和"行事"两方面来看,则更是使人难以理解。显然,司马迁的态度在"太史公曰"中出现了偏差。韩兆琦对此解释说:"作者出于个人的惨痛经历,对于商鞅这个法家人物从态度上是反感的,这与他对待吴起、晁错一样,是同一种性质的偏颇。"② 聂石樵先生说:"这(太史公曰)与《商君列传》中客观具体的描写是完全相反的。这怎样解释呢?我们认为,司马迁在政治思想上是反对法治的,他在很多篇章中对法家人物都有不少批评。"③ 他们的结论虽然不同,但都认为司马迁的"太史公曰"并非自传记本身而论,而是有另外的依据。他们又都指出了在其他法家身上也都有这样的"太史公曰"出现。其实我们读《李斯列传》、《晁错列传》也有同样的感觉,可见二位所论不诬。相比较而言,我认为聂先生的解释更有道理。如果司马迁是因为个人的下狱经历而仇恨法家的话,大约不可能那样冷静地写商鞅、李斯、晁错等,我们从他写酷吏中能看到这一点。司马迁应该是出于政治理想或者社会普遍观念的考虑,来写"太史公曰"的。其实,无论是商鞅,还是李斯、晁错,都是司马迁所心仪的能乘时而起立功名于天下的人。李长之说:"尤其为他所深深地礼赞的,则是一种冲破规律,傲睨万物,而又遭遇不幸,产生悲壮的戏剧性的结果的人物。"④ 因此,列传中正文文字更能反映司马迁的真实思想。

还有一种情况与上相反,传主在司马迁看来是所谓的恶人,但在"太史公曰"中却为之回护,多赞美之辞。如《吕太后本纪》,通篇所写尽是吕后如何残害刘邦宠姬、诸太子、刘氏诸王,大肆培植吕氏势力,以

---

① 李景星:《史记评议》卷三《商君列传第八》,济南:精艺印刷公司 1932 年版,第 5 页。
② 韩兆琦:《史记选注集评》,桂林:广西师范大学出版社 1996 年版,第 248 页。
③ 聂石樵:《司马迁论稿》,第 196 页。
④ 李长之:《司马迁之人格与风格》,北京:生活·读书·新知三联书店 1984 年版,第 95 页。

图谋刘氏天下的事。吕后形象可谓极恶，连亲生儿子也以为母亲行为"非人所为"。而"太史公曰"：

> 孝惠皇帝、高后之时，黎民得离战国之苦，君臣俱欲休息乎无为，故惠帝垂拱，高后女主称制，政不出房户，天下晏然。刑罚罕用，罪人是希。民务稼穑，衣食滋殖。

俨然圣主临朝，泽被天下。赵恒解释是"功罪不相掩"[①]，其实也难以说得通，如"惠帝垂拱"就明显于事实不符。此外，如《酷吏列传》之"太史公曰"：

> 自郅都、杜周十人者，此皆以酷烈为声。然郅都伉直，引是非，争天下大体。张汤以知阴阳，人主与俱上下，时数辩当否，国家赖其便。赵禹时据法守正。杜周从谀，以少言为重。

这些似乎都有为说好而说好的成分。有人从"补纪传之所不及"的角度[②]，强调通过"太史公曰"的补正以给予人物以客观公允之评价。但司马迁对吕后、酷吏们的态度，已在正文中表达得十分鲜明。而"太史公曰"中的回护之辞，与其说是一种修正，还不如说对某些读者、某些不同看法的一种妥协和退让。

如何解释以上这些别具面目的"太史公曰"呢？总的看来，这一类型的"太史公曰"主要在一些特殊人物传记中出现，这些传记往往显示了司马迁独特的见解和情感，个性化特点比较明显，而"太史公曰"则向官方的、正统的、流俗的观点回归，显示出向主流观念妥协的倾向。两者之间的距离一望可知，这在本质上正同于汉代大赋创作中的曲终奏雅，是一种故作姿态。它显示了文人在留恋性情时，却难以割舍自己的主流文士的身份，难以放弃自己在意识形态上的优势地位，于是便在性情的尽处坐而论道，冠冕堂皇。"太史公曰"承"君子曰"而来，它继承了"君子

---

① 转引自（明）凌稚隆辑校，（明）李光缙增补《史记评林》第二册，第186页。
② 李景星：《史记评议·凡例》。

第八章 《史记》与原史传统的终结

曰"的理想,我们在"太史公曰"中还能看到一种道德权威的影子,因此,它以一种貌似公允而充满教训意味的声调发言。但"君子曰"裁决事实,针砭时世,褒扬人物,毫厘不爽,虽隐其姓名,却充满了自信。这是因为春秋史官还本有某种神秘的力量,是有话语权力的人。而司马迁时代的社会主流意识形态,已在公羊家和朝廷的合谋中建构完成,所谓"罢黜百家,独尊儒术"固然是史官及儒家士人的理想,而它一旦成为官方意识形态,就意味着史官和儒家士人那种崇高使命的结束,他们在文化创造中的神圣地位也就由此而失落,成为一个无足轻重的注释者和传播者。尤其是像司马迁这样一个充满个性精神和激情的人,就不难触摸到官方意识形态冰凉黑幕的本质,因此,转而走向关注个体的命运,赞颂生命的激情,表达了个体生命对现实处境的深沉的抗议。《史记》大大突破了正统意识形态束缚,成为一种游离于主流思想之外的力量。但这毕竟不是史官的传统,这些冠冕堂皇的"太史公曰"不过显示了司马迁对史官传统的依恋之情。在其他的"太史公曰"中,司马迁那种直截了当的裁决也已经大大减少了,而是更多地谈到撰写过程,谈自己的一些见闻,或者借他人酒杯浇自己块垒。学者认为司马迁奠定了史传的论赞模式,并强调"太史公曰"自身的文学价值。但实际上,比起"君子曰"来,"太史公曰"裁决天下的自信心已经明显萎靡了。而这些,正显示了史官传统的沦落。

3

所谓"互见法"是将同一传主的不同事迹分散在其他篇章中来写,以本传为主,而散见于其他传记的事迹则起着补充的作用,综合起来则可见完人。刘知幾《史通·二体》曰:"同为一事,分在数篇,断续相离,前后屡出,于《高纪》则云语在《项传》,于《项传》则云事具《高纪》。"这是指出一人之事分系多篇这一现象。而真正从叙事效果上揭示"互见法"的是北宋时代的苏洵。他说:

> 迁之传廉颇也,议救阏与之失不载焉,见之赵奢传;传郦食其也,谋挠楚权之缪不载焉,见之留侯传;固之传周勃也,汗出洽背之

耻不载焉，见之王陵传；传董仲舒也，议和亲之疏不载焉，见之匈奴传。夫颇、食其、勃、仲舒，皆功十而过一者也。苟列一以疵十，后之庸人必曰：智如廉颇，辩如郦食其，忠如周勃，贤如董仲舒，而十功不能赎一过，则将苦其难而怠矣。是故本传晦之，而他传发之。则其与善也，不亦隐而章乎？（《嘉祐集·史论》）

苏洵认为，人难免"功十而过一者"，司马迁以本传记载"功十"，而在他传中记载"过一"，目的是为了维护传主的形象。此后述"互见法"的人渐多，并将其看作是司马迁所独创的一种撰史方法。靳德峻总括"互见法"说："一事所系数人，一人有关数事，若各为详载，则繁复不堪，详此略彼，详彼略此，则互文相足尚焉。"① 当代学者对《史记》中的"互见法"多有研究，并有所发展。如孙以昭将《史记》互见法分为两大类：第一种是人物行事分见于其他传记中，第二种是性质相同的人物两两相对比照写出。其中第一种可分两类：（1）"先在有关传记中简要概括提及某人某事的情况，而后再专篇叙述之"；（2）"在其本传内正面描述他们的功绩和作为，而在其他有关篇目中则如实地写他们的缺失"。第二种"互见法"也可分两类：（1）"在一篇传记中进行两两相对的互见对照"；（2）"在两篇有关传记中进行两两相对的互相对照"②。孙说的第一种第二类概括了苏洵的说法，其他则是自己的发明。赵生群也将"互见法"分为两类：一是"五体互见"，是说因《史记》有五体分工，为避免重复，故将人物行事分散于各体中；二是"篇与篇互见"，书中有时有提示语，如"其事在商君语中"，有时并无③。赵著不太留意苏洵的功过分见说。

当代学者对"互见法"的理解，主要是从史著结构上的避免重复和使文章主题（或人物形象）更鲜明这两个方面进行的，强调的是文体或文学技巧的意义。具有代表性观点的是刘松来的说法：一方面，"'互见法'实际是《史记》全书总体结构内在联系的纽带"，"是纪传体这样一种史学体裁得以成立的一个十分重要的条件"；另一方面，作为纪传体的

---

① 靳德峻编：《史记释例》，上海：商务印书馆1933年版，第14页。
② 孙以昭：《司马迁的"互见法"及其渊源》，载《安徽大学学报》1995年第6期。
③ 赵生群：《〈史记〉文献学丛稿》，第267—268页。

第八章 《史记》与原史传统的终结

史传文学,有历史和文学两方面的要求,"前者要求真实地记录传主生平的每一件大事,无论是美的,或是丑的,都不应遗漏,只有这样,才可能称得上是实录。而后者则要求作者在组织材料时,必须有所取舍,要做到典型化,只有这样,才可能刻画出感人的艺术形象,以寄托作者的思想感情,表现作者的美学观点……司马迁巧妙地运用了'互见法'作为中介,从而兼顾了两者。"[①] 张大可认为:"(互见法)最基本的形式是本传着意刻画人物形象,集中描写和叙述矛盾最尖锐、斗争最激烈的事件,突出人物的主要精神面貌,而将人物的侧面载于他传。"[②] 杨树增认为:"'互见法'的使用,说明司马迁已经具有了塑造典型人物形象的自觉意识。在《史记》中,单篇传记见人物的主要特征,整体传记才见人物全貌,正述在本传,补充在他传,各传互为补充相表里,各传互有联系。"[③] 由此,我们可以看出,学者们关于"互见法"的研究已经大大超出了苏洵的范围,并且已经基本不将功过互见看作是这一写作方法的主要特征了。

不过,若将人物事迹散见于多篇传记就称为"互见法",则对苏洵所洞见的司马迁的独创意义有所轻忽。因为被泛化了的"互见法"不过是一种选材或详略得当的安排方法,而且,它真的就比其他结构方式更好吗?据此总结出来的司马迁"不虚美、不隐恶"精神也有些勉强。将"互见法"泛化也能推出它是由文体本身自然形成的,并不具有特别的意义。如赵生群就认为:"互见法的产生,是《史记》采取纪传志表综合性述史体例的必然结果。《史记》以前的史书,采取的都是相对单一的体例,而且都是以事件为单元来展开叙述,作者用不着担心事件会重复出现,也不会因体例问题而造成同一事件的割裂。"[④] 显然,这些看法已经远离了苏洵的论题,而且逐渐会消解这一论题的意义。

苏洵认为,《史记》之所以采取"互见法"是因为"庸人"有所谓"十功不能赎一过"的观念,为了免受这一观念的影响,司马迁必须保证本传中人物性格的正面特征。我们相信,苏洵所谓"庸人"的观点,并

[①] 刘松来:《〈史记〉"互见法"初探》,《江西师范大学学报》1984年第4期。
[②] 张大可:《史记研究》,第278页。
[③] 杨树增:《史记艺术研究》,北京:学苑出版社2004年版,第192页。
[④] 赵生群:《〈史记〉文献学丛稿》,第267页。

不是空穴来风，而是隐约地反映了存在于史传传统中的某些观念。我们对此略作辨析。传统史著如《春秋》等有"常事不书"的传统，往往载非礼事件，而一旦载入，则在劫难逃。《左传·襄公二十年》记载宁惠子因为史册记载了他参与驱逐国君的事而死不瞑目，即说明了这一事实。传统史著以记事为目的，评判往往是就事论事。虽然到《左传》有了明显的写人的倾向，如学者经常提到的子产这个人物，形象就比较完整。但即使是关于子产的记述，也是以记事为主的。《左传》给予子产以高度的赞美，但在子产"作丘赋"、"铸刑书"这两件事上，则表现出截然不同的态度。子产"作丘赋"时，先有"国人谤之，曰：'其父死于路，己为虿尾'"，后有浑罕评论曰："国氏其先亡乎！君子作法于凉，其敝犹贪。作法于贪，敝将若之何？"（《左传·昭公四年》）子产"铸刑书"时，则叔向致信子产指责道："民知争端矣，将弃礼而征于书，锥刀之末，将尽争之，乱狱滋丰，贿赂并行。终子之世，郑其败乎！"（《左传·昭公六年》）这些评论从家败国亡两个方面指责子产的过错，是十分严厉的。由此可见《左传》在记述人物时，并不会顾忌人物形象的统一性。从这一事例中，我们也能看出"十功不能赎一过"这一严厉的法则，不但体现了古代禁忌思维的特征，也是古史的记事逻辑。

司马迁的"互见法"是在新的历史背景下，对传统观念的一种变通方法，但它同时也是一种方法论上的冒险。《史记》的评判的对象，已经由事件转而为人物。对于入传人物，司马迁在大多数情况下持有认同的态度，这也就是苏洵文中暗示的《史记》彰善隐恶之意。按照苏洵的理解，"互见法"的主要目的是为了保证本传的彰善的主旨。显然，在司马迁看来，本传对于人物有着特殊重要的意义，具有盖棺论定的性质，所以，司马迁相信在其他传记中出现的过失记载，并不影响人们据本传而对人物所作出的评价。在本传之外的载录将不再与本人有关，而只与该篇的传主有关，所以前者的过失只有认知价值而没有评判价值。这一逻辑虽然有些幼稚，但它在史传传统中又是不难理解的。其实，这一逻辑在司马迁的时代也是行得通的，至少在司马迁本人看来是这样。比如，关于刘邦的记述，《高祖本纪》所呈现出的刘邦是一个典型的"大人长者"、"仁而爱人"的政治家形象，但却在《项羽本纪》中记其"贪于财货，好美姬"，逃跑

第八章 《史记》与原史传统的终结

时"推堕孝惠、鲁元车下",欲烹父分羹;在《楚元王世家》中记其报复嫂子;在《张丞相列传》中记其骑周昌项;在《郦生列传》中记其解儒冠溺溲;在《刘敬叔孙通列传》中记其与兄比家业孰多,等等。这些都被看作是十分成功的"互见法"。但是司马迁为什么要在这里使用"互见法"呢?不少学者都以"不隐恶"来解释这一描写方法。但这"不隐恶"显然是就全书而言的,若就《高祖本纪》而言,则这一方法恰恰又是为了"隐讳"[1]。应该说,理解"互见法"应该从"晦之"开始。李笠曰:"史公则以属辞比事而互见焉。以避讳与嫉恶,不敢明言其非,不忍隐蔽其事,而互见焉。"(《史记订补·叙例》)但是这一"隐讳",并不能真正遮人耳目,读者能从别传中看出,汉代皇帝和王公大臣自然也能看出,如学者所质疑的那样:"况《项羽本纪》位于《高祖本纪》之前,未睹高祖之丰采,先见沛公之卑劣,刘邦后裔连此也看不出来么?"[2] 隐讳避祸在逻辑上是很幼稚的。那么,司马迁又确实是在"隐讳",他的"隐讳"并不是要避祸,而只是一种叙事方法。这一点似乎也被当时人所接受。当然,司马迁本人也许更愿意载录刘邦的那些难登大雅之堂的事迹,但这种意愿显然是私下的,为本朝开国之主列传,是一种冠冕堂皇的事业,即便是从史家传统的角度来说,也应该如此。因此,这里所谓的"互见法"恰好显示了司马迁对自己情感的某种抑制,显示了他对史传体制的遵从。总之,这种方法受到了传统史传法则的影响,但这却是史无先例的,它反映了司马迁将史传由记事转而为述人的某种限制和突破。

"互见法"的结果,当代学者的理解是使人物性格丰富多彩。钱锺书论《史记》中项羽性格曰:

> 按《高祖本纪》王陵曰:"陛下慢而侮人,项羽仁而爱人……妒贤疾能,有功者害之,贤者疑之";《陈相国世家》陈平曰:"项王为

---

[1] 杨树增在论《史记》"互见法"目的时说:"为了在人物传记中集中表现一定主旨和人物的主要特征,又不违背历史之真,司马迁就将与一定主旨、人物主要特征不统一、不和谐的方面,分散于其他人物的传记之中,或为了达到一定的隐讳目的,也用此法,将隐讳部分散于他传,这就是本传晦之他传发之的'互见法'。"他在提到关于刘邦记述的"互见法"时也提到了司马迁的"顾忌"。见其《史记艺术研究》第 192—193 页。

[2] 孙绿江:《从〈史记〉互见法看其历史价值观》,《河北学刊》1987 年第 3 期。

人恭敬爱人，士之廉节好礼者多归之；至于行功爵邑重之，士亦以此不附"；《淮阴侯列传》韩信曰："请言项王之为人也，项王喑噁叱咤，千人皆废，然不能任属贤将，此特匹夫之勇耳。项王见人恭敬慈爱，言语呕呕，人有疾病，涕泣分食饮，至使人有功，当封爵者，印玩敝，忍不能予，此所谓妇人之仁也。"《项羽本纪》历记羽拔襄城皆坑之，坑秦卒二十余万人，引兵西屠咸阳。《高祖本纪》："怀王诸老将皆曰：'项羽为人僄悍滑贼，诸所过无不残灭。'"《高祖本纪》于刘邦隆准龙颜等形貌外，并言其心性："仁而爱人，喜施，意豁如也，常有大度"。《项羽本纪》仅曰："长八尺余，力能扛鼎，才气过人"，至其性情气质，都未直叙，当从范增等语中得之。"言语呕呕"与"喑噁叱咤"、"恭敬慈爱"与"僄悍滑贼"、"爱人礼士"与"妒贤嫉能"、"妇人之仁"与"屠坑残灭"、"分食推饮"与"玩印不予"，皆若相反相违，而既具在羽一人之身，有似两手分书，一喉异曲，则又莫不同条共贯，科以心学性理，犁然有当。《史记》写人物性格，无复综如此者。①

如此错综复杂的性格组合，既能使我们窥见项羽的全人，领略这一丰满、完整的个性，也使我们服膺于司马迁的妙手天然、巨笔如椽。钱锺书此论正是对《史记》互见法的推崇。但这是立足于全书而从"互见"的角度得出的结论，是通过"研究"之后而得出的结论，却并非司马迁的主观意图。司马迁的目的却是与此相反。他的"互见法"是立足于本传而从舍弃的角度不得已而采取的一种方法。他力图使一个复杂多样化的性格在本传中呈现出单一、明确的特点，以便于评判，完成史官的使命。有学者正是看到了这一点，并因此对司马迁表示不满，从而得出与钱锺书完全不同的看法。如李祥年认为《史记》有三大局限，第一即"过分强调了传记的伦理教化作用，因而削弱了人物传记的形象塑造"。他说："既然'善善恶恶、贤贤贱不肖'已被司马迁视为《春秋》的主要精神而加以接受，并以之作为《史记》撰述的重要宗旨之一，则《史记》在人物传记

---

① 钱锺书：《管锥编》第一册，第275页。

第八章 《史记》与原史传统的终结

中进一步发扬先秦历史文学的那种鲜明的伦理精神便成为一件必然的事情……《史记》人物传记的局限之一却正体现在这里。有时作者为了着意挖掘历史人物身上所蕴藉的某个方面的伦理意义，而使人物自身的形象淹没在空泛的说教之中……人们经常津津乐道《史记》在人物传记方面所独创的'互见法'，认为这是司马迁在写作传记中的成功的尝试，实际上这正是《史记》作者在人物本传中有意识地强调传记人物某方面的伦理精神与意义，而摈略去其他方面的性格表露的一个必然结果。"[①] 从文学人物塑造的角度来要求司马迁，虽然有些强人所难，但李著对事实的描述基本上是准确的。所谓"互见法"的真正目的确实是为了求得人物在本传中道德和精神的可判断性，而这又是和史官的话语权力、文本传统相联系在一起的，所以又不能简单地将其指为一种缺陷或创作上的失败。若纯以文学的角度来看，则上两种说法皆有道理，只是立足于全书还是立足于本传的区别而已。

　　司马迁的《史记》同时完成了两个方面的转变：一是由录事而写人，一是由对人的道德判断而转为对人的命运的关怀。而在这一转变过程中，意志、个性、品质等，就成了司马迁所追寻的目标。司马迁个人的遭遇，以及对历史自身的反省，使得他不得不认同个体命运的悲剧性，而悲剧冲突的集中性、纯洁性，使得司马迁往往倾向于认同某种特殊意志、个性、品质，尤其是那些超出常人的意志、个性、品质等，这就是所谓的"好奇"。如传李广则专以"数奇"立论。如牛运震《史记评注》云："(《李将军列传》) 一篇感慨悲愤，全在李广数奇不遇时一事。篇首'而文帝曰：惜乎子不遇时'云云，已伏'数奇'二字，便立一篇之根。后叙广击吴楚，还，赏不行，此一数奇也；马邑诱单于，汉军皆无功，又一数奇也；为虏生得当斩，赎为庶人，又一数奇也；出定襄而广军无功，此又一数奇也；出右北平而广军功自如，无赏，又一数奇也；出东道而失道，后大将军，遂引刀自颈，乃以数奇终焉。至'初，广之从弟李蔡'云云，以客形为主；及广与望气语，实叙不得封侯之故，皆着意抒发数奇本末。'上以为李广老，数奇'云云，则明点数奇眼目。传末叙当户早死，李陵

[①] 李祥年：《汉魏六朝传记文学史稿》，上海：复旦大学出版社1995年版，第58—59页。

生降,曰'李氏陵迟衰微矣',又曰'李氏名败'云云,总为数奇不遇,余文低徊凄感,此又一篇之主宰,而太史公操笔谋篇时,所为激昂不平者也。"① 这一段大概能使我们于史书体例和史官褒贬传统之外,看出司马迁在面对着命运时内心的纠缠和执着,而这也是他在本传中集中写人物一方面个性因素的原因。若从道德评判的角度来说,隐瞒传主的某方面道德因素肯定是有问题的;但从命运冲突的角度来说,突出人物直面命运的那部分个性特征,则是完全可以理解的,也是十分必要的。可以说,"互见法"对于刻画悲剧性人物,往往起到十分重要的作用。后人在理解《史记》人物时常常出现混乱。如凌稚隆云:"项王非特暴虐,人心不归,亦从来无统一天下之志。迹其既灭咸阳而都彭城,既复彭城而割荥阳,既割鸿沟而思东归,殊欲按甲休兵,宛然图伯筹画耳。岂知高祖规模宏远,天下不归于一不止哉?"② 不但未得司马迁旨意,且亦异于众人之论,这就是立足于政治、道德的结果。所以,我们认为,《史记》的"互见法"既反映了传统的、体例的影响,也反映了司马迁精神方面的追求,有着独特的史学和文学价值。

五　《史记》的悲剧精神

1

春秋时代所确立的天命观,以及由此天命制约的福善祸淫,奠定了社会公义的基础,也奠定了传统史官的历史观。司马迁由于个人的遭遇,使得他最为直接地面对着社会的黑暗和不公,因而对史家所信奉的天道观充满了怀疑,并在一定程度上导致了他对历史理性的失望。他看到了伯夷、叔齐、颜渊这些有德之人不得善报,也看到了盗跖和近世"操行不轨,专犯忌讳"者的逸乐富贵,从而认识到"天道无亲,常与善人"不过是一句谎言,并由衷地感慨:"傥所谓天道,是邪非邪?"(《史记·伯夷列

---

① (清)牛运震:《史记评注》,张舜徽主编:《二十五史三编》第一分册"史记之属",第831—832页。
② (明)凌稚隆辑校,(明)李光缙增补:《史记评林》第二册,第61页。

第八章 《史记》与原史传统的终结

传》）天道和现实总是处在激烈的冲突之中。而在这一冲突中，个体的命运就成了最值得关注的问题。

关注个体的命运并不是史职的责任。传统史官从无条件顺从毫无理性可言的天命，到后来致力于为天命设定道德目的性，所关注的是人类群体和天命律令之间的关系，强调的是个体命运对道德律令的顺从。如春秋史官在《左传》中所记载的国君的兴废，以及贤人君子通过《诗经》和《周易》等对他人前程的预测，都强调了命运和德性天命的顺应关系。也就是说，春秋史官已经触及个体命运了，但在所有这些载录中，个体命运并不是史官所关注的对象，个体命运只是天道自我实现的方式，不具有独立的价值。只有当个体命运和天道律令产生冲突，它才能作为一个独立主体自我呈现出来，成为一个问题。我们也可以这样理解：一旦个体命运不再体现天道福善祸淫的法则时，天道观本身就开始值得怀疑。当然，一个根本不相信道德理性的人是不会有这样的问题的，也就是说，正因为司马迁信仰传统的天道观，又能直面现实，他才能将天道和个体命运看作是相互冲突的双方，才能在冲突之中重新审视双方。个体命运与天道冲突的结果，必然是个体命运的失望。对于一个对天道有着使命感的史官来说，个体命运在道德的法则中无处措身将使他的心灵受到震撼，并由此产生出浓重的悲剧情感，而这种情感又推动着他自觉地关注现实个体的命运。那些良善道德主体的不幸命运，尤其能触发有着切肤之痛的司马迁的感怀。因此，所谓关注个体命运，实际上就是自觉地体认个体的悲剧命运，自觉地反思天道或天命本身。

司马迁对命运悲剧的极度敏感在《史记》中有着很深刻的体现。据韩兆琦统计："《史记》全书共一百三十篇，其中写人物的作品共一百一十二篇，在这当中有五十七篇是以悲剧人物的姓字标题的，此外还有近二十篇虽然不是用悲剧人物的姓字标题，但其中写到了悲剧人物。同时我们还要看到，在这近八十来篇中还有许多篇是几个悲剧人物的合传，如《孙子吴起列传》、《屈原贾生列传》、《刺客列传》等。还有许多篇虽然是以一个悲剧人物的姓字命名，但是实际上作品中还有其他次要的悲剧人物。如《伍子胥列传》中有白公胜和石乞，《魏公子列传》中有侯嬴，《李将军列传》中有李敢、李蔡等。粗略计算一下，《史记》全书写悲剧人物大大小小约有一百二十多个。"因此，韩兆琦将《史记》称为"一个悲剧英雄人物的画廊"①。这一说法已经为《史记》研究者所广泛接受。

在所有这些悲剧描写中，居于核心地位的是道义悲剧。那些因为执着于道德信念而遭遇不幸的人物，在《史记》中有着特殊的地位。其中最为典型的是伯夷、叔齐和屈原。伯夷、叔齐有让国和劝谏武王之德，结果却饿死在首阳山中；屈原心系怀王，志存邦国，却被放逐而死。在这些人物身上，天道法则和个人命运的冲突达到极端尖锐的程度，其命运悲剧的典型性也非常突出。司马迁对这些人物的感怀也格外深广，所以能在著述中将其郁积于心中关于天道和命运的感慨，尽行倾泻而出，发而为大段的议论，使这两篇列传在形式上与其他传记有着明显的差异。司马迁在评论屈原《离骚》时说：

> 其文约，其辞微，其志洁，其行廉，其称文小而其指极大，举类迩而见义远。其志洁，故其称物芳。其行廉，故死而不容。自疏濯淖污泥之中，蝉蜕于浊秽，以浮游尘埃之外，不获世之滋垢，皭然泥而不滓者也。推此志也，虽与日月争光可也。（《史记·屈原贾生列传》）

文中类似的评论不止一处，都极言屈原高洁的品质和"存君兴国"的忠心，从而与他怀沙投江而死的结局形成鲜明的对比，让我们看到屈原作为悲剧英雄的典型意义。在文章中，司马迁以"怀王以不知忠臣之分，故内惑于郑袖，外欺于张仪，疏屈平而信上官大夫、令尹子兰"来为屈原的悲剧作解释，但这只是暂时回避了天道和命运的冲突，以人与人的冲突来代替。但是，人作为道德主体，在没有天道的前提下将如何存在呢？所以，司马迁又引入另一对冲突：天道惩罚了有恶德的楚怀王，使其"兵挫地削，亡其六郡，身客死于秦，为天下笑"，希望以此来挽救天道的意义。但这能算是对屈原命运的补偿吗？至于伯夷、叔齐的悲剧命运，司马迁根本就无法解释，他甚至找不到一个恶德者来为这一悲剧负责。那是不

---

① 韩兆琦：《史记通论》，第 178—179 页。

第八章 《史记》与原史传统的终结

是可以就此推断道德本身就是悲剧性的呢？此外，那些抱持信念的人，忠于职守的人，谨慎持身的人，都可算是有德者，如刺客、豪侠等，以身报主，见义勇为，重诺守信，然而往往结局悲惨，令人扼腕。至于平常守职之人，"或择地而蹈之，时然后出言，行不由径，非公正不发愤，而遇祸灾者，不可胜数也"（《史记·伯夷列传》）。由此看来，德报观念恰是世间悲剧的主要原因。

相比立德来说，立功具有更明显的现世特征，其报偿原则应该容易实现。但事实却不然，《史记》中记述了很多有大功于世却有着惨死结局的人，如文种、伍子胥、商鞅、白起、蒙恬、韩信、周亚夫等等。他们或者因为功高震主，或者因为奸臣嫉害，终于身死人手。其中韩信的遭遇最使人感慨。韩信一生战功赫赫，曾以数千精兵出井陉，破赵军二十万，斩陈余，俘赵王歇；又曾袭破齐历下军，并战胜前来救援的二十万楚军，杀其将龙且；最后在垓下决战中，围追堵击，迫使项羽乌江自刎，奠定了汉家的基业。宋代陈亮《酌古录》称"信之用兵，古今一人而已"[1]，明代茅坤称韩信为"兵仙"[2]。因此，司马迁说韩信"于汉家勋可以比周、召、太公之徒"（《史记·淮阴侯列传》）。韩信有功如此，最后却被刘邦、吕后所疑，斩之长乐钟室，并夷灭三族，正应了"鸟兽尽，走狗烹"的老话。怎么解释韩信的悲剧呢？司马迁说："假令韩信学道谦让，不伐己功，不矜其能，则庶几哉……"今人韩兆琦亦说："韩信的政治观念落后，热衷于裂土称王……这无疑是刘邦建立集权国家的一个障碍。况又矜才自负，不仅羞于绛灌为伍，即刘邦本人，亦不在其眼目之内，这些也都是他的取死之道。"[3] 但这些都不过是些似是而非的解释，韩信的那些不足之处并不就是导致其悲剧的必然因素。即便韩信能退让隐忍，又能如何呢？信陵君晚年颇受猜忌，借酒浇愁，多近妇女，竟病酒而死。与韩信并称汉初三杰的萧何为保住性命，"遣子孙昆弟能胜兵者悉诣军所"，"悉以家私财佐军"，"多买田地，贱赊贷以自污"（《史记·萧相国世家》），真

---

[1] 邓广铭点校：《陈亮集》，北京：中华书局1974年版，第62页。
[2] （明）凌稚隆辑校，（明）李光缙增补：《史记评林》第五册，第789页。
[3] 韩兆琦：《史记选注集评》，第438页。

可谓步履维艰。明人董份因此感慨曰:"功名难处如此!"① 三杰之一张良在汉朝建立之后,先是"称疾",再则学辟谷、导引之术,声称"愿弃人间事,欲从赤松子游"(《史记·留侯世家》),这其中岂非有不得已也? 此两人虽得以保住性命,其人生又何尝不是悲剧呢?

有学者认识到司马迁的悲剧意识是源于对生命本体的反思:"司马迁以其独特的文化底蕴和人生遭遇,面对兴衰荣辱、功过是非和生死存亡,对人类的生命现象作出了哲理的思考,形成了独特的生命意识。其生命意识反过来影响于《史记》人物传记的创作,使得《史记》成为一部悲剧性作品的大荟萃。"② 作为一个史官,司马迁的生命意识应该是从对福善祸淫的历史公义的怀疑开始的,是"历史公义"及其信仰的失调导致了个体命运的乖舛。因此,德义悲剧和功臣悲剧居于司马迁悲剧意识的重要地位。但司马迁的悲剧感确乎达到了"对人类的生命现象作出了哲理的思考"的深度,触动了人类心灵深处那永恒的脆弱,远远超出了史官的职业范围,并以其丰富的感性缔结了《史记》的文学性特征。比如,刘邦起身草莽,经过多年血雨腥风的征战,终于登上帝位,人生可谓辉煌至极,本无悲剧可言,而司马迁在描写高祖还乡时却有这样一段描写:

> 置酒沛宫,悉召故人父老子弟纵酒,发沛中儿得百二十人,教之歌。酒酣,高祖击筑,自为歌诗曰:"大风起兮云飞扬,威加海内兮归故乡,安得猛士兮守四方!"令儿皆和习之。高祖乃起舞,慷慨伤怀,泣数行下。(《史记·高祖本纪》)

刘邦终生征战,晚年得回故乡,虽然威加海内,又岂无流离飘荡之悲;由于某些不得已的原因,与自己一同征战平生的功臣已被杀戮殆尽,又岂能无孤独伤怀之情。半辈子的生死、狡猾、失败、成功,一切也不过如此;而无论是敌人还是帮手,那些生命中很重要的部分,如今都飘然凋零,只有自己独自享受着轻飘飘的大位。于是他知道什么叫孤独,他厌倦了,这一种悲剧感使他脆弱,于是内心充满了自怜和依恋,在司马迁笔下,这是

---

① (明)凌稚隆辑校,(明)李光缙增补:《史记评林》第四册,第631页。
② 刘兴林:《司马迁的生命意识与〈史记〉悲剧精神》,《武汉大学学报》1999年第6期。

第八章 《史记》与原史传统的终结

一个本质意义上的悲剧。司马迁关于项羽的一段描写也很精彩：

> 项王军壁垓下，兵少食尽，汉军及诸侯兵围之数重。夜闻汉军四面皆楚歌，项王乃大惊曰："汉皆已得楚乎？是何楚人之多也！"项王则夜起，饮帐中。有美人名虞，常幸从；骏马名骓，常骑之。于是项王乃悲歌忼慨，自为诗曰："力拔山兮气盖世，时不利兮骓不逝。骓不逝兮可奈何，虞兮虞兮奈若何！"歌数阕，美人和之。项王泣数行下，左右皆泣，莫能仰视。（《史记·项羽本纪》）

项羽英雄一世，摧枯拉朽，经七十余战，不仅推翻了秦政权，宰割天下，也屡胜刘邦，而最终却有此垓下之围，虽有美人名驹却无力保护。这自然也是一出命运的大悲剧。清代吴见思《史记论文》论上引这段文字云："一腔愤怒，万种低回，地厚天高，托身无所，写英雄失路之悲，至此极也。"[①] 但我们若将这一段描写和高祖"自为歌诗"联系起来看，则不能不深为震惊：不论何等英雄，不论胜者败者，也不论是身临绝境，还是衣锦还乡，他们的人生晚景却有着惊人的相似，都要在悲歌慷慨中体会到人生的凄凉和哀伤。如果再将《史记》中形形色色、大大小小的悲剧人物联系起来看，则可以说司马迁所感受的命运的悲剧性是一种普遍性的存在。因"数奇"而终身不封的飞将军李广在司马迁看来是悲剧性的，被班固认为"天年早终，虽不至公卿，未为不遇"（《汉书·贾谊传》）的贾谊在司马迁看来也是悲剧性的。即使如《酷吏列传》这样的文章，也透露出司马迁悲天悯人的情怀。孙春青认为《酷吏列传》的悲剧性表现在两个方面：（1）"作者用看似冷静的笔调为我们勾勒了一幕幕动荡可怖的现实社会图景，通过作者虽然抑制，却依然流露出来的惊疑和嗟叹，表达了对众多死者的同情。……反映了作者对个人命运的关注和对命运无法自主的困惑，这些构成了《酷吏列传》最深层的悲剧性源泉"；（2）"在惨死的酷吏们那里，我们得到的不是恶者必食其果的快意，而是沉重苦涩的人生况味。司马迁对酷吏们的暴酷骄恣是不满的，但又对他们的悲惨结

[①] （清）吴齐贤著，吴兴祚参订：《评点史记论文》，上海：广益书局 1936 年仿康熙刊本，第 21 页。

局发出嗟叹，同情之意是不言自明的，他的同情心是基于整个不自由于专制统治的'人'群的"[1]。可以说，司马迁对个体命运的关注，对悲剧主题的钟爱，确实已经落实到生命本体的意义追寻上，是一种深沉的人生体验。而如此众多的感怀嗟叹，使得整部《史记》汇聚成为一股向天道天命抗议的浪潮。这些抗议至今尚弥散在无声的历史中，留下浓烈的悲壮气氛。

司马迁对生命的探寻并不仅仅停留在悲剧性的认识上，还表现在对这种命运悲剧的超越上。对于人生失意，司马迁在很多地方都给出了一些理由。如白起临死前说："我何罪于天而至此哉？"并自我解答说："我固当死。长平之战，赵卒降者数十万人，我诈而尽坑之，是足以死。"（《史记·白起王翦列传》）对于项羽之死，司马迁评论曰："自矜功伐，奋其私智而不师古，谓霸王之业，欲以力征经营天下，五年卒亡其国，身死东城，尚不觉寤而不自责，过矣。"（《史记·项羽本纪》）但这些理由除了表明作者的史官身份意识之外，什么也说明不了。司马迁也一定能明白，命运不能通过道德合理性来获得完全的理解，否则就谈不上什么悲剧性，而人又不能蛰伏于悲剧性中，在绝望中麻木，必须有一种内在的精神超越悲剧，并从中体验到生命的意义。垓下战败后，项羽意识到大局已定，于是感慨曰：

> 吾起兵至今八岁矣，身七十余战，所当者破，所击者服，未尝败北，遂霸有天下。然今卒困于此，此天之亡我，非战之罪也。今日固决死，愿为诸君快战，必三胜之，为诸君溃围，斩将，刈旗，令诸君知天亡我，非战之罪也。（《史记·项羽本纪》）

所谓"天亡我，非战之罪"就是对命运的体认，并坦然地接受。虽然命运是不可改变，命运主宰了人生的结局，但命运改变不了自己的人生信念，这就是所谓认命而不服命。一旦项羽认识到"今日固决死"后，反而将生死置之度外，主体意识陡然升起，生命更显尊贵、自由。他拒绝了

---

[1] 孙春青：《谈〈史记·酷吏列传〉隐含的悲剧意识》，《长春师范学院学报》2003 年第 2 期。

第八章 《史记》与原史传统的终结

渡江而东,在所杀汉军数百人,身被十余创后,看见汉将骑司马吕马童,曰:"若非吾故人乎?"又曰:"吾闻汉购我头千金,邑万户,吾为若德。"挥刀自刎,将大好头颅拱手相送。此是何等的气魄,它冲破了命运的阴霾,给人以生命的无比自豪,表现出震慑人心的力量。

司马迁说:"人固有一死,或重于太山,或轻于鸿毛,用之所趋异也。"(《报任安书》)死是注定了,而如何死,则是可以自己选择的。对死亡的选择显示了意志的自由。他说:"夫人情莫不贪生恶死,念亲戚,顾妻子;至激于义理者不然,乃有不得已也……所以隐忍苟活,函粪土之中而不辞者,恨私心有所不尽,鄙没世而文采不表于后也。"(《报任安书》)所谓"隐忍苟活"并不是要逃避悲哀的命运,而是要让自己的"私心"大曝于天下,这与项羽的"愿为诸君快战,必三胜之,为诸君溃围,斩将,刈旗,令诸君知天亡我,非战之罪也",有异曲同工之妙。两者同样是要通过事功来向天下昭示自己坚强的生命意志,以坚强的生命意志来超越现实,超越命运的悲剧性。司马迁论蔺相如说:"知死必勇,非死者难也,处死者难。方蔺相如引璧睨柱,及叱秦王左右,势不过诛,然士或怯懦而不敢发。相如一奋其气,威信敌国……"(《史记·廉颇蔺相如列传》)司马迁于此所看重的并不是那块价值连城的璧,不是事功本身,而是面对死亡一刹那间的勇气,也就是生命意志。李广所能吸引司马迁的也是生命意志。宋代黄震说:"李广每战辄北,困踬终身,今看其传,英风如在。"(《黄氏日抄》卷四十七)同样,那些以道德持身的悲剧人物,如夷齐、孔子、屈原等,他们不避死亡和苦难,不改己志,知其不可而为之,虽然无补于当世,却显示了自己坚韧的意志力量,并以这种意志来标记着自己生命的价值。其实,在司马迁眼里,不论什么人,不论他是从事何种职业,只要能"扶义俶傥,不令己失时,立功名于天下"(《史记·太史公自序》),就可载入列传。前人常看重文中的"功名"二字,也就强调了司马迁这句话的社会意义,其实司马迁的本义不过是尽量体现自己的生命价值。如《伍子胥列传》、《司马相如列传》、《刺客列传》、《游侠列传》、《滑稽列传》、《货殖列传》等,在当时的社会道德体系中难以安置的人物,也都受到司马迁的重视,虽然他也强调他们的社会价值,但真正吸引司马迁的,却是他们在有限的生命中执着不懈,成就其生命价值的精神。这些精神既难以以功名来衡量，也难以用道德来衡量，但他们却显示了人类生命的尊严、自由和创造性力量，正是这些力量克服了生命悲剧的局限性，赋予生命以意义。

清代刘鹗云："《离骚》为屈大夫之哭泣，《庄子》为蒙叟之哭泣，《史记》为太史公之哭泣，《草堂诗集》为杜工部之哭泣。"（《老残游记·自叙》）鲁迅称《史记》为"无韵之《离骚》"[1]。他们所看重的都是司马迁对人生悲剧性的自觉体认，看重的都是《史记》对个体生命的深切关怀。正是悲剧性洞穿了天命道义的虚幻，使我们回归生命本身，从而才有生命意志的自由，才能展现个体生命的力量，看到了生命中最为壮美的景象。而这其中，正包含着无限的文学意味。

2

司马迁自天人冲突中，关注到个体的命运，也就必然将每一个个体置于历史和叙述的本体地位，这样，历史叙述就转为文学叙述。司马迁之前的史传作品，如《左传》、《战国策》等，还没有自觉的写人意识，但人物在叙事中的地位却明显提高，对人物的评价有君子、小人之分，也有成、败之分，这是一种社会性的评价，还没有涉及人物性格本身。而司马迁的悲剧感使得君子和小人、成与败的区分忽然失去了以往的意义，在这种情况下，人物生命中那些最能冲击命运的力量就显得如此重要，人物的意志、性格、行为方式也就显出独有的魅力来，它们同时还在一定程度上承担着解释命运的作用。

在项羽和刘邦之间，司马迁似乎毫不掩饰自己对项羽的喜爱之情，他认为项羽出身楚贵族，战功盖世，是推翻暴秦的第一英雄。清代郭嵩焘说："项羽英雄，史公自是心折，亦由其好奇，于势穷力尽处，自显神通。"[2] 而刘邦出身乡里小吏，游荡无状，为人狡诈无礼，司马迁虽然不能不述其功，但行文中多有不屑之处。问题在于，最终的胜利者是刘邦，而英雄项羽却只落得个自刎乌江的下场，这对司马迁来说是一个不可接受的事实。在一句"此天之亡我，非战之罪也"的感叹中又有着多少的无

---

① 《汉文学史纲要》，《鲁迅全集》第九卷，第420页。
② （清）郭嵩焘著，贺次君点校：《史记札记》，第59页。

第八章 《史记》与原史传统的终结

奈和悲伤呢？项羽是一个高贵的失败者，但到底是什么使这份高贵永远挺立着呢？在命定的悲剧气氛中，司马迁开始将目光转向这一具体的人，从而向我们展示出人格本身的魅力。

《史记》将项羽塑造成为一个意志坚强、自由的个性英雄。在钜鹿之战中，项羽一举击垮秦军主力，奠定了反秦战争的胜利。而项羽下令破釜沉舟，被认为是这场战争胜利的主要原因。但破釜沉舟并不是出于策略的考虑，因为没有后路不是策略，而是赌博。在司马迁看来，项羽是个没有心机的人，而且没有遵守秩序的习惯，不知应事，纯然靠直观感觉接近目标，即宋义所谓"猛如虎，很如羊，贪如狼，强不可使者"（《史记·项羽本纪》）。项羽本人的性情就是一种无所眷念，生死如一的状态，所以能随时爆发。而将士则只能在面对死亡的一刹那，突然感受到生命的自由，迸发出无限的生命激情来。楚军以少胜多，使观战的诸侯军感到自惭形秽，于是"无不膝行而前，莫敢仰视"。显然，项羽是一个凭着生命激情和自由意志创造奇迹的人。"鸿门宴"更能说明项羽的性情。刘邦守住函谷关，项羽前进的道路受到阻挡，于是下令将士要击破沛公军。当刘邦自知不敌而前来自谢的时候，阻碍项羽意志的障碍消除了，于是，他倾心相待，诚恳而又不无惭愧地告诉刘邦："此沛公左司马曹无伤言之；不然，籍何以至此。"并且一再阻止杀刘邦。范增的解释是"不忍"，也就是不够残忍，太小儿心肠。因为范增的目的是要剪除异己，要成就项羽帝王大位。这其实也是不理解项羽。项羽杀人无数，区区刘邦并不在话下，但只要他的意志不受阻碍，他就失去了杀刘邦的动机，并为自己的杀机感到惭愧。也就是说，项羽并没有敌人，在项羽眼里，只有障碍。项羽夺得天下后，并没有称帝，而是向往衣锦还乡，可见项羽确实没有政治野心。而这一点一再被刘邦利用，并终于在楚汉战争中，将项羽逼入绝路。垓下悲歌后，项羽的生命进入一个新的阶段。所谓"此天之亡我，非战之罪也"，它不过说明命运是意志的唯一敌人。一旦认识到这一点，项羽就接受了命运的悲剧性，他的眼前没有了任何实在的目标，也就没有了任何羁绊，于是项羽进入一个绝对自由的境地，所以，他能为诸将士快战而三胜之，并谓其骑曰："何如？"其轻松自得之状，有如儿戏，意志和个性从现实的纠缠和死亡的阴影中超然而出。战场成了强力意志的剧场，意志变得空前突出。"无颜见江东父老"实际上表示了项羽对命运的坦然接受，也宣示了要将这出命运和意志冲突的大戏演出到最后，从意志的最后释放中寻找到了无限快意。项羽可杀数十百人，也可将头颅作为一个礼物送给故人，杀也好，送也好，这里没有仇恨，只有意志宣泄的快意。

可以说项羽是一个典型的性格英雄，司马迁很自觉地呈现了项羽的性格因素。《项羽本纪》一开始有这样的记载："项籍少时，学书不成，去学剑，又不成……于是项梁乃教籍兵法，籍大喜，略知其意，又不肯竟学。"这一段描写十分有意思，项羽不能坚持任何学习过程，只能说明他是个没有目标的人。而没有目标就是不拘泥任何实在，所以是一个意志自由的人。唯其意志自由，所以才能创造，才有大气象。当他看到秦始皇渡浙江时，脱口说道："彼可取而代也。"这一情景在《高祖本纪》中也出现过，刘邦对此叹曰："嗟乎，大丈夫当如此也！"对比来看，两人的意思大略相同，但却显示了个性的差异。项羽的取代之说显示对大气象的向往，愿意则取来，不必顾忌合理性。因视如囊中之物，所以也放得下，所以不露艳羡神情，是一种纯然天性。而"大丈夫当如此也"，则以"大丈夫"为先，为人生之一个阶段，一个目标，先自矮了一头，而"当"字则是对合理性和可能性的顾忌。所"如此"者，权势和威风也，是一种现实的存在方式，非若项羽仅作为一个精神符号。所以刘邦的感叹可以看作是一种谋划。这些微小的细节，在以前的史著中是不可能出现的，而《史记》中这样的描述却很多。韩兆琦说："《陈涉世家》写陈涉的佣耕叹息，《留侯世家》写张良亡匿下邳时为圮上老人进履，《陈丞相世家》写陈平为乡党均分社肉，《李斯列传》写李斯的入仓见鼠而叹，《孙子吴起列传》写吴起杀妻求将及其为士卒吮疽，《万石张叔列传》写石建奏事误书'马'字的惶恐和石庆以策数马的拘谨，《酷吏列传》写张汤幼年审盗肉之鼠的干练等等。这些脍炙人口的精妙细节，对表现人物的志趣抱负，性格好尚都起了积极作用，有些甚至和人物的一生行事都有关系。"[1] 以细节暗示或表征人物个性，以性格来阐释命运，这是司马迁由史事而人物、由史学而文学的一个重要标志。

---

[1] 韩兆琦：《史记通论》，第166页。

第八章 《史记》与原史传统的终结

对于文学而言，人物形象要远比事实更为重要。文学形象是靠独特而丰满的人物个性展现出来的，个性描写并不仅仅意味着叙事技巧的进步，突出的个性是在生命和环境的对峙中显现出来的。对于一个坚强的生命来说，环境的压力越大，生命本身的张力就越大，个性特征也就越明显。所以，对个性特征的关注，就意味着对生命呈现程度的关注。而个性特征与一个人的人生理想或社会给予的期待并不直接相联系，它以最大限度地呈现生命力本身为目的，个性形象的刻画已经逸出了历史的维度，而内在于精神领域中。司马迁钟情于人物形象的刻画，在实际上就是对历史价值的逃避，是希望以个体精神的充盈完满来取代人物的历史评判。如司马迁在评论刺客时所云："此其义或成或不成，然其立意较然，不欺其志。名垂后世，岂妄也哉！"（《史记·刺客列传》）也就是内在的精神状态是评价一个人生命价值的真正标准。在这种情况下，司马迁才能够超逸传统或世俗观念，体认或赞赏各种各样的"倜傥非常之人"（《报任安书》）。扬雄所谓"子长多爱，爱奇也"（《法言·君子》），班固说司马迁"退处士而进奸雄"（《汉书·司马迁传》），鲁迅说司马迁"传畸人于千秋"[①]，说法不同，态度也不一样，但他们都指出了司马迁对个性突出之人的偏爱。从广义上来说，那些立德、立功、立言的人自然是倜傥非常之人，那些能"隐忍"的"烈丈夫"如伍子胥、范雎、虞卿辈自然也是倜傥非常之人。而那些不为世人认可，甚至司马迁也有所指责的人，但只要个性突出，就能得到司马迁的体认和推许。如李斯，司马迁说："斯知六艺之归，不务明政以补主上之缺，持爵禄之重，阿顺苟合，严威酷刑，听高邪说，废适立庶。诸侯已畔，斯乃欲谏争，不亦末乎！人皆以斯极忠而被五刑死，察其本，乃与俗议之异。"从政治上完全否定了李斯的一生。但司马迁在李斯的传记中却有这样一段描写："（斯）年少时，为郡小吏，见吏舍厕中鼠食不洁，近人犬，数惊恐之。斯入仓，观仓中鼠，食积粟，居大庑之下，不见人犬之忧。于是李斯乃叹曰：'人之贤不肖譬如鼠矣，在所自处耳！'"（《史记·李斯列传》）李斯能于少时悟出一套仓鼠哲学，并能以一生之力实践这种哲学，这就是李斯的超然出群之处，也是其个性精神得

[①] 《汉文学史纲要》，《鲁迅全集》第九卷，第 420 页。

以淋漓尽致表现之处。司马迁津津乐道于此，也就是看中了李斯生命中的这种淋漓尽致的气质。再比如刘邦，司马迁向无好感，但也认识到刘邦身上有一些独特的品质足以彰显他的人格魅力，这就是"常有大度"，它有柔弱而不执着的一面，能屈能伸。《项羽本纪》中鸿门宴一节，则将刘邦这种个性尽兴写出。当时项羽兵临霸上，项伯夜来，刘邦非常敏感地觉察到危险的气息，立刻折节下人，兄事项伯，约为婚姻，又亲往鸿门道歉，而又借故逃跑，把自己的懦弱完全暴露给项羽。面对着刘邦的懦弱，项羽心满意足，便不再追究事情的原委及其可能性。对于刘邦来说，把自己的懦弱当成一张牌打出去，这是一场赌注，是出奇制胜。当一场凶险化解于无形的时候，我们又不能不为刘邦的"大度"感到惊奇，并从中感受到历史的诡谲变幻，感慨它的无限可能性。

从史录的角度来说，司马迁记述奇人固然在于为历史立碑，是"借'倜傥非常之人'（社会精英）的叙写，表现他的一家之言，即他对历史文化演进的理解与诠释"[①]，或者从司马迁自身的感受来说，是"憧憬和向往奇士、英雄奇特、悲壮的人生"[②]。但从人类精神文化的发展角度来说，奇异的人物形象，展示的是生命的力度，展示的是人的精神力量。当人们难以再从历史和道义中获得精神支持，难以从事功中确证自己生命的价值时，悲剧感就会油然而生，而能从悲剧感中超越而出的，就只能是来自生命内在的力量。司马迁所展现的这么多"奇人"，就是从历史的犄角处，让我们看到生命的韧性和可能性。

司马迁"列传"的本意是写那些"扶义俶傥，不令己失时，立功名于天下"的人，也就是说，英雄当认清时世，并能趁时而起。但在很多人物身上，尤其是在一些畸人、奇人身上，我们却看到了对时世的抱怨。如李广英勇善战，到老难封，司马迁借文帝之口曰："惜乎，子不遇时！如令子当高帝时，万户侯岂足道哉！"（《史记·李将军列传》）李广时并非无边事，亦多有因军功而封侯者，李广虽奋不顾身，亦能得军士死力，而最终却落得个"引刀自刭"的下场，可谓"数奇"。那么，李广这一形

---

① 曹晋：《司马迁爱奇别解》，《清华大学学报》2003年第1期。
② 邸艳姝：《谈司马迁之"爱奇"》，《北京大学学报》2001年国内访问学者、进修教师论文专刊。

第八章 《史记》与原史传统的终结

象显然有违"不令已失时，立功名于天下"之意。同样，项羽亦是畸人，他英雄盖世，身经七十余战，却难免有垓下之败，所谓"此天之亡我，非战之罪也"亦可以说是有乖于时。这样的奇人、畸人在《史记》中很多，它们的意义不在于宣扬司马迁的"趁时而起"的英雄观，而是通过乖违时世的命运本身让我们看到个性和意志的力量。

正是强烈的独特的个性品质，才能和时世产生如此激烈的碰撞，才能有如此绚丽的生命悲剧之花。这些奇人形象也正以其个性精神让我们为之或激动，或哀叹，或深思。明代茅坤《与蔡白石太守论文书》曰："读游侠传即欲轻生，读屈原、贾生传即欲流涕，读庄周、鲁仲连传即欲遗世，读李广传即欲力斗，读石建传即欲俯躬，读信陵、平原君传即欲好士也。"① 所说的就是通过体悟种种不同的生命境界，扩张我们狭小遮蔽的心灵，使得能在刹那间超脱现实，获得精神的自由。这也是文学最为重要的功能。当然，它的前提，必是司马迁有高超的叙人笔法。而这也是古今学者对《史记》所共同赞赏之处。日人斋藤正谦说："子长同叙智者，子房有子房风姿，陈平有陈平风姿；同叙勇者，廉颇有廉颇面目，樊哙有樊哙面目；同叙刺客，豫让之于专诸，聂政之于荆轲，才出一语，乃觉口气各不同。《高祖本纪》见宽仁之气，动于纸上，《项羽本纪》觉暗噁叱咤来薄人。读一部《史记》，如直接当时人，亲睹其事，亲闻其语。使人乍喜乍愕，乍惧乍泣，不能自止。是子长叙事入神处。"② 韩兆琦说："司马迁搜集材料是很辛苦的，但使用材料却不多是多多益善，他着力于突出人物的性格，写出那些最有代表性的东西。例如写蔺相如，他抓住了完璧归赵、渑池会、将相和三件事；写魏公子，他突出了请侯嬴和盗符救赵两件事；写田单他只写了火牛阵一件事。这些人并不是没有其他事情可写，例如田单后来当了齐国宰相，还当过赵国的宰相，但是司马迁都没有写，他认为使田单永垂不朽的是火牛阵，而不是当宰相，他认为要突出这几个人物的性格和精神气质，有这几件事就足够了。"③ 当然，司马迁之所以能

---

① （明）茅坤撰，张大芝等点校：《茅坤集》，杭州：浙江古籍出版社1993年版，第196页。
② 引自［日］泷川资言《史记会注考证》，太原：北岳文艺出版社1999年版，第5347页。
③ 韩兆琦主编：《中国传记文学史》，石家庄：河北教育出版社1992年版，第92页。

做到这一点,除了表达能力的增强外,首要的前提还是要对个性特征和精神状态的深切体会,要将自己的生命真正融入历史人物的生命之中去,并且突破传统的记事习惯,真正地将人物的性格表现出来。所以,刻意塑造人物形象是《史记》叙事不同于前代史传作品的地方,也是《史记》文学性特征的主要标志之一。

结束语:原史精神和道统观念

司马迁将自己杰出的个性精神和神圣的史著传统结合起来,为原史文化奏响了最后的华章。自《汉书》以后,史官由皇帝任命,史著也就完全归附于以帝王治权为中心的政治理性,成了统治集团自我证明或资政的材料。早期史传作品所具有的文化创造、文化批判精神基本丧失,《史记》也就成了原史传统的绝响。但原史传统中所蕴藏的文化精神并没有就此断绝。从孔子开始,我们就可以看到士人的力量正在崛起,承担起原史传统中的政治使命意识、文化革新意识等等,成为社会的精神支柱。从司马迁的发愤著述中,我们看到了个性精神和独立著述意识已开始脱离原史的职业行为,成为道义的载体。这些现象,既宣布了原史传统的寿终正寝,也为后代文人以一己之力承担起道义的责任指示了路径。原史文化告一段落,而原史典籍文献中所蕴含的道统意识却深入人心,成为后世文人士大夫们以道抗势的精神源泉。

1

司马迁死后约一百五十年,班固开始撰写《汉书》。关于班固的撰史经历,《后汉书·班彪传》和《后汉书·班固传》中有详细的记载:

> 彪既才高而好述作,遂专心史籍之间。武帝时,司马迁著《史记》,自太初以后,阙而不录,后好事者颇或缀集时事,然多鄙俗,不足以踵继其书。彪乃继采前史遗事,傍贯异闻,作后传数十篇,因斟酌前史而讥正得失。

> 父彪卒,归乡里。固以彪所续前史未详,乃潜精研思,欲就其

业。既而有人上书显宗，告固私改作国史者，有诏下郡，收固系京兆狱，尽取其家书。先是扶风人苏朗伪言图谶事，下狱死。固弟超恐固为郡所核考，不能自明，乃驰诣阙上书，得召见，具言固所著述意，而郡亦上其书。显宗甚奇之，召诣校书部，除兰台令史……

通过这两段记载，我们可以看出班固的撰史经历在两个方面与司马迁颇为相似：（1）班固和司马迁的撰史都有继承父志的原因；（2）班固和司马迁都有因著史而下狱的经历。但是，史著历史上这两次如此相似的事件，在本质上却有着很大的区别，这种区别足以昭示着中国史著传统出现了一个重大的转捩点，昭示着史著进入一个新的时代。

比较司马迁和班固的下狱，两者之间的不同之处也是很明显的。司马迁因《景帝本纪》和《今上本纪》开罪武帝，却因李陵事件而下狱；班固因撰史而下狱，却因明帝观览原书而得以开释。这种戏剧性的差异涉及两方面的原因：（1）同是承父志而撰史，司马迁作为史官撰史是合法的，而班固私撰史书是非法的；（2）就史著的内容来说，《史记》不合皇帝意旨，而《汉书》深得皇帝赞赏。进一步分析，可以发现，在汉武帝时代，撰史行为的合法性比撰写的内容更重要，所以皇帝不能直接惩罚司马迁；而对于汉明帝来说，内容的正当性比行为的合法性更重要，所以皇帝在读其书后释其罪。史撰行为和史书内容在皇帝眼里的此升彼降，说明史官的职业传统开始让位于现实权力和政治需要。当明帝因为欣赏"固所著述意"而直接任命他为兰台令史时，史官的职业传统遂告全盘崩塌。从此以后，史官不再从史官世家中产生，也不再父子相传，而是由皇帝按照自己的意愿直接任命。史官和其他官员一样，成为帝国各级官僚体系中的一员。史官那种超越的地位也就从此中断，原史走到了历史的终点。

班固事件不过是一个标志，其实，史官传统崩塌的迹象早就开始了。战国以后，史官大多失其职守；秦焚书坑儒，至史职湮灭无闻，史官传统基本中断，直到司马谈为太史令，史职才得以复兴。而在史官失位的那些年代里，著史行为并没有停止。如秦相吕不韦召集门客撰《吕氏春秋》，从书名上看就有继承古史的意思。汉兴后，刘邦令陆贾："试为我著秦所以失天下，吾所以得之者何，及古成败之国。"（《史记·郦生陆贾列传》）

结束语:原史精神和道统观念

其中"古成败之国"当然就有史著的意思。据《后汉书·班彪传》载,陆贾于汉初"记录时功,作《楚汉春秋》九篇",这属于当代史著作。陆贾并非史官,但在没有史官的年代,陆贾撰史似乎也还说得过去。司马迁之后,史官之外撰史的也颇有人在,刘知幾《史通·史官建制》曰:"司马迁既没,后之续《史记》者,若褚先生、刘向、冯商、扬雄之徒,并以别职来知史务。"所谓"以别职来知史务"仍然是一种职务行为,比如扬雄曾"待诏承明之庭"(《汉书·扬雄传》)。《玉海》"宫室"引《三辅黄图》云所谓"承明之庭"即承明殿,在未央宫中,是"著述之所"①。那么,扬雄撰史是职内之事。多一个"著述之所"也不过说明史职渐被分散。而褚先生位不过博士,因为"窃好《太史公书》"而续补之,是个人行为。从这些情况来看,史官在史录方面的专权已经不再受人尊重了,因此,史录中的神秘感、权威性也就渐渐淡薄了。但是,在有了那么多"私改作国史"先例的情况下,班固却因为"私改作国史"而被汉明帝下狱,这恐怕是班固本人所没有想到的。这说明史官专有史录之职的观念对社会还有着影响,因此可以被提出来当作处罚班固的理由。但这不过是史官传统观念的一点遗迹,它在被提起来之后,立刻就被彻底埋葬了。班固被任命为兰台令史,可以光明正大地从事《汉书》撰写工作。兰台之设,始于秦朝。《汉书·百官公卿表上》云:"御史大夫,秦官,位上卿,银印青绶,掌副丞相。有两丞,秩千石。一曰中丞,在殿中兰台,掌图籍秘书,外督部刺史,内领侍御史员十五人,受公卿奏事,举劾按章。"又《论衡·对作篇》云:"汉立兰台之官,校审其书,以考其言。"则汉在秦后又重设兰台。据《史记·袁盎晁错列传》载:"景帝即位,晁错为御史大夫……吴楚反,闻,晁错谓丞史曰……"《集解》引《汉书·百官公卿表》说此处丞史即御史大夫之"两丞",据此,可推断兰台之设至迟是在汉景帝时。又《汉书·王莽上》载:"及前孝哀皇帝建平二年六月甲子下诏书,更为太初元将元年,案其本事,甘忠可、夏贺良谶书藏兰台。"颜师古注曰:"兰台,掌图籍之所。"则西汉时代兰台又是文献汇集之处,并不以修史为务。及至东汉明帝以班固为兰台令史,兰台

---

① (宋)王应麟:《玉海》卷一百五十九,台北:大化书局1977年版,第3006页。

成了修史的官衙。刘知幾说："兰台之职，盖当时著述之所也。"（《史通·史官建制》）也就是说，此时兰台之职在文献和史著方面已经取代了西汉太史之职了。汉章帝时，兰台所藏传统文献部分移往东观，《汉书》中的八表及《天文志》等即由班昭、马续在东观完成。安帝以后，朝廷开始修撰《东观汉记》，修史者皆有朝官的身份，先后经历几代皇帝，有近二十人参与其事。《东观汉记》以朝官修国史，是对汉明帝诏班固以兰台令史的身份修史的更进一步发展，它将修史纳入国家官僚体系之中，并基本奠定了后代正史的修撰模式。隋文帝时，诏曰："人间有撰集国史、臧否人物者，皆令禁绝。"（《隋书·文帝纪》）唐太宗时，修史正式交于宰相负责，"其修撰史事，以他官兼领，或卑品而有才者亦直焉"（《通典·职官典》）。由大臣负责撰史在此后就成了惯例，而原史传统早已湮灭无闻了。

2

汉明帝从制度上结束了原史传统，具体出于什么样的动机，已经不得而知了，但从历史发展的角度，我们又完全可以指出其中的必然性来。《史记》编撰伊始，就因其超越治统的批判性而惹恼武帝，其中两章被武帝怒削去。《史记》完成之后，统治者亦甚为忌惮。班固《典引序》录汉明帝的话云："司马迁著书，成一家之言，扬名后世，至以身陷刑之故，反微文刺讥，贬损当世，非谊士也。"成帝时，东平王刘宇求《史记》等书，大将军王凤奏曰："臣闻诸侯朝聘，考文章，正法度，非礼不言。今东平王幸得来朝，不思制节谨度，以防危失，而求诸书，非朝聘之义也……《太史公书》有战国纵横权谲之谋，汉兴之初谋臣奇策，天官灾异，地形阨塞，皆不宜在诸侯王。不可予。"（《汉书·宣元六王传》）后汉司徒王允曰："昔武帝不杀司马迁，使作谤书，流于后世。"（《后汉书·蔡邕传》）以上说法，或早于或迟于汉明帝，但都能说明《史记》已被统治者公认是"谤书"。如果说司马迁凭借着史官传统编撰了这样一本史著，使得汉武帝等历代帝王在难堪之余又颇感无奈的话，那么，他们无论如何也不可能允许另一部《史记》产生。但自汉代确立以儒家学术治国以来，从《尚书》、《春秋》等史著中发明政治伦理大义已属天经地义，

结束语:原史精神和道统观念

史家著述也可能顺此理路,延续了这一传统,以微言大义相尚。汉统治者不可能重复秦始皇焚绝史书的行为,只能通过在治统中另设修史权责,以引导、弱化、阻塞治统之外的原史传统。在这种情形下,兰台由掌图籍秘记和会聚文人的地方,最终成为"国史著述之所"。据牛润珍研究,兰台令史的正常工作是"校定文字、书写记事、文书整理",而"著述则是临时指派的任务,著述主要是国史撰著",又说"东汉兰台著史主要是在明帝时"[1]。可见,皇帝有意识指定官员撰史实自班固始[2]。所以,我们可以将明帝任命班固为兰台令史,看作是统治者著史自觉意识的开端。

大量私修国史的出现说明了史官传统的衰落,汉明帝禁止"私改作国史",虽然有维护国家权威的目的,但其禁令的合理性还是来自史官专有修史的权利。《汉书》以前,国家从未组织过撰史,《左传》、《史记》皆是史官私下所撰,所以也就不存在"私改作"之罪,"私改作"只是比照史官的职业权利而言的。普通士人的加入,使得私修国史的队伍扩大,对国家权威的威胁也就更大。因此,汉明帝将班固下狱治罪。但班超赴阙"具言固所著述意"启发了汉明帝:同是撰史,而"所著述意"可能不同,史官依赖其传统而难以控制,但其他学士、官员就完全不同了。所以,明帝在阅读了班固的史稿后,甚奇之,就直接任命班固为著史之官了。在这一过程中,最为关键的就是班固"所著述意"。那么,班固的著述主旨是什么呢?《汉书·叙传》云:

> 固以为唐虞三代,《诗》《书》所及,世有典籍,故虽尧舜之盛,必有典谟之篇,然后扬名于后世,冠德于百王。故曰"巍巍乎其有成功,焕乎其有文章也!"汉绍尧运,以建帝业,至于六世,史臣乃追述功德,私作本纪,编于百王之末,厕于秦、项之列。太初以后,阙而不录。故探纂前记,缀辑所闻,以述《汉书》。

---

[1] 牛润珍:《汉至唐初史官制度的演变》,第49、50页。
[2] 杨翼骧云:(永平五年)"班固任兰台令史,参加官修东汉史书,与陈宗、尹敏、孟异等共撰《世祖本纪》"(《中国史学史资料编年》第一册,天津:南开大学出版社1987年版,第45页)。

这一自叙虽作于全部《汉书》完成之后，但也可以代表班固的创作初衷。从中可以看出，班固著史的首要目的就是要为汉纪功，使其扬名于后世，也就是学者所谓的"宣汉"。班固认为，《史记》将汉代诸帝本纪与秦始皇、项羽等并列，是贬低了大汉王朝的声威。因此，班固舍弃其父采用的为《史记》作续书的方式，开始编撰独立的汉朝断代史。学者认为，这一改变，"决不能只是被看作为一种体例的变化，而应该被看作是一种'宣汉'历史意识的体现"①，因为"汉绍尧运，以建帝业，至于六世"，已足以与"唐虞三代"相媲美，所以需要自己的"典谟之篇"来"扬名后世"。由此可以看出，班固虽非史官，却有着十足的朝廷立场。从他暗示司马迁"私作本纪"这一点来看，他也完全清楚自己的官方性质。这一私自出现的，却具有鲜明的官方立场的著述行为，将历代汉帝面对史著的尴尬一扫而光。汉明帝将撰史活动纳入自己的官僚体系，使史官成为官方意识形态的代言人，就顺理成章了。

3

班固是一个纯正的汉儒，是官方意识形态的代言人，对司马迁的传史观念颇不认同。他说：

> （司马迁）是非颇缪于圣人，论大道则先黄老而后六经，序游侠则退处士而进奸雄，述货殖则崇势利而羞贱贫，此其所蔽也。（《汉书·司马迁传》）

司马迁虽谈不上"先黄老"，但对"六经"确乎不甚措意。"六经"乃汉代治统的理论根源，自汉武帝时已成为国家意识形态的圣典，如不以"六经"为依归，著述就会游离于国家意识形态之外，成为一种独立的精神力量，当然为统治者所不容。而班固对儒家及其经典极其推崇。他说自己撰写《汉书》是"综其行事，旁贯《五经》"（《汉书·叙传》），作《儒林传》云："六艺者，王教之典籍，先圣所以明天道，正人伦，致至

---

① 汪高鑫：《中国史学思想通史》（秦汉卷），第396页。

结束语:原史精神和道统观念

治之成法也。"作《艺文志》云:"儒家者流,盖出于司徒之官,助人君顺阴阳明教化者也。游文于六经之中,留意于仁义之际,祖述尧舜,宪章文武,宗师仲尼,以重其言,于道最为高。"班固特别强调儒家对封建统治的辅佐之功,这与司马迁推崇孔子以《春秋》裁决天下,是不可同日而语的。"游侠"和"工商"是封建统治之外的最为活跃的两种社会人群,它们依赖自己独有的价值和力量,进行社会活动,从而威胁到治统的权威,成为封建统治秩序的心腹之患。班固虽亦仿《史记》作有《游侠传》,但其态度则明显不同。朴宰雨论曰:"班固首先强调王法秩序。《游侠传》云:'百官有司奉法承令,以修所职,失职有诛,侵官有罚。'进而批评游侠'背公死党之议成,守职奉上之义废'。他虽在一定程度上肯定游侠之长,云:'观其温良泛爱,振穷周急,谦退不伐,亦皆有绝异之姿。'但还是极力排斥郭解等汉代游侠,云:'况于郭解之伦,以匹夫之细,窃杀生之权,其罪已不容于诛矣。'与司马迁对郭解等游侠的颂扬,成一鲜明的对照……《史记》之倾向民间之精神与《汉书》之倾向上层之精神,其间的差别是很明显的。"[①] 显然,班固对待游侠的态度是与官方立场保持一致的。至于司马迁为工商业者所作《货殖列传》,钱锺书称赞曰"于新史学不啻手辟鸿濛矣"[②]。《货殖列传》虽有探究民生日用和经济规律的意义,但在主观上,司马迁是希望能以特异的民间力量,与官方权威抗衡。《货殖列传》云:"今有无秩禄之奉,爵邑之入,而乐与之比者,命曰'素封'。"所谓"素封"实仿孔子"素王"之说,指立身于治统之外,不需经皇帝认可,而其事功价值可与封侯者相提并论。司马迁说"人富而仁义附焉"(《史记·货殖列传》),所谓"仁义"乃指同于仁义的价值和意义,这一论断揭示了财富本身的意志和权力。这和正统意识形态格格不入。《汉书》则将财富纳入道德秩序之中。首先,班固认为财富是"富民之本"(《汉书·食货志上》);其次,财富是仁义的前提,他说:"殷周之盛,《诗》《书》所述,要在安民,富而教之。"(《汉书·食货志上》) 也就是说,财富是统治者的理民之道,而其最终目的是使民"有耻而且敬,贵谊而贱利"(《汉书·货殖传》)。其中的思想与司马迁

[①] 朴宰雨:《〈史记〉〈汉书〉比较研究》,北京:中国文学出版社1994年版,第60页。
[②] 钱锺书:《管锥编》第一册,第383页。

相差不可以道里计。总之，班固关于司马迁的三宗罪状，事实上都是源于《史记》的非官方性质，揭示了《史记》对官方政治意识形态的颠覆性，也就反过来说明了班固自己的官方立场。

立场的转变，也导致了文风的变化。关于两书风格方面的比较，前人研究甚多，韩兆琦对二书的分析很有代表性：（1）"《史记》的爱憎感情、主观色彩异常突出，而到《汉书》里则往往变成不动声色的'客观'叙述了"。司马迁书中随感而发的"对世态炎凉的谴责"、"复仇心理"、"对于人生观、生死观方面的表述"和"忍辱发愤、艰苦奋斗的思想"等抒情性特征，都被《汉书》磨平了。（2）"《汉书》比《史记》的生动性大大降低，在文学性上大步地后退了"。韩兆琦指出，"《史记》是通过生动曲折的情节与冲突剧烈的场面来表现人物的性格，而《汉书》则是通过平实的叙述以完成清晰的记事……《史记》中那种惊涛骇浪，大魔术师表演一般的情节场面，在《汉书》中再也见不到了"。两者文风差异明显的原因，韩兆琦认为"是在于两位大作家的审美观和审美情趣的不同"[①]。朴宰雨认为这些差别与作者的人生经验有关，他说："马、班写《史》《汉》时，若有与自己的经历有关或足以引起联想的史实出现，就必定会产生或浓或淡的感情反应，而自然地移入感情于写作的对象之中。一般说来，这样的情况，《汉书》较无或较淡，而《史记》较多或较浓；《汉书》通常不失客观态度，而《史记》偶尔倾向于感情用事。这是与司马迁之最深刻、最难受的经验——李陵之祸有关。而班固并无如此深重而且影响如此强烈的体验。"[②] 以上两种说法的共同之处是将两种文本风格的差异看作是作家个体精神上的差异。但是，《史记》和《汉书》风格差异最根本的原因并不在这里，它们根本就是两类性质不同的文献：《史记》是个人的，而《汉书》是官方的。个人文献当然要表现作家的个体经验和审美趣味，也正因为有着浓烈的个性精神，所以《史记》可以被看作是文学作品。而官方立场的权威性、指导性特征，使得《汉书》呈现出典重儒雅的特点，即使它有很好的文笔，有很精彩的形象刻画，它也只是官史，而不能被称为文学。李祥年在论述《汉书》时指出："随着正

---

① 韩兆琦：《序言》，见朴宰雨《〈史记〉〈汉书〉比较研究》，第7—9页。
② 朴宰雨：《〈史记〉〈汉书〉比较研究》，第62页。

结束语:原史精神和道统观念

史人物传记释'经'宣教性质的加深,它在内容选择以及艺术表现形式方面势必受到越来越大的局限。因此,作为一种艺术创作样式来说,汉代正史人物传记的艺术审美功能已日趋衰落,而由它所代表的汉代传记文学创作则无可否认地走上了一条日渐式微的道路,这已经不是哪一位天才的艺术家所能挽回的了。"[1] 官方意识形态要求以"释经"为主要的撰述方式,这就消融了史传的文学性特征。自《汉书》以后,历代正史再也没有进入文学史的行列。

4

原史传统自《史记》而告终结,但原史精神并没有就此消失,它已在中国传统文化中扎根。原史精神通过"道统"和"发愤著述"两个概念,继续鼓励着后世文人裁决天下,刺讥当世,发挥着独立的批判精神。离开了撰史实践的道统,以孔子和五经为依归,强调道统高于治统的权威性。有着自觉继统意识的都是一些卓异的儒家学者,他们凭着"五经"批判社会,承担起治统的监督者的责任,成为社会的良知。但由于缺少了史官这条天命神授的传统,后世道统渐渐偏向于学理一路,在实践性上大为削弱。

司马迁之后,自觉体验这一道统的是扬雄。史称:"(雄)为人简易佚荡,口吃不能剧谈,默而好深湛之思,清净亡为,少耆欲,不汲汲于富贵,不戚戚于贫贱,不修廉隅以徼名当世。家产不过十金,乏无儋石之储,晏如也。自有大度,非圣哲之书不好也;非其意,虽富贵不事也。顾尝好辞赋。"(《汉书·扬雄传》)扬雄对道统有着清醒的认识,其《法言·学行》云:"学之为王者事,其已久矣。尧、舜、禹、汤、文、武汲汲,仲尼皇皇,其已久矣!"所谓"王者事"即圣王道统,而具体表现则在儒家五经。《法言·问神》云:"大哉!天地之为万物郭,《五经》之为众说郭。"扬雄认为,在乱世中"五经"的作用更不可或缺,"虐政虐世,然后知圣人之为郭郭也"(《法言·吾子》),他认为自己有责任拨乱反正,维护圣道的统绪,所以,"在西汉儒学大师中,扬雄除对辕固生和申培有

---

[1] 李祥年:《汉魏六朝传记文学史稿》,第85页。

所肯定而称其'守儒'之外，其余他都颇加批判和否定"①。他非常认同孟子的护道精神，《法言·吾子》云："古者杨、墨塞路，孟子辞而辟之，廓如也。后之塞路者有矣，窃自比于孟子。"孟子是道统理论的始作俑者，扬雄的圣人代出的道统观承自孟子，不过对于孟子的"五百年"说，扬雄则不甚认同。《法言·五百》云："或问：'五百岁而圣人出，有诸？'曰：'尧、舜、禹，君臣也而并；文、武、周公，父子也而处。汤、孔子数百岁而生。因往以推来，虽千一不可知也。'"他认为上古时代圣人代出，相距较近，随着历史的发展，两代圣人的年代相距越来越远，甚至可达上千年。这可能与扬雄本人上距孔子已超过五百年有关。因为自比圣王，当汉儒正津津于为经作传时，扬雄直接开始撰写自己的"经"了。《汉书·扬雄传》"赞"曰：

>（雄）实好古而乐道，其意欲求文章成名于后世，以为经莫大于《易》，故作《太玄》；传莫大于《论语》，作《法言》；史篇莫善于《仓颉》，作《训纂》；箴莫善于《虞箴》，作《州箴》；赋莫深于《离骚》，反而广之；辞莫丽于相如，作四赋：皆斟酌其本，相与放依而驰骋云。

扬雄对诸经的模拟，实际上是自认圣人的一种"王事"实践，是上承先圣而与之并列的自信心的反映，绝不只是班固所谓"意欲求文章成名于后世"。扬雄晚年对文章之事殊不在意，他认为自己得以成名的赋作是"童子雕虫篆刻"，并表示"壮夫不为"（《法言·吾子》）。可见他的拟作并非仅出于文章传世的考虑。当时人似乎也认识到这一点，史载："诸儒或讥以为雄非圣人而作经，犹春秋吴楚之君僭号称王，盖诛绝之罪也。"（《汉书·扬雄传》）诸儒虽然不赞同，但也认识到扬雄作经是自拟圣人。

扬雄之后，最有影响的道统表述出自唐朝的韩愈。他在《原道》一文中说：

---

① 杨福泉：《论〈法言〉的尊圣崇经与儒学批判》，《上海大学学报》2003年第3期。

结束语:原史精神和道统观念

> 斯吾所谓道也,非向所谓老与佛之道也。尧以是传之舜,舜以是传之禹,禹以是传之汤,汤以是传之文、武、周公,文、武、周公传之孔子,孔子传之孟轲。轲之死,不得其传焉。荀与扬也,择焉而不精,语焉而不详。

韩愈关于道统的序列基本取自孟子,他认为自己是直接承自孟子的,而对荀子与扬雄似乎有些勉强。不过在《重答张籍书》中,他又说:"己之道,乃夫子、孟轲、扬雄所传之道也。"就将扬雄清清楚楚地纳入道统之中,而自己是继扬雄而下的另一传人。韩愈认为自己对天下百姓负有启发、教化的责任,他说:

> 天不欲使兹人有知乎,则吾之命不可期,如使兹人有知乎,非我其谁哉!其行道,其为书,其化今,其传后,必有在矣。(《重答张籍书》)

孟子曾说过:"夫天未欲平治天下,如欲平治天下,当今之世,舍我其谁也?"(《孟子·公孙丑下》)而韩愈的表白与孟子的意思、口吻都十分相似。不过,韩愈虽然接受了孟子的道统理论,但却有意识地忽视了孟子"五百年必有王者兴"的话,这显示了道统在漫长的发展过程中自我压抑的一面。实际上,孟子的道统是针对着君王治统的,而韩愈则似乎有意识地将目标转向孟子的"辟杨墨"上,而强调自己扬儒排佛的一面。所作《与孟尚书书》云:"释老之害过于杨墨,韩愈之贤不及孟子,孟子不能救之于未亡之前,而韩愈乃欲全之于已坏之后……使其道由愈而粗传,虽灭死万万无恨。"文中显示了以道自任的责任和信心,后人也将韩愈看作是道统中人。苏轼《六一居士集叙》云:"(孟子后)五百余年而后得韩愈,学者以愈配孟子,盖庶几焉。"韩愈立志为道继统,但也在有意无意中将道统的含义限定在捍卫儒家地位这一层面上了。将道统的对立面指向佛老等思想学术,而不是直接指向拥有现实权力的治统,这就大大缩小了道统的话语权力。从此以后,道统观的核心意义也就成了对儒家思想的传承和捍卫,而往往与佛道相对而言,或者成了儒家内部的学术流派之争,其实践意义小于学术思想的意义。

宋代是道统论迅速发展的时代。较早在学理上着意阐发道统的是程颢、程颐兄弟。二程是宋代理学的创造者。所谓"理"即天理，是一种超越的本原的存在，它"不为尧存，不为桀亡"，是终极自在之本体。程颐《附师说后》云："天有是理，圣人循而行之，所谓道也。"因此，"道"就是圣人依理而行之轨迹。那么不论是天理运行，还是在世间显现道体，都要依靠圣人。所以，圣人与天道无异，圣人与天理合一。圣人不可时时得见，而道载乎经。程颢《南庙试九叙惟歌论》云："道之大原在于经，经为道，其发明天地之秘，形容圣人之心，一也。"也就是说，圣人及其所流传的经典，是道统的标志，也是天理之所在，是人间一切价值的源泉。二程在道统体系中除了公认的尧、舜、禹、汤、文、武、周公、孔子外，又添加了伯夷、柳下惠、伊尹，而把孟子以下的人物排除在外。他们认为自己直接继承了孟子的统绪，而成为道统中人。程颢逝世后，程颐为之撰《明道先生墓表》曰："周公没，圣人之道不行；孟轲死，圣人之学不传。道不行，百世无善治；学不传，千载无真儒。无善治，士犹得以明夫善治之道，以淑诸人，以传诸后；无真儒，天下贸贸焉莫知所之，人欲肆而天理灭矣。先生生千四百年之后，得不传之学于遗经，志将以斯道觉斯民。天不慭遗，哲人早世。乡人士大夫相与议曰：道之不明也久矣。先生出，倡圣学以示人，辨异端，辟邪说，开历古之沉迷，圣人之道得先生而后明，为功大矣。"二程的道统思想直接影响了朱熹的学说，给后世带来十分深远的影响。

朱熹是第一个正式提出"道统"概念的人。其《中庸章句序》云："《中庸》何为而作也？子思子忧道学之失其传而作也。盖自上古圣神继天立极，而道统之传有自来矣。"他是这样描述这一道统的：

> 夫尧、舜、禹，天下之大圣也。以天下相传，天下之大事也……自是以来，圣圣相承，若成汤、文、武之为君，皋陶、伊、傅、周、召之为臣，既皆以此而接夫道统之传，若吾夫子，则虽不得其位，而所以继往圣、开来学，其功反有贤于尧、舜者。然当是时，见而知之者，惟颜氏、曾氏之传得其宗。及曾氏之再传，而复得夫子之孙子

结束语:原史精神和道统观念

> 思……自是而又再传以得孟氏,为能推明是书,以承先圣之统,及其没而遂失其传焉……然而尚幸此书之不泯,故程夫子兄弟者出,得有所考,以续夫千载不传之绪;得有所据,以斥夫二家似是之非。盖子思之功于是为大,而微程夫子,则亦莫能因其语而得其心也。(《中庸章句序》)

在朱熹看来,道与君位没有关系,孔子虽以布衣得道,却"贤于尧舜"。可见朱熹认为道统高于治统。那么,所谓道统相续就是"继往圣,开来学",即继承古之圣人之学并将其发扬光大。朱熹《大学章句序》又说:"宋德隆盛,治教休明。于是河南程氏两夫子出,而有以接乎孟氏之传,实始尊信此篇而表章之。既又为之次其简编,发其归趣,然后古者大学教人之法、圣经贤传之指,粲然复明于世。虽以熹之不敏,亦幸私淑而与有闻焉。"其中"私淑"二字也暗示了自己继承道统的志愿以及得传道统的欣喜之情。朱熹认为道学精微在《尚书·大禹谟》之尧、舜、禹递相传授的十六字中:"人心惟危,道心惟微,惟精惟一,允执厥中。"朱熹的"道"走的是穷理明性的一路,讲的是心统性情,讲格物致知诚意正心之学。朱熹使得孔门儒学发展到一个精微而富于思辨的阶段,成为性理之学的集大成者,并对此后的中国社会有着极大的影响。朱熹弟子黄干作《朱子行状》云:"窃闻道之正统,待人而后传,自周以来,任传道之责,得统之正者,不过数人,而能使斯道,章章较著者,一二人而止耳。由孔子而后,曾子、子思继其微,至孟子而始著。由孟子而后,周、程、张子继其绝,至先生而始著。"[1] 对朱熹在道统中的地位坚信不疑。弟子们编纂的《朱子语录》隐然有上承《论语》的意思。

明初朝廷授意修纂《四书大全》、《五经大全》、《性理大全》,发挥朱熹思想,将朱熹的《四书集注》定为科举的标准读本。朱熹的道统地位遂无可动摇了。明人胡居仁曰:"及孟子没,而失其传者千有余年,周子发其端于前,程子遂扩而大之,朱子又集而全之,故吾道遂大明于宋

---

[1] (宋)黄干:《黄勉斋先生文集》,《丛书集成初编》第2408册,北京:中华书局1985年版,第187页。

焉。"① 程朱理学是明代的正宗之学，道统思想也常被人提起。但是，随着时代的发展，各种冲击道统的声音也此起彼伏。其中最为显著的是王阳明的心学。王学认为人人可以通过"致良知"而致圣，所以"人胸中各有个圣人"，"满天下都是圣人"，这样，道统的神秘性也就会动摇。与王阳明同时的黄绾，早年服膺王学，称赞为"简易直截，圣学无疑"②，但到晚年后幡然悔悟，认为王学"实失圣人之旨"，再归道统。值得一提的是，晚明还有一部以史著形式提倡道统的作品，即郑郊所著的《史统》。他说："《春秋》者，圣人之辨统之书也，不以威势强弱为得失……自孟子以后，圣学湮塞，作史者不明天人大道，徒以一时诈力成败为得失。"但是，郑郊对道统的理解又不似先秦儒家那样直截了当，而是将道统分为师统、儒统、诸统三部分，以师统最重。他说：

  自有人道以来，尧舜三代以君道正庶物；而师道之盛，实始宣圣。师道如天，高而虚；君道如地，大而实。故君有土，而师无位；然君不得师则无以成其君。此天地之大经，生人之所以立命者。予于师统，一本于天地之至道，条贯统绪，颇具微意，以俟百世。③

从这一段话中，可以看出郑郊虽然明白道统的意义，并表示了对道统的坚持，但他以师统代替道统的观点，又显示了对治统（君统）的忌惮，将监督、裁决关系平拉为协助、辅承关系。相比较之下，就不如王夫之的道统观更为彻底。王夫之《读通鉴论·东晋成帝》说：

  天下所极重而不可窃者二：天子之位也，是谓治统；圣人之教也，是谓道统。治统之乱，小人窃之，盗贼窃之，夷狄窃之，不可以永世而全身……道统之窃，沐猴而冠……而受罚于天，不旋踵而亡。

---

① （明）胡居仁：《胡敬斋集》卷一《复汪谦》，《丛书集成初编》第2162册，第14页。
② （清）黄宗羲：《明儒学案》，上海：商务印书馆1933年版，第25页。
③ 郑郊《史统笔微》有上海图书馆藏清代抄本传世。此处转引自钱茂伟《晚明治统与道统框架下的通史编纂——以郑郊〈史统〉为中心的考察》，载《史学月刊》2004年第4期。

结束语:原史精神和道统观念

又《读通鉴论·宋文帝》说:

> 儒者之统,与帝王之统并行于天下,而互为兴替。其合也,天下以道而治,道以天子而明;及其衰,而帝王之统绝,儒者犹保其道以孤行而无所待,以人存道,而道可不亡。

可见王夫之认为道统与治统相并而二,而价值高于治统,也更受天命眷顾。不过,王夫之的道统思想有其明显的时代特点,其中包含着对明亡的深沉感慨。所以,他倾向于道统和治统的"并行",强调道统中的华夷之辨。其目的,如学者所说:"在明朝已灭亡,满族贵族夺得了汉人的政权之后,王船山潜心注释儒家经典,以传承道统的使命感等待治统的重新续接。"[①] 王夫之的道统观有着很强的实践性,成为一种经世之学,强调道统的社会责任,这比程朱理学家的道统观在本质上更近于古代的道统。与王夫之同时的顾炎武、黄宗羲,之后的戴震、焦循、龚自珍,一直到清末的康有为,所继承的都是这种经世致用的道统观。尤其是维新思想家康有为,他自号"长素",并解释说:"思入无方,行必素位,生平最爱用素位之义,故以长素自号。"[②] 所谓"素位"即有孔子素王之意。

5

道统乃原史传统的精髓,其力量所在则为"实录"。史官凭着天赋神权,以载录的方式对现实进行审判,故有威有权。宗教背景消逝以后,史官又以历史审判来代替天命神权的裁判,继续保留着批判权力。刘知幾《史通·直书》云:"史之为务,申以劝诫,树之风声。其有贼臣逆子,淫君乱主,苟直书其事,不掩其瑕,则秽迹彰于一朝,恶名被于千载。言之若是,吁可畏乎!""实录"的目的不在于鬼神,而在于千载之名,因此,在理性时代,史官仍可以"实录"而行威权。其权高于王侯,超于一朝一代。《新唐书·朱敬则传》记唐朝宰相韦安石的话说:"世人不知

[①] 潘志锋:《王船山道统论与张伯行道统论之简要比较》,《高校理论战线》2003年第9期。

[②] 陆乃翔、陆敦骙:《新镌康南海先生传》上编,1929年万木草堂刊本,第48页。

史官权重宰相，宰相但能制生人，史官兼制生死，古之圣君贤臣所以畏惧者也。"也正因为如此，史官这一职业阶层自汉明帝以后就被皇帝有意识地消除了。官史取代了原史，自然也就不可能承担起裁决王权的责任。刘知幾《史通·忤时》云："古之国史，皆出自一家。如鲁、汉之丘明、子长，晋、齐之董狐、南史，咸能立言不朽，藏诸名山。"这实际上是对原史传统中断的哀叹。

原史精神通过典籍传承的形式，体现为一条有着神秘色彩的道统。孔子作为道统中最关键的一环，为道统在史官职业之外开辟了路径，为士人保留了一块坚持真理、独立抗世的基石。明代吕坤说：

> 公卿争议于朝，曰天子有命，则屏然不敢屈直矣。师儒相辩于学，曰孔子有言，则寂然不敢异同矣。故天地间，惟理与势为最尊。虽然，理又尊之尊也。庙堂之上言理，则天子不得以势相夺。即相夺焉，而理则常伸于天下万世。故势者，帝王之权也；理者，圣人之权也。帝王无圣人之理，则其权有时而屈。然则理也者，又势之所恃以为存亡者也。以莫大之权无僭窃之禁，此儒者之所不辞而敢于任斯道之南面也。[1]

士人可以不再追寻古代史官的踪迹，而是凭着周公、孔子、孟子的统绪，凭着万古不移的大道，指斥异端，裁决天下，成为抗衡治统的一种政治力量。如学者所言："程朱理学的道统谱系，上有远古文化英雄，中有三代帝王，然自孔子以下，就没有帝王列于这一传承谱系之中，从这个意义上说，程朱理学的道统论具有与代表皇权的治统相抗衡的意图，理学家好言'正君心'正是这一意图的反映。"[2] 正是道统精神，培养了古代士人舍身卫道、大义凛然的君子气概。明末清初的顾炎武身处乱世，但仍然怀有强烈的济世情怀，其《病起与蓟门当事书》云：

> 今日者拯斯人于涂炭，为万世开太平，此吾辈之任也。仁以为己

---

[1] （明）吕坤撰，王国轩等译注：《呻吟语译注》，北京：燕山出版社1996年版，第57页。
[2] 王世光：《程朱理学道统论的终结》，《天津社会科学》2001年第2期。

结束语：原史精神和道统观念

> 任，死而后已，故一病垂危，神思不乱。使遂溘焉长逝，而于此任已不可谓无尺寸之功，今既得生，是天以为稍能任事而不遽放归者也，又敢怠于其职乎？

将"为万世开太平"视作自己的天生职事，至死而不敢懈怠，这就是以自己的全部生命承担起道的责任。黄宗羲《孟子师说》云：

> "以道殉身"者，事君能致其身，此身非吾之所得有也。"以身殉道"者，世既丧道，道自吾存，天下非之而不顾也。"以道殉人"者，时风众势，便以为道，逐队趋之，终身不识道之所在。

所谓"以身殉道"正是道统继承者的人生目标，它所说的也是以一己之生命独担社会之理想的孤独境界。

上古的"治道合一"赋予道统以神圣权力，赋予巫史以天命指导、审判现实的权力。但自道统从圣王中剥出，而溶于原史传统中，又从原史传统中分裂出来后，而流于典籍之中。道统被揭去了神秘的面纱，它的力量变得薄弱了。刘向《说苑·指武》就曾说过"道非权不立，非势不行，是道尊然后行"。后世士人幻想上古三代道统和治统是合一的，也就是说道统本身有现实权力。这种幻想又导致了道统在一定程度上对治统的依赖。因此，士人虽欲使道大行于世，就不免有"上则欲致其君为尧舜之君，下则欲使其民为尧舜之民"（《跋刘杂端奏议及司马文正公帖》）的想法，期望治道合一。而这一想法使得道统不再纯粹，有了依附性。而为了摒弃这种依附性，道统的继承者又只能退回到学术之中，"道"被单独列出，则指思想、意义，道与现实的关系越来越疏离。道统之承传变为道义之承传，其中的实践意义就慢慢丧失了。学者以维护道的纯粹性为己任，却不关心现实，道统最终堕落成为一种"学统"。罗厚立说："正因为二统在理想上仍是合一的，士人一直在利用道统所赋予他们的'解释权'（借用今日西来的概念）对治统实施批评和一定程度的干预（包括支持与抵制）。换言之，'治教合一'的理想及道统的存在是士人与皇权周旋甚而抗衡的理论支点；如果治教二统真的实现'合一'，礼乐就必须'自天子出'，则士人除了服从与颂扬外，大概就只能如后来提倡的那样'为学术而学术'，既失去了批评治统的权力，也不存在干预的义务。"① 唐代韩愈揭举道统，矛头虽然指向佛家，但所抗击却是佞佛的皇帝。而道统的方向却由此而改变为护教。宋明理学、心学道统之争，更是儒家学术内部的正统之争，其现实批判的功能更见萎缩。直到明清之际，到清末变革时，这种状况才有所改观。现代新儒学倡导"道统"、"学统"、"政统"三统分离，如牟宗三说："道统之肯定，此即肯定道德宗教之价值，护住孔孟开辟之人生宇宙之本源。学统之开出，此即转出知性主体以融纳希腊传统，并开出学术之独立性。政统之继续，此即由认识政体之发展而肯定民主政治为必然。"② 新儒家有志于社会现实，希望通过"学统"将古之"道统"与今之"政统"衔接起来，显示了弘道的热情，也显示了道统在中国文化中永恒的生命力。新儒家将古之道统一分为三，一方面是看到了宋明理学家道统观的不足，而有意弥补之，另一方面也是对宋明理学家道统观的继承。新儒家专从学理入手，毕竟还是隔了一层，其现实作为实在难以预料。

其实，朝廷作为治统的核心，他们一方面看到道统的抗拒力量，如明太祖朱元璋对《孟子》一书的删改，即显示了对道统的提防态度。但另一方面，统治者也看到了道统有渐渐弱化，向治统靠拢的可能性，所以，朝廷往往以支持道统的形式，强调治统对于道统的某种权力，或者强调两者的统一性。唐玄宗于开元二十七年（739），追谥孔子为"文宣王"（《旧唐书·玄宗本纪下》），各州县学立孔庙，属于国家祭典，将汉朝公羊家的孔子素王说落实了。这一落实自然有利于抬高孔子的地位，有利于抬高道统的地位。但这一事实的前提有两个：（1）治统认同道统；（2）道统需要得到治统的认可、授权。因此，它实际的功用是希望天下以道自任的读书人归宗治统。宋真宗加谥孔子为"至圣文宣王"，宋徽宗许孔子用天子冕，增为十二旒。宋代开始，孔子的后代被封为"衍圣公"，子孙世袭。孔子的弟子，以及孟子等，也都于孔庙陪祀，孔孟一道名声越来越显赫。宋理宗因为朱熹能"发挥圣贤蕴奥，有补治道"，在朱熹死后不久

---

① 罗厚立：《道统与治统之间》，《读书》1998年第7期。
② 牟宗三：《道德的理想主义·序》，台北：学生书局1978年版。

结束语：原史精神和道统观念

就诏为"太师"，追封为"信国公"。对孔子的尊崇在后代越来越盛。据《续文献通考·学校二》记载，元大德十一年下诏曰："先孔子而圣者，非孔子无以明；后孔子而圣者，非孔子无以法。所谓祖述尧舜，宪章文武，仪范百王，师表万世者也。可加大成至圣文宣王，遣使阙里，祀以太牢。"这一"大成至圣文宣王"的称号到明代还继续沿用。明世宗时孔子的王位被剥夺，只保留"至圣先师"的名号。这是道统和治统的一次冲突的结果①。清代以后，孔子的王位仍然被皇帝所保留，尊崇有愈于前代，康熙皇帝甚至亲诣孔庙，对孔子行三跪九叩之大礼。儒道兴盛大过于前。当然，历朝皇帝如此推崇孔子，在形式上承认孔子的王者身份，其用意并不是真正要维持一个与己为敌的道统，也非承认"道尊于势"，而是要通过亲近、拉拢的方式，使道统的信徒们信任、依赖治统，甚至将道统整合到治统之中。康熙皇帝说过："万世道统之传，即万世治统之所系也。"② 所说的也就是道统和治统实际不过是二而一的东西，这大概是皇帝们真正的用意之所在。上古治道合一，不过是以道为治；此后道、治两分；后代皇帝亦讲治道合一，但大势所在，自然是以治为尊了。雍正皇帝说："我皇考金声玉振，集五帝三王孔子之大成。"③ 这里说的不仅是康熙的学问、道德，也包括康熙笼道统于治统的气势。

由此可见，道统与治统在后世并非完全以一种平行的姿态延伸，而是呈一种胶着状发展，形成一种相互防备、相互控制、相互依存的态势。双方的强弱变化也是极其微妙的，在表面上看，治统总处于一个强势的地

---

① 赵克生《试论明代孔庙祀典的升降》一文说："世宗以藩王入主大统，对其逝父亲兴献王追加皇帝之礼，为的是通过礼制重塑帝系正统，变小宗为大宗，为自己继承皇位的天然合法性作论证。此举遭到杨廷和、毛澄、杨慎等大臣的批评和抵制……这使世宗看到儒臣'列道而议'背后的底气所在，即千百年来儒士们用心力构筑的孔孟、程朱相传之道统提供了他们不竭的勇气。世宗说：'……孔子称王咸谓可者，徇私意耳。借之以制压君于上，威服人于下，虽曰尊孔子，实是自尊也。'为了打压士气，世宗采取了釜底抽薪的办法，降杀孔庙祀礼。使孔庙体现的道统屈服于君统之下，宣称君统才是道统所在，君可以兼任师，而师不可僭君。"（《江西社会科学》2004 年第 6 期）

② 《圣祖仁皇帝御制文集》卷十九《日讲四书解义序》，《景印文渊阁四库全书》第 1298 册，第 185 页。

③ 《世宗宪皇帝御制文集》卷七《古今图书集成序》，《景印文渊阁四库全书》第 1300 册，第 73 页。

位，但却总是对道统抱有忌惮之心；而道统虽势如弱水，却总能在最为坚硬的乱石丛中，冲刷出一条向前的堤岸，保证了治统大致的走向。在漫长的中国文明传统中，道统或者表现史职的赓续，或表现为典籍的传授，或显而为一种天人制度，或隐而为一种人格精神，却总是中国文化的一道大脉，是中国文人的一道脊梁。而原史精神以及原史文献，正是道统的源头活水，它汩汩不绝，万世而长新。

主要参考书目

　　本书在撰写过程中参考了大量的各类文献。此处列出的只是当代出版的部分著作，而未经各类出版社印行的古籍作品和学术论文，其出处皆于书中随文注出，不再列出目录。参考书目以作者姓名拼音为序，同一作者的著作则以出版时间为序。

白寿彝：《中国史学史》，上海：上海人民出版社1986年版。
（汉）班固撰，（唐）颜师古注：《汉书》，北京：中华书局1975年版。
鲍延毅主编：《寓言辞典》，北京：明天出版社1988年版。
晁福林：《夏商西周的社会变迁》，北京：北京师范大学出版社1996年版。
陈国庆：《汉书艺文志注释汇编》，北京：中华书局1983年版。
陈鼓应：《老庄新论》，上海：上海古籍出版社1992年版。
陈来：《古代宗教与伦理——儒家思想的根源》，北京：生活·读书·新知三联书店1996年版。
陈梦家：《殷虚卜辞综述》，北京：中华书局1988年版。
陈梦家：《尚书通论》，北京：中华书局2005年版。
陈蒲清：《中国古代寓言史》，长沙：湖南教育出版社1983年版。
陈其泰：《清代公羊学》，北京：东方出版社1997年版。
陈启天：《韩非子校释》，台北：中华丛书委员会1958年版。
陈奇猷：《韩非子集释》，上海：上海人民出版社1974年版。
陈奇猷：《吕氏春秋校释》，北京：学林出版社1984年版。
（晋）陈寿撰，（南朝宋）裴松之注：《三国志》，北京：中华书局1959年版。
陈苏镇：《汉代政治与〈春秋〉学》，北京：中国广播电视出版社2001

年版。

陈桐生：《中国史官文化与〈史记〉》，汕头：汕头大学出版社1993年版。

程世和：《汉初士风与汉初文学》，北京：中国社会科学出版社2004年版。

（清）崔述：《崔东壁遗书》，上海：上海古籍出版社1983年版。

（汉）戴德撰，黄怀信等注：《大戴礼记汇校集注》，西安：三秦出版社。

邓红：《董仲舒的春秋公羊学》，北京：中国工人出版社2001年版。

（明）董说：《七国考》，北京：中华书局1956年版。

杜勇：《〈尚书〉周初八诰研究》，北京：中国社会科学出版社1998年版。

（晋）杜预：《春秋经传集解》，上海：上海人民出版社1988年版。

（晋）杜预注，（唐）孔颖达疏：《春秋左传正义》，北京：北京大学出版社1999年版。

［德］恩斯特·卡西尔：《神话思维》，黄龙保、周振选译，北京：中国社会科学出版社1992年版。

（晋）范宁集解，（唐）杨士勋疏：《春秋穀梁传注疏》，北京：北京大学出版社1999年版。

（南朝宋）范晔撰，（唐）李贤等注：《后汉书》，北京：中华书局1965年版。

（唐）房玄龄等撰：《晋书》，北京：中华书局1974年版。

费孝通：《皇权与绅权》，天津：天津人民出版社1988年版。

冯友兰：《中国哲学史新编》，北京：人民出版社1985年版。

傅道彬：《〈诗〉外诗论笺——上古诗学的历史批评与阐释》，哈尔滨：黑龙江教育出版社1993年版。

［法］弗朗索瓦·于连：《迂回与进入》，杜小真译，北京：生活·读书·新知三联书店1998年版。

傅修延：《先秦叙事研究》，北京：东方出版社1999年版。

高亨：《周易古经今注》，北京：中华书局1984年版。

（汉）高诱注：《淮南子注》，上海：上海书店1986年版。

［法］格拉耐：《中国古代的祭礼与歌谣》，张铭远译，上海：上海文艺出版社1989年版。

葛兆光：《七世纪前中国的知识、思想与信仰世界》，上海：复旦大学出版社1998年版。

（汉）公羊寿传，（汉）何休解诂，（唐）徐彦疏：《春秋公羊传注疏》，北京：北京大学出版社1999年版。

顾颉刚：《史林杂识初编》，北京：中华书局1963年版。

顾颉刚：《古史辨》，上海：上海古籍出版社1982年版。

顾颉刚：《秦汉的方士与儒生》，上海：上海古籍出版社1998年版。

（清）顾炎武著，（清）黄汝成集释：《日知录集释》，上海：上海古籍出版社1985年版。

过常宝：《楚辞与原始宗教》，北京：东方出版社1997年版。

郭沫若：《青铜时代》，北京：科学出版社1957年版。

郭沫若：《殷契粹编》，北京：科学出版社1965年版。

郭沫若：《奴隶制时代》，北京：人民出版社1977年版。

郭沫若：《卜辞通纂》，北京：科学出版社1983年版。

郭沫若：《十批判书》，北京：东方出版社1996年版。

郭沫若：《两周金文辞大系图录考释》，上海：上海书店出版社1999年版。

（清）郭嵩焘：《史记札记》，上海：商务印书馆1957年版。

郭英德：《中国古代文体学论稿》，北京：北京大学出版社2005年版。

郭伟川编：《周公摄政称王与周初史事论集》，北京：北京图书馆出版社1998年版。

［德］海德格尔：《存在与时间》，陈嘉映、王庆节译，北京：生活·读书·新知三联书店1987年版。

［德］海德格尔：《在通向语言的途中》，孙周兴译，北京：商务印书馆1997年版。

（战国）韩非著，陈奇猷校注：《韩非子新校注》，上海：上海古籍出版社2000年版。

［德］汉斯-格奥尔格·加达默尔：《真理与方法》，洪汉鼎译，上海：上海译文出版社2004年版。

（唐）韩愈撰，马其昶校注，马茂元整理：《韩昌黎文集校注》，上海：上海古籍出版社1986年版。

韩兆琦：《史记选注汇评》，郑州：中州古籍出版社1990年版。

韩兆琦主编：《中国传记文学史》，石家庄：河北教育出版社1992年版。
韩兆琦：《史记选注集评》，桂林：广西师范大学出版社1995年版。
韩兆琦：《史记通论》，桂林：广西师范大学出版社1996年版。
（清）郝懿行：《山海经笺疏》，成都：巴蜀书社1985年影印本。
何晋：《〈战国策〉研究》，北京：北京大学出版社2001年版。
（清）何宁撰：《淮南子集释》，北京：中华书局1998年版。
（魏）何晏注，（宋）邢昺疏：《论语注疏》，北京：北京大学出版社1999年版。
侯外庐、赵纪彬、杜国庠：《中国思想通史》，北京：人民出版社1957年版。
胡适：《胡适文存》，台北：远流出版事业股份有限公司1986年版。
（汉）桓宽撰，（明）张之象注：《盐铁论》，上海：上海古籍出版社1990年影印本。
华友根：《西汉礼学新论》，上海：上海社会科学院出版社1998年版。
黄怀信：《〈逸周书〉源流考辨》，兰州：西北大学出版社1992年版。
黄怀信等著：《逸周书汇校集注》（修订本），上海：上海古籍出版社2007年版。
黄开国、唐赤蓉：《诸子百家兴起的前奏——春秋时期的思想文化》，成都：巴蜀书社2004年版。
黄玉顺：《易经古歌考释》，成都：巴蜀书社1995年版。
（清）黄宗羲：《黄宗羲全集》，杭州：浙江古籍出版社1985年版。
翦伯赞：《秦汉史》，北京：北京大学出版社1996年版。
蒋伯潜：《诸子通考》，杭州：浙江古籍出版社1985年版。
姜广辉主编：《中国经学思想史》，北京：中国社会科学出版社2003年版。
蒋善国：《尚书综述》，上海：上海古籍出版社1988年版。
（清）焦循：《孟子正义》，北京：中华书局1987年版。
金春峰：《汉代思想史》（修订本），北京：中国社会科学出版社1997年版。
金德建：《司马迁所见书考》，上海：上海人民出版社1963年版。
［德］卡尔·雅斯贝斯：《历史的起源与目标》，魏楚雄、俞新天译，北

京：华夏出版社1989年版。

康有为：《春秋董氏学》，北京：中华书局1990年版。

［英］克罗齐：《历史学的理论和实践》，傅任敢译，北京：商务印书馆1982年版。

（汉）孔安国传，（唐）孔颖达疏：《尚书正义》，北京：北京大学出版社1999年版。

［法］拉法格：《思想起源论》，王子野译，北京：生活·读书·新知三联书店1963年版。

冷德熙：《超越神话——纬书政治神话研究》，北京：东方出版社1996年版。

李长之：《司马迁之人格与风格》，北京：生活·读书·新知三联书店1984年版。

（清）李慈铭：《越缦堂读史札记全编》，北京：北京图书馆出版社2003年版。

李镜池：《周易探源》，北京：中华书局1978年版。

李镜池：《周易通义》，北京：中华书局1981年版。

李零：《中国方术考》，北京：人民中国出版社1993年版。

（唐）李隆基注，（宋）邢昺疏：《孝经注疏》，北京：北京大学出版社1999年版。

李民：《尚书与古史研究》（增订本），郑州：中州书画社1983年版。

李山：《诗经的文化精神》，北京：东方出版社1997年版。

李祥年：《汉魏六朝传记文学史稿》，上海：复旦大学出版社1995年版。

李孝定：《甲骨文字集释》，台北："中研院"历史语言研究所，1970年。

李玄伯：《中国古代社会新研》，上海：上海文艺出版社1988年影印本。

梁启超：《要籍解题及其读法》，北京：清华周刊丛书社1925年版。

梁启超：《饮冰室合集》，北京：中华书局1989年版。

梁启超：《中国历史研究法》（外二种），石家庄：河北教育出版社2000年版。

廖平著，李耀仙主编：《廖平选集》，成都：巴蜀书社1998年版。

林存光:《历史上的孔子形象——政治与文化语境下的孔子和儒学》,济南:齐鲁书社2004年版。

林纾:《左传撷华》,北京:商务印书馆1921年版。

(清) 刘宝楠:《论语正义》,北京:中华书局1990年版。

刘梦溪主编:《中国现代学术经典·郭沫若卷》,石家庄:河北教育出版社1996年版。

刘乃和:《司马迁和史记》,北京:北京出版社1987年版。

刘师培:《中国史学史论文选集》(一),台北:华世出版社1976年版。

刘师培:《刘申叔遗书》,南京:江苏古籍出版社1997年版。

刘蔚华、赵宗正主编:《中国儒家学术思想史》,济南:山东教育出版社1996年版。

(汉) 刘向集录:《战国策》,上海:上海古籍出版社1985年版。

(南朝梁) 刘勰著,范文澜注:《文心雕龙注》,北京:人民文学出版社1958年版。

(南朝梁) 刘勰著,周振甫注:《文心雕龙注释》,北京:人民文学出版社1981年版。

(后晋) 刘昫等撰:《旧唐书》,北京:中华书局1975年版。

(唐) 刘知幾撰,(清) 浦起龙释:《史通通释》,上海:上海古籍出版社1978年版。

刘泽华:《先秦士人与社会》,天津:天津人民出版社2004年版。

[日] 泷川资言:《史记会注考证》,太原:北岳文艺出版社1999年版。

(唐) 陆淳:《春秋啖赵集传纂例》,北京:中华书局1985年版。

(唐) 陆德明撰,黄焯汇校:《经典释文汇校》,北京:中华书局2006年版。

[法] 罗兰·巴特:《S/Z》,屠友祥译,上海:上海人民出版社2000年版。

马承源:《商周青铜器铭文选》,北京:文物出版社1988年版。

(宋) 马端临:《文献通考》,北京:中华书局1986年影印本。

(清) 马骕撰,王利器整理:《绎史》第五卷,北京:中华书局标点本2002年版。

马王堆汉墓整理小组:《战国纵横家书》,北京:文物出版社1976年版。

主要参考书目

（汉）毛亨传，（汉）郑玄笺，（唐）孔颖达疏：《毛诗正义》，北京：北京大学出版社 1999 年版。

蒙文通：《经史抉原》，成都：巴蜀书社 1995 年版。

缪文远：《战国策新校注》，成都：巴蜀书社 1987 年版。

缪文远：《战国制度通考》，成都：巴蜀书社 1998 年版。

牟宗三：《道德的理想主义》，台北：学生书局 1978 年版。

牟宗三：《历史哲学》，台北：学生书局 1988 年版。

聂石樵：《先秦两汉文学史稿》，北京：北京师范大学出版社 1994 年版。

聂石樵：《司马迁论稿》，北京：人民教育出版社 2001 年版。

牛润珍：《汉至唐初史官制度的演变》，石家庄：河北教育出版社 1999 年版。

（宋）欧阳修、宋祁撰：《新唐书》，北京：中华书局 1975 年版。

庞天佑：《秦汉历史哲学思想研究》，北京：中国社会科学出版社 2002 年版。

彭林：《〈周礼〉主体思想与成书年代研究》，北京：中国社会科学出版社 1991 年版。

（清）皮锡瑞：《经学历史》，北京：中华书局 2004 年新 1 版。

朴宰雨：《〈史记〉〈汉书〉比较研究》，北京：中国文学出版社 1994 年版。

[美]乔治·霍兰·萨拜因：《政治学说史》，盛葵阳、崔妙因译，北京：商务印书馆 1986 年版。

钱穆：《先秦诸子系年考辨》，上海：上海书店 1992 年版。

钱玄：《三礼通论》，南京：南京师范大学出版社 1996 年版。

钱锺书：《管锥编》，北京：中华书局 1979 年版。

秦永龙：《西周金文选注》，北京：北京师范大学出版社 1992 年版。

饶宗颐：《殷代贞卜人物通考》，香港：香港大学出版社 1959 年版。

饶宗颐：《澄心论萃》，上海：上海文艺出版社 1996 年版。

容庚：《金文编》，北京：中华书局 1985 年影印本。

（清）阮元：《十三经注疏》，北京：中华书局 1980 年影印本。

沈家本：《历代刑法考》，北京：中华书局 1985 年版。

盛冬铃译注：《六韬译注》，石家庄：河北人民出版社 1995 年版。
史宗主编：《20 世纪西方宗教人类学文选》，上海：上海三联书店 1995 年版。
睡虎地秦墓竹简整理小组编：《睡虎地秦墓竹简》，北京：文物出版社 1978 年版。
（汉）司马迁撰，（南朝宋）裴骃集解，（唐）司马贞索隐，（唐）张守节正义：《史记》，北京：中华书局 1975 年版。
宋镇豪：《夏商社会生活史》，北京：中国社会科学出版社 2005 年版。
（清）苏舆：《春秋繁露义证》，北京：中华书局 1992 年版。
孙绿怡：《〈左传〉与中国古典小说》，北京：北京大学出版社 1992 年版。
孙筱：《两汉经学与社会》，北京：中国社会科学出版社 2002 年版。
（清）孙星衍撰，陈抗等点校：《尚书今古文注疏》，北京：中华书局 1986 年版。
（清）孙诒让：《墨子间诂》，上海：上海书店 1986 年版。
（清）孙诒让撰，王文锦等点校：《周礼正义》，北京：中华书局 1987 年版。
谭家健：《先秦散文纲要》，太原：山西人民出版社 1987 年版。
唐兰：《殷虚文字记》，北京：中华书局 1981 年版。
王葆玹：《今古文经学新论》，北京：中国社会科学出版社 1997 年版。
（魏）王弼注，（唐）孔颖达疏：《周易正义》，北京：北京大学出版社 1999 年版。
（汉）王充：《论衡》，上海：上海古籍出版社 1990 年影印本。
（清）王夫之：《读通鉴论》，北京：中华书局 1975 年版。
王国维：《古史新证》，北京：清华大学出版社 1994 年版。
王国维：《观堂集林》，北京：中华书局 1959 年版。
王锦贵：《中国纪传体文献研究》，北京：北京大学出版社 1996 年版。
（清）王先谦：《庄子集解》，北京：中华书局 1987 年版。
（清）王先谦：《荀子集解》，北京：中华书局 1988 年版。
（清）王先慎：《韩非子集解》，上海：上海书店 1986 年版。
王宇信：《甲骨学通论》（增订本），北京：中国社会科学出版社 1993

年版。

王洲明、徐超：《贾谊集校注》，北京：人民文学出版社1996年版。

汪高鑫：《中国史学思想通史》（秦汉卷），合肥：黄山书社2002年版。

汪荣祖：《史传通说——中西史学之比较》，北京：中华书局2003年版。

（唐）魏徵等撰：《隋书》，北京：中华书局1973年版。

吴怀祺：《中国史学思想史》，合肥：安徽人民出版社1996年版。

吴霓：《中国古代私学发展诸问题研究》，北京：中国社会科学出版社1996年版。

（元）吴师道撰：《战国策校注》，北京：中华书局1991年版。

吴宗国主编：《中国古代官僚政治制度研究》，北京：北京大学出版社2004年版。

（南朝梁）萧统编，（唐）李善注：《文选》，北京：中华书局1977年影印本。

谢谦：《中国古代宗教与礼乐文化》，成都：四川人民出版社1996年版。

熊宪光：《战国策研究与选译》，重庆：重庆出版社1988年版。

徐复观：《两汉思想史》，上海：华东师范大学出版社2001年版。

徐复观：《中国人性论史·先秦篇》，上海：上海三联书店2001年版。

徐复观：《徐复观论经学史二种》，上海：上海书店出版社2002年版。

徐良高：《中国民族文化源新探》，北京：社会科学文献出版社1999年版。

（明）徐师曾：《文体明辨序说》，北京：人民文学出版社1962年版。

（清）徐元诰：《国语集解》，北京：中华书局2006年版。

徐中舒：《徐中舒历史论文选辑》，北京：中华书局1998年版。

（汉）许慎撰，（清）段玉裁注：《说文解字注》，上海：上海古籍出版社1988年版。

许倬云：《西周史》（增订本），北京：生活·读书·新知三联书店1994年版。

（战国）荀况著，王天海校释：《荀子校释》，上海：上海古籍出版社2005年版。

阎步克：《士大夫政治演生史稿》，北京：北京大学出版社1996年版。

（清）严可均辑：《全上古三代文》，北京：商务印书馆1999年版。

（清）严可均辑：《全汉文》，北京：商务印书馆1999年版。
（清）严可均辑：《全后汉文》，北京：商务印书馆1999年版。
（清）阎若璩：《尚书古文疏证》，上海：上海古籍出版社1987年影印本。
杨伯峻：《春秋左传注》（修订本），北京：中华书局1990年版。
杨伯峻：《孟子译注》，北京：中华书局1960年版。
杨宽：《古史新探》，北京：中华书局1965年版。
杨宽：《秦始皇》，上海：上海人民出版社1956年版。
杨宽：《战国史》（增订本），上海：上海人民出版社1998年版。
杨树达：《积微居金文说》（增订本），北京：中华书局1997年版。
杨树增：《史记艺术研究》，北京：学苑出版社2004年版。
杨向奎：《中国社会与古代思想研究》，上海：上海人民出版社1962年版。
杨向奎：《宗周社会与礼乐文明》（修订本），北京：人民出版社1997年版。
杨燕起：《〈史记〉的学术成就》，北京：北京师范大学出版社1996年版。
杨燕起、陈可青、赖长扬编：《历代名家评〈史记〉》，北京：北京师范大学出版社1986年版。
杨翼骧：《中国史学史资料编年》，天津：南开大学出版社1987年版。
［德］姚斯、［美］霍拉勃：《接受美学与接受理论》，周宁、金元浦译，沈阳：辽宁人民出版社1987年版。
（唐）姚思廉撰：《梁书》，北京：中华书局1973年版。
（宋）叶廷珪撰，李之亮点校：《海录碎事》，北京：中华书局2002年版。
于迎春：《秦汉士史》，北京：北京大学出版社2000年版。
余英时：《士与中国文化》，上海：上海人民出版社1987年版。
（清）俞正燮：《癸巳存稿》，北京：中华书局1985年版。
袁珂：《山海经校注》，上海：上海古籍出版社1980年版。
袁珂：《中国神话通论》，成都：巴蜀书社1993年版。
詹鄞鑫：《神灵与祭祀——中国传统宗教综论》，南京：江苏古籍出版社1992年版。
张大可、俞樟华等：《司马迁一家言》，西安：陕西人民教育出版社1995

年版。

张大可：《史记研究》，北京：华文出版社 2002 年版。

张光直：《中国青铜时代》，北京：生活·读书·新知三联书店 1999 年版。

张光直：《殷商文明》，北京：北京工艺美术出版社 1999 年版。

张桂萍：《〈史记〉与中国史学传统》，重庆：重庆出版社 2004 年版。

张涛：《经学与汉代社会》，石家庄：河北人民出版社 2001 年版。

张亚初、刘雨：《西周金文官制研究》，北京：中华书局 1986 年版。

张震泽：《扬雄集校注》，上海：上海古籍出版社 1993 年版。

章太炎：《国学讲演录》，上海：华东师范大学出版社 1995 年版。

章太炎著，傅杰编校：《章太炎学术史论集》，北京：中国社会科学出版社 1997 年版。

（清）章学诚：《章学诚遗书》，北京：文物出版社 1985 年版。

（清）章学诚著，叶瑛校注：《文史通义校注》，北京：中华书局 1985 年版。

（汉）赵岐注，（宋）孙奭疏：《孟子注疏》，北京：北京大学出版社 1999 年版。

赵伯雄：《周代国家形态研究》，长沙：湖南教育出版社 1990 年版。

赵生群：《〈春秋〉经传研究》，上海：上海古籍出版社 2000 年版。

赵生群：《〈史记〉文献学丛稿》，南京：江苏古籍出版社 2000 年版。

（清）赵翼撰：《陔余丛考》，北京：中华书局 1963 年版。

（清）赵翼撰：《廿二史札记》，北京：中华书局 1963 年版。

郑良树：《战国策研究》，台北：学生书局 1972 年版。

郑良树：《竹简帛书论文集》，北京：中华书局 1982 年版。

（宋）郑樵撰：《通志》，北京：中华书局 1987 年版。

（汉）郑玄注，（唐）贾公彦疏：《周礼注疏》，北京：北京大学出版社 1999 年版。

（汉）郑玄注，（唐）孔颖达疏：《礼记正义》，北京：北京大学出版社 1999 年版。

钟敬文主编：《民间文学概论》，上海：上海文艺出版社 1980 年版。

周桂钿：《董学探微》，北京：北京师范大学出版社 1989 年版。

周天：《中国前小说性格描绘史稿》，上海：上海三联书店 1990 年版。

朱伯崑：《易学哲学史》，北京：北京大学出版社 1986 年版。

朱维铮编：《周予同经学史论著选集》（增订本），上海：上海人民出版社 1983 年版。

（宋）朱熹：《四书章句集注》，北京：中华书局 1983 年版。

（宋）朱熹：《孟子集注》，北京：中华书局 1957 年版。

（宋）朱熹撰，朱杰人等主编：《朱子全书》，上海：上海古籍出版社、合肥：安徽教育出版社 2002 年版。

（清）朱彝尊撰：《经义考》，北京：中华书局 1998 年影印本。

朱自清：《朱自清全集》第 6 卷，南京：江苏教育出版社 1999 年版。

邹衡：《夏商周考古学论文集》，北京：文物出版社 1980 年版。

（春秋）左丘明著，（吴）韦昭注：《国语》，上海：上海古籍出版社 1978 年版。

后 记

　　本书于 2008 年由北京大学出版社初版。利用本次再版的机会，我根据本人近年来的一些新的认识，对书中某些章节做了补充和修订，改正了原书中的一些技术性错误。该书初版后，得到不少师友的鼓励和指正，此次又承蒙中国社会科学出版社纳入"当代中国学者代表作文库"再版，本人十分感激，也希望能有更多朋友不吝赐教。